Köbler
Rechtsfranzösisch

VORWORT

Die geschichtliche Entwicklung der Menschheit hat es verhindert, dass die vielleicht ursprünglich an einem Ort entstandene Sprache, mit deren Hilfe die Menschen am leichtesten Wissen ermitteln und vermitteln können, in der Gegenwart eine einzige große Einheit bildet. Vielmehr sprechen die auf etwa 200 Staaten aufgeteilten sechs Milliarden Erdenbürger des beginnenden 21. Jahrhunderts weit mehr als fünftausend unterschiedliche Sprachen (geschätzt 6400, davon mehr als die Hälfte mit weniger als zehntausend Sprechern, rund 50 mit nur noch einem Sprecher, derzeit stirbt alle zwei Wochen eine Sprache mit ihrem letzten Sprecher aus). Deshalb kann weder ein einziger Mensch mit allen anderen Menschen noch wenigstens eine Mehrheit der Menschen mit einer anderen Mehrheit unmittelbar sprachlich Wissen tauschen, sondern zahlreiche Minderheiten verstehen sich problemlos nur unter sich selbst.

In auffälligem Gegensatz zu dieser geschichtlich entstandenen sprachlichen Zerstreutheit und Unterschiedlichkeit verdichtet und vereinheitlicht sich das gesamte irdische Zusammenleben in unseren Tagen immer rascher. Mit Hilfe der modernen Verkehrsmittel kann jeder Mensch jeden beliebigen Ort der Erde in wenigen Tagen oder Stunden erreichen. Durch die elektronische Datenverarbeitung ist es sogar möglich geworden, in Sekundenschnelle jede Nachricht überall verfügbar zu machen.

Mit dieser infrastrukturellen Verdichtung der Menschheit müssen auch die unterschiedlichen Sprachgemeinschaften und Rechtsordnungen notwendigerweise in immer engere Verbindung zueinander treten. Geschäfte werden immer häufiger mit ausländischen Partnern abgeschlossen. Leistungen werden immer öfter in fremden Ländern erbracht.

Die dadurch wachsende moderne globale Internationalisierung zeigt sich für uns Europäer am deutlichsten in der Europäischen Union. Zwar wird dort noch für lange Zeit das jeweilige partikulare Recht vorherrschen. Aber schon seit vielen Jahren werden an vielen Stellen gesamteuropäische Gemeinsamkeiten immer klarer sichtbar, ist die gesamteuropäische Zusammenarbeit längst Wirklichkeit geworden und bricht sich europäisches Recht und als augenfälligste Erscheinungsform seit 2002 europäisches Geld in den europäischen Staaten allerorten Bahn.

Umso wichtiger wird es von Tag zu Tag, fremde Sprachen und die in ihnen ablaufenden Wirklichkeitsausschnitte zu kennen und zu begreifen. Nicht umsonst verwenden die europäischen Gemeinschaften umfangreiche Mittel für Kommunikationsprogramme wie Erasmus, Sokrates oder

Leonardo. Nicht ohne Grund gewinnt auch für den Juristen das außerdeutsche Recht immer mehr an Gewicht.
Über die Kenntnis der eigenen Rechtsordnung hinaus wird von ihm heute aus den tatsächlichen Gegebenheiten heraus immer öfter auch Wissen über fremde Rechtsordnungen erwartet. Dieses steht dem Einzelnen aber aufgrund seiner stets begrenzten Studienzeit jeweils nur in beschränktem Umfang zur Verfügung. Darüber hinaus ist es selbst hier in seinem Bestand von ständiger Veränderung bedroht.
In dieser schwierigen Lage ist es zwar für die Aufgabe, Texte so zu übersetzen, als wären sie in der Zielsprache geschrieben, theoretisch an sich in jedem internationalen Rechtsfall erforderlich, umfangreiche Vergleiche der unterschiedlich artikulierten betroffenen Rechtsordnungen anzustellen, was dem am leichtesten fällt, der sie kurz vorher durch kostbare Lebenszeit verschlingende Studien kennen gelernt hat. Dieser zeitliche Aufwand ist aber immer nur einigen und für jeweils eine oder höchstens zwei fremde Rechtskulturen möglich. Umfassende, erhebliche Anstrengungen und beträchtliche Mittel erfordernde Terminologiebanken stehen dem Einzelnen, insbesondere dem Studierenden oder dem praktisch tätigen Juristen, kaum jemals wirklich für die Alltagsarbeit zu Gebote.
Vielmehr muss er sich in der zur sofortigen Lösung zwingenden Wirklichkeit trotz des eindeutigen Bewusstseins möglicher Verschiedenheiten von Gegebenheiten, Voraussetzungen und Folgen zumindest vorläufig mit dem klaren schlichten mehrsprachigen Wörterbuch bescheiden und gegebenenfalls bei der Übersetzung Begriffe der Ausgangssprache in Klammern hinzugefügt beibehalten, so bedauernswert dies dem auslandsrechtlichen Spezialisten auch erscheinen mag. Um jedem ein unmittelbares Hilfsmittel in besonders einfacher und preiswerter und damit leicht zugänglicher Form für die gegenwärtig aktuellen Fragen zur Verfügung zu stellen, habe ich mit dem Ziel integrativer europäischer Legistik auf der sachlichen Grundlage meines in vielen Auflagen vorliegenden, alle Gebiete der gesamten Rechtswissenschaft angemessen einbeziehenden deutschen Juristischen Wörterbuchs den Plan gefasst, mit Hilfe mehrsprachiger Mitarbeiter zweisprachige Übersichten über den gegenwärtigen Grundwortschatz wichtiger Fremdsprachen herzustellen. Sie sollen trotz aller mit dieser demokratisierenden Vereinfachung verbundenen Schwierigkeiten jedermann grundsätzlich in den Stand versetzen, auf Grund seiner allgemeinen Kenntnisse der jeweiligen fremden Sprache im Rechtskernbereich fremde Rechtswörter in der eigenen Sprache zu verstehen und eigene Rechtswörter in der fremden Sprache zum Ausdruck zu bringen.
Bei der Verwirklichung dieses Planes an die Spitze gestellt habe ich das weltweit besonders bedeutsame Neuenglische (370 Millionen Mut-

tersprachler, vielleicht eine Milliarde Zweitsprachler). Für dieses Rechtsenglisch habe ich eine kurze sachliche Einführung in Geschichte und Gegenwart geboten, in vom Textverarbeitungssystem Word bestimmter alphabetischer Ordnung für die wichtigsten deutschen Rechtswörter die wichtigsten englischen und amerikanischen Bedeutungen ermittelt und dieses einfache Ergebnis in ein englisch/amerikanisch-deutsches Gegenstück umgekehrt. In gleicher Weise bin ich seitdem mit Französisch, Italienisch, Spanisch, Russisch, Polnisch, Chinesisch, Türkisch, Tschechisch, Ungarisch, Portugiesisch, Finnisch und Griechisch verfahren.

Konzeption und Ausführung der ganz einfachen, als zuverlässig, nützlich, durchdacht, gelungen, wertvoll, gut, ausgezeichnet oder hervorragend bewerteten Hilfsmittel internationaler Lexikographie (Interlex), wie sie inzwischen im Verlag Vahlen außer für Rechtsdeutsch (Juristisches Wörterbuch, 15. A. 2012) für Rechtsenglisch, Rechtsfranzösisch, Rechtsitalienisch, Rechtsspanisch, Rechtsrussisch, Rechtspolnisch, Rechtschinesisch, Rechtstürkisch, Rechtstschechisch, Rechtsportugiesisch vorliegen, darüber hinaus auf meiner Website im Zentrum integrativer europäischer Legistik für Rechtsungarisch, Rechtsgriechisch und Rechtsfinnisch verfügbar sind, sind auf großes Interesse der Öffentlichkeit gestoßen. Deswegen ist eine Ausdehnung auf weitere Sprachen von mir angestrebt. Sie betrifft nach Möglichkeit Niederländisch, Litauisch, Albanisch, Japanisch, Koreanisch und Schwedisch und umfasst zumindest mittelbar inzwischen etwa auch Georgisch und Iranisch.

Für Rechtsfranzösisch ist für die fünfte Auflage der Wortschatz überprüft, verdichtet und verbessert worden. Freundliche Anregungen habe ich soweit wie möglich berücksichtigt, scheingelehrte, sachfremde Anforderungen an ein preiswertes Taschenbuch notwendigerweise übergangen. Erfasst sind mehr als 11600 deutsche Stichwörter und mehr als 13000 französische Entsprechungen mit insgesamt 18000 Übersetzungsgleichungen.

Möglich geworden ist mir dieses Werk durch den liebenswürdigen Einsatz Peter Winklers. Zu danken habe ich für die formale Gestaltung wieder Veronika Schönegger und Josef Schönegger, für sonstige Förderung Judith Köbler, Sandra Distler und Eva Tiefenbrunner sowie dem mir seit langem verbundenen Verlag. Möge unsere gemeinsame, für Anregungen stets offene und dankbare Anstrengung (nobody is perfect) dazu beitragen, dass die gegen leistungsfeindlichsten örtlichen Widerstand gelungenen Rechtswörterbücher internationaler Lexikographie den ersten, jederzeit anderwärts vertiefbaren Einstieg in die globale moderne Welt der internationalen Jurisprudenz für jedermann eröffnen.

Wer über diese von Bonn und Berlin bis Berkeley und Beijing reichenden Brücken die sachlichen Inhalte der deutschen Rechtswörter näher kennen lernen will, kann dazu mein Juristisches Wörterbuch verwenden. Wer sich entstehungsanalytisch für die geschichtliche Herkunft der deutschen Rechtswörter interessiert, kann mein Deutsches Etymologisches Rechtswörterbuch zu Rate ziehen. Wer die sachgeschichtlichen Hintergründe erfahren will, kann mein Lexikon der europäischen Rechtsgeschichte befragen.
Hinweisen lässt sich bei dieser Gelegenheit vielleicht auch noch darauf, dass Hinweise mich am schnellsten erreichen über meine e-mail-Adresse Gerhard.Koebler@uibk.ac.at. Viele meiner Arbeiten sind ganz oder teilweise im Internet unter der Adresse http://www.koeblergerhard.de einsehbar. Dort haben auch die aktuellsten jusnews und die schlichten Anfänge eines systematisch orientierenden Fernkernlernkurses einen ersten einfachen Platz. Wer darüber hinaus zum Wohle aller an der Erarbeitung eines knappen und klaren Europäischen Universalgesetzbuchs mitwirken will, ist herzlich eingeladen, mir seine Vorstellungen, Vorschläge oder Entwürfe oder auch allgemeineren Nachrichten unmittelbar zuzuleiten.

In veritate libertas! Ceterum censeo corruptionem esse delendam! Felix faustusque veridicus!

Paris, Aachen, Nürnberg im Juni 2013 Gerhard Köbler

EINFÜHRUNG

Literatur: Constantinesco, V./Hübner, U., Einführung in das französische Recht, 4. A. 2001; David, R., Le droit français, Bd. 1f. 1960; David, R./ Grasmann, G., Einführung in die großen Rechtssysteme der Gegenwart, 2. A. 1988; Piccard/Thilo/Steiner, Dictionnaire juridique, 1950; Doucet, M./Fleck, K., Wörterbuch Recht und Wirtschaft, Teil 1 Französisch-deutsch, 6. A. 2009, Teil 2 Deutsch-französisch, 7. A. 2012; Sonnenberger, H./Classen, C., Einführung in das französische Recht, 4. A. 2012; Christe, P., Dictionnaire de la prévoyance professionelle suisse, 1990; Toulouse, C., Dictionnaire commerce, droit et vie sociale, 1994; Guillien, R./Vincent, J., Lexique de termes juridiques, 11. A. 1998; Vocabulaire juridique, hg. v. Cornu, G., 9. A. 2011; Mestre, C./Oellers-Frahm, K., Einführung in die französische Rechtssprache, 1998; Terré, F., Introduction générale au droit, 9. A. 1912; Bar, C. v., Ausländisches Privat- und Privatverfahrensrecht in deutscher Sprache, 9. A. 2013; Knudsen, H., Französisches Recht in deutscher Sprache 1975–1999, 2000; Vocabulaire juridique, 8. A. 2000; Zen-Ruffinen, P., Petit lexique juridique: allemand-français, 7. A. 2010; Ellenberger, H./Froschauer, B., Grundwortschatz der Rechtssprache, 2001; Schlichting, A. de/Volmerange, Xavier, Einführung in die französische Rechtssprache, 3. A. 2011; Fleck, K., Wörterbuch Recht Französisch-Deutsch. Deutsch-Französisch, 2. A. 2013; Witz, C./Kull, A., Der französische Code civil, NJW 2004, 3757; Lainé/Warneke, Wörterbuch/Lexikon Wirtschafts- und Steuerrecht, 2. A. 2012, Potonnier, G., Wörterbuch für Wirtschaft, Recht und Handel, 4. A. 2008; Introduction to French law, hg. v. Bermann, G. u. a., 2008

Die wichtigsten französischen Kurzlehrbücher zu einzelnen Rechtsgebieten finden sich in den Sammlungen Thémis der Presses Universitaires de France und Précis Dalloz des Verlags Dalloz. Den Kommentaren in Deutschland entsprechen Encyclopédie juridique Dalloz, Nouveau Répertoire de Droit Dalloz, Le Guide juridique Dalloz, die im Verlag Lamy erscheinenden Repertorien, Mémento pratique Francis Lefebvre und die Loseblattsammlungen der Editions Techniques Juris-Classeur. Führende Zeitschriften sind Recueil Dalloz Sirey, La Semaine Juridique und La Gazette du Palais.

Eine rechtsbibliographische, deutsches und französisches Recht verknüpfende Datenbank besteht unter http://www.bijus.org, andere hilfrei-

che Internetadressen sind beispielsweise http://www.laportedudroit.com, http://anjus.com, http://www.civilites.com, http://www.juriguide.com, http://www.legifrance.gouv.fr, http://www.journal-officiel.gouv.fr, http:// www-cujas.univ-paris1.fr, http://www.gpdoc.com, http://www.dalloz.fr oder http://www.juris-classeur.com.
Möglich ist an dieser Stelle lediglich ein erster, allgemeiner Überblick. Auf Einzelheiten kann grundsätzlich nicht eingegangen werden. Nicht besonders erfasst werden können auch die bestehenden Besonderheiten einzelner Gebiete wie etwa der frankophonen Teile Belgiens oder der Schweiz, deretwegen Spezialwerke benützt werden müssen.

A. Geschichte

Literatur: Glasson, Histoire du droit et des institutions de la France, Bd. 1ff. 1887ff.; Olivier/Martin, Histoire du droit français des origines à la Revolution, 1948; Ourliac/Malafosse, Histoire du droit privé, Bd. 1ff. 1963ff.; Ourliac/Gazzaniga, Histoire du droit privé français, 1985; Sautel, Histoire des institutions publiques, 8. A. 1997; Chevalier/Conac, Histoire des institutions et des régimes politiques de la France, 8. A. 1991; Timbal, P./Castaldo, Histoire des institutions publiques et des faits sociaux, 9. A. 1993; Kempf, U., Von De Gaulle bis Chirac, 3. A. 1997; Haensch/Tümmers, Frankreich, 3. A. 1998; Hartmann, P., Geschichte Frankreichs, 4. A. 2013; Grüner, S./Wirsching, A., Frankreich, 2003

I. Kelten, Römer und Franken

Das Gebiet zwischen Alpen, Pyrenäen, Atlantik und Rhein wurde um 500 v.Chr. von den Kelten erobert. Sie unterlagen kurz vor der Zeitenwende den Römern (Cäsar 58-51 v.Chr.), die das römische Recht und nach ihrer Christianisierung die christliche Religion in das nun Gallien (lat. Gallia) genannte Gebiet brachten. In der Mitte des 5. nachchristlichen Jahrhunderts gerieten die Gallorömer unter die Herrschaft der vom Niederrhein her eindringenden (germanischen) Franken, die unter ihrem merowingischen König Chlodwig ganz Gallien einnahmen und im Norden das römische Recht durch das Recht ihres salischen Teilstamms (lat. Lex Salica) ersetzten, während im Süden das römische Recht hauptsächlich in der vulgarisierend abgeänderten Gestalt, die es in der unter dem Westgotenkönig Alarich II. 507 erfolgten Aufzeichnung erfahren hatte

(Lex Romana Visigothorum oder Breviarium Alaricianum), Bestand behielt.

II. Das ancien régime

Seinen Höhepunkt erlebte dieses Reich der Franken unter dem Karolinger Karl dem Großen (768–814, französisch Charlemagne), der in Rom am 25. Dezember 800 vom Papst in Anknüpfung an die römische Geschichte zum (west)römischen Kaiser geweiht wurde. Schon beim Tode seines einzigen Erben (Ludwigs des Frommen) wurde sein sich von Rom bis zur Nordsee und vom Atlantik bis zur Elbe erstreckendes Reich 843 unter seinen Enkeln (zunächst in drei Teile) geteilt. Spätestens seit dem Aussterben der ostfränkischen Karolinger 911 entwickelten sich die nach Aufteilung des Mittelreichs Lothars I. (Lotharingia) verbliebenen beiden Teile in selbständige Richtungen, wobei in den westlichen Gebieten die Franken trotz äußerlicher Fortführung ihres Namens (Francia, France, Frankreich) ebenso rasch vollständig romanisiert wurden wie die aus Skandinavien einfallenden, 911 die Normandie als Lehen des westfränkischen Königs annehmenden wikingischen Normannen.
Als im Jahre 987 (auch) die westfränkischen Karolinger mit Ludwig V. ausstarben, gewann Hugo Capet, Graf von Paris, das Königtum und setzte die Erblichkeit in der kapetingischen Familie durch. 1066 eroberte der normannische Herzog Wilhelm bei Hastings die Herrschaft über die Angelsachsen. Bald wurden von den kapetingischen Königen von Paris aus, wo um 1200 auch eine Universität gegründet wurde, alle heimgefallenen Lehen des konkurrierenden Adels einbehalten und die Königsgüter erheblich vermehrt, so dass die zentrifugalen Kräfte schwanden. In der dadurch möglichen Hochblüte wurde Frankreich kulturell führende Großmacht. 1303 vermochte der französische König sogar den Papst gefangenzunehmen und 1309 für einige Zeit nach Avignon zu verbringen.
Als jedoch die Kapetinger im Jahre 1328 in der Hauptlinie ausstarben, erwuchs aus dem Erbanspruch König Edwards III. von England auf die französische Thronfolge der Hundertjährige Krieg (1337–1453), in dem England zunächst das gesamte nördliche Gebiet gewann, durch das Eingreifen der Bauerntochter Jeanne d'Arc (1412–1431) aber bald alle Güter außer Calais und den Kanalinseln wieder verlor. Unmittelbar nach Beendigung der kriegerischen Wirren gebot König Karl VII. aus der kapetingischen Nebenlinie Valois 1454 in der ordonnance von Montils-les-Tours die umfassende Aufzeichnung aller lokalen Rechte, die im Zuge

einer gemeineuropäischen Entwicklung schon am Ende des 12. Jahrhunderts an einzelnen Stellen eingesetzt (1199–1204 Très ancien coutumier de Normandie, altes normannisches Gewohnheitsrecht) und in den Coutumes de Beauvaisis des Philippe de Beaumanoir (1283) bereits ihre bekannteste französische Ausprägung gefunden hatte. Mit all diesen 1510 durch die Coutumes von Paris im Wesentlichen abgeschlossenen Aufzeichnungen wurde zwar das örtliche Gewohnheitsrecht des Nordens auch verschriftlicht, es blieb aber eine andere Art schriftlichen Rechts als das im Süden geltende römische, seit der Antike durchgehend in Schriftform verfügbare Recht. Insofern traten sich nunmehr das droit écrit südlich der (etwa die Städte Nantes, Tours und Orléans berührenden) Loire und das droit coutumier nördlich der Loire in deutlicherem Gegensatz gegenüber. Unabhängig von dieser Spaltung verlagerte sich im 16. Jahrhundert der Mittelpunkt der europäischen Rechtswissenschaft von Italien (Bologna, italienische Art, lat. mos Italicus) nach Frankreich (Bourges), wo die Beachtung philologisch-historischer Gesichtspunkte die neue gallische Art (lat. mos Gallicus) der Jurisprudenz erwachsen ließ, zu deren führenden Köpfen zahlreiche in der berühmt-berüchtigten Bartholomäusnacht des Jahres 1572 von den Katholiken vertriebene Protestanten (Hugenotten = Eidgenossen) zählten (Cujas 1522–1590, Doneau 1527–1591). Wenig später begann unter dem 1593 aus Machtstreben zum Katholizismus konvertierten Hugenotten Heinrich IV. die zielgerichtete Hinwendung zu absolutistischen Herrschaftsformen. Unter dem leitenden Minister Kardinal Richelieu wurden die 1614 letztmals zusammengekommenen Stände (Adel, Geistlichkeit, Städte) nicht mehr einberufen. Dementsprechend konnte Ludwig XIV. (1643–1715, Sonnenkönig) auf dem Höhepunkt königlicher, durch die Wirtschaftsform des Merkantilismus finanzierter Macht erklären: Der Staat bin ich (L'état, c'est moi) und auch durch königliche Ordonnances bereits mit der Vereinheitlichung des Rechtes in ganz Frankreich beginnen (Ordonnance civile von 1667 für den Zivilprozess, Ordonnance pour le commerce von 1673 und Ordonnance de la marine von 1681 für das Handelsrecht).

Freilich erzeugten die prunkvolle Hofhaltung (Versailles) und die kostspielige Kriegsführung (Elsass, Pfalz, Nordamerika) Unmut im Volk. Hinzu kamen wirtschaftliche Krisen und sie verarbeitende gesellschaftskritische Schriften aufgeklärter Theoretiker (Montesquieu, Rousseau, Voltaire). Als letztes Mittel zur Behebung der eingetretenen Schwierigkeiten wurden 1789 die Generalstände erstmals wieder vom König zusammengerufen.

Für Evolution war es aber bereits zu spät. Am 14. 7. 1789 stürmte das Volk von Paris das politische Gefängnis (Bastille). Unter den Losungsworten Freiheit, Gleichheit und Brüderlichkeit (liberté, egalité, fraternité) wurde in Kürze das alte Regime revolutionär beseitigt.

III. Moderne Entwicklung

Mit der Revolution verbunden war die Erklärung von Menschenrechten (Déclaration des droits de l'homme et du citoyen 1789). Die 1790 geforderte Verfassung wurde 1791 verwirklicht. 1792 wurde die hergebrachte Monarchie durch die (erste) Republik ersetzt und der flüchtende König hingerichtet.

Allerdings gelang den Revolutionären keine durchgreifende Verbesserung. Vielmehr fraß die Revolution unter der Schreckensherrschaft des sog. Wohlfahrtsausschusses (Robespierre) ihre eigenen Kinder. Eine Beruhigung erfolgte erst, als der korsische Advokatensohn und Berufssoldat Napoleon Bonaparte (1769–1821) zunächst als erster Konsul (1799) und danach als selbstgekrönter Kaiser (1804) die Macht an sich zog und sich innerhalb kürzester Frist so eindeutig die politische Vorherrschaft in ganz Europa sicherte, dass schon 1806 das rechtsrheinische, das ostfränkische Reich fortsetzende Heilige Römische Reich der Deutschen in eine große Zahl kleiner, wenig bedeutender Trümmer (z.B. Österreich, Preußen, Bayern, Sachsen, Luxemburg, Liechtenstein) zerfiel. Unter Napoleon verwirklichte sich neben der Schaffung der großen zentralstaatlichen Verwaltungsapparate, der Gliederung des Staates in Departements (1800) mit monokratischen Präfekten an ihrer Spitze, der Festlegung eines einheitlichen Kommunalstatuts mit Bürgermeister und Gemeinderat und der Gründung des Conseil d'Ètat (1799) und der Conseils de Préfecture (1800) die bereits in der Verfassung von 1791 angekündigte Forderung eines einheitlichen Gesetzbuchs aller Bürger. Binnen vierer Jahre gelang es einer aus vier Mitgliedern (Tronchet, Maleville, Bigot-Préameneu, Portalis) bestehenden Kommission, unter Einbeziehung einzelner zwischenzeitlich von den Revolutionären erlassener Gesetze (sog. droit intermédiaire) den zum 21. 3. 1804 in Kraft gesetzten Code civil des Français (Bürgerliches Gesetzbuch der Franzosen) zu verfassen. Dieses Werk war nach dem preußischen Allgemeinen Landrecht des Jahres 1794 die zweite vernunftrechtliche, die theoretischen Vorstellungen Montesquieus vom notwendigen Geist der Gesetze umsetzende Kodifikation. Obwohl auf revolutionärer Grundlage verfasst, brach sie nicht grundsätzlich mit der Tradition, sondern verband das Gewohnheitsrecht des Nordens und das römische Recht des Südens zu einer neuen, zeitgemäßen, bürgerlichen Einheit.

Dem folgten auf der Grundlage eines Gesetzes über die ordentliche Gerichtsbarkeit (von 1790) 1806 ein Zivilprozessgesetzbuch (Code de procédure civile), 1807 ein Handelsgesetzbuch (Code de commerce), 1808 ein Strafverfahrensgesetzbuch (Code de l'instruction criminelle) und 1810 ein Strafgesetzbuch (Code pénal). Sie alle hatten weltweiten Erfolg (z.B. Belgien, Luxemburg, Louisiana, Quebec, Kolonien). Zahlreiche Staaten erließen nach diesen klaren Vorbildern eigene Gesetzbücher für die fünf wichtigsten Rechtsgebiete Zivilrecht, Handelsrecht, Strafrecht, Zivilprozessrecht und Strafprozessrecht.
Seit dieser Zeit veränderte sich der verfassungsmäßige Zustand Frankreichs in vielfacher Weise (1848 zweite Republik, 1871 dritte Republik, 1945 vierte Republik, 1958 fünfte Republik). Unabhängig von den zahlreichen Verfassungsveränderungen blieb Frankreich jedoch eine führende Weltmacht, die zahlreiche Kolonien in Asien und Afrika für sich gewann. Mit Hilfe seiner Alliierten vermochte Frankreich auch die Versuche des seit 1871 unter Preußen geeinten Deutschland zu vereiteln, in zwei sich weltweit ausdehnenden Kriegen (1914–1918, 1939–1945) die Vorherrschaft in Europa zu erringen. Der Beseitigung einer hierin zum Ausdruck kommenden sog. Erbfeindschaft zweier frühmittelalterlicher Brudervölker dient die 1951 auf Anstoß Frankreichs zwecks Kontrolle der Rüstung Deutschlands (Montanunion) ins Werk gesetzte Europäische Gemeinschaft bzw. (1993) Europäische Union. In der zweiten Hälfte des 20. Jahrhunderts befreiten sich die meisten der Kolonien mehr oder weniger gewaltsam von der französischen Herrschaft und minderten dadurch die Bedeutung Frankreichs in der Welt, ohne dass die bisherigen Verbindungen der frankophonen Einheit vollständig gelöst wurden.
Heute ist Frankreich ein im Bewusstsein großer Tradition einer gemeineuropäischen Zukunft zustrebender moderner Staat. Er ist zugleich verhältnismäßig gering und autoritär verrechtlicht. Wichtige Aufgaben werden von Nichtjuristen ausgeführt.

B. Öffentliches Recht

I. Verfassung

Literatur: Favoreu, L.u.a., Droit constitutionnel, 15. A. 2013; Starke, J., Die verfassungsgerichtliche Normenkontrolle, 2000; Pactet, P., Institutions politiques, droit constitutionnel, 21. A. 2002; Pause, J., Der franzö-

sische Conseil d'État als höchstes Verwaltungsgericht und oberste Verwaltungsbehörde, 2008

Frankreich (La République Française, 1995543965 qkm, 58 Millionen Einwohner) ist eine zentralistische Präsidialrepublik mit der Hauptstadt Paris. Seine 14., die politischen Erfahrungen seit 1946 verwertende Verfassung der V. Republik vom 4. 10. 1958 ist gekennzeichnet durch die Verbindung von repräsentativen und plebiszitären Zügen. Sie verknüpft den präsidialen Grundsatz mit dem parlamentarischen Prinzip.

An der Spitze des Staates steht der Präsident der Republik. Er wird seit 1962 vom Volk nach einem allgemeinen, direkten, zweiphasigen Mehrheitswahlrecht für früher 7, jetzt 5 Jahre gewählt. Er ernennt und entlässt den Premierminister und auf dessen Vorschlag die übrigen Regierungsmitglieder (Minister). Er führt den Vorsitz im Ministerrat. Er kann die Nationalversammlung auflösen. Er verkündet (durch ein décret de promulgation) die vom Parlament verabschiedeten Gesetze (, die im Journal officiel – Lois et décrets, nach Jahr und Nummer gekennzeichnet, veröffentlicht werden und einen Tag nach der Veröffentlichung in Kraft treten). Er vertritt den Staat nach außen.

Gemeinsam mit dem Präsidenten ist die Regierung Träger der Exekutive. An ihrer Spitze steht der Premierminister. Die Regierung ist der Nationalversammlung verantwortlich. Sie muss zurücktreten, wenn ihr die Nationalversammlung mit der Mehrheit ihrer Mitglieder das Misstrauen ausspricht.

Die gesetzgebende Gewalt steht dem Parlament zu. Es besteht aus der Nationalversammlung (Assemblée nationale), deren 577 Abgeordnete (seit 1986) alle fünf Jahre nach einem allgemeinen, direkten, zweiphasigen Mehrheitswahlrecht mit Wahlpflicht gewählt werden (Frauenwahlrecht seit 1945), und dem Senat (Sénat), dessen 321 Mitglieder für 9 Jahre (alle drei Jahre ein Drittel der Senatoren) indirekt von Wahlmännerkollegien der Departements bestimmt werden. In der einfachen Gesetzgebung hat der Senat nur ein aufschiebendes Veto, in Verfassungsangelegenheiten ist er der Nationalversammlung gegenüber gleichberechtigt und allgemein ist die Zuständigkeit der gesetzgebenden Gewalt (seit 1958) in erheblichem Umfang auf die ausführende Gewalt verlagert.

Ein 1958 geschaffener, 1974 aufgewerteter Verfassungsrat (Conseil constitutionnel) kann das vom Parlament als dem gerechten, souveränen und deshalb grundsätzlich nicht kontrollbedürftigen Träger der Staatsgewalt geschaffene Gesetz (loi) auf seine Verfassungsmäßigkeit prüfen, wenn er von bestimmten Berechtigten angerufen wird. Ohne seine Zustimmung kann ein Verfassungsgesetz nicht in Kraft treten. In anderen Angelegenheiten (Finanzen, Soziales, Inneres) berät der schon 1799 eingerichtete Staatsrat (Conseil d'État) die Regierung. Hinsichtlich der hauptsächlich programmatischen Grundrechte verweist die Verfassung auf die Grundrechtserklärungen von 1789 und 1946. Ein allgemeiner Rechtsweg zu ihrer gesonderten Durchsetzung besteht nicht.

II. Verwaltungsrecht

Literatur: Waline, J., Droit administratif, 24. A. 2012; Junker, Der Verwaltungsakt im deutschen und französischen Recht, 1990; Keller, J., Service publique, 1999; Stein, A., Das französische Straßenplanungsrecht, Diss. jur. Tübingen 2000

Das Verwaltungsrecht, als dessen eigentliche Geburtsstunde die Entscheidung des Tribunal des conflits vom 8. 2. 1873 in der Sache Blanco gilt, ist nicht kodifiziert, obwohl die Zahl der einzelnen Verwaltungsgesetze groß ist. In seinem Mittelpunkt steht das Recht des Staates (puissance publique), in die Rechte des Einzelnen unter bestimmten Voraussetzungen einzugreifen. Ergänzt wird es zunehmend durch das Leistungsangebot der modernen Leistungsverwaltung (service publique).
Gegliedert ist die seit 1981 gewissen Dezentralisierungsbestrebungen unterworfene Verwaltung in Zentralverwaltung, (seit 1972) 21 Regionen, 96 Departements, 322 Arrondissements, 3208 Kantone und 36800 Gemeinden (mit meist weniger als 500 Einwohnern). Daneben bestehen für besondere Aufgaben besondere öffentliche Anstalten (établissements publics).
Grundlage des Verwaltungshandelns ist der Grundsatz der Gesetzmäßigkeit (légalité). Der Verwaltungsakt (l'acte administratif) ist verwaltungsgerichtlich nachprüfbar. Als Verwaltungsakt gilt dabei auch die Verordnung (règlement), nicht aber der Regierungsakt oder die Maßnahme ohne Vollzugscharakter (z.B. Auskunft).
Große Bedeutung hat das Recht der sozialen Sicherheit. Es ist im Code de la securité sociale zusammengefasst. Die allgemeine Sozialversicherung deckt bei allen Arbeitnehmern ohne Rücksicht auf ihr Einkommen die Gefahren Krankheit, Invalidität, Alter, Mutterschaft und Tod ab. Sehr bedeutsam ist die Familienbeihilfe.
Einzelne andere Verwaltungsrechtsgebiete sind inzwischen ebenfalls in Codes zusammengefasst (z.B. Code de l'environnement, Code de la santé publique).

III. Verfahrensrecht

Literatur: Rassat, M., La justice en France, 7. A. 2004

1. Organisation

Die seit 1790 von der Verwaltung grundsätzlich getrennte Gerichtsbarkeit ist in ordentliche Gerichtsbarkeit und Verwaltungsgerichtsbarkeit gegliedert.
In der ordentlichen Gerichtsbarkeit (1978 Code de l'organisation judiciaire) gibt es in Zivilsachen neben einer Art Schiedsgerichtsbarkeit in Arbeitsstreitigkeiten und Geschäftsstreitigkeiten erstens das örtliche Gericht erster Instanz (juridiction du 1er degré), – vor allem das allgemein zuständige tribunal de grande instance („Landgericht", zwei in jedem Departement), daneben das als Sondergericht geltende tribunal d'instance („Amtsgericht"), – zweitens das allein und einheitlich in zweiter Instanz tätige Appellationsgericht (cour d'appel, 30 in Frankreich, 5 in Übersee) und (drittens) den die Rechtsanwendung überprüfenden(, nicht als dritte Instanz angesehenen) Kassationsgerichtshof (Cour de cassation, 5 Zivilkammern) in Paris. In Strafsachen werden Untersuchungsgerichte bzw. Ermittlungsgerichte (juridiction d'instruction, Ermittlungsrichter, Ermittlungskammer der cour d'appel) und erkennende Gerichte (juridiction de jugement) unterschieden. Bei den erkennenden Strafgerichten ist als Abteilung des tribunal d'instance das tribunal de police für Ordnungswidrigkeiten zuständig, als Abteilung des tribunal de grande instance das tribunal correctionnel für Vergehen und das eigenständige, für jedes Departement gebildete, mit drei aus der cour d'appel entnommenen Berufsrichtern und 9 Laien (jury) besetzte Schwurgericht (cour d'assises) für Verbrechen. Über Berufungen gegen berufungsfähige Entscheidungen der ersten Instanz urteilt die cour d'appel, über erstinstanzliche Urteile der Schwurgerichte auf Grund des appel circulaire ein anderes Schwurgericht, über die Kassation von Strafurteilen die Strafgerichtsabteilung (chambre criminelle) des Kassationsgerichtshofs.
Die Verwaltungsgerichtsbarkeit beginnt seit 1. 1. 1989 auf der ersten Ebene mit allgemeinen Verwaltungsgerichten (tribunaux administratifs). Über ihnen stehen in den meisten Angelegenheiten die (7) cours administratives d'appel. Oberstes Verwaltungsgericht ist der Staatsrat (Conseil d'État, fünfte Abteilung streitentscheidend).
Zuständigkeitsstreitigkeiten zwischen den ordentlichen Gerichten und den Verwaltungsgerichten entscheidet das 1872 geschaffene Konfliktgericht (Tribunal des conflits).

Die Verfassungsgerichtsbarkeit wird vom 9 Mitglieder umfassenden Verfassungsrat (Conseil constitutionnel) und damit nicht von einem eigentlichen Verfassungsgericht ausgeübt.

2. Verfahren

a) Zivilverfahren

Literatur: Traum/Delgrange, Der Zivilprozess in Frankreich, in: Deutsche Unternehmen in Frankreich, hg. v. Boehmer, v., 1991; Weber, Die Verdrängung des Hauptsacheverfahrens durch den einstweiligen Rechtsschutz, 1993; Traichel, Die Reform des französischen Zwangsvollstreckungsrechts, 1995; Sonnenberger, H., Prinzipien des neuen französischen Zivilverfahrensrechts, FS 30 Jahre Münchener juristische Gesellschaft, 1996, 63; Guinchard, S., Procédure civile, 31. A. 2012; Couchez, G., Procédure civile, 16. A. 2011; Dietrich, M., Rechtsstellung und Beteiligung der Gläubiger im französischen Insolvenzverfahren, 2004

Grundlage des französischen Zivilprozessrechts ist der Nouveau code de procédure civile (NCPC) vom 1. 1. 1976, der die Stellung des Richters stärkt und das Verfahren vereinfacht und beschleunigt. Er gliedert sich in die vier Bücher gemeinsame Vorschriften, besondere Vorschriften für einzelne Gerichtszweige (tribunal de grande instance, tribunal d'instance, Handels- und Arbeitsgericht, cour d'appel, Cour de cassation), besondere Vorschriften für bestimmte Angelegenheiten (Personenstand, Familiensachen, Vormundschaftssachen), Schiedsgerichte.
Das gewöhnliche Zivilverfahren beginnt mit der Zustellung des Klageschriftsatzes durch den Kläger oder seinen Prozessvertreter an den Gegner und Einreichung einer Abschrift beim Gericht. Dieses setzt die Streitsache auf die sog. Prozessrolle (mise au rôle) und bestimmt den Richter. Danach legen die Parteien die streitbegründenden Schriftsätze bei Gericht nieder. Dadurch wird die Sache streitbefangen. Die Entscheidungsreife wird vom Berichterstatter bestimmt. In der öffentlichen Verhandlung werden die Anträge (conclusions) der Parteien und der Bericht des mit der Vorbereitung der mündlichen Verhandlung beauftragten Richters (juge de la mise en état) verlesen und die Plädoyers vorgetragen. Anschließend berät das Gericht. Danach wird das Urteil verkündet und schriftlich abgefasst. (Wichtige Urteile werden vor allem im Recueil Dalloz-Sirey veröffentlicht.)
Rechtsmittel sind appel (Berufung) und pourvoi en cassation (Revision mit eventueller Kassation und Rückverweisung an eine cour d'appel zur Entscheidung), außerordentliche Rechtsbehelfe das Wiederaufnahmeverfahren und die tierce opposition, die einem Dritten die Möglichkeit er-

öffnet, ein für ihn ungünstiges, zwischen anderen Parteien ergangenes Urteil anzugreifen.
Für die Zwangsvollstreckung bedarf der Gläubiger eines vollstreckbaren Titels, den er dem Schuldner mit einer Zahlungsaufforderung zustellen muss. Neben der gewöhnlichen Zwangsvollstreckung in bewegliche Sachen gibt es die Herausgabevollstreckung, die Vermietervollstreckung, die Fremdenvollstreckung, die Vollstreckung in Früchte auf dem Halm, die Forderungspfändung, die Arbeitseinkommenspfändung und die Zwangsversteigerung von Grundstücken.
Das Insolvenzrecht ist seit seiner Neuordnung im Jahre 1985 durch eine sechsmonatige Beobachtungsphase seitens des Handelsgerichts (tribunal de commerce) gekennzeichnet, in der Vorschläge über das weitere Vorgehen gewonnen werden sollen. Danach sind Sanierung und Reorganisation möglich. Anderenfalls kommt es zur Liquidation.

b) Strafverfahren

Literatur: Guinchard, S., Procédure pénale, 7. A. 2011; Vitu, Die Grundzüge des französischen Strafverfahrens, in: Der Strafprozess im Spiegel ausländischer Verfahrensordnungen, hg. v. Jung, 1990

Der Code de l'instruction criminelle des Jahres 1808 wurde 1958 durch den Code de procédure pénale ersetzt. Dieser wurde durch Gesetz vom 4. 1. 1993 zum 1. 3. 1993 erheblich geändert, doch wurden diese Veränderungen bereits teilweise wieder beseitigt, aber auch Beseitigungen wieder aufgehoben.
Das Strafverfahren beginnt mit einer vorbereitenden Ermittlung (enquête préliminaire) durch die an Weisungen der Staatsanwaltschaft (ministère public) gebundene Kriminalpolizei (police judiciaire). Nach Beendigung der Ermittlungen kann die Staatsanwaltschaft das Verfahren einstellen, wenn sie eine Verfolgung nicht für opportun hält (Opportunitätsprinzip). Allerdings kann unabhängig hiervon der Verletzte die Strafverfolgung betreiben.
Es folgt die gerichtliche Voruntersuchung (instruction), die bei Verbrechen notwendig ist. Auf Antrag der Staatsanwaltschaft setzt der Untersuchungsrichter (juge d'instruction) die Ermittlungen fort. Die Anordnung von Untersuchungshaft kann dabei nur eine besondere Kammer beschließen.
Die Hauptverhandlung ist grundsätzlich mündlich und öffentlich. Alle Beweismittel sind zulässig. Das Urteil lautet auf Freispruch oder Verurteilung.

c) Verwaltungsgerichtsverfahren

Literatur: Koch, J., Verwaltungsrechtsschutz in Frankreich, 1998; Chapus, R., Droit du contentieux administratif, 13. A. 2008; Chabanol, D., La pratique du contentieux administratif, 9. A. 2011

Das Verwaltungsgerichtsverfahren (des Code de la justice administrative) wird durch Klage (recours contentieux) gegen eine Verwaltungsentscheidung eröffnet. Das wichtigste Instrument des Verwaltungsgerichtsverfahrens ist der Recours pour excès de pouvoir. Jedermann, der ein Interesse daran hat, kann die Aufhebung einer vollziehbaren Entscheidung durch den Verwaltungsrichter wegen deren Fehlerhaftigkeit begehren. Fehlerhaft ist eine Verwaltungsentscheidung dann, wenn sie von einer unzuständigen Behörde erlassen wurde (incompétence), wenn sie Formfehler (vice de forme et de procédure) aufweist, gegen das Gesetz verstößt (violation de la loi) oder wenn die Behörde ihr Ermessen missbraucht hat (détournement de pouvoir). Der Verwaltungsklage kommt keine aufschiebende Wirkung zu. Das der Klage stattgebende Urteil des Verwaltungsrichters hebt den Verwaltungsakt aber rückwirkend auf.

IV. Strafrecht

Literatur: Schreiber, Terminologie juridique droit pénal et procédure pénale, 1949; Pradel, J., Droit pénal géneral, 19. A. 2012; Zieschang, F., Das Sanktionensystem des französischen Strafrechts im Vergleich mit dem deutschen Strafrecht, 1992, Diss. jur. Köln 1991; Das französische Strafgesetzbuch, übersetzt v. Bauknecht, G., 1999; Conte, P., Droit pénal général, 2002

Der Code pénal des Jahres 1810 wurde nach Änderungen in den Jahren 1958 und 1960 durch Gesetze vom 22. 7. 1992 und 19. 7. 1993 zum 1. 3. 1994 durch einen Nouveau Code Pénal abgelöst. Er ist in sieben Bücher (Allgemeiner Teil, Straftaten gegen Personen, Straftaten betreffend das Vermögen, Straftaten gegen die Allgemeinheit einschließlich Urkundendelikte, sonstige Delikte) gegliedert. Das durch Verordnung regelbare Ordnungswidrigkeitenrecht ist gleichzeitig zur Partie réglementaire du nouveau Code Pénal (6. Buch) umgestaltet. Für crimes (schwere Verbrechen) ist das Schwurgericht (cour d'assises) zuständig, für délits (einfache Verbrechen und Vergehen) das Strafgericht (tribunal correctionnel), für Ordnungswidrigkeiten das Polizeigericht (tribunal de police).

Die Straftat besteht aus tatbestandsmäßigem Verhalten gemäß einer kausalen Handlungslehre (élément matériel), aus Rechtswidrigkeit durch objektiven Gesetzesverstoß (élément légal) und aus Schuld (élément moral). Strafen sind (seit der Abschaffung der Todesstrafe durch Gesetz vom 9. 10. 1981) lebenslängliche Freiheitsstrafe, Freiheitsstrafe von 30 Jahren, Freiheitsstrafe von 20 Jahren, Freiheitsstrafe bis zu 10 Jahren bei Vergehen, Geldstrafe und als Nebenstrafen die Aberkennung der bürgerlichen Ehrenrechte, der Verlust der Geschäftsfähigkeit und die Einziehung des Vermögens.
Wichtigste Sicherungsmaßnahme ist die Sicherungsverwahrung.

C. Privatrecht

Literatur: Ferid, M., Das französische Zivilrecht, Bd. 1f. 1971; Ferid, M./Sonnenberger, H., Das französische Zivilrecht, Bd. 2f. 2. A. 1986f.; Voirin, P./Goubeaux, G., Droit civil Bd. 1 32. A. 2009, Bd. 2 26. A. 2010; Aubert, J., Introduction au droit, 12. A. 2008

I. Bürgerliches Recht

Die Grundlage des französischen Privatrechts bildet noch immer der Code civil des Jahres 1804. Eine lange geplante Gesamtreform kam bisher nicht zustande. Allerdings wurde insbesondere das Familienrecht bereits erheblich abgeändert.
Gegliedert ist der Code civil in drei Bücher. Das erste Buch (Des Personnes, Von Personen) enthält das Personenrecht einschließlich des Familienrechts (ausgenommen das Ehegüterrecht). Das zweite Buch (Des biens et des différentes modifications de la propriété, Von den Gütern und den verschiedenen Abwandlungen des Eigentums) umgreift das Sachenrecht. Buch 3 fasst die verschiedenen Eigentumserwerbsarten zusammen (Des différentes manières dont on acquiert la propriété) (Vertragsrecht, Erbrecht, dingliche Sicherheiten, gesetzliche Schuldverhältnisse, Verjährung). Hinzu kommen Bestimmungen über die Verkündung von Gesetzen, über intertemporale und internationale Kollisionsfragen, sowie Fremdenrecht und internationales Zivilprozessrecht.

1. Allgemeiner Teil

Auf Grund des gesamten Code civil entwickelte die Rechtswissenschaft nach dem Vorbild der deutschen Pandektistik des 19. Jahrhunderts nach-

träglich einen Allgemeinen Teil. Er bezieht sich vor allem auf die Person und das Rechtsgeschäft.
Die Person erlangt die Rechtsfähigkeit mit der Geburt und verliert sie mit dem Tode. Bereits die später lebend geborene Leibesfrucht (lat. nasciturus) ist erbfähig. Die juristische Person wurde erst von der Lehre anerkannt und danach 1978 in den Code civil aufgenommen. Die Rechtsprechung gewährt der Person ein Persönlichkeitsrecht. Die Geschäftsfähigkeit kommt allen Personen zu, sofern sie nicht unter gesetzlichen Schutz (Vormundschaft, Betreuung) gestellt sind oder nicht (nicht emanzipiert) minderjährig (incapable) sind. Einen Schutz des guten Glaubens an die Geschäftsfähigkeit gibt es nicht.
Von den Rechtsgeschäften ist nur das zweiseitige Rechtsgeschäft im Code civil behandelt. Es erfordert Geschäftsfähigkeit, Willensübereinstimmung (consentement), einen bestimmten Gegenstand (objet certain) und einen rechtlichen Grund (cause licite). Dem bloßen Antrag auf Abschluss kommt grundsätzlich keine Bindungswirkung zu.
Für die Willenserklärung legte der Code civil die Willenstheorie (Wille des Erklärenden entscheidend) zugrunde, doch stellt die gegenwärtige Lehre im Gegensatz hierzu überwiegend auf die Erklärung und damit auf das Verständnis des Empfängers ab. Die Willensmängel behandelte der Code civil zunächst nur unvollkommen. Die Lehre kennt Regeln über den inneren Vorbehalt (Mentalreservation), das Scheingeschäft, den Irrtum, die Arglist und die Drohung.
Einer besonderen Form bedarf das Rechtsgeschäft grundsätzlich nicht (anders Art. 1341 I Code civil für Verträge oberhalb gewisser Wertgrenzen). Soweit Formvorschriften bestehen, haben sie vor allem beweisrechtliche Bedeutung. Ein Formmangel bewirkt daher nicht die Nichtigkeit des Geschäftes, sondern nur die Nichtbeweisbarkeit.
Die Stellvertretung bei der Willenserklärung ist nicht besonders geregelt. Die sich hieraus ergebende Verknüpfung beispielsweise mit dem Auftrag wird erst von der gegenwärtigen Rechtslehre problematisiert.
Grenzen der Privatautonomie sind die gute Ordnung (ordre public) und die guten Sitten (bonnes mœurs).

2. Schuldrecht

Literatur: Französisches Vertragsrecht für deutsche Exporteure, hg. v. Witz, C./Bopp, T., 1989; Bar, C. v., Gemeineuropäisches Deliktsrecht, Bd. 1f. 1996ff.; Montavon, P., Juristische Terminologie des Obligationenrechts Deutsch-Französisch/Französisch-Deutsch, 1998; Terré, F./Simler, P./Lequette, Y., Les obligations, 12. A. 2008; Dettmeier, M.,

Das einseitige und das beiderseitige Kaufvertragsversprechen, Diss. jur. Köln 1999; Schley, M., Das französische Produkthaftungsrecht, 2001; Niboyet, F., Die Haftung Minderjähriger und ihrer Eltern, 2001; Kaschefi, A., Sachmängelhaftung im französischen Kaufrecht, 2008

Allgemein erlischt die vor allem durch Rechtsgeschäft, aber auch durch unerlaubte Handlung (u. a. culpa in contrahendo) entstandene Schuld durch Erfüllung. Hinzu kommen Novation, Erlass, Aufrechnung, Konfusion, Untergang der geschuldeten Sache, gerichtliche Unwirksamkeitserklärung, Eintritt einer auflösenden Bedingung oder Verjährung.
Wichtigster Begriff der Leistungsstörung ist die Nichterfüllung (inexécution) der Verpflichtung. Die Nichterfüllung entspricht der Unmöglichkeit, dem Verzug und der sonstigen Pflichtverletzung (positiven Forderungsverletzung) des deutschen Rechtes. Der Richter kann im Einzelfall eine Nachfrist zur Leistung setzen oder den Vertrag auflösen und bzw. oder Schadensersatz gewähren.
Treu und Glauben kommt keine hervorragende Bedeutung zu, doch dürfen Rechte nicht missbraucht werden. In engem Rahmen werden auf Grund des mutmaßlichen Parteiwillens vertragliche Nebenpflichten anerkannt. Für Verschulden eines Gehilfen ist trotz fehlender gesetzlicher Regelung einzustehen.
Das wichtigste besondere Schuldverhältnis ist der durch Willensübereinstimmung entstehende Kaufvertrag. Mit Abschluss des Vertrags geht grundsätzlich das Eigentum bereits auf den Erwerber über (sog. kausale Übereignung im Gegensatz zum deutschen Abstraktionsprinzip). Bei mehrfacher Veräußerung erwirbt Eigentum, wer den (unmittelbaren) Besitz erlangt.
Bei der Schenkung bedürfen Schenkungserklärung und Annahmeerklärung der notariellen Beurkundung. Ausgenommen hiervon ist die Handschenkung. Die Schenkung ist grundsätzlich nur gültig, wenn sie unwiderruflich ist.
Miete, Pacht, Dienstvertrag und Werkvertrag sind als Bestandvertrag (contrat de louage) zusammengefasst. Mietrecht und Pachtrecht sind aber in erheblichem Umfang durch außerhalb des Codes stehende Einzelgesetze abgeändert. 1966 wurde der Leasingvertrag in den Code aufgenommen.
Das Arbeitsrecht ist aus dem allgemeinen Dienstvertragsrecht ausgesondert. Das Werkvertragsrecht ist vor allem hinsichtlich der Mängelhaftung lückenhaft.
Dem Bereicherungsrecht kommt wegen der kausalen Gestaltung der Übereignung kein großes Gewicht zu. Es gibt aber die Leistungskondik-

tion und den Verwendungsanspruch (lat. actio de in rem verso). Die Haftung für unerlaubte Handlung wurde auf Grund weniger gesetzlicher Bestimmungen (Art. 1382ff. Code civil) von der Rechtsprechung fortentwickelt, wonach ein Schaden dann zu ersetzen ist, wenn er direct, actuel, certain und légitime ist.

3. Sachenrecht

Literatur: Atias, C., Droit civil, Les biens, 11. A. 2011; Terré, F./Simler, P., Droit civil, Les biens, 8. A. 2010; Kohls, S., Die Hypothek im französischen und deutschen Recht, 1999; Jeroscheg, E., Eigentum an beweglichen Sachen, 2000; Pfleiderer, T., Einführung in das französische Immobilienrecht, 2003

Besitz setzt Sachherrschaft und Besitzwillen voraus. Fremdbesitzer und Besitzdiener sind nicht Besitzer, sondern bloßer Inhaber (détenteur) der Sache.
Das Eigentum wird kausal (z.B. durch den Kaufvertrag) erworben. Gutgläubiger Erwerb des Eigentums an beweglichen Sachen ist möglich (Art. 2279 Code civil), sofern der Erwerber gutgläubig ist, den unmittelbaren Besitz erlangt und der Eigentümer die Sache nicht unfreiwillig verloren hat.
Rechtsgeschäftliche Sicherheit ist vor allem das Faustpfand. Es gibt aber auch besitzlose Sicherungsrechte. Die entsprechenden Mobiliarhypotheken sind wie die Hypotheken allgemein der Publizität unterworfen.
Bei Liegenschaften tritt die Rechtsänderung unabhängig von der Eintragung in ein Grundbuch ein. Die Eintragung ist also nicht rechtsbegründend. Die Nichteintragung bewirkt aber, dass das entstandene Recht bestimmten Dritten nicht entgegengehalten werden kann.
Außerhalb des Code civil ist das Wohnungseigentum geschaffen worden. Es verbindet Miteigentum an gemeinsamen Gegenständen mit Sondereigentum an Einzelgegenständen.

4. Familienrecht

Literatur: Courbe, P., Droit civil. Les personnes la famille, 8. A. 2012; Döbereiner, C., Ehe- und Erbverträge im deutsch-französischen Rechtsverkehr, 2001; Ploeckl, B., Umgangsrechtsstreitigkeiten im deutsch-französischen Rechtsverkehr, 2003; Frucht, C., Der pacte civil de solidarité, 2005

Das Familienrecht ist der Teil des Code civil, der bisher am stärksten abgeändert wurde. Der Grundsatz der Gleichberechtigung der Geschlechter

ist weitgehend verwirklicht. Seit 2000 kann eine Partnerschaft (ziviler Solidaritätspakt, pacte civil de solidaritè, pacs) zweier Menschen beliebigen Geschlechts in ein vom Erstgericht geführtes Register eingetragen werden, die wirtschaftliche Vorteile bei Wohngeld, Sozialversicherung, Arbeitsrecht und Erbschaftsteuer vorsieht, noch keine gemeinsame Adoption zulässt und durch mittels Einschreibens mitgeteilte Erklärung eines Partners aufgelöst wird. 2013 wird die Eheschließung unter gleichgeschlechtlichen Partnern zugelassen.
Die Ehe ist ein Vertrag, der Ehefähigkeit, Eheschließungswillenserklärung und Fehlen von Ehehindernissen voraussetzt. Zu den Willenserklärungen der Eheleute muss eine konstitutiv wirkende Erklärung des Standesbeamten hinzukommen.
Gesetzlicher Regelgüterstand ist die Errungenschaftsgemeinschaft mit gemeinsamer Verwaltung. Das davon unberührte Eigengut verwaltet jeder Ehegatte allein. Der Regelgüterstand ist innerhalb der gesetzlichen Schranken vertraglich abänderbar.
Im gegenseitigen Einverständnis, bei Zerrüttung der Lebensgemeinschaft und bei Verschulden kann die Ehe durch die Ehescheidung aufgelöst werden. Die Folgen hängen von dem Scheidungsgrund ab. Die Übertragung der elterlichen Gewalt über ein Kind richtet sich nach dem Wohl des Kindes. Möglich ist die praktisch bedeutungslose Trennung von Tisch und Bett.
Kinder stehen grundsätzlich unter der elterlichen Gewalt. Sie kann von beiden Eltern in gleicher Weise ausgeübt werden.
Uneheliche Kinder sind ehelichen Kindern nicht vollständig gleichgestellt. Die Vaterschaftsklage ist nur innerhalb enger Grenzen zulässig. 1972 wurden unehelichen Kindern (ausgenommen Ehebruchskinder) hinsichtlich des Erbrechts die gleichen Rechte eingeräumt wie ehelichen Kindern.
Die Legitimation unehelicher Kinder und die Adoption wurden erleichtert.

5. Erbrecht

Literatur: Voirin, P., Droit civil – régimes matrimoniaux, successions libéralités, 26. A. 2010; Schömmer, H. u.a., Internationales Erbrecht Frankreich, 2005

Grundsatz ist die Gesamtnachfolge (Universalsukzession) der Verwandten in die Gesamtheit aller Rechte und Pflichten. Erben erster Ordnung sind die Abkömmlinge, Erben zweiter Ordnung die Eltern und die Geschwister, Erben dritter Ordnung andere Aszendenten und Erben vierter Ordnung die übrigen Seitenverwandten. Jeder Erbe einer vorrangigen

Ordnung schließt alle als Erben in Betracht kommenden Angehörigen der nachrangigen Ordnungen aus.
Der Ehegatte war ursprünglich vom Erbrecht nicht erfasst. Neben Kindern erbt er in der Gegenwart nach der notwendigen Auseinandersetzung der regelmäßig vorliegenden Errungenschaftsgemeinschaft nur den Nießbrauch an einem Viertel des Nachlasses, neben Eltern, Geschwistern und Nießbrauchskindern nur den Nießbrauch an der Hälfte des Nachlasses. Erst neben Erben dritter Ordnung kann er Eigentum an der Hälfte oder der Gesamtheit des Nachlasses erlangen.
Die Miterbengemeinschaft mehrerer Miterben war früher jederzeit teilbar. In der Gegenwart kann die Teilung durch Gerichtsbeschluss für höchstens zwei Jahre verhindert werden, wenn ihr sofortiger Vollzug den Wert des Nachlasses verringert. Durch Vertrag kann die Teilung auch darüber hinaus ausgeschlossen werden.
Der Erblasser kann die gesetzliche Erbfolge durch Testament frei abändern. Gemeinschaftliche Testamente sind nicht zulässig. Erbverträge sind nur ausnahmsweise möglich.
Werden nahe Verwandte durch Testament ausgeschlossen, steht ihnen ein Pflichtteil als materielles Erbrecht zu. Dadurch wird die Verfügungsmöglichkeit des Erblassers bei einem Kind auf die Hälfte des Nachlasses, bei zwei Kindern auf ein Drittel und bei drei oder mehr Kindern auf ein Viertel des Nachlasses beschränkt.
Nimmt der Erbe die Erbschaft an, so haftet er unbeschränkt mit seinem gesamten Vermögen. Will er seine Haftung auf den Nachlass beschränken, so muss er ein Verzeichnis (Inventar) des Nachlasses) errichten.

II. Handelsrecht

Literatur: Sonnenberger, H., Französisches Handels- und Wirtschaftsrecht, 2. A. 1991; Mestre, J., Droit commercial, 27. A. 2006; Gravenstein, V., Französisches Gesellschaftsrecht, 3. A. 1988; Chaussade-Klein, B., Gesellschaftsrecht in Frankreich, 2. A. 1998; Schlichting, A., Terminologie des französischen Wirtschaftsrechts, 1999; Kessler, F./ Naudin, E., Introduction au droit commercial français, 2000; Merle, P., Droit commercial – sociétés commerciales, 16. A. 2013; Lainé/Leutner, Standardvertragsmuster zum Handels- und Gesellschaftsrecht, 2005; Ax, T./Hartmann, D., Investitionen in Frankreich, 2006

Der 1807 geschaffene Code de commerce wurde seitdem vielfach geändert (1935, 1966, 1967, 1978), durch Sondergesetze (z.B. Gesetz vom

24. 7. 1867 über die Aktiengesellschaften, Gesetz vom 24. 7. 1966 über die Handelsgesellschaften, Gesetz vom 25. 1. 1985 über Insolvenz) ergänzt und durch eine Ordonnance vom 18. 9. 2000 in neun Büchern (Handel im Allgemeinen, Handelsgesellschaften, Preisfestsetzung und Wettbewerb, Wechsel und Sicherheiten, Insolvenz, Organisation des Handels, reglementierte Berufe, Geltung in Übersee) völlig neu gefasst.
Im Mittelpunkt des Handelsrechts steht nicht der Kaufmann (subjektives System), sondern das Handelsgeschäft (acte de commerce, objektives System). Allerdings sind alle Geschäfte des Code de commerce Handelsgeschäfte nur, wenn sie ein Kaufmann tätigt, und andere Geschäfte eines Kaufmanns im Rahmen seines Gewerbes sog. actes de commerce par accessoire. Manche Geschäfte (z.B. Wechselgeschäfte, Gesellschaftsgründung oder Aktienzeichnung) sind auch dann Handelsgeschäfte, wenn sie von Nichtkaufleuten vorgenommen werden.
Kaufmann ist, wer berufsmäßig Handelsgeschäfte tätigt. Von Bedeutung ist die Eintragung in das Handelsregister. Kaufleute sind buchführungspflichtig und konkursfähig.
Das Gesellschaftsrecht kennt als Personengesellschaft offene Handelsgesellschaft (société en nom collectif) und Kommanditgesellschaft (société en commandite simple) mit eigener Rechtspersönlichkeit (personalité morale), wobei subsidiär die Regeln der Gesellschaft des bürgerlichen Rechtes gelten. Kapitalgesellschaften sind Gesellschaft mit beschränkter Haftung (société à responsabilité limitée, S.A.R.L., 1925, seit 2004 auch Beginn des Geschäftsbetriebs ohne Aufbringung von Stammkapital mit einer vorläufigen gerichtlichen Bescheinigung möglich) und Aktiengesellschaft (société anonyme, S.A., 1867, seit 1994 in vereinfachter Form möglich, société par actions simplifiée, S.A.S., durch Gesetz vom 12. 7. 1999 auch als Einmannaktiengesellschaft). Der sog. groupement d'intérêt économique (23. 9. 1967) wurde von der Europäischen Union als supranationale Gesellschaftsform Europäische wirtschaftliche Interessenvereinigung (25. 7. 1987) übernommen.
Das früher sehr staatsinterventionistisch geprägte Wettbewerbsrecht kennt den Conseil de la concurrence, der über die Einhaltung der Wettbewerbsregeln wacht.

III. Arbeitsrecht

Literatur: Krieger, Das französische Tarifvertragsrecht, 1991; Ranke, Arbeitsrecht in Frankreich, 1995; Pélissier, J., Droit du travail, 27. A. 2012; Kaufmann, O., Wörterbuch Arbeits- und Sozialrecht, 2004

Der Code civil enthält entsprechend den wirtschaftlichen Gegebenheiten seiner Entstehungszeit noch kein Arbeitsrecht. Dieses beginnt mit den ersten Arbeitszeitregelungen und Unfallschutzvorschriften der 1871 einsetzenden dritten Republik (1884, 1891). 1910 wurde ein besonderes Arbeitsgesetzbuch (Code du travail) geschaffen.
Die vier Bücher dieses Gesetzbuchs enthalten Bestimmungen über die Arbeitszeit, den Arbeitsschutz, die Arbeitgeberverbände und Arbeitnehmerverbände (syndicats professionels) und die Arbeitsgerichte, deren erste Instanz als conseil des prud'hommes bezeichnet wird. Die Arbeitgeber sind in einem einzigen Verband (CNPF) zusammengeschlossen, die Arbeitnehmer vielfach nicht oder nur aufgesplittert organisiert. Die Tarifpartner stehen sich verhältnismäßig gegensätzlich gegenüber, woraus sich die Häufigkeit von Streiks erklärt.

D. Juristen

Literatur: Starnitzky, E., Ausbildung der Richter und Staatsanwälte in Frankreich, JuS 2001, 1141; Bonnet, O., Rechtsstudium in Frankreich, 2003; Auler, B., Auslandssemester in Frankreich, JuS Magazin 2004, 6, 11

Gute Schulabsolventen gehen zum Studium mehrheitlich nicht an eine Universität, sondern an eine der besser ausgestatteten grandes écoles (große Schulen). Öffentliches Recht ist auch an den verschiedenen Politikhochschulen und Verwaltungshochschulen sehr bedeutsam. Es gibt keinen Beruf, zu dessen Ausübung ein erfolgreiches Studium der Rechtswissenschaft unabdingbare Voraussetzung ist.
Das Studium der Rechtswissenschaft (z.B. an der Universität Paris I Sorbonne, Paris II Panthéon-Assas in Paris) setzt die Reifeprüfung (baccalauréat) oder eine Sonderprüfung voraus. Es gliedert sich in drei Abschnitte (cycles), von denen der dritte als berufsspezifische Ausbildung eher außerhalb der Universität an einer berufsspezifischen Einrichtung absolviert wird.
Der erste, als Bindeglied zwischen schulischer und universitärer Ausbildung zu verstehende Studienabschnitt (an den unités de formation et de recherche de droit genannten Fakultäten) vermittelt Grundkenntnisse in den rechtswissenschaftlichen Hauptgebieten. Er dauert zwei Jahre. Alljährlich werden studienbegleitend Prüfungen abgehalten, die das in den Lehrveranstaltungen (cours) schulmäßig durch Vorlesen Vorgetragene und durch wörtliche Mitschrift Aufgezeichnete und danach Auswendig-

gelernte meist schriftlich schulmäßig abprüfen. Ergänzt werden die wichtigsten Vorlesungen durch (jährlich 6) travaux dirigés (Arbeitsgemeinschaften mit höchstens 20 Teilnehmern und Anwesenheitspflicht, als Prüfungsarbeiten meist Themenarbeit bzw. Kommentierung eines obergerichtlichen Urteils, formal in – Einleitung und – zwei Hauptteile bzw. parties mit zwei Unterabschnitten bzw. sous-parties gegliedert). Der Absolvent erhält (nach mindestens zwei Jahren) das Diplôme d'études universitaires générales (DEUG – mention droit).
Der zweite Studienabschnitt (drittes Studienjahr, viertes Studienjahr) ermöglicht eine Auswahl bestimmter Fächer und damit eine Schwerpunktsetzung. Nach seinem ersten Jahr (also insgesamt drei Jahren) erhält der Absolvent die licence en droit (kein berufsqualifizierender Titel, aber Möglichkeit der Prüfung zum huissier, Gerichtsvollzieher, Gerichtsdiener, Zugang zu Beamtenlaufbahnen, nach drei Jahren tatsächlich erreicht von einem Viertel der Studierenden, nach maximal acht Jahren erreicht von der Hälfte), nach dem zweiten Jahr (also insgesamt vier Jahren) die maîtrise. Sie schließt zwar das regelmäßige Universitätsstudium ab, berechtigt aber noch nicht unmittelbar zur Aufnahme einer (voll)juristischen Berufstätigkeit (z.B. als Richter oder Staatsanwalt).
Im dritten, an der Universität oder außerhalb der Universität ableistbaren Studienabschnitt ist an der Universität eine wissenschaftliche Weiterbildung möglich, die mit dem diplôme d'études approfondies (DEA) endet und die Möglichkeit des Doktorats und der Habilitation eröffnet. Daneben wird an der Universität auch eine als gleichwertig angesehene, juristisch-berufliche Weiterbildung geboten, die zum diplôme d'études supérieures spécialisées (DESS) führt, das zunehmend für alle juristischen Berufe (vor allem Rechtsanwaltsberuf) an Bedeutung gewinnt.
Außerhalb der Universität erfolgt die Weiterbildung im dritten Studienabschnitt bzw. Ausbildungsabschnitt für Justizbeamte (Richter bzw. magistrats du siège, Staatsanwälte bzw. magistrats du parquet) durch die école nationale de la magistrature (ENM) in Bordeaux, die auch den nicht durch ein juristisches Studium vorgebildeten Beamten nach einer vierjährigen Praxis offensteht und drei Jahre dauert. Interessenten für die Tätigkeit als Rechtsanwalt werden auf der Grundlage der maîtrise en droit in einer einjährigen Ausbildung in sog. centres de formation professionelle (écoles d'avocat) fortgebildet, an deren Ende ein certificat d'aptitude à la profession d'avocat (CAPA) steht. Damit ist der Absolvent Anwaltsanwärter (avocat-stagiaire) und wird in die Anwaltsliste eingetragen. Nach mindestens zweijähriger Tätigkeit als collaborateur (freier Mitarbeiter) im Büro eines zugelassenen Rechtsanwalts, der eine zwingende Begleitausbildung zur Seite steht, kann die Zulassung als

Rechtsanwalt erreicht werden. Die ursprünglich bestehende Unterscheidung zwischen dem als officier ministériel wirkenden, die Partei vertretenden und alle Prozesshandlungen durchführenden avoué und dem freiberuflichen, die Partei mündlich vor Gericht vertretenden avocat ist dabei seit einem Gesetz vom 31. 12. 1971 aufgegeben.

Besonders guten Universitätsabsolventen steht auch der Zugang zur école nationale d'administration (ENA) offen, deren erfolgreicher Besuch die besten Aufstiegsmöglichkeiten in Politik und Verwaltung gewährt.

Innerhalb der fertigen Juristen genießen die Verfassungsjuristen und die Verwaltungsjuristen das höchste Ansehen.

Deutsch-französische Juristenvereinigung e.V. Sekretariat Universität Mainz, FB 03, D 55099 Mainz, Tel. 06131/3922412, Fax 06131/3924700, http://www.dfj.org

ABKÜRZUNGSVERZEICHNIS

Adj.	Adjektiv
Adv.	Adverb
am.	amerikanisch
brit.	britisch
engl.	englisch
F.	Femininum
franz.	französisch
griech.	griechisch
jur.	juristisch
lat.	lateinisch
M.	Maskulinum
N.	Neutrum
Part.	Partikel
Pl.	Plural
Präp.	Präposition
V.	Verb

Deutsch - Französisch

A

abändern modifier, changer, amender, réviser
Abänderung (F.) modification (F.), changement (M.), amendement (M.), correction (F.), révision (F.)
Abänderungsklage (F.) action (F.) en réformation, action (F.) en modification
Abandon (N.) délaissement (M.), abandonnement (M.), abandon (M.)
abandonnieren abandonner, délaisser
abbedingen modifier
abberufen (V.) rappeler, révoquer, renvoyer, relever de ses fonctions
Abberufung (F.) rappel (M.), révocation (F.), destitution (F.)
abbrechen interrompre, rompre, mettre fin à, démolir
Abbruch (M.) rupture (F.), interruption (F.), démolition (F.)
abbuchen débiter, porter au débit
Abbuchung (F.) débit (M.), montant (M.) debité, prélèvement (M.)
ABC-Waffe (F.) arme (F.) atomique biologique chimique, arme (F.) atomique chimique et biologique
abdanken abdiquer, résigner
Abdankung (F.) abdication (F.), rénonciation (F.)
abdingbar supplétif (Adj.), dispositif (Adj.), non obligatoire
aberkennen désavouer, refuser, déchoir
Aberkennung (F.) désaveu (M.), refus (M.), déchéance (F.)
aberratio (F.) ictus (lat.) (Abirrung des Geschosses) aberratio (F.) ictus (lat.), erreur (F.) de tir
Abfall (M.) déchet (M.), résidu (M.)
Abfallbeseitigung (F.) élimination (F.) et récupération (F.) des déchets
abfallen tomber de
Abfallentsorgung (F.) gestion (F.) des déchets
abfertigen dédouaner, expédier, payer une indemnité
Abfertigung (F.) indemnité (F.) de licenciement, indemnité (F.) de congédiement, expédition (F.)
abfinden indemniser, dédommager
Abfindung (F.) compensation (F.), dédommagement (M.), indemnité (F.)
Abfindungsguthaben (N.) indemnité (F.) due à l'associé qui se retire d'une société
Abfindungsvereinbarung (F.) contrat (M.) d'indemnisation
Abgabe (F.) contribution (F.), impôt (M.), redevance (F.) fiscale, remise (F.), taxe (F.), soumission (F.), transmission (F.), dépôt (M.), manifestation (F.), déclaration (F.), renvoi (M.)
Abgabenordnung (F.) code (M.) des impôts, code (M.) des procédures fiscales
Abgabenüberhebung (F.) concussion (F.)
Abgas (N.) gaz (M.) d'échappement
Abgasuntersuchung (F.) contrôle (M.) des gaz d'échappement, test (M.) de la teneur en CO
abgeben soumettre, remettre, déposer
abgeleitet dérivé (Adj.)
abgeleiteter Eigentumserwerb (M.) acquisition (F.) dérivée de la propriété
abgelten indemniser, régler
Abgeltung (F.) acquittement (M.), paiement (M.), indemnité (F.), indemnisation (F.), règlement (M.) forfaitaire
Abgeltungssteuer (F.) impôt (M.) sur les revenus financiers
abgeordnet (Adj.) député (Adj.), délégué (Adj.)
Abgeordnetenbestechung (F.) corruption (F.) des députés
Abgeordnetenhaus (N.) chambre (F.) des députés
Abgeordneter (M.) député (M.), parlementaire (M.), représentant (M.) du peuple
abhalten tenir, organiser, empêcher
Abhandenkommen (N.) perte (F.), disparition (F.)
abhandenkommen se perdre, avoir été volé
abhängen dépendre
abhängig dépendant, interdépendant, contrôlé
Abhängigkeit (F.) dépendance (F.), subordination (F.)
abheben retirer de l'argent, retirer, prélever
Abhebung (F.) retrait (M.), prélèvement (M.)
abhelfen remédier à, pallier, réparer
Abhilfe (F.) remède (M.), palliatif (M.), dépannage (M.)

abholen chercher, enlever, reprendre
Abholung (F.) collection (F.), enlèvement (M.)
abhören écouter
Abhörgerät (N.) écoute (F.) téléphonique, micro (M.) clandestin
Abhörverbot (N.) interdiction (F.) de procéder à des écoutes téléphoniques
Abitur (N.) baccalauréat (M.), examen (M.) de fin d'études
Abkommen (N.) pacte (M.), accord (M.), convention (F.), contrat (M.), traité (M.)
abkommen égarer (s')
Abkömmling (M.) descendant (M.), enfant (M.), postérité (F.)
Abkunft (F.) origine (F.), ascendance (F.), extraction (F.)
abkürzen abréger, écourter, réduire, condenser, raccourcir
Abkürzung (F.) abréviation (F.), raccourcissement (M.)
Ablass (M.) absolution (F.), indulgence (F.)
Ablauf (M.) échéance (F.), expiration (F.), déroulement (M.), écoulement (M.), fin (F.)
ablaufen expirer, dérouler
ablehnen refuser, rejeter, répudier, récuser, reprocher
ablehnen wegen Befangenheit récuser pour cause de suspicion légitime
Ablehnung (F.) refus (M.), rejet (M.), récusation (F.), répudiation (F.)
Ablehnungsantrag (M.) acte (M.) de récusation
Ablehnungsgrund (M.) cause (F.) de récusation
ableiten déduire, dériver, inférer
Ableitung (F.) détournement (M.), dérivation (F.), déduction (F.), rejet (M.)
abliefern délivrer, livrer, remettre
Ablieferung (F.) livraison (F.), délivrance (F.), remise (F.)
ablösbar amortissable, remboursable
Ablöse (F.) pas-de-porte (M.), forfait (M.)
ablösen relever de ses fonctions, prendre la place de, remplacer, amortir, rembourser
Ablösung (F.) amortissement (M.), rachat (M.), forfait (M.), purge (F.), relève (F.)
Ablösungsrecht (N.) droit (M.) de rachat, droit (M.) de purge
abmachen convenir, régler, stipuler, accorder (s')
Abmachung (F.) convention (F.), stipulation (F.), arrangement (M.), accord (M.)
abmahnen avertir, mettre en garde
Abmahnung (F.) avertissement (M.), avis (M.)
abmelden déclarer le départ
Abmeldung (F.) déclaration (F.) de départ
Abnahme (F.) décroissance (F.), affaiblissement (M.), réception (F.), prise (F.) en charge
abnehmen enlever, prendre, recevoir, receptionner
Abnehmer (M.) client (M.), preneur (M.)
abnorm anomal, anormal
abnutzen user, abîmer, déprécier
Abnutzung (F.) usure (F.), dépréciation (F.), détérioration (F.)
Abolition (F.) amnistie (F.) au cours du déroulement du procès pénal, abolition (F.), suppression (F.)
Abonnement (N.) abonnement (M.)
abonnieren abonner
abordnen déléguer, députer, désigner, détacher
Abordnung (F.) délégation (F.), députation (F.), détachement (M.)
abrechnen rendre les comptes, décompter, déduire, régler
Abrechnung (F.) décompte (M.), facturation (F.), liquidation (F.), règlement (M.) de compte
Abrechnungssaldo (M.) solde (M.) net
Abrechnungsstelle (F.) office (M.) de compensation
Abrede (F.) accord (M.), convention (F.), entente (F.), contestation (F.)
abreißen démolir
Abriss (M.) démolition (F.), résumé (M.), talon (M.)
Abrogation (F.) abrogation (F.)
abrogieren abroger
Abruf (M.) mobilisation (F.), rappel (M.), levée (F.) de l'option
abrufen prendre livraison, toucher, consulter
abrüsten désarmer, démobiliser
Abrüstung (F.) désarmement (M.), démobilisation (F.)
Absage (F.) refus (M.), réponse (F.) négative
absagen décommander, rejeter

Absatz (M.) alinéa (M.), paragraphe (M.), marché (M.), débouché (M.), écoulement (M.) des marchandises, vente (F.)
abschaffen supprimer, éliminer, abolir, abroger
Abschaffung (F.) suppression (F.), abolition (F.), élimination (F.), abrogation (F.)
abschieben refouler, reconduire
Abschiebung (F.) refoulement (M.), reconduite (F.), éloignement (M.), expulsion (F.)
Abschiebungshaft (F.) rétention (F.) aux fins de refoulement
Abschiebungsverbot (N.) interdiction (F.) de refouler
Abschlag (M.) baisse (F.), rabais (M.), réduction (F.) sur le prix
abschlagen décliner, refuser
abschlägig négatif (Adj.)
Abschlagszahlung (F.) acompte (M.), paiement (M.) partiel
abschließen clore, achever, mettre fin à, contracter, conclure, signer
abschließend limitatif, final, pour conclure, exhaustatif
Abschluss (M.) conclusion (F.), fin (F.), passation (F.) (d'un contrat), clôture (F.) (d'une procédure), achèvement (M.)
Abschlussprovision (F.) commission (F.) d'apport, commission (F.) de bonne fin
Abschlussprüfer (M.) expert (M.) comptable chargé de verifier les comptes de clôture
Abschlussprüfung (F.) examen (M.) de fin, vérification (F.)
Abschlussvertreter (M.) représentant (M.) pour conclure un contrat
Abschlussvollmacht (F.) procuration (F.) pour conclure un contrat
Abschlusszwang (M.) obligation (F.) de contracter
abschneiden trancher, couper
Abschnitt (M.) section (F.), secteur (M.), article (M.), chapitre (M.), stade (M.), étape (F.), coupure (F.), coupon (M.), tranche (F.)
abschöpfen écrêter, éponger
Abschöpfung (F.) prélèvement (M.)
abschrecken intimider, décourager, dissuader
Abschreckung (F.) dissuasion (F.), découragement (M.)
abschreiben copier, reproduire, amortir
Abschreibung (F.) amortissement (M.)
Abschreibungsgesellschaft (F.) société (F.) d'investissement opérant sur amortissements fiscaux
Abschrift (F.) copie (F.), double (M.)
Absehen (N.) renonciation (F.), dispense (F.)
absehen excepter, renoncer, dispenser, prévoir
absenden envoyer, expédier, dépêcher
Absender (M.) expéditeur (M.)
absetzbar déductible, révocable
Absetzbarkeit (F.) déductibilité (F.), révocabilité
absetzen décompter, déduire, destituer, révoquer
Absetzung (F.) destitution (F.), révocation (F.), suspension (F.), déduction (F.)
absichern protéger, couvrir
Absicherung (F.) couverture (F.)
Absicht (F.) intention (F.), but (M.), dessein (M.), volonté (F.), préméditation (F.)
absichtlich intentionnel
Absichtserklärung (F.) déclaration (F.) d'intention
Absichtsprovokation (F.) provocation (F.) intentionnelle
absolut absolu, inconditionnel
absolute Mehrheit (F.) majorité (F.) absolue
absolutes Recht (N.) droit (M.) absolu
Absolution (F.) absolution (F.)
Absolutismus (M.) absolutisme (M.)
Absolvent (M.) écolier (M.)
Absolventin (F.) écolier (F.)
absolvieren faire ses études, achever ses études
absondern séparer, détacher, isoler
Absonderung (F.) séparation (F.), séparation (F.) des biens
Absonderungsrecht (N.) droit (M.) de distraction, droit (M.) à un règlement séparé
absorbieren absorber
Absorption (F.) absorption (F.)
Absorptionsprinzip (N.) principe (M.) de l'absorption de la peine la plus faible par la peine la plus forte
absperren barrer, fermer
Absperrung (F.) barrage (M.), cordon (M.)
Absprache (F.) accord (M.), convention (F.), arrangement (M.), cartel (M.), entente (F.), compromis (M.)
absprechen arranger (s')
abstammen von descendre de, être né de

Abstammung (F.) filiation (F.), descendance (F.), origine (F.)
Abstand (M.) espacement (M.), distance (F.)
abstellen mettre fin à, supprimer, arrêter, souligner
abstimmen voter, exprimer son suffrage, coordonner, harmoniser, ajuster
Abstimmung (F.) scrutin (M.), vote (M.), consultation (F.) électorale, votation (F.), coordination (F.), concertation (F.)
abstrahieren abstraire
abstrakt abstrait, conceptuel
abstrakte Normenkontrolle (F.) contrôle (M.) de la constitutionnalité d'une norme en dehors de tout litige concret
abstraktes Gefährdungsdelikt (N.) délit (M.) consistant dans le fait de mettre en péril abstrait
Abstraktion (F.) abstraction (F.)
Abstraktionsprinzip (N.) principe (M.) de l'ensaisinement, principe (M.) de la dissociation entre l'effet obligatoire de la vente et le transfert de propriété
abstreiten contester, dénier, désavouer, opposer à (s')
Abt (M.) abbé (M.), supérieur (M.) d'un couvent
Abtei (F.) abbaye (F.)
Abteilung (F.) section (F.), département (M.), division (F.)
Äbtissin (F.) abbesse (F.), prieure (F.) d'un couvent
abtreiben avorter, faire avorter
Abtreibung (F.) avortement (M.), interruption (F.) volontaire de la grossesse (i. v. g.)
Abtreibungsmittel (N.) moyen (M.) abortif
abtrennbar détachable
abtrennbarer Verwaltungsakt (M.) acte (M.) détachable
abtretbar cessible, négociable, transférable
Abtretbarkeit (F.) cessibilité (F.)
abtreten céder, transférer, aliéner, vendre, demettre, démissionner
Abtretender (M.) cédant (M.)
Abtretung (F.) cession (F.), cession (F.) de créance, transfert (M.), vente (F.)
Abtretungsanzeige (F.) avis (M.) de cession
Abtretungsempfänger (M.) destinataire (M.) de cession, cessionnaire (M.)
Abtretungserklärung (F.) déclaration (F.) de cession
Abtretungsformular (N.) formulaire (M.) de cession
Abtretungsurkunde (F.) acte (M.) de cession
Abtretungsverbot (N.) interdiction (F.) de céder
abwägen considérer
Abwägung (F.) considération (F.)
Abwasser (N.) eau (F.) usée, eau (F.) résiduaire
abwegig erroné, fallacieux
Abwehr (F.) défense (F.)
abwehren défendre
abweichen faire exception, différer, diverger, présenter des divergences, déroger
abweichend dérogatoire, différent, divergent, dissident (Adj.), distinct
abweichende Bestimmung (F.) clause (F.) dérogatoire
Abweichung dérogation (F.), déroutement (M.), déviation (F.), divergence (F.), contrariété (F.), écart (M.), irrégularité (F.), exception (F.)
abweisen rejeter, refuser, débouter de une demande, repousser
Abweisung (F.) rejet (M.), refus (M.), débouté (M.), non-reconnaissance (F.)
abwenden éviter (V.)
abwerben racoler, débaucher, détourner
Abwerbung (F.) débauchage (M.), détournement (M.)
abwerten dévaloriser, dévaluer
Abwertung (F.) dévalorisation (F.), dévaluation (F.)
abwesend absent (Adj.), distrait (Adj.)
Abwesender (M.) absent (M.), défaillant (M.)
Abwesenheit (F.) absence (F.), défaut (M.) de comparution
Abwesenheitspfleger (M.) curateur (M.) de l'absent
Abwesenheitspflegschaft (F.) curatelle (F.) de la personne déclarée absente, curatelle (F.) d'absence
Abwesenheitsverfahren (N.) procédure (F.) par contumace
abwickeln dérouler, liquider, régler, exécuter
Abwicklung (F.) règlement (M.), liquidation (F.), exécution (F.)
Abwicklungsgesellschaft (F.) société (F.) en voie de liquidation
abzahlen rembourser, payer à tempérament

Abzahlung (F.) règlement (M.) en plusieurs paiements partiels, paiement (M.) par fractions, règlement (M.) par mensualités
Abzahlungskauf (M.) achat (M.) à crédit, vente (F.) à tempérament, vente (F.) à crédit
abzeichnen signer, parapher
abziehen retirer, déduire
Abzug (M.) réduction (F.), déduction (F.), rabais (M.), prélèvement (M.)
Acht (F.) (Verbannung) bannissement (M.), proscription (F.)
Acht (F.) (Vorsicht) attention (F.)
acht huit
achten estimer, considérer, respecter, faire attention
ächten proscrire, mettre au ban
achtlos inattentif
Achtstundentag (M.) journée (F.) de huit heures
Achtung (F.) attention (F.), respect (M.)
actio (F.) (lat.) action (F.), demande (F.)
ad hoc (lat.) (zu dem Zeitpunkt) ad hoc (lat.)
Adäquanz (F.) adéquation (F.), justesse (F.)
Adäquanztheorie (F.) théorie (F.) de la causalité adéquate
adäquat adéquat (Adj.), approprié (Adj.), juste (Adj.)
Adel (M.) noblesse (F.), nobles (M.Pl.)
adeln anoblir
Adelsstand (M.) noblesse (F.), chevalerie (F.)
Adhäsion (F.) adhésion (F.)
Adhäsionsverfahren (N.) procédure (F.) relative aux demandes d'indemnisation de la victime devant le tribunal répressif
Adjutant (M.) adjudant (M.), aide (M.) de camp
Administration (F.) administration (F.)
administrativ administratif (Adj.)
Administrativenteignung (F.) expropriation (F.) administrative
administrieren administrer
Admiral (M.) amiral (M.)
adoptieren adopter
Adoptierte (F.) adoptée (F.)
Adoptierter (M.) adopté (M.)
Adoption (F.) adoption (F.)
Adoptivelter (M. bzw. F.) parent (M. bzw. F.) adoptif
Adoptiveltern (Pl.) parents (M.Pl.) adoptifs
Adoptivkind (N.) enfant (M.) adoptif, enfant (M.) adopté
Adressat (M.) destinataire (M.), tiré (M.)
Adresse (F.) adresse (F.)
adressieren adresser
Advokat (M.) avocat (M.)
Affekt (M.) émotion (F.) violente, excitation (F.) immotivée
Affektionsinteresse (N.) sentiment (M.) d'attachement à une chose
Affektionswert (M.) préjudice (M.) d'affection
Affidavit (N.) affidavit (M.)
affirmativ affirmatif
Affront (M.) affront (M.)
Afrika (N.) Afrique (F.)
Agende (F.) rituel (M.)
Agent (M.) agent (M.), agent (M.) commercial, employé (M.)
Agentur (F.) agence (F.), bureau (M.)
Agentur (F.) für Arbeit agence (F.) pour l'emploi
Aggression (F.) agression (F.), attaque (F.) violente
aggressiv agressif
aggressiver Notstand (M.) état aggresif de nécessité
agieren agir
Agio (N.) agio (M.), commission (F.) de banque, prime (F.)
Agnat (M.) agnat (M.)
Agrarpolitik (F.) politique (F.) agricole
Agrarrecht (N.) droit (M.) agraire
Agreement (N.) (engl.) accord (M.) amiable
Agrément (N.) agrément (M.)
ahnden sanctionner, punir, réprimer
Ahndung (F.) sanction (F.), punition (F.), répression (F.)
Ahne (M.) aïeul (M.)
ähnlich ressemblant, similaire, pareil
Aids (N.) (erworbenes Immunschwäche-Syndrom) SIDA (M.) (syndrome immunodéficitaire acquis)
Akademie (F.) école (F.) professionnelle supérieure
akademisch académique (Adj.), universitaire
akademischer Grad (M.) grade (M.) universitaire
Akklamation (F.) acclamation (F.)
Akkord (M.) accommodement (M.)

Akkordarbeit (F.) travail (M.) aux pièces, travail (M.) à la tâche
Akkordlohn (M.) salaire (M.) aux pièces, salaire (M.) à la tâche
akkreditieren accréditer
Akkreditierung (F.) fait (M.) d'accréditer
Akkreditiv (N.) lettre (F.) de crédit, accréditif (M.)
Akkreszenz (F.) accroissement (M.)
Akt (M.) acte (M.), pièce (F.)
Akte (F.) dossier (M.), pièce (F.) du dossier
Akteneinsicht (F.) consultation (F.) du dossier, examen (M.) du dossier
aktenkundig inscrit dans un dossier
Aktenlage (F.) état (M.) du dossier
Aktenübersendung (F.) transmission (F.) de dossier
Aktenvermerk (M.) mention (F.) au dossier
Aktenzeichen (N.) cote (F.) du dossier, numéro (M.) de référence, numéro (M.) de dossier, référence (F.) du dossier
Aktie (F.) action (F.)
Aktienbuch (N.) registre (M.) des actionnaires
Aktiengesellschaft (F.) (AG) société (F.) anonyme de droit (S. A.), société (F.) anonyme (S. A.), société (F.) par actions
Aktiengesetz (N.) loi (F.) sur les sociétés anonymes
Aktieninhaber (M.) porteur (M.) d'actions
Aktienpaket (M.) paquet (M.) d'actions
Aktion (F.) opération (F.), action (F.)
Aktionär (M.) actionnaire (M.), porteur (M.) de parts
Aktionärin (F.) actionnaire (F.), porteur (F.) de parts
aktiv actif (Adj.), militant (Adj.)
Aktiva (N.Pl.) actif (M.)
Aktivlegitimation (F.) qualité (F.) pour agir en justice, capacité (F.) d'actionner, légitimation (F.) active
Aktivum actif (M.)
Aktivvertretung (F.) représentation (F.) active
aktuell actuel (Adj.)
Akzept (N.) acceptation (F.)
akzeptabel acceptable, convenable (Adj.)
Akzeptant (M.) acceptant (M.), accepteur (M.), tiré (M.)
Akzeptanz (F.) adhésion (F.), enthousiasme (M.)
akzeptieren accepter
Akzessorietät (F.) droit (M.) accessoire, emprunt (M.) de la criminalité du fait principal, nécessité (F.) d'un crime ou d'un délit principal
akzessorisch accessoire (Adj.)
Akzise (F.) contribution (F.) indirecte, octroi (M.)
Alarm (M.) alarme (F.)
Alarmanlage (F.) système (M.) d'alarme
aleatorisch aléatoire
alias (lat.) (anderswo) alias
Alibi (N.) alibi (M.)
Aliment (N.) aliment (M.)
Alimentationspflicht (F.) obligation (F.) à payer une pension alimentaire
Alimentationstheorie (F.) théorie (F.) alimentaire
Alimente (N.Pl.) aliments (M.Pl.), pension (F.)
aliud (lat.) (anderes) aliud (lat.)
Alkohol (M.) alcool (M.)
Alkoholdelikt (N.) délit (M.) commis sous l'empire d'un état alcoolique
Alleinerbe (M.) héritier (M.) unique, héritier (M.) universel
Alleinerbin (F.) héritière (F.) unique, héritière (F.) universelle
Alleinerziehende (F.) mère (F.) assurant seul l'eduction famille
Alleinerziehender (M.) père (M.) assurant seul l'eduction famille
Alleingesellschafter (M.) associé (M.) unique
Alleingesellschafterin (F.) associée (F.) unique
allgemein général (Adj.), universel
allgemeine Geschäftsbedingung (F.) condition (F.) générale
allgemeine Geschäftsbedingungen (F.Pl.) conditions (F.Pl.) générales
allgemeine Gütergemeinschaft (F.) communauté (F.), communauté (F.) universelle, communauté (F.) des biens
allgemeine Handlungsfreiheit (F.) liberté (F.) générale d'action
allgemeine Staatslehre (F.) théorie (F.) universelle d'état
allgemeine Wahl (F.) élection (F.) générale, suffrage (M.) universel
allgemeiner Rechtsgrundsatz (M.) principe (M.) général du droit

allgemeiner Teil (M.) dispositions (F.Pl.) générales, partie (F.) générale
allgemeines Gesetz (N.) loi (F.) générale
allgemeines Persönlichkeitsrecht (N.) droit (M.) de la personnalité
Allgemeines Übereinkommen (N.) über den Handel mit Dienstleistungen (GATS) Accord (M.) général sur le commerce de services
allgemeinverbindlich obligatoire erga omnes
Allgemeinverbindlichkeit (F.) règle (F.) imposant (s') à tous sans distinction, caractère (M.) obligatoire
Allgemeinverbindlichkeitserklärung -(F.) extension (F.), arrêté (M.) d'extension
Allgemeinverfügung (F.) décision (F.) de l'administration prise à la suite d'un cas concret individuel et s'adressant à une catégorie déterminée d'individus
Allgemeinwohl (N.) intérêt (M.) général, bien (M.) public
Allianz (F.) alliance (F.)
Alliierte (M.Pl.) Alliés (M.Pl.)
Alliierter (M.) Allié (M.)
Allmende (F.) communaux (M.Pl.), biens (M.Pl.) communaux
Allod (N.) propriété (F.), propriété (F.) libre
Allonge (F.) allonge (F.)
Allzuständigkeit (F.) plénitude (F.) de compétence
Alm (F.) alpe (F.), montagne (F.)
alma mater (F.) (lat.) (nährende Mutter bzw. Universität) alma mater (F.) (lat.)
Alpe (F.) alpe (F.), montagne (F.)
Altenteil (M.) prestation (F.) convenue en faveur d'un paysan âgé qui cède son exploitation, rente (F.) viagère, réserve (F.)
Altenteilsrecht (N.) droit (M.) de prestations convenues en faveur d'un paysan âgé qui cède son exploitation
Alter (N.) âge (M.)
alternativ alternatif
Alternative (F.) alternative (F.)
alternativer Vorsatz (M.) dol (M.) indéterminé
Alternativobligation (F.) obligation (F.) alternative
Altersgrenze (F.) limite (F.) d'âge, âge-limite (M.)
Altersheim (N.) maison (F.) de retraite, hospice (M.)
Alterspräsident (M.) doyen (M.), président (M.) d'honneur
Altersrente (F.) pension (F.) de retraite, pension (F.) de vieillesse
Altersruhegeld (N.) pension (F.) de retraite, pension (F.) de vieillesse
Altersteilzeit (F.) travail (M.) à temps partiel pour salariés âgés
Altersversorgung (F.) régime (M.) de retraite
Ältestenrat (M.) conférence (F.) des présidents à l'Assemblée nationale, conférence (F.) des représentants des groupes parlementaires, syndics (M.Pl.)
ambulant ambulant
Amendement (N.) amendement (M.)
Amerika (N.) Amérique (F.)
Amnestie (F.) amnistie (F.), remise (F.) de peine
amnestieren amnistier
Amok (M.) folie (F.) au volant
Amokläufer (M.) forcené (M.)
Amortisation (F.) amortissement (M.), extinction (F.) graduelle d'une dette
amortisieren amortir
Amt (N.) service (M.), office (M.), ministère (M.), administration (F.), bureau (M.), activité (F.), mission (F.), fonction (F.)
amtieren exercer une fonction
amtlich officiel (Adj.), public (Adj.)
amtliches Wertzeichen (N.) timbre (M.) officiel de valeur
Amtmann (M.) fonctionnaire (M.) administratif
Amtsanmaßung (F.) ursurpation (F.) de fonctions, abus (M.) d'autorité
Amtsanwalt (M.) procureur (M.)
Amtsarzt (M.) médecin (M.) fonctionnaire auprès du service de la santé publique
Amtsbetrieb (M.) activité (F.) administrative
Amtsblatt (N.) journal (M.) officiel, bulletin (M.) officiel, gazette (F.) officielle
Amtsdelikt (N.) délit (M.) commis dans l'exercice de fonctions publiques
Amtsermittlung (F.) enquête (F.) diligentée d'office
Amtsermittlungsgrundsatz (N.) principe (M.) d'enquête diligentée d'office
Amtsgeheimnis (N.) secret (M.) professionnel

Amtsgericht (N.) tribunal (M.) cantonal, tribunal (M.) d'instance (T.I.), tribunal (M.) civil, tribunal (M.)
Amtshaftung (F.) responsabilité (F.) de l'administration, responsabilité (F.) de la puissance publique, responsabilité (F.) publique, responsabilité (F.) des agents publics
Amtshilfe (F.) assistance (F.) administrative, aide (F.) administrative, aide (F.) prêtée par une administration à un autre service
Amtsmissbrauch (M.) excès (M.) de pouvoir, prévarication (F.)
Amtspflicht (F.) obligation (F.) de service, devoir (M.) de fonction, devoirs (M.Pl.) inhérents à une charge publique
Amtspflichtverletzung (F.) faute (F.) de service, prévarication (F.)
Amtssprache (F.) langue (F.) officielle
Amtsträger (M.) fonctionnaire (M.) publique, titulaire (M.) d'une fonction publique
Amtsvergehen (N.) forfaiture (F.), délit (M.) commis dans l'exercice de fonctions publiques
Amtsverschwiegenheit (F.) discrétion (F.) professionnelle des officiers publiques
Amtsvormundschaft (F.) tutelle (F.) exercée par un office, tutelle (F.) exercée par un établissement public
Amtswalter (M.) fonctionnaire (M.) publique
Amtszeit (F.) durée (F.) du mandat, temps (M.) de service, terme (M.)
an Zahlungs Statt dation (F.) en paiement
analog analogue
Analogie (F.) analogie (F.)
Analogieschluss (M.) raisonnement (M.) par analogie
Analogieverbot (N.) interdiction (F.) d'analogie
Anarchie (F.) anarchie (F.)
anarchisch anarchique
Anarchist (M.) anarchiste (M.)
Anathema (N.) anathème (M.)
Anatozismus (M.) anatocisme (M.)
anberaumen fixer
Anberaumung (F.) fixation (F.), mise (F.) en état
anbieten offrir, proposer
Anbieter (M.) offrant (M.)
andere autre
Anderkonto (N.) compte (M.) de consignation, compte (M.) séparé, compte (M.) dont le titulaire dispose pour une tierce personne
ändern modifier, changer, amender
Änderung (F.) des rechtlichen Gesichtspunkts modification (F.) du point de vue juridique
Änderung (F.) modification (F.), changement (M.), conversion (F.), révision (F.), revirement (M.), amendement (M.)
Änderungskündigung (F.) résiliation (F.) d'un contrat avec proposition modificative, résolution (F.) en vue de modifier le contrat
androhen menacer, avertir
Androhung (F.) menace (F.), avertissement (M.), intimidation (F.)
aneignen approprier (s')
Aneignung (F.) appropriation (F.), occupation (F.), prise (F.)
Anerbe (M.) héritier (M.) auquel est attribué le bien de famille
anerkennen reconnaître, admettre
Anerkenntnis (N.) reconnaissance (F.), déclaration (F.) de reconnaissance
Anerkenntnisurteil (N.) jugement (M.) recognitif, jugement (M.) d'expédient, jugement (M.) en vertu d'une reconnaissance, jugement (M.) de réconnaissance
Anerkennung (F.) approbation (F.), reconnaissance (F.), admission (F.), octroi (M.)
Anerkennungsbescheid (M.) avis (M.) officiel de reconnaissance
Anerkennungsurteil (F.) acquiescement (M.)
Anfall (M.) einer Erbschaft ouverture (F.) de la succession, dévolution (F.) d'un héritage
Anfall (M.) production, accès (M.), crise (F.)
anfallen attaquer brusquement, découler, résulter, transmettre
Anfang (M.) commencement (M.), début (M.), départ (M.)
Anfang (M.) der Ausführung commencement (M.) d'exécution
anfänglich originaire (Adj.), primitif (Adj.)
anfängliche Unmöglichkeit (F.) impossibilité (F.) originaire
anfechtbar annulable, attaquable, susceptible, contestable
Anfechtbarkeit (F.) nullité (F.), annulabilité (F.)
anfechten exercer une voie de recours, agir en annulation, révoquer, annuler, attaquer, contester
Anfechtung (F.) demande (F.) d'annulation, révocation (F.)

Anfechtung (F.) der Ehelichkeit désaveu (M.) de paternité
Anfechtungsfrist (F.) délai (M.) de l'action en nullité
Anfechtungsgesetz (N.) loi (F.) relative à l'annulation judiciaire des actes d'un failli hors de la procédure de liquidation des biens
Anfechtungsklage (F.) recours (M.) judiciaire en annulation des actes d'un failli accomplis en fraude de ses débiteurs, action (F.) en annulation d'un acte administratif, recours (M.) pour excès de pouvoir
anfordern demander, requérir, réquisitionner
Anforderung (F.) demande (F.), réquisition (F.), requête (F.)
Anfrage (F.) demande (F.)
anfragen demander
Angabe (F.) déclaration (F.), indication (F.), spécification (F.), déposition (F.)
angeben déclarer, indiquer
angeblich prétendu, soi-disant
Angebot (N.) offre (F.), proposition (F.), soumission (F.)
angehören appartenir à
angehörig appartenant à
Angehöriger (M.) membre (M.), adhérent (M.)
Angehörigkeit (F.) parenté (F.)
Angeklagte (F.) accusée (F.)
Angeklagter (M.) accusé (M.)
Angelegenheit (F.) affaire (F.), cas (M.)
angemessen approprié (Adj.), juste (Adj.), raisonnable (Adj.), convenable (Adj.)
Angemessenheit (F.) adéquation (F.), proportionnalité (F.)
Angeschuldigte (F.) inculpée (F.)
Angeschuldigter (M.) inculpé (M.)
angestellt employé (Adj.)
Angestellte (F.) employée (F.)
Angestelltenversicherung (F.) assurance (F.) des employés, assurance (F.) invalidité-vieillesse des employés
Angestellter (M.) employé (M.), commis (M.), agent (M.) contractuel, salarié (M.)
angreifen attaquer
Angreifer (M.) agresseur (M.)
angrenzen jouxter
Angriff (M.) attaque (F.), action (F.) offensive
Angriffskrieg (M.) guerre (F.) d'agression
Angriffsnotstand (M.) état (M.) agressif de nécessité
Anhalt (M.) indice (M.)
Anhalt (N.) (Land Anhalt) Anhalt (M.)
Anhaltspunkt (N.) indice (M.), élément (M.) de preuve
anhängen adhérer (à)
anhängig en instance, pendant
Anhängigkeit (F.) litispendance (F.), procès (M.) en instance
anheben relever, soulever, augmenter
anhören entendre, ouïr
Anhörung (F.) audition (F.), consultation (F.), entretien (M.)
Anklage (F.) accusation (F.), acte (M.) d'accusation, inculpation (F.), action (F.) publique
Anklagebank (F.) banc (M.) des accusés
Anklageerhebung (F.) mise (F.) en accusation
Anklageerzwingung (F.) recours (M.) en vue du déclenchement obligatoire de l'action publique
Anklagemonopol (N.) monopole (M.) de l'action publique
anklagen accuser, inculper, mettre en accusation
Ankläger (M.) accusateur (M.), ministère (M.) publique, procureur (M.)
Anklägerin (F.) accusatrice (F.)
Anklagesatz (M.) en-tête (M.) de l'acte d'accusation
Anklageschrift (F.) acte (M.) d'accusation, acte (M.) de mise en accusation
Anklagevertreter (M.) procureur (M.)
anknüpfen rattacher
Anknüpfung (F.) rattachement (M.)
ankündigen annoncer, communiquer, dire (V.)
Ankündigung (F.) annonce (F.), déclaration (F.)
Anlage (F.) annexe (F.), pièce (F.) jointe, installation (F.), établissement (M.), ouvrage (M.), placement (M.), investissement (M.)
Anlagevermögen (N.) immobilisations (F. Pl.), capital (M.) fixe, capital (M.) immobilisé, investissements (M.Pl.)
Anlass (M.) raison (F.), occasion (F.)
anlässlich à l'occasion de, lors de
anlegen investir, placer, constituer, établir, mettre
Anleger (M.) investisseur (M.)
Anlegerschutz (M.) protection (F.) d'investisseurs

Anleihe (F.) emprunt (M.)
Anlieger (M.) riverain (M.), propriétaire (M.) voisin
Anliegerrecht (N.) aisance (F.) de voirie
anmelden déclarer, annoncer, déposer
Anmeldung (F.) déclaration (F.), enregistrement (M.), annonce (F.), demande (F.), demande (F.) d'inscription, dépôt (M.)
anmerken annoter
Anmerkung (F.) note (F.), annotation (F.), mention (F.), observation (F.)
Annahme (F.) acceptation (F.), agrément (M.), consentement (M.) formel, encaissement (M.), livraison (F.)
Annahmefrist (F.) délai (M.) d'acceptation
Annahmeverzug (M.) demeure (F.) du créancier, retard (M.) dans la réception du paiement, retard (M.) dans la réception de la livraison
annehmen accepter, donner son consentement
annehmen an Kindes Statt adopter
annektieren annexer
Annex (M.) annexe (F.)
Annexion (F.) annexion (F.)
Annexkompetenz (F.) compétence (F.) annexe
Annuität (F.) annuité (F.)
annullieren annuler, invalider
Annullierung (F.) annulation (F.), invalidation (F.)
anonym anonyme
Anonymität (F.) anonymat (M.)
anordnen disposer, ranger, enjoindre, décréter, édicter, ordonner, prescrire
Anordnung (F.) arrangement (M.), instruction (F.), ordre (M.), règlement (M.), mandement (M.), arrêté (M.), injonction (F.)
Anordnung (F.) der aufschiebenden Wirkung instruction (F.) d'effet suspensif
anormal anormal
anpassen adapter, ajuster
Anpassung (F.) adaption (F.), ajustement (M.)
Anrainer (M.) riverain (M.), propriétaire (M.) voisin
Anrechnung (F.) facturation (F.), mise (F.) en compte, compensation (F.), affectation (F.), rapport (M.)
Anrecht (N.) droit (M.), prérogative (F.)
anregen animer
Anregung (F.) initiative (F.), suggestion (F.)
anrufen saisir, faire appel, appeler, interpeller, donner un coup
Anrufung (F.) saisine (F.)
ansässig domicilié (Adj.), résident (Adj.)
Anschein (M.) apparence (F.)
anscheinend apparemment, apparent
Anscheinsbeweis (M.) preuve (F.) par présomptions, présomption (F.) du fait de l'homme, preuve (F.) de prima facie (z. T. lat.)
Anscheinsgefahr (F.) danger (M.) apparent
Anscheinsvollmacht (F.) mandat (M.) apparent
Anschlag (M.) attentat (M.), devis (M.), affiche (F.)
anschlagen fixer, afficher
anschließen rattacher, raccorder, ajouter, annexer
Anschluss (M.) annexion (F.), rattachement (M.)
Anschlussberufung (F.) appel (M.) incident, appel (M.) joint
Anschlusskonkurs (M.) liquidation (F.) des biens après èchec du règlement judiciaire
Anschlusspfändung (F.) seconde saisie (F.)
Anschlussrevision (F.) recours (M.) en cassation incident, recours (M.) incident en révision, pourvoi (M.) incident
Anschlusszwang (M.) obligation (F.) de se raccorder
anschuldigen accuser, inculper, incriminer
Anschuldigung accusation (F.), inculpation (F.), dénonciation (F.)
Ansehen (N.) réputation (F.)
Ansehung (F.) considération (F.)
ansetzen (N.) (ansetzen zur Tatbestandsverwirklichung) apprêter
ansetzen faire une estimation, fixer
Ansicht (F.) avis (M.), opinion (F.)
Ansichtssendung (F.) vente (F.) à l'agréage
Ansichziehen (N.) évocation (F.)
ansprechen adresser, interpeller
Anspruch (M.) aus unerlaubter Handlung action (F.) en responsabilité delictuelle
Anspruch (M.) droit (M.) subjectif, demande (F.), droit (M.) d'exiger, droit (M.) de faire, droit (M.), titre (M.), prétention (F.), réclamation (F.), action (F.), revendication (F.)
Anspruchsberechtigter (M.) ayant (M.) cause
Anspruchsgrundlage (F.) fondement (M.)

du droit, fondement (M.) de la demande, base (F.) d'une demande
Anspruchskonkurrenz (F.) droits (M.Pl.) se fondant sur des bases légales multiples
Anstalt (F.) des öffentlichen Rechts établissement (M.) public
Anstalt (F.) établissement (M.), fondation (F.), institution (F.), office (M.)
Anstand (M.) morale (F.), bonnes mœurs (F.Pl.), convenances (F.Pl.)
ansteigen augmenter, progresser
anstellen employer, engager
Anstellung (F.) engagement (M.), emploi (M.), poste (M.)
Anstieg (M.) augmentation (F.), montée (F.)
anstiften inciter, provoquer
Anstifter (M.) instigateur (M.), incitateur (M.), provocateur (M.)
Anstifterin (F.) instigatrice (F.)
Anstiftung (F.) instigation (F.), incitation (F.), provocation (F.)
Ansuchen (N.) requête (F.), demande (F.)
Anteil (M.) part (F.), quotité (F.), intérêt (M.), pourcentage (M.)
anteilig proportionnel, au prorata, proportionné
Anteilschein (M.) coupon (M.), titre (M.) de participation
Anteilseigner (M.) porteur (M.) de parts, propriétaire (M.) de parts
Antichrese (F.) antichrèse (F.), nantissement (M.) d'une chose immobilière
Antinomie (F.) antinomie (F.), contradiction (F.)
Antrag (M.) offre (F.), proposition (F.), demande (F.), requête (F.), recours (M.), réquisitoire (M.), motion (F.), dépôt (M.)
Antragsdelikt (N.) délit (M.) dont la répression n'a lieu que sur la plainte de la victime
Antragsteller (M.) demandeur (M.), interessé (M.), requérant (M.)
Antragstellerin (F.) demanderesse (F.), demandeuse (F.), interessée (F.), requérante (F.)
antreten fournir
Antwort (F.) réponse (F.)
antworten répondre
anvertrauen confier
anwachsen accroitre
Anwachsung (F.) accroissement (M.), accession (F.) naturelle, atterrissement (M.)
Anwalt (M.) avocat (M.), mandataire (M.) au procès
Anwältin (F.) avocate (F.)
Anwaltschaft (F.) barreau (M.)
Anwaltsnotar (M.) avocat (M.) exerçant en outre les fonctions de notaire
Anwaltsprozess (M.) procès (M.) où les parties sont obligatoirement représentées par des avocats
Anwaltssozietät (F.) association (F.) d'avocats
Anwaltszwang (M.) obligation (F.) de prendre un avocat, obligation (F.) de se représenter par un avocat
Anwärter (M.) aspirant (M.), candidat (M.)
Anwärterin (F.) candidate (F.), aspirante (F.)
Anwartschaft (F.) expectative (F.), droit (M.) en cours d'acquisition
Anwartschaftsrecht (N.) expectative (F.), droit (M.) en cours d'acquisition, droit (M.) en cours de formation, droit (M.) d'expectative, droit (M.) embryonnaire, intérêt (M.) pécuniaire éventuel
anweisen assigner, affecter, instruire, donner ordre
Anweisender (M.) assignant (M.)
Anweisung (F.) directive (F.), instruction (F.), ordre (M.), mandatement (M.), assignation (F.), ordre (M.) de paiement
Anweisungsbeamter (M.) für den Haushaltsplanvollzug (Anweisungsbeamter für den Haushaltsplanvollzug in Frankreich) administrateur-ordonnateur (M.)
anwendbar applicable
Anwendbarkeit (F.) applicabilité (F.)
anwenden appliquer, employer, utiliser
Anwender (M.) utilisateur (M.), appliquant (M.)
Anwendung (F.) application (F.)
Anwendungsbereich (M.) domaine (M.) d'application, champ (M.) d'application
Anwendungsvorrang (M.) priorité (F.) d'application
anwerben enrôler, engager
Anwesen (N.) exploitation (F.), bâtiment (M.), édifice (M.)
anwesend présent (Adj.)
Anwesende (F.) personne (F.) presente
Anwesender (M.) personne (F.) presente
anzahlen verser un acompte
Anzahlung (F.) acompte (M.), provision (F.)

Anzeichen (N.) indice (M.), signe (M.)
Anzeige (F.) déclaration (F.), annonce (F.), dénonciation (F.), plainte (F.)
anzeigen déclarer, dénoncer
Anzeigepflicht (F.) obligation (F.) de déclarer, déclaration (F.) obligatoire
anzeigepflichtig déclarable
Apanage (F.) apanage (M.)
apostolisch apostolique
Apotheke (F.) pharmacie (F.)
Apotheker (M.) pharmacien
Apothekerin (F.) pharmacienne (F.)
Appellation (F.) appel (M.)
Appellationsgericht (N.) cour (F.) d'appel
appellieren faire appel, interjeter appel
Approbation (F.) autorisation (F.) d'exercer une profession
approbieren autoriser
approbiert autorisé (Adj.) à exercer, diplômé (Adj.)
äquivalent équivalent (Adj.)
Äquivalenz (F.) équivalence (F.)
Äquivalenzprinzip (N.) principe (M.) de la contrepartie et de la rémunération adéquate des services rendus
Äquivalenztheorie (F.) principe (M.) de l'équivalence des conditions
Arabien (N.) Arabie (F.)
Arbeit (F.) travail (M.), activité (F.) professionnelle, étude (F.), emploi (M.), occupation (F.)
arbeiten travailler
Arbeiter (M.) ouvrier (M.), travailleur (M.)
Arbeiterin (F.) ouvrière (F.)
Arbeitgeber (M.) chef (M.) d'entreprise, employeur (M.), donneur (M.) d'ouvrage, patron (M.)
Arbeitgeberanteil (M.) part (F.) patronale
Arbeitgeberin (F.) employeuse (F.)
Arbeitgeberverband (M.) association (F.) patronale, chambre (F.) patronale, syndicat (M.) patronal
Arbeitnehmer (M.) employé (M.), salarié (M.), travailleur (M.)
arbeitnehmerähnlich assimilé aux salariés
Arbeitnehmerentsendegesetz (N.) loi (F.) sur le salaire minimum des travailleurs étrangers
Arbeitnehmererfindung (F.) invention (F.) de salarié faite dans le service
Arbeitnehmerfreibetrag (M.) déduction (F.) forfaitaire sur les traitements et salaires
Arbeitnehmerfreizügigkeit (F.) libre circulation (F.) des travailleurs
Arbeitnehmerhaftung (F.) responsabilité des travailleurs
Arbeitnehmerin (F.) salariée (F.)
Arbeitnehmerüberlassung (F.) louage (M.) de personnel intérimaire, marchandage (M.)
Arbeitsagentur (F.) agence (F.) pour l'emploi
Arbeitsamt (N.) office (M.) du travail, agence (F.) pour l'emploi, bureau (M.) de placement
Arbeitsbeschaffung (F.) création (F.) d'emplois
Arbeitsbeschaffungsmaßnahme (F.) mesure (F.) publique de création d'emplois
Arbeitsdirektor (M.) membre (M.) du directoire responsable des questions sociales et des problèmes relatifs au personnel
Arbeitseinkommen (N.) revenu (M.) du travail, salaire (M.)
Arbeitsentgelt (N.) rémunération (F.), salaire (M.)
Arbeitserlaubnis (F.) permis (M.) de travail
Arbeitsförderung (F.) promotion (F.) ouvrière
Arbeitsgemeinschaft (F.) (ARGE) groupement (M.) d'intérêt économique (G. I. E.)
Arbeitsgericht (N.) tribunal (M.) du travail, conseil (M.) de prud'hommes
Arbeitskampf (M.) conflit (M.) collectif de travail
Arbeitskraft (F.) travailleur (M.), force (F.) de travail
Arbeitslohn (M.) salaire (M.)
arbeitslos au chômage (Adj.)
Arbeitslosengeld (N.) allocation (F.) de chômage
Arbeitslosenhilfe (F.) assistance (F.) aux chômeurs
Arbeitslosenversicherung (F.) assurance (F.) chômage
Arbeitsloser (M.) au chômage (M.)
Arbeitslosigkeit (F.) chômage (M.)
Arbeitsmarkt (M.) marché (M.) du travail
Arbeitsmündigkeit (F.) âge (M.) d'accès au travail
Arbeitsplatz (M.) travail (M.), lieu (M.) de travail
Arbeitsprozess (M.) procédure (F.) devant un tribunal du travail
Arbeitsrecht (N.) droit (M.) social, législation (F.) du travail, droit (M.) du travail

Arbeitsschutz (M.) protection (F.) de la santé des travailleurs
Arbeitssicherheit (F.) sécurité (F.) du travail
Arbeitssicherheitsgesetz (N.) loi (F.) de la sécurité du travail
Arbeitssprache (F.) langue (F.) de travail
Arbeitsstätte (F.) lieu (M.) de travail
arbeitsunfähig incapable (Adj.) d'exercer son metier
Arbeitsunfähigkeit (F.) incapacité (F.) de travail
Arbeitsunfall (M.) accident (M.) du travail
Arbeitsverhältnis (N.) contrat (M.) de travail
Arbeitsvermittlung (F.) bureau (M.) de placement de la main-d'œuvre, office (M.) de placement de la main-d'œuvre
Arbeitsvertrag (M.) contrat (M.) de travail, louage (M.) de services
Arbeitsverweigerung (F.) refus (M.) de travailler
Arbeitswegunfall (M.) accident (M.) de trajet
Arbeitszeit (F.) horaire (M.) de travail, durée (F.) du travail, heures (F.Pl.) de travail
Arbeitszeitsrechtsgesetz (N.) loi (F.) relative au droit des horaires de travail
Arbitrage (F.) arbitrage (M.)
arbiträr arbitraire (Adj.)
archaisch archaïque
Architekt (M.) architecte (M.), constructeur (M.)
Architektenrecht (N.) droit (M.) des architectes
Archiv (N.) archives (F.Pl.)
Archivar (M.) archiviste (M.)
Arglist (F.) dol (M.), manœuvre (F.) frauduleuse
arglistig dolosif
arglistige Täuschung (F.) dol (M.), machination (F.) frauduleuse
arglistiges Verschweigen (N.) réticence (F.) frauduleuse, silence (M.) dolosif
arglos candide, sans méfiance
Argument (N.) argument (M.), raisonnement (M.), raison (F.)
argumentieren argumenter
Argwohn (M.) défiance (F.), soupçon (M.), suspicion (F.)
Aristokrat (M.) aristocrate (M.)
Aristokratie (F.) aristocratie (F.)
arm pauvre (Adj.)
Armee (F.) armée (F.)
Armenrecht (N.) (Prozesskostenhilfe) aide (F.) judiciaire, assistance (F.) judiciaire gratuite
Arrest (M.) emprisonnement (M.), arrêts (M.Pl.), saisie (F.) conservatoire
arrha (F.) (lat.) (Angeld) arrhes (F.Pl.)
arrondieren aggrandir, arrondir
Art (F.) manière (F.), mode (M.), nature (F.), caractère (M.), espèce (F.), sorte (F.)
Artenschutz (M.) protection (F.) des espèces animales
Arthandlungsvollmacht (F.) procuration (F.) accordée en vue de réaliser certaines catégories d'actes juridiques
Artikel (M.) article (M.)
Arznei (F.) médicament (M.)
Arzneimittel (N.) médicament (M.)
Arzneimittelgesetz (N.) loi (F.) relative aux médicaments
Arzt (M.) médecin (M.), docteur (M.) en médecine
Ärztin (F.) médecin (M.), docteur (M.) en médecine
ärztlich médical
ärztliche Verschwiegenheitspflicht (F.) secret (M.) médical
Arztrecht (N.) droit (M.) des médecins, droit (M.) médical
asozial asocial
Asperation (F.) asperation (F.)
Assekuranz (F.) assurance (F.)
Assessor (M.) titulaire (M.) du second examen d'État en droit
Assistent (M.) commis (M.) adjoint, assistant (M.)
Assistentin (F.) assistante (F.)
Assoziation (F.) association (F.)
assoziieren associer
Assoziierungsabkommen (N.) accord (M.) de partenariat
Asyl (N.) asile (M.), statut (M.) de réfugié politique
Asylant (M.) demandeur (M.) d'asile
Asylantrag (M.) demande (F.) d'asile
Asylbewerber (M.) demandeur (M.) d'asile
Asylrecht (N.) droit (M.) d'asile
Asylverfahren (N.) procédure (F.) d'asile
Asylverfahrensgesetz (N.) loi (F.) sur la procédure d'asile
Aszendent (M.) ascendant (M.)

Aszendenz (F.) ascendants (M.Pl.), ascendance (F.)
Atom (N.) atome (M.)
Atomgesetz (N.) loi (F.) relative à l'utilisation pacifique de l'énergie nucléaire et concernant les mesures de protection contre les dangers en résultat
Attaché (M.) attaché (M.)
Attentat (N.) attentat (M.)
Attentäter (M.) auteur (M.) de l'attentat
Attest (N.) certificat (M.), attestation (F.)
atypischer Vertrag (M.) contrat (M.) innomé
Audienz (F.) audience (F.)
auf dem Dienstweg par voie officielle
auf dem Rechtsweg par voie de droit
auf die Arbeitszeit anrechenbare Tätigkeit (F.) eines Betriebsrats crédit (M.) d'heures
auf eigene Gefahr à ses propres risques et périls
auf fremde Rechnung pour le compte d'autrui
auf frischer Tat en flagrant délit
auf Kosten aux frais
aufbewahren garder, conserver
aufdecken découvrir, rendre public
aufdrängen imposer
Aufenthalt (M.) résidence (F.), arrêt (M.), séjour (M.)
Aufenthaltserlaubnis (F.) carte (F.) de séjour, permis (M.) de séjour
Aufenthaltsgenehmigung (F.) permis (M.) de séjour, autorisation (F.) de séjour, titre (M.) de séjour, carte (F.) de séjour
Aufenthaltsgesetz (N.) règlement (M.) européen sur la libre circulation des personnes
Aufenthaltsort (M.) lieu (M.) de résidence, lieu (M.) de séjour, résidence (F.)
Aufenthaltsrecht (N.) droit (M.) de séjourner, autorisation (F.) de séjourner
auferlegen imposer, infliger
auffahren tamponner, mettre
Auffahrunfall (M.) carambolage (M.)
auffordern convoquer, inviter, inciter
Aufforderung (F.) convocation (F.), invitation (F.), injonction (F.), sommation (F.)
Aufgabe (F.) attribution (F.), fonction (F.), devoir (M.), mission (F.), résignation (F.), abandon (M.), délaissement (M.), expédition (F.) d'une lettre, remise (F.) à la poste
aufgeben renoncer, abandonner, résigner, expédier
Aufgebot (N.) invitation (F.) à déclarer des droits sous peine de déchéance, publications (F.Pl.), publications (F.Pl.) des bans, bans (M.Pl.)
Aufgebotsverfahren (N.) procédure (F.) ayant pour but de faire déclarer en justice des droits à peine de déchéance
Aufgeld (N.) agio (M.), prime (F.)
aufhalten séjourner
aufheben annuler, supprimer, rapporter, abroger, abolir, infirmer, réformer, casser, résilier, rescinder, résoudre, suspendre, révoquer
Aufhebung (F.) arrêt (M.), cassation (F.), levée (F.), mainlevée (F.), résiliation (F.), résolution (F.), annulation (F.), suspension (F.), cessation (F.), infirmation (F.)
Aufhebungsvertrag (M.) contrat (M.) de résiliation
aufhetzen pousser (V.)
Aufhetzung (F.) pousser (M.)
aufklären informer, renseigner, donner connaissance de
Aufklärung (F.) éclairissement (M.), explication (F.), information (F.), élucidation (F.), recherche (F.) des faits, siècle (M.) philosophique, rationalisme (M.), philosophie (F.) des lumières
Aufklärungspflicht (F.) obligation (F.) d'informer, obligation (F.) d'information, devoir (M.) de conseil
Auflage (F.) obligation (F.), charge (F.), édition (F.)
auflassen laisser ouvert, donner son accord pour le transfert de propriété d'un bien foncier
Auflassung (F.) (Eigentumsübertragungserklärung) accord (M.) des parties pour le transfert de propriété d'un bien foncier
Auflauf (M.) rassemblement (M.), attroupement (M.)
auflaufen accumuler (s')
auflösen fermer, résoudre, résilier, dissoudre, annuler
auflösend résolutoire
auflösende Bedingung (F.) condition (F.) résolutoire

Auflösung (F.) résolution (F.), résiliation (F.), dissolution (F.), liquidation (F.)
aufnehmen contracter, intégrer
aufopfern sacrifier
Aufopferung (F.) sacrifice (M.)
Aufopferungstheorie (F.) théorie (F.) des sacrifices
aufrechenbar compensable
aufrechnen compenser, imputer
Aufrechnung (F.) compensation (F.)
Aufrechnungslage (F.) situation (F.) de compensabilité
Aufruf (M.) appel (M.), manifeste (M.), proclamation (F.)
aufrufen appeler, citer, lancer un appel
Aufruhr (M.) soulèvement (M.), révolte (F.), émeute (F.), mouvement (M.) insurrectionnel
aufrühren remuer
Aufrührer (M.) émeutier (M.), rebelle (M.)
aufschieben ajourner, suspendre, surseoir, accorder un délai supplémentaire, accorder un sursis, différer
aufschiebend dilatoire, suspensif
aufschiebende Bedingung (F.) condition (F.) dilatoire, condition (F.) suspensive
aufschiebende Wirkung (F.) effet (M.) suspensif
Aufschub (M.) délai (M.), renvoi (M.), retard (M.), ajournement (M.), prorogation (F.), sursis (M.), suspension (F.)
aufsehen surveiller, contrôler
Aufseher (M.) surveillant (M.), contrôleur (M.)
Aufsicht (F.) surveillance (F.), contrôle (M.)
Aufsichtsbehörde (F.) autorité (F.) de contrôle
Aufsichtspflicht (F.) devoir (M.) de surveillance
Aufsichtsrat (M.) conseil (M.) de surveillance
Aufsichtsratmitglied (N.) membre (M.) du conseil de surveillance
aufspalten scinder, fractionner
Aufspaltung (F.) scission (F.)
aufspüren découvrir, détecter
Aufstand (M.) soulèvement (M.), insurrection (F.), révolte (F.), rébellion (F.)
aufstehen lever
aufstellen poser, ériger, établir
Aufstellung (F.) établissement (M.), état (M.)
aufteilen répartir, partager
Aufteilung (F.) répartition (F.)
Auftrag (M.) mandat (M.), procuration (F.), ordre (M.)
auftragen mandater
Auftraggeber (M.) mandant (M.), client (M.), commettant (M.), commanditaire (M.)
Auftragnehmer (M.) mandataire (M.)
Auftragsangelegenheit (F.) attribution (F.) déléguée
Auftragsbestätigung (F.) confirmation (F.) de commande
Auftragsverwaltung (F.) administration (F.) déléguée
Aufwand (M.) dépense (F.), impense (F.), moyens (M.Pl.) mis en œuvre
Aufwandsentschädigung (F.) indemnité (F.) des frais professionnels, indemnité (F.) pour charges administratives, frais (M.Pl.) de représentation
aufwenden dépenser, investir
Aufwendung (F.) dépense (F.), frais (M.Pl.), impense (F.)
Aufwendungsersatz (M.) remboursement (M.) des frais et avances
Aufwendungsersatzanspruch (M.) droit (M.) à contrepartie du travail fourni
aufwerten réévaluer, revaloriser
Aufwertung (F.) réévaluation (F.), revalorisation (F.), valorisation (F.)
aufwiegeln inciter, agiter, insurger
aufzeichnen noter, prendre note de, enregistrer
Aufzeichnung (F.) graphique (M.), enregistrement (M.)
Augenschein (M.) descente (F.) sur les lieux, descente (F.) de justice
Augenscheinsbeweis (M.) preuve (F.) visuelle
Auktion (F.) vente (F.) aux enchères publiques
Auktionator (M.) commissaire-priseur (M.)
ausbilden former
Ausbildender (M.) formateur (M.), maître (M.) d'apprentissage
Ausbildung (F.) formation (F.), apprentissage (M.)
Ausbildungsförderung (F.) promotion (F.) de la formation professionnelle
Ausbleiben (N.) défaut (M.), défaillance (F.)
ausbleiben manquer, faire défaut

ausbrechen évader, rompre
Ausbruch (M.) évasion (F.), ouverture (F.), bris (M.) de prison
ausbürgern déclarer déchu de sa nationalité
Ausbürgerung (F.) déchéance (F.) de la nationalité, perte (F.) de la nationalité, dénaturalisation (F.)
Ausdruck expression (F.), terme (M.), manifestation (F.)
ausdrücklich exprès, explicite, formel
auseinandersetzen partager, expliquer, régler les comptes
Auseinandersetzung (F.) liquidation (F.), dissolution (F.) d'une société, partage (M.), discussion (F.), dispute (F.), querelle (F.)
Ausfall (M.) défaillance (F.), panne (F.), perte (F.), déficit (M.)
Ausfallbürgschaft (F.) cautionnement (M.) pour le reliquat de la dette, arrière-caution (F.), cautionnement (M.) simple
Ausfallhaftung (F.) responsabilité (F.) pour le déficit
Ausfallzeit (F.) temps (M.) d'inactivité professionnelle
ausfertigen rédiger, faire une copie, établir un acte, faire une expédition, promulguer
Ausfertigung (F.) expédition (F.), rédaction (F.), promulgation (F.)
ausforschen explorer, chercher à découvrir, cuisiner
Ausforschung (F.) surveillance (F.) policière, enquête (F.) policière, filature (F.)
Ausfuhr (F.) exportation (F.)
ausführen exécuter, accomplir, exporter
Ausfuhrerlaubnis (F.) permis (M.) d'exportation
Ausführung (F.) exécution (F.), réalisation (F.), accomplissement (M.), construction (F.), type (M.), modèle (M.), exposé (M.), développement (M.)
Ausführungsgesetz (N.) loi (F.) d'exécution
Ausführungsverordnung (F.) règlement (M.) d'exécution, décret (M.) d'application
ausfüllen remplir
Ausfüllungsbefugnis (F.) autorisation (F.) à remplir
Ausgabe (F.) dépense (F.), frais (M.Pl.), débours (M.Pl.), édition (F.), publication (F.), tirage (M.)
ausgeben dépenser, émettre, éditer, publier
ausgeübter Gewerbebetrieb (M.) entreprise (F.) industriale ou commerciale exercée
Ausgleich (M.) compensation (F.), péréquation (F.), réparation (F.), compromis (M.), équilibre (M.), calcul (M.) compensatoire
ausgleichen compenser, égaliser, réparer
Ausgleichsabgabe (F.) taxe (F.) compensatoire, taxe (F.) d'égalisation
Ausgleichsanspruch (M.) droit (M.) à la compensation, droit (M.) à une indemnité de clientèle, créance (F.) de participation, créance (F.) de compensation
Ausgleichsaufgabe (F.) devoir (M.) de compensation
Ausgleichsbetrag (M.) soulte (F.)
Ausgleichsmandat (N.) mandat (M.) de compensation
Ausgleichspflicht (F.) obligation (F.) de compensation
Ausgleichsruhezeit (F.) repos (M.) compensateur
Auskunft (F.) information (F.), renseignement (M.)
Auskunftsklage (F.) demande (F.) d'information
Auskunftspflicht (F.) obligation (F.) de fournir des renseignements
Auskunftsverweigerungsrecht (N.) droit (M.) de ne pas répondre à une demande de renseignement
ausladen décharger, décommander
Auslage (F.) dépenses (F.Pl.), frais (M.Pl.), impense (F.), débours (M.Pl.)
Ausland (N.) étranger (M.)
Ausländer (M.) étranger (M.)
Ausländerbehörde (F.) service (M.) des étrangers
Ausländergesetz (M.) loi (F.) sur les étrangers
Ausländerrecht (N.) législation (F.) relative aux conditions d'entrée et de séjour des étrangers, droit (M.) des étrangers
ausländisch étranger (Adj.), extérieur (Adj.)
Auslandsberührung (F.) élément (M.) d'extranéité
Auslandsdelikt (N.) infraction (F.) à l'étranger
auslegen interpréter, commenter, expliquer
Auslegung (F.) interprétation (F.)
Auslegungsfehler (M.) dénaturation (F.)

Auslegungsregel (F.) règle (F.) d'interpretation
Ausleihe prêt (M.)
ausleihen prêter
ausliefern extrader, expédier, livrer, remettre
Auslieferung (F.) extradition (F.), livraison (F.), délivrance (F.), remise (F.)
Auslieferungsersuchen (N.) demande (F.) d'extradition
Auslieferungshaft (F.) emprisonnement (M.) consécutif à une demande d'extradition
Auslieferungsverbot (N.) interdiction (F.) d'extradition
Auslieferungsvertrag (M.) traité (M.) d'extradition, convention (F.) d'extradition
ausloben offrir, polliciter
Auslobung (F.) offre (F.), pollicitation (F.), promesse (F.) de récompense
auslosen tirer au sort
Auslosung (F.) tirage (M.) au sort, tirage (M.)
Ausnahme (F.) exception (F.), dérogation (F.)
Ausnahmegericht (N.) tribunal (M.) d'exception, juridiction (F.) d'exception
Ausnahmezustand (M.) état (M.) d'urgence, circonstances (F.Pl.) exceptionnelles
ausnehmen excepter
ausreichen suffire
ausreichend suffisant, passable
Ausreise (F.) départ (M.)
Ausreiseaufforderung (F.) invitation (F.) à quitter le territoire
ausreisen quitter le territoire
Aussage (F.) affirmation (F.), déclaration (F.), déposition (F.), témoignage (M.)
Aussageerpressung (F.) extorsion (F.) d'aveux
Aussagegenehmigung (F.) autorisation (F.) de témoigner
aussagen déposer, déclarer, témoigner, tester
Aussagenotstand (M.) témoignage (M.) mensonger dans un état de nécessité
Aussagepflicht (F.) obligation (F.) de témoigner
Aussageverweigerung (F.) refus (M.) de témoigner
Aussageverweigerungsrecht (N.) droit (M.) de refuser de témoigner, droit (M.) de refuser de déposer
ausschlagen refuser, renoncer, répudier, rejeter, repousser
Ausschlagung (F.) répudiation (F.), renonciation (F.)
ausschließen exclure, décliner
ausschließlich exclusif
ausschließliche Gesetzgebung (F.) compétence (F.) normative exclusive, pouvoir (M.) législatif exclusif, législation (F.) exclusive
Ausschließung (F.) exclusion (F.), élimination (F.)
Ausschluss (M.) der Öffentlichkeit huis-clos (M.)
Ausschluss (M.) exclusion (F.), forclusion (F.)
Ausschlussfrist (F.) délai (M.) de forclusion, délai (M.) de péremption
ausschreiben écrire, mettre au concours
Ausschreibung (F.) appel (M.) d'offres
Ausschreibungsunterlage (F.) cahier (M.) des charges
Ausschuss (M.) comité (M.), commission (F.)
Ausschuss (M.) der ständigen Vertreter (Ausschuss der ständigen Vertreter in Frankreich) comité (M.) des représentants permanents des états membres (Coreper)
ausschütten distribuer
Außenbereich (M.) secteur (M.) extérieur, secteur (M.) périphérique
Außengesellschaft (F.) société (F.) qui se révele aux tiers
Außengrenze (F.) frontière (F.) extérieure
Außenpolitk (F.) politique (F.) extérieure
Außenprüfung (F.) contrôle (M.) extérieure
Außenstelle (F.) succursale (F.)
Außensteuerrecht (N.) législation (F.) sur l'imposition des revenus étrangers
Außenverhältnis (N.) rapports (M.Pl.) externes
Außenvollmacht (F.) mandat (M.) donné verbalement au tiers
Außenwirtschaft (F.) économie (F.) extérieure, commerce (M.) extérieur
Außenwirtschaftsrecht (N.) réglementation (F.) légale du commerce extérieur
außer Kraft treten expirer
außer sauf
außerehelich naturel (Adj.), extraconjugal
außergerichtlich extrajudiciaire (Adj.)
außergewöhnlich exceptionnel, anormal, extraordinaire (Adj.)
Außerkraftsetzung (F.) abrogation (F.)
äußern dire (V.), exprimer, déclarer

außerordentlich extraordinaire (Adj.)
außerordentliche Kündigung (F.) résiliation (F.) unilatérale extraordinaire, résiliation (F.) unilatérale en cas de faute grave
Äußerung (F.) dire (M.), déclaration (F.), avis (M.)
außervertraglich extracontractuel
aussetzen interrompre, suspendre, abandonner, surseoir, surseoir à statuer
Aussetzung (F.) abandon (M.), exposition (F.), interruption (F.), suspension (F.), sursis (M.)
aussiedeln expatrier
Aussiedler (M.) rapatrié (M.), expatrié (M.)
aussondern séparer, retirer
Aussonderung (F.) séparation (F.), distraction (F.), revendication (F.)
Aussonderungsrecht (N.) droit (M.) de poursuite individuelle
aussperren lock-outer
Aussperrung (F.) lock-out (M.)
ausspielen mettre en jeu
Ausspielung (M.) tirage (M.)
Ausspielvertrag (M.) contrat (M.) aléatoire
aussprechen prononcer
Ausstand (M.) grève (F.)
ausstatten équiper, doter, armer
Ausstattung (F.) équipement (M.), trousseau (M.), dot (F.)
ausstehend à recouvrer
ausstellen exposer, délivrer, établir, créer, tirer
Aussteller (M.) exposant (M.), souscripteur (M.), tireur (M.)
Ausstellung (F.) exposition (F.), délivrance (F.), création (F.), tirage (M.)
Aussteuer (F.) trousseau (M.), dot (F.)
Austausch (M.) échange (M.), troc (M.), remplacement (M.)
austauschen échanger, troquer
Austauschpfändung (F.) saisie-exécution (F.) avec remplacement
austreten retirer (se), sortir, quitter, démissionner, abjurer
Austritt (M.) départ (M.), démission (F.)
ausüben exercer, pratiquer, remplir une fonction
Ausübung (F.) exercice (M.), levée (F.) d'une option, pratique (F.)
Ausübungsermächtigung (F.) autorisation (F.) d'exercice
Ausverkauf (M.) soldes (M.Pl.), liquidation (F.) totale, vente (F.) intégrale
Auswahl (F.) choix (M.), sélection (F.)
auswählen choisir
Auswahlprüfung (F.) concours (M.) d'entrée dans la fonction publique
auswandern émigrer
Auswanderung (F.) émigration (F.)
Auswanderungsbetrug (M.) escroquerie (F.) à l'émigration
auswärtig étranger (Adj.), extérieur (Adj.)
auswärtige Angelegenheit (F.) affaire (F.) étrangere, relation (F.) extérieure
auswärtige Angelegenheiten (F.Pl.) affaires (F.Pl.) étrangères, relations (F.Pl.) extérieures
auswärtiges Amt (N.) ministère (M.) des affaires étrangères
ausweichen éviter (V.), faire une embardée
Ausweis (M.) carte (F.), pièce (F.) d'identité
ausweisen (aus dem Land weisen) expulser
ausweisen (sich) justifier (son identité), montrer (sa carte), décliner (son identité)
Ausweismissbrauch (M.) usage (M.) de documents d'identité contrefaits falsifiés ou alterés
Ausweispflicht (F.) obligation (F.) de présenter une carte d'identité
Ausweisung (F.) expulsion (F.)
auswirken répercuter (se)
Auswirkung (F.) effet (M.), conséquence (F.), résultat (M.), répercussion (F.)
auszahlen payer, verser
Auszahlung (F.) paiement (M.), versement (M.), décaissement (M.)
Auszubildender (M.) apprenti (M.), personne (F.) en cours de formation professionnelle
Auszug (M.) extrait (M.), sommaire (M.), relevé (M.)
authentisch authentique
authentische Interpretation (F.) interprétation (F.) d'une norme par l'auteur lui-même
Auto (N.) voiture (F.), automobile (F.)
Autobahn (F.) autoroute (F.)
Automat (M.) automate (M.), distributeur (M.) automatique
Automatenmissbrauch (M.) abus (M.) d'un distributeur automatique, soustraction (F.) frauduleuse d'un distributeur automatique
automatisch automatique

autonom autonome (Adj.)
Autonomie (F.) autonomie (F.), indépendance (F.), self-government (M.)
Autopsie (F.) autopsie (F.)
Autor (M.) auteur (M.)
autorisieren autoriser
Aval (M.) aval (M.)
Avis (N.) avis (M.), information (F.), communication (F.)
Axiom (N.) axiome (M.)

B

baccalaureus (M.) (lat.) (Stabträger) bachelier (M.)
Baden (N.) (Land) Bade (F.)
Bagatelldelikt (N.) infraction (F.) mineure
Bagatelle (F.) bagatelle (F.)
Bagatellsache (F.) affaire (F.) de peu d'importance
Bagatellschaden (M.) dommage (M.) mineur
Bahn (F.) cours (M.), chemin (M.) de fer
Bahnhof (M.) gare (F.)
Bahnpolizei (F.) police (F.) des chemins de fer, police (F.) ferroviaire
Baisse (F.) baisse (F.)
Bande (F.) bande (F.), bande (F.) organisée, gang (M.)
Bandendiebstahl (M.) vol (M.) en bande
Bandit (M.) bandit (M.), brigand (M.), malfaiteur (M.)
Bank (F.) banque (F.)
Bankakzept (N.) acceptation (F.) de banque
Bankauskunft (F.) renseignement (M.) bancaire
Bankbürgschaft (F.) garantie (F.) bancaire, cautionnement (M.) bancaire
Bankeinlage (F.) dépôt (M.) en banque
Bankgeheimnis (N.) secret (M.) de banque, secret (M.) bancaire
Bankgeschäft (N.) opération (F.) bancaire, transaction (F.) bancaire, domaine (M.) bancaire
Bankguthaben (N.) dépôt (M.) en banque
Bankier (M.) banquier (M.), financier (M.)
Bankkonto (N.) compte (M.) en banque
Banknote (F.) billet (M.) de banque, billet (M.)
Bankomat (M.) billeterie (F.), distributeur (M.) automatique de billets de banque
Bankraub (M.) braquage (M.) d'une banque, hold up (M.)
Bankrecht (N.) droit (M.) bancaire
Bankrott (M.) faillite (F.), faillite (F.) personnelle, banqueroute (F.)
bankrott en faillite
Bankrotteur (M.) failli (M.), banqueroutier (M.)
Bankverbindung (F.) adresse (F.) bancaire
Bann (M.) ban (M.), bannissement (M.)
Bannkreis (M.) zone (F.) de protection
Bannmeile (F.) zone (F.) de protection autour du siège du parlement
bar comptant (Adj.), réel (Adj.), en espèces
Bargebot (N.) offre (F.) en espèces
Bargeld (N.) argent (M.) comptant, argent (M.) liquide, espèces (F.Pl.), numéraire (M.)
bargeldlos sans numéraire, en monnaie scripturale
Barkauf (M.) achat (M.) au comptant
Barscheck (M.) chèque (M.) ouvert, chèque (M.) à vue
Barzahlung (F.) paiement (M.) comptant, paiement (M.) en numéraire, paiement (M.) en espèces
Bataillon (N.) bataillon (M.)
Bau (M.) construction (F.), bâtiment (M.)
Bauaufsicht (F.) surveillance (F.) des travaux
Baubehörde (F.) administration (F.) en matière de police administrative des constructions
bauen construire, bâtir
Bauer (M.) paysan (M), cultivateur (M.)
Bauernbefreiung (F.) libération (F.) des paysans
Bauernkrieg (M.) guerre (F.) des paysans
baufällig délabré, vétuste
Baufreiheit (F.) liberté (F.) de construction, liberté (F.) de bâtir
Baugebiet (N.) mit zurückgestellter Erschließung (Baugebiet mit zurückgestellter Erschließung in Frankreich) zone (F.) d'aménagement différé
Baugebiet (N.) zone (F.) d'aménagement, terrain (M.) à bâtir
Baugenehmigung (F.) autorisation (F.) de construire, permis (M.) de bâtir, permis (M.) de construire
Baugesetzbuch (N.) code (M.) de la construction
Bauherr (M.) maître (M.) de l'ouvrage

Baukosten (F.Pl.) coût (M.) de la construction, frais (M.Pl.) de construction
Baukostenzuschuss (M.) subvention (F.) aux frais de construction, aide (F.) de l'État à la construction d'immeubles
Bauland (N.) terrain (M.) à bâtir
Baulanderschließungsgebiet (N.) zone (F.) d'intervention foncière
Baulandsache (F.) affaire (F.) de terrain à bâtir
Baulandumlegung (F.) remembrement (M.) des terrains à bâtir
Baulastenverzeichnis (N.) registre (M.) des servitudes de construction
Bauleiter (M.) chef (M.) de chantier
Bauleitplan (M.) schéma (M.) directeur d'aménagement et d'urbanisme, plan (M.) d'occupation des sols
Baulinie (F.) alignement (M.)
Baumangel (M.) défaut (M.) de construction
Baumeister (M.) architecte (M.)
Baunutzungsverordnung (F.) règlement (M.) relatif à la destination du bâtiment
Bauordnung (F.) législation (F.) sur la construction, règlement (M.) concernant les constructions
Bauordnungsamt (N.) service (M.) d'urbanisme
Bauordnungsrecht (N.) droit (M.) relatif aux constructions
Bauplan (M.) plan (M.) de construction
Bauplanung (F.) planification (F.) de construction
Bauplanungsrecht (N.) droit (M.) relatif à la planification de construction
Bauplatz (M.) terrain (M.) à bâtir
Baupolizei (F.) police (F.) de la construction, service (M.) d'urbanisme
Baurecht (N.) droit (M.) de construire, droit (M.) relatif aux constructions
baureif viabilisé
Bauschein (M.) permis (M.) de bâtir, permis (M.) de construire
Bausparkasse (F.) caisse (F.) d'épargne-logement
Bausparvertrag (M.) contrat (M.) d'épargne-logement
Bauträger (M.) promoteur-constructeur (M.)
Bauüberwachung (F.) surveillance (F.) de construction, contrôle (M.) de construction
Bauunternehmer (M.) entrepreneur (M.), constructeur (M.) de l'ouvrage
Bauwerk (N.) construction (F.), bâtiment (M.)
Bauwich (M.) distance (F.) pour les constructions
Bayer (M.) Bavarois (M.)
bayerisch bavarois (Adj.)
Bayerisches Oberstes Landesgericht (N.) Haute Cour (F.) bavaroise de justice
Bayern (N.) Bavière (F.)
beabsichtigen chercher, vouloir (V.), envisager
beachten respecter, tenir compte
Beachtung (F.) respect (M.), attention (F.), observation (F.)
Beamtenhaftung (F.) responsabilité (F.) de l'État pour ses fonctionnaires, responsabilité (F.) des fonctionaires
Beamtenrecht (N.) statut (M.) du personnel, statut (M.) de la fonction publique
Beamtenrechtsrahmengesetz (N.) loi (F.) générale sur le statut des fonctionnaires
Beamtenverhältnis (N.) statut (M.) de fonctionnaire
Beamter (M.) fonctionnaire (M.), agent (M.), agent (M.) de la fonction publique, magistrat (M.)
Beamtin (F.) fonctionnaire (F.), employée (F.)
beanspruchen revendiquer, réclamer, demander, exiger
beanstanden faire une réclamation, faire des objections, opposer (s'), réclamer
Beanstandung (F.) réclamation (F.), objection (F.)
beantragen demander
bearbeiten étudier, examiner, travailler, façonner, adapter
Bearbeitung (F.) étude (F.), examen (M.), travail (M.), adaption (F.)
beaufsichtigen surveiller, contrôler
beauftragen charger de, déléguer, mandater
Beauftragter (M.) mandataire (M.), délégué (M.), chargé (M.), député (M.)
beauftragter Richter (M.) juge (M.) délégué, juge (M.) commis, juge-commissaire (M.)
bebauen cultiver, bâtir, couvrir de bâtiments
Bebauungsplan (M.) plan (M.) d'aménagement urbain, plan (M.) d'urbanisme
Bedarf (M.) besoin (M.)
Bedenken (N.) doute (M.), objection (F.), réserve (F.)
bedeuten signifier

Bedeutung (F.) signification (F.), importance (F.), sens (M.)
bedienen servir, desservir
Bedienstete (F.) salariée (F.), employée (F.)
Bediensteter (M.) salarié (M.), agent (M.), employé (M.), préposé (M.)
Bedienung (F.) service (M.), maniement (M.), conduite (F.)
Bedienungsanleitung (F.) instruction (F.) de service, mode (M.) d'emploi
bedingen exiger, impliquer, conditionner
bedingt conditionnel, limité (Adj.), éventuel
bedingte Schuldfähigkeit (F.) responsabilité (F.) limitée
bedingter Vorsatz (M.) dol (M.) éventuel
Bedingung (F.) exigence (F.), condition (F.)
bedingungsfeindlich ne pouvant être conclu sous condition
bedrohen menacer
Bedrohung (F.) menace (F.)
Bedürfnis (N.) besoin (M.)
Bedürfnisprüfung (F.) analyse (F.) des besoins
bedürftig indigent, dans le besoin
Bedürftigkeit (F.) indigence (F.), pauvreté (F.)
beeiden affirmer sous la foi du serment, jurer
beeidigen affirmer sous la foi du serment, jurer
Beeidigung (F.) affirmation (F.) sous la foi du serment
beeinflussen influencer
beeinträchtigen porter atteinte à, léser, diminuer, réduire
Beeinträchtigung (F.) atteinte (F.), préjudice (M.), lésion (F.), empiétement (M.)
beenden terminer, finir, accomplir
beendeter Versuch (M.) tentative (F.) accompliée
beendigen terminer, finir
Beendigung (F.) fin (F.), achèvement (M.), cessation (F.)
beerben hériter
beerdigen enterrer, inhumer
Beerdigung (F.) enterrement (M.), inhumation (F.)
Beerdigungskosten (F.Pl.) frais (M.Pl.) d'enterrement
befähigen qualifier
Befähigung (F.) qualification (F.), capacité (F.), compétence (F.), aptitude (F.)
Befähigungsnachweis (M.) certificat (M.) d'aptitude, brevet (M.) professionnel
befangen partial, prévenu
Befangenheit (F.) prévention (F.), parti (M.) pris, suspicion (F.) légitime, partialité (F.), opinion (F.) préconçue
befassen occuper (s'), charger
Befehl (M.) commandement (M.), ordre (M.), injonction (F.), sommation (F.)
befehlen ordonner, commander, donner des ordres, sommer
befolgen respecter, observer
befördern expédier, transporter, faire avancer, promouvoir
Beförderung (F.) transport (M.), acheminement (M.), avancement (M.), promotion (F.)
Beförderungsvertrag (M.) contrat (M.) de transport
befragen interroger, demander, entendre
befreien exempter, exonérer, libérer, délivrer, mettre en liberté, dispenser
Befreiung (F.) libération (F.), délivrance (F.), dispense (F.), exemption (F.), exonération (F.)
Befreiungsanspruch (M.) droit (M.) à délivrance
Befreiungsvorbehalt (M.) réserve (F.) de dispense
befrieden pacifier
befriedigen satisfaire, payer, contenter
Befriedigung (F.) satisfaction (F.), paiement (M.), contentement (M.)
Befriedung (F.) pacification (F.)
befristen fixer un délai, soumettre à un délai
befristet à durée limitée, à échéance
Befristung (F.) fixation (F.) d'un délai
Befugnis (F.) autorisation (F.), droit (M.), pouvoir (M.), compétence (F.)
befugt autorisé (Adj.)
befürworten préconiser, conseiller (V.)
Befürwortung (F.) recommandation (F.), appel (M.)
begabt doué (Adj.)
Begabtenförderung (F.) encouragement (M.) des talents
begebbar négociable
begeben émettre, lancer, renoncer à, rendre, transmettre
Begebung (F.) émission (F.), lancement (M.)
begehen commettre, perpétrer, exécuter

Begehren (N.) demande (F.)
begehren demander, prétendre, désirer
Begehung (F.) passage (M.), perpétration (F.), consommation (F.), commission (F.)
Begehungsdelikt (N.) délit (M.) de commission
Beginn (M.) commencement (M.), début (M.), départ (M.)
Beginn (M.) der Ausführung commencement (M.) d'exécution (d'une infraction)
beginnen commencer
beglaubigen légaliser, certifier, authentifier
Beglaubigung (F.) légalisation (F.), certification (F.), authentification (F.)
Beglaubigungsschreiben (N.) lettre (F.) de créance
Beglaubigungsvermerk (M.) mention (F.) d'authentification
begleichen payer, régler, acquitter
begleiten accompagner
Begleittat (F.) fait (M.) d'accompagnement
begnadigen gracier, amnistier
Begnadigung (F.) grâce (F.), amnistie (F.)
begreifen comprendre
begrenzen limiter, délimiter
begrenzt limité (Adj.)
Begrenzung (F.) limitation (F.), plafond (M.), bornage (M.)
Begriff (M.) notion (F.), concept (M.)
Begriffsjurisprudenz (F.) jurisprudence (F.) des notions
begründen fonder, justifier, indiquer les motifs
begründet fondé (Adj.), motivé
Begründetheit (F.) bien-fondé (M.)
Begründung (F.) argument (M.), argumentation (F.), motif (M.), attendu (M.), raison (F.), motivation (F.), justification (F.), explication (F.), création (F.), formation (F.), institution (F.), constitution (F.), fondation (F.)
begünstigen favoriser, avantager, aider, assister
begünstigender Verwaltungsakt (M.) acte (M.) (administratif individuel) créant un droit particulier individuel
Begünstigter (M.) bénéficiaire (M.)
Begünstigung (F.) faveur (F.), traitement (M.) préférentiel, aide (F.), assistance (F.), protection (F.)
behandeln traiter, transformer
Behandlung (F.) traitement (M.), transformation (F.), pratique (F.), procédure (F.), soin (M.)
behaupten affirmer, alléguer, soutenir, prétendre
Behauptung (F.) affirmation (F.), allégation (F.), assertion (F.)
Behelf (M.) chose (F.) provisoire, moyen (M.) subsidiaire
behelfsmäßig provisoire (Adj.)
beherbergen héberger
Beherbergung (F.) hébergement (M.)
Beherbergungsvertrag (M.) contrat (M.) d'hébergement
beherrschen dominer, contrôler, être maître de, maîtriser
beherrschend dominant (Adj.)
Beherrschung (F.) domination (F.)
Beherrschungsvertrag (M.) contrat (M.) de prise de contrôle
behindern empêcher, gêner, entraver
behindert handicapé (Adj.)
Behindertentestament (N.) testament (M.) d'un handicapé mental
Behinderter (M.) handicapé (M.)
Behinderung (F.) déficience (F.), empêchement (M.), entrave (F.)
Behinderungswettbewerb (M.) concurrence (F.) empêchante
Behörde (F.) administration (F.), service (M.), office (M.)
Behörde (F.) zur Eintreibung der Sozialversicherungsbeiträge (Behörde zur Eintreibung der Sozialversicherungsbeiträge in Frankreich) union (F.) de recouvrement
Behörden (F.Pl.) pouvoirs (M.Pl.) publics, les autorités (F.Pl.)
behördlich administratif (Adj.), officiel
beibringen alléguer, produire, fournir, présenter
Beibringung (F.) allégation (F.), production (F.)
Beibringungsgrundsatz (M.) procédure (F.) accusatoire
Beigeordneter (M.) adjoint (M.)
Beihilfe (F.) aide (F.) gouvernementale, aide (F.), subvention (F.), assistance (F.), complicité (F.)
Beihilfeempfangsberechtigter (M.) allocataire (M.)
Beihilfenrecht (N.) droit (M.) concernant l'aide gouvernementale

beiladen citer à participer à la procédure
Beiladung (F.) décision (F.) d'un tribunal permettant à un tiers dont les intérêts sont ou pourraient être lésés à participer à la procédure
beilegen joindre, régler, résoudre, concilier
Beilegung (F.) règlement (M.), composition (F.)
Beirat (M.) conseil (M.), avocat-conseil (M.), commission (F.) consultative
Beischlaf (M.) coït (M.), copulation (F.), union (F.) de fait
beischlafen coucher avec
beisitzen assister, être assesseur
Beisitzer (M.) assesseur (M.), conseiller (M.)
Beispiel (N.) exemple (M.)
Beistand (M.) assistance (F.), aide (F.), soutien (M.)
beistehen assister, aider, seconder
Beitrag (M.) contribution (F.), cotisation (F.), apport (M.)
Beitrag (M.) zur Sozialversicherung cotisation (F.) à la sécurité sociale
beitragen participer, contribuer
Beitragsbemessung (F.) cotisation (F.) calculée
Beitragsbemessungsgrenze (F.) salaire (M.) plafond
beitreiben recouvrer, récupérer
Beitreibung (F.) recouvrement (M.)
beitreten adhérer (à), entrer
Beitritt (M.) adhésion (F.)
beiwohnen coucher avec, avoir des rapports sexuels, assister, être présent
Beiwohnung (F.) cohabitation (F.), union (F.) de fait
bejahen affirmer, approuver
bekannt (Adj.) connu, renommé, évident, notoire
Bekanntgabe (F.) publication (F.), publicité (F.), annonce (F.)
bekanntgeben communiquer, annoncer
bekanntmachen publier, annoncer, notifier, faire connaître
Bekanntmachung (F.) publication (F.), notification (F.), avis (M.)
bekennen confesser, avouer
Bekenntnis (N.) confession (F.), profession (F.), foi (F.), croyance (F.)
Bekenntnisfreiheit (F.) liberté (F.) religieuse
Bekenntnisschule (F.) école (F.) confessionnelle
beklagen plaindre
beklagt plaint, défendeur (Adj.)
Beklagte (F.) défenderesse (F.)
Beklagter (M.) défendeur (M.)
bekräftigen confirmer, corroborer
Bekräftigung (F.) affirmation (F.)
Belang (M.) importance (F.), intérêt (M.)
belasten charger, accuser, incriminer, grever, débiter
belastend chargeant (Adj.)
belästigen gêner, molester
Belästigung (F.) molestation (F.), vexation (F.), chicane (F.), gêne (F.), harcèlement (M.)
Belastung (F.) accusation (F.), charge (F.), nuisance (F.), pollution (F.), poids (M.), pression (F.)
Belastungszeuge (M.) témoin (M.) à charge
belaufen monter
Beleg (M.) justificatif (M.), document (M.) comptable, pièce (F.) justificative, reçu (M.)
belegen (Adj.) situé (Adj.)
belegen (V.) justifier, prouver
Belegenheit (F.) situation (F.)
Belegenheitsgrundsatz (M.) principe (M.) de situation
beleglos sans preuve
Belegschaft (F.) main-d'œuvre (F.), personnel (M.)
belehren instruire, renseigner, informer
Belehrung (F.) instruction (F.), avis (M.), leçon (M.), information (F.), conseil (M.)
Belehrungspflicht (F.) obligation (F.) de conseil
beleidigen offenser, insulter
Beleidigung (F.) offense (F.), insulte (F.), injure (F.), outrage (M.), diffamation (F.)
beleihen prêter
Belgien (N.) Belgique (F.)
Beliehener (M.) concessionnaire (M.)
belohnen récompenser
Belohnung (F.) récompense (F.)
bemerken remarquer, noter, dire (V.)
Bemerkung (F.) remarque (F.), note (F.)
bemessen mesurer, caculer, attribuer
Bemessung (F.) évaluation (F.), fixation (F.), calcul (M.)
Bemessungsgrundlage (F.) base (F.) de calcul, assiette (F.)
benachrichtigen avertir, aviser

beneficium (N.) (lat.) (Wohltat) bénéfice (M.)
beneficium (N.) inventarii (lat.) (Wohltat des Inventars) bénéfice (M.) d'inventaire
Benehmen (N.) comportement (M.), accord (M.), consultation (F.)
Benelux-Staat (M.) Benelux (M.)
Benelux-Staaten (M.Pl.) Benelux (M.), Bénéluxiens (M.Pl.)
benutzen utiliser, employer, tirer profit de
Benutzer (M.) usager (M.), utilisateur (M.)
Benützerin (F.) usagère (F.), utilisatrice (F.)
Benutzerkennung (F.) identification (F.) de l'usager
Benutzung (F.) utilisation (F.), usage (M.), emploi (M.), mise (F.) à profit
Benutzungsbewilligung (F.) permission (F.) de voirie
Benutzungsgebühr (F.) frais (M.Pl.) d'utilisation, taxe (F.) d'utilisation
Benutzungsordnung (F.) règlement (M.) d'usage, ordre (M.) d'usage
Benutzungsverhältnis (N.) relation (F.) d'usage
Benutzungszwang (M.) obligation (F.) d'utiliser, obligation (F.) d'exploiter
beobachten examiner, observer
beraten (sich) délibérer, conférer, tenir conseil
beraten (V.) conseiller (V.), guider, consulter
Berater (M.) conseil (M.), consultant (M.), conseiller (M.)
Beratung (F.) consultation (F.), délibération (F.), délibéré (M.), conseil (M.)
Beratungspflicht (F.) obligation (F.) de conseil
Beratungszimmer (N.) chambre (F.) du conseil, salle (F.) des délibérations
berauben spolier, voler, dévaliser
Beraubung (F.) spoliation (F.), vol (M.)
berechnen compter, calculer, estimer, facturer
Berechnung (F.) calcul (M.), facturation (F.), liquidation (F.), évaluation (F.)
berechtigen autoriser
berechtigt juste (Adj.), légitime (Adj.), fondé (Adj.), autorisé (Adj.), habilité (Adj.)
Berechtigter (M.) titulaire (M.), bénéficiaire (M.), ayant-droit (M.)
Berechtigung (F.) autorisation (F.), droit (M.), bien-fondé (M.), justification (F.), pouvoir (M.), titre (M.)
Bereich (M.) secteur (M.), ressort (M.), domaine (M.), sphère (F.)
bereichern enrichir
Bereicherung (F.) enrichissement (M.)
Bereicherungsabsicht (F.) intention (F.) d'enrichissement, intention (F.) de s'enrichir
Bereicherungsanspruch (M.) action (F.) pour cause d'enrichissement sans cause
Bereicherungsklage (F.) action (F.) de in rem verso
bereinigen régler, apurer
Bereinigung (F.) règlement (M.), apurement (M.)
bereit prêt (Adj.)
Bereitschaft (F.) disposition (F.), état (M.) d'alerte, disponibilité (F.)
Bereitschaftsdienst (M.) service (M.) de permanence, permanence (F.)
Bereitschaftspolizei (F.) gardes (M.Pl.) mobiles, police (F.) mobile d'intervention
Berg (M.) montagne (F.)
Bergarbeiter (M.) mineur (M.) (2)
Bergbau (M.) exploitation (F.) des mines
Bergelohn (M.) indemnité (F.) de sauvetage
bergen sauver, mettre en sûreté
Bergrecht (N.) droit (M.) minier
Bergregal (N.) privilège (M.) minier
Bergung (F.) sauvetage (M.)
Bergwerk (N.) mine (F.), minière (F.)
Bergwerkseigentum (N.) propriété (F.) minière
Bericht (M.) rapport (M.), exposé (M.), communiqué (M.), relation (F.), compte (M.) rendu
berichten informer, faire un rapport, rapporter, exposer
Berichterstatter (M.) rapporteur (M.), correspondant (M.)
berichtigen rectifier, corriger
Berichtigung (F.) rectification (F.), correction (F.)
Berlin (N.) Berlin (F.)
Berliner Testament (N.) testament (M.) berlinois
Bern (N.) Berne (F.)
Berner Übereinkunft (F.) Convention (F.) de Berne
berücksichtigen prendre en considération, considérer, tenir compte
Beruf (M.) profession (F.), métier (M.)
berufen (Adj.) appelé (Adj.), qualifié (Adj.), compétent (Adj.)

berufen (V.) faire appel, appeler, invoquer, prévaloir, baser sur
beruflich professionnel (Adj.)
berufliche Schweigepflicht (F.) secret (M.) professionnel
Berufsausübung (F.) pratique (F.) professionnelle, exercice (M.) d'une profession
Berufsbeamter (M.) fonctionnaire (M.) de carrière
Berufsberatung (F.) orientation (F.) professionnelle
Berufsbildung (F.) formation (F.) professionnelle
Berufsfreiheit (F.) libre choix (M.) de la profession, libre exercice (M.) de la profession
Berufsgeheimnis (N.) secret (M.) professionnel
Berufsgenossenschaft (F.) association (F.) professionnelle
Berufskrankheit (F.) maladie (F.) professionnelle
Berufsrichter (M.) juge (M.) de carrière, magistrat (M.) de carrière
Berufsschule (F.) centre (M.) de formation professionnelle
berufsunfähig d'incapacité professionelle
Berufsunfähigkeit (F.) incapacité (F.) professionnelle
Berufsunfähigkeitsversicherung (F.) assurance (F.) d'invalidité professionnelle
Berufsverband (M.) organisation (F.) professionnelle, association (F.) professionnelle, fédération (F.) professionnelle
Berufsverbot (N.) interdiction (F.) d'exercer sa profession, interdiction (F.) professionnelle
Berufswahl (F.) choix (M.) d'une profession, choix (M.) d'un métier
Berufung (F.) nomination (F.), référence (F.), appel (M.), pourvoi (M.) en appel, pourvoi (M.), recours (M.)
Berufungsbeklagte (F.) intimée (F.), défenderesse (F.) en appel
Berufungsbeklagter (M.) intimé (M.), défendeur (M.) en appel
Berufungsfrist (F.) délai (M.) d'appel
Berufungsgericht (N.) cour (F.) d'appel
Berufungsinstanz (F.) instance (F.) d'appel
Berufungskläger (M.) appelant (M.)
Berufungsurteil (N.) arrêt (M.)
Berufungsverfahren (N.) procédure (F.) d'appel
berühmen prévaloir
Berühmung (F.) action (F.) de se prévaloir
Besatzung (F.) occupation (F.), équipage (M.)
Besatzungsgebiet (N.) zone (F.) d'occupation, territoire (M.) occupé
Besatzungsgewalt (F.) puissance (F.) occupante, occupant (M.)
Besatzungsmacht (F.) puissance (F.) occupante, occupant (M.)
Besatzungsrecht (N.) droit (M.) d'occupation
Besatzungsstatut (N.) statut (M.) d'occupation
Besatzungszone (F.) zone (F.) d'occupation
beschädigen endommager, détériorer
Beschädigung (F.) endommagement (M.), avarie (F.), dommage (M.), dégradations (F.Pl.) volontaires
beschaffen (Adj.) de nature
beschaffen (V.) procurer
Beschaffenheit (F.) constitution (F.), structure (F.), état (M.)
Beschaffung (F.) procuration (F.)
Beschaffungsschuld (F.) obligation (F.) de livrer
Beschaffungsverwaltung (F.) administration (F.) des approvisionnements
beschäftigen employer, occuper
beschäftigt occupé, employé (Adj.)
Beschäftigung (F.) emploi (M.), activité (F.)
Beschäftigungspflicht (F.) obligation (F.) de fournir un emploi
Bescheid (M.) avis (M.), renseignement (M.), décision (F.) administrative, décision (F.)
bescheiden (V.) répondre, convoquer, statuer
Bescheidungsurteil (N.) sentence (F.) de résponse
bescheinigen certifier, attester
Bescheinigung (F.) attestation (F.), certificat (M.)
beschimpfen insulter, injurier
Beschimpfung (F.) insulte (F.), injure (F.)
Beschlag (M.) saisie (F.), confiscation (F.), séquestration (F.)
Beschlagnahme (F.) saisie (F.), confiscation (F.), réquisition (F.)
beschlagnahmen saisir, confisquer, mettre la main sur
beschleunigen accélérer
beschleunigt accéléré, immédiat, court

beschleunigtes Verfahren (N.) procédure (F.) de saisine immédiate, procédure (F.) courte
beschließen terminer, achever, décider, statuer, voter, arrêter
Beschluss (M.) décision (F.), résolution (F.), arrêt (M.), ordonnance (F.), vote (M.)
beschlussfähig qui réunit le quorum, atteignant le quorum
Beschlussfähigkeit (F.) quorum (M.)
Beschlussfassung (F.) vote (M.), déliberation (F.)
beschlussunfähig qui ne pas réunit le quorum, n'atteignant le quorum
Beschlussverfahren (N.) procédure (F.) judiciaire spéciale par ordonnance
beschränken limiter, restreindre, borner
beschränkt limité (Adj.), restreint (Adj.), partiel (Adj.)
beschränkte Geschäftsfähigkeit (F.) capacité (F.) contractuelle restreinte
beschränkte Haftung (F.) responsabilité (F.) limitée
beschränkte persönliche Dienstbarkeit (F.) servitude (F.) personnelle restreinte
beschränktes dingliches Recht (N.) droit (M.) réel restreint
Beschränkung (F.) restriction (F.), limitation (F.)
beschuldigen inculper, incriminer, accuser
Beschuldigte (F.) inculpée (F.)
Beschuldigter (M.) inculpé (M.)
Beschwer (F.) grief (M.), motif (M.) de plainte
Beschwerde (F.) recours (M.), recours (M.) administratif, plainte (F.), réclamation (F.)
Beschwerdefrist (F.) délai (M.) de recours
Beschwerdeführer (M.) réclamant (M.), partie (F.) réclamante
Beschwerdeführerin (F.) réclamante (F.)
Beschwerdeverfahren (N.) procédure (F.) de recours, procédure (F.) de plainte
beschweren charger, alourdir, plaindre, recourir, réclamer, reprocher, faire grief
beseitigen éliminer, liquider, supprimer
Beseitigung (F.) élimination (F.), aplanissement (M.)
Beseitigungsanspruch (M.) droit (M.) d'élimination
besetzen occuper
Besitz (M.) possession (F.)
Besitz entziehen déposséder
Besitzaufgabe (F.) abandon (M.) de possession
Besitzdiener (M.) détenteur (M.) précaire, possesseur (M.) pour autrui, auxiliaire (M.) de possession
Besitzeinweisung (F.) envoi (M.) en possession
besitzen posséder, détenir
Besitzentziehung (F.) dépossession (F.)
Besitzer (M.) possesseur (M.), détenteur (M.)
Besitzergreifung (F.) prise (F.) de possession
Besitzerin (F.) possesseur (F.), détenteur (F.)
Besitzkehr (F.) réintegration (F.) dans la possession
Besitzkonstitut (N.) constitut (M.) possessoire
Besitzmittelungsverhältnis (N.) constitut (M.) possessoire
Besitznahme (F.) entrée (F.) en possession
Besitzrecht (N.) possessoire (M.), droit (M.) de possedér, droit (M.) de possession
besitzrechtlich possessoire (Adj.)
Besitzschutz (M.) protection (F.) de la possession paisible
Besitzstand (M.) avantages (M.Pl.) acquis, état (M.) de fortune
Besitzsteuer (F.) impôt (M.) sur la fortune et le revenu
Besitzstörung (F.) trouble (M.) de la possession
Besitztitel (M.) titre (M.) attestant la possession paisible
Besitztum (N.) propriété (F.), bien (M.)
Besitzwehr (F.) autodéfense (F.) du possesseur
besolden payer, rémunérer, appointer, rétribuer
Besoldung (F.) solde (F.), appointement (M.), rétribution (F.)
Besoldungsdienstalter (N.) ancienneté (F.)
Besoldungsordnung (F.) règlement (M.) de solde
besondere particulier (Adj.), spécial (Adj.)
besonderes Gewaltverhältnis (N.) sujétion (F.) particulier
Besonderheit (F.) particularité (F.), détail (M.)
besorgen procurer, occuper
Besorgnis (F.) appréhension (F.), préoccupation (F.), crainte (F.)

Besorgung (F.) fourniture (F.), approvisionnement (M.), course (F.), achat (M.), exécution (F.)
bessere meilleur
bessern améliorer, corriger
Besserung (F.) amélioration (F.)
bestallen nommer
Bestallung (F.) nomination (F.), installation (F.)
Bestand (M.) existence (F.), persistance (F.), durée (F.)
Bestandskraft (F.) autorité (F.), décision (F.) définitive
bestandskräftig définitif
Bestandsschutz (M.) protection (F.), protection (F.) des droits acquis
Bestandteil (M.) pièce (F.) détachée, partie (F.) constituante, composante (F.), élément (M.)
Bestandvertrag (M.) contrat (M.) de location, contrat (M.) de bail
bestätigen confirmer
Bestätigung (F.) confirmation (F.), certificat (M.), attestation (F.)
Bestätigungsschreiben (N.) lettre (F.) de confirmation
bestechen corrompre, suborner
bestechlich corruptible, vénal
Bestechlichkeit (F.) vénalité (F.)
Bestechung (F.) corruption (F.), subornation (F.)
Bestehen (N.) existence (F.), durée (F.)
bestehen être, passer
bestellen nommer, désigner, commander, demander, constituer
Besteller (M.) maître (M.) d'ouvrage
Bestellschein (N.) bon (M.) de commande
Bestellung (F.) commande (F.), demande (F.), ordre (M.), nomination (F.), constitution (F.)
besteuern imposer, fiscaliser, taxer
Besteuerung (F.) imposition (F.)
Besteuerungsverfahren (N.) procédure (F.) d'imposition
bestimmen déterminer, fixer, définir, régler, disposer, stipuler
bestimmt déterminé, fixé, défini, précis
Bestimmtheit (F.) certitude (F.), détermination (F.)
Bestimmtheitserfordernis (N.) règle (F.) de la détermination
Bestimmtheitsgebot (N.) règle (F.) de la détermination
Bestimmtheitsgrundsatz (M.) principe (M.) de la détermination
Bestimmung (F.) détermination (F.), prescription (F.), norme (F.), clause (F.), stipulation (F.), norme (F.), disposition (F.), destination (F.)
Bestimmungsort (M.) lieu (M.) de destination
bestrafen punir, pénaliser
Bestrafung (F.) punition (F.), pénalisation (F.), condamnation (F.), sanction (F.)
bestreiten contester, dénier, nier
bestritten contesté, litigieux (Adj.)
Besuch (M.) visite (F.)
besuchen visiter
Besucher (M.) visiteur (M.)
Besuchsrecht (N.) droit (M.) de visite
betagt ajourné, différé
betäuben étourdir
Betäubung (F.) étourdissement (M.)
Betäubungsmittel (N.) narcothique (M.), anesthésique (M.)
Betäubungsmittelgesetz (N.) loi (F.) relative aux narcothiques
beteiligen participer, faire participer, intéresser, mettre dans
Beteiligte (F.) partie (F.) intéressée, participante (F.)
Beteiligter (M.) partie (F.) intéressée, participant (M.), intéressé (M.), personne (F.) concernée
Beteiligung (F.) der Arbeitnehmer am Betriebsergebnis intéressement (M.)
Beteiligung (F.) participation (F.), intérêt (M.), quote-part (F.)
Beteiligungsgesellschaft (F.) société (F.) en participation
Betracht (M.) considération (F.)
betrachten considérer, examiner
Betrachtung (F.) considération (F.), observation (F.), examen (M.)
Betrachtungsweise (F.) façon (F.) d'envisager les choses
Betrag (M.) montant (M.), somme (F.), valeur (F.)
betreiben faire, exercer, poursuivre, mettre en poursuite, intenter une poursuite, introduire une poursuite
Betreten (N.) entrée (F.), passage (F.)
betreten (V.) entrer, aborder

betreuen charger de (se), prendre soin de, aider
Betreuer (M.) soigneur (M.), garde-malade (M.), assistant (M.)
Betreuerin (F.) garde-malade (F.), assistante (F.)
Betreuung (F.) soin (M.), assistance (F.), encadrement (M.), tutelle (F.), curatelle (F.)
Betrieb (M.) entreprise (F.), établissement (M.), usine (F.), installation (F.), affaire (F.), marche (F.), service (M.), utilisation (F.), exploitation (F.)
Betriebsanlage (F.) installation (F.) industrielle
Betriebsausgabe (F.) dépense (F.) d'exploitation
Betriebseinnahme (F.) recette (F.) d'exploitation
Betriebsgefahr (F.) risque (M.) résultant de l'utilisation, risque (M.) d'exploitation
Betriebsprüfung (F.) contrôle (M.) fiscal d'une entreprise
Betriebsrat (M.) comité (M.) d'entreprise, membre (M.) du comité d'entreprise, délégue (M.) d'une entreprise, délégues (M.Pl.) d'une entreprise
Betriebsrente (F.) pension (F.) versée par l'entreprise
Betriebsrentengesetz (N.) loi (F.) relative à pension versée par l'entreprise
Betriebsrisiko (N.) risque (M.) résultant de l'arrêt momentané de l'entreprise
Betriebsschutz (M.) protection (F.) contre les accidents du travail
Betriebsstörung (F.) incident (M.) de fonctionnement, perturbation (F.) de l'exploitation
Betriebsübergang (M.) cession (F.) d'entreprise
Betriebsvereinbarung (F.) accord (M.) d'entreprise
Betriebsverfassung (F.) organisation (F.) des entreprises
Betriebsverfassungsgesetz (N.) loi (F.) sur le statut des entreprises, loi (F.) relative aux relations entrepreneur-salariés au sein de l'entreprise
Betriebsversammlung (F.) assemblée (F.) du personnel d'une entreprise
Betriebswirtschaft (F.) gestion (F.) d'entreprises
betrinken (sich) soûler (se)
betroffen interessé (Adj.)
Betroffene (F.) interessée (F.)
Betroffener (M.) interessé (M.)
Betrug (M.) escroquerie (F.), tromperie (F.), fraude (F.)
betrügen escroquer, frauder, tromper
Betrüger (M.) escroc (M.), fraudeur (M.)
betrügerisch trompeur (Adj.), frauduleux (Adj.)
betrunken soûl (Adj.), ivre (Adj.)
Bettelei (F.) mendicité (F.)
betteln mendier, demander l'aumône
Bettler (M.) mendiant (M.)
Beugemittel (N.) sanction (F.), amende (F.)
Beugemittel (N.Pl.) sanctions (F.Pl.) (de la police administrative)
beugen pencher, incliner, conjuger
Beugestrafe (F.) astreinte (F.)
beurkunden certifier, authentifier
Beurkundung (F.) authentification (F.), certification (F.), certification (F.) de l'authenticité
beurlauben mettre en congé, mettre en disponibilité
Beurlaubung (F.) mise (F.) en congé, mise (F.) en disponibilité (F.), libération (F.)
beurteilen juger, analyser, apprécier
Beurteilung (F.) jugement (M.), critique (M.), analyse (F.), appréciation (F.)
Beurteilungsspielraum (M.) liberté (F.) d'appréciation, marge (F.) d'appréciation
Beute (F.) butin (M.), proie (F.)
bevollmächtigen mandater, autoriser, commissionner, habiliter
Bevollmächtigung (F.) mandat (M.), autorisation (F.)
bevorrechtigt privilégié (Adj.)
Bevorrechtigung (F.) privilège (M.), avantage (M.)
bewachen surveiller, garder
Bewachung (F.) surveillance (F.), gardiennage (M.)
bewähren faire ses preuves, mener à bien, prouver ses capacités
bewahren garder, conserver
Bewährung (F.) épreuve (F.), probation (F.), sursis (M.)
Bewährungsauflage (F.) condition (F.) à observer par le condamné pendant le délai d'épreuve

Bewährungshelfer (M.) délégué (M.) à la probation, adjoint (M.) de probation, éducateur (M.) à la probation
Beweggrund (M.) motif (M.)
beweglich mobile (Adj.), transportable (Adj.), mobilier (Adj.), meuble (Adj.)
bewegliche Sache (F.) meuble (M.), bien (M.) mobilier
Beweis (M.) preuve (F.)
Beweisantrag (M.) offre (F.) de preuve
Beweisantritt (M.) indication (F.) des moyens de preuve
Beweisaufnahme (F.) instruction (F.)
beweisen prouver, démontrer, justifier, faire la preuve de
Beweiserhebung (F.) administration (F.) de la preuve
Beweiserhebungsverbot (N.) interdiction (F.) d'administration de la preuve
Beweiserleichterung (F.) soulagement (M.) de la preuve, soulagement (M.) de dèmonstration
Beweisführung (F.) démonstration (F.), argumentation (F.)
Beweisgegenstand (M.) fait (M.) à prouver, pièce (F.) à conviction
Beweisgrund (M.) preuve (F.), raison (F.), justification (F.)
Beweisinterlokut (N.) jugement (M.) interlocutoire de la preuve
Beweiskraft (F.) force (F.) probante
beweiskräftig faisant loi, de force probante
Beweislast (F.) charge (F.) de la preuve
Beweislastumkehr (F.) renversement (M.) de la charge de la preuve
Beweismaterial (N.) pièce (F.) à l'appui
Beweismittel (N.) moyen (M.) de preuve, preuve (F.)
Beweisregel (F.) règle (F.) de preuve
Beweissicherung (F.) mise (F.) en sûreté de la preuve, conservation (F.) de la preuve
Beweisstück (N.) preuve (F.), pièce (F.) à conviction, pièce (F.) justificative
Beweisthema (N.) objet (M.) de preuve
Beweisurkunde (F.) acte (M.) instrumentaire
Beweisverwertung (F.) recevoir (M.) un moyen de preuve
Beweisverwertungsverbot (N.) interdiction (F.) de recevoir un moyen de preuve
Beweiswürdigung (F.) appréciation (F.) des preuves
bewerben (sich) postuler, poser sa candidature, aspirer
Bewerber (M.) candidat (M.)
Bewerberin (F.) candidate (F.)
Bewerbung (F.) candidature (F.)
bewerten apprécier, évaluer, taxer, estimer, évaluer, apprécier, estimer
Bewertung (F.) estimation (F.), évaluation (F.), appréciation (F.)
bewilligen accorder, autoriser, concéder, consentir, permettre
Bewilligung (F.) autorisation (F.), consentement (M.), allocation (F.), octroi (M.), permis (M.)
bewirken causer, faire, occasionner
bewusst conscient, intentionnel
bewusst sein avoir conscience
bewusste Fahrlässigkeit (F.) imprudence (F.) consciente
bewusstlos sans connaissance
Bewusstlosigkeit (F.) inconscience (F.)
Bewusstsein (N.) conscience (F.)
Bewusstseinsstörung (F.) altération (F.) des facultés intellectuelles
bezahlen payer, rembourser, honorer, régler, liquider
Bezahlung (F.) paiement (M.), acquittement (M.)
bezeugen témoigner, attester
bezichtigen accuser
Bezichtigung (F.) accusation (F.), inculpation (F.)
beziehen installer (s'), aller habiter, acheter, recevoir
Beziehung (F.) rapport (M.), relation (F.)
Bezirk (M.) district (M.), région (F.), arrondissement (M.), cercle (M.)
Bezirksgericht (N.) (Bezirksgericht in Österreich) tribunal (M.) cantonal
Bezirkshauptmann (M.) (Bezirkshauptmann in Österreich) chef (M.) des administrations d'un cercle
Bezogener (M.) tiré (M.)
Bezug (M.) achat (M.), acquisition (F.), livraison (F.), référence (F.), perception (F.), fourniture (F.), salaire (M.)
Bezugnahme (F.) référence (F.)
Bezugsrecht (N.) droit (M.) à livraison, droit (M.) d'option
Bibliographie (F.) bibliographie (F.)
Bibliothek (F.) bibliothèque (F.)

Biene (F.) abeille (F.)
Bienenrecht (N.) droit (M.) relatif aux abeilles
Bier (N.) bière (F.)
Bierlieferung (F.) livraison (F.) de bière
Bierlieferungsvertrag (M.) marché (M.) de livraison de bière, contrat (M.) de bière
bieten offrir, proposer, soumettre une offre
Bieter (M.) enchérisseur (M.), soumissionaire (M.)
Bigamie (F.) bigamie (F.)
Bilanz (F.) bilan (M.), balance (F.)
bilanzieren faire un bilan
Bilanzrecht (N.) droit (M.) de bilan
Bilanzrichtlinie (F.) directive (F.) relative à l'établissement du bilan
bilateral bilatéral
Bild (N.) image (F.), illustration (F.)
bilden créer, constituer, former, éduquer
Bildschirm (M.) écran (M.)
Bildschirmtext (M.) télétexte (M.)
Bildung (F.) composition (F.), formation (F.), éducation (F.), constitution (F.)
Bildungsverwaltung (F.) administration (F.) de formation
Bildungsverwaltungsrecht (N.) droit (M.) d'administration de formation
billig juste (Adj.), équitable (Adj.), bon (Adv.) marché
billigen accepter, approuver
Billigkeit (F.) équité (F.), justice (F.)
Billigkeitshaftung (F.) responsabilité (F.) selon l'équité
Billigung (F.) approbation (F.), acception (F.)
binden lier
bindend obligatoire, ferme (Adj.)
Bindung (F.) lien (M.), rapport (M.), obligation (F.), engagement (M.)
Bindungswirkung (F.) effet (M.) obligatoire
binnen dans l'espace de, dans le délai de
Binnenhandel (M.) commerce (M.) intérieur
Binnenmarkt (M.) marché (M.) intérieur, marché (M.) national, marché (M.) commun
Binnenschifffahrt (F.) navigation (F.) fluviale, navigation (F.) intérieure
Binnenzoll (M.) taxe (F.) intérieure
Bischof (M.) évêque (M.)
Bistum (N.) évêché (M.)
Bitte (F.) prière (F.), demande (F.)
bitten prier, demander
Blankett (N.) blanc-seing (M.), papier (M.) en blanc
Blankettmissbrauch (M.) abus (M.) de blanc-seing
Blankettvorschrift (F.) norme (F.) contenant des indications ou incriminations vagues et élastiques ou déterminées par une autre norme
blanko en blanc
Blankogeschäft (N.) opération (F.) à découvert
Blankoindossament (N.) endossement (M.) en blanc
Blankoscheck (M.) chèque (M.) en blanc
Blankounterschrift (F.) signature (F.) en blanc, blanc-seing (M.)
Blankovollmacht (F.) procuration (F.) en blanc
Blankowechsel (M.) lettre (F.) de change en blanc
Blankozession (F.) cession (F.) à découvert
Blasphemie (F.) blasphème (M.)
bleiben rester
Bleiberecht (N.) droit (M.) à rester
blind aveugle
blinken clignoter
Blinklicht (N.) feux (M.Pl.) clignotants
Blockade (F.) blocus (M.)
blockieren bloquer
blöd imbécile (Adj.)
Blödmann (M.) imbécile (M.)
Blut (N.) sang (M.)
Blutalkohol (M.) alcoolémie (F.)
Blutprobe (F.) prise (F.) de sang
Blutrache (F.) vendetta (F.)
Blutschande (F.) inceste (M.)
Bluttat (F.) crime (M.) capital
Boden (M.) sol (M.), terrain (M.), fond (M.), terre (F.)
Bodenkredit (M.) crédit (M.) foncier, crédit (M.) immobilier
Bodenordnung (F.) structure (F.) foncière
Bodenrecht (N.) droit (M.) relatif à l'occupation des sols
Bodenreform (F.) réforme (F.) agraire
Bodenschatz (M.) fond (M.), dépôt (M.), richesses (F.Pl.) naturelles, ressources (F.Pl.) minières
Bodenverkehr (M.) commerce (M.) de biens immobiliers
Bodmerei (F.) grosse aventure (F.)

Bon (M.) bon (M.)
bona fides (F.) (lat.) (gute Treue bzw. guter Glaube) bonne foi (F.)
Bonität (F.) (Güte) honorabilité (F.), respectabilité (F.), qualité (F.)
Bonität (F.) (Zahlungsfähigkeit) solvabilité (F.)
Bonus (M.) bonus (M.)
Bord (N.) bord (M.)
Bordell (N.) bordel (M.), maison (F.) de tolérance
Borg (M.) crédit (M.)
borgen prêter, emprunter
Börse (F.) bourse (F.)
Börsengesetz (N.) loi (F.) relative à l'établissement des bourses
Börsenmakler (M.) agent (M.) de change
börsennotiert coté en bourse
böse mauvais (Adj.), méchant
böser Glaube (M.) mauvaise foi (F.)
bösgläubig de mauvaise foi
Bösgläubigkeit (F.) mauvaise foi (F.)
böswillig malveillant (Adj.)
Bote (M.) messager (M.)
Botin (F.) messagère (F.)
Botschaft (F.) message (M.), nouvelle (F.), ambassade (F.)
Botschafter (M.) ambassadeur (M.)
Botschafterin (F.) ambassadrice (F.)
Boykott (M.) boycottage (M.)
boykottieren boycotter
Branche (F.) branche (F.)
Brand (M.) incendie (M.), feu (M.)
Brandenburg (N.) Brandebourg (M.)
Brandmauer (F.) mur (M.) réfractaire, cloison (F.) coupe-feu
Brandschutz (M.) prévention (F.) des incendies
Brandstifter (M.) incendiaire (M.)
Brandstiftung (F.) incendie (M.) volontaire
Brauch (M.) coutume (F.), usage (M.)
brauchen avoir besoin, nécessiter
Braut (F.) fiancée (F.)
Bräutigam (M.) fiancé (M.)
brechen rompre, résilier, annuler
Bremen (N.) Brême (F.)
brennen brûler
Brennholzrecht (N.) affouage (M.)
brevi manu traditio (F.) (lat.) (Übergabe kurzer Hand) brevi manu traditio (F.) (lat.)
Brief (M.) lettre (F.)
Briefgeheimnis (N.) secret (M.) postal, secret (M.) de la correspondance
Briefgrundschuld (F.) dette (F.) foncière constatée par un titre
Briefhypothek (F.) hypothèque (F.) immobilière constatée par un titre
Briefmarke (F.) timbre (M.)
Briefporto (N.) tarif (M.) d'une lettre, timbre (M.), port (M.)
Briefwahl (F.) vote (M.) par correspondance
Brigade (F.) brigade (F.)
bringen porter, apporter
Bringschuld (F.) dette (F.) portable
Bruch (M.) casse (F.), rupture (F.), violation (F.)
Bruchteil (M.) partie (F.), fraction (F.), quote-part (F.)
Bruchteilseigentum (N.) propriété (F.) indivise, indivision (F.) ordinaire
Bruchteilseigentümer (M.) indivisaire (M.)
Bruchteilsgemeinschaft (F.) communauté (F.) par quote-parts
Bruder (M.) frère (M.)
brüderlich fraternel
Brüderlichkeit (F.) fraternité (F.)
Brüssel (N.) Bruxelles
Brüsseler Vertrag (M.) Convention (F.) de Bruxelles
brutto brut (Adj.)
Buch (N.) livre (M.), registre (M.)
Bucheintragung (F.) enregistrement (M.)
buchen réserver, écriturer, comptabiliser, porter en compte
Buchführung (F.) comptabilité (F.), tenue (F.) des livres
Buchführungspflicht (M.) obligation (F.) de tenir les livres
Buchgeld (N.) monnaie (F.) scripturale, monnaie (F.) bancaire
Buchgrundschuld (F.) dette (F.) foncière transcrite dans le registre foncier
Buchhalter (M.) comptable (M.), commis (M.) aux écritures
Buchhaltung (F.) comptabilité (F.), comptabilité (F.) de gestion
Buchhypothek (F.) hypothèque (F.)
Buchprüfung (F.) audit (M.)
Buchung (F.) réservation (F.), inscription (F.), écriture (F.)
Buchwert (M.) valeur (F.) comptable

Budget (N.) budget (M.)
Budgetrecht (N.) droit (M.) budgétaire
Bulgarien (N.) Bulgarie (F.)
Bulle (F.) (Bulle im Kirchenrecht) bulle (F.)
Bulletin (N.) bulletin (M.)
Bund (M.) fédération (F.) (nationale), union (F.), alliance (F.), coalition (F.)
Bundesagentur (F.) für Arbeit agence (F.) fédérale pour l'emploi
Bundesamt (N.) service (M.) fédéral, office (M.) fédéral
Bundesangelegenheit (F.) affaire (F.) fédérale
Bundesanstalt (F.) institut (M.) fédéral, office (M.) fédéral
Bundesanwalt (M.) procureur (M.) fédéral
Bundesanwaltschaft (F.) ministère (M.) public fédéral
Bundesanzeiger (M.) bulletin (M.) des annonces officielles édité par le gouvernement fédéral
Bundesarbeitsgericht (N.) Cour (F.) fédérale du travail
Bundesaufsicht (F.) contrôle (M.) de l'exécution des lois, surveillance (F.) fédérale
Bundesaufsichtsamt (N.) office (M.) fédéral de contrôle
Bundesauftragsverwaltung (F.) exécution (F.) des lois fédérales par les états fédérés
Bundesausbildungsförderungsgesetz (N.) loi (F.) fédérale concernant la promotion de la formation professionnelle
Bundesautobahn (F.) autoroute (F.) fédérale
Bundesbahn (F.) chemins (M.Pl.) de fer de la République fédérale
Bundesbank (F.) banque (F.) centrale, banque (F.) d'émission fédérale
Bundesbaugesetz (N.) code (M.) fédéral de la construction
Bundesbeamter (M.) fonctionnaire (M.) fédéral
Bundesbeauftragter (M.) commissaire (M.) fédéral
Bundesbehörde (F.) autorité (F.) fédérale, office (M.) fédéral, administration (F.) fédérale, organisme (M.) fédéral
Bundesdatenschutzgesetz (N.) loi (F.) fédérale relative au contrôle de l'informatique
Bundesfernstraße (F.) route (F.) fédérale à grande circulation
Bundesfinanzhof (M.) Cour (F.) fédérale des finances, Cour (F.) fiscale fédérale
Bundesflagge (F.) drapeau (M.) fédéral
Bundesfreiwilligendienst (M.) service (M.) fédéral volontier
Bundesgebiet (N.) territoire (M.) fédéral
Bundesgebührenordnung (F.) für Rechtsanwälte ordonnance (F.) fédérale sur les taxes des avocats, barème (M.) fédéral des honoraires d'avocat
Bundesgericht (N.) tribunal (M.) fédéral
Bundesgerichtsbarkeit (F.) juridiction (F.) fédérale
Bundesgerichtshof (M.) Cour (F.) fédérale de justice, Cour (F.) fédérale de révision et de cassation
Bundesgesetz (N.) loi (F.) fédérale
Bundesgesetzblatt (N.) journal (M.) officiel de la Republique fédérale
Bundesgesetzgebung (F.) législation (F.) fédérale
Bundesgesundheitsamt (F.) office (M.) fédéral de la santé
Bundesgrenzschutz (M.) police (F.) fédérale pour la protection des frontières, service (M.) fédéral des frontières
Bundeshaushalt (M.) budget (M.) fédéral
Bundesheer (N.) forces (F.Pl.) armées fédérales
Bundesinnenminister (M.) ministre (M.) fédéral de l'intérieur
Bundesjustizminister (M.) ministre (M.) fédéral de la justice
Bundesjustizministerium (N.) ministère (M.) fédéral de la justice
Bundeskabinett (N.) cabinet (M.) fédéral
Bundeskanzler (M.) chancelier (M.) de la Republique fédérale, chancelier (M.)
Bundeskanzleramt (N.) chancellerie (F.) fédérale
Bundeskartellamt (N.) office (M.) fédéral de l'enregistrement et du contrôle des cartels
Bundesknappschaft (F.) caisse (F.) de retraite de charbonnage
Bundeskriminalamt (N.) office (M.) fédéral de la police judiciaire, office (M.) fédéral de la police criminelle
Bundesland (N.) land (M.), province (F.)
Bundesminister (M.) ministre (M.) fédéral
Bundesnachrichtendienst (M.) service (M.) fédéral de renseignements

Bundesnotarkammer (F.) chambre (F.) fédérale des notaires
Bundesoberbehörde (F.) autorité (F.) supérieure fédérale
Bundespatentamt (N.) office (M.) fédéral des brevets
Bundespatentgericht (N.) Cour (F.) fédérale des brevets
Bundespolizei (F.) police (F.) fédérale
Bundespost (F.) postes (F.Pl.) et télécommunications fédérales
Bundespräsident (M.) président (M.) de la République fédérale, président (M.)
Bundespräsidialamt (N.) direction (F.) supérieure des affaires fédérales
Bundesrat (M.) conseil (M.) fédéral
Bundesrechnungshof (M.) Cour (F.) des comptes fédérale
Bundesrecht (N.) droit (M.) fédéral
Bundesrechtsanwaltsgebührenordnung (F.) barème (M.) fédéral des honoraires d'avocat, ordonnance (F.) fédérale sur les taxes des avocats, loi (F.) relative aux émoluments tarifés des avocats
Bundesregierung (F.) gouvernement (M.) fédéral
Bundesrepublik (F.) république (F.) fédérale
Bundesrichter (M.) juge (M.) fédéral
Bundessozialgericht (N.) Cour (F.) fédérale du contentieux social, Cour (F.) fédérale compétente en matière de sécurité sociale
Bundessozialhilfegesetz (N.) loi (F.) fédérale concernant l'aide aux indigents
Bundesstaat (M.) État (M.) fédéral, confédération (F.)
bundesstaatlich fédéral (Adj.)
Bundesstaatlichkeit (F.) fédéralisme (M.)
Bundesstraße (F.) route (F.) fédérale
Bundestag (M.) assemblée (F.) fédérale, Bundestag (M.)
Bundestreue (F.) fidélité (F.) des États fédérés envers la fédération
Bundesverfassung (F.) constitution (F.) fédérale
Bundesverfassungsgericht (N.) Tribunal (M.) constitutionnel de la République fédérale, Cour (F.) constitutionnelle fédérale
Bundesverfassungsgesetz (N.) (Bundesverfassungsgesetz in Österreich) loi (F.) constitutionnelle fédérale
Bundesversammlung (F.) congrès (M.) fédéral, Bundesversammlung (F.), assemblée (F.) fédérale
Bundesversicherungsamt (N.) office (M.) fédéral surveillant les institutions fédérales de l'assurance sociale
Bundesversicherungsanstalt (F.) caisse (F.) fédérale de retraite
Bundesverwaltung (F.) administration (F.) fédérale
Bundesverwaltungsgericht (N.) Cour (F.) fédérale administrative, Cour (F.) administrative fédérale
Bundeswahlgesetz (N.) code (M.) électoral de l'état fédéral
Bundeswaldgesetz (N.) loi (F.) fédérale sur la forêt
Bundeswappen (N.) écu (M.) de l'état fédéral
Bundeswehr (F.) armée (F.) de la République fédérale d'Allemagne
Bundeswehrverwaltung (F.) administration (F.) fédérale des armées
Bundeszentralregister (N.) casier (M.) judiciaire central fédéral
Bundeszwang (M.) contrainte (F.) fédérale
Bündnis (N.) alliance (F.)
Bündnisvertrag (M.) traité (M.) d'alliance
Bürge (M.) caution (F.), garant (M.)
bürgen cautionner, être caution, garantir
Bürger (M.) citoyen (M.)
Bürgerbegehren (N.) requête (F.) présentée par des citoyens pour solliciter un referendum
Bürgerinitiative (F.) comité (M.) des citoyens, comité (M.) d'action
bürgerlich civil (Adj.), bourgeois (Adj.)
Bürgerliches Gesetzbuch (N.) code (M.) civil
bürgerliches Recht (N.) droit (M.) civil
Bürgermeister (M.) maire (M.)
Bürgermeisterei (F.) mairie (F.)
Bürgerrecht (N.) droit (M.) de citoyen, citoyenneté (F.)
Bürgerversammlung (F.) assemblée (F.) communale
Bürgschaft (F.) cautionnement (M.), caution (F.), garantie (F.)
Bürgschaftsurkunde (F.) acte (M.) de caution
Bürgschaftsvertrag (M.) contrat (M.) de caution

Büro (N.) bureau (M.), agence (F.)
Bürokratie (F.) bureaucratie (F.)
Buße (F.) amende (F.) pénale, amende (F.)
büßen expier, payer
Bußgeld (N.) amende (F.) forfaitaire
Bußgeldbescheid (M.) avis (M.) d'amende forfaitaire
Bußgeldkatalog (M.) tableau (M.) des amendes et sanctions administratives
Bußgeldverfahren (N.) procédure (F.) relative aux amendes forfaitaires administratives

C

c. i. c. (culpa in contrahendo) non-respect (M.) de la loyauté pendant les négotiations ou pourparlers, faute (F.) au cours des négociations
case-law (N.) (engl.) case-law (M.) (engl.)
causa (F.) (lat.) (Grund bzw. Sache) cause (F.), causa (F.) (lat.)
Cent (M.) cent (M.)
cessio (F.) (lat.) (Abtretung) cession (F.)
cf (cash and freight) coût (M.) et fret (CFR)
Chance (F.) chance (F.)
Chancengleichheit (F.) égalité (F.) de traitement
Charta (F.) charte (F.)
Charter (M.) contrat (M.) d'affrètement, charter (M.)
Charterer (M.) affréteur (M.)
chartern affréter
Chartervertrag (M.) contrat (M.) d'affrètement, charte partie (F.), charter (M.)
Chemikalie (F.) produit (M.) chimique
Chemikaliengesetz (N.) loi (F.) sur le contrôle des produits chimiques
Chip (M.) puce (F.), jeton (M.), plaque (F.), chip (F.)
Chipkarte (F.) carte (F.) à puces
christlich chrétien (Adj.)
cif (cost insurance freight) C. A. F. (coût assurance fret), C. I. F. (cost insurance freight), vente (F.) CAF (livraison coût assurance fret inclus)
clausula (F.) rebus sic stantibus (lat.) (Bedingung der gleichbleibenden Umstände) clause (F.) rebus sic stantibus (z. T. lat.)
Clearing (N.) clearing (M.), compensation (F.)
Code (M.) civil (franz.) code (M.) civil
Code (M.) de commerce (franz.) code (M.) de commerce
Code (M.) pénal (franz.) code (M.) pénal
codex (M.) (lat.) (Buch bzw. Gesetzbuch) code (M.)
commodum (N.) (lat.) (Vorteil) commodum (M.) (lat.)
compensatio (F.) lucri cum damno (lat.) (Vorteilsausgleich) compensatio (F.) lucri cum damno (lat.)
Computer (M.) ordinateur (M.)
Computerbetrug (M.) escroquerie (F.) par manipulation du logiciel
Computerkriminalität (F.) infractions (F.Pl.) en matière d'informatique
Computersabotage (F.) destruction (F.) de logiciel par infiltration de virus informatique
condicio (F.) sine qua non (lat.) (Bedingung ohne die nicht) condition (F.) nécessaire et suffisante
contra legem (lat.) (gegen das Gesetz) contre la loi
Copyright (N.) copyright (M.), droit (M.) exclusif d'exploitation
corpus (N.) delicti (lat.) (Verbrechensgegenstand) corps (M.) du délit
Coupon (M.) coupon (M.)
Cousin (M.) cousin (M.)
culpa (F.) in abstracto (lat.) (abstrakte Schuld) culpa (F.) in abstracto (lat.)
culpa (F.) in contrahendo (lat.) (Verschulden bei Vertragsschluss) (c.i.c.) non-respect (M.) de la loyauté pendant les négotiations ou pourparlers, faute (F.) au cours des négociations
culpa (F.) in eligendo (lat.) (Verschulden bei der Auswahl) culpa (F.) in eligendo (lat.), faute (F.) pendant d'une selection
Cybergeld (N.) monnaie (F.) électronique

D

Dachverband (M.) fédération (F.), association (F.) générale
Damnationslegat (N.) legs (M.) par lequel le légataire reçoit un droit personnel sur la chose léguée
damnum (N.) (lat.) (Schaden) damnum (N.) (lat.), dommage (M.)

Dänemark (N.) le Danemark (M.)
darlegen expliquer, présenter, dire (V.)
Darlegung (F.) présentation (F.)
Darlegungslast (F.) obligation (F.) de présenter tous les faits
Darlehen (N.) prêt (M.), prêt (M.) de consommation, prêt (M.) d'argent
Darlehensgeber (M.) prêteur (M.)
Darlehensgeschäft (N.) opération (F.) de prêt
Darlehensnehmer (M.) emprunteur (M.)
Darlehensvertrag (M.) contrat (M.) de prêt
Darlehenszinsen (M.Pl.) taux (M.) d'intérêts
darleihen prêter, accorder un prêt
darstellen présenter
Darstellung (F.) présentation (F.), illustration (F.)
Dasein (N.) présence (F.), existence (F.), vie (F.)
Daseinsvorsorge (F.) administration (F.) prestataire de services, état-providence (F.)
Datei (F.) fichier (M.) informatique, ensemble (M.) de données
Daten (N.Pl.) données (F.Pl.), indications (F.Pl.), informations (F.Pl.), caractéristiques (F.Pl.)
Datenabgleich (M.) vérification (F.) de données
Datenbank (F.) fichier (M.) informatisé, fichier (M.) informatique, fichier (M.) automatisé, banque (F.) de données
Datenschutz (M.) protection (F.) des données, contrôle (M.) de l'informatique
Datenschutzbeauftragter (M.) Monsieur (M.) Informatique, chargé (M.) de l'informatique et des libertés publiques
Datenübermittlung (F.) transmission (F.) de données
Datenübertragung (F.) transfert (M.) de données
Datenveränderung (F.) modification (F.) des données
Datenverarbeitung (F.) traitement (M.) de l'information, informatique (F.)
datieren dater
Datum (N.) date (F.), information (F.)
Dauer (F.) durée (F.)
Dauerarrest (M.) peine (F.) d'emprisonnement spéciale pour jeunes délinquants
Dauerauftrag (M.) règlement (M.) par prélèvement automatique, domiciliation (F.) pour paiements réguliers
Dauerdelikt (N.) délit (M.) permanent, infraction (F.) continuée, délit (M.) successif
dauern durer
dauernd permanent, de façon réiterée, répété
Dauerschuldverhältnis (N.) contrat (M.) à durée indéterminée, dette (F.) permanente
de facto (lat.) (tatsächlich) de fait, de facto, en fait
de iure (lat.) (rechtlich) de droit, de iure (lat.)
de lege ferenda (lat.) (nach zu schaffendem Gesetz) de lege ferenda (lat.)
de lege lata (lat.) (nach geltendem Recht) de lege lata (lat.)
Debatte (F.) débat (M.), discussion (F.)
Debet (N.) débit (M.), doit (M.)
Debitor (M.) débiteur (M.)
decken couvrir, combler
Deckung (F.) couverture (F.)
Deckungssumme (F.) montant (M.) assuré
Deckungszusage (F.) lettre (F.) de couverture, acceptation (F.) provisoire d'un risque
Deduktion (F.) déduction (F.)
deduzieren déduire
defensiv défensif
defensiver Notstand (M.) état de nécessité
definieren définir
Definition (F.) définition (F.)
Defizit (N.) déficit (M.)
degradieren dégrader, déclasser
degressiv dégressif
Deich (M.) digue (F.)
Deichrecht (N.) droit (M.) de digue
Dekan (M.) doyen (M.)
Dekanat (N.) décanat (M.)
Deklaration (F.) déclaration (F.)
deklaratorisch déclaratoire
deklarieren déclarer
Dekonzentration (F.) déconcentration (F.)
dekonzentrieren déconcentrer
Dekret (N.) décret (M.)
Delegation (F.) délégation (F.), mission (F.), mandat (M.), émissaires (M.Pl.)
delegieren déléguer
Delegierte (F.) déléguée (F.)
Delegierter (M.) délégué (M.)
Delikt (N.) délit (M.), infraction (F.)
deliktisch délictuel
deliktisches Verschulden (N.) faute (F.) délictuelle

Deliktsbesitzer (M.) possesseur (M.) par délit
deliktsfähig capable (Adj.) de commettre un délit
Deliktsfähigkeit (F.) capacité (F.) délictuelle, responsabilité (F.) délictuelle
Deliktsrecht (N.) droit (M.) des délits, droit (M.) délictuel
Delinquent (M.) délinquant (M.)
Delirium (N.) délire (M.)
Delkredere (N.) ducroire (M.)
Delkredereprovision (F.) commission (F.) ducroire
Demagoge (M.) démagogue (M.)
Demarche (F.) démarche (F.)
Dementi (N.) démenti (M.)
dementieren démentir
Demission (F.) démission (F.)
demissionieren démissionner, résigner
Demokrat (M.) démocrate (M.)
Demokratie (F.) démocratie (F.)
Demokratieprinzip (N.) principe (M.) démocratique
demokratisch démocratique
Demonstrant (M.) manifestant (M.)
Demonstration (F.) manifestation (F.)
demonstrativ démonstratif, ostensible
demonstrieren manifester
Demoskopie (F.) démoscopie (F.)
Denkmal (N.) monument (M.)
Denunziant (M.) dénonciateur (M.), délateur (M.)
Denunziation (F.) dénonciation (F.), délation (F.)
denunzieren dénoncer
Departement (N.) département (M.)
Deponie (F.) décharge (F.) publique
deponieren déposer
Deportation (F.) déportation (F.)
deportieren déporter, reléguer
Depositen (N.Pl.) dépôts (M.Pl.)
Depositenkonto (N.) compte (M.) de dépôt
Depositum (N.) dépôt (M.)
depositum (N.) irregulare (lat.) (unregelmäßige Verwahrung) dépôt (M.) irrégulier
Depot (N.) dépôt (M.)
Depotgeschäft (N.) contrat (M.) de dépôt, opération (F.) de dépôt
Depotgesetz (N.) loi (F.) portant sur les dépots et achats de titres
Deputat (N.) rémunération (F.) en nature
Deputation (F.) députation (F.)
deputieren députer
Deputierter (M.) député (M.)
deregulieren déreguler
Deregulierung (F.) déregulation (F.)
Dereliktion (F.) abandon (M.), déréliction (F.), derelictio (F.) (lat.)
derelinquieren dérélinquer
Derivat (N.) dérivé (M.)
derivativ dérivé (Adj.)
derivativer Eigentumserwerb (M.) acquisition (F.) dérivée de la propriété
Derogation (F.) dérogation (F.)
derogieren déroger
Deserteur (M.) déserteur (M.)
desertieren déserter
Designation (F.) désignation (F.)
designieren désigner
deskriptiv descriptif
deskriptives Tatbestandsmerkmal (N.) élément (M.) constitutif descriptif d'une infraction
Despot (M.) despote (M.)
Despotie (F.) despotisme (M.)
despotisch despotique
Destinatär (M.) destinataire (M.), bénéficiaire (M.) d'une fondation
Deszendent (M.) descendant (M.)
Deszendenz (F.) descendance (F.)
detachiert détaché (Adj.)
detachierte Kammer (F.) chambre (F.) détachée
Detektiv (M.) détective (M.)
Detektor (M.) détecteur (M.)
Deutsche (F.) Allemande (F.)
Deutsche Demokratische Republik (F.) (DDR) République (F.) démocratique d'Allemagne (R. D. A.)
Deutscher (M.) allemand (M.), ressortissant (M.) allemand
Deutscher Gewerkschaftsbund (M.) (DGB) Conféderation (F.) des syndicats ouvriers allemands
Deutsches Reich (N.) empire (M.) allemand
Deutschland (N.) Allemagne (F.)
Deutschlandvertrag (M.) Deutschlandvertrag (M.)
Devise (F.) devise (F.)
Devisen (F.Pl.) devises (F.Pl.), changes (M.Pl.)
Devisenkurs (M.) taux (M.) de change

Devisenmarkt (M.) marché (M.) des devises, marché (M.) des changes
Devisenreserve (F.) réserve (F.) en devises, réserve (F.) monétaires
Devolution (F.) dévolution (F.)
Devolutionsrecht (N.) droit (M.) de dévolution
Devolutiveffekt (M.) effet (M.) dévolutif
Dezentralisation (F.) décentralisation (F.)
dezentralisieren décentraliser
Dezernat (N.) section (F.), division (F.), ressort (M.)
Dezernent (M.) chef (M.) de division
DGB (M.) (Deutscher Gewerkschaftsbund) Conféderation (F.) des syndicats ouvriers allemands
Diakon (M.) diacre (M.)
Diät (F.) diète (F.)
Diäten (F.Pl.) indemnité (F.) parlementaire
Dichotomie (F.) bipartition (F.) des infractions
Dieb (M.) voleur (M.)
Diebstahl (M.) vol (M.), soustraction (F.) frauduleuse
dienen servir, aider
Diener (M.) serviteur (M.), domestique (M.)
Dienst (M.) service (M.), office (M.), emploi (M.)
Dienstalter (N.) ancienneté (F.)
Dienstanweisung (F.) directive (F.) de service, instruction (F.) de service
Dienstaufsicht (F.) surveillance (F.) hiérarchique, contrôle (M.) hiérarchique
Dienstaufsichtsbeschwerde (F.) recours (M.) hiérarchique
Dienstbarkeit (F.) servitude (F.)
Dienstberechtigter (M.) maître (M.)
Dienstbezug (M.) salaire (M.), rémunération (F.), revenus (M.Pl.)
Dienstbote (M.) domestique (M.), serviteur (M.)
Diensteid (M.) serment (M.) professionnel, serment (M.) d'obéissance à la constitution
Diensterfindung (F.) invention (F.) faite dans le service
Dienstflucht (F.) abandon (M.) de service
Dienstgeheimnis (N.) secret (M.) professionnel
Dienstgrad (M.) grade (M.)
Dienstherr (M.) patron (M.), État-patron (M.)
Dienstleistung (F.) service (M.), prestation (F.) de service
Dienstleistungsfreiheit (F.) liberté (F.) des prestations de service
Dienstleistungsmarke (F.) marque (F.) de service
dienstlich officiel (Adj.), de service
Dienstpass (M.) passeport (M.) de service
Dienstpflicht (F.) obligation (F.) de fournir un travail
Dienstrecht (N.) droit (M.) de la fonction publique
Dienstsiegel (N.) cachet (M.) officiel
Dienststelle (F.) service (M.), office (M.), bureau (M.)
Dienstvereinbarung (F.) convention (F.) collective relative aux affaires sociales
Dienstvergehen (N.) faute (F.) de service
Dienstverhältnis (N.) contrat (M.) de travail, contrat (M.) de service
Dienstverschaffung (F.) mise (F.) à disposition de main d'œuvre
Dienstvertrag (M.) contrat (M.) de travail, contrat (M.) de service, contrat (M.) d'entreprise, louage (M.) d'ouvrage et d'industrie
Dienstvorgesetzter (M.) supérieur (M.) hiérarchique
Dienstweg (M.) voie (F.) hiérarchique
Dienstzeit (F.) présence (F.), temps (M.) de service, heures (F.Pl.) d'ouverture
dies interpellat pro homine (lat.) (der Termin mahnt für den Menschen) dies interpellat pro homine (lat.)
Dietrich (M.) fausse clé (F.), passepartout (M.)
diffamieren diffamer, discréditer
Diffamierung (F.) diffamation (F.)
Differenz (F.) différence (F.), déficit (M.)
Differenzgeschäft (N.) opération (F.) à terme
differenzieren différencier
Differenzierung (F.) différenciation (F.)
Differenzierungsklausel (F.) clause (F.) de différenciation
differieren différer
Diktator (M.) dictateur (M.)
Diktatur (F.) dictature (F.)
diktieren dicter, imposer
dilatorisch dilatoire
dilatorische Einrede (F.) exception (F.) dilatoire

Ding (N.) (Sache) chose (F.), truc (M.)
dinglich réel (Adj.)
dingliches Recht (N.) droit (M.) réel
Diözese (F.) diocèse (M.)
Diplom (N.) diplôme (M.), brevet (M.)
Diplomat (M.) diplomate (M.)
Diplomatie (F.) diplomatie (F.)
Diplomatik (F.) diplomatique (F.)
diplomatisch diplomatique (Adj.)
diplomatische Beziehung (F.) relation (F.) diplomatique
diplomatischer Dienst service (M.) diplomatique
Diplom-Jurist (M.) juriste (M.) diplômé, diplômé (M.) de jurisprudence
direkt direct, immédiat
direkte Stellvertretung (F.) représentation (F.) directe
direkte Steuer (F.) impôt (M.) direct
direkter Verbotsirrtum (M.) erreur (F.) direct du droit
direkter Vorsatz (M.) dol (M.) direct, intention (F.) directe
Direkterwerb (M.) acquisition (F.) directe
Direktion (F.) direction (F.)
Direktionsrecht (N.) pouvoir (M.) de direction
Direktive (F.) directive (F.), instruction (F.)
Direktmandat (N.) mandat (M.) direct
Direktor (M.) directeur (M.)
Direktverfahren (N.) procédure (F.) immédiate, procédure (F.) directe
Direktversicherung (F.) assurance-vie (F.) conclue par l'employeur en faveur du salarié
Dirne (F.) prostituée (F.), putain (F.)
Disagio (N.) perte (F.) au change, disagio (M.)
Diskont (M.) escompte (M.)
diskontieren escompter
Diskontsatz (M.) taux (M.) d'escompte
diskriminieren discriminer
Diskriminierung (F.) discrimination (F.), pratique (F.) discriminatoire
Diskriminierungsverbot (N.) principe (M.) de non-discrimination
Dispens (M.) dispense (F.)
dispensieren dispenser
disponieren disposer
Disposition (F.) disposition (F.), aliénation (F.), cession (F.)
Dispositionskredit (M.) avance (F.) à découvert
Dispositionsmaxime (F.) principe (M.) dispositif, procédure (F.) selon le principe du dispositif
dispositiv facultatif (Adj.), non impératif, dispositif (Adj.), supplétif (Adj.)
dispositives Recht (N.) loi (F.) dispositive
Disput (M.) dispute (F.)
Disputation (F.) dispute (F.), disputation (F.)
disputieren discuter
Dissens (M.) défaut (M.) de consentement, dissentiment (M.), désaccord (M.)
Dissertation (F.) thèse (F.) de doctorat
Dissident (M.) dissident (M.)
distinguieren distinguer
Distinktion (F.) distinction (F.)
Distrikt (M.) district (M.)
Disziplin (F.) discipline (F.)
Disziplinargericht (N.) tribunal (M.) disciplinaire, conseil (M.) disciplinaire
disziplinarisch disciplinaire
Disziplinarmaßnahme (F.) mesure (F.) disciplinaire
Disziplinarrecht (N.) régime (M.) disciplinaire, droit (M.) disciplinaire
Diversion (F.) diversion (F.)
Dividende (F.) dividende (M.)
dividieren divider
Division (F.) division (F.)
DNA-Analyse (F.) test (M.) ADN
Dogma (N.) dogme (M.)
Dogmatik (F.) dogmatique (F.)
Doktor (M.) docteur (M.)
Doktorand (M.) candidat (M.) au doctorat, doctorant (M.)
Doktorgrad (M.) doctorat (M.), grade (M.) de docteur
Doktorin (F.) docteur (M.), doctoresse (F.)
Doktorprüfung (F.) soutenance (F.) de thèse
Doktrin (F.) doctrine (F.)
Dokument (N.) document (M.), pièce (F.)
Dokumentation (F.) documentation (F.)
Dokumentenakkreditiv (N.) accréditif (M.) sur documents, crédit (M.) documentaire
dokumentieren documenter, montrer
dolmetschen interpréter
Dolmetscher (M.) interprète (M.)
Dolmetscherin (F.) interprête (F.)
dolos dolosif, intentionnel
dolus (M.) (lat.) (Vorsatz) dol (M.)
dolus (M.) directus (lat.) (unbedingter Vorsatz) dol (M.) direct

dolus (M.) eventualis (lat.) (bedingter Vorsatz) dol (M.) éventuel
dolus (M.) generalis (lat.) (allgemeiner Vorsatz) dol (M.) général
dolus (M.) indirectus (lat.) (indirekter Vorsatz) dol (M.) indirect
dolus (M.) malus (lat.) (Arglist) dolus (M.) malus (lat.)
dolus (M.) subsequens (lat.) (nachfolgender Vorsatz) dol (M.) suivant, dol (M.) subséquent
Dom (M.) cathédrale (F.)
domain (F.) (engl.) domaine (M.)
Domäne (F.) domaine (M.), bien (M.) domanial, domaine (M.) public
Domizil (N.) domicile (M.)
Domkapitel (N.) chapitre (M.) de la cathédrale
Doppel- double (Adj.)
Doppelbesteuerung (F.) double imposition (F.)
Doppelbesteuerungsabkommen (N.) convention (F.) destinée à éviter la double imposition
Doppelehe (F.) bigamie (F.), mariage (M.) bigamique
Doppelname (M.) nom (M.) de famille composé de deux éléments
doppelt double (Adj.)
doppelte Buchführung (F.) comptabilité (F.) en partie double, comptabilité (F.) à partie double
Doppelversicherung (F.) double assurance (F.)
Dossier (N.) dossier (M.)
Dotation (F.) dotation (F.)
dotieren doter
Doyen (M.) (franz.) doyen (M.)
Dozent (M.) maître (M.) de conférences
drakonisch draconien
Drang (M.) besoin (M.)
Draufgabe (F.) dédit (M.), arrhes (F.Pl.)
Dreiecksgeschäft (N.) opération (F.) triangulaire
Dreiecksverhältnis (N.) relation (F.) triangulaire
Drei-Elemente-Lehre (F.) doctrine (F.) des trois éléments
Dreifelderwirtschaft (F.) culture (F.) à trois assolements
Dreiklassenwahlrecht (N.) suffrage (M.) à trois degrés
dringend urgent, pressant, impératif (Adj.)
dringlich urgent, pressant, sans délai
Dringlichkeit (F.) urgence (F.)
dritte tierce
Dritter (M.) tiers (M.), tierce personne (F.)
Drittland (N.) État (M.) tiers
Drittorganschaft (F.) fait (M.) de représenter par un tiers
Drittschaden (M.) dommage (M.) aux tiers, dommage (M.) par ricochet
Drittschadensliquidation (F.) action (F.) exercée contre un contractant par une partie qui a agi pour le compte d'un tiers en vue d'obtenir l'indemnisation des dommages subis par ce dernier, réparation (F.) d'un préjudice subi par un tiers
Drittschuldner (M.) tiers (M.) débiteur
Drittschutz (M.) protection (F.) tiers
Drittstaat (M.) État (M.) tiers
Drittwiderspruchsklage (F.) tierce opposition (F.)
Drittwirkung (F.) effet (M.) à l'égard des tiers
Droge (F.) drogue (F.), drogue (F.) illicite, stupéfiant (M.)
Drogenhandel (M.) trafic (M.) de stupéfiants
Drohbrief (M.) lettre (F.) de menaces
drohen menacer
drohend menaçant
Drohung (F.) menace (F.), intimidation (F.)
Druck (M.) pression (F.), contrainte (F.), coercition (F.), impression (F.), publication (F.)
drucken imprimer
Drucksache (F.) imprimé (M.)
Druckschrift (F.) imprimé (M.), prospectus (M.)
Druckwerk (N.) publication (F.)
Dualismus (M.) dualisme (M.)
dualistisch dualiste (Adj.)
Duell (N.) duel (M.)
dulden tolérer, admettre, permettre
Duldung (F.) ohne Rechtsanerkenntnis acte (M.) de pure faculté
Duldung (F.) tolérance (F.)
Duldungsvollmacht (F.) mandat (M.) implicite
Dumping (N.) dumping (M.)
dunkel sombre (Adj.)
Dunkelfeld (N.) chiffre (M.) noir
Dunkelziffer (F.) chiffre (M.) noir
Duplik (F.) duplique (F.)

Duplikat (N.) duplicata (M.), double (M.), copie (F.)
durchbrechen casser, rompre, franchir
Durchbrechung (F.) franchissement (M.)
durchführen conduire à travers, réaliser, exécuter, effectuer
Durchführung (F.) exécution (F.), réalisation (F.), application (F.)
Durchführungsabkommen (N.) convention (F.) de l'accord
Durchführungsverordnung (F.) décret (M.) d'application
Durchgang (M.) passage (M.), tour (M.), transit (M.), lecture (F.)
Durchgangserwerb (M.) acquisition (F.) d'un non-propriétaire
Durchgangsrecht (N.) droit (M.) de passage
durchgehen passer
durchgreifen passer la main à travers, prendre des mesures
Durchgriff (M.) emprise (F.), mainmise (F.) directe
Durchgriffshaftung (F.) responsabilité (F.) personnelle des actionnaires d'une société de capitaux
durchschneiden couper, traverser
Durchschnitt (M.) moyenne (F.)
durchschnittlich moyen (Adj.), en moyenne
durchsuchen fouiller
Durchsuchung (F.) fouille (F.), visite (F.)
Durchsuchungsbefehl (M.) ordonnance (F.) de perquisition
dürftig pauvre (Adj.), maigre (Adj.), insuffisant (Adj.)
Dürftigkeit (F.) insuffisance (F.)
Dürftigkeitseinrede (F.) exception (F.) tirée de l'insuffisance de la masse successorale
dynamisch dynamique
dynamische Rente (F.) retraite (F.) dynamique
Dynastie (F.) dynastie (F.)

E

e. V. (M.) (eingetragener Verein) association (F.) enregistrée
ebenbürtig égal, égal de naissance
Ebenbürtigkeit (F.) égalité (F.) de naissance
echt vrai, véritable, authentique
echte Urkunde (F.) acte (M.) authentique
echtes Unterlassungsdelikt (N.) délit (M.) d'omission proprement dite
Echtheit (F.) authenticité (F.)
Ecke (F.) coin (M.), angle (M.)
Ecklohn (M.) salaire (M.) de référence normal, salaire (M.) de base
e-commerce (N.) (engl.) e-commerce (M.) (engl.), commerce (M.) électronique
Ecu (M.) (European Currency Unit) Ecu (M.) (European Currency Unit), U. C. E. (F.) (unité de compte européenne)
edel noble, généreux
Edelmetall (N.) métal (M.) précieux
edieren éditer, publier
Edikt (N.) avis (M.) officiel, édit (M.)
Ediktalzitation (F.) citation (F.) en justice, invitation (F.) judiciaire
Edition (F.) édition (F.)
Editionspflicht (F.) obligation (F.) de présentation
EDV (F.) (elektronische Datenverarbeitung) informatique (F.)
Effekt (M.) effet (M.), titre (M.) négociable, valeur (F.)
Effekten (M.Pl.) titres (M.Pl.) négociables, valeurs (F.Pl.) mobilières
Effektenbörse (F.) bourse (F.) de valeur
Effektengeschäft (N.) opération (F.) sur effets
effektiv effectif (Adj.), réel (Adj.), efficace
Effektivklausel (F.) clause (F.) d'une convention collective assurant le salaire réel par rapport au salaire conventionnel
Effizienz (F.) efficience (F.)
EFTA (F.) (Europäische Freihandelsassoziation) Association (F.) Européenne de Libre Échange (A. E. L. E.)
EG (F.) (Europäische Gemeinschaft) C. E. (F.) (Communauté Européenne)
Ehe (F.) mariage (M.)
Eheaufhebung (F.) dissolution (F.) du mariage sans effets rétroactifs, annulation (F.) du mariage
ehebrechen commettre un adultère
Ehebrecher (M.) adultère (M.)
Ehebrecherin (F.) femme (F.) adultère
ehebrecherisch adultère (Adj.), adultérin
Ehebruch (M.) adultère (M.)
Ehefähigkeit (F.) capacité (F.) matrimoniale
Ehefrau (F.) femme (F.) mariée, épouse (F.)

Ehegatte (M.) époux (M.), conjoint (M.)
Ehegattenerbrecht (N.) vocation (F.) héréditaire du conjoint survivant, droits (M.Pl.) successoraux du conjoint
Ehegattenunterhalt (M.) devoir (M.) de secours, obligation (F.) alimentaire entre époux
Ehegesetz (N.) loi (F.) sur le mariage
Ehegüterrecht (N.) droit (M.) relatif aux régimes matrimoniaux, droit (M.) des régimes matrimoniaux, régimes (M. Pl.) matrimoniaux
Ehehindernis (N.) empêchement (M.) au mariage
ehelich erklären légitimer
ehelich matrimonial, conjugal, légitime (Adj.)
eheliche Lebensgemeinschaft (F.) communauté (F.) de vie
ehelichen épouser, prendre en mariage
Ehelicherklärung (F.) légitimation (F.)
Ehelichkeit (F.) légitimité (F.)
Ehelichkeitsanfechtung (F.) désaveu (M.) de paternité
Ehelichkeitserklärung (F.) légitimation (F.)
Ehemakler (M.) agent (M.) matrimonial
Ehemann (M.) mari (M.), époux (M.)
ehemündig d'âge (M.) requis pour contracter mariage
Ehemündigkeit (F.) âge (M.) requis pour contracter mariage, âge (M.) matrimonial
Ehename (M.) nom (M.) acquis par mariage, nom (M.) matrimonial
Ehenichtigkeit (F.) nullité (F.) du mariage
Ehepartner (M.) conjoint (M.)
Ehepartnerin (F.) conjointe (F.)
Eheprozess (M.) procédure (F.) concernant les affaires matrimoniales
Eherecht (N.) droit (M.) matrimonial
Ehesache (F.) matière (F.) matrimoniale, litige (M.) en matière matrimoniale
Ehescheidung (F.) divorce (M.)
Eheschließung (F.) conclusion (F.) du mariage, mariage (M.)
Ehestörung (F.) trouble (M.) de la vie conjugale provoqué par un tiers
Eheverbot (N.) défense (F.) de contracter mariage, prohibition (F.) du mariage
Eheverfehlung (F.) violation (F.) des devoirs conjugaux
Ehevermittler (M.) agent (M.) matrimonial
Ehevermittlung (F.) courtage (M.) matrimonial
Eheversprechen (N.) promesse (F.) de mariage
Ehevertrag (M.) contrat (M.) de mariage
Ehewirkung (F.) effet (M.) du mariage
Ehewohnung (F.) lieu (M.) d'habitation des époux
Ehre (F.) honneur (M.)
Ehrenamt (N.) fonction (F.) honorique, charge (F.) honorique
Ehrenbeamter (M.) fonctionnaire (M.) non rétribué
Ehrendoktor (M.) docteur (M.) honoris causa
Ehrendoktorat (N.) doctorat (M.) honoris causa
Ehrengericht (N.) tribunal (M.) d'honneur, conseil (M.) de discipline
Ehrenrecht (N.) droit (M.) civique
Ehrenstrafe (F.) peine (F.) infamante
Ehrenwort (N.) parole (F.) d'honneur
Eichamt (N.) bureau (M.) des poids et mesures
eichen étalonner, jauger
Eid (M.) serment (M.)
Eidesformel (F.) formule (F.) du serment
eidesmündig capable (Adj.) de prêter serment
Eidesmündigkeit (F.) capacité (F.) de prêter serment
eidesstattlich tenant lieu du serment
eidesstattliche Versicherung (F.) affirmation (F.) solennelle tenant lieu du serment
eidlich sous serment
Eifersucht (F.) jalousie (F.)
eifersüchtig jaloux
eigen propre (Adj.), à soi
Eigenbedarf (M.) besoin (M.) personnel
Eigenbesitz (M.) possession (F.) pour son propre compte, possession (F.) à titre de propriétaire, possession (F.) en propre, possession (F.) pour soi
Eigenbesitzer (M.) possesseur (M.) pour son propre compte
Eigenbetrieb (M.) entreprise (F.) communale sans personnalité juridique, entreprise (F.) propre
eigener Wirkungskreis (M.) domaine (M.) réservé
Eigengeschäftsführung (F.) gestion (F.) dans son propre intérêt
Eigengesellschaft (F.) société (F.) à capital public
eigenhändig de sa propre main, olographe (Adj.)

eigenhändiges Testament (N.) testament (M.) olographe
Eigenheim (N.) maison (F.) individuelle
Eigenjagdbezirk (M.) district (M.) constituant une chasse privée
Eigenkapital (N.) capital (M.) propre
Eigenmacht (F.) privation (F.) de la possession
eigenmächtig arbitraire (Adj.), illégal
eigenmächtiger Besitzer (M.) possesseur (M.) illégal
Eigenname (M.) nom (M.) propre
Eigenschaft (F.) qualité (F.), caractère (M.)
Eigentum (N.) propriété (F.)
Eigentümer (M.) propriétaire (M.)
Eigentümer-Besitzer-Verhältnis (N.) lien (M.) juridique propriétaire-possesseur
Eigentümergrundschuld (F.) dette (F.) foncière inscrite au nom du propriétaire
Eigentümerhypothek (F.) hypothèque (F.) en faveur du propriétaire
Eigentumsaufgabe (F.) déréliction (F.), abandon (M.) de propriété
Eigentumsbindung (F.) restriction (F.) à l'exercice de la propriété
Eigentumserwerb (M.) acquisition (F.) de la propriété
Eigentumsherausgabe (F.) restitution (F.) faite par le propriétaire
Eigentumsherausgabeanspruch (M.) demande (F.) en restitution faite par le propriétaire
Eigentumsklage (F.) action (F.) pétitoire
Eigentumsstörung (F.) trouble (M.) du droit de propriété
Eigentumstitel (M.) titre (M.) de propriété
Eigentumsübergang (M.) translation (F.) de propriéte, transmission (F.) de propriété
Eigentumsübertragung (F.) transfert (M.) de propriété
Eigentumsverlust (M.) extinction (F.) de la propriété
Eigentumsvermutung (F.) présomption (F.) de propriété
Eigentumsvorbehalt (M.) réserve (F.) de propriété
Eigentumswohnung (F.) logement (M.) en copropriété, appartement (M.) en copropriété
eigenüblich usuel, normal (Adj.)
eignen être propre, être qualifié
Eignung (F.) qualification (F.), aptitude (F.), capacité (F.)
ein un
einantworten mettre en possession, envoyer en possession
Einantwortung (F.) envoi (M.) en possession
Einbahnstraße (F.) voie (F.) à sens unique, sens (M.) unique
Einbehalt (N.) retenue (F.)
einbehalten (V.) retenir, prélever
Einbehaltung (F.) retenue (F.), précompte (M.)
einberufen (V.) convoquer, appeler sous le drapeaux
Einberufung (F.) convocation (F.)
einbeziehen prendre en compte, impliquer
Einbeziehung (F.) implication (F.)
einbrechen pénétrer par effraction
Einbrecher (M.) cambrioleur (M.)
einbringen présenter, déposer, rapporter, recouvrer, déposer, introduire
Einbringung (F.) rapport (M.), recouvrement (M.), présentation (F.), introduction (F.), dépôt (M.)
Einbruch (M.) effraction (F.), cambriolage (M.), recul (M.), effondrement (M.)
Einbruchsdiebstahl (M.) cambriolage (M.), vol (M.) qualifié avec effraction
einbürgern naturaliser
Einbürgerung (F.) naturalisation (F.)
Einbuße (F.) perte (F.), dommage (M.), déficit (M.)
eindringen entrer de force, envahir, pénétrer
einfach simple, facile
Einfuhr (F.) importation (F.)
einführen (hereinbringen) importer, introduire
Einführung (F.) introduction (F.), installation (F.), recommandation (F.)
Einführungsgesetz (N.) loi (F.) d'introduction, dispositions (F.Pl.) préliminaires
Eingabe (F.) requête (F.), demande (F.), pétition (F.)
Eingang (M.) entrée (F.), arrivée (F.), encaissement (M.), recouvrement (M.), réception (F.)
Eingangsgericht (N.) tribunal (M.) d'entrée, tribunal (M.) de première instance
eingeben présenter, remettre
eingehen arriver, rentrer, conclure, contracter, assumer

eingemeinden communaliser, fusionner des communes, incorporer
Eingemeindung (F.) rattachement (M.), incorporation (F.)
eingerichtet équipé, établi, installé
eingerichteter Gewerbebetrieb (M.) entreprise (F.) industrielle ou commerciale équipée
eingetragen enregistré
eingetragene Genossenschaft (F.) coopérative (F.) enregistrée
eingetragener Verein (M.) association (F.) enregistrée
eingreifen intervenir, intercéder, s'immiscer
Eingriff (M.) intervention (F.), empiétement (M.)
Eingriffskondiktion (F.) condiction (F.) d'atteinte
Eingriffsnorm (F.) loi (F.) de police
Eingriffsverwaltung (F.) administration (F.) ayant pour fonction l'ordonnancement juridique
einhalten observer, respecter
Einhaltung (F.) observation (F.), respect (M.)
einheimisch national (Adj.), autochtone (Adj.)
Einheit (F.) für justizielle Zusammenarbeit der Europäischen Union (Eurojust) Unité (F.) de coopération judiciaire de l'Union européen (Eurojust)
Einheit (F.) unité (F.)
einheitlich homogène, unitaire, uniforme (Adj.), unique
Einheitliche Europäische Akte (F.) Acte (M.) unique européen (A. U. E.)
einheitliches Gesetz (N.) über den internationalen Warenkauf loi (F.) uniforme portant sur la vente de marchandises
einheitliches Kaufrecht (N.) droit (M.) uniforme des ventes
Einheitlichkeit (F.) unité (F.)
Einheitlichkeitswille (M.) volonté (F.) uniformité
Einheitsstaat (M.) État unitaire et centralisé
Einheitsstrafe (F.) peine (F.) de privation de liberté unique
Einheitswert (M.) valeur (F.) unitaire, valeur (F.) imposable, valeur-étalon (F.)
einig d'accord, unifié
einigen (sich) mettre d'accord (se), conclure (un accord), trouver un arrangement, arranger (s')
einigen unifier
Einigung (F.) consentement (M.), contrat (M.) réel relatif à l'acquisition ou la transmision d'un droit réel, accord (M.), arrangement (M.), unification (F.), conciliation (F.)
Einigungsmangel (M.) vice (M.) du consentement
Einigungsstelle (F.) organisme (M.) d'arbitrage entre le comité d'entreprise et l'employeur
Einigungsvertrag (M.) convention (F.) d'unification, traité (M.) d'union
Einkammersystem (N.) monocaméralisme (M.), monocamérisme (M.)
Einkauf (M.) achat (M.), acquisition (F.)
einkaufen acheter
Einkaufskommission (F.) commission (F.) d'achat
einklagen agir en justice
Einkommen (N.) revenu (M.)
Einkommensteuer (F.) impôt (M.) sur le revenu
Einkunft (F.) revenu (M.), profit (M.), fruit (M.), rentes (F.Pl.), bénéfice (M.)
Einkunftsart (F.) nature (F.) du revenu
einladen (aufladen) charger, embarquer
einladen (hereinbitten) convoquer, inviter
Einladung (F.) invitation (F.)
Einlage (F.) dépôt (M.), avoir (M.), mise (F.) de fond, apport (M.)
einlassen argumenter, défendre, déposer des conclusions
Einlassung (F.) exposé (M.), argumentation (F.), mémoire (M.), conclusion (F.), défense (F.)
Einlassungsfrist (F.) délai (M.) pour présenter son argumentation, délai (M.) pour conclure
einlegen mettre, apporter, placer, interjeter, verser, se pourvoir, déposer, soulever, faire
Einleger (M.) déposant (M.), apporteur (M.)
einleiten ouvrir
Einleitung (F.) introduction (F.), préface (F.)
einliefern écrouer, déposer
einlösen payer
Einmanngesellschaft (F.) société (F.) unipersonnelle, société (F.) à personne unique
einmischen immiscer, ingérer, intervenir
Einmischung (F.) immixtion (F.), ingérence (F.)

Einnahme (F.) prise (F.), recette (F.)
einnehmen percevoir, occuper
einräumen octroyer, conférer, concéder, admettre
Einräumung (F.) einer Vorhand promesse (F.) de vente
Einrede (F.) der Nichterfüllung exception (F.) d'inexécution
Einrede (F.) der Vorausklage bénéfice (M.) de discussion
Einrede (F.) exception (F.), objection (F.)
einreichen déposer, présenter
Einreise (F.) entrée (F.), admission (F.) au territoire
Einreisebewilligung (F.) admission (F.) sur le territoire
einreisen entrer
einrichten arranger, disposer, organiser
Einrichtung (F.) institution (F.), installation (F.), aménagement (M.)
einschlägig rapportant à (se), relatif, concernant
einschließen enfermer, inclure, comprendre
Einschließung (F.) emprisonnement (M.)
einschränken limiter, réduire, restreindre
Einschränkung (F.) limitation (F.), restriction (F.)
Einschreiben (N.) recommandation (F.), inscription (F.)
einschreiben enregistrer, inscrire, immatriculer
Einschreiten (N.) intervention (F.), action (F.)
einschreiten agir, intervenir
einsehen examiner, étudier, reconnaître
einseitig unilatéral
einseitig verpflichtend unilatéralement obligatoire
einseitig verpflichtender Vertrag (M.) contrat (M.) unilatéralement obligatoire
einseitiges Handelsgeschäft (N.) acte (M.) mixte
einseitiges Rechtsgeschäft (N.) acte (M.) unilatéral
einsetzen als Richter constituer juge
einsetzen instituer, établir, investir, constituer, installer
Einsetzung (F.) emploi (M.), institution (F.), constitution (F.)
Einsicht (F.) intelligence (F.), jugement (M.), consultation (F.), consultation (F.) du dossier, examen (M.), inspection (F.)
einsichtsfähig capable (Adj.) de discernement
Einsichtsfähigkeit (F.) faculté (F.) de discernement, discernement (M.)
Einsichtsrecht (N.) droit (M.) de regard
Einsperren (N.) emprisonnement (M.)
einsperren enfermer, emprisonner, mettre en prison
Einspruch (M.) objection (F.), opposition (F.), réclamation (F.) préalable, contestation (F.), réclamation (F.), recours (M.) préalable
Einspruchsfrist (F.) délai (M.) d'opposition
Einspruchsgesetz (N.) loi (F.) fédérale au sujet de laquelle le Bundesrat peut faire opposition
einstehen répondre, garantir
einstellen suspendre, interrompre, embaucher, recruter
Einstellung (F.) suspension (F.), interruption (F.), arrêt (M.), classement (M.), embauche (F.), embauchage (M.), recrutement (M.), attitude (F.), point (M.) de vue
Einstellungsbeschluss (M.) ordonnance (F.) de non-lieu
einstufen classer, grouper, catégoriser
Einstufung (F.) classement (M.), catégorisation (F.), rating (M.)
einstweilig provisoire (Adj.), provisionnel (Adj.), intérimaire, de référé
einstweilige Anordnung (F.) ordonnance (F.) concernant une mesure provisoire, ordonnance (F.) sur requête
einstweilige Verfügung (F.) ordonnance (F.) portant mesure provisoire, mesure (F.) provisionnelle, ordonnance (F.) en référé, référé (M.)
einstweiliger Ruhestand (M.) disponibilité (F.)
Eintrag (M.) enregistrement (M.), note (F.)
eintragen enregistrer, inscrire, immatriculer
Eintragung (F.) enregistrement (M.), inscription (F.)
Eintragungsbewilligung (F.) consentement (M.) à l'enregistrement, consentement (M.) à l'inscription
eintragungsfähig enregistrable
Eintragungshindernis (N.) obstacle (M.) à l'enregistrement
Eintragungspflicht (F.) obligation (F.) de procéder à l'enregistrement

eintreiben recouvrer
Eintreten (N.) entrée (F.), adhésion (F.), ouverture (F.)
eintreten entrer, adhérer (à), prendre partie pour, subroger, survenir, intervenir
Eintritt (M.) entrée (F.), adhésion (F.), survenance (F.)
Eintrittsrecht (N.) représentation (F.) successorale
einverleiben incorporer, annexer, enregistrer
Einverleibung (F.) incorporation (F.), absorption (F.), enregistrement (M.)
Einvernahme (F.) audition (F.), interrogatoire (M.)
Einvernehmen (N.) accord (M.), entente (F.), consentement (M.), rapport (M.)
einvernehmen interroger
einvernehmlich par consentement mutuel
einverstanden d'accord
Einverständnis (N.) accord (M.), consentement (M.)
Einwand (M.) objection (F.), exception (F.)
Einwanderer (M.) immigrant (M.), immigré (M.)
einwandern immigrer
Einwanderung (F.) immigration (F.)
einweisen installer, donner des directives
Einweisung (F.) instruction (F.), directive (F.), installation (F.), envoi (M.), attribution (F.)
einwenden objecter, plaider
Einwendung (F.) der Rechtswidrigkeit exception (F.) d'illégalité
Einwendung (F.) der Unzuständigkeit exception (F.) d'irrecevabilité, exception (F.) d'incompétence
Einwendung (F.) objection (F.), exception (F.)
einwilligen consentir
Einwilligung (F.) consentement (M.), acquiescement (M.)
einwirken influer, exercer une action
Einwirkung (F.) influence (F.), action (F.), pression (F.)
Einwohner (M.) habitant (M.)
einzahlen payer, verser, libérer
Einzahlung (F.) versement (M.), paiement (M.)
Einzelfall (M.) cas (M.), cas (M.) particulier, cas (M.) isolé
Einzelhaft (F.) détention (F.) individuel, emprisonnement (M.) cellulaire
Einzelhandel (M.) commerce (M.) de détail
Einzelkaufmann (M.) commerçant (M.) à titre individuel
einzeln individuel (Adj.), particulier (Adj.), unique
Einzelner (M.) individu (M.), personne (F.) individuelle
Einzelrechtsnachfolge (F.) succession (F.) particulière
Einzelrichter (M.) juge (M.) unique
Einzelvollmacht (F.) mandat (M.) à titre individuel
einziehen retirer de la circulation, saisir, confisquer, encaisser, recouvrer, percevoir
Einziehung (F.) retrait (M.) d'actions, saisie (F.), confiscation (F.), appel (M.) sous les drapeaux, recouvrement (M.), encaissement (M.)
Einziehungsermächtigung (F.) mandat (M.) d'encaissement, autorisation (F.) de prélèvement
Einzug (M.) encaissement (M.), prélèvement (M.)
Einzugsermächtigung (F.) mandat (M.) d'encaissement, autorisation (F.) de prélèvement
Einzugsermächtigungslastschrift (F.) débit (M.) par mandat d'encaissement
Eisenbahn (F.) chemin (M.) de fer
EJN (N.) (Europäisches Justizielles Netz) Réseau (M.) judiciaire européen (RJE)
elektrisch électrique (Adj.)
Elektrizität (F.) électricité (F.)
elektronisch électronique
elektronische Datenverarbeitung (F.) (EDV) informatique (F.)
elektronische Fußfessel (F.) bracelet (M.) électronique
Elter (M. bzw. F.) parent (M. bzw. F.)
elterlich parental
elterliche Gewalt (F.) autorité (F.) parentale
elterliche Sorge (F.) obligation (F.) de surveillance et d'entretien des parents, autorité (F.) parentale
Eltern (Pl.) parents (M.Pl.)
Elterngeld (N.) allocation (F.) parentale
Eltern-Kind-Verhältnis (N.) lien (M.) entre les parents et leurs enfants
Elternzeit (F.) temps (M.) parental
e-mail (N.) e-mail (M.), courrier (M.) électronique

Emanzipation (F.) émancipation (F.)
emanzipieren émanciper
Embargo (N.) embargo (M.)
Embryo (M.) embryon (M.)
Embryonenschutz (M.) protection (F.) de l'embryon
emeritieren mettre à la retraite
Emeritierung (F.) admission (F.) à la retraite
Emigrant (M.) émigrant (M.), émigré (M.)
Emigration (F.) émigration (F.)
emigrieren émigrer
Emission (F.) émission (F.)
Emissionsbank (F.) banque (F.) d'affaire
emittieren émettre
Empfang (M.) réception (F.), accueil (M.)
empfangen (V.) recevoir, accueillir, concevoir
Empfänger (M.) destinataire (M.), bénéficiaire (M.), titulaire (M.)
Empfängerhorizont (M.) horizon (M.) du destinataire
Empfängnis (F.) conception (F.)
Empfängnisverhütung (F.) contraception (F.)
Empfängniszeit (F.) époque (F.) de la conception
empfangsbedürftig nécesitant la réception
Empfangsbedürftigkeit (F.) nécessité (F.) de la reception
Empfangsbestätigung (F.) récépissé (M.), quittance (F.)
empfehlen recommander, conseiller (V.)
Empfehlung (F.) recommandation (F.), référence (F.)
Empfehlungsschreiben (N.) lettre (F.) de recommandation
Ende (N.) fin (F.), terme (M.), issue (F.)
Endurteil (N.) jugement (M.) mettant fin à l'instance, jugement (M.) définitif, jugement (M.) sur le fond
Energie (F.) énergie (F.)
Energieentziehung (F.) soustraction (F.) d'energie
Energierecht (N.) droit (M.) de l'énergie
Energiesteuer (F.) impôt (M.) sur l'énergie
Energieversorgung (F.) distribution (F.) d'énergie
Energieversorgungsunternehmen (N.) entreprise (F.) d'exploitation et de distribution d'énergie
England (N.) Angleterre (F.)
Enkel (M.) petit-fils (M.)
Enkelin (F.) petite-fille (F.)
Enklave (F.) enclave (F.)
Enquete (F.) enquête (F.)
Enquetekommission (F.) commission (F.) parlementaire pour préparer certaines décisions importantes
Enquêterecht (N.) droit (M.) d'enquête
entdecken découvrir, détecter
Entdecker (M.) explorateur (M.), découvreur (M.)
Entdeckung découverte (F.)
enteignen exproprier
Enteignung (F.) expropriation (F.)
Enteignungsbeschluss (M.) ordonnance (F.) d'expropriation
enteignungsgleicher Eingriff (M.) empiétement (M.) équivalent à une expropriation, expropriation (F.) indirecte
enterben déshériter, exhéréder
Enterbung (F.) exhérédation (F.)
entfalten (sich) épanouir (s')
Entfaltung (F.) épanouissement (M.)
entfernen (sich) écarter, enlever, éliminer, éloigner (s'), absenter (s')
Entfernung (F.) distance (F.), révocation (F.), renvoi (M.), éloignement (M.), écartement (M.)
entfremden détourner, rendre étranger
entführen enlever, ravir, kidnapper
Entführer (M.) kidnappeur (M.), ravisseur (M.)
Entführung (F.) enlèvement (M.), rapt (M.), kidnapping (M.)
entgangen manqué
entgangener Gewinn (M.) gain (M.) manqué, manque (M.) à gagner
entgehen échapper, manquer
Entgelt (N.) dédommagement (M.), rémunération (F.), salaire (M.)
entgelten rémunérer, indemniser
Entgeltfortzahlung (F.) maintien (M.) du salaire en cas de maladie
Entgeltfortzahlungsgesetz (N.) loi (F.) relative au maintien du salaire en cas de maladie
entgeltlich à titre onéreux, onéreux, rémuneré
entgeltlicher Vertrag (M.) contrat (M.) à titre onéreux
enthaften libérer, élargir, dégager de la responsabilité

Enthaftung (F.) libération (F.), élargissement (M.), dégagement (M.) de la responsabilité
enthalten (V.) contenir, comprendre, abstenir
Enthaltung (F.) abstention (F.)
enthaupten décapiter
Enthauptung (F.) décapitation (F.)
entlassen (V.) remettre en liberté, renvoyer, licencier, congédier
Entlassung (F.) congédiement (M.), renvoi (M.), licenciement (M.), élargissement (M.)
entlasten décharger, disculper
Entlastung (F.) décharge (F.), quitus (M.)
Entlastungsbeweis (M.) preuve (F.) d'exonération de la responsabilité
entleihen emprunter
entmündigen mettre sous tutelle, enlever la capacité, interdire
Entmündigung (F.) interdiction (F.) judiciaire
Entnahme (F.) prélèvement (M.), consommation (F.)
Entnahmerecht (N.) droit (M.) de prélèvement
entnazifizieren dénazifier
Entnazifizierung (F.) dénazification (F.)
entnehmen prélever, prendre
entschädigen dédommager, indemniser
Entschädigung (F.) dédommagement (M.), indemnisation (F.), indemnité (F.)
Entscheid (M.) décision (F.)
entscheiden décider, résoudre, statuer, juger
entscheiden nach Aktenlage statuer sur pièces
Entscheidung (F.) décision (F.), sentence (F.), jugement (M.), verdict (M.)
Entscheidung (F.) nach Lage der Akten décision (F.) rendue en tenant compte de l'état du dossier
Entscheidungsgrund (M.) motif (M.) de la décision
Entscheidungssammlung (F.) recueil (M.) de jurisprudence
entschließen décider
Entschließung (F.) résolution (F.), décision (F.)
Entschluss (M.) résolution (F.), décision (F.)
entschuldigen excuser, pardonner, défendre, justifier
entschuldigender Notstand (M.) état (M.) de nécessité
Entschuldigung (F.) excuse (F.), justification (F.)
Entschuldigungsgrund (M.) cause (F.) d'excuse
entsenden déléguer, envoyer, désigner
Entsendungsrecht (N.) droit (M.) de désignation, droit (M.) de nomination
entsorgen éliminer, évacuer, nettoyer
Entsorgung (F.) élimination (F.)
entwenden voler, dérober, soustraire
Entwendung (F.) vol (M.), larcin (M.)
entweren remettre
entwerfen rédiger, élaborer, projeter
Entwerung (F.) éviction (F.)
entwickeln développer
Entwicklung (F.) développement (M.), évolution (F.), élaboration (F.)
Entwicklungskriminalität (F.) criminalité (F.) de jeunes adultes
entwidmen désaffecter
Entwidmung (F.) désaffectation (F.)
Entwurf (M.) projet (M.), plan (M.), programme (M.)
entziehen retirer, priver, révoquer
Entziehung (F.) retrait (M.), dépossession (F.), privation (F.), désintoxication (F.)
Entziehungsanstalt (F.) établissement (M.) de désintoxication
Entzug (M.) retrait (M.), privation (F.)
Enumeration (F.) enumeration (F.)
enumerativ énumératif
enumerieren énumerer
Enzyklika (F.) encyclique (F.)
Enzyklopädie (F.) encyclopédie (F.)
Erbanfall (M.) acquisition (F.) de plein-droit de la propriété de l'hérédité, succession (F.), dévolution (F.) d'un héritage
Erbauseinandersetzung (F.) partage (M.) successoral, liquidation (F.) d'une succession
Erbausgleich (M.) rapport (M.) à succession
Erbbaurecht (N.) droit (M.) de superficie
Erbbauzins (M.) rente (F.) versée par le titulaire d'un droit de superficie au propriétaire du terrain
erbbiologisch hérédobiologique
erbbiologisches Gutachten (N.) expertise (F.) hérédobiologique
Erbe (M.) héritier (M.), successeur (M.)
Erbe (N.) héritage (M.), succession (F.), hérédité (F.)
Erbeinsetzung (F.) institution (F.) d'héritier

erben hériter, succéder, faire un héritage
Erbengemeinschaft (F.) communauté (F.) héréditaire, indivision (F.) héréditaire
Erbenhaftung (F.) responsabilité (F.) d'héritier
Erbersatzanspruch (M.) droit (M.) à réserve de l'enfant naturel
Erbfall (M.) cas (M.) de succession, succession (F.) déférée, ouverture (F.) de la succession
Erbfolge (F.) ordre (M.) de succession, succession (F.)
Erbin (F.) héritière (F.)
Erblasser (M.) de cuius (M.) (lat.), testateur (M.), défunt (M.)
Erblasserin (F.) testatrice (F.), de cuius (M.) (lat.)
erblich héréditaire, successoral
Erbpacht (F.) bail (M.) héréditaire, emphytéose (F.), bail (M.) emphytéotique
Erbrecht (N.) droit (M.) de succession, droit (M.) des successions, droit (M.) successoral
erbringen fournir
Erbschaft (F.) héritage (M.), succession (F.)
Erbschaftsanspruch (M.) revendication (F.) d'hérédité
Erbschaftsbesitzer (M.) personne (F.) en possession de l'hérédité
Erbschaftserwerber (M.) acquéreur (M.) de la succession
Erbschaftskauf (M.) achat (M.) de droits successifs
Erbschaftsteuer (F.) impôt (M.) sur les successions, droits (M.Pl.) de succession
Erbschaftsverwalter (M.) administrateur (M.) des biens de la succession
Erbschaftsverwalterin (F.) administratrice (F.) des biens de la succession
Erbschein (M.) certificat (M.) d'héritier
Erbteil (M.) part (F.) héréditaire, part (F.) successorale
erbunfähig incapable (Adj.) de succéder
Erbunfähigkeit (F.) incapacité (F.) de succéder
erbunwürdig frappé d'indignité successorale, indigne
Erbunwürdigkeit (F.) indignité (F.) successorale
Erbvertrag (M.) pacte (M.) successoire
Erbverzicht (M.) renonciation (F.) à la succession
ereignen (sich) arriver, passer (se), avoir lieu
Ereignis (N.) événement (M.), circonstance (F.)
erfahren (V.) être informé, apprendre
Erfahrung (F.) expérience (F.), pratique (F.)
erfassen saisir, comprendre, enregistrer
Erfassung (F.) enregistrement (M.), recensement (M.)
erfinden inventer
Erfinder (M.) inventeur (M.)
Erfinderschutz (M.) protection (F.) de l'inventeur
Erfindung (F.) invention (F.)
Erfolg (M.) succès (M.), réussite (F.)
Erfolgsabwendung (F.) prévention (F.)
Erfolgsabwendungspflicht (F.) obligation (F.) de prévention
Erfolgsdelikt (N.) infraction (F.) de commission
Erfolgshaftung (F.) responsabilité (F.) objective
Erfolgsherbeiführungspflicht (F.) obligation (F.) de résultat
Erfolgshonorar (N.) honoraires (M.Pl.) calculés en fonction du résultat final, honoraires (M.Pl.) dépendants du succès
Erfolgsort (M.) lieu (M.) du succès, lieu (M.) du paiement
erfolgsqualifiziertes Delikt (N.) infraction (F.) praeterintentionnelle
Erfolgsunrecht (N.) tort (M.) de résultat
erforderlich nécessaire (Adj.), requis (Adj.), indispensable (Adj.), essentiel (Adj.)
Erforderlichkeit (F.) exigence (F.), nécessité (F.)
erfordern exiger, requérir
Erfordernis (N.) condition (F.), exigence (F.)
erfüllbar accompliable
Erfüllbarkeit (F.) fait (M.) d'être accompliable (F.)
erfüllen exécuter, remplir, satisfaire, accomplir, faire
erfüllte Bedingung (F.) condition (F.) accomplié
Erfüllung (F.) paiement (M.), exécution (F.)
Erfüllungsanspruch (M.) droit à l'execution, droit (M.) au paiement
Erfüllungsbetrug (M.) fraude (F.) concernant l'execution d'une obligation
Erfüllungsgehilfe (M.) auxiliaire (M.) d'exécution, préposé (M.)

Erfüllungsgeschäft (N.) acte (M.) remplaint une obligation, acte (M.) d'execution
Erfüllungsinteresse (N.) intérêt (M.) contractuel positif
Erfüllungsort (M.) lieu (M.) d'exécution, lieu (M.) de paiement
Erfüllungsübernahme (F.) prise (F.) en charge de l'exécution de la prestation
Erfüllungszeit (F.) moment (M.) d'execution
ergänzen compléter, rajouter
ergänzend complémentaire (Adj.), complétant (Adj.), supplémentaire (Adj.)
ergänzende Alterversorgung (F.) régime (M.) complémentaire
ergänzende Auslegung (F.) interprétation (F.) complétante
ergänzende Vertragsauslegung (F.) interprétation (F.) complétante d'une convention
Ergänzung (F.) complément (M.), annexe (F.), appendice (M.), supplément (M.), avenant (M.)
Ergänzungspflegschaft (F.) curatelle (F.) complémentaire
Ergänzungsurteil (N.) décision (F.) rectificative
Ergebnis (N.) résultat (M.)
Erhalt (M.) réception (F.)
erhalten (V.) maintenir, conserver, recevoir, obtenir, entretenir
Erhaltung (F.) conservation (F.), maintien (M.), entretien (M.)
erheben lever, intenter, introduire, former, percevoir, prélever, enquêter, soulever, faire
erheblich considérable, important, pertinent
Erhebung (F.) prélèvement (M.), enquête (F.), soulèvement (M.)
erhöhen élever, augmenter
Erhöhung (F.) élévation (F.), augmentation (F.), majoration (F.), relèvement (M.)
erinnern souvenir, rappeler
Erinnerung (F.) rappel (M.), avertissement (M.), mémorisation (F.)
erkennbar reconnaissable, visible, manifest
Erkennbarkeit (F.) perceptibilité (F.), être (M.) manifest
erkennen reconnaître, juger, décider
Erkenntnis (F.) connaissance (F.), décision (F.), jugement (M.), sentence (F.) judiciaire, arrêt (M.)
Erkenntnisverfahren (N.) procédure (F.) de jugement
erklären déclarer, proclamer
Erklärung (F.) déclaration (F.), explication (F.), déclaration (F.) de volonté, manifestation (F.) de la volonté
Erklärungsempfänger (M.) destinataire (M.) de la déclaration
Erklärungsirrtum (M.) erreur (F.) dans l'expression de la volonté
Erklärungstheorie (F.) théorie (F.) de la déclaration
Erklärungswille (M.) volonté (F.) déclarée
erkundigen explorer, informer
Erkundigung (F.) information (F.), enquête (F.)
erlangen obtenir
Erlass (M.) (Anordnung) arrêté (M.), décret (M.), ordonnance (F.), remise (F.), dispense (F.), exonération (F.), promulgation (F.)
erlassen (V.) dispenser, remettre, édicter, promulguer, adopter
erlauben permettre, autoriser
Erlaubnis (F.) permission (F.), permis (M.), autorisation (F.)
Erlaubnisirrtum (M.) erreur (F.) de permission
Erlaubnisvorbehalt (M.) réserve (F.) de permission
erlaubt licite, permis (Adj.), légal, légitime (Adj.), autorisé (Adj.)
erlaubte Zustellzeit (F.) heures (F.Pl.) légales
erläutern expliquer, commenter
erledigen régler, résoudre, finir, terminer
Erledigung (F.) expédition (F.), exécution (F.), réalisation (F.), règlement (M.)
erleichtern alléger, faciliter
Erleichterung (F.) allégement (M.), simplification (F.)
Erlös (M.) produit (M.), recette (F.)
Erlöschen (N.) extinction (F.)
erlöschen expirer, périmer, prendre fin
erlösen retirer
ermächtigen autoriser, habiliter
Ermächtigung (F.) autorisation (F.), pouvoir (M.), plein pouvoir (M.), habilitation (F.)
Ermächtigungsgesetz (N.) loi (F.) d'habilitation, loi (F.) de pleins pouvoirs
Ermächtigungsgrundlage (F.) base (F.) d'autorisation
ermahnen exhorter à
Ermahnung (F.) exhortation (F.), réprimande (F.)

ermäßigen réduire, diminuer
Ermäßigung (F.) réduction (F.), diminution (F.)
Ermessen (N.) pouvoir (M.) discrétionnaire, liberté (F.) d'appréciation, appréciation (F.), discrétion (F.)
ermessen juger, mesurer, estimer, apprécier
Ermessensausübung (F.) exercice (M.) du pouvoir discrétionnaire
Ermessensentscheidung (F.) décision (F.) discrétionnaire
Ermessensfehler (M.) détournement (M.) de pouvoir, détournement (M.) de pouvoir discrétionnaire
Ermessensmangel (M.) défectuosité (F.) d'appréciation
Ermessensmissbrauch (M.) détournement (M.) de pouvoir
Ermessensüberschreitung (F.) excès (M.) de pouvoir, abus (M.) de pouvoir discrétionnaire
ermitteln rechercher, découvrir, enquêter
Ermittler (M.) instructeur (M.), chercheur (M.), enquêteur (M.)
Ermittlung (F.) enquête (F.), recherche (F.), instruction (F.)
Ermittlungsrichter (M.) juge (M.) d'instruction
Ermittlungsverfahren (N.) instruction (F.) préparatoire, procédure (F.) d'enquête
ernähren nourrir, entretenir
Ernährung (F.) alimentation (F.)
ernennen nommer, désigner
Ernennung (F.) nomination (F.), désignation (F.)
Ernennungsurkunde (F.) acte (M.) de nomination, décret (M.) de nomination
erneuerbar renouvelable, reconductible
erneuern renouveler, reconduire, moderniser, rénover
eröffnen ouvrir
Eröffnung (F.) ouverture (F.), inauguration (F.)
Eröffnungsbeschluss (M.) arrêt (M.) de mise en accusation
Eröffnungsbilanz (F.) bilan (M.) d'ouverture
Eröffnungsverfahren (N.) procédure (F.) sur l'ouverture de la procédure d'audience
erörtern discuter, traiter, examiner
Erörterung (F.) discussion (F.), examen (M.), délibération (F.)
erpressen extorquer, faire chanter
Erpresser (M.) maitre-chanteur (M.), exacteur (M.)
Erpressung (F.) chantage (M.)
erregen irriter, exciter, susciter, énerver
errichten constituer
erringen remporter, gagner, acquérir
Errungenschaft (F.) acquis (M.), acquisition (F.), conquête (F.), acquêts (M.Pl.)
Errungenschaftsgemeinschaft (F.) communauté (F.) d'acquêts
Ersatz (M.) compensation (F.), dédommagement (M.), indemnisation (F.), réparation (F.), remboursement (M.)
Ersatzdienst (M.) service (M.) civil
Ersatzerbe (M.) héritier (M.) substitué
Ersatzerbschaft (F.) substitution (F.) vulgaire
Ersatzfreiheitsstrafe (F.) contrainte (F.) par corps pour le recouvrement des amendes
Ersatzgeschäft (N.) affaire (F.) de secours
Ersatzkasse (F.) caisse (F.) libre agréée, caisse (F.) d'assurance maladie de droit privé
Ersatzvermächtnis (N.) legs (M.) particulier dans le cas d'une substitution vulgaire
Ersatzvornahme (F.) exécution (F.) d'office
Ersatzzeit (F.) période (F.) assimilée, période (F.) équivalente
Ersatzzustellung (F.) notification (F.) subsidiaire
Ersatzzwangshaft (F.) contrainte (F.) par corps
Erscheinen (N.) comparution (F.), publication (F.), parution (F.)
erscheinen comparaître
erschießen fusiller
erschlagen (V.) abattre, assommer
Erschleichen (N.) obtention (F.) frauduleuse
erschleichen obtenir frauduleusement
erschließen ouvrir, ouvrir à l'exploitation, viabiliser
Erschließung (F.) viabilisation (F.), prospection (F.), ouverture (F.)
erschöpfen épuiser
Erschöpfung (F.) épuisement (M.)
Erschöpfungsgrundsatz (M.) principe (M.) d'epuisement des droits
erschweren aggraver
erschwerend aggravant
ersetzen remplacer, substituer, suppléer, compenser, dédommager
Ersetzung (F.) compensation (F.), rem-

placement (M.), substitution (F.), dédommagement (M.), remboursement (M.)
Ersetzungsbefugnis (F.) faculté (F.) de changer l'objet de la prestation à effectuer
ersitzen prescrire, usucaper
Ersitzung (F.) prescription (F.) acquisitive, usucapion (F.)
erstatten restituer, rendre, rembourser
Erstattung (F.) restitution (F.), remboursement (M.)
Erstattungsanspruch (M.) droit (M.) à remboursement
erstinstanzlich en première instance
Ersuchen (N.) demande (F.), requête (F.)
ersuchen demander, requérir
ersuchter Richter (M.) juge (M.) requis
erteilen donner, accorder, délivrer
Erteilung (F.) délivrance (F.)
Ertrag (M.) revenu (M.), produit (M.), recette (F.), rendement (M.)
Ertragsteuer (F.) impôt (M.) sur les bénéfices
erwachsen (V.) résulter, dévenir adulte
Erwachsener (M.) adulte (M.)
erwägen considérer, examiner, délibérer, réfléchir
Erwägung (F.) réflexion (F.), considération (F.)
erwähnen mentionner
erweitern élargir, étendre
Erweiterung (F.) élargissement (M.)
Erwerb (M.) acquisition (F.), achat (M.), gain (M.)
erwerben acquérir
Erwerber (M.) acquéreur (M.)
erwerbslos sans emploi
erwerbstätig actif (Adj.), employé (Adj.)
Erwerbstätigkeit (F.) travail (M.) remuneré
erwerbsunfähig invalide (Adj.), incapable (Adj.) de travail
Erwerbsunfähigkeit (F.) incapacité (F.) de travail
Erwerbsverbot (N.) interdiction (F.) d'acquérir
erwidern répondre, répliquer
Erwiderung (F.) résponse (F.), réplique (F.)
erwirken obtenir
Erzbischof (M.) archevêque (M.)
erzeugen procréer, créer, produire
Erzeugnis (N.) produit (M.)
erziehen élever, éduquer
Erziehung (F.) éducation (F.)
Erziehungsbeistand (M.) personne (F.) chargée de l'assistance éducative
Erziehungsgeld (N.) allocation (F.) d'éducation parentale
Erziehungshilfe (F.) surveillance (F.) éducative, aide (F.) éducative
Erziehungsmaßregel (F.) mesure (F.) éducative
Erziehungsurlaub (M.) congé (M.) éducatif, congé (M.) parental d'éducation
erzwingbar forcible
erzwingen forcer, imposer
Erzwingung (F.) contrainte (F.)
Erzwingungshaft (F.) contrainte (F.) par corps
Esel (M.) âne (M.)
Etat (M.) budget (M.)
Ethik (F.) éthique (F.), morale (F.)
ethisch éthique (Adj.), moral (Adj.)
ethnisch éthnique (Adj.)
EU (F.) (Europäische Union) U.E. (F.) (Union Européenne)
Eugenik (F.) eugénique (F.)
Euro (M.) euro (M.)
Eurocheque (M.) eurochèque (M.)
Eurojust (F.) (Einheit für justizielle Zusammenarbeit der Europäischen Union) Unité (F.) de coopération judiciaire de l'Union européenne (Eurojust)
Eurokorps (N.) eurocorps (M.)
Europa (N.) Europe (F.)
europäisch européen (Adj.)
Europäische Akte (F.) acte (M.) européen
Europäische Aktiengesellschaft (F.) société (F.) anonyme européenne (SE)
Europäische Atomgemeinschaft (F.) Communauté (F.) Européenne de l'Énergie Atomique (C. E. E. A.)
Europäische Freihandelsassoziation (F.) (EFTA) Association (F.) Européenne de Libre Échange (A. E. L. E.)
Europäische Gemeinschaft (F.) (EG) Communauté (F.) Européenne (C. E.)
Europäische Gemeinschaft (F.) für Kohle und Stahl (EGKS) Communauté (F.) Européenne du Charbon et de l'Acier (C. E. C. A.)
Europäische Investitionsbank (F.) (EIB) Banque (F.) Européenne des Investissemants (B. E. I.)
Europäische Kommission (F.) Commission (F.) européenne

Europäische Menschenrechtskommission (F.) commission (F.) européenne des droits de l'homme
Europäische politische Zusammenarbeit (F.) (EPZ) Coopération (F.) Politique Européenne (CPE)
Europäische Sozialcharta (F.) Charte (F.) sociale européenne
Europäische Umweltagentur (F.) Agence (F.) européenne de l'environnement
Europäische Union (F.) (EU) Union (F.) Européenne (U. E.)
Europäische Universität (F.) université (F.) européenne
Europäische Währungsunion (F.) (EWU) Union (F.) Monétaire Européenne (U. E. M.)
Europäische Wirtschaftliche Interessenvereinigung (F.) (EWIV) groupement (M.) européen d'intérêt économique (G. E. I. E.)
Europäische Wirtschaftsgemeinschaft (F.) (EWG) Communauté (F.) Économique Européenne (C. E. E)
Europäischer Gerichtshof (M.) (EuGH) Cour (F.) de Justice des Communautés Européennes (C. J. C. E.)
Europäischer Gerichtshof (M.) für Menschenrechte Cour (F.) européenne des Droits de l'Homme
Europäischer Rat (M.) Conseil (M.), Conseil (M.) européen
Europäischer Rechtsraum (M.) espace (M.) judiciaire européen
Europäischer Verband (M.) Association (F.) Européenne
Europäischer Wirtschaftsraum (M.) (EWR) Espace (M.) Economique Européen
Europäisches Gemeinschaftsrecht (N.) droit (M.) de la communauté européenne
Europäisches Justizielles Netz (N.) (EJN) Réseau (M.) judiciaire européen (RJE)
Europäisches Parlament (N.) Parlement (M.) Européen
Europäisches Patent (N.) brevet (M.) européen
Europäisches Polizeiamt (N.) (Europol) Office (M.) européen de police
Europäisches Recht (N.) droit (M.) européen
Europäisches Rechtsschutzsystem (N.) régime (M.) de protection judiciaire au sein de l'Union européenne
Europäisches Übereinkommen (N.) zum Schutze der Menschenrechte und Grundfreiheiten Convention (F.) (européenne) de sauvegarde des droits de l'homme et des libertés fondamentales
Europäisches Unionsrecht (N.) droit (M.) de l'Union Européenne
Europäisches Währungssystem (N.) (EWS) système (M.) monétaire européen (S.M.E.)
Europarat (M.) Conseil (M.) de l'Europe
Europarecht (N.) droit (M.) communautaire, droit (M.) européen
europarechtsgemäß selon le droit (M.) européen
europarechtswidrig contraire au droit européen
Europawahl (F.) élection (F.) du parlament européen
European Currency Unit (N.) (ECU) unité (F.) de compte européenne (U. C. E.)
Euroscheck (M.) eurochèque (M.)
Euthanasie (F.) euthanasie (F.)
EU-Vertrag (M.) traité (M.) de l'Union Européenne
evakuieren évacuer
Evakuierung (F.) évacuation (F.)
Evaluation (F.) évaluation (F.)
evaluieren évaluer
evangelisch protestant (Adj.)
eventual éventuel, subsidiaire, additionnel
Eventualantrag (M.) demande (F.) additionnelle
Eventualaufrechnung (F.) compensation (F.) subsidiaire
Eventualmaxime (F.) principe (M.) éventuel, principe (M.) selon lequel tous les moyens doivent être énonces dès le début
Eventualvorsatz (M.) dol (M.) éventuel
evident évident
Evidenz (F.) évidence (F.)
Eviktion (F.) éviction (F.)
Evokation (F.) évocation (F.)
Evokationsrecht (N.) droit (M.) d'évocation
EWG-Vertrag (M.) traité (M.) de la C. E. E.
EWIV (F.) (Europäische Wirtschaftliche Interessenvereinigung) groupement (M.) européen d'intérêt économique
EWU (F.) (Europäische Währungsunion) Union (F.) Monétaire Européenne (U. E. M.)
ex lege (lat.) (gesetzlich) légal, conforme à la loi
ex nunc (lat.) (ab jetzt) pour l'avenir

ex officio (lat.) (von Amts wegen) d'office
ex tunc (lat.) (von damals an) rétroactif, rétroactivement
Examen (N.) examen (M.)
exceptio (F.) (lat.) (Einrede) exception (F.)
exceptio (F.) doli (lat.) (Einrede der Arglist) exception (F.) de dol
exekutieren exécuter
Exekution (F.) exécution (F.)
exekutiv exécutif (Adj.)
Exekutive (F.) pouvoir (M.) exécutif
Exequatur (N.) exequatur (M.)
Exhibitionist (M.) exhibitionniste (M.)
exhibitionistische Handlung (F.) exhibition (F.) de parties sexuelles
exhumieren exhumer
Exhumierung (F.) exhumation (F.)
Exil (N.) exil (M.), lieu (M.) d'exil, bannissement (M.)
Existenz (F.) existence (F.), présence (F.)
Existenzminimum (N.) minimum (M.) vital, minimum (M.) nécessaire à l'existence
existieren exister
Exklave (F.) exclave (F.)
exklusiv exclusif
Exklusivität (F.) exclusivité (F.)
Exkommunikation (F.) excommunication (F.)
exkommunizieren excommunier
Exkulpation (F.) quitus (M.), non-responsabilité (F.)
exkulpieren preuver de non être responsable
Exmatrikulation (F.) radiation (F.) de la liste des étudiants
exmatrikulieren radier de la liste des étudiants
Experte (M.) expert (M.), spécialiste (M.)
Expertensystem (N.) système (M.) expert
Expertise (F.) expertise (F.)
explodieren exploser, détoner, éclater
Explosion (F.) explosion (F.), détonation (F.)
Export (M.) exportation (F.)
exportieren exporter
expressis verbis (lat.) (ausdrücklich) expressis verbis (lat.)
extensiv extensif
exterritorial exterritorial
Exterritorialität (F.) exterritorialité (F.)
extraterritorial extraterritorial
Extraterritorialität (F.) extraterritorialité (F.)
extrem extrême (Adj.)
Extremist (M.) extrémiste (M.), ultra (M.)
Exzess (M.) excès (M.)

F

Fabrik (F.) exploitation (F.) industrielle, établissement (M.) de production, usine (F.), fabrique (F.)
Fabrikant (M.) industriel (M.), fabricant (M.)
Fabrikation (F.) fabrication (F.)
Fabrikationsfehler (M.) vice (M.) de fabrication, défaut (M.) de fabrication, vice (M.) de construction
Fach (N.) branche (F.), ressort (M.), discipline (F.), matière (F.), spécialité (F.)
Fachanwalt (M.) avocat (M.) spécialiste
Facharbeit (F.) travail (M.) qualifié
Facharbeiter (M.) ouvrier (M.) qualifié, ouvrier (M.) professionnel
Fachaufsicht (F.) contrôle (M.) administratif
Fachbereich (M.) spécialité (F.), unité (F.) d'enseignement et de recherche
Fachgericht (N.) tribunal (M.) de l'ordre judiciaire et de l'ordre administratif
Fachhochschule (F.) école (F.) professionnelle spécialisée
Fachmann (M.) expert (M.), spécialiste (M.)
Fachschaft (F.) étudiants (M.Pl. bzw. F.Pl.) de la discipline
Factor (M.) cessionnaire (M.)
Factoring (N.) affacturage (M.)
facultas (F.) (lat.) faculté (F.), possibilité (F.)
facultas (F.) alternativa (lat.) (Ersetzungsbefugnis) faculté (F.) de changer l'objet de la prestation à effectuer
fähig apte à, capable (Adj.)
Fähigkeit (F.) aptitude (F.), capacité (F.)
fahnden poursuivre, rechercher
Fahndung (F.) poursuite (F.), recherche (F.)
Fahndungsschreiben (N.) avis (M.) de recherche
Fahne (F.) drapeau (M.), épreuve (F.)
Fahnenflucht (F.) désertion (F.)
fahnenflüchtig déserteur (Adj.)
Fahrbahn (F.) chaussée (F.), voie (F.)
fahren aller, voyager, rouler, passer, partir, circuler
Fahrer (M.) conducteur (M.), chauffeur (M.)
Fahrerflucht (F.) délit (M.) de fuite

Fahrerlaubnis (F.) permis (M.) de conduire
Fahrhabe (F.) meuble (M.), bien (M.) mobilier
Fahrkarte (F.) billet (M.), ticket (M.)
fahrlässig négligent, imprudent
Fahrlässigkeit (F.) faute (F.), quasi-délit (M.), imprudence (F.), négligence (F.), faute (F.) civile, faute (F.) de négligence, faute (F.) d'imprudence, faute (F.) quasi-délictuelle, faute (F.) pénale, infraction (F.) d'imprudence
Fahrlässigkeitsdelikt (N.) délit (M.) d'imprudence
Fahrlehrer (M.) moniteur (M.) d'enseignement de conduite des véhicules à moteur, moniteur (M.) d'auto-école
Fahrnis (F.) meuble (M.), bien (M.) mobilier
Fahrnisgemeinschaft (F.) communauté (F.) des meubles
Fahrnisklage (F.) action (F.) mobilière
Fahrschein (M.) billet (M.)
Fahrt (F.) course (F.), trajet (M.), voyage (M.)
Fahrtenbuch (N.) carnet (M.) de route
Fahruntüchtigkeit (F.) incapacité (F.) de conduire un véhicule à cause d'ivresse manifeste
Fahrverbot (N.) interdiction (F.) de circuler
Fahrzeug (N.) véhicule (M.)
Fahrzeughalter (M.) détenteur (M.) d'un véhicule, gardien (M.) d'un véhicule, utilisateur (M.) d'un véhicule
fair correct, juste (Adj.), loyal (Adj.)
Fairness (F.) franc-jeu (M.), fair-play (M.)
Faksimile (N.) fac-similé (M.)
faktisch effectif (Adj.), réel (Adj.), de fait
faktische Gesellschaft (F.) société (F.) de fait
faktische Regierung (F.) gouvernement (M.) de fait
faktischer Vertrag (M.) contrat (M.) de fait, situation (F.) de fait assimilable à un contrat
Faktor (M.) facteur (M.)
Faktum (N.) fait (M.)
Faktura (F.) facture (F.)
fakturieren facturer
Fakultät (F.) faculté (F.)
fakultativ facultatif (Adj.)
Fall (M.) chute (F.), baisse (F.), effondrement (M.), affaire (F.), cas (M.), litige (M.)
Fallgerechtigkeit (F.) justice (F.) de cas
fällig échéant, exigible, échu, dû (Adj.)
fällig werden arriver à échéance, venir á échéance
Fälligkeit (F.) échéance (F.), exigibilité (F.)
Fälligkeitsklausel (F.) clause (F.) de déchéance du terme
Fallrecht (N.) case-law (M.) (engl.), jurisprudence (F.)
Fallsammlung (F.) collection (F.) de causes
falsa demonstratio non nocet (lat.) die falsche Bezeichnung schadet nicht falsa demonstratio non nocet (lat.) (une dénomination fausse ne nuit pas)
falsch faux (Adj.), incorrect (Adj.)
Falschaussage (F.) faux témoignage (M.)
Falschbeurkundung (F.) fausse certification (F.)
Falscheid (M.) faux serment (M.)
fälschen fausser, falsifier, truquer
Fälscher (M.) falsificateur (M.), faussaire (M.), truqueur (M.), contrefacteur (M.)
Falschgeld (N.) fausse monnaie (F.), faux (M.)
fälschlich faux (Adj.)
Falschlieferung (F.) marchandise (F.) livrée non conforme
Falschmünzer (M.) faux-monnayeur (M.)
Fälschung (F.) faux (M.), falsification (F.)
falsus procurator (M.) (lat.) (Vertreter ohne Vertretungsmacht) mandataire (M.) sans mandat valide
Familie (F.) famille (F.)
Familienbeihilfe (F.) (Familienbeihilfe in Österreich) allocation (F.) familiale
Familienbuch (N.) livret (M.) de famille
Familienfideikommiss (M.) fidéicommis (M.) familial
Familiengericht (N.) tribunal (M.) compétent dans les affaires matrimoniales, tribunal (M.) familial
Familiengesellschaft (F.) société (F.) familiale
Familienhilfe (F.) aide (F.) familiale
Familienname (N.) nom (M.) de famille, nom (M.)
Familienrecht (N.) droit (M.) de la famille
Familienrichter (M.) juge (M.) aux affaires familiales (J. A. F.)
Familiensache (F.) contentieux (M.) matrimonial
Familienstand (M.) situation (F.) de famille

Familienunternehmen (N.) entreprise (F.) familiale
Familienzusammenführung (F.) regroupement (M.) familial
Fang (M.) capture (F.), prise (F.)
Fangprämie (F.) prime (F.), prime (F.) de capture
Faschismus (M.) fascisme (M.)
fassen saisir, prendre, arrêter, contenir
Fassung (F.) version (F.)
Faust (F.) poing (M.)
Faustpfand (N.) gage (M.), gage (M.) mobilier, nantissement (M.), gage (M.) par nantissement
Faustrecht (N.) loi (F.) du plus fort
Fax (N.) fac-similé (M.), fax (M.), télécopie (F.)
Fehde (F.) diffidation (F.)
Fehlbetrag (M.) déficit (M.)
Fehlen (N.) der Geschäftsgrundlage changement (M.) fondamental dans les circonstances existant au temps de la conclusion du contrat, clause (F.) rebus sic stantibus (z. T. lat.)
fehlen manquer
Fehler (M.) faute (F.), erreur (F.), vice (M.), défaut (M.)
fehlerhaft fautif, entaché d'un vice
fehlerhafte Gesellschaft (F.) société (F.) irrégulière
Fehlerhaftigkeit (F.) défectuosité (F.), caractère (M.) fautif
Fehlgeburt (F.) fausse couche (F.)
Fehlurteil (N.) décision (F.) erronée
Feier (F.) fête (F.)
Feiertag (M.) jour (M.) férié
feil (Adj.) à vendre
feilbieten mettre en vente, offrir
feilschen marchander
Feind (M.) ennemi (M.), adversaire (M.)
feindlich hostile, ennemi (Adj.)
Feldwebel (M.) sergent-chef (M.)
Ferien (F.Pl.) vacances (F.Pl.)
Feriensache (F.) affaire (F.) traitée pendant les vacances judiciaires
fern loin, lointain, à distance
Fernabsatz (M.) vente (F.) à distance
Fernabsatzvertrag (M.) contrat (M.) de vente à distance
Fernkommunikation (F.) télécommunication (F.)
Fernkommunikationsmittel (N.) moyen (M.) de la télécommunication
Fernmeldegeheimnis (N.) secret (M.) des communications téléphoniques, secret (M.) de la télécommunication
Fernmelden (N.) télécommunication (F.)
Fernmelderecht (N.) droit (M.) de la télécommunication
Fernmeldewesen (N.) service (M.) de télécommunication
Fernsehen (N.) télévision (F.)
Fernsehrecht (N.) droit (M.) de la télévision
Fernsprecher (M.) téléphone (M.)
Fernstraße (F.) grand axe (M.) routier, route (F.) nationale
Fernunterricht (M.) enseignement (M.) par correspondance
fertig terminé (Adj.), prêt (Adj.)
fertigstellen finir, terminer, achever
Fertigstellung (F.) achèvement (M.)
fest ferme (Adj.), fixe (Adj.)
Festgeld (N.) avoir (M.) bloqué
Festhalten (N.) fait (M.) de retenir une personne
festhalten retenir, garder
Festnahme (F.) arrestation (F.), capture (F.)
festnehmen arrêter
Festpreis (M.) pris (M.) fixe
festsetzen fixer, décréter
Festsetzung (F.) fixation (F.)
feststellen constater
Feststellung (F.) constatation (F.)
Feststellung (F.) der Abstammung établissement (M.) d'une filiation
Feststellung (F.) der Identität établissement (M.) de l'identité
Feststellung (F.) der Streitgenossenschaft déclaration (F.) de jugement commun
Feststellungsklage (F.) action (F.) en constatation de droits, action (F.) en constatation d'un droit, action (F.) en vérification
Feststellungsurteil (N.) jugement (M.) déclaratif de droits
Festung (F.) forteresse (F.)
feudal féodal, luxueux
Feudalismus (M.) féodalité (F.)
Feuer (N.) feu (M.), incendie (M.)
Feuerversicherung (F.) assurance (F.) incendie
Fideikommiss (M.) fidéicommis (M.)
fiduziarisch fiduciaire (Adj.)

Fiktion (F.) fiction (F.)
fiktiv fictif
Filiale (F.) succursale (F.), filiale (F.)
Film (M.) film (M.)
Filmrecht (N.) droit (M.) de film
Finanz (F.) finance (F.)
Finanzamt (N.) administration (F.) des finances, hôtel (M.) des finances, hôtel (M.) des impôts
Finanzausgleich (M.) peréquation (F.) financière, accord (M.) financier
Finanzbeamter (M.) percepteur (M.)
Finanzdienstleistung (F.) prestation (F.) de services financiers
Finanzen (F.Pl.) finances (F.Pl.)
Finanzgericht (N.) tribunal (M.) du contentieux fiscal, tribunal (M.) fiscal
Finanzgerichtsbarkeit (F.) juridiction (F.) fiscale
finanziell financier (Adj.)
finanzieren financer
Finanzierung (F.) financement (M.)
Finanzminister (M.) ministre (M.) des finances
Finanzministerium (N.) ministère (M.) des finances, trésorerie (F.)
Finanzmonopol (N.) monopole (M.) fiscal
Finanzplanung (F.) plan (M.) de financement, programmation (F.) fiscale
Finanzrecht (N.) droit (M.) financier, droit (M.) fiscal
Finanzverfassung (F.) régime (M.) des finances publiques
Finanzvermögen (N.) patrimoine (M.) alimenté par le produit de l'exploitation des entreprises publiques et des offices et du domaine
Finanzverwaltung (F.) administration (F.) des finances, administration (F.) financière
Findelkind (N.) enfant (M.) trouvé
finden trouver
Finder (M.) inventeur (M.)
Finderlohn (M.) récompense (F.) accordée pour un objet trouvé
Finger (M.) doigt (M.)
Fingerabdruck (M.) empreinte (F.) digitale
fingieren feindre, simuler
fingierte Zahlungsanweisung (F.) mandat (M.) fictif
Firma (F.) nom (M.) commercial, dénomination (F.) sociale, raison (F.) sociale, firme (F.), entreprise (F.), établissements (M.Pl.) (ets.), compagnie (F.) (cie.)
Firmenwert (M.) goodwill (M.), valeur (F.) du fonds de commerce
fischen pêcher
Fischerei (F.) pêche (F.)
Fischereirecht (N.) droit (M.) de pêche, droit (M.) de location de pêche
Fischwilderei (F.) braconnage (M.) dans les rivières et lacs
fiskalisch fiscal (Adj.)
Fiskus (M.) fisc (M.)
fix fixe (Adj.)
Fixgeschäft (N.) opération (F.) à terme fixe
Fläche (F.) surface (F.), superficie (F.)
Flächennutzungsplan (M.) schéma (M.) directeur d'aménagement et d'urbanisme, plan (M.) d'occupation des sols
Flagge (F.) drapeau (M.), pavillon (M.)
flexibel souple (Adj.), mobile (Adj.)
fliegen voler
Fliegerei (F.) aviation (F.)
fliehen fuir, prendre la fuite
Fließband (N.) chaîne (F.) de fabrication
Fließbandarbeit (F.) travail (M.) à la chaîne
fließen couler, circuler
Flotte (F.) flotte (F.)
Flottenabkommen (N.) traité (M.) naval
Flucht (F.) fuite (F.), évasion (F.)
Fluchtgefahr (F.) danger (M.) de fuite
Flüchtling (M.) réfugié (M.)
Fluchtlinie (F.) alignement (M.)
Flug (M.) vol (M.)
Flugblatt (N.) tract (M.), brochure (F.) publicitaire
Fluggast (M.) passager (M.)
Flugschrift (F.) tract (M.)
Flugzeug (N.) avion (M.)
Flur (F.) parcelle (F.), champs (M. Pl.)
Flurbereinigung (F.) remembrement (M.) rural, remembrement (M.) agricole
Flurstück (N.) parcelle (F.)
fob (free on board) fob (franco à bord)
föderal fédéral (Adj.)
Föderalismus (M.) fédéralisme (M.)
föderalistisch fédéraliste (Adj.)
Föderation (F.) fédération (F.)
föderativ fédératif
Folge (F.) suite (F.), succession (F.), ordre (M.), résultat (M.), conséquence (F.), conclusion (F.), effet (M.)

Folgeantrag (M.) demande (F.) de réouverture
folgen suivre, succéder, résulter, ensuivre (s')
Folgenbeseitigungsanspruch (M.) action (F.) contre une personne morale de droit public afin d'obtenir la réparation des suites préjudiciables d'un acte administratif illégal et de rétablir la situation antécédente
Folgerecht (N.) droit (M.) de suite
Folgeschaden (M.) dommage (M.) consécutif
Folter (F.) torture (F.)
foltern torturer
Fond (M.) fond (M.)
Fonds (M.) fonds (M.), capitaux (M.Pl.)
fördern extraire, favoriser, aider, seconder, encourager
fordern revendiquer, demander, réclamer, exiger
Forderung (F.) demande (F.), exigence (F.), revendication (F.), créance (F.), droit (M.)
Förderung (F.) extraction (F.), droit (M.), encouragement (M.), aide (F.), promotion (F.)
Forderungsanmeldung (F.) déclaration (F.) des créances
Forderungspfändung (F.) saisie (F.) d'une créance
Forderungsrecht (N.) créance (F.), droit (M.) de créance
Forderungsübergang (M.) transfert (M.) de créance, subrogation (F.)
Forderungsübertragung (F.) cession (F.) de créance
Forderungsverletzung (F.) mauvaise exécution (F.) d'une obligation contractuelle, inexécution (F.) d'une obligation contractuelle
Förderungsverwaltung (F.) administration (F.) des subventions ou d'autres mesures d'encouragement
forensisch judiciaire (Adj.), juridictionnel (Adj.)
Form (F.) forme (F.)
formal formel
Formalbeleidigung (F.) allégation (F.) portant sur un fait exact sous forme offensante
Formalismus (M.) formalisme (M.)
Formalität (F.) formalité (F.), forme (F.)
formbedürftig exigeant une forme
Formbedürftigkeit (F.) necessité (F.) d'une forme, formalisme (M.)
Formel (F.) formule (F.), clause (F.)
formell formel
formelle Rechtskraft (F.) force (F.) de chose jugée
formelle Verfassung (F.) constitution (F.) formelle
formelles Recht (N.) droit (M.) procédural, droit (M.) de la procédure, droit (M.) formel
formfrei consensuel, sans forme
formfreier Vertrag (M.) contrat (M.) consensuel
Formfreiheit (F.) soumis à aucune forme particulière, forme (F.) est libre
formgebunden solennel
formgebundener Vertrag (M.) acte (M.) solennel
Formkaufmann (M.) personne (F.) ayant qualité de commerçant de par sa forme juridique
förmlich formel
Förmlichkeit (F.) forme (F.), formalité (F.)
formlos sans fomalité particulière
Formmangel (M.) vice (M.) de forme
Formnichtigkeit (F.) nullité (F.) de forme
Formular (N.) formulaire (M.)
Formularvertrag (N.) contrat-type (M.)
formulieren formuler, rédiger
Formulierung (F.) formulation (F.), énonciation (F.)
Formzwang (M.) existence (F.) d'une condition de forme
Forst (M.) forêt (F.)
Förster (M.) ingénieur (M.) des eaux et forêts, garde (M.) forestier
fortbilden perfectionner
Fortbildung (F.) perfectionnement (M.), formation (F.) continue
fortführen continuer, prolonger
Fortführung (F.) continuation (F.), prolongation (F.)
fortgesetzt continu
fortgesetzte Gütergemeinschaft (F.) communauté (F.) des biens continue, communauté (F.) continue
fortgesetzte Handlung (F.) succession (F.) d'infractions instantanées, infraction (F.) continuée
fortsetzen continuer
Fortsetzung (F.) continuation (F.), continuité (F.), suite (F.), reconduction (F.)
Fortsetzungszusammenhang (M.) lien (M.) de continuité

forum (N.) (lat.) (Markt bzw. Gericht) forum (M.)
Forum (N.) forum (M.), tribunal (M.), débat (M.) public, commission (F.)
forum shopping (M.) (engl.) forum shopping (M.) (engl.)
Foto (N.) photo (M.)
Fotokopie (F.) photocopie (F.), copie (F.)
Fotorecht (N.) droit (M.) de photo
Fötus (M.) fœtus (M.)
Fracht (F.) charge (F.), chargement (M.), cargaison (F.), fret (M.)
Frachtbrief (M.) lettre (F.) de voiture
frachtfrei franco de port, fret payé
Frachtführer (M.) voiturier (M.), transporteur (M.)
Frachtgut (N.) fret (M.), marchandise (F.) transportée, chargement (M.), cargaison (F.)
Frachtvertrag (M.) contrat (M.) de transport, contrat (M.) d'affrètement, contrat (M.) de fret
Frage (F.) question (F.), demande (F.)
Fragebogen (M.) questionnaire (M.)
fragen questionner, interroger
Fragepflicht (F.) obligation (F.) de demander
Fragerecht (N.) droit (M.) de questionner, droit (M.) d'interroger
Fragestunde (F.) heure (F.) d'interpellations, questions (F.Pl.) d'actualité
Fraktion (F.) groupe (M.), groupe (M.) parlementaire, fraction (F.)
Fraktionszwang (M.) discipline (F.) de vote, discipline (F.) de groupe
Franchisegeber (M.) franchiseur (M.)
Franchisenehmer (M.) franchisé
Franchisevertrag (M.) franchisage (M.), contrat (M.) de franchise, franchise (F.), contrat (M.) de franchising, franchising (M.)
Franchising (N.) franchisage (M.), franchise (F.), franchising (M.)
Franken (M.) franc (M.)
frankieren affranchir
franko franco
Frankreich (N.) France (F.)
Frau (F.) femme (F.), épouse (F.)
Frauenhandel (M.) traite (F.) des femmes
Frauenhaus (N.) maison (F.) des femmes victimes de violences conjugales
Frauenquote (F.) quota (M.) de femmes
free on board (fob) franco à bord (fob)
frei Haus franco domicile
frei libre, franco, gratuit
Freiberufler (M.) non-salarié (M.)
Freibetrag (M.) abattement (M.) à la base, montant (M.) exonéré, montant (M.) disponible
Freibeuter (M.) flibustier (M.)
freibleibend sans engagement
Freibrief (M.) carte (F.) blanche
freier Beruf (M.) profession (F.) libérale
freier Wettbewerb (M.) libre concurrence (F.)
Freiexemplar (N.) exemplaire (M.) gratuit
Freigabe (F.) libération (F.), consentement (M.)
Freigang (M.) permission (F.) de sortir
Freihafen (M.) port (M.) franc
Freihandel (M.) libre-échange (M.)
Freihandelszone (F.) zone (F.) de libre-échange
freihändig sans tenir
freihändiger Verkauf (M.) vente (F.) à l'amiable
Freiheit (F.) liberté (F.)
freiheitlich libéral (Adj.)
freiheitlich-demokratische Grundordnung (F.) régime (M.) constitutionnel libéral et démocratique
Freiheitsberaubung (F.) délit (M.) de séquestration, séquestration (F.), atteinte (F.) à la liberté
Freiheitsentziehung (F.) privation (F.) de la liberté
Freiheitsrecht (N.) liberté (F.)
Freiheitsstrafe (F.) peine (F.) d'emprisonnement
Freiherr (M.) baron (M.)
Freikirche (F.) association (F.) culturelle sans le statut de personne morale de droit public
freilassen mettre en liberté, libérer, affranchir
Freilassung (F.) libération (F.), mise (F.) en libérte, relaxation (F.)
Freimaurer (M.) franc-maçon (M.)
Freischuss (M.) essai (M.) libre
freisprechen acquitter, relaxer, déclarer non coupable
Freisprechung (F.) acquittement (M.), relaxe (F.)
Freispruch (M.) acquittement (M.), relaxe (F.)
Freistaat (M.) État (M.) libre

freistellen libérer, exempter, exonérer
Freistellung (F.) libération (F.), exemption (F.), exonération (F.), indemnisation (F.)
Freistellungsanspruch (M.) droit (M.) d'exonération
Freitod (M.) suicide (M.)
Freiverkehr (M.) marché (M.) libre
freiwillig volontaire (Adj.), spontané, facultatif (Adj.)
freiwillige Gerichtsbarkeit (F.) juridiction (F.) non-contentieuse, juridiction (F.) gracieuse
freiwillige Versicherung (F.) assurance (F.) volontaire, assurance (F.) facultative
Freizeichen (N.) tonalité (F.), marque (F.) du domaine public, insigne (M.) non appropriable
Freizeichnung (F.) exonération (F.) de la responsabilité, non-responsabilité (F.)
Freizeichnungsklausel (F.) clause (F.) de non-responsabilité
Freizeit (F.) loisirs (M.Pl.)
Freizeitarrest (M.) emprisonnement (M.) des jeunes délinquants pendant leurs journées libres
freizügig libre de choisir sa résidence, libre de circuler
Freizügigkeit (F.) liberté (F.) d'établissement, liberté (F.) de circulation
fremd étranger (Adj.), étrange (Adj.), inconnu (Adj.), d'autrui
Fremdbesitz (M.) détention (F.), possession (F.) pour autrui
Fremdbesitzer (M.) détenteur (M.)
Fremdbesitzerexzess (M.) violence (F.) active du détenteur
fremde Rechnung compte (M.) d'autrui
fremde Sache (F.) chose (F.) d'autrui
Fremdenrecht (N.) droit (M.) des étrangers
Fremder (M.) étranger (M.)
Fremdgeschäftsführung (F.) gérance (F.), administration (F.) pour autrui
Fremdkapital (N.) capital (M.) d'emprunt, capital (M.) étranger, capitaux (M.Pl.) étrangers
Fremdorganschaft (F.) représentation (F.) par un tiers, fait (M.) de représenter par un tiers
Freude (F.) joie (F.)
Freudenhaus (N.) maison (F.) close
Freudenmädchen (F.) fille (F.) de joie
Freund (M.) ami (M.)
Freundschaft (F.) amitié (F.)
Freundschaftsvertrag (M.) traité (M.) d'amitié
Frevel (M.) délit (M.), infraction (F.), méfait (M.), sacrilège (M.)
freveln outrager
Frevler (M.) délinquant (M.)
Friede (M.) paix (F.)
Friedensbruch (M.) rupture (F.) de la paix, violation (F.) de la paix
Friedenspflicht (F.) obligation (F.) de maintenir la paix, obligation (F.) d'éviter tout conflit collectif du travail
Friedensrichter (M.) juge (M.) de paix
Friedensvertrag (M.) traité (M.) de paix
Friedhof (M.) cimetière (M.)
Frist (F.) délai (M.), laps (M.) de temps, terme (M.), échéance (F.)
Fristablauf (M.) expiration (F.) du délai, péremption (F.)
fristgemäß dans les délais
fristlos sans délai, sans préavis, immédiat
fristlose Entlassung (F.) renvoi (M.) sans préavis
Fristsetzung (F.) fixation (F.) d'un délai
Fristverlängerung (F.) prolongation (F.) de délai, moratoire (M.)
Frucht (F.) fruit (M.)
Fruchtgenuss (M.) usufruit (M.)
führen diriger, administrer, conduire, gérer, tenir, dresser
Führer (M.) chef (M.), directeur (M.), guide (M.), conducteur (M.)
Führerschein (M.) permis (M.) de conduire
Führung (F.) comportement (M.), conduite (F.), direction (F.), gestion (F.)
Führungsaufsicht (F.) mesure (F.) de contrôle et d'aide et d'éducation
Führungszeugnis (N.) certificat (M.) de bonne conduite
Fund (M.) objet (M.) trouvé, découverte (F.), trouvaille (F.)
fungibel fongible
fungieren exercer les fonction, faire fonction
Funk (M.) radiotélégraphie (F.)
funken radiotélégraphier, émettre par radio
Funktion (F.) fonction (F.), charge (F.)
Funktionär (M.) fonctionnaire (M.)
funktionell fonctionnel

funktionelles Synallagma (N.) synallagma (M.) fonctionnel
Funktionsnachfolge (F.) continuation (F.) des fonctions
Furcht (F.) crainte (F.), peur (F.)
Fürsorge (F.) aide (F.) sociale, assistance (F.) sociale
Fürsorgeerziehung (F.) maison (F.) d'éducation surveillée
Fürsorgepflicht (F.) obligation (F.) d'aide, obligation (F.) d'assistance
Fürsorger (M.) assistant (M.) social
Fürsprache (F.) intervention (F.), intercession (F.)
Fürsprecher (M.) intercesseur (M.), porte-parole (M.), avocat (M.)
Fürst (M.) prince (M.)
Fürstentum (N.) principauté (F.)
Fürstin (F.) princesse (F.)
furtum (N.) usus (lat.) (Gebrauchsentwendung) vol (M.) d'usage
Fusion (F.) fusion (F.)
fusionieren fusionner
Fusionskontrolle (F.) contrôle (M.) des fusions, contrôle (M.) des regroupements
Fuß (M.) pied (M.)
Fußgänger (M.) piéton (M.)
Fußgängerzone (F.) rue (F.) piétonne, aire (F.) piétonne
Futter (N.) fourrage (M.)
Futtermittel (N.) matière (F.) fouragère, aliment (M.) industriel pour les animaux

G

Gabe (F.) don (M.)
Gage (F.) rémunération (F.), cachet (M.)
Galgen (M.) potence (F.), gibet (M.)
Garage (F.) garage (M.)
Garagenersatzvertrag (M.) contrat (M.) concernant la compensation d'un garage
Garant (M.) garant (M.)
Garantenpflicht (F.) obligation (F.) de prévention
Garantenstellung (F.) position (F.) de garant
Garantie (F.) garantie (F.)
Garantiefrist (F.) délai (M.) de garantie
Garantiegeschäft (N.) garantie (F.) bancaire
garantieren garantir
garantierter Mindestlohn (M.) salaire (M.) minimum interprofessionnel garanti (S. M. I. G.)
Garantievertrag (M.) contrat (M.) de garantie
Garde (F.) garde (F.)
Gas (N.) gaz (M.)
Gaskammer (F.) (Gaskammer in den Vereinigten Staaten von Amerika) chambre (F.) à gaz
Gast (M.) hôte (M.), invité (M.), client (M.)
Gasthaus (N.) hôtel-restaurant (M.), auberge (F.)
Gasthof (M.) hôtel-restaurant (M.), auberge (F.)
Gastprofessor (M.) professeur (M.) hôte
Gastrecht (N.) droit (M.) d'hospitalité
Gastronomie (F.) restauration (F.), gastronomie (F.)
Gaststätte (F.) restaurant (M.)
Gastwirt (M.) hôtelier (M.), aubergiste (M.), restaurateur (M.)
Gastwirtshaftung (F.) responsabilité (F.) des hôteliers et restaurateurs
GATT (N.) (engl.) (General Agreement on Tariffs and Trade) G. A. T. T. (M.) (Accord général sur les tarifs douaniers et le commerce)
Gatte (M.) mari (M.), époux (M.)
Gattin (F.) femme (F.), épouse (F.)
Gattung (F.) espèce (F.), genre (M.), sorte (F.)
Gattungskauf (M.) achat (M.) d'une chose de genre, achat (M.) d'une chose fongible
Gattungssache (F.) chose (F.) de genre, chose (F.) fongible, genus (N.) (lat.)
Gattungsschuld (F.) obligation (F.) ayant pour objet une chose de genre, obligation (F.) de livrer une chose de genre, obligation (F.) portant sur une chose de genre
Gattungsvermächtnis (N.) legs (M.) d'une chose fongible
Gau (M.) région (F.), district (M.)
Gebärde (F.) geste (M.)
Gebaren (N.) gestion (F.), administration (F.), comportement (M.)
gebären donner naissance à, accoucher
Gebäude (N.) bâtiment (M.), immeuble (M.), édifice (M.)
geben donner, fournir
Gebiet (N.) territoire (M.), région (F.), domaine (M.), ressort (M.), secteur (M.)

Gebiet (N.) vorrangiger städtebaulicher Entwicklung (Gebiet vorrangiger städtebaulicher Entwicklung in Frankreich) zone (F.) à urbaniser par priorité (Z. U. P.)
gebieten commander, ordonner, imposer
Gebietsanspruch (M.) revendication (F.) territoriale
Gebietshoheit (F.) souveraineté (F.) territoriale
Gebietskörperschaft (F.) collectivité (F.) territoriale
Gebot (N.) offre (F.), mise (F.), commandement (M.), ordre (M.), enchère (F.)
Gebotsirrtum (M.) erreur (F.) d'ordre
Gebrauch (M.) usage (M.), coutume (F.), emploi (M.), utilisation (F.)
gebrauchen utiliser, employer, faire usage de
Gebrauchsanmaßung (F.) vol (M.) d'usage
Gebrauchsanweisung (F.) mode (M.) d'emploi, instruction (F.) de service
Gebrauchsgegenstand (M.) article (M.) d'usage, objet (M.) d'usage
Gebrauchsmuster (N.) modèle (M.) déposé, modèle (M.) d'utilité
Gebrauchsmusterschutz (M.) protection (F.) d'un modèle d'utilité
Gebrauchsvorteil (M.) avantage (M.) d'usage
gebrechlich infirme (Adj.), sénile (Adj.)
Gebrechlichkeit (F.) infirmité (F.), sénilité (F.)
Gebrechlichkeitspflegschaft (F.) curatelle (F.) des personnes infirmes
Gebühr (F.) taxe (F.), droit (M.), honoraire (M.), cotisation (F.), tarif (M.), redevance (F.)
gebührenfrei sans frais, exempt de taxes, gratuit
Gebührenordnung (F.) ordonnance (F.) sur les taxes, tarif (M.) des droits
gebührenpflichtig taxable, payant
Gebührenrechnung (F.) note (F.) d'honoraire
Gebührenüberhebung (F.) concussion (F.)
gebunden engagé (Adj.), lié (Adj.), tenu
gebundene Verwaltung (F.) administration (F.) liée
Gebundenheit (F.) contrainte (F.), sujétion (F.), obligation (F.)
Geburt (F.) naissance (F.)
Geburtenbuch (N.) registre (M.) des naissances
gebürtig natif (Adj.), originaire (Adj.)
Geburtsdatum (N.) date (M.) de naissance
Geburtsname (M.) nom (M.), nom (M.) de jeune fille
Geburtsort (M.) lieu (M.) de naissance
Geburtsurkunde (F.) acte (M.) de naissance
Gedanke (M.) idée (F.), pensée (F.), opinion (F.)
Gedankenfreiheit (F.) liberté (F.) de pensée
gedenken penser, évoquer
Gefahr (F.) danger (M.), péril (M.), menace (F.)
Gefahr (F.) im Verzug danger (M.) imminent
gefährden mettre en danger, menacer
gefährdet menacé, en danger
Gefährdung (F.) menace (F.), danger (M.)
Gefährdungsdelikt (N.) délit (M.) consistant dans le fait de mettre en péril
Gefährdungshaftung (F.) responsabilité (F.) sans faute, responsabilité (F.) objective
Gefahrenabwehr (F.) maintien (M.) de la sécurité publique, activité (F.) de la police afin de maintenir la sécurité publique
gefahrengeneigt dangereux
gefahrengeneigte Tätigkeit (F.) activité (F.) dangereuse
Gefahrenzulage (F.) prime (F.) de risque, prime (F.) pour travail dangereux
Gefahrerhöhung (F.) aggravation (F.) des risques
gefährlich dangereux
gefährliche Körperverletzung (F.) coups (M.Pl.) et blessures avec circonstances aggravantes
Gefahrstoffverordnung (F.) règlement (M.) des matières dangereuses
Gefahrtragung (F.) obligation (F.) de supporter les risques, risque (M.) couvert
Gefahrübergang (M.) transfert (M.) des risques
Gefälle (N.) inclinaison (F.), descente (F.), disparité (F.)
gefällig aimable, complaisant
Gefälligkeit (F.) complaisance (F.), amabilité (F.), bienveillance (F.)
Gefälligkeitsvereinbarung (F.) acte (M.) de complaisance
Gefälligkeitsverhältnis (N.) acte (M.) de complaisance, assistance (F.) bénévole
Gefälligkeitswechsel (M.) effet (M.) de complaisance

gefangen prisonnier (Adj.), détenu (Adj.)
Gefangene (F.) détenue (F.)
Gefangenenbefreiung (F.) libération (F.) d'un détenu
Gefangenenmeuterei (F.) rébellion (F.) de prisonniers
Gefangener (M.) détenu (M.)
Gefangenschaft (F.) détention (F.)
Gefängnis (N.) prison (F.)
Gefängnisstrafe (F.) peine (F.) d'emprisonnement
gefügig docile (Adj.)
gegen contre, envers, pour, vers
gegen Kasse au comptant
Gegenangebot (N.) contre-offre (F.)
Gegenanspruch (M.) prétention (F.) contraire, créance (F.) en contrepartie
Gegenargument (N.) réplique (F.), contredit (M.)
Gegenbeweis (M.) preuve (F.) contraire
Gegendarstellung (F.) déclaration (F.) contradictoire, réponse (F.), rectification (F.)
Gegenforderung (F.) contre-créance (F.), créance (F.) en contrepartie, demande (F.) reconventionnelle
Gegenleistung (F.) contre-prestation (F.), contrepartie (F.)
Gegensatz (M.) contraste (M.), opposition (F.), antagonisme (M.)
gegensätzliche Entscheidungen (F.Pl.) contrariété (F.) de jugements
Gegenschluss (M.) raisonnement (M.) à contrario
Gegenseite (F.) partie (F.) adverse, adversaire (M.)
gegenseitig mutuel (Adj.), réciproque (Adj.), synallagmatique (Adj.)
gegenseitiger Vertrag (M.) contrat (M.) synallagmatique
gegenseitiges Testament (N.) testament (M.) conjonctif, testament (M.) réciproque
Gegenseitigkeit (F.) mutualité (F.), réciprocité (F.)
Gegenstand (M.) objet (M.), sujet (M.)
gegenstandslos nul (Adj.) et non avenu, sans objet
Gegenstandswert (M.) valeur (F.) vénale, montant (M.) du litige
Gegenstimme (F.) voix (F.) contre
Gegenüberstellung (F.) confrontation (F.), opposition (F.), comparaison (F.)
Gegenvormund (M.) subrogé tuteur (M.)
Gegenvorstellung (F.) réplique (F.)
Gegenwart (F.) présence (F.)
gegenwärtig présent (Adj.), actuel (Adj.), imminent (Adj.)
gegenwärtige Gefahr (F.) danger (M.) actuel, danger (M.) imminent
Gegenzeichnung (F.) contreseing (M.), contresignature (F.)
Gegner (M.) adversaire (M.), opposant (M.), rival (M.)
gegnerisch adversaire (Adj.)
Gehalt (M.) contenu (M.), valeur (F.)
Gehalt (N.) salaire (M.), traitement (M.), revenu (M.), rémunération (F.)
Gehaltspfändung (F.) saisie (F.) du salaire, saisie-arrêt (M.) sur le salaire
geheim secret (Adj.)
Geheimbund (M.) société (F.) secrète
Geheimdienst (M.) service (M.) secret
geheime Wahl (F.) vote (M.) secret
geheimer Vorbehalt (M.) réserve (F.) mentale
Geheimhaltung (F.) fait (M.) de conserver le secret
Geheimnis (N.) secret (M.)
Geheimnisverrat (M.) trahison (F.) de secret
Geheimpolizei (F.) police (F.) secrète
Geheißperson (F.) personne (F.) recevant une chose pour le compte du nouveau propriétaire
gehen aller, marcher
Gehilfe (M.) auxiliaire (M.), assistant (M.), commettant (M.), préposé (M.), complice (M.), comparse (M.)
Gehilfenhaftung (F.) responsabilité (F.) des commettants
Gehirn (N.) cerveau (M.)
Gehör (N.) attention (F.), audience (F.), ouïe (F.)
gehorchen obéir
gehören appartenir à
Gehorsam (M.) obéissance (F.)
gehorsam obéissant
Gehorsamspflicht (F.) devoir (M.) d'obéissance
Gehörsrüge (F.) opposition (F.) concernant le non-respect du droit d'être entendu par le juge
Gehsteig (M.) trottoir (M.)
Gehweg (M.) trottoir (M.)

Geisel (F.) otage (M.)
Geiselnahme (F.) prise (F.) d'otage
Geist (M.) esprit (M.), intelligence (F.)
Geisterfahrer (M.) automobiliste (M.) roulant à contre-sens sur l'autoroute
geisteskrank aliéné (Adj.), détraqué (Adj.)
Geisteskrankheit (F.) aliénation (F.) mentale, démence (F.), trouble (M.) mental
Geistesschwäche (F.) débilité (F.) mentale, faiblesse (F.) d'ésprit
geistig spirituel (Adj.), intellectuel (Adj.)
geistiges Eigentum (N.) propriété (F.) intellectuelle
geistlich clérical (Adj.), ecclésiastique (Adj.)
Geistlicher (M.) ecclésiastique (M.), prêtre (M.), curé (M.)
Geld (N.) argent (M.), monnaie (F.)
Geldbetrag (M.) montant (M.), somme (F.)
Geldbuße (F.) amende (F.) forfaitaire, amende (F.)
Gelddarlehen (N.) prêt (M.) d'argent
Geldentschädigung (F.) indemnité (F.) en argent
Geldersatz (M.) indemnité (F.) sous forme d'argent
Geldfälschung (F.) falsification (F.) de monnaie, faux-monnayage (M.)
Geldforderung (F.) créance (F.), créance (F.) en argent, créance (F.) d'argent, créance (F.) pécuniaire
Geldgeschäft (N.) opération (F.) financière
Geldkarte (F.) carte (F.) de retrait de fonds
Geldmittel (N.) fond (M.), ressource (F.)
Geldrente (F.) rente (F.) en argent
Geldschein (M.) billet (M.) de banque
Geldschuld (F.) dette (F.) d'argent, dette (F.)
Geldstrafe (F.) amende (F.) pénale, peine (F.) pécuniaire
Geldstück (N.) pièce (F.) d'argent
Geldwäsche (F.) blanchiment (M.) d'argent
Geldwäschegesetz (N.) loi (F.) du blanchiment d'argent
Geldwert (M.) pouvoir (M.) d'achat de la monnaie
Geldwertsicherungsklausel (F.) clause (F.) assurant la valeur d'une dette d'argent
gelegen situé (Adj.), bon (Adj.)
Gelegenheit (F.) occasion (F.)
Gelegenheitsgesellschaft (F.) consortium (M.)
Gelegenheitstäter (M.) délinquant (M.) d'occasion
gelegentlich à l'occasion de
geleisteter Betrag (M.) valeur (F.) fournie
Geleit (N.) accompagnement (M.), escorte (F.)
geloben prêter serment, promettre solennellement
Gelöbnis (N.) serment (M.), promesse (F.) solennelle
gelten être valable, être en vigueur, valoir, concerner, regarder
geltend valable, valide, en vigueur
geltendmachen invoquer, exercer
Geltendmachung (F.) exercice (M.)
Geltung (F.) validité (F.), vigueur (F.), portée (F.)
Geltungsbereich (M.) domaine (M.) de validité, domaine (M.) d'application
Geltungsdauer (F.) durée (F.) de validité, période (F.) de validité
Gelübde (N.) vœu (M.)
GEMA (F.) (Gesellschaft für musikalische Aufführungs- und mechanische Vervielfältigungsrechte) GEMA (F.) (Société pour la protéction des droits de représentation musicale et de reproduction mécanique)
Gemahl (M.) époux (M.)
Gemahlin (F.) épouse (F.)
Gemarkung (F.) territoire (M.) communal
gemäß conformément
gemein commun (Adj.)
Gemeinde (F.) commune (F.), municipalité (F.), ville (F.), paroisse (F.)
Gemeindebeamter (M.) fonctionnaire (M.) municipal, fonctionnaire (M.) communal
Gemeindebehörde (F.) administration (F.) communale
Gemeindebetrieb (M.) entreprise (F.) communale
Gemeindedirektor (M.) directeur (M.) communal
gemeindefrei qui n'appartient pas à un communauté, ne pas appartenant à un communauté, disjoint administrativement d'un communauté, en dehors d'une communauté
gemeindefreies Gebiet (N.) territoire (M.) en dehors d'une communauté
Gemeindegebiet (N.) territoire (M.) de la commune
Gemeindegericht (N.) tribunal (M.) communal

Gemeindeordnung (F.) code (M.) des communes, loi (F.) régissant l'organisation communale
Gemeinderat (M.) conseil (M.) municipal, conseiller (M.) municipal
Gemeinderecht (N.) droit (M.) communal
Gemeindesatzung (F.) statut (M.) communal
Gemeindesteuer (F.) impôt (M.) communal, taxe (F.) locale
Gemeindeverband (M.) association (F.) intercommunale, syndicat (M.) intercommunal, district (M.) urbain, communauté (F.) urbaine
Gemeindeverfassung (F.) statut (M.) municipal, organisation (F.) communale
Gemeindeverwaltung (F.) administration (F.) communale
gemeine Gefahr (F.) risque (M.) commun
Gemeineigentum (N.) propriété (F.) collective, propriété (F.) commune, domaine (M.) public
gemeines Recht (N.) droit (M.) commun
Gemeingebrauch (M.) usage (M.) commun
gemeingefährlich dangereux pour la communauté, constituant un danger public
gemeingefährliches Mittel (N.) chose (F.) qui constitue un danger public incontrôlable
Gemeingut (N.) bien (M.) public
Gemeinkosten (F.Pl.) frais (M.Pl.) généraux
gemeinnützig d'intérêt commun, d'utilité publique
Gemeinnützigkeit (F.) utilité (F.) publique
gemeinsam (Adj.) commun (Adj.), collectif (Adj.)
gemeinsam (Adv.) ensemble (Adv.), conjointement
gemeinsamer Markt (M.) marché (M.) commun
gemeinsamer Senat (M.) tribunal (M.) suprême des conflits
gemeinschädlich nuisible pour la communauté
Gemeinschaft (F.) communauté (F.), collectivité (F.)
gemeinschaftlich commun (Adj.)
gemeinschaftliches Testament (N.) testament (M.) conjonctif, testament (M.) conjoint
Gemeinschaftsaufgabe (F.) tâche (F.) d'intérêt commun
Gemeinschaftspatent (N.) brevet (M.) communautaire
Gemeinschaftsrecht (N.) droit (M.) communautaire
Gemeinschaftsschule (F.) école (F.) interconfessionnelle
Gemeinschaftsunternehmen (N.) coentreprise (F.)
Gemeinschaftswert (M.) bien (M.) commun, bien (M.) collectif, bien (M.) public
Gemeinschuldner (M.) personne (F.) contre laquelle une procédure de liquidation des biens est engagée, débiteur (M.) soumis a la liquidation judiciaire
Gemeinwesen (N.) communauté (F.) national, État (M.)
Gemeinwohl (N.) bien (M.) public, intérêt (M.) commun, intérêt (M.) général
gemischt mixte (Adj.), mélangé (Adj.)
gemischte Schenkung (F.) donation (F.) mixte, acte (M.) à titre onéreux consenti à un prix inférieur
gemischter Vertrag (M.) contrat (M.) complexe, contrat (M.) mixte
Gen (N.) gène (M.)
Gendarmerie (F.) gendarmerie (F.)
genehm convenable (Adj.), agréable
genehmigen autoriser, permettre, approuver
genehmigtes Kapital (N.) capital (M.) approuvé
Genehmigung (F.) consentement (M.), autorisation (F.), approbation (F.), ratification (F.), permis (M.)
General (M.) général (M.)
General Agreement (N.) on Tariffs and Trade (engl.) (GATT) Accord (M.) général sur les tarifs douaniers et le commerce (G. A. T. T.)
General Agreement (N.) on Tarifs in Services (engl.) (GATS) Accord (M.) général sur les tarifs de services
General- général (Adj.)
Generalamnestie (F.) amnistie (F.) générale
Generalanwalt (M.) avocat (M.) général
Generalbundesanwalt (M.) procureur (M.) général auprès de la Cour fédérale de justice
Generaleinwilligung (F.) consentement (M.) général
generalisieren généraliser
Generalklausel (F.) clause (F.) générale

Generalkonsens (M.) consentement (M.) général
Generalkonsul (M.) consul (M.) général
Generalprävention (F.) prévention (F.) collective
Generalsekretär (M.) secrétaire (M.) général
Generalstaatsanwalt (M.) procureur (M.) général près d'un tribunal régional supérieur
Generalstreik (M.) grève (F.) générale
Generalversammlung (F.) assemblée (F.) générale
Generalvollmacht (F.) mandat (M.) général, procuration (F.) générale, plein pouvoir (M.)
generell général (Adj.)
genetisch génétique
genetisches Synallagma (N.) synallagma (M.) génétique
Genfer Konvention (F.) Convention (F.) de Genève
genießen jouir, avoir, posséder, bénéficier
Genom (N.) génome (F.)
Genosse (M.) compagnon (M.), camarade (M.), coopérateur (M.)
Genossenschaft (F.) coopérative (F.)
genossenschaftlich coopératif (Adj.)
Genossenschaftsregister (N.) registre (M.) des coopératives
Genossin (F.) camarade (F.), coopérateur (F.)
Genozid (M.) génocide (M.)
Gentechnik (F.) technique (F.) génétique, genie (M.) génétique
Genugtuung (F.) satisfaction (F.), réparation (F.)
Genus (N.) (Gattung) genre (M.), genus (N.) (lat.)
Genuskauf (M.) achat (M.) d'une chose de genre, achat (M.) d'une chose fongible
Genuss (M.) jouissance (F.), plaisir (M.)
Genusschuld (F.) obligation (F.) ayant pour objet une chose de genre
Genussmittel (N.) denrée (F.) de luxe, excitant (M.) alimentaire, alcool (M.) et tabac (M.)
Genussschein (M.) action (F.) de jouissance
gepfändet saisi (Adj.)
Gepflogenheit (F.) usage (M.)
gerade droit (Adj.), direct, juste (Adj.)
gerade Linie (F.) ligne (F.) directe
Gerät (N.) équipement (M.), utensile (M.), outil (M.)
Gerätesicherheit (F.) sécurité (F.) des appareils
Gerätesicherheitsgesetz (N.) loi (F.) relative à la prévention des accidents dus aux machines ou aux appareils ou à l'utillage
gerecht juste (Adj.), équitable (Adj.)
gerechter Krieg (M.) juste guerre (F.), guerre (F.) justifiée
gerechter Preis (M.) prix (M.) juste
gerechtfertigt justifié
Gerechtigkeit (F.) justice (F.), conformité (F.) au droit
Gericht (N.) der Europäischen Union Tribunal (M.) (Union Européenne)
Gericht (N.) erster Instanz der Europäischen Gemeinschaften tribunal (M.) de première instance des communautés européennes (T P. I.)
Gericht (N.) tribunal (M.), cour (F.), juridiction (F.)
gerichtlich judiciaire (Adj.), juridictionnel (Adj.), en justice
gerichtliche Versteigerung (F.) adjudication (F.) judiciaire, vente (F.) judiciaire par enchère
gerichtlicher Vergleich (M.) transaction (F.) judiciaire
Gerichtsassessor (M.) juge (M.) suppléant
Gerichtsbarkeit (F.) juridiction (F.)
Gerichtsbezirk (M.) circonscription (F.) judiciaire, ressort (M.)
Gerichtsdiener (M.) huissier (M.) audiencier, huissier (M.) de justice, auxiliaire (M.) de justice
Gerichtsferien (Pl.) vacation (F.Pl.), vacances (F.Pl.) judiciaires
Gerichtsgebrauch (M.) usages (M.Pl.) judiciaires, jurisprudence (F.)
Gerichtshilfe (F.) aide (F.) judiciaire
Gerichtshof (M.) cour (F.)
Gerichtshof (M.) der Europäischen Union Cour (F.), Cour (F.) de Justice, Cour (F.) de Justice Européenne
Gerichtskasse (F.) bureau (M.) de perception judiciaire
Gerichtskosten (F.Pl.) frais (M.Pl.) de justice
Gerichtskostenvorschuss (M.) droits (M.Pl.) judiciaires acquittés à titre de provision
Gerichtsmediziner (M.) médecin (M.) légiste
Gerichtsordnung (F.) règlement (M.) judiciaire

Gerichtsorganisation (F.) organisation (F.) judiciaire
Gerichtsreferendar (M.) auditeur (M.) de justice
Gerichtssaal (M.) salle (F.) d'audience
Gerichtsschreiber (M.) greffier (M.)
Gerichtssitzung (F.) audience (F.) du tribunal
Gerichtssprache (F.) langue (F.) du palais
Gerichtssprengel (M.) ressort (M.) d'un tribunal
Gerichtsstand (M.) tribunal (M.) compétent, compétence (F.) judiciaire
Gerichtsstandsvereinbarung (F.) clause (F.) attributive de juridiction
Gerichtssystem (N.) système (M.) judiciaire, organisation (F.) judiciaire
Gerichtstag (M.) jour (M.) d'audience
Gerichtstermin (M.) jour (M.) d'audience
Gerichtsurteil (N.) jugement (M.), sentence (F.)
Gerichtsverfahren (N.) procès (M.), procédure (F.) judiciaire
Gerichtsverfassung (F.) organisation (F.) judiciaire
Gerichtsverfassungsgesetz (N.) loi (F.) portant sur l'organisation judiciaire
Gerichtsverhandlung (F.) audience (F.) judiciaire
Gerichtsverwaltung (F.) administration (F.) judiciaire
Gerichtsvollzieher (M.) huissier (M.) de justice, huissier (M.)
Gerichtszweig (M.) ordre (M.) de juridictions
gering bas (Adj.), faible (Adj.), peu
geringfügig peu important, négligeable, léger
geringstes Gebot (N.) enchère (M.) minimum
Germane (M.) Germain (M.)
gesamt tout (Adj.), total (Adj.), entier (Adj.)
Gesamtakt (M.) acte (M.) collectif
Gesamtgläubiger (M.) créancier (M.) solidaire
Gesamtgläubigerschaft (F.) position (F.) de créanciers solidaires
Gesamtgut (N.) bien (M.) commun
Gesamthaftung (F.) responsabilité (F.) collective
Gesamthand (F.) indivision (F.), droits (M.Pl.) indivis, main (F.) commune
Gesamthänder (M.) indivisaire (M.)
gesamthänderisch de indivision, de main commune
Gesamthandseigentum (N.) propriété (F.) en main commune, propriété (F.) en indivision, copropriété (F.)
Gesamthandseigentümer (M.) indivisaire (M.)
Gesamthandsgemeinschaft (F.) indivision (F.)
Gesamthandsvermögen (N.) propriété (F.) en indivision
Gesamtheit (F.) totalité (F.), ensemble (M.)
Gesamthypothek (F.) hypothèque (F.) reposant sur plusieurs biens fonciers, hypothèque (F.) solidaire
Gesamtprokura (F.) procuration (F.) conjointe, procuration (F.) collective
Gesamtrechtsnachfolge (F.) succession (F.) universelle, fait (M.) d'être ayant cause à titre universel
Gesamtschuld (F.) dette (F.) solidaire, obligation (F.) solidaire
Gesamtschuldner (M.) codébiteur (M.) solidaire
gesamtschuldnerisch solidaire (Adj.), solidairement
Gesamtstrafe (F.) peine (F.) globale
Gesamtvereinbarung (N.) convention (F.) collective
Gesamtvertretung (F.) représentation (F.) collective, représentation (F.) conjointe
Gesamtvollstreckung (F.) saisie (F.) collective
Gesamtvorsatz (M.) dol (M.) général
Gesandter (M.) envoyé (M.)
Geschädigter (M.) lésé (M.), victime (F.)
Geschäft (N.) affaire (F.), opération (F.), acte (M.), transaction (F.), contrat (M.), entreprise (F.), supérette (F.), supermarché (M.), hypermarché (M.)
geschäftlich commercial (Adj.), d'affaires
geschäftsähnliche Handlung (F.) acte (M.) matériel assimilé à un acte juridique
Geschäftsanteil (M.) part (F.) sociale, part (F.)
Geschäftsbedingung (F.) condition (F.) générale du contrat
Geschäftsbericht (M.) rapport (M.) de gestion, rapport (M.) d'affaires
Geschäftsbesorgung (F.) gestion (F.) d'affaires

Geschäftsbesorgungsvertrag (M.) contrat (M.) de gestion des affaires, mandat (M.) de contracter
Geschäftsbetrieb (M.) exploitation (F.) commerciale, activité (F.) commerciale
Geschäftsbeziehung (F.) relation (F.) commerciale
Geschäftsbrief (M.) lettre (F.) d'affaires, correspondance (F.) commerciale
geschäftsfähig capable (Adj.) de contracter, capable (Adj.)
Geschäftsfähigkeit (F.) capacité (F.) d'exercice, capacité (F.) de contracter
Geschäftsführer (M.) gérant (M.), administrateur (M.) de société
Geschäftsführung (F.) gestion (F.), direction (F.), administration (F.), gérance (F.)
Geschäftsführung (F.) ohne Auftrag gestion (F.) d'affaires sans titre, gestion (F.) de fait
Geschäftsführungsbefugis (F.) pouvoir (M.) de gestion
Geschäftsgeheimnis (N.) secret (M.) d'affaires, secret (M.) commercial
Geschäftsgrundlage (F.) équivalence (F.) des prestations en tant que fondement du contrat, fondement (M.) du contrat
Geschäftsguthaben (N.) avoirs (M.Pl.) sociaux
Geschäftsherr (M.) géré (M.), maitre (M.) de l'affaire, commettant (M.), employeur (M.)
Geschäftsherrnpflichtverletzung (F.) violation (F.) des obligations du maître de l'affaire
Geschäftsjahr (N.) exercice (M.) social, exercice (M.), année (F.) commerciale
geschäftsmäßig propre (Adj.) aux affaires, selon l'usage des affaires
Geschäftsmäßigkeit (F.) fait (M.) d'agir commercialement
Geschäftsordnung (F.) règlement (M.) intérieur
Geschäftsraum (M.) local (M.) commercial
Geschäftsraummiete (F.) bail (M.) commercial
Geschäftsstelle (F.) agence (F.), office (M.), bureau (M.), greffe (M.)
Geschäftsträger (M.) chargé (M.) d'affaires
geschäftsunfähig incapable (Adj.) de contracter, incapable (Adj.)
Geschäftsunfähigkeit (F.) incapacité (F.) d'exercice, incapacité (F.) de contracter
Geschäftsverkehr (M.) relation (F.) commerciale
Geschäftsvermögen (N.) fonds (M.) de commerce
Geschäftsverteilung (F.) répartition (F.) des fonctions, définition (F.) des responsabilités
Geschäftsverteilungsplan (M.) organigramme (M.), effectif (M.) théorique
Geschäftswert (M.) valeur (F.) vénale d'un commerce
Geschäftswille (M.) volonté (F.) en vue de produire un effet juridique
Geschäftszeit (F.) heures (F.Pl.) d'ouverture
Geschehen (N.) événement (M.)
geschehen arriver, passer (se), avoir lieu
Geschenk (N.) cadeau (M.), don (M.)
Geschichte (F.) histoire (F.)
geschichtlich historique (Adj.)
Geschlecht (N.) famille (F.), origine (F.), genre (M.), sexe (M.)
geschlechtlich sexuel
Geschlechtstrieb (M.) instinct (M.) sexuel
Geschlechtsumwandlung (F.) changement (M.) de sexe, transsexualisme (M.)
Geschlechtsverkehr (M.) rapport (M.) sexuel
Geschmack (M.) goût (M.)
Geschmacksmuster (N.) modèle (M.) esthétique, dessins (M.Pl.) et modèles
Geschmacksmusterrecht (N.) droit (M.) des dessins et modèles
Geschoss (N.) projectile (M.)
geschrieben écrit (Adj.)
Geschwader (N.) escadre (F.)
geschwind vite (Adj.), rapide (Adj.)
Geschwindigkeit (F.) vitesse (F.)
Geschwister (Pl.) frère (M.) et sœur (F.), frères (M.Pl.) et sœurs (F.Pl.)
Geschworenenbank (F.) jury (M.), assises (F.Pl.)
Geschworener (M.) juré (M.)
Geselle (M.) compagnon (M.)
Gesellschaft (F.) des bürgerlichen Rechts société (F.) civile
Gesellschaft (F.) des Handelsrechts mit staatlicher Kapitalbeteiligung société (F.) d'économie mixte (S. E. M.)
Gesellschaft (F.) mit Arbeitnehmerbeteiligung société (F.) à participation ouvrière

Gesellschaft (F.) mit beschränkter Haftung (GmbH) société à responsabilité limitée (S. A. R. L.)
Gesellschaft (F.) société (F.), holding (M.), groupe (M.)
Gesellschaft (F.) zur Förderung der regionalen Entwicklung société (F.) de développement régional
Gesellschaft mit beschränkter Haftung & Co Kommanditgesellschaft (F.) société (F.) en commandite avec une société (F.) à responsabilité limitée (S. A. R. L.) comme associé commandité
Gesellschafter (M.) associé (M.), sociétaire (M.)
Gesellschafterbeschluss (M.) délibération (F.) des associés
Gesellschafterversammlung (F.) assemblée (F.) des associés
gesellschaftlich social
Gesellschaftskapital (N.) capital (M.) d'une société
Gesellschaftsrecht (N.) droit (M.) des sociétés
Gesellschaftsschuld (F.) dette (F.) sociale
Gesellschaftsvermögen (N.) biens (M.Pl.) sociaux, actif (M.) social, actif (M.) d'une société
Gesellschaftsvertrag (M.) contrat (M.) de société, contrat (M.) d'association
Gesellschaftszweck (M.) objet (M.) social, but (M.) poursuivi par la société
Gesetz (N.) loi (F.)
Gesetzblatt (N.) journal (M.) officiel
Gesetzbuch (N.) code (M.)
Gesetzentwurf (M.) projet (M.) de loi, proposition (F.) de loi
Gesetzesänderung (F.) amendement (M.) législatif
Gesetzesanwendung (F.) application (F.) de la loi
Gesetzeseinheit (F.) concours (M.) idéal d'infractions, cumul (M.) idéal d'infractions
gesetzesfrei en dehors des lois
gesetzesfreie Verwaltung (F.) administration (F.) en dehors des lois
Gesetzesinitiative (F.) initiative (F.) législative
Gesetzeskonkurrenz (F.) concours (M.) idéal d'infractions, cumul (M.) idéal d'infractions
Gesetzeskraft (F.) force (F.) de loi
Gesetzeslücke (F.) lacune (F.) juridique, vide (M.) juridique
Gesetzesrecht (N.) droit (M.) écrit
Gesetzessammlung (F.) bulletin (M.) des lois, recueil (M.) de lois
Gesetzestext (M.) texte (M.) de loi
Gesetzesumgehung (F.) fraude (F.) à la loi
Gesetzesvorbehalt (M.) restriction (F.) légale d'une liberté publique, réserve (F.) de la loi
Gesetzesvorlage (F.) projet (M.) de loi, proposition (F.) de loi
gesetzgebend législatif
gesetzgebende Gewalt (F.) pouvoir (M.) législatif
Gesetzgeber (M.) législateur (M.)
Gesetzgebung (F.) législation (F.)
Gesetzgebungsnotstand (M.) pouvoir (M.) législatif gouvernemental en cas d'obstruction de l'assemblée fédérale
Gesetzgebungsverfahren (N.) procédure (F.) d'élaboration de la loi, procédure (F.) législative
Gesetzgebungszuständigkeit (F.) compétence (F.) législative
gesetzlich légal
gesetzliche Erbfolge (F.) succession (F.) ab intestat, succession (F.) légale
gesetzlicher Erbe (M.) héritier (M.) légal
gesetzlicher Feiertag (M.) jour (M.) de fêtes légales
gesetzlicher Güterstand (M.) régime (M.) matrimonial légal
gesetzlicher Richter (M.) juge (M.) naturel
gesetzlicher Vertreter (M.) représentant (M.) légal
gesetzliches Erbrecht (N.) succession (F.) ab intestat
gesetzliches Grundpfandrecht (N.) gage (M.) immobilier légal, droit (M.) de gage immobilier légal
gesetzliches Pfandrecht (N.) privilège (M.), droit (M.) de gage (M.) légal
gesetzliches Schuldverhältnis (N.) lien (M.) de droit légal
gesetzliches Zahlungsmittel (N.) monnaie (F.) fiduciaire, monnaie (F.) de paiement
gesetzmäßig conforme aux lois, légal, légitime (Adj.)
Gesetzmäßigkeit (F.) légalité (F.), légitimité (F.)

gesetzwidrig illégal (Adj.), illégitime (Adj.)
Gesetzwidrigkeit (F.) infraction (F.) à la loi, illégalité (F.), illégitimité (F.)
Gesicht (N.) visage (M.), vue (F.), aspect (M.)
Gesichtspunkt (M.) point (M.) de vue
Gestalt (F.) forme (F.), créature (F.)
gestalten former, aménager, agencer
Gestaltung (F.) composition (F.), formation (F.)
Gestaltungsakt (M.) acte (M.) constitutif de droit
Gestaltungsklage (F.) action (F.) juridique tendant à faire modifier une situation juridique, action (F.) visant la modification d'une situation juridique
Gestaltungsrecht (N.) droit (M.) formateur, droit (M.) de modifier un lien juridique existant
Gestaltungsurteil (N.) jugement (M.) constitutif de droits, jugement (M.) constitutif
geständig qui avoue
Geständnis (N.) aveu (M.)
gestatten permettre, consentir
Gestattung (F.) permission (F.), consentement (M.)
gestehen avouer
Gestehungskosten (F.Pl.) coût (M.), frais (M.Pl.) de fabrication
Gesuch (N.) demande (F.), requête (F.)
gesund salubre, sain
Gesundheit (F.) santé (F.)
Gesundheitsamt (N.) centre (M.) de santé, conseil (M.) de santé, services (M.Pl.) médicaux
Gesundheitsfürsorge (F.) action (F.) sanitaire et sociale
Gesundheitsgefährdung (F.) acte (M.) constituant un risque pour la santé
Gesundheitskarte (F.) carte (F.) de santé électronique
Gesundheitsschädigung (F.) atteinte (F.) à l'intégrité corporelle, atteinte (F.) à la santé
Gesundheitsverletzung (F.) violation (F.) de santé
Gesundheitszerstörung (F.) destruction (F.) de la santé, dégradation (F.) de l'état de santé
Getreide (N.) céréales (F.Pl.), grains (M.Pl.)
getrennt séparé (Adj.)
Getrenntleben (N.) séparation (F.) de fait, séparation (F.) de corps, vie (F.) séparée
Getto (N.) ghetto (M.)
Gewähr (F.) garantie (F.)
gewähren accorder, concéder, consentir
gewährleisten garantir
Gewährleistung (F.) garantie (F.)
Gewährleistungsanspruch (M.) demande (F.) en garantie
Gewahrsam (M.) garde (F.)
Gewalt (F.) pouvoir (M.), autorité (F.), violence (F.), contrainte (F.), force (F.), puissance (F.)
Gewaltenteilung (F.) séparation (F.) des pouvoirs
Gewalthaber (M.) mandataire (M.)
Gewalttat (F.) acte (M.) de violence
gewalttätig violent, brutal
Gewalttätigkeit (F.) violence (F.)
Gewaltverhältnis (N.) relation (F.) entre l'État et l'individu, droits (M.Pl.) et devoirs du citoyen face à l'État
Gewässer (N.) eau (F.)
Gewässerschutz (M.) protection (F.) des eaux
Gewehr (N.) fusil (M.), arme (F.)
Gewerbe (N.) activité (F.) professionnelle, métier (M.), profession (F.), industrie (F.), commerce (M.), artisanat (M.), entreprise (F.)
Gewerbeaufsicht (F.) inspection (F.) du travail
Gewerbeaufsichtsamt (N.) service (M.) d'inspection du travail
Gewerbebetrieb (M.) entreprise (F.) industrielle ou commerciale
Gewerbeerlaubnis (F.) licence (F.) professionnelle, autorisation (F.) d'exploitation
Gewerbefreiheit (F.) liberté (F.) d'exercice d'une activité professionnelle
Gewerbegebiet (N.) zone (F.) industrielle
Gewerbegericht (N.) tribunal (M.) du travail
Gewerbeordnung (F.) code (M.) relatif à l'exercice des professions artisanales et commerciales et industrielles
Gewerberaum (M.) local (M.) professionnel, local (M.) industriel
Gewerberaummietrecht (N.) droit (M.) de louage de locaux professionnaux
Gewerbeschein (M.) carte (F.) de commerçant, licence (F.) d'exploitation
Gewerbesteuer (F.) taxe (F.) professionnelle
Gewerbetreibender (M.) industriel (M.), commerçant (M.), artisan (M.)

Gewerbeuntersagung (F.) interdiction (F.) professionnelle
Gewerbezentralregister (N.) registre (M.) central des entreprises industrielles et commerciales
gewerblich professionnel (Adj.), industriel (Adj.)
gewerblicher Rechtsschutz (M.) protection (F.) de la propriété commerciale et industrielle, droit (M.) de la propriété industrielle
gewerbsmäßig professionnel (Adj.), commercial (Adj.)
Gewerbsmäßigkeit (F.) activité (F.) en tant que profession habituelle
Gewerke (M.) membre (M.) d'une société d'exploitation minière
Gewerkschaft (F.) syndicat (M.), association (F.) professionnelle ouvrière
Gewerkschaftler (M.) syndicaliste (M.)
gewerkschaftlich syndical (Adj.), syndicaliste (Adj.)
Gewicht (N.) poids (M.)
gewillkürt reposant sur un acte de volonté, conventionnel, convenu
gewillkürte Erbfolge (F.) succession (F.) testamentaire, disposition (F.) par testament, dévolution (F.) des biens par testament
Gewinn (M.) gain (M.), bénéfice (M.), profit (M.)
Gewinnabschöpfung prélèvement (M.) du bénéfice
Gewinnanteil (M.) quote-part (F.) de bénéfice, dividende (M.)
gewinnen gagner, réaliser des bénéfices
Gewinnermittlung (F.) détermination (F.) des bénéfices imposables
Gewinnrechnung und Verlustrechnung (F.) compte (M.) de pertes et profits, compte (M.) de résultat
Gewinnzusage (F.) promesse (F.) de bénéfice
gewiss certain, déterminé
Gewissen (N.) conscience (F.)
Gewissensfreiheit (F.) liberté (F.) de conscience, liberté (F.) des cultes
Gewissheit (F.) certitude (F.), évidence (F.)
Gewohnheit (F.) habitude (F.), coutume (F.), usage (M.)
gewohnheitsmäßig habituel
gewohnheitsmäßiges Handeln (N.) infraction (F.) d'habitude
Gewohnheitsrecht (N.) droit (M.) coutumier, coutume (F.)
Gewohnheitsverbrecher (M.) délinquant (M.) d'habitude
gewöhnlich ordinaire, habituel
gezogener Wechsel (M.) effet (M.) tiré
Gier (F.) avidité (F.), désir (M.)
Gift (N.) poison (M.), substance (F.) toxique, toxique (M.)
giftig vénéneux, toxique (Adj.)
Gilde (F.) corporation (F.), corps (M.)
Giralgeld (N.) monnaie (F.) scripturale, monnaie (F.) bancaire
Giro (N.) endossement (M.)
Girokonto (N.) compte (M.) de virement, compte (M.) en banque, compte (M.) courant
Girovertrag (M.) contrat (M.) de tenue de compte
Glaube (M.) foi (F.)
glauben croire
Glaubensfreiheit (F.) liberté (F.) de croyance
glaubhaft machen rendre vraisemblable, rendre croyable
glaubhaft vraisemblable, croyable
Glaubhaftmachung (F.) fait (M.) de rendre vraisemblable, justification (F.) d'une affirmation
Gläubiger (M.) créancier (M.), créditeur (M.)
Gläubigeranfechtung (F.) action (F.) en annulation du créancier contre les actes de disposition frauduleux du débiteur, action (F.) en annulation d'une acte frauduleusement accompli par le débiteur dans le but de s'appauvrir, action (F.) paulienne
Gläubigerbenachteiligung (F.) fraude (F.) paulienne
Gläubigerversammlung (F.) assemblée (F.) des créanciers
Gläubigerverzug (M.) refus (M.) du créancier d'accepter le paiement
glaubwürdig digne de foi
gleich égal, identique
gleichartig de même nature, similaire, homogène
gleichartige Tateinheit (F.) concours (M.) ideal homogène d'infractions
Gleichartigkeit (F.) similitude (F.), ressemblance (F.)
Gleichbehandlung (F.) égalité (F.) de traitement
Gleichbehandlungsgrundsatz (M.) prin-

cipe (M.) de non-discrimination, principe (M.) de l'égalité de traitement
gleichberechtigt ayant (Adj.) les mêmes droits
Gleichberechtigung (F.) égalité (F.) de droits
gleiche Wahl (F.) scrutin (M.) égal
Gleichheit (F.) égalité (F.)
Gleichheitsgrundsatz (M.) principe (M.) de l'égalité de traitement
gleichwertig équivalent (Adj.)
gleichzeitig simultané (Adj.)
gleiten passer, glisser
Glied (N.) membre (M.)
Gliederung (F.) structure (F.), division (F.)
Gliedstaat (M.) État-membre (M.)
global globale
globalisieren mondialiser
Globalzession (F.) cession (F.) globale, cession (F.) en bloc
Glück (N.) fortune (F.), chance (F.)
Glücksspiel (N.) jeu (M.) de hasard
Glücksvertrag (M.) contrat (M.) aléatoire
GmbH & Co. KG (F.) société (F.) commerciale combinant la société à responsabilité limitée avec une société en commandite simple
GmbH (F.) (Gesellschaft mit beschränkter Haftung) S. A. R. L. (F.) (société à responsabilité limitée)
Gnade (F.) grâce (F.)
Gnadenakt (M.) acte (M.) de grâce
Gnadenerweis (M.) grâce (F.)
Gnadenstoß (M.) coup (M.) de grâce
Gold (N.) or (M.)
golden d'or
goodwill (M.) (engl.) goodwill (M.) (engl.)
Gott (M.) dieu (M.)
Gottes Gnade (F.) grâce (F.) de dieu
Gotteslästerung (F.) blasphème (M.), sacrilège (M.)
Gouverneur (M.) gouverneur (M.)
Grad (M.) degré (M.)
Gradualsystem (N.) système (M.) de degrés
graduieren graduer
Graduierter (M.) gradué (M.)
Graduierung (F.) graduation (F.)
Graf (M.) comte (M.)
Grafschaft (F.) comté (M.)
Grammatik (F.) grammaire (F.)
grammatikalisch grammatical
Gratifikation (F.) gratification (F.)
gratis gratuitement
grausam crue, inhumain, barbarel
Grausamkeit (F.) cruauté (F.)
greifen prendre, saisir, toucher
Gremium (N.) comité (M.), groupe (M.)
Grenze (F.) frontière (F.), limite (F.)
Grenzstein (M.) borne (M.), borne-frontière (M.)
Griechenland (N.) Grèce (F.)
grob gros (Adj.), grossier (Adj.), grave
grobe Fahrlässigkeit (F.) négligence (F.) grave, négligence (F.) caractérisée, imprudence (F.) grave, faute (F.) non-intentionnelle inexcusable, faute (F.) lourde
grober Undank (M.) ingratitude (F.)
grober Unfug (M.) moquerie (F.) déplacée et repréhensible, trouble (M.) de l'ordre public
Gros (N.) gros (M.)
groß grand
Großbritannien (N.) Grande-Bretagne (F.)
große Kammer (F.) des Kassationshofs (große Kammer des Kassationsgerichtshofs in Frankreich) chambre (F.) mixte
großer Senat (M.) toutes chambres (F.Pl.) réunies
Großhandel (M.) commerce (M.) en gros
Großhandelsmarkt (M.Pl.) mit Sonderstatus (Großhandelsmarkt mit Sonderstatus in Frankreich) marché (M.) d'intérêt national
Großhändler commerçant (M.) en gros, grossiste (M.)
großjährig majeur (Adj.)
Großstadt (F.) grande ville (F.)
Grube (F.) (Mine) mine (F.)
Grund (M.) cause (F.), motif (M.), raison (F.), fond (M.), propriété (F.) foncière, bien-fonds (M.)
Grundabtretung (F.) cession (F.) d'un bien-fonds
Grundbesitz (M.) possession (F.) foncière
Grundbesitzer (M.) possesseur (M.) foncier
Grundbuch (N.) livre (M.) foncier, registre (M.) foncier
Grundbuchamt (N.) service (M.) chargé de la tenue du livre foncier, office (M.) judiciaire du livre foncier
Grundbuchauszug (M.) extrait (M.) du registre foncier
Grundbuchberichtigung (F.) rectification (F.) au livre foncier

Grundbucheintragung (F.) inscription (F.) au registre foncier
Grundbuchordnung (F.) loi (F.) relative à la tenue des registres fonciers et à la publicité foncière
Grundbuchverfügung (F.) décret (M.) relatif à la tenue des registres fonciers
Grunddienstbarkeit (F.) servitude (F.) foncière, servitude (F.) prédiale
Grundeigentum (N.) propriété (F.) foncière
Grundeigentümer (M.) propriétaire (M.) foncier
gründen fonder, créer, constituer, instituer
Gründer (M.) fondateur (M.)
Gründeraktie (F.) action (F.) d'apport
Grunderwerbsteuer (F.) droits (M.Pl.) de mutation, taxe (F.) sur les mutations de propriété foncière
Grunderwerbsteuergesetz (N.) loi (F.) concernant la taxe (F.) sur les mutations de propriété immobilière
Grundfreibetrag (M.) abattement (M.) spécial à la base
Grundgehalt (N.) traitement (M.) de base, salaire (M.) de base
Grundgesetz (N.) loi (F.) fondamentale, constitution (F.)
Grundherr (M.) seigneur (M.)
Grundherrschaft (F.) seigneurie (F.)
Grundkapital (N.) capital (M.) social, fonds (M.) social
Grundlage (F.) base (F.), fondement (M.)
grundlegend fondamental, constitutif
Grundlohn (M.) traitement (M.) de base, salaire (M.) de base
Grundordnung (F.) ordre (M.) fondamental
Grundpfand (N.) gage (M.) immobilier
Grundpfandgläubiger (M.) créancier (M.) en vertu d'un gage immobilier
Grundpfandrecht (N.) gage (M.) immobilier, dette (F.) foncière
Grundpflicht (F.) obligation (F.) d'ordre public, obligation (F.) fondamentale
Grundrecht (N.) droit (M.) fondamental, libertés (F.Pl.) publiques
Grundrechtecharta (F.) charte (F.) des droits fondamentaux
Grundrechtsfähigkeit (F.) droit (M.) de se prévaloir des libertés
Grundrechtskatalog (M.) déclaration (F.) des droits
grundrechtsmündig capable (Adj.) d'agir en justice pour user une liberté
Grundrechtsmündigkeit (F.) capacité (F.) d'agir en justice pour user une liberté
Grundrechtsschranke (F.) limitation (F.) des libertés
Grundrente (F.) pension (F.) de base, rente (F.) foncière
Grundsatz (M.) principe (M.)
Grundsatzentscheidung (F.) décision (F.) de principe
Grundschuld (F.) dette (F.) foncière
Grundschuldbrief (M.) titre (M.) endossable constatant une dette foncière
Grundsteuer (F.) impôt (M.) foncier
Grundstück (N.) fonds (M.), bien (M.) foncier, bien (M.) immeuble, immeuble (M.)
Grundstückseigentum (N.) propriété (F.) foncière
Grundstückskauf (M.) achat (M.) d'un immeuble
Grundstücksrecht (N.) droit (M.) réel, droit (M.) foncier
Grundstücksübertragung (F.) transfert (M.) de la propriété foncière
Grundstücksverkehr (M.) transactions (F.Pl.) immobilières
Grundstückszusammenlegung (F.) tènement (M.)
Gründung (F.) fondation (F.), création (F.), institution (F.)
Gründungsfreiheit (F.) liberté (F.) de création, liberté (F.) de constitution
Gründungsgesellschaft (F.) société (F.) en formation
Gründungsvertrag (M.) contrat (M.) de constitution
Grundurteil (N.) jugement (M.) portant sur le fond mais non sur le montant de la demande
Grundvermögen (N.) patrimoine (M.) foncier
Grundvertrag (M.) traité (M.) fondamental
Grundwehrdienst (M.) service (M.) national actif, service (M.) militaire actif
Gruppe (F.) groupe (M.), groupement (M.)
Gruppenfreistellung (F.) libération (F.) des groupes
Gruppenversicherung (F.) assurance (F.) groupée
Gruppenwahl (F.) élection (F.) par collège éléctoral séparé

Guerilla (M.) guérillero (M.)
Guerillero (M.) guérillero (M.)
Guillotine (F.) guillotine (F.)
gültig valable, valide, en vigueur
Gültigkeit (F.) validité (F.)
Gunst (F.) faveur (F.), grâce (F.)
günstig bon (Adv.) marché, favorable, avantageux
Günstigkeitsprinzip (N.) principe (M.) du plus favorisé
Gut (N.) bien (M.), propriété (F.), avoir (M.), marchandise (F.)
gut bon (Adj.)
Gutachten (N.) expertise (F.), avis (M.)
Gutachter (M.) expert (M.)
Güte (F.) bonté (F.), qualité (F.)
gute Sitte (F.) bonne mœur (F.)
gute Sitten (F.Pl.) les bonnes mœurs (F.Pl.), bonnes mœurs (F.Pl.)
guter Glaube (M.) bonne foi (F.)
Güterabwägung (F.) comparaison (F.) des biens
Güterfernverkehr (M.) transport (M.) de marchandises à longue distance
Gütergemeinschaft (F.) communauté (F.) des biens, communauté (F.)
Gütergemeinschaft (F.) zwischen Ehegatten communauté (F.) entre époux, société (F.) conjugale
Güterkraftverkehr (M.) transport (M.) de marchandises par route, roulage (M.)
Güterrecht (N.) régime (M.) matrimonial, droit (M.) des régimes matrimoniaux
Güterrechtsregister (N.) registre (M.) matrimonial
Güterstand (M.) régime (M.) matrimonial
Gütertrennung (F.) séparation (F.) de biens
Güteverfahren (N.) procédure (F.) de conciliation
Güteverhandlung (F.) audience (F.) de conciliation
Gutglaubensschutz (M.) protection (F.) de la bonne foi
gutgläubig de bonne foi
gutgläubiger Erwerb (M.) acquisition (F.) de bonne foi
Gutgläubigkeit (F.) bonne foi (F.)
Guthaben (N.) avoir (M.), actif (M.), créance (F.)
gütlich amiable
Gutschein (M.) bon (M.)
Gutschrift (F.) inscription (F.), écriture (F.)
Gutsherr (M.) propriétaire (M.)
Gutsherrschaft (F.) seigneurie (F.)
Gymnasium (N.) lycée (M.)

H

Haager Kaufrechtsübereinkommen (N.) Convention (F.) de la Haye relative au droit des ventes
Haager Landkriegsordnung (F.) Règlement (M.) de la Haye sur la condition juridique des prisonniers de guerre
Habe (F.) avoir (M.), patrimoine (M.), bien (M.)
Habeas-Corpus-Act (M.) Habeas Corpus (M.)
Haben (N.) argent (M.), actif (M.), crédit (M.), avoir (M.)
Habgier (F.) cupidité (F.)
habgierig cupide
Habilitation (F.) admission (F.) à l'enseignement supérieur, admission (F.) à titre de professeur suppléant d'université
Habilitationsschrift (F.) thèse (F.) d'agrégation
habilitieren (sich) qualifier pour l'enseignement supérieur (se), faire agréger (se)
Hafen (M.) (Anlegeort) port (M.)
Haft (F.) détention (F.), emprisonnement (M.)
haftbar responsable (Adj.)
Haftbefehl (M.) mandat (M.) d'arrêt
Haftbeschwerde (N.) demande (F.) de mainlevée du mandat d'arrêt
haften répondre, se porter garant, être tenu, être responsable
Haftgrund (M.) motif (M.) d'arrestation
Haftpflicht (F.) responsabilité (F.) civile (r. c.)
Haftpflichtgesetz (N.) loi (F.) sur la responsabilité civile
Haftpflichtprozess (M.) procédure (F.) civile relative à la responsabilité civile
Haftpflichtversicherung (F.) assurance (F.) responsabilité civile
Haftprüfung (F.) examen (M.) de la validité de la détention
Haftstrafe (F.) peine (F.) d'emprisonnement
haftunfähig ne pouvant pas être incarcéré
Haftunfähigkeit (F.) état (M.) physique rendant impossible l'emprisonnement

Haftung (F.) für durch Sachen verursachte Schäden responsabilité (F.) du fait des choses
Haftung (F.) für fremdes Verschulden responsabilité (F.) du fait d'autrui
Haftung (F.) responsabilité (F.)
Haftungsausschluss (M.) exclusion (F.) de la responsabilité, dégagement (M.) de la responsabilité
haftungsbegründende Kausalität (F.) causalité (F.) génératrice de la responsabilité
Haftungsbeschränkung (F.) limitation (F.) de responsabilité
Haftungsrecht (N.) droit (M.) relatif à la responsabilité
Hafturlaub (M.) permission (F.) de sortie
Hagel (M.) grêle (F.)
Hagelschaden (M.) dommage (M.) causé par la grêle
Hagelversicherung (F.) assurance (F.) grêle
Halbgeschwister (Pl.) utérins (M.Pl.)
Halbwaise (M.) orphelin (M.) de père, orphelin (M.) de mère
Halde (F.) terril (M.)
Haldenbestand (M.) stock (M.) sur le carreau de la mine
Hälfte (F.) moitié (F.)
Halten (N.) immobilisation (F.), observation (F.)
halten arrêter, maintenir
Halter (M.) détenteur (M.), gardien (M.)
Hamburg (N.) Hambourg (M.)
hamstern stocker, accaparer
Hand (F.) main (F.)
Handel (M.) affaire (F.), commerce (M.), trafic (M.), négoce (M.), marché (M.)
Händel (M.Pl.) querelle (F.)
Handeln (N.) action (F.), procédé (M.), marchandage (M.)
handeln agir, procéder, faire du commerce, commercer, marchander, vendre, entreprendre, opérer, faire
Handelnder (M.) qui agit
Handelsabkommen (N.) accord (M.) commercial, convention (F.) de commerce
Handelsbilanz (F.) bilan (M.) commercial, balance (F.) commerciale
Handelsbrauch (M.) usage (M.) commercial, coutume (F.) commerciale
Handelsbuch (N.) livre (M.) de commerce
Handelsembargo (N.) embargo (M.) commercial
Handelsgericht (N.) tribunal (M.) de commerce
Handelsgeschäft (N.) acte (M.) de commerce, opération (F.) commerciale, affaire (F.), maison (F.) de commerce, fonds (M.)
Handelsgesellschaft (F.) société (F.) commerciale
Handelsgesetzbuch (N.) code (M.) de commerce
Handelsgewerbe (N.) activité (F.) commerciale, profession (F.) commerciale, commerce (M.)
Handelskammer (F.) chambre (F.) de commerce
Handelskauf (M.) achat (M.) commercial, vente (F.) commerciale
Handelsklasse (F.) catégorie (F.) commerciale, classe (F.) commerciale
Handelsmakler (M.) courtier (M.), courtier (M.) mandataire commercial
Handelsmündigkeit (F.) majorité (F.) commerciale
Handelsrecht (N.) droit (M.) commercial, droit (M.) des affaires
Handelsregister (N.) registre (M.) du commerce, registre (M.) du commerce et des sociétés
Handelsrichter (M.) juge (M.) commercial, juge (M.) consulaire
Handelssache (F.) litige (M.) commercial
Handelsverkehr (M.) échange (M.) commercial
Handelsvertrag (M.) traité (M.) de commerce, contrat (M.) commercial
Handelsvertreter (M.) agent (M.) commercial, voyageur (M.) représentant placier (V. R. P.)
Handgeschäft (N.) vente (F.) au comptant
handhaft manifeste (Adj.), flagrant
handhafte Tat (F.) acte (M.) manifeste, délit (M.) flagrant
Handkauf (M.) vente (F.) à emporter
Händler (M.) commerçant (M.), marchand (M.), négociant (M.)
Handlung (F.) action (F.), acte (M.), maison (F.) de commerce, établissement (M.)
Handlungsbevollmächtigter (M.) fondé (M.) de pouvoir

Handlungseinheit (F.) acte (M.) matériel unique
handlungsfähig capable (Adj.)
Handlungsfähigkeit (F.) capacité (F.) d'exercice et délictuelle, capacité (F.)
Handlungsfreiheit (F.) liberté (F.) d'action
Handlungsgehilfe (M.) employé (M.) de commerce, commis (M.)
Handlungsgehilfin (F.) employée (F.) de commerce
Handlungsmehrheit (F.) pluralité (F.) des actes
Handlungsobjekt (N.) objet (M.) d'un délit, objet (M.) d'action
Handlungsort (M.) lieu (M.) d'action
Handlungspflicht (F.) obligation (F.) d'agir, obligation (F.) de faire
Handlungsstörer (M.) perturbateur (M.) par action, troublant (M.) l'ordre public par action
Handlungsunrecht (N.) tort (M.) d'action
Handlungsvollmacht (F.) procuration (F.) commerciale
Handlungswille (M.) volonté (F.) d'agir
Handschelle (F.) menotte (F.)
Handschenkung (F.) don (M.) manuel
Handschrift (F.) écriture (F.), manuscrit (M.)
handschriftlich manuscrit (Adj.), écrit (Adj.) à la main, olographe (Adj.)
Handwerk (N.) métier (M.), métier (M.) manuel, artisanat (M.)
Handwerker (M.) artisan (M.), ouvrier (M.)
Handwerksinnung (F.) corporation (F.) artisanale
Handwerkskammer (F.) chambre (F.) des métiers
Handwerksordnung (F.) code (M.) de l'artisanat
Handwerksrolle (F.) registre (M.) de l'artisanat
hängen suspendre
Hanse (F.) Hanse (F.)
Hansestadt (F.) ville (F.) hanséatique
Hardware (F.) hardware (M.)
Häresie (F.) hérésie (F.)
hart dur, fort (Adj.), ferme (Adj.), rigide
Härte (F.) dureté (F.), rigueur (F.), fermeté (F.), sévérité (F.)
Haschisch (N.) haschisch (M.)
Hass (M.) haine (F.)
häufen accumuler
häufig fréquent
Häufigkeit (F.) fréquence (F.)
Häufung (F.) cumul (M.), accumulation (F.)
Haupt- principal (Adj.)
Hauptaktionär (M.) actionnaire (M.) principal
Hauptantrag (M.) requête (F.) principal
Hauptforderung (F.) montant (M.) en principal de la créance, créance (F.) principale
Hauptintervention (F.) intervention (F.) principale
Hauptmangel (M.) vice (M.) rédhibitoire
Hauptmann (M.) capitaine (M.)
Hauptpflicht (F.) obligation (F.) principale
Hauptquartier (M.) quartier (M.) général
Hauptsache (F.) fond (M.), fond (M.) du litige, principal (M.)
Hauptsacheklage (F.) fond (M.) du litige
hauptsächlich principal (Adj.), principalement, surtout, notamment
Hauptsatzung (F.) règlement (M.) général, règlement (M.) général d'administration
Hauptschuld (F.) obligation (F.) principale
Hauptstadt (F.) capitale (F.)
Hauptstrafe (F.) peine (F.) principale, condamnation (F.) principale
Haupttäter (M.) auteur (M.) principal
Haupttermin (M.) audience (F.) principale
Hauptverfahren (N.) procédure (F.) de jugement, procédure (F.) principale
Hauptverhandlung (F.) débats (M.Pl.), audience (F.) principale
Hauptverhandlungshaft (F.) détention (F.) pour l'audience principale
Hauptversammlung (F.) assemblée (F.) générale
Hauptversammlungsbeschluss (M.) décision (F.) de l'assemblée générale
Hauptverwaltung (F.) administration (F.) générale
Hauptzeuge (M.) témoin (M.) principal
Haus (N.) maison (F.)
Hausarbeit (F.) ménage (M.), travail (M.) de ménage, travail (M.) à la maison
Hausarrest (M.) assignation (F.) à résidence
Hausdurchsuchung (F.) perquisition (F.)
Hausfrau (F.) femme (F.) au foyer
Hausfriede (M.) quiétude (F.) dans l'appartement
Hausfriedensbruch (M.) violation (F.) de domicile
Hausgehilfe (M.) employé (M.) de maison

Hausgehilfin (F.) employée (F.) de maison, aide-ménagère (F.)
Hausgemeinschaft (F.) habitation (F.) en commun, ménage (M.)
Hausgesetz (N.) loi (F.) de famille
Haushalt (M.) foyer (M.), ménage (M.), budget (M.)
Haushaltsgesetz (N.) loi (F.) de finances, loi (F.) budgétaire
Haushaltsgrundsatz (M.) principe (M.) budgétaire
Haushaltsplan (M.) plan (M.) budgétaire, budget (M.)
Haushaltsrecht (N.) droit (M.) budgétaire
Haushaltsvorlage (F.) projet (M.) de budget
hausieren colporter
Hausierer (M.) colporteur (M.), marchand (M.) ambulant
häuslich familial, domestique (Adj.)
Hausmeier (M.) maire (M.) du palais
Hausmeister (M.) concierge (M. bzw. F.)
Hausordnung (F.) règlement (M.) intèrieur d'un immeuble
Hausrat (M.) mobilier (M.) et ustensiles (M.Pl.) de ménage, effets (M.Pl.) mobiliers du ménage
Hausratsteilung (F.) partage (M.) du mobilier du ménage
Hausratsverordnung (F.) ordonnance (F.) sur le partage des effets mobiliers de ménage, ordonnance (F.) sur le partage des effets mobiliers des époux
Hausratversicherung (F.) assurance (F.) mobilier d'habitation
Hausrecht (N.) droit (M.) du maître de maison
Hausse (F.) hausse (F.)
Haussuchung (F.) perquisition (F.)
Haustier (N.) animal (M.) familier, animal (M.) domestique
Haustüre (F.) porte (F.)
Haustürgeschäft (N.) démarchage (M.), démarchage (M.) à domicile
Hausverbot (N.) interdiction (F.) formelle de pénétrer dans un immeuble
Hausverwalter (M.) syndic (M.), syndic (M.) de copropriété, administrateur (M.)
Havarie (F.) avarie (F.)
Haverei (F.) avarie (F.), sinistre (M.)
Hebamme (F.) sage-femme (F.)
heben lever, souslever, élever
Hebesatz (M.) taux (M.) de perception
Heer (N.) armée (F.)
Hegemonie (F.) hégémonie (F.)
hegen protéger, conserver, nourrir
hehlen recéler
Hehler (M.) recéleur (M.)
Hehlerei (F.) recel (M.)
heil sain et sauf
Heilanstalt (F.) sanatorium (M.), établissement (M.) psychiatrique, dispensaire (M.) d'hygiène sociale, asile (M.) vieilli
heilen guérir
heilig saint (Adj.)
Heiliger Stuhl (M.) Saint-Siège (M.)
Heilkunde (F.) art (M.) médical, science (F.) médicale
Heilmittel (N.) médicament (M.), médication (F.), remède (M.)
Heilung (F.) couverture (F.), validation (F.), guérison (F.)
Heim (N.) foyer (M.), domicile (M.)
Heimarbeit (F.) travail (M.) à domicile
Heimarbeiter (M.) ouvrier (M.) à domicile
Heimat (F.) patrie (F.)
heimatlos sans patrie, apatride (Adj.)
Heimatloser (M.) apatride (M.)
Heimatrecht (N.) droit (M.) national
Heimatvertriebener (M.) expatrié (M.), expulsé (M.)
Heimfall (M.) retour (M.) au propriétaire
Heimfallsrecht (N.) droit (M.) de retour, droit (M.) de déshérence
Heimgesetz (N.) loi (F.) de domicile
heimlich secret (Adj.), clandestin
Heimstätte (F.) propriété (F.) familiale, asile (M.) de famille
Heimtücke (F.) perfidie (F.), fait (M.) d'exploiter la confiance ou l'impossibilité de se defendre de la victime
heimtückisch perfide
Heirat (F.) mariage (M.)
heiraten épouser, marier (se), contracter mariage
Heiratsbuch (N.) registre (M.) des actes de mariage
Heiratserlaubnis (F.) autorisation (F.) de mariage
Heiratsregister (N.) registre (M.) des mariages
Heiratsurkunde (F.) acte (M.) de mariage

Heiratsvermittlung (F.) agence (F.) matrimoniale, courtage (M.) matrimonial
Heiratsversprechen (N.) promesse (F.) de mariage
heißen commander, ordonner, s'appeller
heizen chauffer
Heizkosten (F. Pl.) frais (M. Pl.) de chauffage
Heizkostenverordnung (F.) règlement (M.) relatif aux frais de chauffage
Hektar (M.) hectare (F.)
helfen aider, assister
Heller (M.) denier (M.), liard (M.)
hemmen retarder, suspendre, interrompre, freiner
Hemmnis (N.) obstacle (M.), empêchement (M.)
Hemmung (F.) inhibition (F.), suspension (F.), interruption (F.) momentanée, interruption (F.), perturbation (F.)
Henker (M.) exécuteur (M.), bourreau (M.)
herabsetzen baisser, réduire, diminuer, déprécier
heranwachsen grandir
Heranwachsender (M.) personne (F.) âgée entre 18 et 21 ans au jour de l'infraction
Herausgabe (F.) restitution (F.), remise (F.), publication (F.), édition (F.)
Herausgabeanspruch (M.) droit (M.) à restitution, revendication (F.)
Herausgabeklage (F.) action (F.) en restitution, pétition (F.) d'hérédité
herausgeben restituer, éditer
Herausgeber (M.) éditeur (M.)
herausverlangen revendiquer, réclamer
Herberge (F.) auberge (F.)
Herde (F.) troupeau (M.)
hergebracht traditionnel, établi (Adj.)
hergebrachte Grundsätze (M.Pl.) principes (M.Pl.) traditionneaux
hergebrachter Grundsatz (M.) principe (M.) traditionnel
Herkommen (N.) usage (M.), tradition (F.), coutume (F.)
Herkunft (F.) origine (F.)
herleiten prévaloir (se), dériver, déduire
Hermeneutik (F.) herméneutique (F.)
Heroin (N.) héroïne (F.)
Herr (M.) monsieur (M.)
herrenlos abandonné, sans maître, vacant
Herrschaft (F.) domination (F.), pouvoir (M.), autorité (F.)
Herrschaftsrecht (N.) droit (M.) absolu
Herrschaftsvertrag (M.) contrat (M.) de domination
herrschen dominer, régner, avoir le pouvoir
herrschende Lehre (F.) doctrine (F.), théorie (F.) dominante, doctrine (F.) reconnue et défendue par les juristes
herrschende Meinung (F.) opinion (F.) prévalant dans la jurisprudence et la doctrine
Herrscher (M.) souverain (M.), monarque (M.)
herstellen fabriquer, produire, faire, créer
Hersteller (M.) producteur (M.), fabricant (M.)
Herstellung (F.) fabrication (F.), production (F.)
Herstellungsklage (F.) action (F.) en rétablissement
Herz (N.) cœur (M.)
Herzog (M.) duc (M.)
Herzogin (F.) duchesse (F.)
Herzogtum (N.) duché (M.)
Hessen (N.) Hesse (F.)
hetzen chasser, traquer, forcer
Hetzer (M.) agitateur (M.), provocateur (M.)
heucheln être hypocrite, simuler, feindre
Heuer (F.) paie (F.) de marin, paie (F.) d'un matelot, salaire (M.) d'un marin
Heuervertrag (M.) contrat (M.) d'engagement maritime
Hexe (F.) sorcière (F.)
Hexenprozess (M.) procès (M.) de sorcellerie
Hierarchie (F.) hiérarchie (F.)
Hilfe (F.) aide (F.), assistance (F.)
hilfeleisten assister, porter secours
Hilfeleistung (F.) aide (F.), prestation (F.) d'assistance, secours (M.)
hilflos privé de secours, hors d'état de se protéger soi-même, abandonné, délaissé
Hilfsantrag (M.) conclusions (F.Pl.) subsidiaires
Hilfsbeamter (M.) fonctionnaire (M.) auxiliaire
Hilfsbegründung (F.) argument (M.) supplétif
Hilfsmittel (N.) moyen (M.), ressource (F.)
Hilfsrichter (M.) juge (M.) suppléant

hindern empêcher, déranger, entraver
Hindernis (N.) empêchement (M.), obstacle (M.), entrave (F.)
hinfällig caduc
Hinfälligkeit (F.) caducité (F.)
Hingabe (F.) an Erfüllungs Statt dation (F.) en paiement
hingeben donner, adonner
hinken boiter
hinkend boiteux
hinreichen suffire
hinreichend suffisant
hinrichten exécuter
Hinrichtung (F.) exécution (F.) capitale
hinterblieben survivant (Adj.)
Hinterbliebener (M.) survivant (M.), héritier (M.)
hinterlegen déposer, consigner, mettre sous séquestre
Hinterleger (M.) déposant (M.)
Hinterlegung (F.) dépôt (M.), consignation (F.), séquestre (M.)
Hinterlegung (F.) der Pfandsache bei einem Dritten entiercement (M.)
Hinterlegungsstelle (F.) gardien (M.), dépositaire (M.)
Hinterlist (F.) fraude (F.), perfidie (F.)
hinterlistig perfide, astucieux
hinterlistiger Überfall (M.) guet-apens (M.)
hinterziehen soustraire, détourner
Hinterziehung (F.) détournement (M.), fraude (F.)
Hinweis (M.) information (F.), indice (M.), indication (F.)
hinweisen attirer l'attention, indiquer, renvoyer
Hirn (M.) cerveau (M.)
Hirntod (M.) mort (F.) cérébrale
Hirte (M.) gardien (M.), vacher (M.), porcher (M.), berger (M.)
Hirtenbrief (M.) lettre (F.) pastorale
historisch historique (Adj.)
hoch haut
Hochachtung (F.) haute estime (F.), respect (M.), haute considération (F.)
hochachtungsvoll (als Briefschluss) veuillez agréer (Monsieur) l'expression de mes sentiments distingués
hochdeutsch haut allemand
Hochschulassistent (M.) assistant (M.), attaché (M.) de recherche
Hochschule (F.) université (F.), établissement (M.) d'enseignement supérieur
Hochschulgrad (M.) grade (M.) universitaire
Hochschulrahmengesetz (N.) loi (F.) cadre portant sur la réglementation des universités et établissements d'enseignement supérieur
Hochschulreife (F.) accès (M.) à l'enseignement supérieur
hochstapeln commettre une imposture
Hochstapler (M.) imposteur (M.), escroc (M.)
Höchstbetrag (M.) montant (M.) maximum
Höchstbetragshypothek (F.) hypothèque (F.) dont le montant maximum seul est indiqué au registre hypothécaire
höchste maximal, plus forte
Höchstgebot (N.) enchère (F.) plus forte, suprême (M.)
Höchstgericht (N.) cour (F.) suprême
höchstpersönlich en personne
Höchstpreis (M.) prix (M.) plafond, prix (M.) maximum, prix-limite (M.)
Höchststrafe (F.) peine (F.) maximale
Hochverrat (M.) trahison (F.), haute trahison (F.)
Hochverräter (M.) traître (M.), espion (M.)
Hochzeit (F.) noce (F.), mariage (M.)
Hof (M.) ferme (F.), bien (M.) rural, fonds (M.) agricole, cour (F.)
Hofamt (N.) charge (F.) à la cour
Höfeordnung (F.) dispositions (F.Pl.) portant sur la succession des biens ruraux
Höferecht (N.) droit (M.) des biens de famille paysans
Hofrat (M.) conseiller (M.) aulique, conseil (M.) aulique
Höhe (F.) hauteur (F.), altitude (F.)
hohe See (F.) haute mer (F.)
Hoheit (F.) souveraineté (F.), altesse (F.)
hoheitlich souverain (Adj.), suprême (Adj.)
Hoheitsakt (M.) acte (M.) d'autorité, acte (M.) de gouvernement, fait (M.) du prince
Hoheitsbefugnis (F.) pouvoir (M.) de souveraineté
Hoheitsgebiet (N.) territoire (M.) national
Hoheitsgewalt (F.) puissance (F.) publique
Hoheitsgewässer (N.) eau (F.) territoriale, eaux (F.Pl.) territoriales
Hoheitsrecht (N.) droit (M.) de souveraineté, droit (M.) régalien

Hoheitsträger (M.) détenteur (M.) de la souveraineté
Hoheitszeichen (N.) insigne (M.) de souveraineté
höhere Gewalt (F.) force (F.) majeure
höheres Gebot (N.) surenchère (F.)
Hohlmaß (N.) mesure (F.) de capacité
Hohn (M.) mépris (M.), raillerie (F.), moquerie (F.)
Holding (F.) holding (M.)
Holdinggesellschaft (F.) société (F.) holding, holding (M.)
Hölle (F.) enfer (M.)
holographisch olographe (Adj.)
holographisches Testament (N.) testament (M.) olographe
Holschuld (F.) dette (F.) quérable
Homosexualität (F.) homosexualité (F.)
homosexuell homosexuel (Adj.)
Honorar (N.) rémunération (F.), honoraires (M.Pl.)
Honorarprofessor (M.) professeur (M.) à titre honorifique, professeur (M.) honoraire
Honorarvereinbarung (F.) convention (F.) d'honoraires
honorieren payer, honorer
honoris causa (lat.) (ehrenhalber) honoris causa (lat.)
hören écouter, entendre
Hörensagen (N.) commune renommée (F.)
hörig serf (Adj.), soumis
Hörigkeit (F.) servage (M.), soumission (F.)
Horizont (M.) horizon (M.)
horizontal horizontal (Adj.)
horizontale Preisbindung (F.) imposition (F.) des prix dans le sens horizontal
horizontaler Finanzausgleich (M.) accord (M.) financier entre les länder
Hospital (N.) hôpital (M.)
Hospitant (M.) auditeur (M.), stagiaire (M.)
Hotel (N.) hôtel (M.)
huldigen rendre hommage, présenter ses hommages
Huldigung (F.) hommage (M.)
Hund (M.) chien (M.)
hundert cent (Num. Kard.)
Hundesteuer (F.) taxe (F.) sur les chiens
Hündin (F.) chienne (F.)
Hure (F.) prostituée (F.), putain (F.)
hüten garder
Hüter (M.) gardeur (M.)
Hymne (F.) hymne (M.)
Hypothek (F.) hypothèque (F.)
Hypothekenbank (F.) banque (F.) de prêts hypothécaires, banque (F.) immobilière
Hypothekenbrief (M.) lettre (F.) hypothécaire, cédule (F.) hypothécaire
Hypothekendarlehen (N.) prêt (M.) hypothécaire
Hypothekengläubiger (M.) créancier (M.) hypothecaire
Hypothekenpfandbrief (M.) lettre (F.) de gage hypothécaire
Hypothekenregister (N.) registre (M.) des hypothèques
Hypothekenschuldner (M.) débiteur (M.) hypothécaire
Hypothekenübernahme (F.) transfert (M.) d'une hypothèque
Hypothese (F.) hypothèse (F.)
hypothetisch hypothétique

I

Ideal (N.) idéal (M.)
ideal idéal (Adj.)
Idealkonkurrenz (F.) concours (M.) idéal d'infractions
Idealverein (M.) association (F.) sans but lucratif
Idee (F.) idée (F.)
ideell idéal (Adj.), idéel
identifizieren identifier
identisch identique
Identität (F.) identité (F.)
Ideologie (F.) idéologie (F.)
Idiot (M.) idiot (M.)
Idiotie (F.) idiotie (F.)
illegal illégal (Adj.)
Illegalität (F.) illégalité (F.)
illegitim illégitime (Adj.)
im Auftrag par délégation, par ordre
im eigenen Namen en son nom propre
im Zweifel dans le doute, avec le bénéfice du doute
immanent immanent
immanente Grundrechtsschranke (F.) limitation (F.) immanente des libertés
Immaterialgut (N.) bien (M.) incorporel, bien (M.) intellectuel, bien (M.) relevant de la propriété industrielle

Immaterialgüterrecht (N.) droit (M.) extrapatrimonial, droit (M.) intellectuel
immateriell moral (Adj.), non pecuniaire, immatériel
immaterieller Schaden (M.) dommage (M.) moral
Immatrikulation (F.) inscription (F.) à l'université
immatrikulieren inscrire à l'université
Immission (F.) immission (F.), nuisance (F.), pollution (F.), bruit (M.)
Immissionsschutz (M.) protection (F.) contre les immissions, protection (F.) contre les nuisances
Immobiliar immobilier (M.)
Immobiliarzwangsvollstreckung (F.) saisie (F.) immobilière
Immobilien (F.Pl.) immeubles (M.Pl.), biens (M.Pl.) immobiliers
immun immunisé
Immunität (F.) immunité (F.)
imperativ impératif (Adj.)
imperatives Mandat (N.) mandat (M.) impératif
Imperialismus (M.) impérialisme (M.)
imperium (N.) (lat.) (Gewalt bzw. Reich) imperium (N.) (lat.)
Imperium (N.) empire (M.)
impfen vacciner
Impfschaden (M.) troubles (M.Pl.) résultant de la vaccination
Impfschein (M.) certificat (M.) de vaccination
Impfung (F.) vaccination (F.)
Impfzwang (M.) vaccination (F.) obligatoire
Import (M.) importation (F.)
Importeur (M.) importateur (M.)
importieren importer, introduire
in dubio pro reo (lat.) (im Zweifel für den Angeklagten) in dubio pro reo (lat.), le doute profite à l'accusé
in Kraft treten entrer en vigueur
in Verkehr bringen mettre en circulation
in Vertretung (i. V.) en tant que représentant, par mandat
Inaugenscheinnahme (F.) descente (F.) de justice, descente (F.) sur les lieux
Inbegriff (M.) incarnation (F.)
inbegriffen inclus, compris
Inbesitznahme (F.) prise (F.) de possession
incoterms (Pl.) incoterms (M.Pl.), clauses (F.Pl.) de commerce international
Indemnität (F.) indemnité (F.)
Index (M.) index (M.), indice (M.)
Indigenat (M.) indigénat (M.)
Indikation (F.) indication (F.)
indirekt indirect
indirekte Stellvertretung (F.) représentation (F.) indirecte
indirekte Steuer (F.) impôt (M.) indirect
indirekter Verbotsirrtum (M.) erreur (F.) indirect de droit
indirekter Vorsatz (M.) dol (M.) éventuel
Individualarbeitsrecht (N.) droit (M.) du travail régissant les relations individuelles employeur-salarié, droit (M.) du travail individuel
Individualrechtsgut (N.) droit (M.) inhérent à la personne humaine, droit (M.) de la personnalité
individuell individuel (Adj.)
Individuum (N.) individu (M.)
Indiz (N.) indice (M.)
Indizienbeweis (M.) preuve (F.) par indice
indizieren indiquer
Indossament (N.) endossement (M.), endos (M.)
Indossant (M.) endosseur (M.), cédant (M.)
Indossat (M.) endossataire (M.), cessionnaire (M.)
Indossatar (M.) endossataire (M.), cessionnaire (M.)
indossieren endosser
Indossierung (F.) endossement (M.)
Induktion (F.) induction (F.)
Industrie (F.) industrie (F.)
Industrie- und Handelskammer (F.) chambre (F.) du commerce et de l'industrie
Industriegebiet (N.) zone (F.) industrielle, région (F.) industrielle
industriell industriel (Adj.)
industrielle Revolution (F.) révolution (F.) industrielle
Industrieverband (M.) branche (F.) d'industrie
Industrieverbandsprinzip (N.) principe (M.) de la syndicalisation par branche d'industrie
Infallibilität (F.) infaillibilité (F.)
infam infâme
Infamie (F.) infamie (F.)
Inflation (F.) inflation (F.)
Informant (M.) informateur (M.), indicateur (M.)

Informatik (F.) informatique (F.)
Information (F.) information (F.), renseignement (M.)
informationell informationnel
Informationsfreiheit (F.) accès (M.) libre à l'information, liberté (F.) d'information
Informationspflicht (F.) obligation (F.) d'informer
Informationssystem (N.) système (M.) d'informations
informell informel
informieren informer, renseigner
Ingerenz (F.) comportement (M.) dangereux, ingérence (F.)
Inhaber (M.) détenteur (M.), titulaire (M.), porteur (M.)
Inhaberaktie (F.) action (F.) au porteur
Inhaberanteilsschein (M.) coupon (M.) au porteur
Inhaberklausel (F.) clause (F.) au porteur
Inhaberpapier (N.) titre (M.) au porteur
Inhaberscheck (M.) chèque (M.) au porteur
Inhaberschuldverschreibung (F.) obligation (F.) au porteur
Inhaberzeichen (N.) marque (F.) au porteur
inhaftieren emprisonner, arrêter
Inhaftierter (M.) détenu (M.)
Inhaftierung (F.) emprisonnement (M.), incarcération (F.)
Inhalt (M.) contenu (M.)
Inhaltsfreiheit (F.) liberté (F.) contractuelle
Inhaltsirrtum (M.) erreur (F.) concernant le contenu de la déclaration
Inhaltskontrolle (F.) contrôle (M.) judiciaire du contenu d'une clause, contrôle (M.) du contenu
Inhaltverzeichnis (N.) table (F.) des matières, index (M.)
Initiale (F.) initiale (F.)
Initiative (F.) initiative (F.)
Initiativrecht (N.) droit (M.) d'initiative
Inkasso encaissement (M.), recouvrement (M.)
Inkassobüro (N.) bureau (M.) de recouvrement de créances, facteur (M.)
Inkassogeschäft (N.) opération (F.) d'encaissement, opération (F.) de recouvrement
Inkassomandat (N.) mandat (M.) de recouvrement
Inkassozession (F.) cession (F.) aux fins d'encaissement
inklusiv inclus, compris
inkognito incognito
inkompatibel incompatible
Inkompatibilität (F.) incompatibilité (F.)
inkompetent incompétent
Inkompetenz (F.) incompétence (F.)
Inkorporation (F.) incorporation (F.)
inkorporieren incorporer
Inkrafttreten (N.) entrée (F.) en vigueur
inkrafttreten entrer en vigueur
Inland (N.) intérieur (M.)
inländisch intérieur (Adj.), national (Adj.)
Inlandsberührung (F.) rattachement (M.) à la loi du for
innehaben remplir, détenir, posséder
Innehabung (F.) détention (F.)
Innenbereich (M.) zone (F.) d'aménagement concerté
Innengesellschaft (F.) société (F.) occulte
Innenhaftung (F.) responsabilité (F.) d'un fonctionnaire face à son supèrieur
Innenminister (M.) ministre (M.) de l'intérieur
Innenministerium (N.) ministère (M.) de l'intérieur
Innentendenz (F.) tendance (F.) intérieure
Innenverhältnis (N.) rapport (M.) interne, plan (M.) interne
Innenvollmacht (F.) mandat (M.) réglant les rapports internes entre mandant et mandataire, mandat (M.) donné verbalement au mandataire
innere Verwaltung (F.) administration (F.) interne
innergemeinschaftlich intracommunautaire
innerstaatlich interne (Adj.), national (Adj.)
Innung (F.) corporation (F.), corps (M.) de métier
Innungskrankenkasse (F.) caisse (F.) corporative de maladie
inoffiziell non officiel, officieux
inquirieren enquêter
Inquisition (F.) Inquisition (F.)
Inquisitionsmaxime (F.) principe (M.) inquisitoire, procédure (F.) inquisitoire, principe (M.) de la procédure inquisitoriale
Inquisitionsprozess (M.) procédure (F.) inquisitoire
inquisitorisch inquisiteur (Adj.), inquisitoral

Insasse (M.) détenu (M.), prisonnier (M.), occupant (M.), passager (M.), voyageur (M.)
Insemination (F.) insémination (F.)
Inserat (N.) annonce (F.)
Insichgeschäft (N.) opération (F.) passée avec soi-même
Insichprozess (M.) procès (M.) mené contre soi-même en des qualités différentes, procès (M.) mené contre soi-même
Insider (M.) initié (M.)
Insiderhandel (M.) opération (F.) financière par des personnes disposantes d'informations privilégiées, opération (F.) initiée
Insignie (F.) insigne (M.)
Insinuation (F.) remise (F.), notification (F.)
insolvent insolvable (Adj.)
Insolvenz (F.) insolvabilité (F.)
Insolvenzanfechtung (F.) action (F.) révocatoire
Insolvenzantrag (M.) demande (F.) d'ouverture de la procédure règlement du passif, demande (F.) d'ouverture de la procédure collective de liquidation
Insolvenzdelikt (N.) fraude (F.) commise par le débiteur insolvable
Insolvenzeröffnung (F.) redressement (M.) judiciaire
Insolvenzforderung (F.) créance (F.) dans le cadre d'une procédure collective
Insolvenzgeld (N.) prestation (F.) accordée aux salariés d'une entreprise défaillante
Insolvenzgericht (N.) tribunal (M.) statuant en matière de liquidation, tribunal (M.) d'insolvabilité
Insolvenzgesetz (N.) loi (F.) relative au redressement et à la liquidation judiciaires des entreprises
Insolvenzgläubiger (M.) créancier (M.) du failli, créancier (M.) d'insolvabilité
Insolvenzgrund (M.) cas (M.) d'ouverture d'une procédure collective
Insolvenzmasse (F.) patrimoine (M.) du débiteur failli
Insolvenzordnung (F.) ordre (M.) d'insolvabilité
Insolvenzplan (M.) plan (M.) de redressement, plan (M.) d'apurement du passif, plan (M.) d'insolvabilité
Insolvenzrecht (N.) droit (M.) de la faillite, droit (M.) des procédures collectives
Insolvenzschuldner (M.) débiteur (M.) failli
Insolvenzstraftat (F.) infraction (F.) concernant l'organisation frauduleuse de l'insolvabilité
Insolvenztabelle (F.) table (F.) d'insolvabilité
Insolvenzverfahren (N.) redressement (M.) judiciaire, procédure (F.) relative au redressement et à la liquidation judiciaires des entreprises, procédure (F.) d'insolvabilité
Insolvenzverschleppung (F.) dépôt (M.) tardif du bilan
Insolvenzverwalter (M.) administrateur (M.) judiciaire, mandataire-liquidateur (M.), administrateur (M.) d'insolvabilité
Inspekteur (M.) inspecteur (M.)
Inspektion (F.) inspection (F.)
inspizieren inspecter
Installateur (M.) installateur (M.), plombier (M.)
instandhalten entretenir, maintenir
instandsetzen réparer, restaurer
Instanz (F.) instance (F.)
Instanzenweg (M.) voie (F.) judiciaire, voie (F.) hiérarchique, voies (F.Pl.) hiérarchiques
Instanzenzug (M.) ordre (M.) des juridictions, voies (F.Pl.) hiérarchiques, instance (F.), voie (F.) judiciaire
Institut (N.) institut (M.)
Institution (F.) institution (F.)
institutionell institutionnel
institutionelle Garantie (F.) garantie (F.) constitutionnelle et institutionnelle
instruieren instruire
Instruktion (F.) instruction (F.), directive (F.), ordre (M.)
Instruktionsfehler (M.) vice (M.) d'instruction, instruction (F.) insuffisante, vice (M.) d'information
Instrument (N.) instrument (M.)
Insubordination (F.) insubordination (F.)
Integration (F.) intégration (F.)
Integrationslehre (F.) doctrine (F.) de l'intégration
Integrationsstand (M.) acquis (M.) communautaire
integrieren intégrer
Integrität (F.) intégrité (F.)
Interaktion (F.) interaction (F.)
Interesse (N.) attention (F.), intérêt (M.), intérêt (M.) matériel, avantage (M.)
Interessenabwägung (F.) ponderation (F.) des intérêts

Interessenjurisprudenz (F.) doctrine (F.) selon laquelle le juge doit juger conformement à l'ésprit des lois
Interessenkollision (F.) conflit (M.) d'intérêts
Interim (N.) intérim (M.)
Interimsschein (M.) certificat (M.) provisoire
interlokal interlocal
international international
internationale Handelskammer (F.) chambre (F.) de commerce internationale
internationale Organisation (F.) organisation (F.) internationale
internationale Schiedsgerichtsbarkeit (F.) arbitrage (M.) international
internationale Zuständigkeit (F.) compétence (F.) judiciaire internationale, compétence (F.) internationale
Internationaler Gerichtshof (M.) (IGH) Cour (F.) Internationale de Justice (C. I. J.)
internationaler Seegerichtshof (M.) Cour (F.) Internationale Maritime
Internationaler Strafgerichtshof (M.) Tribunal (M.) Pénal International (T. P. I.)
Internationaler Währungsfond (M.) (IWF) Fonds (M.) Monétaire International (F. M. I.)
internationales Einheitskaufsrecht (N.) dispositions (F.Pl.) légales internationales universelles à la vente
internationales Privatrecht (N.) droit (M.) international privé
internationales Recht (N.) droit (M.) international
Internet (N.) internet (M.)
internieren interner
Internierung (F.) internement (M.)
Interpellation (F.) interpellation (F.)
interpellieren interpeller
Interpol (F.) interpol (M.)
Interpolation (F.) interpolation (F.)
Interpretation (F.) interprétation (F.)
interpretieren interpréter, expliquer
Interregnum (N.) interrègne (M.)
Intervenient (M.) intervenant (M.), partie (F.) intervenante
intervenieren intervenir
Intervention (F.) intervention (F.)
Interventionsklage (F.) action (F.) en intervention
Interzession (F.) délégation (F.) imparfaite
Intestaterbe (M.) héritier (M.) ab intestat
Intestaterbfolge (F.) succession (F.) ab intestat
intim intime
Intimität (F.) intimité (F.)
Intimsphäre (F.) vie (F.) privée
Invalide (M.) invalide (M.)
Invalidenversicherung (F.) assurance (F.) invalidité
Invalidität (F.) invalidité (F.)
Inventar (N.) inventaire (M.)
Inventur (F.) fait (M.) de dresser un inventaire, inventaire (M.), recensement (M.)
Inverkehrbringen (N.) mise (F.) en circulation
investieren investir, placer
Investition (F.) investissement (M.), placement (M.)
Investitur (F.) investiture (F.)
Investment (N.) investissement (M.)
Investmentfonds (M.) fonds (M.) d'investissement
Investmentgesellschaft (F.) société (F.) d'investissement à capital variable (S. I. C. A. V.), société (F.) de placement
invitatio (F.) ad offerendum (lat.) (Einladung zum Angebot) invitatio (F.) ad offerendum (lat.) (invitation à une offerte), invitation (F.) à soumettre une offre
Inzest (M.) inceste (M.)
ipso iure (lat.) (von selbst) ipso iure (lat.), de plein droit
Irland (N.) Irlande (F.)
irreführen induire en erreur, circonvenir, escroquer
irren tromper
Irrenanstalt (F.) maison (F.) d'aliénés, hôpital (M.) psychiatrique
Irrer (M.) aliéné (M.) mental
Irrtum (M.) erreur (F.)
irrtümlich par erreur, erroné
Irrtumsanfechtung (F.) action (F.) en annulation par cause d'erreur, demande (F.) en annulation par cause d'erreur
ISBN ISBN
ISDN RNIS
Islam (M.) Islam (M.)
Italien (N.) Italie (F.)
ius (N.) (lat.) (Recht) ius (N.) (lat.) (droit)
ius (N.) commune (lat.) droit (M.) commun
IWF (M.) (Internationaler Währungsfonds) F. M. I. (M.) (Fonds Monétaire international)

J

Jagd (F.) chasse (F.)
Jagdausübung (F.) exercice (M.) du droit de chasse
Jagdausübungsrecht (N.) droit (M.) de chasser, faculté (F.) de chasser
jagdbar que l'on peut chasser
Jagdbezirk (M.) district (M.) de chasse
Jagdgenossenschaft (F.) société (F.) de chasse
Jagdpacht (F.) location (F.) d'une chasse
Jagdrecht (N.) droit (M.) de chasser, droit (M.) de chasse
Jagdschein (M.) permis (M.) de chasse, licence (F.) de chasse
Jagdwilderei (F.) braconnage (M.)
jagen chasser, faire la chasse
Jäger (M.) chasseur (M.)
Jahr (N.) an (M.), année (F.)
Jahrbuch (N.) annuaire (M.)
Jahresabschluss (M.) clôture (F.) de l'exercice, bilan (M.) de l'exercice
Jahresbericht (M.) rapport (M.) annuel, compte-rendu (M.) annuel
Jahresbilanz (F.) bilan (M.) annuel, bilan (M.) de fin d'année
Jahreseinkommen (N.) revenu (M.) annuel
Jahresfrist (F.) delai (M.) d'une année
Jahresmiete (F.) loyer (M.) annuel
Jahresversammlung (F.) assemblée (F.) annuelle
jährlich annuel
Japan (N.) Japon (M.)
Joint venture (N.) joint venture (M.), coenterprise (F.)
Jude (M.) juif (M.)
Judikat (N.) décision (F.), arrêt (M.)
Judikation (F.) délibération (F.)
Judikative (F.) pouvoir (M.) judiciaire
Judikatur (F.) jurisprudence (F.)
judizieren juger, décider
Jugend (F.) jeunesse (F.)
Jugendamt (N.) office (M.) d'assistance aux jeunes
Jugendarbeit (F.) travail (M.) des jeunes, monitorat (M.)
Jugendarbeitsschutz (M.) protection (F.) des jeunes travailleurs
Jugendarrest (M.) forme (F.) spéciale d'emprisonnement pour les délinquants mineurs
jugendgefährdend dangereux pour les mineurs
jugendgefährdende Schrift (F.) publication (F.) dangereuse pour les mineurs
Jugendgericht (N.) tribunal (M.) pour enfants, tribunal (M.) de mineurs, tribunal (M.) pour enfants et adolescents
Jugendgerichtsgesetz (N.) loi (F.) relative aux tribunaux pour enfants
Jugendhilfe (F.) aide (F.) à l'enfance
Jugendkriminalität (F.) délinquance (F.) juvénile, criminalité (F.) juvénile
jugendlich jeune (Adj.), juvénile (Adj.)
Jugendlicher (M.) mineur (M.) (1), adolescent (M.)
Jugendrecht (N.) droit (M.) relatif aux mineurs
Jugendrichter (M.) juge (M.) des enfants
Jugendschutz (M.) protection (F.) de la jeunesse
Jugendschutzrecht (N.) droit (M.) de protection des mineurs
Jugendstrafanstalt (F.) maison (F.) de détention pour jeunes délinquants
Jugendstrafe (F.) peine (F.) spéciale concernant des délinquants mineurs
Jugendstrafrecht (N.) droit (M.) pénal spécial des délinquants mineurs
Jugendstraftat (F.) infraction (F.) commise par un mineur
Jugendvertretung (F.) délégation (F.) des jeunes
Jugendwohlfahrt (F.) assistance (F.) aux jeunes
jung jeune (Adj.)
Jungfrau (F.) vierge (F.)
Junggeselle (M.) célibataire (M.), garçon (M.)
Junker (M.) gentilhomme (M.), campagnard (M.)
Junkertum (N.) hobereaux (M.Pl.)
Junktim (N.) jonction (F.), non-séparabilité (F.)
Junktimklausel (F.) clause (F.) de jonction
Jura (N.Pl.) droit (M.)
juridisch juridique
Jurisdiktion (F.) jurisprudence (F.)
Jurisprudenz (F.) jurisprudence (F.), science (F.) du droit, sciences (F.Pl.) juridiques
Jurist (M.) juriste (M.)

Juristentag (M.) congrès (M.) de juristes
Juristerei (F.) jurisprudence (F.), sciences (F.Pl.) juridiques
juristisch juridique
juristische Ausbildung (F.) formation (F.) juridique
juristische Person (F.) des öffentlichen Rechts personne (F.) morale de droit public, personne (F.) publique
juristische Person (F.) personne (F.) morale
Jury (F.) jury (M.), commission (F.)
Jus (N.) droit (M.)
Justitiar (M.) conseil (M.) juridique
Justiz (F.) justice (F.)
Justizausbildung (F.) formation (F.) des magistrats et auxiliaires de justice
Justizbehörde (F.) autorité (F.) judiciaire
Justizbeitreibungsordnung (F.) décret (M.) relatif au recouvrement des amendes prononcées par les tribunaux
Justizgebäude (N.) palais (M.) de justice
Justizgesetz (N.) loi (F.) judiciaire
Justizgewährung (F.) fait (M.) de trancher les litiges
Justizgewährungsanspruch (M.) droit (M.) que chaque affaire soit tranchée par un tribunal
Justizgrundrecht (N.) droit (M.) fondamental judiciaire
justiziabel justiciable, soumis à la justice
Justizirrtum (M.) erreur (F.) judiciaire
Justizmord (M.) assassinat (M.) judiciaire
Justizpalast (M.) palais (M.) de justice
Justizverwaltung (F.) administration (F.) de la justice
Justizverwaltungsakt (M.) acte (M.) d'administration judiciaire
Justizverweigerung (F.) déni (M.) du justice
Justizvollzugsanstalt (F.) établissement (M.) pénitentiaire
Justizwachtmeister (M.) huissier (M.) audiencier

K

Kabel (N.) câble (M.)
Kabinett (N.) cabinet (M.), conseil (M.) des ministres
Kabinettsbeschluss (M.) décret (M.) pris en conseil des ministres
Kabinettsvorlage (F.) projet (M.) de décret gouvernemental, projet (M.) de loi
Kabotage (F.) cabotage (M.)
Kadett (M.) cadet (M.)
kaduzieren rendre caduc, abroger
Kaduzierung (F.) exclusion (F.) d'un actionnaire de la société et perte des actions
Kaiser (M.) empereur (M.)
Kaiserin (F.) impératrice (F.)
kaiserlich impérial
Kaiserreich (N.) empire (M.)
kalendarisch de calendrier
Kalender (M.) calendrier (M.)
Kalkulation (F.) calcul (M.)
Kalkulationsirrtum (M.) erreur (F.) dans le calcul du prix
kalkulieren calculer
Kameralistik (F.) caméralistique (F.), doctrine (F.) relative à l'économie politique et sociale, science (F.) de la comptabilité publique
Kameralwissenschaft (F.) caméralistique (F.), doctrine (F.) relative à l'économie politique et sociale, science (F.) de la comptabilité publique
Kammer (F.) chambre (F.), chambre (F.) des députés, corporation (F.), chambre (F.) syndicale
Kammer (F.) für Handelssachen chambre (F.) commerciale
Kämmerer (M.) administrateur (M.) des finances municipales
Kammergericht (N.) (in Berlin) tribunal (M.) régional supérieur de Berlin
Kampagne (F.) campagne (F.)
Kampf (M.) combat (M.), lutte (F.), bataille (F.)
kämpfen battre, combattre
Kanal (M.) canal (M.)
Kandidat (M.) candidat (M.)
Kandidatur (F.) candidature (F.)
kandidieren porter candidat (se), poser sa candidature
Kannbestimmung (F.) disposition (F.) supplétive
Kannkaufmann (M.) commerçant (M.) de par son inscription au registre du commerce
Kannvorschrift (F.) règle (F.) supplétive, prescription (F.) facultative
Kanon (M.) canon (M.)
kanonisch canonique (Adj.)

kanonisches Recht (N.) droit (M.) canonique
Kanton (M.) canton (M.)
Kanzlei (F.) bureau (M.), greffe (M.), chancellerie (F.)
Kanzler (M.) chancelier (M.)
Kanzleramt (N.) chancellerie (F.)
Kapazität (F.) capacité (F.), potentiel (M.)
Kapelle (F.) chapelle (F.)
Kaperei (F.) course (F.), course (F.) de corsaire
kapern prendre en course
Kapital (N.) capital (M.), capital (M.) social, capital (M.) juridique
Kapitalanlage (F.) placement (M.) de capitaux, investissement (M.)
Kapitalanlagebetrug (M.) escroquerie (F.) en matière de placement, escroquerie (F.) en matière de prêts d'argent
Kapitalanlagegesellschaft (F.) société (F.) de placement de capitaux
Kapitalanleger (M.) investisseur (M.)
Kapitalanteil (M.) part (F.) du capital
Kapitalbeteiligung (M.) der Arbeitnehmer am Unternehmen actionnariat (M.) des salariés
Kapitalerhöhung (F.) augmentation (F.) du capital
Kapitalertrag (M.) revenu (M.) du capital, produit (M.) des capitaux
Kapitalertragsteuer (F.) impôt (M.) sur le revenu des capitaux mobiliers et des valeurs
Kapitalgesellschaft (F.) société (F.) à capitaux, société (F.) commerciale de capitaux, société (F.) de capitaux
Kapitalherabsetzung (F.) réduction (F.) du capital, diminution (F.) de capital
kapitalisieren capitaliser
Kapitalismus (M.) capitalisme (M.)
Kapitalist (M.) capitaliste (M.)
kapitalistisch capitaliste (Adj.)
Kapitalmarkt (M.) marché (M.) financier, marché (M.) des capitaux
Kapitalverbrechen (N.) crime (M.) de sang, crime (M.) capital
Kapitalverkehr (M.) circulation (F.) des capitaux, mouvements (M.Pl.) des capitaux
Kapitalverkehrsfreiheit (F.) liberté (F.) de circulation des capitaux, liberté (F.) des mouvements des capitaux
Kapitalverkehrsteuer (F.) impôt (M.) sur les transferts de capitaux
Kapitän (M.) capitaine (M.), commandant (M.)
Kapitel (N.) chapitre (M.)
Kapitular (N.) capitulaire (M.)
Kapitulation (F.) capitulation (F.)
kapitulieren capituler
Karat (N.) carat (M.)
Kardinal (M.) cardinal (M.)
Karenz (F.) période (F.) de blocage, délai (M.) d'attente
Karenzentschädigung (F.) indemnité (F.) de non-concurrence
Karenzzeit (F.) délai (M.) de carence
Karte (F.) carte (F.)
Kartei (F.) fichier (M.)
Kartell (N.) cartel (M.), entente (F.), accord (M.) restrictif de concurrence
Kartellamt (N.) service (M.) de contrôle des ententes
Kartellbehörde (F.) commission (F.) de contrôle des ententes illicites et des positions dominantes, conseil (M.) de la concurrence
Kartellrecht (N.) législation (F.) sur les cartels
Kaserne (F.) caserne (F.)
Kaskoversicherung (F.) assurance (F.) vol et incendie et bris de glace, assurance (F.) tous accidents
Kassation (F.) cassation (F.)
Kassationshof (M.) (Kassationshof in Frankreich) Cour (F.) de cassation
Kassationsverfahren (N.) procédure (F.) du pourvoi en dassation
kassatorisch de cassation, en cassation
Kasse (F.) caisse (F.)
Kasse gegen Faktura au comptant après réception de la facture
Kasse gegen Verladedokumente au comptant contre documents
Kassenarzt (M.) médecin (M.) agréé par les caisses d'assurance maladie
Kassiber (M.) message (M.) clandestine d'un prisonnier
Kassier (M.) caissier (M.), encaisseur (M.)
kassieren casser, encaisser
Kaste (F.) caste (F.)
Kastration (F.) castration (F.)
kastrieren châtrer
Kasuistik (F.) casuistique (F.)
Katalog (M.) catalogue (M.)

Katalogtat (F.) infraction (F.) pour laquelle une écoute téléphonique est légal
Kataster (M. bzw. N.) cadastre (M.), matrice (M.) cadastrale
Katasteramt (N.) service (M.) cadastral
Katastrophe (F.) catastrophe (F.)
katholisch catholique (Adj.)
Kauf (M.) achat (M.), acquisition (F.), vente (F.)
Kauf (M.) auf Probe vente (F.) à l'essai
Kauf (M.) unter Eigentumsvorbehalt vente (F.) avec une réserve de propriété
Kaufanwärtervertrag (M.) auf Immobilien vente (F.) d'immeuble à construire
kaufen acheter, acquérir
Käufer (M.) acheteur (M.), acquéreur (M.)
Kauffrau (F.) commerçante (F.), marchande (F.), employée (F.) de commerce
Kaufgesetz (N.) loi (F.) de la vente, droit (M.) uniforme de la vente internationale
Kaufkraft (F.) pouvoir (M.) d'achat
Kaufmann (M.) commerçant (M.), marchand (M.), négociant (M.), employé (M.) de commerce
kaufmännisch commercial (Adj.)
kaufmännisches Bestätigungsschreiben (N.) lettre (F.) de confirmation d'un commerçant
Kaufpreis (M.) prix (M.) d'achat, prix (M.) de vente, prix (M.)
Kaufrecht (N.) dispositions (F.Pl.) légales relatives à la vente
Kaufschein (M.) bon (M.) d'achat
Kaufvertrag (M.) contrat (M.) d'achat, contrat (M.) de vente
kausal causal
kausale Handlungslehre (F.) doctrine (F.) causale d'action
Kausalgeschäft (N.) action (F.) causale
Kausalität (F.) causalité (F.)
Kausalzusammenhang (M.) causalité (F.), rapport (M.) de causalité, lien (M.) de causalité
Kautelarjurisprudenz (F.) jurisprudence (F.) cauteleuse
Kaution (F.) cautionnement (M.)
Keinmanngesellschaft (F.) société (F.) sans membres, société (F.) réduite à nulle personne
kennen connaître, avoir connaissance
kennen müssen devoir (V.) connaître, devoir (V.) s'informer
Kennenmüssen (N.) obligation (F.) de s'informer
Kenntnis (F.) connaissance (F.), expérience (F.)
Kenntnisnahme (F.) information (F.), fait (M.) de prendre connaissance
Kerker (M.) prison (F.)
Kern (M.) noyau (M.)
Kernenergie (F.) énergie (F.) nucléaire
Kette (F.) chaîne (F.)
Kettenarbeitsverhältnis (N.) contrat (M.) de travail en chaîne, relation (F.) de travail en chaîne
Kettenarbeitsvertrag (M.) contrat (M.) de travail en chaîne
Ketzer (M.) hérétique (F.)
Ketzerei (F.) hérésie (F.)
keusch chaste, pudique
Kidnapper (M.) kidnappeur (M.)
Kidnapping (N.) (engl.) enlèvement (M.) d'enfant, kidnapping (M.)
Kind (N.) enfant (M.)
Kindererziehung (F.) éducation (F.) des enfants
Kinderfreibetrag (M.) abattement (M.) pour enfant à charge
Kindergeld (N.) allocation (F.) familiale
Kinderhilfe (F.) assistance (F.) des enfants, assistance (F.) aux mineurs
Kindesannahme (F.) adoption (F.)
Kindesentziehung (F.) détournement (M.) de mineur
Kindeskind (N.) petit-fils (M.), petite-fille (F.)
Kindesraub (M.) enlèvement (M.) d'enfant, rapt (M.) d'enfant, kidnapping (M.)
Kindestötung (F.) infanticide (M.)
Kindeswohl (N.) bien-être (M.) de l'enfant
Kindschaft (F.) filiation (F.)
Kindschaftssache (F.) recours (M.Pl.) relatifs à un enfant
Kiosk (M.) kiosque (M.)
Kirche (F.) église (F.)
Kirchenbeitrag (M.) impôt (M.) cultuel
Kirchenbuch (N.) registre (M.) paroissial
Kirchengemeinde (F.) paroisse (F.)
Kirchenrecht (N.) droit (M.) canon, droit (M.) canonique, droit (M.) ecclésiastique
Kirchenstaat (M.) États (M.Pl.) de l'Église, États (M.Pl.) pontificaux
Kirchensteuer (F.) impôt (M.) destiné à

l'Église, impôt (M.) cultuel, denier (M.) du culte
Kirchenvertrag (M.) concordat (M.)
Kirchenverwaltung (F.) fabrique (F.)
Kirchenzehnt (M.) dîme (F.)
Kirchgeld (N.) denier (M.) de l'Église. denier (M.) du culte
kirchlich ecclésiastique (Adj.), canonique (Adj.), clérical (Adj.), religieux
Kirchspiel (N.) paroisse (F.)
Klage (F.) action (F.), plainte (F.), demande (F.), recours (M.) contentieux, action (F.) en justice, demande (F.) en justice
Klage (F.) auf Anerkennung eines Sachenrechts und Durchsetzung eines Schuldrechts action (F.) mixte
Klage (F.) auf Bestehen einer Dienstbarkeit action (F.) confessoire
Klage (F.) aus einem Recht an einer unbeweglichen Sache action (F.) immobilière
Klageabweisung (F.) rejet (M.), débouté (M.)
Klageänderung (F.) modification (F.) de la demande, modification (F.) de l'objet du litige
Klageantrag (M.) demande (F.) en justice, demande (F.) introductive d'instance
Klageart (F.) type (M.) de demande
Klagebeantwortung (F.) mémoire (M.) en defense, contre-mémoire (M.)
Klagebefugnis (F.) capacité (F.) de ester en justice, qualité (F.) de agir en justice
Klagebegehren (N.) objet (M.) de la demande
Klagebegründung (F.) moyens (M.Pl.), moyen (M.), argument (M.), motif (M.)
Klageerhebung (F.) introduction (F.) de la demande, introduction (F.) de l'action, introduction (F.) de l'instance
Klageerwiderung (F.) reconclusion (F.), réplique (F.)
Klageerzwingungsverfahren (N.) plainte (F.) émanant de la victime avec constitution de partie civile
Klagefrist (F.) délai (M.) pour intenter une action
Klagegrund (M.) moyen (M.), grief (M.)
klagen agir en justice, demander en justice, introduire une instance, porter plainte en justice, assigner
Klagenhäufung (F.) jonction (F.) des demandes
Kläger (M.) requérant (M.), demandeur (M.), plaignant (M.), plaideur (M.)
Klägerin (F.) plaignante (F.), demanderesse (F.)
Klagerücknahme (F.) désistement (M.) d'instance
Klageschrift (F.) demande (F.), requête (F.), mémoire (M.), assignation (F.)
Klagezustellung (F.) notification (F.) de l'action
klar clair, pur
Kläranlage (F.) station (F.) d'épuration, installation (F.) de décantation
klären clarifier, éclairir (s')
Klasse (F.) classe (F.)
Klassenjustiz (F.) justice (F.) de classe
Klassenkampf (M.) lutte (F.) des classes
klassifizieren classifier, qualifier
Klausel (F.) clause (F.), stipulation (F.), disposition (F.)
Klausur (F.) réunion (F.) à huis-clos, épreuve (F.) écrite d'examen
kleinere moindre
Kleinod (N.) bijou (M.)
Kleinstaat (M.) petit État (M.)
Klempner (M.) plombier (M.)
klerikal clérical (Adj.)
Kleriker (M.) ecclésiastique (M.)
Klerus (M.) clergé (M.)
Klient (M.) client (M.)
Klientel (F.) clientèle (F.)
Klinik (F.) clinique (F.)
Kloster (N.) monastère (M.), cloître (M.), couvent (M.)
Knappe (M.) écuyer (M.), mineur (M.) (2)
Knappschaft (F.) corporation (F.) des mineurs
Knebel (M.) bâillon (M.)
knebeln bâillonner
Knebelungsvertrag (M.) contrat (M.) d'asservissement, contrat (M.) léonin
Knecht (M.) valet (M.)
Knechtschaft (F.) servitude (F.)
Knowhow (N.) savoir-faire (M.), know-how (M.)
Koadjutor (M.) coadjuteur (M.)
koalieren coaliser, former une coalition
Koalition (F.) coalition (F.)
Koalitionsfreiheit (F.) liberté (F.) d'association professionnelle, liberté (F.) syndicale
Kodex (M.) code (M.)
Kodifikation (F.) codification (F.)

kodifizieren codifier
Kodizill (N.) codicille (M.)
Kognat (M.) cognat (M.)
Kognition (F.) arrêt (M.), sentence (F.)
Koitus (M.) coït (M.)
Kokain (N.) cocaïne (F.)
Kolchose (F.) kolkhoze (M.)
Kollation (F.) collation (F.)
Kollationierung (F.) collationnement (M.)
Kollege (M.) collègue (M.)
kollegial de collègue, confraternel, collégial
Kollegialbehörde (F.) autorité (F.) collégiale
Kollegialgericht (N.) tribunal (M.) à forme collégiale
Kollegialorgan (N.) organe (M.) collégial
Kollegium (N.) groupe (M.), collège (M.) de juges
Kollektiv (N.) groupe (M.), communauté (F.), population (F.), univers (M.)
kollektiv collectif (Adj.)
Kollektivarbeitsrecht (N.) droit (M.) collectif du travail, droit (M.) du travail collectif
Kollektivbeleidigung (F.) injure (F.) publique proférée envers un groupe
Kollektiveigentum (N.) propriété (F.) commune
Kollektivschuld (F.) faute (F.) collective
Kollektivvertrag (M.) accord (M.) collectif de travail, convention (F.) collective
kollidieren heurter, percuter
Kollision (F.) conflit (M.), collision (F.), abordage (M.)
Kollisionsnorm (F.) règle (F.) de conflit, règle (F.) en matière de conflit des lois
Kollisionsrecht (N.) droit (M.) des conflits des lois, conflit (M.) de lois
kolludieren faire de collusion
Kollusion (F.) collusion (F.)
Kolonie (F.) colonie (F.)
Komitee (N.) comité (M.)
Komitien (F.Pl.) comices (M.Pl.)
Kommandeur (M.) commandant (M.)
kommandieren commander
Kommanditeinlage (F.) commandite (F.), mise (F.), apport (M.) social
Kommanditgesellschaft (F.) auf Aktien société (F.) en commandite par actions
Kommanditgesellschaft (F.) société (F.) en commandite simple
Kommanditist (M.) commanditaire (M.)
Kommanditistin (F.) commanditaire (F.)
Kommentar (M.) commentaire (M.)
Kommentator (M.) commentateur (M.)
kommentieren commenter
kommerzialisieren commercialiser
kommerziell commercial (Adj.)
Kommilitone (M.) camarade (M.) d'études
Kommilitonin (F.) camarade (F.) d'études
Kommissar (M.) commissaire (M.)
Kommissariat (N.) commissariat (M.)
kommissarisch intérimaire
Kommission (F.) commission (F.), contrat (M.) de commission
Kommission (F.) der Europäischen Union Commission (F.) de l'Union européenne
Kommissionär (M.) commissionnaire (M.)
Kommittent (M.) commettant (M.), mandant (M.)
Kommorient (M.) comourant (M.), comoriente (M.)
Kommorientenvermutung (F.) présomption (F.) des comourants
kommunal communal, municipal
Kommunalaufsicht (F.) tutelle (F.) administrative sur les collectivités locales
Kommunalrecht (N.) droit (M.) communal, droit (M.) des collectivités locales
Kommunalverfassung (F.) organisation (F.) communale
Kommunalverfassungsklage (F.) recours (M.) d'organisation communale
Kommunalverwaltung (F.) administration (F.) municipale, services (M.Pl.) administratifs communaux
Kommunalwahl (F.) élection (F.) municipale
Kommune (F.) communauté (F.), commune (F.)
Kommunikation (F.) communication (F.)
Kommunismus (M.) communisme (M.)
Kommunist (M.) communiste (M.)
kommunistisch communiste (Adj.)
Kommunistisches Manifest (N.) Manifeste (M.) communiste
kommunizieren communiquer, communier
kompatibel compatible
Kompatibilität (F.) compatibilité (F.)
Kompendium (N.) manuel (M.)
Kompensation (F.) compensation (F.), dédommagement (M.)
kompensieren compenser, équilibrer
kompetent qualifié (Adj.), autorisé (Adj.), compétent (Adj.)

Kompetenz (F.) compétence (F.)
Kompetenzkompetenz (F.) compétence (F.) pour élargir sa propre compétence
Kompetenzkonflikt (M.) conflit (M.) de compétence, conflit (M.) de juridiction, conflit (M.) d'attribution
Kompetenzkonfliktgerichtshof (M.) tribunal (M.) des conflits
Kompilation (F.) compilation (F.)
Komplementär (M.) commandité (M.)
Komplex (M.) complexe (M.)
komplex complexe (Adj.)
Komplize (M.) coauteur (M.), complice (M.)
Komplott (N.) complot (M.), conspiration (F.), machination (F.)
Komposition (F.) composition (F.)
Kompromiss (M.) compromis (M.)
Kondiktion (F.) prétention (F.) à restitution de l'enrichissement sans cause, action (F.) en répétition de l'indu, condictio (F.) (lat.)
Kondition (F.) condition (F.)
kondizieren revendiquer
Kondominat (N.) condominium (M.)
Kondominium (N.) condominium (M.)
Konferenz (F.) conférence (F.)
Konferenz (F.) für Sicherheit und Zusammenarbeit in Europa (KSZE) Conférence (F.) sur la sécurité et la coopération en Europe (C. S. C. E.)
Konfession (F.) confession (F.), religion (F.), croyance (F.)
Konfiskation (F.) confiscation (F.), saisie (F.)
konfiszieren confisquer, saisir
Konflikt (M.) conflit (M.), litige (M.)
Konföderation (F.) confédération (F.)
konform conforme
Konfusion (F.) confusion (F.)
Kongregation (F.) congrégation (F.)
Kongress (M.) congrés (M.), conférence (F.)
König (M.) roi (M.)
Königin (F.) reine (F.)
königlich royal
Königreich (N.) royaume (M.)
Konjunktur conjoncture (F.)
Konklave (F.) conclave (M.)
konkludent concluant, probant, décisif
konkludentes Handeln (N.) consentement (M.) tacite par acte concluant, acte (M.) concluant
konkludieren conclure
Konklusion (F.) conclusion (F.)
Konkordat (N.) concordat (M.)
konkret concret, matériel (Adj.)
konkrete Normenkontrolle (F.) contrôle (M.) de la constitutionalité d'une loi à l'occasion d'un litige
konkretes Gefährdungsdelikt (N.) délit (M.) abstrait consistant dans le fait de faire courir un risque
Konkretisierung (F.) concrétisation (F.), individualisation (F.), spécification (F.)
Konkubinat (N.) concubinage (M.)
Konkubine (F.) concubine (F.)
Konkurrent (M.) concurrent (M.)
Konkurrentenklage (F.) requête (F.) d'un co-soummissionaire ou d'un co-participant à un concours
Konkurrenz (F.) concurrence (F.), compétition (F.), droits (M.Pl.) se fondant sur des bases légales multiples, concours (M.), cumul (M.)
konkurrieren être en concurrence
konkurrierend de concurrence, concurrente
konkurrierende Bundesgesetzgebung (F.) compétence (F.) législative concurrente de l'État central et des États fédérés, législation (F.) parallèle
Konkurs (M.) (Konkurs in Frankreich) liquidation (F.) judiciaire des entreprises, faillite (F.) personnelle
Konkurs (M.) faillite (F.), défaillance (F.)
Konkursanfechtung (F.) action (F.) paulienne, action (F.) en nullité des actes du failli pendant la période suspecte, action (F.) en inopposabilité, action (F.) paulienne simplifiée
Konkursantrag (M.) demande (F.) d'ouverture d'une procédure d'execution collective
Konkursausfallsgeld (N.) privilège (M.) des salariés portant sur le salaire des trois derniers mois en cas de faillite
Konkursforderung (F.) créance (F.) de la faillite
Konkursgläubiger (M.) créancier (M.)
Konkursgrund (M.) cas (M.) d'ouverture de la procédure collective de liquidation
Konkursmasse (F.) patrimoine (M.) du débiteur failli, masse (F.) de la faillite
Konkursrecht (N.) droit (M.) de la faillite
Konkursstraftat (F.) infraction (F.) en matière de faillite
Konkursverfahren (N.) procédure (F.)

collective de liquidation, procédure (F.) de liquidation judiciaire
Konkursverwalter (M.) administrateur (M.) chargé de la liquidation judiciaire, syndic (M.) de faillite, liquidateur (M.)
konludieren conclude (V.)
Können (N.) savoir-faire (M.), pouvoir (M.), savoir (M.), connaissances (F.Pl.)
können pouvoir (V.)
konnex connexe (Adj.)
Konnexität (F.) connexité (F.)
Konnivenz (F.) connivence (F.)
Konnossement (N.) connaissement (M.)
Konsens (M.) consentement (M.), accord (M.)
konsensual consensuel
Konsensualvertrag (M.) contrat (M.) consensuel, acte (M.) consensuel, contrat (M.) formé par le seul consentement des parties
konservativ conservateur (Adj.)
konservieren conserver
Konsignation (F.) consignation (F.)
Konsistorium (N.) consistoire (M.)
Konskription (F.) conscription (F.)
Konsolidation (F.) consolidation (F.)
konsolidieren consolider
Konsorte (M.) membre (M.) d'un consortium, consort (M.)
Konsortium (N.) consortium (M.)
Konspiration (F.) conspiration (F.), conjuration (F.), machination (F.)
konspirieren conspirer
Konstitution (F.) constitution (F.)
Konstitutionalismus (M.) constitutionnalisme (M.)
konstitutionell constitutionnel
konstitutiv constitutif (Adj.)
konstruieren construire
Konstruktionsfehler (M.) faute (F.) de construction, vice (M.) de construction
konstruktiv constructif
Konsul (M.) consul (M.)
Konsulat (N.) consulat (M.)
Konsulent (M.) conseil (M.), jurisconsulte (M.)
Konsultation (F.) consultation (F.), conseil (M.)
Konsum (M.) consommation (F.)
Konsument (M.) consommateur (M.)
Konsumentenschutz (M.) protection (F.) des consommateurs, défense (F.) du consommateur
Konsumgenossenschaft (F.) société (F.) coopérative de consommation
konsumieren consommer
Konsumtion (F.) absorption (F.) des peines
Kontakt (M.) contact (M.)
Kontaktsperre (F.) interdiction (F.) faite à un détenu de communiquer avec l'extérieur
Konterbande (F.) marchandise (F.) de contrebande, contrebande (F.)
Konterrevolution (F.) contre-révolution (F.)
Kontingent (N.) contingent (M.), quantité (F.) autorisée
Kontingentierung (F.) contingentement (M.), limitation (F.)
Konto (N.) compte (M.)
Kontoauszug (M.) extrait (M.) de compte, relevé (M.) de compte
Kontoinhaber (M.) titulaire (M.) d'un compte
Kontokorrent (N.) compte (M.) courant par solde, compte (M.) courant
Kontokorrentkredit (M.) crédit (M.) en compte courant, avance (F.) en compte courant
Kontokorrentvorbehalt (M.) réserve (F.) de compte courant
Kontonummer (F.) numéro (M.) de compte
Kontostand (M.) condition (F.) créditrice, situation (F.) du compte
Kontoüberziehung (F.) découvert (M.)
kontradiktorisch contradictoire
kontrahieren contracter, conclure
Kontrahierungszwang (M.) obligation (F.) de contracter
Kontrakt (M.) contrat (M.)
Kontribution (F.) contribution (F.)
Kontrolle (F.) contrôle (M.), vérification (F.)
Kontrolleur (M.) contrôleur (M.), surveillant (M.), vérificateur (M.)
kontrollieren contrôler, examiner, vérifier, surveiller, inspecter
Kontrollrat (M.) conseil (M.) de contrôle
kontumazial par contumace
Kontumazialverfahren (N.) procédure (F.) par contumace
Konvaleszenz (F.) réparation (F.) de la nullité, couverture (F.)
Konvent (M.) assemblée (F.), convention (F.)
Konvention (F.) convention (F.)
Konvention (F.) zum Schutz der Menschenrechte Convention (F.) de sauvegarde

des droits de l'homme et des libertés fondamentales
konventional conventionnel
Konventionalscheidung (F.) divorce (M.) par consentement mutuel, divorce (M.) par consentement, divorce (M.) par voie de convention
Konventionalstrafe (F.) amende (F.) conventionnelle, peine (F.) stipulée
Konversion (F.) changement (M.), transformation (F.), conversion (F.)
konvertibel convertible
Konvertibilität (F.) convertibilité (F.)
konzedieren concéder, admettre
Konzentration (F.) concentration (F.)
Konzentrationslager (N.) camp (M.) de concentration
konzentrieren concentrer, focaliser
Konzern (M.) consortium (M.), groupement (M.) de sociétés, groupe (M.) de sociétés, konzern (M.)
Konzernrecht (N.) droit (M.) des groupes de sociétés
Konzession (F.) concession (F.), licence (F.)
Konzessionär (M.) concessionnaire (M.)
Konzessionsabgabe (F.) redevance (F.) de concession
Konzessionssystem (N.) régime (M.) de l'autorisation préalable
Konzil (N.) concile (M.)
Kooperation (F.) coopération (F.)
kooperieren coopérer, collaborer
kooptieren coopter
Kopf (M.) tête (F.), personne (F.), en-tête (M.), meneur (M.)
köpfen décapiter
Kopie (F.) copie (F.)
kopieren faire des copies, copier
Körper (M.) corps (M.), organisme (M.)
körperlich corporel (Adj.), manuel (Adj.), physique (Adj.)
körperliche Misshandlung (F.) sévice (M.) corporel
Körperschaft (F.) collectivité (F.), corporation (F.), corps (M.), personne (F.) morale
Körperschaft (F.) des öffentlichen Rechts personne (F.) morale de droit public
Körperschaftsteuer (F.) impôt (M.) sur les bénéfices des sociétés, impôt (M.) sur les sociétés
Körperverletzung (F.) lésion (F.) corporelle, blessure (F.) corporelle, atteinte (F.) à l'intégrité physique, violence (F.) sur une personne
Korporation (F.) corporation (F.)
korrekt correct, exact
korrespektiv réciproque (Adj.)
korrespektives Testament (N.) testament (M.) correspectif
Korrespondenz (F.) correspondance (F.)
Korrespondenzanwalt (M.) avocat (M.) transmettant les dossiers
Korrespondenzgeheimnis (N.) secret (M.) de la correspondance
korrigieren corriger
korrumpieren corrompre
Korruption (F.) corruption (F.)
kostbar précieux, de grande valeur, de grand prix
Kostbarkeit (F.) objet (M.) précieux
Kosten (F.Pl.) coûts (M.Pl.), frais (M.Pl.), dépenses (F.Pl.), débours (M.Pl.)
kosten coûter
Kostendeckung (F.) couverture (F.) des coûts
Kostendeckungsprinzip (N.) principe (M.) de la couverture des coûts
Kostenentscheidung (F.) décision (F.) de condamnation aux dépens, condamnation (F.) aux dépens, répartition (F.) des dépens par le tribunal
Kostenfestsetzung (F.) détermination (F.) des coûts, taxation (F.) des dépens
Kostenfestsetzungsbeschluss (M.) condamnation (F.) aux dépens
kostenlos gratuit, sans frais
Kostenordnung (F.) loi (F.) relative aux frais procéduraux
Kostenrechnung (F.) compte (M.) de frais, calcul (M.) des coûts
Kostenrecht (N.) droit (M.) de frais
Kostenvoranschlag (M.) devis (M.), devis (M.) estimatif
Kraft (M.) force (F.), vigueur (F.), autorité (F.)
kraft Gesetzes en vertu de la loi
Kraftfahrt (F.) circulation (F.) automobile
Kraftfahrtbundesamt (N.) service (M.) administratif fédéral de contrôle et de recensement des permis de conduire et des véhicules automobiles en circulation, service (M.) central d'immatriculation des véhicules automobiles

Kraftfahrtversicherung (F.) assurance (F.) automobile
Kraftfahrzeug (N.) véhicule (M.) à moteur, automobile (F.)
Kraftfahrzeugbrief (M.) carnet (M.) de propriété d'un véhicule automobile, carnet (M.) de voiture
Kraftfahrzeugführer (M.) conducteur (M.), automobiliste (M.)
Kraftfahrzeughalter (M.) détenteur (M.) d'un véhicule automobile
Kraftfahrzeugkennzeichen (N.) plaque (F.) minéralogique
Kraftfahrzeugschein (M.) carte (F.) grise
Kraftfahrzeugsteuer (F.) taxe (F.) sur les véhicules à moteur
Kraftfahrzeugversicherung (F.) assurance (F.) automobile
Kraftfahrzeugzulassungsstelle (F.) service (M.) d'immatriculation des véhicules à moteur
kraftlos nul (Adj.), invalide (Adj.), sans effet
Kraftloserklärung (F.) déclaration (F.) de nullité, invalidation (F.)
Kraftverkehr (M.) circulation (F.) routière, transport (M.) routier, circulation (F.) automobile
Kraftverkehrsordnung (F.) réglementation (F.) sur les transports (M.Pl.) routiers
krank malade (Adj.), souffrant (Adj.)
Krankengeld (N.) indemnité (F.) journalière
Krankenhaus (N.) hôpital (M.), établissement (M.) hospitalier
Krankenkasse (F.) caisse (F.) d'assurance maladie, caisse (F.) maladie
Krankenschein (M.) feuille (F.) de maladie
Krankenversichertenkarte (F.) carte (F.) attestant l'affiliation à une caisse d'assurance maladie
Krankenversicherung (F.) assurance (F.) maladie
Krankheit (F.) maladie (F.), affection (F.)
Kranzgeld (N.) indemnité (F.) pour dommage moral de la fiancée
Kredit (M.) crédit (M.)
Kreditaufnahme (F.) emprunt (M.)
Kreditauftrag (M.) ordre (M.) de crédit, ordre (M.) d'ouverture de crédit
Kreditauskunft (F.) renseignement (M.) sur la situation financière
Kreditbetrug (M.) escroquerie (F.) au crédit
Kreditbrief (M.) lettre (F.) de crédit, accréditif (M.)
kreditfähig honorable, solvable
Kreditgeber (M.) bailleur (M.) de fonds, donneur (M.) de crédit
Kreditgeschäft (N.) crédit (M.), operation (F.) de crédit
Kreditinstitut (N.) établissement (M.) de crédit, institut (M.) de crédit, banque (F.) d'affaires, banque (F.) de crédit, société (F.) financière
Kreditkarte (F.) carte (F.) accréditive, carte (F.) de crédit
Kreditkauf (M.) achat (M.) à crédit, vente (F.) à crédit
Kreditnehmer (M.) emprunteur (M.), bénéficiaire (M.) du crédit
Kreditschädigung (F.) atteinte (F.) au crédit
Kreditsicherung (F.) sûreté (F.) en garantie d'un crédit
Kreditvermittlung (F.) intermédiation (F.) de crédit
Kreditvermittlungsvertrag (M.) contrat (M.) d'intermédiation de crédit
Kreditvertrag (M.) contrat (M.) de crédit, contrat (M.) d'ouverture de crédit, acte (M.) sous seing privé d'ouverture de crédit
Kreditwesen (N.) crédit (M.), crédits (M.Pl.)
Kreditwesengesetz (N.) loi (F.) sur le crédit
Kreditwucher (M.) usure (F.)
kreditwürdig solvable
Kreis (M.) cercle (M.), district (M.)
Kreisausschuss (M.) commission (F.) administrative du cercle
kreisfrei qui n'appartient pas à un cercle, ne pas appartenant à un cercle (administratif), disjoint administrativement d'un cercle
Kreisgericht (N.) tribunal (M.) de district
Kreisordnung (F.) loi (F.) relative à l'administration des cercles
Kreistag (M.) conseil (M.) de district, assemblée (F.) déliberante du cercle
Kreisumlage (F.) participation (F.) communale aux dépenses du kreis
Kreisverfassung (F.) réglementation (F.) portant sur l'organisation d'un cercle
Kreisverkehr (M.) round-point (M.)
Kreuz (N.) croix (M.), cruzifix (M.)
kreuzen croiser
Kreuzung (F.) croisement (M.), intersection (F.), carrefour (M.), barrement (M.)

Kreuzverhör (N.) audition (F.) contradictoire, audition (F.) des témoins et des experts menée contradictoirement
Krieg (M.) guerre (F.), belligérance (F.)
Kriegsdienst (M.) service (M.) national
Kriegsdienstverweigerung (F.) insoumission (F.), objection (F.)
Kriegserklärung (F.) déclaration (F.) de guerre
Kriegsgefangener (M.) prisonnier (M.) de guerre
Kriegsgefangenschaft (F.) captivité (F.)
Kriegsgericht (N.) tribunal (M.) militaire
Kriegsrecht (N.) droit (M.) national applicable pendant une guerre, droit (M.) de la guerre, lois et coutumes (F.Pl.) de la guerre
Kriegsverbrechen (N.) crime (M.) de guerre
Kriegswaffe (F.) arme (F.) de guerre
Kriegswaffenkontrollgesetz (N.) loi (F.) relative au contrôle des armes de guerre
Kriegswirtschaft (F.) économie (F.) de guerre
kriminalisieren criminaliser, pousser (V.) à la deliquance
Kriminalistik (F.) criminalistique (F.)
Kriminalität (F.) criminalité (F.), délinquance (F.)
Kriminalpolizei (F.) police (F.) judiciaire, police (F.) criminelle
Kriminalstatistik (F.) statistiques (F.Pl.) criminologiques
kriminell criminel (Adj.)
kriminelle Vereinigung (F.) association (F.) de malfaiteurs
Kriminologe (M.) criminologue (M.), criminologiste (M.)
Kriminologie (F.) criminologie (F.)
kriminologisch criminologique (Adj.)
Kronanwalt (M.) procureur (M.) impérial
Krone (F.) couronne (F.)
krönen couronner
Kronrat (M.) (Kronrat in Großbritannien) conseil (M.) de la couronne
Krönung (F.) couronnement (M.)
Kronzeuge (M.) témoin (M.) principal, témoin-clé (M.)
KSZE (F.) (Konferenz über Sicherheit und Zusammenarbeit in Europa) CSCE (F.) (conférence sur la sécurité et la coopération en Europe)
Kulanz (F.) facilité (F.), traitement (M.) de faveur
Kulpakompensation (F.) compensation (F.) de la dette, compensation (F.) de la culpabilité
Kultur (F.) culture (F.)
Kulturhoheit (F.) compétence (F.) exclusive dans le domaine des affaires culturelles
Kulturverwaltungsrecht (N.) droit (M.) d'administration culturelle
Kumulation (F.) cumul (M.)
Kumulationsprinzip (N.) principe (M.) du cumul des peines
kumulativ cumulativement, à la fois
kumulative Schuldübernahme (F.) prise (F.) en charge d'une dette avec délégation imparfaite
kumulieren cumuler, accumuler
kündbar résiliable, dénoncable
Kunde (F.) nouvelle (F.)
Kunde (M.) client (M.)
kundig instruit (Adj.), informé (Adj.)
kündigen résilier, dénoncer, licencier, renvoyer, congédier, demander son congé, donner son congé, démissionner
Kündigung (F.) résiliation (F.), rupture (F.), congé (M.), renonciation (F.), dénonciation (F.), licenciement (M.), congédiement (M.), démission (F.), résolution (F.)
Kündigungsfrist (F.) délai-congé (M.), délai (M.) de dénonciation, délai (M.) de préavis, préavis (M.)
Kündigungsrecht (N.) droit (M.) de résilier
Kündigungsschutz (M.) protection (F.) (en matière de résiliation des contrats), protection (F.) contre un licenciement abusif
künftig futur (Adj.), prochain
Kunst (F.) art (M.)
Kunstfehler (M.) faute (F.) professionnelle
Kunstfreiheit (F.) liberté (F.) d'expression artistique
Künstler (M.) artiste (M.)
künstlich artificiel
Kunstverwaltungsrecht (N.) droit (M.) d'administration des arts
Kupon (M.) coupon (M.)
Kuppelei (F.) aide (F.) à la prostitution, proxénétisme (M.)
kuppeln faire l'entremetteur
Kuppler (M.) entremetteur (M.)
Kupplerin (F.) entremetteuse (F.)
Kuratel (F.) curatelle (F.)

Kurator (M.) curateur (M.)
Kuratorium (N.) comité (M.) consultatif
Kurfürst (M.) prince (M.) électeur
Kurie (F.) curie (F.), gouvernement (M.) pontifical
Kurier (M.) courrier (M.)
Kurs (M.) cours (M.), taux (M.), valeur (F.), route (F.)
Kursindex (M.) indice (M.) des cours
Kurswert (M.) valeur (F.) en bourse
kurz bref, court
Kurzarbeit (F.) travail (M.) à temps réduit, chômage (M.) partiel
Kurzarrest (M.) emprisonnement (M.) de courte durée
kürzen réduire, restreindre
kurzfristig à court terme
Küste (F.) côte (F.), rivage (M.)
Küstengewässer (N.) eau (F.) territoriale, eau (F.) adjacente, eau (F.) intérieure
Kux (M.) part (F.) minière

L

laden (aufladen) charger
laden (herbestellen) citer, convoquer, citer en justice, assigner
Laden (M.) magasin (M.)
Ladenangestellter (M.) employé (M.) de commerce, vendeur (M.) de magasin
Ladendieb (M.) voleur (M.) dans un magasin
Ladendiebstahl (M.) vol (M.) à l'étalage, vol (M.) dans les magasins
Ladenschluss (M.) heure (F.) de fermeture des magasins, fermeture (F.) de magasins
Ladeschein (M.) avis (M.) de chargement, certificat (M.) de chargement, bulletin (M.) de chargement
lädieren endommager
Ladung (F.) (Herbestellung) citation (F.) en justice, convocation (F.), mandat (M.) de comparution, sommation (F.)
Ladung (F.) (Last) chargement (M.), fret (M.)
laesio (F.) enormis (lat.) (ungeheuere Verletzung) laesio (F.) enormis (lat.) (lésion énorme)
Lage (F.) situation (F.), état (M.)
Lager (N.) camp (M.), stock (M.), réserves (F.Pl.), entrepôt (M.)
Lagergeschäft (N.) opération (F.) d'entrepôt, entreposage (M.)
Lagerhalter (M.) entreposeur (M.)
Lagerhaus (N.) magasin (M.), entrepôt (M.)
lagern entreposer, emmagasiner
Lagerschein (M.) warrant (M.), récépissé (M.) d'entrepôt
Lagervertrag (M.) contrat (M.) d'entrepôt, contrat (M.) de magasinage
Laie (M.) laïc (M.), non-professionnel (M.), amateur (M.)
Laienbeteiligung (F.) an der Gerichtsbarkeit échevinage (M.)
Laienrichter (M.) échevin (M.), juge (M.) non-professionnel
Land (N.) terre (F.), campagne (F.), land (M.), province (F.), pays (M.), État (M.) fédéral
Landesarbeitsgericht (N.) tribunal (M.) supérieur du travail, cour (F.) d'appel prud'homale
Landesbank (F.) banque (F.) régionale
Landesgesetz (N.) loi (F.) provinciale, loi (F.) d'une province
Landesgesetzgebung (F.) législation (F.) provinciale, législation (F.) du Land
Landeshauptmann (M.) (Landeshauptmann in Österreich) chef (M.) du gouvernement provincial
Landesherr (M.) souverain (M.)
Landeskirche (F.) église (F.) nationale
Landesplanung (F.) aménagement (M.) du territoire d'un Land
Landesrecht (N.) droit (M.) de l'État fédéré, législation (F.) du Land
Landesregierung (F.) gouvernement (M.) de l'État fédéré, gouvernement (M.) provincial, gouvernement (M.) du Land
Landessozialgericht (N.) tribunal (M.) supérieur du contentieux social, commission (F.) régionale de contentieux social, cour (F.) d'appel compétente en matière de sécurité sociale
Landesstrafrecht (N.) droit (M.) pénal provincial
Landesverfassung (F.) constitution (F.) provinciale, constitution (F.) du Land
Landesverfassungsgericht (N.) cour (F.) constitutionnelle d'un land
Landesverrat (M.) haute trahison (F.)
Landesverräter (M.) traître (M.)
landesverräterisch de haute traison

Landesverwaltung (F.) administration (F.) provinciale, administration (F.) du Land
Landeszentralbank (F.) banque (F.) centrale du Land
Landfriede (M.) paix (F.) publique, abolition (F.) du droit de diffidation
Landfriedensbruch (M.) rupture (F.) de la paix publique, trouble (M.) de l'ordre public
Landgericht (N.) tribunal (M.) régional, tribunal (M.) de grande instance (T.G.I)
Landkreis (M.) cercle (M.), district (M.)
Landpacht (F.) bail (M.) à ferme
Landpachtvertrag (F.) bail (M.) rural, contrat (M.) de bail à ferme
Landrat (M.) landrat (M.), chef (M.) des administrations du cercle
Landratsamt (N.) services (M.Pl.) administratifs du cercle
Landrecht (N.) droit (M.) commun d'un territoire du moyen-âge
Landschaft (F.) espace (M.) naturel, paysage (M.)
Landschaftsverband (M.) groupement (M.) des communes, association (F.) administrative
Landstand (M.) état (M.) provincial
Landstraße (F.) grande route (F.)
Landstreicher (M.) vagabond (M.)
Landtag (M.) parlement (M.) de la province, parlement (M.) provincial, landtag (M.)
Landwirt (M.) agriculteur (M.)
Landwirtin (F.) agricultrice (F.)
Landwirtschaft (F.) agriculture (F.)
Landwirtschaftskammer (F.) chambre (F.) d'agriculture
Landwirtschaftsrecht (N.) législation (F.) rurale, législation (F.) relative à l'agriculture
langfristig à long terme
Lärm (M.) bruit (M.)
Last (F.) charge (F.), poids (M.), cargaison (F.), obligation (F.)
Lastenausgleich (M.) péréquation (F.) des charges nées de la guerre
lastenfrei non grévé, non hypothéqué, exempt de charges
Laster (N.) vice (M.)
lästern médire de, diffamer
Lästerung (F.) médisance (F.), diffamation (F.)
lästig gênant, inopportun
Lastschrift (F.) note (F.) de débit, débit (M.)
Lastschriftanzeige (F.) compte (M.) débité
Lastschrifteinzugsverfahren (N.) système (M.) du prélèvement automatique, règlement (M.) par écriture au débit
Lastschriftverfahren (N.) système (M.) du prélèvement automatique, règlement (M.) par écriture au débit
Lauf (M.) course (F.), cours (M.)
Laufbahn (F.) carrière (F.)
laufen courir
Laufzeit (F.) durée (F.)
Lauschangriff (M.) écoute (F.) téléfonique
lauschen écouter
lauter loyal (Adj.)
Lauterkeit (F.) intégrité (F.), sincérité (F.), rectitude (F.)
leasen accorder un crédit-bail
Leasing (N.) leasing (M.), crédit-bail (M.), location-financement (F.)
Leasinggeber (M.) bailleur (M.)
Leasingnehmer (M.) preneur (M.)
Leasingrate (F.) loyer (M.)
Leasingvertrag (M.) contrat (M.) de crédit-bail
Leben (N.) vie (F.)
leben vivre
Lebensalter (N.) âge (M.)
Lebenserfahrung (F.) expérience (F.) de la vie, présomption (F.) de l'homme
Lebensgefahr (F.) danger (M.) de mort
Lebensgemeinschaft (F.) communauté (F.) de vie, cohabitation (F.), concubinage (M.)
lebenslang pour toute la vie, perpétuel
lebenslänglich à vie, à perpétuité, perpétuel
Lebensmittel (N.) produit (M.) alimentaire, denrée (F.) alimentaire
Lebensmittelrecht (N.) législation (F.) relative aux denrées alimentaires
Lebenspartner (M.) concubin (M.), compagnon (M.), époux (M.)
Lebenspartnerin (F.) concubine (F.), compagnon (F.), épouse (F.)
Lebenspartnerschaft (F.) vie (F.) en couple perpétuelle
Lebensversicherung (F.) assurance (F.) vie, assurance (F.) sur la vie
ledig célibataire (Adj.), non marié (Adj.)
legal légal
Legaldefinition (F.) définition (F.) légale, concept (M.) légal
Legalenteignung (F.) expropriation (F.)

par une disposition (F.) légale, expropriation (F.) par loi
Legalisation (F.) légalisation (F.), authentification (F.), validation (F.)
legalisieren légaliser
Legalisierung (F.) légalisation (F.), authentification (F.), validation (F.)
Legalität (F.) légalité (F.)
Legalitätsprinzip (N.) principe (M.) de légalité
Legalservitut (F.) servitude (F.) légale
Legalzession (F.) cession (F.) légale
Legat (M.) légat (M.)
Legat (N.) legs (M.)
Legatar (M.) légataire (M.)
Legation (F.) légation (F.)
Legationsrat (M.) conseiller (M.) de légation
Legationssekretär (M.) secrétaire (M.) de légation
legislativ législatif
Legislative (F.) pouvoir (M.) législatif
Legislaturperiode (F.) législature (F.)
legitim légitime (Adj.)
Legitimation (F.) légitimation (F.)
Legitimationspapier (N.) titre (M.) transmissible
legitimieren légitimer, établir son identité
Legitimierung (F.) légitimation (F.)
Legitimität (F.) légitimité (F.)
Lehen (N.) fief (M.)
Lehnsherrschaft (F.) seigneurie (F.)
Lehnswesen (F.) féodalité (F.)
Lehrauftrag (M.) charge (F.) de cours, charge (F.) d'enseignement
Lehrbeauftragter (M.) chargé (M.) d'enseignement
Lehrbuch (N.) manuel (M.) d'enseignement, traité (M.)
Lehre (F.) enseignement (M.), instruction (F.), apprentissage (M.), doctrine (F.)
lehren enseigner
Lehrer (M.) professeur (M.)
Lehrfreiheit (F.) liberté (F.) d'enseignement
Lehrling (M.) apprenti (M.)
Lehrstuhl (M.) professorat (M.), chaire (F.) professorale
Lehrveranstaltung (F.) cours (M.)
Leib (M.) corps (M.)
Leibeigenschaft (F.) servage (M.)
Leibesfrucht (F.) fœtus (M.), conçu (M.)
Leibesstrafe (F.) peine (F.) corporelle, peine (F.) afflictive
Leibesvisitation (F.) fouille (F.) à corps
Leibgedinge (N.) contrat (M.) de bail à nourriture
Leibrente (F.) rente (F.) viagère, pension (F.) viagère
Leiche (F.) dépouille (F.), cadavre (M.), mort (M.)
Leichenfledderei (F.) vol (M.) commis sur des cadavres, vol (M.) de cadavre
Leichenöffnung (F.) autopsie (F.)
Leichenschau (F.) autopsie (F.), examen (M.) du cadavre
Leichnam (M.) cadavre (M.), corps (M.) d'un mort
leicht léger
leichtfertig léger, frivole
Leichtfertigkeit (F.) légèreté (F.)
Leiharbeit (F.) mise (F.) à disposition
Leihe (F.) prêt (M.) à usage, prêt (M.), commodat (M.)
leihen prêter, emprunter
Leihhaus (N.) mont-de-piété (M.), maison (F.) de prêts sur gages
Leihmutter (M.) mère (F.) porteuse
Leihvertrag (M.) contrat (M.) de prêt
leihweise sur la base d'un prêt
leisten payer, remplir, exécuter, faire, effectuer, exécuter, accomplir, fournir, prêter
Leistung (F.) an Erfüllungs Statt dation (F.) en paiement
Leistung (F.) erfüllungshalber dation (F.) en vue de paiement
Leistung (F.) prestation (F.) de service, service (M.), réalisation (F.), performance (F.), succès (M.), paiement (M.), exécution (F.), fait (M.)
Leistung (F.) Zug um Zug prestation (F.) de la main à la main
Leistungsbescheid (M.) décision (F.) exécutoire
Leistungsgefahr (F.) risque (M.) inhérent au paiement
Leistungsinhalt (M.) prestation (F.) à fournir
Leistungsklage (F.) action (F.) en exécution, action (F.) en exécution d'une prestation
Leistungskondiktion (F.) action (F.) en revendication
Leistungskontrolle (F.) examen (M.)
Leistungsort (M.) lieu (M.) de paiement

Leistungsschutz (M.) protection (F.) contre la reproduction illicite d'une œuvre
Leistungsschutzrecht (N.) droit (M.) voisin, droit (M.) apparanté
Leistungsstörung (F.) mauvaise exécution (F.) de la prestation
Leistungsurteil (N.) jugement (M.) condamnant à fournir une prestation
Leistungsverwaltung (F.) service (M.) public, ensemble (M.) des services destinés à satisfaire des besoins collectifs
Leistungsverweigerung (F.) refus (M.) d'exécuter la prestation, refus (M.) de fournir une prestation
Leistungsverweigerungsrecht (N.) droit (M.) de refuser la fourniture de la prestation
Leistungsverzug (M.) retard (M.) dans la fourniture de la prestation, retard (M.) dans l'exécution
Leistungswettbewerb (M.) concurrence (F.), compétition (F.), concurrence (F.) licite
Leistungswucher (M.) usure (F.)
Leistungszeit (F.) date (F.) de l'exécution du contrat
leiten diriger, administrer, gérer, mener, conduire
leitend de cadre, de direction, dirigeant, conducteur (Adj.), directeur (Adj.)
leitender Angestellter (M.) cadre (M.) supérieur, agent (M.) de direction
Leiter (M.) conducteur (M.), directeur (M.), gérant (M.)
Leitplanke (F.) glissière (F.) de sécurité
Leitsatz (M.) dispositif (M.) du jugement
Leitung (F.) direction (F.), présidence (F.), conduit (M.)
Leitungsrecht (N.) droit (M.) d'implantation
Leitzins (M.) taux (M.) directeur
Lektor (M.) lecteur (M.)
lenken diriger, guider, mener, orienter, conduire, être au volant
lernen apprendre
Lesbierin (F.) lesbienne (F.)
lesbisch lesbien (Adj.)
lesen lire
Lesung (F.) lecture (F.), navette (F.)
letzte dernier
letzter Wille (M.) dernière volonté (F.)
letztes Wort (N.) droit (M.) de l'accusé d'être entendu le dernier
letztinstanzlich en dernière instance
letztwillig par testament, testamentairement
letztwillige Verfügung (F.) dernières volontés (F.Pl.)
leugnen nier, dénier, contester
Leumund (M.) réputation (F.), renommée (F.)
Leumundszeugnis (N.) certificat (M.) de moralité
Leutnant (M.) sous-lieutenant (M.)
lex (F.) fori (lat.) (Recht des Gerichtsorts) lex (F.) fori (lat.) (loi du tribunal saisi)
lex (F.) mercatoria (lat.) (Recht des internationalen Handels) lex (F.) mercatoria (lat.)
lex (F.) rei sitae (lat.) (Recht der belegenen Sache) lex (F.) rei sitae (lat.) (loi de la situation de la chose)
lex (lat.) (F.) loi (F.)
Lexikon (N.) dictionnaire (M.), lexique (M.)
liberal libéral (Adj.)
Liberaler (M.) libéral (M.)
Liberalismus (M.) libéralisme (M.)
Lidlohn (M.) gage (M.)
Liebhaber (M.) amoureux (M.)
Liebhaberei (F.) passion (F.) favorite
Liebhaberwert (M.) valeur (F.) affective
Liechtenstein (N.) Liechtenstein (M.)
Lieferant (M.) fournisseur (M.), pourvoyeur (M.)
Lieferbedingung (F.) condition (F.) de livraison
liefern livrer, délivrer
Lieferschein (M.) bon (M.) de livraison, bulletin (M.) de livraison, avis (M.) de livraison
Liefersperre (F.) refus (M.) de vente
Lieferung (F.) livraison (F.), fourniture (F.)
Lieferzeit (F.) date (F.) de livraison, temps (M.) de livraison
liegen trouver (se), être, être situé
Liegenschaft (F.) bien (M.) foncier, bien-fonds (M.), propriété (F.) foncière
Liegenschaftsrecht (N.) régime (M.) des biens immobiliers
Liga (F.) ligue (F.)
Limit (N.) plafond (M.), limite (F.)
limitieren limiter
limitiert limité (Adj.)
limitierte Akzessorität (F.) accessorieté (F.) limitée
linear lineaire
Linguistik (F.) linguistique (F.)
Linie (F.) ligne (F.), branche (F.)
links gauche

Linksverkehr (M.) conduite (F.) à gauche
liquid liquid, disponible
Liquidation (F.) liquidation (F.)
Liquidator (M.) liquidateur (M.)
liquidieren liquider
Liquidierung (F.) liquidation (F.)
Liquidität (F.) liquidité (F.)
Liquiditätsreserve (F.) réserve (F.) de liquidité
Lissabon (N.) Lisbonne (F.)
Lissaboner Vertrag (M.) traité (M.) de Lisbonne
List (F.) dol (M.), ruse (F.)
Liste (F.) liste (F.), relevé (M.), registre (M.), inventaire (M.)
Listenpreis (M.) prix (M.) catalogue
Listenwahl (F.) scrutin (M.) de liste, suffrage (M.) de liste
listig rusé
Lizentiat (M.) licencié (M.)
Lizenz (F.) licence (F.), concession (F.), autorisation (F.) d'exploitation
Lizenzgeber (M.) concédant (M.)
Lizenzgebühr (F.) droit (M.) de licence d'exploitation, redevance (F.)
Lizenziat (N.) licenciate (M.)
lizenziert autorisé (Adj.) à exploiter une licence, agréé
Lizenznehmer (M.) bénéficiaire (M.) d'une licence, licencié (M.)
Lobby (F.) groupe (M.) de pression, lobby (M.)
Lobbyist (M.) lobbyiste (M.)
Logik (F.) logique (F.)
logisch logique (Adj.)
Lohn (M.) traitement (M.), salaire (M.), rémunération (F.)
Lohnerhöhung (F.) augmentation (F.) du salaire, relèvement (M.) du salaire
Lohnfortzahlung (F.) maintien (M.) du revenu salarial
Lohnhandwerker (M.) artisan (M.) façonnier
Lohnnebenkosten (F.Pl.) charges (F.Pl.) patronales
Lohnpfändung (F.) saisie-arrêt (M.) sur le salaire
Lohnsteuer (F.) impôt (M.) sur les salaires, impôt (M.) sur les traitements et salaires
lokal local (Adj.)
Lokaltermin (M.) descente (F.) de justice, transport (M.) de justice, transport (M.) sur les lieux
Lombard (M.) nantissement (M.) mobilier
Lombardkredit (M.) avance (F.) par nantissement sur titres, crédit (M.) garanti par nantissement mobilier
London (N.) Londres
Londoner Deklaration (F.) Déclaration (F.) de Londres
Los (N.) lot (M.), sort (M.)
löschen éteindre, amortir, radier, décharger
Löschung (F.) extinction (F.), radiation (F.), déchargement (M.), amortissement (M.), mainlevée (F.)
Löschungsanspruch (M.) droit (M.) à radiation
Löschungsbewilligung (F.) autorisation (F.) de radier, autorisation (F.) de radiation, consentement (M.) à une radiation
Löschungsvormerkung (F.) préinscription (F.) de la radiation
Lösegeld (N.) rançon (F.)
lösen résoudre, résilier, dénoncer, détacher
losen tirer au sort
Lotse (M.) pilote (M.)
Lotterie (F.) loterie (F.)
Lotto (N.) loto (M.)
loyal loyal (Adj.)
Loyalität (F.) loyalisme (M.), loyauté (F.)
Lücke (F.) lacune (F.), manque (M.)
lucrum (N.) cessans (lat.) (entgehender Gewinn) lucrum (N.) cessans (lat.) (manque à gagner)
Luft (F.) air (M.)
Luftfahrt (F.) navigation (F.) aérienne
Luftfahrzeug (N.) aéronef (M.), avion (M.)
Luftrecht (N.) droit (M.) aérien
Lüge (F.) mensonge (M.)
lügen mentir
Lügendetektor (M.) détecteur (M.) de mensonges
Lügner (M.) menteur (M.)
Lump (M.) canaille (F.)
Lust (F.) plaisir (M.), agrément (M.), joie (F.)
Lustmord (M.) meurtre (M.) avec viol, crime (M.) sadique
Luxemburg (N.) Luxembourg (M.)
Luxus (M.) luxe (M.)
lynchen lyncher
Lynchjustiz (F.) lynchage (M.), loi (F.) de Lynche
Lyzeum (N.) lycée (M.), lycée (M.) des jeunes filles

M

Maastricht (N.) Maastricht (F.)
Maastrichter Vertrag (M.) traité (M.) de Maastricht
machen faire
Machenschaft (F.) machination (F.)
Macht (F.) puissance (F.), pouvoir (M.), autorité (F.)
Mafia (F.) mafia (F.)
Magazin (N.) magasin (M.), dépôt (M.), magazine (M.)
Magister (M.) maître (M.)
Magistrat (N.) municipalité (F.), collège (M.) administratif municipal
Magistratsverfassung (F.) constitution (F.) municipale, constitution (F.) communale comprenant un organe délibérant et une municipalité collective
Mahnantrag (M.) requête (F.) en vue de l'obtention d'une ordonnance portant injonction de payer
Mahnbescheid (M.) ordonnance (F.) portant injonction de payer, ordonnance (F.) d'injonction de payer, commandement (M.) de payer
mahnen mettre en demeure, avertir, rappeler
Mahnschreiben (N.) lettre (F.) de rappel, rappel (M.)
Mahnung (F.) mise (F.) en demeure, avertissement (M.)
Mahnverfahren (N.) procédure (F.) d'injonction, injonction (F.) de payer
Majestät (F.) majesté (F.)
Majestätsverbrechen (N.) crime (M.) de lèse-majesté
Major (M.) commandant (M.), chef (M.) de bataillon
Majorität (F.) majorité (F.)
Makler (M.) courtier (M.), agent (M.) immobilier, commissionnaire (M.)
Maklergebühr (F.) commission (F.)
Maklervertrag (M.) contrat (M.) de courtage, commission (F.)
mala fides (F.) (lat.) (böser Glaube) mauvaise foi (F.)
managen manager (V.), gérer
Manager (M.) cadre (M.) supérieur, manager (M.)
Mandant (M.) commettant (M.), mandant (M.), client (M.)
Mandat (N.) mandat (M.)
Mandatar (M.) mandataire (M.)
Mangel (M.) vice (M.), défaut (M.), défectuosité (F.), insuffisance (F.), rareté (F.), manque (M.)
Mangelanzeige (F.) réclamation (F.), réclamation (F.) pour vice
Mangelfolgeschaden (M.) dommage (M.) causé par suite du vice d'une chose livrée, dommage (M.) résultant d'un vice
Mangelgewährleistung (F.) réparation (F.) de vices
mangelhaft défectueux, vicieux, impropre à l'usage destiné
mangeln manquer
Mängelrüge (F.) réclamation (F.) à propos d'un défaut, réclamation (F.), recours (M.) en garantie pour vices de la marchandise, notification (F.) d'un vice
mangels pour insuffisance
Mangelschaden (M.) préjudice (M.) concernant un défaut de la marchandise, préjudice (M.) résultant du défaut
Manie (F.) manie (F.)
Manifest (N.) manifeste (M.), proclamation (F.), manifeste (M.) de cargaison
Manko (N.) manque (M.), déficit (M.)
Mantel (M.) manteau (M.), souche (F.) du titre
Mantelkauf (M.) acquisition (F.) d'une souche de titre
Manteltarif (M.) tarif (M.) général
Manteltarifvertrag (M.) convention (F.) collective générale
Manufaktur (F.) manufacture (F.)
Marine (F.) marine (F.), forces (F.Pl.) navales
Marke (F.) marque (F.), marque (F.) de commerce, jeton (M.), timbre (M.)
Markenartikel (M.) produit (M.) de marque, article (M.) de marque
Markenrecht (N.) droit (M.) sur la marque, droit (M.) des marques
Markenregister (N.) registre (M.) des marques
Markenware (F.) produit (M.) de marque
Marketing (N.) marketing (M.)
Markt (M.) marché (M.)
Marktführer (M.) dominant (M.) sur le marché, leader (M.) sur le marché

Marktordnung (F.) organisation (F.) du marché
Marktpreis (M.) cours (M.) pratiqué sur le marché, prix (M.) du marché
Marktrecht (N.) droit (M.) relatif au marché
Marktsättigung (F.) saturation (F.) du marché
Marktwirtschaft (F.) économie (F.) de marché
Marschall (M.) maréchal (M.)
Marter (F.) martyre (M.)
martern martyriser, torturer
Maschine (F.) machine (F.)
maschinenlesbar lisible automatiquement
Maschinenversicherung (F.) assurance (F.) de machines
Masochismus (M.) masochisme (M.)
Maß (N.) mesure (F.)
Massaker (N.) massacre (M.)
Masse (F.) quantité (F.), masse (F.), patrimoine (M.) du débiteur failli
Masseanspruch (M.) créance (F.) contre le débiteur en liquidation
Massegläubiger (M.) créancier (M.) de la masse, créancier (M.) pour réaliser les biens d'insolvabilité
Massekosten (F.Pl.) frais (M.Pl.) de gestion du patrimoine du failli
Masseschuld (F.) dette (F.) à la charge de la masse, dette (F.) exigible
Masseverbindlichkeit (F.) dette (F.) exigible
Masseverwalter (M.) administrateur (M.) judiciaire
Maßnahme (F.) mesure (F.), sanction (F.), acte (M.)
Maßnahme (M.) zur Wahrung von Interessen acte (M.) conservatoire
Maßnahmerecht (N.) droit (M.) de mesures
Maßregel (F.) règle (F.), mesure (F.), sanction (F.)
Material (N.) (Ausrüstung) matériel (M.), équipement (M.), matériaux (M.Pl.)
Materialismus (M.) matérialisme (M.)
materiell matériel (Adj.)
materielle Rechtskraft (F.) force (F.) de chose jugée
materielle Verfassung (F.) constitution (F.) matérielle
materieller Schaden (M.) dommage (M.) matériel, préjudice (M.) matériel
materielles Gesetz (N.) loi (F.) matérielle
materielles Recht (N.) droit (M.) matériel
Mätresse (F.) maîtresse (F.)
Matriarchat (N.) matriarcat (M.)
Matrikel (F.) matricule (F.)
Matrose (M.) matelot (M.), marin (M.)
Matura (F.) baccalauréat (M.)
Maut (F.) péage (M.)
Maxime (F.) maxime (F.)
Mediation (F.) médiation (F.)
Mediationsgesetz (N.) loi (F.) concernant la médiation
Mediatisierung (F.) médiatisation (F.)
Mediator (M.) médiateur (M.)
Medien (N.Pl.) moyens (M.Pl.) de communication
Medienrecht (N.) droit (M.) de l'audiovisuel, régime (M.) légal de la radiodiffusion et télévision
Medium (N.) médium (M.), milieu (M.), moyen (M.)
Medizin (F.) médecine (F.)
medizinisch médical
Medizinstrafrecht (N.) droit (M.) pénal concernant la médecine
Meer (N.) mer (F.)
Meeresboden (M.) fond (M.) marin, sol (M.) sous-marin
mehrfach multiple, répété
Mehrheit (F.) majorité (F.)
Mehrheitsbeschluss (M.) décision (F.) majoritaire, décision (F.) prise à la majorité
Mehrheitsbeteiligung (F.) participation (F.) majoritaire
Mehrheitswahl (F.) scrutin (M.) majoritaire, vote (M.) majoritaire
Mehrheitswahlrecht (N.) scrutin (M.) majoritaire
Mehrstaater (M.) sujet (M.) mixte
Mehrstaatigkeit (F.) nationalité (F.) multiple
mehrstufig à plusieurs degrés, à plusieurs étages
Mehrwert (M.) plus-value (F.)
Mehrwertsteuer (F.) taxe (F.) sur la valeur ajoutée (T. V. A.)
meiden éviter (V.)
Meineid (M.) faux serment (M.), parjure (M.)
meineidig parjure (Adj.)
meinen croire, penser
Meinung (F.) opinion (F.), avis (M.), point (M.) de vue

Meinungsfreiheit (F.) liberté (F.) d'opinion
Meistbegünstigung (F.) traitement (M.) préférentiel
Meistbegünstigungsklausel (F.) clause (F.) de la nation la plus favorisée
meiste majeur (Adj.), plus (Adj.)
Meister (M.) maître (M.), patron (M.), champion (M.)
Meisterbetrieb (M.) entreprise (F.) d'apprentissage
Meisterprüfung (F.) examen (M.) de maîtrise
Meisterstück (N.) chef-d'œuvre (M.)
Meistgebot (N.) la plus forte enchère (F.), dernière offre (F.)
melden annoncer, dire (V.), signaler, rapporter
Meldepflicht (F.) obligation (F.) de déclarer
meldepflichtig soumis à une déclaration
Meldewesen (N.) réglementation (F.) relative à la déclaration domiciliaire
Meldung (F.) annonce (F.), information (F.), avis (M.)
Memorandum (N.) mémorandum (M.)
Menge (F.) grand nombre (M.), masse (F.), multitude (F.), quantité (F.)
Menschenhandel (M.) traite (F.) des êtres humains, trafic (M.) des hommes
Menschenraub (M.) enlèvement (M.), rapt (M.)
Menschenrecht (N.) droit (M.) de l'homme
Menschenrechtskommission (F.) commission (F.) des droits de l'homme
Menschenrechtskonvention (F.) convention (F.) des droits de l'homme
Menschenwürde (F.) dignité (F.) humaine
menschenwürdig respectant la dignité humaine
menschlich humain (Adj.), humanitaire (Adj.)
mental mental
Mentalreservation (F.) restriction (F.) mentale
merkantil mercantil, commercial (Adj.)
merkantiler Minderwert (M.) moins-value (F.) d'une chose endommagée et réparée par rapport à une chose non endommagée
Merkantilismus (M.) mercantilisme (M.)
merken sentir, percevoir, apercevoir, souvenir
Merkmal (N.) marque (F.), caractéristique (F.), élément (M.) distinctif
Messe (F.) messe (F.), foire (F.)
messen mesurer
Methode (F.) méthode (F.), procédé (M.)
Methodenlehre (F.) méthodologie (F.)
Methodik (F.) méthodologie (F.)
methodisch méthodique (Adj.)
Methodologie (F.) méthodologie (F.)
Meuchelmord (M.) crime (M.) crapuleux, assassinat (M.)
Meuchelmörder (M.) assassin (M.)
meucheln assassiner
Meuterei (F.) mutinerie (F.)
Meuterer (M.) mutin (M.)
meutern mutiner (se), révolter (se)
Miete (F.) location (F.), louage (M.), louage (M.) de choses, loyer (M.), bail (M.)
mieten louer, prendre en location
Mieter (M.) locataire (M.), preneur (M.) à bail
Mieterhöhung (F.) augmentation (F.) de loyer, majoration (F.) de loyer
Mieterschutz (M.) protection (F.) des locataires
Mietgericht (N.) tribunal (M.) des baux à loyer
Mietkauf (M.) location-vente (F.), crédit-bail (M.)
Mietpreisbindung (F.) fixation (F.) impérative du loyer
Mietrecht (N.) droit (M.) au bail, législation (F.) en matière de louage de choses
Mietshaus (N.) immeuble (M.) locatif
Mietspiegel (M.) valeur (F.) locative, indice (M.) officiel des loyers
Mietverhältnis (N.) lien (M.) juridique entre locataire et bailleur
Mietvertrag (M.) contrat (M.) de location, contrat (M.) de bail, bail (M.)
Mietwagen (M.) voiture (F.) de location
Mietwohnung (F.) logement (M.) locatif
Mietwucher (M.) hausse (F.) illicite des loyers
Mietzins (M.) loyer (M.), prix (M.) du bail
Mietzuschuss (M.) allocation (F.) logement
mild doux
mildern assouplir, modérer, atténuer, commuter
mildernd atténuant
Milderung (F.) atténuation (F.), adoucissement (M.)
Milderungsgrund (M.) circonstance (F.) atténuante
Milieu (N.) milieu (M.)

Militär (N.) forces (F.Pl.) armées, armée (F.)
Militärgericht (N.) tribunal (M.) aux armées
militärisch militaire (Adj.)
Militärverordnung (F.) règlement (M.) militaire
Miliz (F.) milice (F.), garde (F.) civique
mindere moindre
Minderheit (F.) minorité (F.)
Minderheitenschutz (M.) protection (F.) des minorités
Minderheitsbeteiligung (F.) participation (F.) minoritaire
minderjährig mineur (Adj.)
Minderjähriger (M.) mineur (M.) (1)
Minderjährigkeit (F.) minorité (F.)
Minderkaufmann (M.) petit commerçant (M.) non soumis aux prescriptions générales
mindern diminuer, réduire, minorer
Minderung (F.) diminution (F.), réduction (F.), minoration (F.), réduction (F.) du prix de vente et des frais de la vente
Minderwert (M.) moins-value (F.)
Mindestgebot (N.) enchère (F.) la plus basse, enchère (F.) minimum
Mindestkapital (N.) capital (M.) social minimum
Mindestlohn (M.) salaire (M.) minimum, salaire (M.) minimal, rémunération (F.) plancher
Mindestreserve (F.) réserves (F.Pl.) minimales obligatoires, réserve (F.) minimum obligatoire
Mindeststrafe (F.) peine (F.) minimum, peine (F.) minimale, peine (F.) plancher
Minister (M.) ministre (M.)
Ministeranklage (F.) mise (F.) en accusation d'un ministre
Ministerialblatt (N.) journal (M.) officiel d'un ministère, bulletin (M.) ministériel
ministeriell ministériell
Ministerium (N.) ministère (M.)
Ministerpräsident (M.) premier ministre (M.), ministre (M.) président
Ministerrat (M.) conseil (M.) de Kabinett, conseil (M.) des ministres
minorenn mineur (Adj.)
Minorität (F.) minorité (F.)
Mischehe (F.) mariage (M.) mixte
mischen mêler, mélanger
Mischung (F.) mélange (M.)
missachten négliger, dédaigner, inobserver, mépriser
missbilligen désapprouver, désavouer
Missbilligung (F.) réprobation (F.), désapprobation
Missbrauch (M.) abus (M.), usage (M.) fautif
missbrauchen abuser, outrepasser, violer
Missbrauchstatbestand (M.) usage (M.) frauduleux
Misserfolg (M.) échec (M.)
Missetat (F.) méfait (M.), forfait (M.)
Missgeburt (F.) avorton (M.)
misshandeln maltraiter, malmener
Misshandlung (F.) mauvais traitement (M.), sévices (M.Pl.)
missio (F.) canonica (lat.) (Sendungsauftrag) missio (F.) canonica (lat.)
Mission (F.) mandat (M.), charge (F.), mission (F.)
Misstrauen (N.) méfiance (F.), défiance (F.)
misstrauen méfier
Misstrauensantrag (M.) motion (F.) de défiance, motion (F.) de censure
Misstrauensvotum (N.) vote (M.) d'une motion de censure, vote (M.) de défiance, vote (M.) de censure
Missverständnis (N.) malentendu (M.)
missverstehen méprendre
mit Sitz in séant à
Mitarbeit (F.) collaboration (F.), coopération (F.)
Mitarbeit (F.) des Ehegatten fait (M.) de participer à la gestion sociale, contribution (F.) d'un époux à la gestion des affaires de l'autre
Mitarbeiter (M.) assistant (M.), collaborateur (M.)
Mitbesitz (M.) co-possession (F.)
Mitbesitzer (M.) co-possesseur (M.)
mitbestimmen participer à la gestion
Mitbestimmung (F.) codécision (F.), cogestion (F.), participation (F.) à la gestion
Mitbestimmungsgesetz (N.) loi (F.) relative à la cogestion dans l'entreprise
Mitbestimmungsrecht (N.) droit (M.) de cogestion
mitbestrafte Nachtat (F.) infraction (F.) connexe punie par la peine principale
Mitbewerber (M.) concurrent (M.)
Mitbürge (M.) caution (F.) solidaire, cofidéjusseur (M.)
Mitbürgschaft (F.) cautionnement (M.) solidaire

Miteigentum (N.) copropriété (F.)
Miteigentümer (M.) copropriétaire (M.)
Miterbe (M.) cohéritier (M.)
Miterbengemeinschaft (F.) communauté (F.) héréditaire
Mitgift (F.) dot (F.)
Mitglied (N.) membre (M.), adhérent (M.)
Mitgliedschaft (F.) qualité (F.) de membre, affiliation (F.)
Mithaftung (N.) coresponsabilité (F.), part (F.) de responsabilité
Mitschuldner (M.) codébiteur (M.), coobligé (M.)
Mittäter (M.) coauteur (M.) d'un délit, codélinquant, complice (M.)
Mittäterschaft (F.) coactivité (F.), complicité (F.)
mitteilen communiquer, informer, notifier, donner avis
Mitteilung (F.) communication (F.), information (F.), notification (F.), communiqué (M.), avis (M.)
Mitteilungsblatt (N.) bulletin (M.) d'information, bulletin (M.)
Mittel (N.) moyen (M.), ressource (F.), fond (M.)
mittelbar indirect, par l'intermédiaire de, médiat
mittelbare Falschbeurkundung (F.) fait (M.) de provoquer un faux en écriture publique
mittelbare Staatsverwaltung (F.) administration (F.) décentralisée
mittelbare Stellvertretung (F.) représentation (F.) imparfaite
mittelbarer Besitz (M.) possession (F.) sans appréhension matérielle de la chose, possession (F.) par l'intermédiaire d'un détenteur précaire
mittelbarer Schaden (M.) préjudice (M.) indirect
mittelbarer Täter (M.) provocateur-auteur (M.)
mittelbarer Zwang (M.) contrainte (F.) indirecte
Mittelbehörde (F.) administration (F.) intermédiaire
mittelfristig à moyen terme
Mitunternehmer (M.) cogérant (M.)
Mitvermächtnis (N.) colegs (M.)
Mitvermächtnisnehmer (M.) colégataire (M.)
Mitverschulden (N.) faute (F.) partagée, faute (F.) commune, responsabilité (F.) partagée
Mitversicherung (F.) coassurance (F.)
Mitwirken (N.) participation (F.), concours (M.), coopération (F.), collaboration (F.)
mitwirken participer
Mitwirkung (F.) participation (F.), concours (M.), coopération (F.), collaboration (F.)
mitwirkungsbedürftig prévoyant la participation
mitwirkungsbedürftiger Verwaltungsakt (M.) acte (M.) individuel prévoyant la participation de l'interessé
Mitwirkungspflicht (F.) obligation (F.) de concours, obligation (F.) de coopération, devoir (M.) d'assistance, devoir (M.) de cooperer, devoir (M.) de collaboration
Möbel (N.) meuble (M.)
mobil mobile (Adj.)
Mobiliar (N.) mobilier (M.), ameublement (M.), meubles (M.Pl.)
Mobiliarsicherheit (F.) sûreté (F.) réelle mobilière
Mobiliarzwangsvollstreckung (F.) saisie (F.) exécution mobilière
Mobilie (F.) bien (M.) meuble
modus (M.) (lat.) (Art) modus (M.) (lat.) (mode)
mogeln tromper
Mogelpackung (F.) emballage (M.) trompeur
Möglichkeit (F.) faculté (F.), capacité (F.), possibilité (F.), éventualité (F.), chance (F.)
Monarch (M.) monarque (M.), souverain (M.)
Monarchie (F.) monarchie (F.)
monarchisch monarchique
monarchisches Prinzip (N.) principe (M.) de la monarchie, principe (M.) monarchique
Monarchismus (M.) monarchisme (M.)
Monat (M.) mois (M.)
monatlich mensuel, mensualisé
monatliche Entlohnung (F.) mensualisation (F.)
Mönch (M.) moine (M.)
Monismus (M.) monisme (M.)
Monogamie (F.) monogamie (F.)
Monokratie (F.) monocratie (F.)
monokratisch monocratique
Monopol (N.) monopole (M.)
monopolisieren monopoliser

Montanunion (F.) Communauté (F.) Européenne du Charbon et de l'Acier (C. E. C. A.), Communauté (F.) charbon-acier
Moral (F.) morale (F.)
moralisch moral (Adj.)
Moratorium (N.) moratoire (M.)
Mord (M.) homicide (M.) commis volontairement dans le dessein de permettre ou de cacher une autre infraction ou en employant des tortures ou actes de barbarie ou pour des motifs particulièrement répréhensibles, atteinte (F.) à la vie d'une personne
morden assassiner, tuer
Mörder (M.) assassin (M.)
Mordversuch (M.) tentative (F.) d'assassinat
Morgen (M.) lendemain (M.)
Morgengabe (F.) présent (M.) du marié à son épouse le lendemain des noces
Morphium (N.) morphine (F.)
Moslem (M.) musulman (M.)
Motiv (N.) motif (M.), mobile (M.)
Motivirrtum (M.) erreur (F.) sur le mobile, erreur (F.) sur le motif
Müll (M.) ordure (F.), ordures (F.Pl.) ménagères, déchet (M.), déchets (M.Pl.) industriels
Müllabfuhr (F.) service (M.) de voirie
Müllentsorgung (F.) collecte (F.) et élimination des déchets
multilateral multilatéral (Adj.)
multinational multinational (Adj.)
Münchener Abkommen (N.) Convention (F.) de Munich
Mund (M.) bouche (F.)
Mündel (N.) pupille (M.), mineur (M.) (1) sous tutelle
Mündelgeld (N.) deniers (M.Pl.) pupillaires, fonds (M.Pl.) de tutelle
mündelsicher réunissant les conditions d'un placement pupillaire, sûr, de tout repos
mündig majeur (Adj.)
Mündigkeit (F.) majorité (F.)
mündlich oral (Adj.), verbal (Adj.)
Mündlichkeit (F.) caractère (M.) oral
Mündlichkeitsgrundsatz (M.) principe (M.) de l'oralité
Mundraub (M.) larcin (M.) portant sur des denrées alimentaires, larcin (M.) à l'étalage
Munition (F.) munitions (F.Pl.)
Münzdelikt (N.) contravention (F.) aux lois réglementant la monnaie, délit (M.) concernant la monnaie
Münze (F.) pièce (F.) de monnaie, monnaie (F.) d'appoint, monnaie (F.) métallique
Musskaufmann (M.) commerçant (M.) de par l'exercice de sa profession, personne (F.) ayant la qualité de commerçant du fait même de son activité commerciale
Muster (N.) spécimen (M.), modèle (M.), dessin (M.) et modèle (M.), échantillon (M.)
mustern examiner, inspecter
Musterprozess (M.) procédure (F.) modèle, procédure-type (M.)
Musterschutz (M.) protection (F.) des dessins et modèles
Musterung (F.) sélection-orientation (F.), révision (F.), examen (M.), enrôlement (M.)
Mustervertrag (M.) contrat (M.) modèle, contrat-type (M.), accord-type (M.)
mutmaßen présumer, soupçonner
mutmaßlich présumé (Adj.), supposé (Adj.)
mutmaßliche Einwilligung (F.) approbation (F.) présumé
Mutter (F.) mère (F.)
Muttergesellschaft (F.) société-mère (F.)
Muttermord (M.) matricide (M.)
Mutterrecht (N.) matriarcat (M.)
Mutterschaft (F.) maternité (F.)
Mutterschaftsgeld (N.) indemnité (F.) de congé de maternité
Mutterschaftsurlaub (M.) congé (M.) de maternité, congé-maternité (M.)
Mutterschutz (M.) protection (F.) maternelle
Mutung (F.) demande (F.) de concession d'une mine
mutwillig à dessein, de propos délibéré

N

nachahmen imiter, copier, reproduire
Nachahmung (F.) imitation (F.), reproduction (F.)
Nachbar (M.) voisin (M.)
Nachbarklage (F.) action (F.) engagée par le voisin
Nachbarrecht (N.) législation (F.) réglant les relations entre le propriétaire et ses voisins
nachbessern réparer les vices, rectifier
Nachbesserung (F.) réparation (F.), réparation (F.) des vices, amélioration (F.), correction (F.)

Nachbürge (M.) sous-caution (F.), certificateur (M.) de caution
Nachbürgschaft (F.) sous-caution (F.)
Nacheid (M.) serment (M.) prêté après la déposition
Nacheile (F.) poursuite (F.), droit (M.) de poursuite
Nacherbe (M.) appelé (M.), héritier (M.) subséquent
Nacherbschaft (F.) substitution (F.) fidéicommissaire, substitution (F.) d'héritier
Nacherfüllung (F.) réparation (F.)
Nachfolge (F.) succession (F.)
Nachfolger (M.) successeur (M.)
Nachforderung (F.) redressement (M.), rappel (M.) des dépens, créance (F.) reclamée en sus
Nachfrage (F.) demande (F.)
Nachfrist (F.) délai (M.) supplémentaire, délai (M.) de grâce
nachgiebig souple (Adj.), flexible, supplétif (Adj.)
nachgiebiges Recht (N.) règles (F.Pl.) supplétives, ius (N.) dispositivum (lat.)
Nachkomme (M.) descendant (M.)
Nachlass (M.) remise (F.), héritage (M.), patrimoine (M.) du de cuius, bien (M.) de la succession, succession (F.)
nachlassen léguer, diminuer, réduire
Nachlassforderung (F.) créance (F.) successorale
Nachlassgegenstand (M.) bien (M.) de la succession
Nachlassgericht (N.) tribunal (M.) compétent en matiére succéssorale
nachlässig négligent
Nachlässigkeit (F.) négligence (F.)
Nachlassinsolvenz (F.) liquidation (F.) des biens portant sur le patrimoine d'une succession
Nachlassinsolvenzverfahren (N.) insolvabilité (F.) des biens portant sur le patrimoine d'une succession
Nachlassinventar (N.) inventaire (M.) successoral
Nachlasskonkurs (M.) liquidation (F.) des biens portant sur le patrimoine d'une succession, liquidation (F.) d'une succession
Nachlasspfleger (M.) administrateur (M.) de la succession
Nachlasspflegschaft (F.) administration (F.) de l'indivision successorale, curatelle (F.) d'une succession vacante
Nachlassrecht (N.) législation (F.) relative à la succession
Nachlassschuld (F.) dette (F.) et charge (F.) de la succession, passif (M.) de la succession, passif (M.) héréditaire
Nachlassverbindlichkeit (F.) dette (F.) et charge (F.) de la succession, passif (M.) de la succession, passif (M.) héréditaire
Nachlassverwalter (M.) curateur (M.) de la succession
Nachlassverwaltung (F.) administration (F.) de la succession, curatelle (F.) de la succession
Nachlieferung (F.) fourniture (F.) postérieure en remplacement de la livraison principale
Nachnahme (F.) remboursement (M.)
Nachname (M.) nom (M.), nom (M.) de famille
Nachrede (F.) épilogue (F.), diffamation (F.)
nachreden diffamer
Nachricht (F.) information (F.), nouvelle (F.)
Nachschieben (N.) von Gründen fait (M.) d'indiquer les moyens et arguments au cours de la procédure
nachschieben fourguer
nachschlagen chercher
Nachschlagewerk (N.) répertoire (M.), recueil (M.)
Nachschlüssel (M.) fausse clé (F.)
Nachschuss (M.) versement (M.) supplémentaire
Nachschusspflicht (F.) obligation (F.) de verser des fonds supplémentaires
Nachsichtwechsel (M.) lettre (F.) de change à un certain délai de vue
nachstellen placer après, poursuivre
Nachtat (F.) délit (M.) subséquent
Nachteil (M.) désavantage (M.), inconvénient (M.), détriment (M.), préjudice (M.), dommage (M.)
Nachtrag (M.) avenant (M.), additif (M.)
nachträglich additionnel, supplémentaire (Adj.), ultérieur, a posteriori (lat.)
nachträgliche Unmöglichkeit (F.) impossibilité (F.) survenue ultérieurement à la naissance du rapport d'obligation d'exécuter une prestation
Nachtragsanklage (F.) conclusions (F.Pl.) complémentaires du ministère public

Nachtragshaushalt (M.) budget (M.) complémentaire
Nachvermächtnis (N.) legs (M.) grevé d'une substitution fidéicommissaire
Nachversicherung (F.) post-assurance (F.), assurance (F.) complémentaire, assurance (F.) de rattrapage de périodes antérieures non cotisées
Nachwahl (F.) élection (F.) complémentaire
Nachweis (M.) preuve (F.), justification (F.), attestation (F.)
nachweisen prouver
nachzahlen payer après
nachzählen recompter
Nachzahlung (F.) paiement (M.) ultérieur, rappel (M.) de traitement, complément (M.)
Nachzählung (F.) recomptage (F.)
nachziehen entrer au titre du regroupement familial
Nachzug (M.) entrée (F.) au titre du regroupement familial, regroupement (M.) familial
Name (M.) nom (M.), nom (M.) de famille, dénomination (F.)
Namensaktie (F.) action (F.) nominative
Namensänderung (F.) changement (M.) de nom
Namensehe (F.) mariage (M.) contracté dans le seul but d'acquérir le nom de l'époux
Namenspapier (N.) titre (M.) nominatif
Namensrecht (N.) droit (M.) au nom, législation (F.) relative au nom patronymique, droit (M.) du nom
nasciturus (M.) (lat.) (Leibesfrucht) enfant (M.) conçu
Nation (F.) nation (F.)
national national (Adj.)
Nationalfarbe (F.) couleurs (F.Pl.) nationales
Nationalgefühl (N.) sentiment (M.) national
Nationalhymne (F.) hymne (M.) national
Nationalismus (M.) nationalisme (M.)
nationalistisch nationaliste (Adj.)
Nationalität (F.) nationalité (F.)
Nationalitätenstaat (M.) États-nations (M.)
Nationalkonvent (M.) convention (F.) nationale
Nationalrat (M.) assemblée (F.) nationale
Nationalsozialismus (M.) national-socialisme (M.), nazisme (M.)
nationalsozialistisch national-socialiste (Adj.), nazi (Adj.)
Nationalstaat (M.) État (M.) misant l'accent sur l'unité de la nation, État-nation (F.)
Nationalsymbol (N.) symbole (M.) national
Nationalversammlung (F.) assemblée (F.) nationale
NATO (F.) (Northern Atlantic Treaty Organization) O. T. A. N. (F.) (Organisation du traité de l'Atlantique Nord)
Natur (F.) nature (F.)
Naturalherstellung (F.) réparation (F.) en nature
Naturalisation (F.) naturalisation (F.)
naturalisieren naturaliser
Naturallohn (M.) rémunération (F.) en nature
Naturalobligation (F.) obligation (F.) naturelle
Naturalrestitution (F.) réparation (F.) en nature
Naturalwirtschaft (F.) économie (F.) sans argent
natürlich naturel (Adj.)
natürliche Handlungseinheit (F.) infraction (F.) complexe
natürliche Person (F.) personne (F.) physique
Naturrecht (N.) droit (M.) naturel
Naturschutz (M.) protection (F.) de l'environnement, protection (F.) de la nature, conservation (F.) de la nature
Naturschutzgebiet (N.) parc (M.) naturel
ne bis in idem (lat.) (nicht zweimal in demselben) ne bis in idem (lat.)
Neben- secondaire, accessoire (Adj.)
Nebenamt (N.) fonction (F.) secondaire
Nebenbeschäftigung (F.) activité (F.) accessoire
Nebenbestimmung (F.) disposition (F.) annexe
Nebenfolge (F.) effet (M.) secondaire, peine (F.) accessoire
Nebengesetz (N.) loi (F.) complétant
Nebenintervenient (M.) intervenant (M.), intervenant (M.) à titre accessoire
Nebenintervention (F.) intervention (F.) accessoire
Nebenklage (F.) action (F.) de la partie civile accompagnant l'action publique
Nebenkläger (M.) partie (F.) civile
Nebenkosten (F.Pl.) frais (M.Pl.) accessoires, charges (F.Pl.) locatives
Nebenpflicht (F.) obligation (F.) accessoire, obligation (F.) complémentaire

Nebenrecht (N.) droit (M.) accessoire, droit (M.) annexe
Nebenstrafe (F.) peine (F.) secondaire, peine (F.) accessoire
Nebenstrafrecht (N.) droit (M.) pénal hors du code pénal
Nebentäter (M.) auteur (M.) secondaire
Nebentätigkeit (F.) occupation (F.) annexe, activité (F.) accessoire
Nebenverdienst (M.) rémunération (F.) d'appoint, casuels (M.Pl.)
negativ négatif (Adj.)
Negativattest (M.) attestation (F.) négative
negative Koalitionsfreiheit (F.) liberté (F.) d'association negative
negative Publizität (F.) publicité (F.) negative
negatives Interesse (N.) intérêt (M.) contractuel négatif, intérêt (M.) negatif
negatives Schuldanerkenntnis (N.) reconnaissance (F.) contractuelle de la non-existence de la dette
negatives Tatbestandsmerkmal (N.) élément (M.) negatif constitutif d'une infraction
Negativtestament (N.) testament (M.) negativ
negatorisch négatoire
negatorische Klage (F.) action (F.) négatoire
negatorischer Anspruch (M.) droit (M.) négatoire, demande (F.) de ne pas faire
nehmen prendre
Nehmer (M.) preneur (M.)
Neigung (F.) tendance (F.)
nemo iudex in re sua (lat.) (niemand kann in eigener Sache Richter sein) nemo iudex in re sua (lat.)
nemo plus iuris ad alium transferre potest quam ipse habet (lat.) (niemand kann mehr Recht übertragen als er hat) nemo plus iuris ad alium transferre potest quam ipse habet (lat.)
Nennbetrag (M.) montant (M.) nominal
nennen nommer, dénommer, désigner
Nennkapital (N.) capital (M.) nominal
netto Kasse au comptant compté
netto net
Netz (N.) réseau (M.)
Netzvertrag (M.) contrat-réseau (M.)
neu nouveau (Adj.), neuf (Adj.), récent (Adj.)
Neubearbeitung (F.) refonte (F.), révision (F.)
Neufassung (F.) refonte (F.)
neuformulieren réformuler, réformer
Neugläubiger (M.) nouveau créancier (M.), cessionnaire (M.)
Neugründung (F.) nouvelle constitution (F.)
Neuheit (F.) nouveauté (F.)
neutral neutre
Neutralität (F.) neutralité (F.)
Neuwahl (F.) nouvelle élection (F.), réélection (F.)
Neuwert (M.) valeur (F.) à neuf
Neuzeit (F.) temps (M.Pl.) modernes
nicht non
Nichtakt (M.) décision (F.) inexistante, acte (M.) inexistant
Nichtanzeige (F.) non-dénonciation (F.)
nichtberechtigt non autorisé (Adj.)
Nichtberechtigter (M.) personne (F.) non autorisée, personne (F.) sans titre
Nichtbestehen (N.) inexistence (F.)
Nichtbestreiten (N.) non-contester (M.)
nichtbevorrechtigter Gläubiger (M.) créancier (M.) chirographaire
Nichte (F.) nièce (F.)
Nichtehe (F.) mariage (M.) inexistant
nichtehelich naturel (Adj.)
nichteheliche Lebensgemeinschaft (F.) union (F.) libre, cohabitation (F.), concubinage (M.)
nichtehelicher Vater (M.) père (M.) d'un enfant naturel
nichteheliches Kind (N.) enfant (M.) naturel
Nichtehelichkeit (F.) fait (M.) d'inexistence de mariage
Nichterfüllung (F.) non-exécution (F.), inexécution (F.), carence (F.)
Nichterfüllungsschaden (M.) dommage (M.) résultant de l'inexécution
Nichterscheinen (N.) non-comparution (F.)
nichtig nul (Adj.)
Nichtigkeit (F.) nullité (F.)
Nichtigkeitsbeschwerde (F.) pourvoi (M.) en nullité, recours (M.) en nullité
Nichtigkeitsklage (F.) demande (F.) en annulation, action (F.) en annulation
nichtkörperlich incorporel
Nichtleistung (F.) défaut (M.) de préstation
Nichtmitteilung (N.) non information (F.)
nichtöffentlich non publique
nichtrechtsfähig sans personnalitè juridique
nichtrechtsfähiger Verein (M.) association (F.) sans personnalité juridique
nichtstreitig non contentieux, non litigieux

Nichturteil (N.) non-jugement (M.)
Nichtvermögensschaden (M.) dommage (M.) moral, dommage (M.) non pécuniaire
Nichtzulassung (F.) eines Kandidaten refus (M.) d'un candidat
Nichtzulassung (F.) fait (M.) de ne pas admettre un recours
Nichtzulassungsbeschwerde (F.) recours (M.) présenté devant un tribunal contre le refus d'une instance inférieure d'autoriser un pourvoi en cassation d'un jugement qu'elle a rendu
Niederlande (F.Pl.) Pays-Bas (M.Pl.)
niederlassen (sich) asseoir (s'), prendre place, installer (s'), établir (s'), implanter (s')
Niederlassung (F.) établissement (M.), succursale (F.), filiale (F.)
Niederlassungsfreiheit (F.) liberté (F.) d'établissement
niederlegen coucher, démissionner, mettre par écrit
Niederlegung (F.) démission (F.)
Niedersachsen (N.) Basse-Saxe (F.)
niederschreiben noter, mettre par écrit
Niederschrift (F.) procès-verbal (M.), rapport (M.)
niedrig bas (Adj.)
niedriger Beweggrund (M.) motif (M.) particulièrement répréhensible
Nießbrauch (M.) usufruit (M.)
Nießbrauchsberechtigter (M.) titulaire (M.) de l'usufruit
Nikotin (N.) nicotine (F.)
nominal nominal
Nominalwert (M.) valeur (F.) nominale, valeur (F.) faciale
nominell nominal
nominieren désigner
Nominierung (F.) désignation (F.)
non liquet (lat.) (es ist unklar) non liquet (lat.) (la situation n'est pas prouvé)
Nonne (F.) religieuse (F.)
Nord-Süd-Dialog (M.) dialogue (M.) Nord-Sud
Norm (F.) norme (F.), règle (F.)
Normadressat (M.) destinataire (M.) d'une règle juridique
normal normal (Adj.), régulier, ordinaire
normativ normatif
Normativbestimmung (F.) clause (F.) à caractère normatif
normatives Tatbestandsmerkmal (N.) élément (M.) constitutif d'une infraction qui doit être interprété
normen standardiser
Normenkollision (F.) conflit (M.) des lois
Normenkontrolle (F.) contrôle (M.) de la constitutionnalité d'une norme
Normenkontrollverfahren (N.) procédure (F.) ayant pour but le contrôle de la constitutionnalité d'une loi
normieren standardiser
Northern Atlantic Treaty Organization (F.) (NATO) Organisation (F.) du traité de l'Atlantique Nord (O. T. A. N)
Not (F.) besoin (M.), nécessité (F.), manque (M.), dénuement (M.), indigence (F.)
Notar (M.) notaire (M.)
Notariat (N.) notariat (M.)
Notariatskanzlei (F.) étude (F.) de notaire
notariell notarié
Note (F.) note (F.), remarque (F.), billet (M.)
Notenbank (F.) banque (F.) d'émission
Noterbe (M.) réservataire (M.), héritier (M.) réservataire
Notfall (M.) cas (M.) de nécessité, urgence (F.)
Notfrist (F.) délai (M.) de rigueur, délai (M.) préfix
Nothilfe (F.) légitime défense (F.) d'autrui
notieren noter, coter
Notierung (F.) cotation (F.)
Notifikation (F.) notification (F.)
notifizieren notifier
nötig nécessaire (Adj.)
nötigen contraindre
Nötigung (F.) menace (F.), menace (F.) faite avec ordre, atteinte (F.) à la liberté individuelle
Nötigungsnotstand (M.) état (M.) de nécessité dû à la contrainte
Notlage (F.) situation (F.) désesperée, situation (F.) critique
notorisch notoire
Notstand (M.) état (M.) de nécessité, état (M.) d'urgence, nécessité (F.)
Notstandsverfassung (F.) code (M.) portant réglementation de l'état d'urgence
Nottestament (N.) testament (M.) fait dans des circonstances exceptionnelles, testament (M.) privilegié
Notverordnung (F.) ordonnance (F.) en application des pleins pouvoirs

Notvorstand (M.) directeur (M.) nommé en cas d'urgence
Notweg (M.) chemin (M.) établi en vertu d'une servitude de passage, passage (M.) reliant une enclave à la voie publique
Notwehr (F.) légitime défense (F.)
Notwehrexzess (M.) excès (M.) de légitime défense
Notwehrprovokation (F.) provocation (F.) de défense legitime
Notwehrüberschreitung (F.) excès (M.) de légitime défense
notwendig nécessaire (Adj.), indispensable (Adj.)
notwendige Aufwendung (F.) impense (F.) nécessaire
notwendige Streitgenossenschaft (F.) intervention (F.) forcée
notwendige Verwendung (F.) impense (F.) nécessaire
notwendiger Verteidiger (M.) défenseur (M.) commis, défenseur (M.) d'office, avocat (M.) commis d'office
Notzucht (F.) viol (M.)
Novation (F.) novation (F.)
Novelle (F.) loi (F.) nouvelle, loi (F.) modificative, loi (F.) complémentaire
novellieren amender, modifier
Novellierung (F.) amendement (M.), modification (F.)
Novize (M.) novice (M.)
null und nichtig nul (Adj.) et non avenu
null zéro, nul (Adj.)
nulla poena (F.) sine lege (lat.) (keine Strafe ohne Gesetz) nulla poena (F.) sine lege (lat.) (aucune peine sans loi)
nullum crimen nulla poena sine lege (lat.) (keine Straftat und keine Strafe ohne gesetzliche Grundlage) nullum crimen nulla poena sine lege (lat.) (aucun crime sans loi)
numerisch numérique
numerus (M.) clausus (lat.) (beschränkte Zahl) numerus (M.) clausus (lat.) (numéro limité)
Nummer (F.) numéro (M.), cote (F.)
Nummernschild (N.) plaque (F.) d'immatriculation
Nuntius (M.) nonce (M.)
Nurnotar (M.) notaire (M.)
Nutzen (M.) profit (M.), bénéfice (M.), avantage (M.), utilité (F.)
nutzen utiliser, exploiter, servir, être utile
nützen utiliser, exploiter, servir, être utile
Nutzfahrzeug (N.) véhicule (M.) utilitaire
nützlich utile
nützliche Aufwendung (F.) impense (F.) utile
nützliche Verwendung (F.) impense (F.) utile
Nutznießung (F.) jouissance (F.) légale
Nutzung (F.) utilisation (F.), exploitation (F.), jouissance (F.), profit (M.) et avantage (M.) tirés d'un bien en jouissance
Nutzungsänderung (F.) modification (F.) de la destination d'un immeuble, changement (M.) d'affectation
Nutzungsausfall (M.) privation (F.) de jouissance, perte (F.) de l'utilisabilité
Nutzungsentschädigung (F.) indemnité (F.) pour privation de jouissance
Nutzungspfand (N.) antichrèse (F.), nantissement (M.)
Nutzungsrecht (N.) droit (M.) de jouissance, droit (M.) d'exploitation, droit (M.) d'usufruit

O

Obacht (F.) attention (F.)
Obdach (N.) abri (M.), asile (M.)
obdachlos sans abri, sans asile, sans logement
Obdachlosenasyl (N.) asile (M.)
Obdachlosigkeit (F.) manque (M.) d'abri
Obduktion (F.) autopsie (F.)
Oberbundesanwalt (M.) premier avocat (M.) général fédéral
Oberbürgermeister (M.) bourgmestre (M.), maire (M.), premier maire (M.)
obere supérieur (Adj.)
Obereigentum (N.) propriété (F.) directe, nue-propriété (F.)
Oberfinanzdirektion (F.) direction (F.) régionale des finances
Oberkreisdirektor (M.) chef (M.) de l'administration d'un cercle
Oberlandesgericht (N.) tribunal (M.) régional supérieur, cour (F.) d'appel (C.A.)
Oberst (M.) colonel (M.)
Oberstadtdirektor (M.) chef (M.) des services de l'administration municipale
oberste suprême (Adj.)
Oberster Gerichtshof (M.) (Oberster Ge-

richtshof in Frankreich zur Geltendmachung der rechtlichen Verantwortlichkeit der obersten Staatsorgane) Haute Cour (F.) de Justice
oberster Sozialversicherungsausschuss (M.) (oberster Sozialversicherungsausschuss in Frankreich) Conseil (M.) Supérieur de la Sécurité (F.) sociale
oberstes Bundesgericht (N.) cour (F.) suprême fédérale
Oberverwaltungsgericht (N.) tribunal (M.) administratif supérieur, cour (F.) administrative d'appel (C.A.A.), haute cour (F.) administrative
Obhut (F.) soin (M.), protection (F.), garde (F.)
Obhutspflicht (F.) obligation (F.) de surveillance, obligation (F.) de veiller sur une chose
obiter dictum (N.) (lat.) zusätzlich gesagt obiter dictum (N.) (lat.) (affirmation du juge sans interérêt pour la décision)
Objekt (N.) objet (M.)
objektiv objectif (Adj.)
objektive Bedingung (F.) der Strafbarkeit circonstance (F.) objective de la possibilité d'infliger
objektive Unmöglichkeit (F.) impossibilité (F.) objective
objektives Recht (N.) droit (M.) objectif
objektives Tatbestandsmerkmal (N.) élément (M.) matériel de l'infraction
objektives Verfahren (N.) procédure (F.) pénale contre un individu auquel aucune faute ne peut être reprochée
obliegen incomber, avoir l'obligation de faire
Obliegenheit (F.) obligation (F.), devoir (M.)
Obliegenheitsverletzung (F.) violation (F.) d'une obligation, non-respect (M.) d'une obligation
obligat obligatoire, indispensable (Adj.)
Obligation (F.) obligation (F.)
obligatorisch obligatoire
Obligo (N.) engagement (M.), garantie (F.)
Obmann (M.) responsable (M.), chef (M.), président (M.)
Obrigkeit (F.) autorités (F.Pl.), intendance (F.)
Observanz (F.) droit (M.) coutumier local
obsiegen gagner
Ochlokratie (F.) ochlocratie (F.)
Oder-Neiße-Linie (F.) frontière (F.) Oder-Neiße
OECD (F.) (Organisation for Economic Cooperation and Development) O. C. D. E. (F.) (Organisation de Coopération et de Développement Économiques)
OEEC (F.) (Organisation for European Economic Cooperation) O. E. C. E. (F.) (Organisation européenne de coopération économique)
offen ouvert
offenbar manifeste (Adj.), apparent
offenbaren découvrir, révéler, dévoiler
Offenbarung (F.) manifestation (F.), révélation (F.), divulgation (F.)
Offenbarungseid (M.) serment (M.) révélatoire du débiteur insolvable
Offenbarungspflicht (F.) obligation (F.) de révéler
offene Handelsgesellschaft (F.) (OHG) société (F.) en nom colléctif (S. N. C.)
offensichtlich manifeste (Adj.), évident
offensichtlicher Ermessensfehler (M.) erreur (F.) manifeste
öffentlich public (Adj.)
öffentliche Aufgabe (F.) fonction (F.) de service public
öffentliche Ausschreibung (F.) appel (M.) d'offres public
öffentliche Beglaubigung (F.) légalisation (F.), authentification (F.), certification (F.)
öffentliche Hand (F.) État (M.), secteur (M.) public
öffentliche Klage (F.) action (F.) publique
öffentliche Last (F.) charge (F.) publique
öffentliche Meinung (F.) opinion (F.) publique
öffentliche Ordnung (F.) ordre (M.) public
öffentliche Sache (F.) domaine (M.) public
öffentliche Urkunde (F.) acte (M.) officiel, acte (M.) authentique, écriture (F.) publique
öffentliche Versteigerung (F.) enchères (F.Pl.) publiques, vente (F.) publique aux enchères
öffentliche Zustellung (F.) signification (F.) par huissier
öffentlicher Auftrag (M.) marchés (M.Pl.) publics
öffentlicher Belang (M.) affaire (F.) publique

öffentlicher Dienst (M.) fonction (F.) publique
öffentlicher Glaube (M.) des Grundbuchs opposabilité (F.) aux tiers des inscriptions au livre foncier, force (F.) probante de l'inscription sur le livre foncier à l'égard des tiers
öffentliches Interesse (N.) intérêt (M.) général, utilité (F.) publique
öffentliches Mittel (N.) denier (M.) public
öffentliches Recht (N.) droit (M.) public
öffentliches Testament (N.) testament (M.) par acte public
öffentliches Wohl (N.) bien (M.) public
Öffentlichkeit (F.) public (M.), publicité (F.)
öffentlichrechtliche Anstalt (F.) établissement (M.) public
öffentlichrechtliche Streitigkeit (F.) contentieux (M.) administratif, contentieux (M.) constitutionnel
öffentlichrechtliche Verwahrung (F.) dépôt (M.) public
öffentlichrechtlicher Vertrag (M.) contrat (M.) administratif, contrat (M.) de droit public
offerieren offrir
Offerte (F.) offre (F.)
Offizial (M.) official (M.)
Offizialat (N.) officialité (F.)
Offizialdelikt (N.) infraction (F.) poursuivie d'office par le parquet
Offizialmaxime (F.) principe (M.) de la procédure inquisitoire
Offizialverfahren (N.) procédure (F.) inquisitoire
Offizialverteidiger (M.) avocat (M.) d'office, défenseur (M.) d'office
offiziell officiel (Adj.)
Offizier (M.) officier (M.)
offiziös officieux
OHG (F.) (offene Handelsgesellschaft) S. N. C. (F.) (société en nom colléctif)
Okkupation (F.) occupation (F.)
okkupieren occuper
Ökologie (F.) écologie (F.)
ökologisch écologique (Adj.)
Ökonomie (F.) économie (F.)
ökonomisch économique
Oktroi (N.) octroi (M.)
oktroyieren imposer
ökumenisch œcuménique
Oligarchie (F.) oligarchie (F.)
Oligokratie (F.) oligocratie (F.)
Oligopol (N.) oligopole (M.)
Ombudsmann (M.) médiateur (M.), médiateur (M.) de la République
Onkel (M.) oncle (M.)
Onomasiologie (F.) onomasiologie (F.)
Operation (F.) opération (F.)
operieren opérer, faire une opération
Opfer (N.) sacrifice (M.), victime (F.)
Opferentschädigung (F.) indemnisation (F.) des victimes
Opfergrenze (F.) limite (F.) de sacrifice
opfern sacrifier
Opferschutz (M.) protection (F.) des victimes
opponieren opposer à (s')
opportun opportun
Opportunist (M.) opportuniste (M.)
Opportunität (F.) opportunité (F.)
Opposition (F.) opposition (F.), antinomie (F.)
oppositionell opposant (Adj.), de l'opposition
Oppositionspartei (F.) parti (M.) de l'opposition, opposition (F.)
Option (F.) option (F.), droit (M.) d'option
Orden (M.) décoration (F.), ordre (M.) religieux
ordentlich ordinaire, régulier, normal (Adj.), ordonné, correct, en bon ordre, en ordre
ordentliche Gerichtsbarkeit (F.) juridiction (F.) de droit commun
ordentliche Kündigung (F.) résiliation (F.) normale, résiliation (F.) dans les délais légaux
ordentlicher Rechtsweg (M.) procédure (F.) devant les juridictions de droit commun, voie (F.) judiciaire ordinaire
Order (F.) ordre (M.)
Orderklausel (F.) clause (F.) à ordre, mention (F.) à ordre
ordern passer une commande
Orderpapier (N.) papier (M.) à ordre, titre (M.) à ordre
Orderscheck (M.) chèque (M.) à ordre
ordinär ordinaire, vulgaire
Ordinarius (M.) professeur (M.) titulaire
ordnen arranger, régler, disposer, mettre en ordre
Ordnung (F.) ordre (M.), régime (M.)
Ordnungsamt (N.) service (M.) communal administratif
Ordnungsbehörde (F.) service (M.) de police administrative générale et spéciale

Ordnungsgeld (N.) astreinte (F.)
ordnungsgemäß réglementaire (Adj.), conforme à l'ordre, en règle, régulier, en bonne et due forme
ordnungsgemäße Buchführung (F.) comptabilité (F.) régulière, tenue (F.) régulière des livres de compte
Ordnungshaft (F.) peine (F.) de prison pour trouble de l'audience
Ordnungsmittel (N.) mesure (F.) en vue d'assurer le maintien de l'ordre, mesure (F.) d'assurer le maintien de l'ordre, amende (F.), détention (F.)
Ordnungsrecht (N.) droit (M.) relatif au maintien de l'ordre et de la sécurité publique
Ordnungsstrafe (F.) sanction (F.) pécuniaire, amende (F.) disciplinaire
ordnungswidrig contraire à l'ordre, non réglementaire
Ordnungswidrigkeit (F.) illégalité (F.) réprimée par une sanction administrative, peine (F.) de police
ordre (M.) public ordre (M.) public
Organ (N.) organe (M.), institution (F.)
Organhaftung (F.) obligation (F.) pour la société de répondre pour son organe représentatif, obligations (F.Pl.) délictuelles de la société
Organisation (F.) for Economic Cooperation and Development (OECD) Organisation (F.) de Coopération et de Développement Économique (O. C. D. E.)
Organisation (F.) für europäische wirtschaftliche Zusammenarbeit (OECE) Organisation (F.) européenne de coopération économique (O. E. C. E.)
Organisation (F.) für Sicherheit und Zusammenarbeit in Europa (OSZE) Organisation (F.) pour la sécurité et la coopération en Europe (O. S. C. E.)
Organisation (F.) organisation (F.)
Organisationsakt (M.) acte (M.) organisant l'administration
Organisationsmangel (M.) organisation (F.) défectueuse
Organisationspflicht (F.) obligation (F.) de veiller à la bonne marche de l'entreprise
organisieren organiser, syndiquer
organisierter Streik (M.) grève (F.) organisée
Organismus (M.) organisme (M.)
Organklage (F.) action (F.) intentée par un organ d'un état
Organleihe (F.) transfert (M.) de fonctions à un organisme
Organstreit (M.) litige (M.) constitutionnel relatif aux droits et obligations des organes d'un état
Original (N.) original (M.)
original original (Adj.)
originär originaire (Adj.)
originärer Eigentumserwerb (M.) acquisition (F.) d'un bien par appropriation directe ou par transformation ou aux enchères
Ort (M.) lieu (M.), endroit (M.), place (F.)
orthodox orthodoxe (Adj.)
örtlich local (Adj.)
örtliche Zuständigkeit (F.) compétence (F.) territoriale
Ortsbeirat (M.) commission (F.) municipale
Ortsbild (N.) site (M.) communal architectural
Ortskrankenkasse (F.) caisse (F.) primaire d'assurance maladie
Ortsverweisung (F.) interdiction (F.) de séjour dans un lieu donné
Ortsverzeichnis (N.) registre (M.) de localités
Ortszuschlag (M.) indemnité (F.) de résidence
Osten (M.) est (M.)
Österreich (N.) Autriche (F.)

P

Pacht (F.) bail (M.) à ferme, bail (M.), fermage (M.), prix (M.) du bail
pachten prendre à bail, prendre à ferme
Pächter (M.) preneur (M.) à ferme, preneur (M.) à bail, fermier (M.), fermeur (M.)
Pachtkredit (M.) crédit (M.) consenti par un donneur de crédit avec prise en gage des biens affermés
Pachtverhältnis (N.) affermage (M.)
Pachtvertrag (M.) contrat (M.) de bail, bail (M.) à ferme, bail (M.), contrat (M.) d'affermage, contrat (M.) de fermage
Pachtzins (M.) fermage (M.), prix (M.) du bail
pacta (N.Pl.) sunt servanda (lat.) (Verträge müssen gehalten werden) pacta (N.Pl.) sunt servanda (lat.) (on doit tenir ses contrats)

pactum (N.) (lat.) contrat (M.)
pactum (N.) de quota litis (lat.) (Vertrag über Streitanteil) pacte (M.) de quota litis
Paket (N.) paquet (M.), colis (M.)
Pakt (M.) pacte (M.), accord (M.)
Palast (M.) palais (M.)
Panaschieren (N.) panachage (M.)
panaschieren panacher
Pandekte (F.) pandecte (F.)
Pandekten (F.Pl.) pandectes (F.Pl.)
Panzer (M.) cuirasse (F.), char (M.)
Papier (N.) papier (M.), écrit (M.)
Papiergeld (N.) monnaie (F.) de papier
Papst (M.) pape (M.)
Paragraph (M.) paragraphe (M.), article (M.)
Paraphe (F.) paraphe (M.)
paraphieren parapher
Paraphierung (F.) paraphage (M.)
Parentel (F.) parentèle (F.)
Parentelsystem (N.) système (M.) de parentèles
Parität (F.) parité (F.)
paritätisch paritaire
Parken (N.) stationnement (M.)
parken stationner, garer
Parkplatz (M.) parking (M.)
Parlament (N.) parlement (M.)
Parlamentarier (M.) député (M.), parlementaire (M.)
parlamentarisch parlementaire (Adj.)
Parlamentarischer Rat (M.) conseil (M.) parlementaire
Parlamentarischer Untersuchungsausschuss (M.) commission (F.) d'enquête
Parlamentarismus (M.) parlementarisme (M.), régime (M.) parlementaire
Parlamentsgebäude (N.) parlement (M.)
Part (M.) part (F.), partie (F.)
Partei (F.) partie (F.), parti (M.), parti (M.) politique
Parteiänderung (F.) substitution (F.) d'une partie, intervention (F.)
Parteiantrag (M.) demande (F.), conclusion (F.)
Parteibetrieb (M.) principe (M.) dispositif, principe (M.) selon lequel la direction du procès est confiée aux parties
Parteieid (M.) serment (M.) déféré à l'une des parties
Parteienfinanzierung (F.) financement (M.) des partis politiques
Parteienstaat (M.) État (M.) des partis
parteifähig capable (Adj.) d'être partie
Parteifähigkeit (F.) capacité (F.) d'ester en justice, capacité (F.) à ester en justice
Parteigenosse (M.) camarade (M.)
Parteiherrschaft (F.) procédure (F.) selon le principe du dispositif
parteiisch partial
parteilich partial
Parteilichkeit (F.) partialité (F.)
Parteiprozess (M.) procédure (F.) sans avocat
Parteivereinbarung (F.) convention (F.), accord (M.), composition (F.) amiable
Parteivernehmung (F.) audition (F.) des parties
Parteiverrat (M.) prévarication (F.), trahison (F.) des intérêts d'une partie
Parteivorbringen (N.) allégation (F.) d'une partie
Parteiwechsel (M.) substitution (F.) d'une partie à une autre
Parteiwille (M.) volonté (F.) des parties, intention (F.) des parties
Partenreederei (F.) compagnie (F.) maritime en copropriété
partiarisches Darlehen (N.) prêt (M.) d'argent aux bénéfices
partiarisches Verhältnis (N.) participation (F.) aux bénéfices
partiell partiel (Adj.)
partikular particulier (Adj.)
Partikularrecht (N.) particularisme (M.) juridique, privilège (M.)
Partner (M.) partenaire (M.), associé (M.)
Partnerin (F.) partenaire (F.)
Partnerschaft (F.) association (F.) en participation, participation (F.), jumelage (M.)
Parzelle (F.) parcelle (F.), unité (F.) cadastrale, lot (M.)
parzellieren morceler, parceller, lotir
Parzellierung (F.) lotissement (M.)
Pass (M.) passage (M.), passeport (M.)
Passierschein (M.) laissez-passer (M.), permis (M.) de circulation
passiv passif (Adj.)
Passiva (N.Pl.) passif (M.), masse (F.) passive
passives Wahlrecht (N.) éligibilité (F.)
Passivlegitimation (F.) qualité (F.) pour se défendre en justice, droit (M.) de se défendre en justice
Passivum (N.) passif (M.)

Passivvertretung (F.) procuration (F.) pour se défendre
Passpflicht (F.) obligation (F.) d'être en possession d'un passeport
Passrecht (N.) législation (F.) de passeports
Pastor (M.) pasteur (M.), curé (M.)
Pate (M.) parrain (M.)
Patenschaft (F.) parrainage (M.)
Patent (N.) brevet (M.), brevet (M.) d'invention
Patentamt (N.) office (M.) des brevets
Patentanwalt (M.) agent (M.) en brevets, ingénieur-conseil (M.) en propriété industrielle
patentfähig brevetable
Patentfähigkeit (F.) brevetabilité (F.)
Patentgericht (N.) cour (F.) des brevets
Patentgesetz (N.) loi (F.) relative aux brevets
patentieren breveter, délivrer un brevet
Patentierung (F.) délivrance (F.) du brevet
Patentinhaber (M.) breveté (M.), titulaire (M.) d'un brevet
Patentrecht (N.) droit (M.) attaché à un brevet, droit (M.) des brevets, droit (M.) relatif au régime des brevets d'invention
Patentverletzung (F.) violation (F.) de brevet
Pater (M.) père (M.)
Patient (M.) malade (M.)
Patrimonialgericht (N.) cour (F.) de justice seigneurale
Patrimonialgerichtsbarkeit (F.) justice (F.) seigneurale
Patrimonium (N.) patrimoine (M.)
Patristik (F.) patristique (F.)
Patron (M.) patron (M.)
Patronat (N.) patronage (M.)
Patronatserklärung (F.) déclaration (F.) de garantie de la société-mère en faveur d'une de ses filiales
Patrone (F.) cartouche (F.)
pauschal forfaitaire (Adj.)
Pauschale (F.) forfait (M.)
Pause (F.) pause (F.), suspension (F.)
Pazifismus (M.) pacifisme (M.)
Pension (F.) pension (F.) de retraite, retraite (F.)
pensionieren mettre à la retraite
Pensionierung (F.) mise (F.) à la retraite
per Nachnahme contre remboursement
peremptorisch péremptoire
peremptorische Einrede (F.) exception (F.) péremptoire
Periode (F.) période (F.), durée (F.)
periodisch fällige Zahlung (F.) arrérage (M.)
periodisch périodique (Adj.)
perpetuatio (F.) fori (lat.) (Fortbestand des Gerichtsstands) perpetuatio (F.) fori (lat.) (perpétuation du tribunal compétent)
Person (F.) personne (F.), individu (M.)
persona (F.) ingrata (lat.) (unerwünschte Person) persona (F.) ingrata (lat.) (représentant indésirable)
persona (F.) non grata (lat.) (nicht erwünschte Person) persona (F.) non grata (lat.) (représentant indésirable)
Personal (N.) main-d'œuvre (F.), employés (M.Pl.), personnel (M.)
Personalakte (F.) dossier (M.) personnel
Personalausweis (M.) carte (F.) d'identité
Personalfolium (N.) feuille (F.) personale
Personalgesellschaft (F.) société (F.) de personnes, société (F.) par intérêt
Personalie (F.) qualité (F.), identité (F.)
Personalien (F.Pl.) qualités (F.Pl.), identité (F.)
Personalinformationssystem (N.) système (M.) des informations du personnel
Personalitätsprinzip (N.) principe (M.) de la personnalité
Personalkörperschaft (F.) collective (F.) personale
Personalkredit (M.) crédit (M.) personnel
Personalrat (M.) conseil (M.) de défense des intérêts des agents publics, représentation (F.) des agents publics au sein de l'administration
Personalstatut (N.) statut (M.) personnel
Personalunion (F.) union (F.) personnelle
Personalversammlung (F.) assemblée (F.) du personnel
Personalvertretung (F.) représentation (F.) du personnel, comité (M.) du personnel
Personenbeförderung (F.) transport (M.) des personnes ou des voyageurs
Personenbeförderungsrecht (N.) droit (M.) relatif au transport des personnes ou des voyageurs
Personengesellschaft (F.) société (F.) de personnes
Personenhandelsgesellschaft (F.) société (F.) commerciale de personnes

Personenrecht (N.) statut (M.) des personnes, condition (F.) des personnes
Personenschaden (M.) dommage (M.) corporel, préjudice (M.) moral, soufrance (F.) physique
Personensorge (F.) exercice (M.) de l'autorité parentale
Personenstand (M.) état-civil (M.)
Personenstandsbuch (N.) registre (M.) d'état-civil
Personenstandsfälschung (F.) falsification (F.) d'état-civil
Personenstandsregister (N.) registre (M.) informatisé d'état-civil
Personenvereinigung (F.) groupement (M.) de personnes
Personenversicherung (F.) assurance (F.) de personnes
persönlich personnel (Adj.), individuel (Adj.)
persönliche Haftung (F.) responsabilité (F.) personnelle
persönlicher Strafaufhebungsgrund (M.) excuse (F.) absolutoire
persönlicher Strafausschließungsgrund (M.) excuse (F.) absolutoire
persönliches Erscheinen (N.) comparution (F.) en personne
Persönlichkeit (F.) personnalité (F.), individualité (F.)
Persönlichkeitsrecht (N.) droit (M.) général de la personnalité
Persönlichkeitsschutz (M.) protection (F.) de la personnalité humaine
Perücke (F.) perruque (F.)
pervers pervers
Perversion (F.) perversion (F.)
Petition (F.) pétition (F.)
Petitionsausschuss (M.) commission (F.) parlementaire compétente en matière de pétitions
Petitionsrecht (N.) droit (M.) de pétition
petitorisch pétitoire
petitorischer Anspruch (M.) droit (M.) réel immobilier
Pfand (N.) gage (M.), nantissement (M.)
pfändbar saisissable
Pfändbarkeit (F.) saisissabilité (F.)
Pfandbrief (M.) lettre (F.) de gage, titre (M.) de gage
Pfandbriefinhaber (M.) porteur (M.) d'une lettre de gage, porteur (M.) d'une obligation hypothécaire
pfänden saisir
Pfandgläubiger (M.) créancier (M.) gagiste, gagiste (M.)
Pfandkehr (F.) détournement (M.) de gage
Pfandleiher (M.) prêteur (M.) sur gage
Pfandnehmer (M.) débiteur (M.) gagiste, débiteur (M.) saisi
Pfandrecht (N.) droit (M.) de gage
Pfandreife (F.) défaut (M.) de paiement permettant de saisir le gage
Pfandsache (F.) gage (M.)
Pfandschuldner (M.) débiteur (M.) gagiste, metteur (M.) en gage
Pfandsiegel (N.) scellé (M.) en cas de saisie
Pfändung (F.) saisie (F.), saisie (F.) exécution
Pfändungsbeschluss (M.) ordonnance (F.) de saisie
Pfändungsfreibetrag (M.) tranche (F.) insaisissable, portion (F.) non saisissable
Pfändungspfandrecht (N.) droit (M.) de gage résultant de la saisie, droit (M.) du saisie du gage
Pfändungsschutz (M.) protection (F.) contre les saisies abusives
Pfandverkauf (M.) vente (F.) du gage, vente (F.) sur saisie
Pfandvertrag (M.) contrat (M.) de gage, gage (M.)
Pfandverwertung (F.) réalisation (F.) du gage
Pfarre (F.) paroisse (F.)
Pfarrer (M.) curé (M.)
Pflanze (F.) plante (F.), végétal (F.)
Pflanzenschutz (M.) protection (F.) des végétaux
Pflege (F.) (Instandhaltung) entretien (M.), soins (M.Pl.), garde (F.)
Pflegeelter (M. bzw. F.) parent (M. bzw. F.) nourricier
Pflegeeltern (Pl.) parents (M.Pl.) nourriciers
Pflegegeld (N.) allocation (F.) d'entretien
Pflegekind (N.) enfant (M.) en garde
Pflegemutter (F.) mère (F.) adoptive, nourrice (F.)
pflegen soigner, entretenir
Pfleger (M.) curateur (M.), tuteur (M.) ad hoc, infirmier (M.), soignant (M.), garde-malade (M. bzw. F.)
Pflegesatz (M.) prestation (F.) pour soin

Pflegestufe (F.) degré (M.) du handicap
Pflegevater (M.) père (M.) nourricier
Pflegeversicherung (F.) assurance (F.) dépendance, assurance (F.) pour soins de santé en cas d'infirmité
Pflegezeit /F.) période (F.) de soin
Pflegling (M.) enfant (M.) en garde
Pflegschaft (F.) curatelle (F.)
Pflicht (F.) obligation (F.), devoir (M.), dû (M.)
Pflichtaufgabe (F.) devoir (M.) obligatoire, compétence (F.) prévue par la loi
Pflichtbeitrag (M.) cotisation (F.) légalement due
Pflichtenkollision (F.) état (M.) de nécessité avec contrariété d'obligations
Pflichtenverhältnis (N.) relation (F.) de devoirs
Pflichtexemplar (N.) exemplaire (M.) remis à titre de dépôt légal
pflichtgemäß loyal (Adj.)
Pflichtteil (M.) part (F.) réservataire, réserve (F.) légale
Pflichtteilergänzungsanspruch (M.) demande (F.) en vue de compléter le montant de la réserve, droit (M.) du réservataire de demander la réduction des donations et legs à la quotité disponible
Pflichtteilsanspruch (M.) droit (M.) du bénéficiaire de la réserve
Pflichtteilsberechtigter (M.) héritier (M.) réservataire, réservataire (M.)
Pflichtteilsentziehung (F.) exhérédation (F.) du réservataire
Pflichtteilsrestanspruch (M.) demande (F.) en vue du reste de la réserve
Pflichtverletzung (F.) violation (F.) des obligations, violation (F.) d'une obligation, manquement (M.) aux devoirs, forfaiture (F.), prévarication (F.)
pflichtversichert obligatoirement assuré (Adj.)
Pflichtversicherung (F.) assurance (F.) obligatoire
Pflichtverteidiger (M.) avocat (M.) commis d'office, avocat (M.) désigné d'office
Pfründe (F.) prébende (F.)
Pfund (N.) livre (F.)
Philosophie (F.) philosophie (F.)
physisch physique (Adj.)
Pirat (M.) pirate (M.)
Piratensender (M.) radio (F.) pirate
Piraterie (F.) piraterie (F.)
Pistole (F.) pistolet (M.)
plädieren plaider, faire une plaidoirie, défendre en justice
Plädoyer (N.) plaidoirie (F.), plaidoyer (M.)
Plagiat (N.) plagiat (M.)
Plagiator (M.) plagiaire (M.)
plagiieren plagier
Plakat (N.) affiche (F.)
Plakette (F.) insigne (M.)
Plan (M.) plan (M.), carte (F.), dessin (M.), projet (M.), dessein (M.)
planen faire des plans, faire des projets, établir un plan, projeter, planifier
Planfeststellung (F.) procédure (F.) préalable à la déclaration d'utilité publique
Planfeststellungsbeschluss (M.) décision (F.) de déclaration d'utilité publique
Planstelle (F.) poste (M.) budgétaire, poste (M.) admis au budget
Planung (F.) planification (F.), conception (F.)
Planwirtschaft (F.) économie (F.) dirigée, économie (F.) planifiée
Platz (M.) place (F.), espace (M.)
Platzgeschäft (N.) affaire (F.) traitée sur place
Platzverweis (M.) obligation (F.) de déguerpir
plausibel plausible
Plausibilitätsprüfung (F.) revue (F.) de la plausibilité, vérification (F.) de la plausibilité
Plebiszit (N.) plébiscite (M.), référendum (M.)
plebiszitär plébiscitaire
plebiszitäre Demokratie (F.) démocratie (F.) plébiscitaire
Pleite (F.) faillite (F.)
Plenarausschuss (M.) commission (F.) d'une assemblée plènière
Plenarbeschluss (M.) décision (F.) prise en assemblée plénière
Plenum (N.) assemblée (F.) plénière
Plombe (F.) plomb (M.)
plombieren plomber
Plünderer (M.) pillard (M.), pilleur (M.), maraudeur (M.)
plündern piller
Plünderung (F.) pillage (M.)
Pluralismus (M.) pluralisme (M.)
Plutokratie (F.) ploutocratie (F.)
Pogrom (N.) pogrom (M.)
Polen (N.) Pologne (F.)

Police (F.) police (F.), police (F.) d'assurance
Politik (F.) politique (F.)
Politiker (M.) homme (M.) politique, politicien (M.)
Politikwissenschaft (F.) sciences (F.Pl.) politiques
politisch politique (Adj.)
politische Verdächtigung (F.) dénonciation (F.) à caractère politique
Polizei (F.) police (F.)
Polizeibeamter (M.) fonctionnaire (M.) de la police, policier (M.), agent (M.) de police judiciaire (A. P. J.), officier (M.) de police judiciaire (O. P. J.)
Polizeibehörde (F.) autorité de police
Polizeibericht (M.) rapport (M.) de police
Polizeigewalt (M.) pouvoirs (M.Pl.) de police
polizeilich de police, de la police, policier (Adj.)
polizeiliche Generalklausel (F.) principe (M.) général de police
Polizeiordnung (F.) ordonnance (F.) de police, règlement (M.) de police
Polizeirecht (N.) législation (F.) relative à la police, droit (M.) policier
Polizeistaat (M.) régime (M.) policier, État (M.) policier
Polizeistunde (F.) heure (F.) réglementaire de fermeture, heure (F.) de clôture
Polizeiverfügung (F.) mesure (F.) individuelle de police
Polizeiverordnung (F.) règlement (M.) de police, ordonnance (F.) de police, arrêté (M.) de police
Polizeivollzug (M.) exécution (F.) par la police
Polizeivollzugsdienst (M.) service (M.) de l'exécution de police
Polizist (M.) policier (M.), agent (M.) de police
polygam polygame (Adj.)
Polygamie (F.) polygamie (F.)
Pontifikat (N.) pontificat (M.)
Popular... ouvert pour tout le monde
Popularklage (F.) recours (M.) pour violation des droits fondamentaux
Pornographie (F.) pornographie (F.)
pornographisch pornographique
Porto (N.) port (M.)
portofrei franc (Adj.), franco de port
Portugal (N.) Portugal (M.)
positiv positif
positive Forderungsverletzung (F.) inexécution (F.) dans l'exécution résultant d'une faute du débiteur, retard (M.) dans l'exécution résultant d'une faute du débiteur, préjudice (M.) causé dans l'exécution d'obligations contractuelles
positives Recht (N.) droit (M.) positif
Positivismus (M.) positivisme (M.)
possessorisch possessoire (Adj.), relatif à la possession
possessorische Klage (F.) action (F.) possessoire
Post (F.) poste (F.), courrier (M.)
Postamt (N.) bureau (M.) de poste
Postanweisung (F.) mandat-poste (M.), mandat (M.) postal
Posten (M.) poste (M.), poste (M.) budgétaire, charge (F.), fonction (F.)
Postgeheimnis (N.) secret (M.) postal
Postkarte (F.) carte (F.) postale
postlagernd poste restante
Postleitzahl (F.) code (M.) postal
Postscheck (M.) chèque (M.) postal
postulationsfähig capable (Adj.) pour ester en justice
Postulationsfähigkeit (F.) qualité (F.) pour agir en justice et accomplir valablement tous les actes de procédure, qualité (F.) pour ester en justice
postulieren revendiquer, postuler
postum posthume
potentiell potentiel (Adj.)
potentieller Käufer (M.) acheteur (M.) en puissance
potentielles Unrechtsbewusstsein (N.) connaissance (F.) potentielle du caractère illicite des faits commis
Präambel (F.) préambule (M.)
Präfekt (M.) préfet (M.)
Präfektur (F.) préfecture (F.)
Präjudiz (N.) précédent (M.)
Präklusion (F.) forclusion (F.), déchéance (F.)
Praktik (F.) pratique (F.)
Praktikant (M.) stagiaire (M.)
Praktikum (N.) stage (M.)
Prälat (M.) prélat (M.)
Prälegat (N.) prélegs (M.)
Prämie (F.) prime (F.)
Prämienkauf (M.) vente (F.) à prime
Pranger (M.) pilori (M.)

Präponderanz (F.) suprématie (F.), prépondérance (F.)
Prärogative (F.) privilège (M.), prérogative (F.)
Präses (M.) président (M.)
Präsident (M.) président (M.)
Präsidialamt (N.) présidence (F.)
Präsidialdemokratie (F.) régime (M.) présidentiel
Präsidialrat (M.) conseil (M.) consultatif de la magistrature
Präsidialverfassung (F.) régime (M.) présidentiel
Präsidium (N.) présidence (F.), direction (F.)
Präsumption (F.) présomption (F.)
Prätendent (M.) prétendant (M.), créancier (M.)
Prätendentenstreit (M.) litige (M.) entre deux créanciers
Prätor (M.) préteur (M.)
Prävarikation (F.) prévarication (F.)
Prävention (F.) prévention (F.)
präventiv préventif
präventives Verbot (N.) interdiction (F.) préventive
Präventivmaßnahme (F.) mesure (F.) préventive
Praxis (F.) pratique (F.), cabinet (M.)
Präzedenzfall (M.) précédent (M.)
Preis (M.) prix (M.), récompense (F.)
Preisabschlag (M.) rabais (M.)
Preisausschreiben (N.) concours (M.)
Preisbindung (F.) imposition (F.) des prix, obligation (F.) de respecter les prix
Preisempfehlung (F.) prix (M.) indicatif
Preisgabe (F.) abandon (M.), révélation (F.)
preisgeben abandonner, délaisser
Preisgefahr (F.) risque (M.) inhérent au paiement du prix
Preisminderungsklage (F.) action (F.) estimatoire
Preistreiberei (F.) hausse (F.) illicite des prix, manipulation (F.) des prix à la hausse
Premierminister (M.) premier ministre (M.)
Presse (F.) presse (F.)
Pressedelikt (N.) délit (M.) de presse
Pressefreiheit (F.) liberté (F.) de la presse
Presserat (M.) conseil (M.) de presse
Presserecht (N.) régime (M.) juridique de la presse
Preußen (N.) Prusse (F.)
Priester (M.) prêtre (M.)
prima-facie-Beweis (M.) preuve (F.) préconstituée
primär originaire (Adj.), premier (Adj.)
Primat (M.) primauté (F.)
Primogenitur (F.) primogéniture (F.)
Prinz (M.) prince (M.)
Prinzessin (F.) princesse (F.)
Prinzip (N.) principe (M.)
Prinzipal (M.) patron (M.), chef (M.)
prinzipiell en principe
Prior (M.) prieur (M.)
Priorität (F.) priorité (F.)
Prioritätsprinzip (N.) principe (M.) de la priorité
Prise (F.) prise (F.), prise (F.) de navire, capture (F.)
privat privé, particulier (Adj.)
Privatautonomie (F.) liberté (F.) contractuelle, autonomie (F.) de la volonté
Privatdozent (M.) maître (M.) de conférences, chargé (M.) de cours
Privateigentum (N.) propriété (F.) privée
privatisieren privatiser
Privatisierung (F.) privatisation (F.), transfert (M.) au secteur privé
privativ privatif
privative Schuldübernahme (F.) cession (F.) de dettes, délégation (F.) parfaite
Privatklage (F.) action (F.) pénale que le parquet n'est pas tenu d'engager et qui peut être exercée par la victime elle-même, action (F.) initiale de la partie lésée donnant directement ouverture de l'instruction
Privatkläger (M.) plaignant (M.) demandant l'ouverture d'une instruction sur constitution initiale de partie civile
Privatrecht (N.) droit (M.) privé
privatrechtlich de droit privé
Privatschule (F.) école (F.) privée
Privatsphäre (F.) vie (F.) privée
Privatstraße (F.) chemin (M.) privé
Privaturkunde (F.) acte (M.) sous seing privé, acte (M.) privé, écriture (F.) privée
Privatversicherung (F.) assurance (F.) privée
Privileg (N.) privilège (M.)
privilegieren privilégier
privilegiert privilégié (Adj.)
privilegierte Straftat (F.) infraction (F.) privilégiée

Probe (F.) épreuve (F.), essai (M.), échantillon (M.), spécimen (M.)
Probezeit (M.) période (F.) d'essai
Produkt (N.) produit (M.), bien (M.), marchandise (F.)
Produkthaftung (F.) responsabilité (F.) du producteur pour vice de la marchandise, responsabilité (F.) produit, responsabilité (F.) du fait des produits
Produktsicherheitsgesetz (N.) loi (F.) concernant la sécurité des produits
Produktwarnung (F.) avertissement (M.) concernant la dangerosité d'un produit
Produzent (M.) producteur (M.)
Produzentenhaftung (F.) responsabilité (F.) du producteur ou du fabricant pour les vices de la chose
Produzentenleasing (N.) leasing (M.) du producteur
produzieren produire, fabriquer
Professor (M.) professeur (M.)
Professur (F.) professorat (M.)
Prognose (F.) pronostic (M.)
Programm (N.) programme (M.)
Progression (F.) progression (F.), progressivité (F.)
progressiv progressif, progressiste (Adj.)
Prokura (F.) procuration (F.) commerciale générale, procuration (F.)
Prokurist (M.) fondé (M.) de pouvoir, fondé (M.) de procuration, mandataire (M.) commercial
Proletarier (M.) prolétaire (M.)
Prolongation (F.) prolongation (F.), prorogation (F.), report (M.)
prolongieren prolonger
Promotion (F.) promotion (F.), promotion (F.) au grade de docteur d'université
Promotionsverfahren (N.) procédure (F.) de promotion
promovieren passer son doctorat
Promulgation (F.) promulgation (F.)
promulgieren promulguer
Properhändler (M.) commerçant (M.) en nom propre
Proportion (F.) proportion (F.)
proportional proportionnel
Proporz (M.) partage (M.) des postes à proportion de l'influence politique, représentation (F.) proportionnelle
Propst (M.) prieur (M.)
Prorektor (M.) vice-recteur (M.)
Prorogation (F.) clause (F.) attributive de juridiction, attribution (F.) de juridiction
Prostituierte (F.) prostituée (F.), putain (F.)
Prostitution (F.) prostitution (F.)
protegieren protéger, patronner
Protektorat (N.) protectorat (M.)
Protest (M.) protestation (F.), protêt (M.)
protestieren protester
Protokoll (N.) procès-verbal (M.), compte-rendu (M.), protocole (M.), constat (M.)
Protokollant (M.) rédacteur (M.) du procès-verbal, personne (F.) chargée d'un compte-rendu, greffier (M.)
protokollieren dresser procès-verbal, verbaliser, rédiger un procès-verbal
Protokollierung (F.) rédaction (F.) du procès-verbal
Protokollierungspflicht (F.) obligation (F.) d'établir un procès-verbal
Provinz (F.) province (F.)
Provision (F.) commission (F.), courtage (M.)
Provisionsanspruch (M.) droit (M.) à une commission
Provokateur (M.) provocateur (M.)
Provokation (F.) provocation (F.), incitation (F.)
provozieren provoquer
Prozedur (F.) procédure (F.)
Prozent (N.) pour-cent (M.)
prozentmäßiger Anteil (M.) pourcentage (M.)
Prozentsatz (M.) taux (M.), pourcentage (M.)
Prozess (M.) procès (M.), litige (M.), affaire (F.), processus (M.)
Prozessagent (M.) conseil (M.) juridique
Prozessakte (F.) dossier (M.) du procès, pièce (F.) de procédure
Prozessbetrug (M.) détournement (M.) de procédure
Prozessbevollmächtigter (M.) mandataire (M.) de procédure, mandataire (M.) ad litem
prozessfähig capable (Adj.) pour agir en justice, apte pour agir en justice
Prozessfähigkeit (F.) capacité (F.) d'ester en justice, qualité (F.) pour agir en justice
Prozessführung (F.) conduite (F.) du procès, procédure (F.)
Prozessführungsbefugnis (F.) droit (M.) d'engager une action en son propre nom et capacité de disposer du droit litigieux

Prozessgebühr (F.) frais (M.Pl.) de procédure
Prozessgegner (M.) adversaire (M.)
Prozessgericht (N.) tribunal (M.) saisi, tribunal (M.) compétent
Prozesshandlung (F.) acte (M.) de procédure, action (F.)
Prozesshandlungsvoraussetzung (F.) condition (F.) d'une acte de procédure
prozessieren faire un procès, mener un procès, plaider contre
Prozesskosten (F.Pl.) dépens (M.Pl.) de l'instance
Prozesskostenhilfe (F.) aide (F.) juridique, aide (F.) juridictionnelle
Prozesskostenvorschuss (M.) provision (F.) ad litem
prozessleitende Verfügung (F.) décision (F.) gracieuse
Prozessordnung (F.) code (M.) de procédure
Prozessrecht (N.) droit (M.) processuel, droit (M.) juridictionnel, droit (M.) de procédure, droit (M.) de la procédure
Prozessregister (N.) registre (M.) des actes de procédure
Prozessstandschaft (F.) fait (M.) de faire valoir en justice en son propre nom le droit de tiers
Prozesstaktik (F.) tactique (F.) de procès
Prozesstrennung (F.) disjonction (F.) d'instance
prozessual de procès
prozessunfähig incapable (Adj.) d'ester en justice
Prozessurkunde (F.) acte (M.)
Prozessurteil (N.) jugement (M.) sur la recevabilité de l'action, jugement (M.) sur les points de procédure
Prozessvergleich (M.) transaction (F.) en cours de procès, contrat (M.) judiciaire
Prozessverschleppung (F.) manœuvres (F.Pl.) dilatoires afin de retarder la procédure
Prozessvollmacht (F.) mandat (M.) de procédure, mandat (M.) ad litem
Prozessvoraussetzung (F.) condition (F.) de la recevabilité de l'action en justice
prüfen examiner, vérifier, inspecter, contrôler
Prüfer (M.) examinateur (M.), vérificateur (M.), contrôleur (M.), expert (M.) comptable, réviseur, commissaire (M.) aux comptes
Prüfling (M.) candidat (M.)
Prüfung (F.) épreuve (F.), examen (M.), contrôle (M.), vérification (F.), inspection (F.), sondage (M.), appréciation (F.)
Prüfungsordnung (F.) réglementation (F.) des examens
Prüfungsschema (N.) schéma (M.) de vérification
Prügel (M.) gourdin (M.)
prügeln battre
Prügelstrafe (F.) bastonnade (F.)
Pseudonym (N.) pseudonyme (M.)
Psyche (F.) psyché (F.), âme (F.)
Psychiatrie (F.) psychiatrie (F.)
psychisch psychique
Psychologie (F.) psychologie (F.)
Psychopath (M.) psychopathe (M.)
Psychopathie (F.) psychopathie (F.)
psychopathisch psychopathique
Psychose (F.) psychose (F.)
Psychotherapie (F.) psychothérapie (F.)
publik public (Adj.)
Publikum (N.) public (M.), auditoire (M.)
Publizität (F.) des Sachenrechts publicité (F.) foncière
Publizität (F.) publicité (F.)
Publizitätspflicht (F.) obligation (F.) d'informer le public, obligation (F.) de publier le bilan annuel
Publizitätsprinzip (N.) principe (M.) de la publicité
Punktation (F.) accord (M.) sur certains points d'un contrat définitif
Putativgefahr (F.) danger (M.) putatif
Putativnotstand (M.) fait (M.) pour l'auteur de se croire à tort en état de nécessité
Putativnotwehr (F.) fait (M.) pour l'auteur de se croire à tort en état de légitime défense
Putsch (M.) coup (M.) d'État, putsch (M.)
putschen tenter un coup d'État

Q

Qualifikation (F.) qualification (F.), qualification (F.) professionnelle
Qualifikationskonflikt (M.) conflit (M.) de qualifications
qualifiziert qualifié (Adj.), bien qualifié (Adj.)
qualifizierte elektronische Signatur (F.) signature (F.) qualifiée électronique

qualifizierte Mehrheit (F.) majorité (F.) qualifiée
qualifizierte Straftat (F.) délit (M.) qualifié, infraction (F.) qualifiée
qualifizierter Versuch (M.) tentative (F.) qualifiée
Quartal (N.) trimestre (M.)
quasi quasi
Quasidelikt (N.) quasi-délit (M.)
Quasikontrakt (M.) quasi-contrat (M.)
Quästur (F.) questure (F.), recette (F.) des droits universitaires
Quelle (F.) source (F.)
Quellensteuer (F.) impôt (M.) retenu à la source
Querulant (M.) éternel mécontent (M.)
Querulanz (F.) chicanerie (F.)
querulieren réclamer sans cesse
quittieren abandonner, quitter, acquitter, quittancer
Quittung (F.) quittance (F.), reçu (M.), acquit (M.)
Quorum (N.) quorum (M.)
Quote (F.) quota (M.), quote-part (F.), cote (F.)
Quotient (M.) quotient (M.)
quotieren coter
Quotierung (F.) cotisation (F.)

R

Rabatt (M.) rabais (M.), escompte (M.) de caisse, escompte (M.), remise (F.) de quantité, remise (F.), ristourne (F.)
Rache (F.) vengeance (F.)
rächen venger, tirer vengeance
Rad (N.) roue (F.)
Radar (N.) radar (M.)
Rädelsführer (M.) meneur (M.)
rädern rouer
Radfahrer (M.) cycliste (M.)
radikal radical (Adj.)
Radikalismus (M.) radicalisme (M.)
Radweg (M.) piste (F.) cyclable
Rahmen (M.) cadre (M.)
Rahmenabkommen (N.) accord-cadre (M.)
Rahmengesetz (F.) loi-cadre (F.)
Rahmengesetzgebung (F.) législation (F.) fondée sur la compétence légale pour fixer les principes généraux de la législation en certaines matières
Rahmenkompetenz (F.) compétence (F.) légale pour fixer les principes généraux de la législation en certaines matières
Rahmenrecht (N.) droit (M.) général, droit (M.) de programme
Rahmenrichtlinie (F.) directive-cadre (F.)
Rahmenvertrag (M.) contrat (M.) cadre
Rahmenvorschrift (F.) règlement (M.) de base, règlement (M.) de principe
Rakete (F.) fusée (F.), missile (M.)
randalieren chahuter, troubler la tranquillité
Randalierer (M.) chahuteur (M.)
Rang (M.) rang (M.), position (F.), grade (M.)
Rangänderung (F.) changement (M.) du rang, modification (F.) de l'ordre de priorité
Rangordnung (F.) hiérarchie (F.), ordre (M.) de préférence
Rangverhältnis (N.) classement (M.)
Rangvorbehalt (M.) réserve (F.) de priorité
Rank (M.) intrigue (F.)
Ränkeschmied (M.) intrigant (M.)
Rapport (M.) rapport (M.)
Räson (F.) raison (F.)
Rasse (F.) race (F.)
Rassendiskriminierung (F.) discrimination (F.) raciale
Rassenschande (F.) souillure (F.) de la race
Rassentrennung (F.) ségrégation (F.) raciale
rassisch racial
Rassismus (M.) rassisme (M.)
rassistisch rassiste (Adj.)
Raster (M.) trame (F.)
Rasterfahndung (F.) méthode (F.) de recherche policière par recoupements en utilisant l'informatique, méthode (F.) d'investigation par recoupements
Rat (M.) conseil (M.), conseiller (M.)
Rat (M.) der Europäischen Union conseil (M.) des ministres de l'Union européenne
Rate (F.) taux (M.), fraction (F.), tranche (F.), tranche (F.) à payer
Ratengeschäft (N.) vente (F.) à tempérament
Ratenkauf (M.) vente (F.) à tempérament
Ratenzahlung (F.) paiement (M.) à tempérament, paiement (M.) par échéances successives
Räterepublik (F.) république (F.) soviétique
Raterteilung (F.) fait (M.) de donner des conseils
Rathaus (N.) hôtel (M.) de ville, mairie (F.)

Ratifikation (F.) ratification (F.)
ratifizieren ratifier
Ratifizierung (F.) ratification (F.)
Rating (N.) rating (M.), notation (F.) financière
Ratingagentur (F.) agence (F.) de notation financière
ratio (F.) (lat.) (Verstand bzw. Grund) raison (F.), ratio (F.) (lat.)
Ratsvorsitzender (M.) président (M.) du conseil
Raub (M.) extorsion (F.) par force ou violence ou contrainte, vol (M.) commis à l'aide de violence ou menace de faire usage d'une arme
rauben enlever, ravir
räuberische Erpressung (F.) chantage (M.) à l'aide de menaces et contraintes
räuberischer Diebstahl (M.) vol (M.) aggravé par des violences
Raubkopie (F.) copie (F.) pirate
Raubmord (M.) vol (M.) aggravé par un assassinat
Raubüberfall (M.) vol (M.) avec agression
Rauch (M.) fumée (F.)
rauchen fumer
Rauchverbot (N.) interdiction (F.) de fumer
raufen arracher
Raufhandel (M.) rixe (F.)
Raum (M.) espace (M.), place (F.), zone (F.)
räumen évacuer
Raumordnung (F.) aménagement (M.) du territoire, aménagement (M.) des espaces
Raumordnungsplan (M.) schéma (M.) d'aménagement du territoire
Raumplanung (F.) plan (M.) d'aménagement du territoire
Räumung (F.) évacuation (F.), déguerpissement (M.), expulsion (F.)
Räumungsklage (F.) action (F.) en évacuation, demande (F.) d'expulsion
Räumungsverkauf (M.) vente-liquidation (F.)
Rausch (M.) ivresse (F.)
Rauschgift (N.) stupéfiant (M.), drogue (F.)
Rauschtat (F.) infraction (F.) commise sous l'empire d'un narcotique
Razzia (F.) rafle (F.)
reagieren réagir
Reaktion (F.) réaction (F.)
Reaktionär (M.) réactionnaire (M.)
reaktionär réactionnaire (Adj.)
Reaktionsgeschwindigkeit (F.) vitesse (F.) de réaction
Reaktionsvermögen (N.) réactivité (F.), capacité (F.) de réagir
real matériel (Adj.), réel (Adj.)
Realakt (M.) acte (M.) matériel
Realfolium (N.) feuille (F.) du livre foncier créée pour chaque immeuble
Realkonkurrenz (F.) concours (M.) réel d'infractions, concours (M.) matériel d'infractions, cumul (M.) réel d'infractions
Realkontrakt (M.) contrat (M.) réel
Realkredit (M.) crédit (M.) immobilier
Reallast (F.) charge (F.) foncière
Realrecht (N.) droit (M.) réel
Realschule (F.) collège (M.) d'enseignement secondaire
Realunion (F.) union (F.) réelle
Realvertrag (M.) contrat (M.) réel
Rebell (M.) rebelle (M.)
rebellieren rebeller (se), révolter (se)
Rebellion (F.) rébellion (F.), révolte (F.)
Rechenschaft (F.) compte (M.) rendu, rapport (M.)
Rechenschaftsbericht (N.) rapport (M.) sur les comptes
Rechenschaftslegung (F.) reddition (F.) de comptes
Rechenschaftslegungspflicht (F.) obligation (F.) de rendre compte
Rechenschaftspflicht (F.) obligation (F.) de rendre compte
rechnen calculer, compter
Rechnung (F.) calcul (M.), opération (F.), facture (F.), compte (M.)
Rechnungsabschluss (M.) clôture (F.) des comptes
Rechnungshof (M.) cour (F.) des comptes
Rechnungsjahr (N.) année (F.) budgétaire
Rechnungsprüfer (M.) vérificateur (M.) des comptes, vérificateur (M.) comptable, contrôleur (M.) des comptes
Rechnungsprüfung (F.) vérification (F.) des comptes, contrôle (M.) des comptes
Recht (N.) droit (M.), droit (M.) subjectif, autorisation (F.), droit (M.) objectif
Recht (N.) zum Besitz droit (M.) de posséder
recht droit (Adj.), juste
rechtfertigen justifier, défendre, disculper

Rechtfertigung (F.) justification (F.), défense (F.)
Rechtfertigungselement (N.) fait (M.) justificatif, cause (F.) de justification
Rechtfertigungsgrund (M.) fait (M.) justificatif, cause (F.) de justification
rechtlich juridique, légal
rechtliches Gehör (N.) fait (M.) d'être entendu en justice
rechtlos sans droits, privé de ses droits
Rechtlosigkeit (F.) absence (F.) de droits, fait (M.) d'être hors-la-loi
rechtmäßig légal, légitime (Adj.)
Rechtmäßigkeit (F.) légalité (F.), légitimité (F.)
Rechtmäßigkeit (F.) nachweisen légitimer, prouver
Rechtsabteilung (F.) service (M.) juridique, département (M.) des affaires juridiques
Rechtsakt (M.) acte (M.) juridique
Rechtsakte (F.) der Europäischen Gemeinschaften acte (M.) européen
Rechtsanalogie (F.) analogie (F.) juridique
Rechtsangleichung (F.) harmonisation (F.) des droits
Rechtsanspruch (M.) droit (M.) subjectif, droit (M.), titre (M.)
Rechtsanwalt (M.) avocat (M.)
Rechtsanwältin (F.) avocate (F.)
Rechtsanwaltsberatung (F.) activité (F.) de conseil dans le domaine juridique
Rechtsanwaltsberatungsgesetz (N.) loi (F.) relative à l'activité de conseil dans le domaine juridique
Rechtsanwaltschaft (F.) barreau (M.)
Rechtsanwaltsdienstleistung (F.) service (M.) d'avocat
Rechtsanwaltsdienstleistungsrichtlinie (F.) directive (F.) concernant services d'avocats
Rechtsanwaltsfachangestellter (M.) assistant (M.) qualifié d'avocat
Rechtsanwaltsgehilfe (M.) assistant (M.) d'avocat
Rechtsanwaltsgesellschaft (N.) société (F.) civile professionelle d'avocats
Rechtsanwaltskammer (F.) barreau (M.)
Rechtsanwaltskanzlei (F.) cabinet (M.) d'avocat
Rechtsanwaltssozietät (F.) société (F.) civile professionelle d'avocats
Rechtsanwaltsvergütung (F.) honoraire (M.), rémunération (F.) de l'avocat
Rechtsanwaltsvergütungsgesetz (N.) loi (F.) relative aux honoraires d'avocats
Rechtsanwendung (F.) application (F.) du droit
Rechtsassessor (M.) titulaire (M.) du second examen d'État en droit
Rechtsaufsicht (F.) tutelle (F.)
Rechtsausführung (F.) argumentation (F.), exposé (M.) des fondements juridiques
Rechtsausschuss (M.) commission (F.) juridique, comité (M.) juridique
Rechtsausübung (F.) exercice (M.) d'un droit
Rechtsbedingung (F.) condition (F.), condition (F.) de droit
Rechtsbegriff (M.) notion (F.) de droit, concept (M.) juridique
rechtsbegründende Handlung (F.) acte-condition (M.)
Rechtsbehelf (M.) moyen (M.) de recours, voie (F.) de droit
Rechtsbehelfsbelehrung (F.) instruction (F.) relative aux voies de recours, renseignement (M.) concernant les voies de recours
Rechtsbeistand (M.) conseil (M.) juridique
Rechtsbelehrung (F.) information (F.) sur les droits
Rechtsberater (M.) conseil (M.) juridique
Rechtsberatung (F.) consultation (F.) juridique, conseil (M.) juridique
Rechtsbereinigung (F.) constatation (F.) et simplification (F.) du droit en vigueur
Rechtsbeschwerde (F.) recours (M.), pourvoi (M.) dans l'intérêt de la loi
Rechtsbesitz (M.) possession (F.) d'un droit
Rechtsbeugung (F.) prévarication (F.) d'un magistrat en faveur ou au préjudice de l'une des parties
Rechtsbindung (F.) obligation (F.) de respecter le droit
Rechtsbindungswille (M.) volonté (F.) de s'obliger, volonté (F.) de contracter
Rechtsblindheit (F.) ignorance (F.) du droit
Rechtsbruch (M.) violation (F.) du droit
Rechtsdogmatik (F.) doctrine (F.) juridique
Rechtseinheit (F.) unité (F.) du droit

Rechtsempfinden (N.) conscience (F.) du droit, sens (M.) de la justice
Rechtsentscheid (M.) décision (F.) du tribunal supérieur sur une question concernant le droit relatif au louage de choses
Rechtsentwicklung (F.) évolution (F.) de la législation
Rechtserwerb (M.) acquisition (F.) d'un droit
Rechtsethik (F.) éthique (F.) du droit, éthique (F.) juridique
rechtsfähig capable (Adj.) de jouir des droits
rechtsfähiger Verein (M.) association (F.) ayant la personnalité civile
Rechtsfähigkeit (F.) capacité (F.) juridique, capacité (F.) civile, capacité (F.) de jouissance des droits
Rechtsfakultät (F.) faculté (F.) juridique, faculté (F.) de droit
Rechtsfall (N.) cause (F.), cas (M.), litige (M.)
Rechtsfigur (F.) concept (M.) juridique
Rechtsfindung (F.) herméneutique (F.) juridique
Rechtsfolge (F.) conséquence (F.) juridique, effet (M.) juridique
Rechtsfolgenirrtum (M.) erreur (F.) concernant les conséquences juridiques
Rechtsfolgenverweisung (F.) renvoi (M.) concernant les consequences juridiques
Rechtsfolgewille (M.) volonté (F.) de produire un effet juridique
Rechtsfortbildung (F.) adaption (F.) du droit aux changements de la société et de l'économie
Rechtsfrage (F.) question (F.) de droit
Rechtsfriede (M.) paix (F.) publique, usage (M.) paisible d'un droit
Rechtsgang (M.) procédure (F.), déroulement (M.) de la procédure
Rechtsgebiet (N.) domaine (M.) de droit
Rechtsgedanke (M.) concept (M.) légal, finalité (F.) juridique
Rechtsgefühl (M.) conscience (F.) juridique spontanée
rechtsgelehrt juridique (Adj.)
Rechtsgelehrter (M.) jurisconsulte (M.), légiste (M.)
Rechtsgesamtheit (F.) entité (F.) juridique
Rechtsgeschäft (N.) acte (M.) juridique
rechtsgeschäftlich contractuel, conventionnel
rechtsgeschäftliches Schuldverhältnis (N.) rapport (M.) juridique contractuel, lien (M.) de droit contractuel
rechtsgeschäftsähnlich quasi-contractuel (Adj.)
rechtsgeschäftsähnliche Handlung (F.) acte (M.) matérial assimilé à un acte juridique
Rechtsgeschichte (F.) histoire (F.) du droit
Rechtsgrund (M.) titre (M.) juridique, titre (M.), cause (F.), motif (M.) juridique
Rechtsgrundlage (F.) base (F.) juridique, cause (F.)
Rechtsgrundsatz (M.) principe (M.) juridique
Rechtsgrundverweisung (F.) renvoi (M.) concernant l'intention juridique
Rechtsgut (N.) bien (M.), bien (M.) protégé par une disposition légale
Rechtsgutachten (N.) consultation (F.) juridique, consultation (F.), expertise (F.) juridique
Rechtsgüterschutz (M.) garantie (F.) légale des droits
Rechtshandlung (F.) acte (M.) juridique, fait (M.) juridique
rechtshängig litispendant
Rechtshängigkeit (F.) litispendance (F.)
Rechtshilfe (F.) entraide (F.) judiciaire
Rechtshilfeabkommen (N.) convention (F.) relative à l'entraide judiciaire
Rechtshilfeersuchen (N.) commission (F.) rogatoire
Rechtsinformatik (F.) informatique (F.) judiciaire, informatique (F.) juridique documentaire
Rechtsinstitut (N.) institution (F.) juridique
Rechtsirrtum (M.) erreur (F.) de droit
Rechtskenntnis (F.) connaissance (F.) du droit
Rechtskraft (F.) erlangen acquérir l'autorité de la chose jugée
Rechtskraft (F.) force (F.) de chose jugée, autorité (F.) de la chose jugée
rechtskräftig ayant (Adj.) force de chose jugée
rechtskräftig entschiedene Sache (F.) chose (F.) jugée
Rechtslage (F.) situation (F.) juridique
Rechtslehre (F.) jurisprudence (F.), doctrine (F.)
Rechtslexikon (N.) lexique (M.) de termes juridiques
Rechtsmangel (M.) vice (M.) de droit

Rechtsmängelhaftung (F.) garantie (F.) d'éviction
Rechtsmedizin (F.) médecine (F.) légale
Rechtsmeinung (F.) opinion (F.) juridique
Rechtsmissbrauch (M.) abus (M.) de droit
rechtsmissbräuchlich abusif
rechtsmissbräuchliche Klausel (F.) clause (F.) abusive
Rechtsmittel (N.) voie (F.) de recours, moyen (M.) de recours, recours (M.)
Rechtsmittelbegründung (F.) motivation (F.) de la voie de recours
Rechtsmittelbelehrung (F.) indication (F.) de la voie de recours, information (F.) des voies de recours en justice
Rechtsmittelfrist (F.) délai (M.) pour faire recours
Rechtsmittelgericht (N.) tribunal (M.) statuant en appel, cour (F.) d'appel
Rechtsmittelinstanz (F.) juridiction (F.) d'appel, instance (F.) de recours
Rechtsmittelverzicht (M.) renonciation (F.) aux voies de recours
Rechtsnachfolge (F.) succession (F.) juridique
Rechtsnachfolger (M.) ayant (M.) droit, ayant (M.) cause, ayant-cause (M.)
Rechtsnachteil (M.) préjudice (M.) de droit
Rechtsnorm (F.) règle (F.) de droit, norme (F.) juridique
Rechtsobjekt (N.) objet (M.) du droit
Rechtsordnung (F.) ordre (M.) juridique
Rechtspersönlichkeit (F.) personnalité (F.) juridique, personnalité (F.) morale
Rechtspflege (F.) justice (F.), administration (F.) de la justice
Rechtspfleger (M.) fonctionnaire (M.) de l'administration judiciaire chargé de certaines fonctions juridictionnelles, juge (M.) auxiliaire à compétence limitée
Rechtspflicht (F.) obligation (F.) juridique
Rechtsphilosophie (F.) philosophie (F.) du droit
Rechtspolitik (F.) politique (F.) législative
Rechtspositivismus (M.) positivisme (M.) juridique
Rechtspraxis (F.) pratique (F.) juridique
rechtsprechend judiciaire (Adj.)
Rechtsprechung (F.) jurisprudence (F.)
Rechtsprinzip (N.) principe (M.) de droit
Rechtsquelle (F.) source (F.) du droit
Rechtsraum (M.) espace (M.) juridique
Rechtsreferendar (M.) titulaire (M.) du premier examen d'État en droit, stagiaire (M.) judiciaire
Rechtsregel (F.) règle (F.) de droit, règle (F.) juridique
Rechtssatz (M.) norme (F.), règle (F.) de droit, règle (F.) juridique, loi (F.)
Rechtsschein (M.) apparence (F.) du droit
Rechtsschöpfung (F.) activité (F.) génératrice de droit
Rechtsschule (F.) école (F.) juridique
Rechtsschutz (M.) protection (F.) légale, protection (F.) juridique
Rechtsschutzbedürfnis (N.) intérêt (M.) légitime
Rechtsschutzinteresse (N.) intérêt (M.) légitime
Rechtsschutzversicherung (F.) assurance (F.) défense et recours
Rechtssicherheit (F.) sécurité (F.) juridique, garantie (F.) juridique
Rechtssprache (F.) langue (F.) juridique, langage (M.) du palais, langage (M.) juridique
Rechtssprichwort (N.) proverbe (M.) juridique
Rechtsstaat (M.) État (M.) de droit
rechtsstaatlich concernant l'État de droit
Rechtsstaatlichkeit (F.) régime (M.) de l'État de droit, constitutionnalité (F.)
Rechtsstaatsprinzip (N.) principe (M.) de la légalité
Rechtsstellung (F.) situation (F.) juiridique
Rechtsstreit (M.) contentieux (M.) juridique, litige (M.), procès (M.)
Rechtsstreitigkeit (F.) litige (M.), procès (M.), contentieux (M.) juridique
Rechtssubjekt (N.) sujet (M.) de droit
Rechtssymbol (N.) symbole (M.) juridique
Rechtssystem (N.) régime (M.) juridique, système (M.) juridique
Rechtstatsache (F.) réalité (F.) juridique
Rechtstatsachenforschung (F.) recherche (F.) de réalites juridiques
Rechtstheorie (F.) théorie (F.) du droit, doctrine (F.) juridique
Rechtstitel (M.) titre (M.) juridique
Rechtsübergang (M.) transfert (M.) d'un droit
Rechtsübertragung (F.) transfert (M.) d'un droit, cession (F.)

Rechtsüberzeugung (F.) conviction (F.) intime
Rechtsunsicherheit (F.) insécurité (F.) juridique
rechtsunwirksam nul (Adj.), dépourvu d'effets juridiques
Rechtsunwirksamkeit (F.) nullité (F.), inefficacitè (F.)
rechtsverbindlich obligatoire
Rechtsvereinheitlichung (F.) harmonisation (F.) juridique, unification (F.) du droit
Rechtsverfolgung (F.) exercice (M.) d'un droit
Rechtsvergleichung (F.) droit (M.) comparé
Rechtsverhältnis (F.) rapport (M.) de droit, rapport (M.) juridique, lien (M.) juridique
Rechtsverkehr (M.) vie (F.) juridique
Rechtsverletzung (F.) violation (F.) du droit, lésion (F.)
Rechtsverlust (M.) déchéance (F.) d'un droit, perte (F.) d'un droit
Rechtsvermutung (F.) présomption (F.) légale
Rechtsverordnung (F.) ordonnance (F.), règlement (M.), règlement (M.) subordonné à la loi, décret (M.) d'application de la loi, décret (M.)
Rechtsvertreter (M.) représentant (M.) légal, représentant (M.) juridique
Rechtsverweigerung (F.) déni (M.) de justice, abstention (F.) de juge
Rechtsverzicht (M.) renonciation (F.) à un droit
Rechtsvorgänger (M.) prédécesseur (M.) dans les droits, auteur (M.)
Rechtswahl (F.) choix (M.) du droit applicable
Rechtsweg (M.) voie (F.) judiciaire, voie (F.) de droit, voie (F.) juridique
Rechtsweg beschreiten pourvoir en justice (se), intenter une action juridique
Rechtswegerschöpfung (F.) épuisement (M.) des voies de recours
Rechtsweggarantie (F.) voie (F.) judiciaire garantie, garantie (F.) d'un recours
Rechtswegzulässigkeit (F.) recevabilité (F.) de la voie de droit
rechtswidrig illégal (Adj.), illicite (Adj.)
Rechtswidrigkeit (F.) illégalité (F.), illicéité (F.), violation (F.) du droit
Rechtswirklichkeit (F.) realité (F.) juridique
Rechtswirkung (F.) effet (M.) juridique
Rechtswissenschaft (F.) science (F.) du droit
Rechtswohltat (F.) bénéfice (M.)
Rechtszug (M.) instance (F.)
Rechtszustand (M.) situation (F.) juridique
Rede (F.) discours (M.)
Redefreiheit (F.) liberté (F.) de parole
reden parler
Rederecht (N.) droit (M.) de prendre la parole
Rediskont (F.) réescompte (M.)
Rediskontierung (F.) réescompte (M.)
redlich de bonne foi
Redlichkeit (F.) bonne foi (F.), intégrité (F.), sincérité (F.)
Reduktion (F.) réduction (F.), diminution (F.)
reduzieren réduire
Reede (F.) rade (F.), mouillage (M.)
Reeder (M.) armateur (M.), fréteur (M.)
Reederei (F.) société (F.) d'armement, armement (M.)
reell réel (Adj.), sérieux (Adj.)
Referat (N.) rapport (M.), exposé (M.), compte (M.) rendu, service (M.), département (M.), section (F.)
Referendar (M.) fonctionnaire (M.) stagiaire, stagiaire (M.) titulaire de la première partie du diplôme d'État
Referendariat (N.) stage (M.) titulaire de la première partie du diplôme d'État
Referendum (N.) référendum (M.)
Referent (M.) rapporteur (M.), chef (M.) de bureau, chef (M.) de service
Referentenentwurf (M.) projet (M.) de loi élaboré par des fonctionnaires d'un ministère
referieren faire un rapport, faire un compte rendu
refinanzieren refinancer
Refinanzierung (F.) refinancement (M.)
Reform (F.) réforme (F.)
reformatio (F.) in peius (lat.) (Reform zum Schlechteren) reformatio (F.) in peius (lat.) (aggravation du sort de l'appelant)
Reformation (F.) réforme (F.), réformation (F.)
reformieren réformer
Regal (N.) droit (M.) de souveraineté, privilège (M.), office (M.) public
Regel (F.) règle (F.), règlement (M.), norme (F.)

Regelbedarf (N.) besoin (M.) d'un mineur établi par la loi
Regelbeispiel (N.) exemple (M.) type, exemple (M.) normal
Regelbetrag (M.) montant (M.) type
Regelfall (M.) cas (M.) général, cas (M.) normal, cas (M.) conforme à l'usage
regelmäßig régulier, normal (Adj.)
regeln réglementer, régler
Regelsatz (M.) taux (M.) normal
Regelstrafe (F.) peine (F.) normalement applicable, peine (F.) normale
Regelung (F.) règlement (M.), réglementation (F.), accord (M.), arrangement (M.)
Regelunterhalt (M.) entretien (M.) normal, entretien (M.) normal établi par la loi
Regent (M.) souverain (M.)
Regie (F.) régie (F.)
Regiebetrieb (M.) établissement (M.) en régie, régie (F.)
regieren gouverner, diriger, régner
Regierung (F.) gouvernement (M.), pouvoir (M.), autorité (F.)
Regierungsabkommen (N.) convention (F.) intergouvernementale
Regierungsakt (M.) acte (M.) de gouvernement
Regierungsbezirk (M.) subdivision (F.) administrative de gouvernement d'un Land
Regierungsbildung (F.) formation (F.) d'un gouvernement
Regierungschef (M.) chef (M.) de gouvernement
Regierungsentwurf (M.) projet (M.) de loi gouvernemental
Regierungskommissar (M.) commissaire (M.) du gouvernement
Regierungspräsident (M.) chef (M.) des administrations d'un Regierungsbezirk, préfet (M.)
Regierungsrat (M.) attaché (M.), attaché (M.) d'administration, gouvernement (M.) d'un canton
Regierungsvorlage (F.) projet (M.) gouvernemental
Regime (N.) régime (M.), système (M.) gouvernemental
Regiment (N.) régiment (M.)
Region (F.) région (F.), province (F.)
regional régional
Regionalversammlung (F.) conseil (M.) régional
Register (N.) registre (M.)
Registergericht (N.) tribunal (M.) chargé de la tenue du registre
Registratur (F.) enregistrement (M.)
registrieren enregistrer, inscrire
Registrierung (F.) enregistrement (M.)
Regress (M.) recours (M.), action (F.) récursoire
Regressanspruch (M.) droit (M.) de recours
Regressforderung (F.) créance (F.) en recours
Regulation (F.) régularisation (F.), règlement (M.)
Regulativ (N.) règlement (M.), directive (F.)
regulieren réglementer, régler
Regulierung (F.) régularisation (F.), régulation (F.)
Rehabilitation (F.) réhabilitation (F.)
rehabilitieren réhabiliter
Rehabilitierung (F.) rehabilitation (F.)
Reich (N.) empire (M.)
Reichskanzler (M.) chancelier (M.) du Reich
Reichstag (M.) diète (F.) impériale
Reife (F.) maturité (F.)
Reifeprüfung (F.) baccalauréat (M.)
rein pur, clair
Reingewinn (M.) bénéfice (M.) net
Reise (F.) voyage (M.)
Reisegewerbe (N.) commerce (M.) ambulant
Reisekosten (F.Pl.) prix (M.) du voyage
Reisemangel (M.) vice (M.) d'un voyage
reisen voyager
Reisepass (M.) passeport (M.)
Reiserecht (N.) droit (M.) du tourisme et des voyages
Reisescheck (M.) chèque (M.) de voyage, travellers-chèque (M.)
Reiseveranstalter (M.) prestataire (M.) de services touristiques
Reiseversicherung (F.) assurance (F.) individuelle voyage
Reisevertrag (M.) contrat (M.) de voyage et de séjour
reiten aller à cheval
Reitweg (M.) voie (F.) d'équitation
Rekrut (M.) recrue (F.), conscrit (M.)
Rekrutierung (F.) incorporation (F.), appel (M.) sous les drapeaux

Rektapapier (N.) titre (M.) nominatif
Rektor (M.) recteur (M.)
Rektorat (N.) rectorat (M.)
Rekurs (M.) recours (M.) administratif
Relation (F.) relation (F.)
relativ relatif
relative Mehrheit (F.) majorité (F.) relative
relative Unwirksamkeit (F.) nullité (F.) relative
relatives Recht (N.) droit (M.) relatif
Relegation (F.) exclusion (F.) d'enseignement supérieur
relevant pertinent, important
Relevanz (F.) intérêt (M.), pertinence (F.), importance (F.)
Religion (F.) religion (F.), confession (F.), culte (M.)
Religionsfreiheit (F.) liberté (F.) des cultes
Religionsgesellschaft (F.) communauté (F.) religieuse, association (F.) cultuelle
Religionsunterricht (M.) catéchisme (M.), instruction (F.) religieuse
religiös religieux
Remittent (M.) preneur (M.)
Remonstration (F.) remonstration (F.)
remonstrieren remontrer
remuneratorisch rémunératoire
remuneratorische Schenkung (F.) donation (F.) rémunératoire
Rendite (F.) rendement (M.) financier, taux (M.)
Rente (F.) rente (F.), annuité (F.)
Rentenanspruch (M.) droit (M.) à pension
Rentenrecht (N.) droit (M.) de la sécurité sociale
Rentenschuld (F.) dette (F.) foncière sous forme de rente
Rentensplitting (N.) compensation (F.) en matière de pension vieillesse
Rentenversicherung (F.) assurance (F.) vieillesse, assurance (F.) retraite
Rentner (M.) rentier (M.), titulaire (M.) d'une rente
Renvoi (M.) renvoi (M.)
Reparation (F.) réparations (F.Pl.)
Reparatur (F.) réparation (F.)
reparieren réparer
repetieren répéter
Repetitor (M.) répétiteur (M.)
Repetitorium (N.) cours (M.) de répétition
Replik (F.) réplique (F.)
Repräsentant (M.) représentant (M.), député (M.)
Repräsentantenhaftung (F.) responsabilitè (F.) du bureau d'une association
Repräsentation (F.) représentation (F.)
repräsentativ représentatif
repräsentative Demokratie (F.) démocratie (F.) représentative
repräsentieren représenter
Repressalie (F.) représailles (F.Pl.)
Repression (F.) répression (F.)
repressiv répressif
repressives Verbot (N.) interdiction (F.) répressive
reprivatisieren reprivatiser
Reprivatisierung (F.) remise (F.) dans le secteur privé, dénationalisation (F.), transfert (M.) au secteur privé
Republik (F.) république (F.)
Republikaner (M.) républicain (M.)
Requisition (F.) réquisition (F.)
reservatio (F.) mentalis (lat.) (Mentalreservation bzw. geheimer Vorbehalt) réserve (F.) mentale
Reserve (F.) réserve (F.)
reservieren réserver
Reservist (M.) réserviste (M.)
Residenz (F.) résidence (F.)
Residenzpflicht (F.) obligation (F.) de résidence
Resolution (F.) résolution (F.)
resolutiv résolutoire
Resolutivbedingung (F.) condition (F.) résolutoire
resozialisieren réinserer
Resozialisierung (F.) réinsertion (F.) dans la société
Ressort (N.) ressort (M.), domaine (M.)
Rest (M.) reste (M.)
restitutio (F.) in integrum (lat.) (Wiederherstellung in den früheren Zustand) relèvement (M.) de forclusion
Restitution (F.) réparation (F.), restitution (F.), révision (F.)
Restitutionsklage (F.) action (F.) en révision d'un jugement
Restkaufpreis (M.) restant (M.) du prix d'achat
restlich restant (Adj.)
Restriktion (F.) restriction (F.)
restriktiv restrictif

Reststrafe (F.) peine (F.) restant à purger
Retention (F.) rétention (F.)
Retentionsrecht (N.) droit (M.) de rétention
Retorsion (F.) rétorsion (F.), mesure (F.) de rétorsion
Retraktrecht (N.) droit (M.) de retrait
Reue (F.) repentir (M.)
Reugeld (N.) dédit (M.)
revidieren réviser
Revier (N.) réserve (F.), commissariat (M.)
revisibel susceptible d'être invoqué lors d'un pourvoi en cassation
Revision (F.) cassation (F.), révision (F.), pourvoi (M.) en cassation, recours (M.) en cassation, vérification (F.)
Revision (F.) einlegen former un pourvoi en cassation
Revisionsbegründung (F.) motivation (F.) de cassation
Revisionsgericht (N.) juridiction (F.) statuant en cassation
Revisionsgrund (M.) moyen (M.) de cassation
Revisionsschrift (F.) acte (M.) de pourvoi en cassation
Revisionsverfahren (N.) procédure (F.) devant l'instance de cassation
Revolution (F.) révolution (F.), bouleversement (M.)
rezipieren recevoir
reziprok réciproque (Adj.), mutuel (Adj.)
reziprokes Testament (N.) testament (M.) réciproque
Rheinland-Pfalz (N.) Rhénanie-Palatinat (F.)
Rhetorik (F.) rhétorique (F.)
richten juger, statuer, diriger, exécuter
Richter (M.) erster Instanz juge (M.)
Richter (M.) höherer Instanz conseiller (M.)
Richter (M.) in Familiensachen juge (M.) délégué aux affaires matrimoniales (J. A. M.)
Richter (M.) in Mietsachen und Pachtsachen juge (M.) des loyers
Richter (M.) magistrat (M.), juge (M.)
Richter (M.) zuständig für die Enteignungsentschädigung juge (M.) de l'expropriation
Richter (M.) zuständig für die Vorbereitung der mündlichen Verhandlung juge (M.) de la mise en état
Richter (M.) zuständig für einstweilige Verfügungen juge (M.) des référés
Richteramt (N.) judicature (F.), magistrature (F.)
Richteramtsbefähigung (F.) capacité (F.) à exercer des fonctions judiciaires
Richtergesetz (N.) loi (F.) sur le statut des magistrats
Richterin (F.) juge (F.)
richterlich judiciaire (Adj.)
richterliche Entscheidung (F.) acte (M.) juridictionnel
richterliche Verfügung (F.) zum Abschluss des vorbereitenden Verfahrens ordonnance (F.) de clôture
Richterprivileg (N.) privilège (M.) judiciaire
Richterrecht (N.) droit (M.) prétorien, droit (M.) jurisprudentiel
Richterschaft (F.) magistrature (F.) assise, magistrature (F.) du siège
Richterspruch (M.) sentence (F.) judiciaire, jugement (M.)
richtig juste (Adj.), exact
Richtlinie (F.) directive (F.)
Richtstätte (F.) lieu (M.) de supplice
Richtung (F.) direction (F.)
Rigorosum (N.) examen (M.) oral du doctorat, soutenance (F.)
Risiko (N.) risque (M.)
riskieren risquer
Ritter (M.) chevalier (M.)
Rittergut (N.) terre (F.) seigneuriale
Robe (F.) robe (F.)
Rolle (F.) rouleau (M.)
Rom (N.) Rome (F.)
römisch romain (Adj.)
römische Verträge (M.Pl.) traités (M.Pl.) de Rome
römisches Recht (N.) droit (M.) romain
rot rouge
Rota (F.) Romana (lat.) (römisches Rad bzw. kirchliches Höchstgericht) Rota (F.) Romana
Rotation (F.) rotation (F.)
Rotlicht (N.) feu (M.) rouge, lumière (F.) rouge
Rotte (F.) (Menschengruppe) troupe (F.), bande (F.)
Rubrum (N.) en-tête (M.)
Rück- arrière
Rückbürge (M.) arrière-caution (F.)
Rückbürgschaft (F.) arrière-caution (F.)
rückdatieren antidater

Rückdatierung (F.) antidate (F.)
rückerstatten rembourser, restituer
Rückerstattung (F.) remboursement (M.), restitution (F.)
Rückerwerb (M.) rachat (M.), réacquisition (F.)
Rückfall (M.) récidive (F.)
rückfällig récidiviste
rückfordern demander la restitution
Rückforderung (F.) demande (F.) en restitution, demande (F.) de restitution, demande (F.) de remboursement, revendication (F.)
rückführen reconduire
Rückführung (F.) reconduite (F.)
Rückgewähr (F.) restitution (F.)
Rückgewähranspruch (M.) droit (M.) de restitution, obligation (F.) de restituer
Rückgewährschuldverhältnis (N.) lien (M.) de droit concernant la restitution
Rückgriff (M.) recours (M.)
Rückgriffsklage (F.) action (F.) récursoire
Rücklage (F.) réserves (F.Pl.), réserves (F.Pl.) de capitaux
Rücknahme (F.) reprise (F.), rachat (M.), retrait (M.)
Rückschluss (M.) conclusion (F.)
Rückseite (F.) verso (M.)
Rücksicht (F.) considération (F.), respect (M.)
rücksichtslos sans scrupules, impitoyable
Rückstand (M.) arrière (M.)
Rückstellung (F.) provision (F.), provision (F.) pour pertes ou risques
Rücktritt (M.) démission (F.), résignation (F.), retrait (M.) volontaire, désistement (M.), résiliation (F.) (d'un contrat), dénonciation (F.) (d'un contrat), résolution (F.)
Rücktrittserklärung (F.) déclaration (F.) de résolution, déclaration (F.) de retrait
Rücktrittsrecht (N.) droit (M.) de résiliation
Rücktrittsvorbehalt (M.) réserve (F.) du droit de retrait
Rückübertragung (F.) rétrocession (F.)
Rückversicherung (F.) réassurance (F.)
Rückverweisung (F.) renvoi (M.)
rückwirkend rétroactif
Rückwirkung (F.) rétroactivité (F.), effet (M.) rétroactif
Rückwirkungsverbot (N.) principe (M.) de la légalité (du droit pénal)
rückzahlen rembourser, restituer
Rückzahlung (F.) remboursement (M.), restitution (F.)
Ruf (M.) réputation (F.), renommée (F.), nomination (F.), rappel (M.)
Rufmord (M.) campagne (F.) diffamatoire
Rüge (F.) blâme (M.), recours (M.), grief (M.), réclamation (F.) à propos d'un défaut, réclamation (F.)
rügen faire une réclamation
Ruhe (F.) silence (M.), calme (M.)
Ruhegehalt (N.) pension (F.) de retraite, retraite (F.)
Ruhen (N.) des Verfahrens arrêt (M.) de la procédure, suspension (F.) de la procédure
ruhen être en suspens
Ruhestand (M.) retraite (F.)
Ruhestandsverhältnis (N.) retraite (F.)
Ruhestörung (F.) tapage (M.), trouble (M.), perturbation (F.)
Ruhezeit (F.) temps (M.) de repos
Rumänien (N.) Roumanie (F.)
rund rond
Runderlass (M.) circulaire (F.)
Rundfunk (M.) radiodiffusion (F.), radiophonie (F.), radio (F.)
Rundfunkfreiheit (F.) liberté (F.) de la radiophonie
Rundschreiben (N.) circulaire (F.)
Russland (N,) Russie (F.)
rüsten armer (s')
Rüstung (F.) armement (M.)
Rüstungsbegrenzung (F.) limitation (F.) des armements

S

Saarland (N.) Sarre (F.)
Saat (F.) semailles (F.Pl.), semences (F.Pl.)
Sabotage (F.) sabotage (M.)
sabotieren saboter
Sachbearbeiter (M.) responsable (M.), employé (M.) compétent, chargé (M.) de fonctions
Sachbefugnis (F.) faculté (F.) d'exercice d'une action en justice
Sachbeschädigung (F.) dommage (M.) matériel, détériorisation (F.) matérielle, destruction (F.), dommage (M.) causé dans les biens d'autrui, déprédation (F.)

Sachdarlehen (N.) prêt (M.) de consommation
Sache (F.) affaire (F.), cas (M.), cause (F.), chose (F.), bien (M.), objet (M.)
Sacheinlage (F.) apport (M.) en nature, mise (F.) de fonds en nature
Sachenrecht (N.) biens (M.Pl.) et droits (M.Pl.) réels, régime (M.) des biens meubles et immeubles, droit (M.) réel
Sachentscheidung (F.) décision (F.) en fond
Sachfirma (F.) dénomination (F.) sociale dérivée de l'objet de l'entreprise, raison (F.) commerciale
Sachfrage (F.) question (F.) de fond
Sachgebiet (N.) matière (F.)
sachgerecht approprié, conforme, adéquat (Adj.)
Sachgesamtheit (F.) ensemble (M.) des biens constituant une entité juridique
Sachherrschaft (F.) puissance (F.) de la chose
Sachinbegriff (M.) ensemble (M.) des biens constituant une entité juridique
Sachkunde (F.) connaissance (F.) des choses, compétence (F.), compétence (F.) pour la matière, capacité (F.)
Sachlegitimation (F.) faculté (F.) d'exercice d'une action en justice
sachlich réaliste (Adj.), pratique (Adj.), objectif (Adj.), impartial (Adj.)
sachliche Zuständigkeit (F.) compétence (F.) ratione materiae, compétence (F.) d'attribution
Sachmangel (M.) vice (M.) de la chose
Sachnorm (F.) règle (F.) de la loi compétente
Sachschaden (M.) dommage (M.) matériel, préjudice (M.) matériel
Sachsen (N.) Saxe (F.)
Sachsen-Anhalt (N.) Saxe-Anhalt (F.)
Sachurteil (N.) jugement (M.) au fond, jugement (M.) sur le fond
Sachverhalt (M.) état (M.) des faits, circonstances (F.Pl.)
Sachversicherung (F.) assurance (F.) de choses
sachverständig expert (Adj.), compétent (Adj.)
Sachverständiger (M.) expert (M.), technicien (M.), spécialiste (M.)
Sachvortrag (M.) exposé (M.) des faits
Sachwalter (M.) administrateur (M.) de biens, curateur (M.)
Sachwucher (M.) usure (F.)
Sachzusammenhang (M.) corrélation (F.) des faits
Sack (M.) sac (M.)
Sackgasse (F.) impasse (F.)
Sadismus (M.) sadisme (M.)
Saison (F.) saison (F.)
Saisonarbeit (F.) travail (M.) saisonnier
Sakrament (N.) sacrement (M.)
Sakrileg (N.) sacrilège (M.)
Säkularisation (F.) sécularisation (F.)
säkularisieren séculariser
saldieren solder, balancer, établir la balance d'un compte, établir le solde
Saldo (M.) solde (M.), balance (F.), balance (F.) des soldes, reliquat (M.), différence (F.)
Sammelklage (F.) action (F.) de groupe
Sammelladung (F.) groupage (F.) de marchandises
sammeln collecter, assembler, collectionner
Sammelwerk (N.) œuvre (F.) collective, compilation (F.), recueil (M.)
Sammlung (F.) collection (F.), quête (F.), collecte (F.)
sanieren assainir, améliorer, rénover
Sanierung (F.) assainissement (M.), redressement (M.), réorganisation (F.)
Sanierungsplan (M.) plan (M.) de redressement
Sanktion (F.) sanction (F.), approbation (F.), ratification (F.)
sanktionieren sanctionner
Satisfaktion (F.) satisfaction (F.)
satt rassasiè (Adj.)
Sättigung (F.) saturation (F.)
Satzung (F.) statut (M.), dispositions (F.Pl.) statutaires, régime (M.), statuts (M.Pl.), contrat (M.) de société
satzungsgemäß statutaire
Satzungsrecht (N.) acte-règle (M.)
säumig défaillant (Adj.)
Säumnis (F.) retard (M.), défaillance (F.), tardiveté (F.)
Säumniszuschlag (M.) majoration (F.) de retard
Schaden (M.) dommage (M.), préjudice (M.)
schaden nuire, léser, endommager
Schadensersatz (M.) indemnité (F.), dommages-intérêts (M.Pl.), dédommagement (M.)
Schadensersatzanspruch (M.) demande (F.) de dommages-intérêts, droit (M.) à indemnisation

Schadensersatzklage (F.) action (F.) en dommage-intérêts, demande (F.) en dommages et intérêts
Schadensersatzpflicht (F.) obligation (F.) à réparer le dommage
Schadensfreiheitsrabatt (M.) bonus (M.), réduction (F.) sur le montant de la prime
Schadensversicherung (F.) assurance (F.) dommages, assurance (F.) de dommage
schädigen léser, causer un dommage, endommager
schädlich nuisible, préjudiciable, injurieux
schädliche Neigung (F.) tendance (F.) nuisible
schadlos halten dédommager, indemniser
schadlos indemnisé, dedommagé
Schadloshaltung (F.) dédommagement (M.), indemnisation (F.)
schaffen faire, réussir
Schaffner (M.) receveur (M.)
Schafott (N.) échafoud (M.)
Schalter (M.) guichet (M.), comptant (M.)
Schande (F.) déshonneur (M.)
schänden violenter, déshonorer, profaner
Schändung (F.) viol (M.), violation (F.)
Schankkonzession (F.) licence (F.) de débit de boissons, licence (F.)
scharf tranchant
Scharfrichter (M.) bourreau (M.)
Schatz (M.) trésor (M.)
schätzen évaluer, estimer
Schatzfund (M.) découverte (F.) d'un trésor
Schätzung (F.) estimation (F.), évaluation (F.), taxation (F.)
Scheck (M.) chèque (M.)
Scheckbetrug (M.) escroquerie (F.) par émission d'un chèque sans provision
Scheckkarte (F.) carte (F.) de chèque, carte (F.) chèque
Scheidemünze (F.) monnaie (F.) divisionnaire
scheiden séparer, divorcer, cesser
Scheidung (F.) divorce (M.)
Schein (M.) apparence (F.), semblant (M.), attestation (F.), certificat (M.), reçu (M.), acquit (M.), bon (M.), billet (M.)
Scheinbestandteil (M.) pièce (F.) apparente
Scheinehe (F.) mariage (M.) inexistant, mariage (M.) fictif, mariage (M.) putatif, mariage (M.) blanc
Scheinerbe (M.) héritier (M.) apparant
Scheingeschäft (N.) opération (F.) fictive, transaction (F.) fictive
scheinselbständig indépendant (Adj.) seulement en apparence, exerçant seulement en apparence une activité non-salariée
Scheinselbständigkeit (F.) indépendance (F.) seulement en apparence, indépendance (F.) fictive
Scheintod (M.) mort (F.) apparente
Scheinurteil (N.) décision (F.) qui n'a pas encore été prononcée en audience publique ou signifiée
Scheinvollmacht (F.) procuration (F.) fictive
Scheitern (N.) der Ehe rupture (F.) de la vie commune
scheitern échouer, pericliter
Schelte (F.) blâme (M.), réprimande (F.)
schelten réprimander, gronder, blâmer
Schema (N.) schéma (M.)
Schengen (N.) Schengen (M.)
Schengener Übereinkommen (N.) accord (M.) de Schengen
schenken offrir, donner, faire présent
Schenker (M.) donateur (M.)
Schenkerin (F.) donatrice (F.)
Schenkung (F.) donation (F.), don (M.)
Schenkung (F.) von Todes wegen donation (F.) pour cause de mort
Schenkungsempfänger (M.) destinataire (M.) de donation, donataire (M.)
Schenkungsteuer (F.) impôt (M.) sur les donations
Schenkungsversprechen (N.) promesse (F.) de donation
Schenkungsvertrag (M.) contrat (M.) de donation
Scherz (M.) plaisanterie (F.)
Scherzgeschäft (N.) acte (M.) juridique reposant sur des déclarations de volonté faites par plaisanterie
Schicht (F.) poste (M.), journée (F.) de travail, couche (F.), classe (F.)
Schichtarbeit (F.) travail (M.) en équipe, travail (M.) par équipe, travail (M.) par roulement
schicken envoyer, expédier
Schicksal (N.) sort (M.)
Schickschuld (F.) dette (F.) portable
schieben pousser (V.), reconduire, expulser
Schiedsabkommen (N.) convention (F.) d'arbitrage, clause (F.) compromissoire

Schiedsgericht (N.) cour (F.) d'arbitrage, cour (F.) arbitrale, tribunal (M.) arbitral
Schiedsgerichtsbarkeit (F.) juridiction (F.) arbitrale
Schiedsgutachter (M.) expert-arbitre (M.)
Schiedsklausel (F.) clause (F.) d'arbitrage, clause (F.) compromissoire
Schiedsmann (M.) arbitre (M.)
Schiedsrichter (M.) arbitre (M.)
Schiedsspruch (M.) sentence (F.) arbitrale
Schiedsstelle (F.) bureau (M.) d'arbitrage, office (M.) arbitral
Schiedsvertrag (M.) compromis (M.) d'arbitrage, traité (M.) d'arbitrage, compromis (M.)
schießen tirer
Schiff (N.) navire (M.), bateau (M.)
Schiffbruch (M.) naufrage (M.)
Schifffahrt (F.) navigation (F.)
Schifffahrtsgericht (N.) tribunal (M.) de la navigation
Schiffspfandrecht (N.) droit (M.) de saisie du navire
Schiffsregister (N.) registre (M.) maritime, registre (M.) des navires
Schikane (F.) chicane (F.)
Schikaneverbot (N.) interdiction (F.) de l'exercice d'un droit ayant pour but de causer dommage à autrui, interdiction (F.) d'abuser un droit
schikanieren tracasser
schikanös vexatoire
schimpfen pester
Schimpfwort (N.) injure (F.)
Schirm (M.) protection (F.), couvert (M.), écran (M.)
Schirmherr (M.) protecteur (M.)
Schisma (N.) schisme (M.)
Schizophrenie (F.) schizophrénie (F.)
Schlacht (F.) bataille (F.)
Schlagbaum (M.) barrière (F.)
schlagen battre
Schläger (M.) batailleur (M.)
Schlägerei (F.) rixe (F.)
schlecht mauvais (Adj.)
Schlechterfüllung (F.) mauvaise exécution (F.), exécution (F.) défectueuse
Schlechtleistung (F.) exécution (F.) non-conforme, exécution (F.) non-correspondante
schleppen coltiner, tracter, remorquer
Schlepper (M.) passeur (M.), remorqueur (M.)
schlichten régler de manière pacifique, arbitrer, concilier
Schlichter (M.) conciliateur (M.), compositeur (M.), médiateur (M.)
Schlichtung (F.) arbitrage (M.), conciliation (F.), médiation (F.)
Schlichtungsstelle (F.) bureau (M.) de conciliation
Schlichtungsverfahren (N.) procédure (F.) de conciliation, procédure (F.) de médiation
schließen fermer, finir, terminer, conclure (un contrat), contracter, signer, déduire
Schließfach (N.) boite-postale (F.), coffre-fort (M.)
Schließung (F.) conclusion (F.), clôture (F.), fermeture (F.)
Schloss (N.) serrure (F.), château (M.)
Schlot (M.) cheminée (F.)
Schlotfeger (M.) ramoneur (M.)
Schluss (M.) fermeture (F.), fin (F.), conclusion (F.), déduction (F.)
Schlussakte (F.) acte (M.) final
Schlussantrag (M.) conclusion (F.) finale
Schlüssel (M.) clé (F.)
Schlüsselgewalt (F.) mandat (M.) domestique
Schlusserbe (M.) héritier (M.) final
schlüssig convaincant, pertinent, concluant
schlüssiges Handeln (N.) action (F.) concluante
Schlüssigkeit (F.) pertinence (F.)
Schlussplädoyer (N.) plaidoyer (M.) final, résumé (M.)
Schlussurteil (N.) jugement (M.) final
Schlussverkauf (M.) soldes (M.Pl.)
Schlussvortrag (M.) conclusion (F.), résumé (M.)
Schmerz (M.) douleur (F.)
Schmerzensgeld (N.) indemnité (F.) pour dommage moral, pretium (N.) doloris (lat.), réparation (F.) d'un préjudice moral
schmieren graisser, gribouiller
Schmierer (M.) gribouilleur (M.)
Schmiergeld (N.) somme (F.) d'argent, dessous-de-table (M.)
Schmuggel (M.) contrebande (F.)
schmuggeln faire de la contrebande
Schmuggler (M.) contrebandier (M.)
schnell vite (Adj.), rapide (Adj.)

Schnellverfahren (N.) procédure (F.) accélérée, procédure (F.) en référé
Schock (M.) choc (M.)
Schöffe (M.) juge-assesseur (M.) non professionnel, assesseur (M.), échevin (M.)
Schöffengericht (N.) tribunal (M.) répressif à juge unique assisté de deux assesseurs-jurés
Schöffin (F.) échevin (M.)
Scholle (F.) glèbe (F.)
schön beau
schonen ménager, prendre soin
Schönheitsreparatur (F.) travaux (M.Pl.) d'entretien et de réparation effectués par le locataire
Schonzeit (F.) période (F.) de fermeture de la chasse, fermeture (F.)
schöpfen créer
Schöpfung (F.) création (F.), œuvre (F.) créée
Schornstein (M.) cheminée (F.)
Schornsteinfeger (M.) ramoneur (M.)
Schranke (F.) barrière (F.)
schrecken effrayer
schreiben écrire
Schreiben écrit (M.), note (F.), lettre (F.)
Schreibtischtäter (M.) auteur (M.) moral d'une infraction
Schrift (F.) écriture (F.)
Schriftform (F.) forme (F.) écrite
Schriftführer (M.) greffier (M.), secrétaire (M.)
schriftlich par écrit, écrit (Adj.)
schriftliches Verfahren (N.) procédure (F.) écrite
Schriftlichkeit (F.) forme (F.) écrite
Schriftsatz (M.) acte (M.) écrit, mémoire (M.)
Schriftsatzwechsel (M.) échange (M.) des conclusions
Schriftverkehr (M.) correspondance (F.)
Schriftwerk (N.) œuvre (F.) écrit
Schubhaft (F.) détention (F.) en vue de l'expulsion
Schuld (F.) faute (F.), dette (F.), culpabilité (F.), responsabilité (F.)
schuld responsable (Adj.)
Schuldanerkenntnis (N.) reconnaissance (F.) d'un rapport d'obligation existant, reconnaissance (F.) de dette
Schuldausschließungsgrund (M.) élément (M.) excluant la culpabilité mais non le caractère illégal d'un fait, raison (F.) excluant la culpabilité
Schuldbeitritt (M.) délégation (F.) imparfaite
schulden devoir (V.), être en dette
schuldenfrei exempt de dettes, franc (Adj.) de toute dette
Schuldentilgung (F.) extinction (F.) de dette, amortissement (M.) de dette
schuldfähig responsable (Adj.)
Schuldfähigkeit (F.) imputabilité (F.) morale, responsabilité (F.) pénale
Schuldform (F.) forme (F.) de culpabilité
Schuldhaft (F.) prison (F.) pour dette
schuldhaft fautif
schuldhafte Vertragsverletzung (F.) faute (F.) contractuelle
schuldig débiteur (Adj.), redevable (Adj.), culpable (Adj.), coupable (Adj.)
Schuldiger (M.) coupable (M.)
Schuldinterlokut (N.) jugement (M.) interlocutoire de culpabilité
Schuldmerkmal (N.) élément (M.) de culpabilité
Schuldmitübernahme (F.) délégation (F.) imparfaite
Schuldner (M.) débiteur (M.)
Schuldnerberatung (F.) service-débiteurs (M.)
Schuldnerin (F.) débitrice (M.)
Schuldnerverzeichnis (N.) liste (F.) des personnes ayant été poursuivies pour dettes
Schuldnerverzug (M.) inexécution (F.) du débiteur, demeure (F.) du débiteur
Schuldrecht (N.) droit (M.) des obligations
schuldrechtlich relevant du droit des obligations
schuldrechtliche Klage (F.) action (F.) personnelle
Schuldschein (M.) certificat (M.) de dette, titre (M.) de créance
Schuldspruch (M.) sentence (F.) de culpabilité, verdict (M.) de culpabilité
Schuldübernahme (F.) délégation (F.), délégation (F.) imparfaite, délégation (F.) parfaite, cession (F.) de dettes
Schuldumschaffung (F.) novation (F.)
Schuldumwandlung (F.) novation (F.)
schuldunfähig irresponsable (Adj.)
Schuldunfähigkeit (F.) irresponsabilité (F.) pénale
Schuldverhältnis (N.) rapport (M.) juri-

dique entre le créancier et le débiteur, rapport (M.) d'obligation, obligation (F.)
Schuldverschreibung (F.) obligation (F.)
Schuldversprechen (N.) reconnaissance (F.) fondant un rapport d'obligation
Schuldzinsen (M.Pl.) intérêts (M.Pl.) débiteurs
Schule (F.) école (F.), établissement (M.) d'enseignement
Schüler (M.) élève (M.), écolier (M.)
Schülerin (F.) élève (F.)
Schulgewalt (F.) pouvoir (M.) scolaire
Schulpflicht (F.) scolarité (F.) obligatoire, enseignement (M.) obligatoire
Schulzwang (M.) scolarité (F.) obligatoire, enseignement (M.) obligatoire
Schund (M.) pacotille (F.), camelote (F.)
schürfen prospecter, fouiller
Schürfrecht (N.) droit (M.) de prospection
Schuss (M.) tir (M.)
Schusswaffe (F.) arme (F.) à feu
Schutt (M.) décombres (M.Pl.), gravats (M.Pl.)
Schutz (M.) protection (F.), sauvegarde (F.), secours (M.)
Schutzbehauptung (F.) allégation (F.) mensongère
Schutzbereich (M.) zone (F.) protégée, étendue (F.) de la protection
Schütze (M.) tireur (M.)
schützen protéger, défendre
Schutzgebiet (N.) protectorat (M.)
Schutzgelderpressung (F.) racket (M.), extorsion (F.) de fonds
Schutzgesetz (N.) loi (F.) ayant pour but la protection des intérêts d'une personne, loi (F.) protectrice
Schutzmann (M.) agent (M.) de police, gardien (M.) de paix
Schutzmaßnahme (F.) mesure (F.) de protection, mesure (F.) conservatoire
Schutzpflicht (F.) obligation (F.) de protection, obligation (F.) de protéger
Schutzschrift (F.) mémoire (M.) en défense de sauvegarde des droits
Schutzzoll (M.) droit (M.) protecteur, taxe (F.) prohibitive
Schutzzweck (M.) but (M.) de la protection
Schwager (M.) beau-frère (M.)
Schwägerin (F.) belle-sœur (F.)
Schwägerschaft (F.) alliance (F.)
schwanger enceinte, en état de grossesse
Schwangerschaft (F.) grossesse (F.)
Schwangerschaftsabbruch (M.) interruption (F.) volontaire de la grossesse (i. v. g.), i. (F.) v. g. (interruption volontaire de la grossesse)
Schwarzarbeit (F.) travail (M.) clandestin, travail (M.) noir
Schwarzarbeiter (M.) travailleur (M.) clandestin
Schwarzgeld (N.) dessous-de-table (M.)
Schwarzhandel (M.) commerce (M.) noir
Schwarzhändler (M.) trafiquant (M.) de marché noir
Schwarzmarkt (M.) marché (M.) noir
schweben être en suspens, planer
schwebend en suspens
schwebend unwirksam provisoirement invalide, pouvant encourir l'anulation
schwebende Unwirksamkeit (F.) invalidité (F.) provisoire d'un contrat, validité (F.) conditionnelle
Schweden Suède (F.)
Schweigen (N.) silence (M.)
schweigen taire
Schweigepflicht (F.) obligation (F.) de discrétion
Schweiz (F.) Suisse (F.)
schwer lourd, grave, dur, difficile
Schwerbehinderter (M.) handicapé (M.) grave
Schwerbeschädigter (M.) grand invalide (M.)
Schwere (F.) der Schuld gravité (F.) de la culpabilité
Schwere (F.) rigueur (F.), sévérité (F.), gravité (F.)
schwerer Diebstahl (M.) vol (M.) aggravé
Schwester (F.) sœur (F.)
Schwiegerelter (M. bzw. F.) beau-parent (M.)
Schwiegereltern (Pl.) beaux-parents (Pl.)
Schwiegermutter (F.) belle-mère (F.)
Schwiegersohn (M.) beau-fils (M.)
Schwiegertochter (F.) belle-fille (F.)
Schwiegervater (M.) beau-père (M.)
schwindeln mentir, tromper
Schwippschwager (M.) beau-frère (M.) par alliance
schwören jurer, prêter serment
Schwur (M.) serment (M.)
Schwurgericht (N.) cour (F.) d'assises
See (F.) mer (F.)
See (M.) lac (M.)

Seegerichtshof (M.) tribunal (M.) maritim, tribunal (M.) du droit de la mer
Seehandel (M.) commerce (M.) maritim
Seehandelsrecht (N.) droit (M.) maritime
Seemann (M.) marin (M.), matelot (M.)
Seeräuber (M.) pirate (M.)
Seerecht (N.) droit (M.) de la mer
Seeversicherung (F.) assurance (F.) maritime
Seeweg (M.) voie (F.) maritime
Seite (F.) côté (M.), page (F.)
Seitenlinie (F.) ligne (F.) collatérale
Sekretär (M.) secrétaire (M.)
Sekretariat (N.) secrétariat (M.)
Sekretärin (F.) secrétaire (F.)
Sekte (F.) secte (F.)
Sektion (F.) direction (F.), service (M.), autopsie (F.)
Sektor (M.) secteur (M.)
sekundär dérivé (Adj.)
selbständig indépendant (Adj.), établi (Adj.) à sons propre compte, autonome (Adj.)
Selbständiger (M.) travailleur (M.) non-salarié, non-salarié (M.), indépendant (M.)
Selbstauflösungsrecht (N.) pouvoir (M.) de dissolution soi-même
Selbstbehalt (M.) franchise (F.), plein (M.) de conservation
Selbstbelieferungsklausel (F.) contrat (M.) de vente sous réserve d'approvisionnement par son propre fournisseur
Selbstbestimmung (F.) autodétermination (F.), autonomie (F.)
Selbstbestimmungsrecht (N.) droit (M.) de disposer de soi-même, droit (M.) de autodétermination
Selbstbindung (F.) fait (M.) d'être lié par sa propre décision
Selbsteintritt (M.) fait (M.) pour le commissionnaire d'entrer dans le contrat en qualité de contrepartie
Selbsthilfe (F.) autodéfense (F.)
Selbsthilferecht (N.) droit (M.) de se faire justice
Selbstkontrahieren (N.) acte (M.) passé avec soi-même, fait (M.) de se porter contrepartie de son commettant
Selbstmord (M.) suicide (M.)
Selbstmörder (M.) suicidé (M.), suicidaire (M.)
Selbstorganschaft (F.) fait (M.) de représenter en personne
Selbstschuldner (M.) caution (F.) qui s'engage à payer comme débiteur
selbstschuldnerisch solidaire (Adj.)
selbstschuldnerische Bürgschaft (F.) cautionnement (M.) sans bénéfice de discussion, caution (F.) solidaire
Selbsttötung (F.) suicide (M.)
Selbstverteidigung (F.) autodéfense (F.)
Selbstverwaltung (F.) autonomie (F.), autonomie (F.) administrative
Selbstverwaltung (F.) der Gemeinden autonomie (M.) communale, autonomie (F.) municipale
Selbstverwaltungskörperschaft (F.) collectivité (F.) territoriale dotée de l'autonomie administrative
Semester (N.) semestre (M.)
Seminar (N.) séminaire (M.), institut (M.), travaux (M.Pl.) dirigés (T. D.)
Seminararbeit (F.) travaux (M.Pl.) dirigés (T. D.)
Senat (M.) sénat (M.), chambre (F.)
Senator (M.) sénateur (M.)
Septennat (N.) septennat (M.)
Sequester (M.) séquestre (M.)
Sequestration (F.) administration (F.) des biens placés sous séquestre
sequestrieren mettre sous séquestre, placer sous séquestre
Servitut (F.) servitude (F.)
Session (F.) session(F.)
Seuche (F.) épidémie (F.)
Sexualdelikt (N.) infraction (F.) contre les mœurs
sexuell sexuel
sexuelle Belästigung (F.) harcèlement (M.) sexuel
sexuelle Handlung (F.) acte (M.) impudique
sexueller Missbrauch (M.) attentat (M.) à la pudeur
Sezession (F.) sécession (F.)
sicher sûr, certain
Sicherheit (F.) sécurité (F.), sûreté (F.)
Sicherheitsleistung (F.) caution (F.), sûreté (F.), consignation (F.)
Sicherheitspolitik (F.) politique (F.) de sécurité
Sicherheitsrat (M.) conseil (M.) de sécurité
Sicherheitsverwahrung (F.) internement (M.), détention (F.) à titre de mesure de sûreté

Sicherheitsvorschrift (F.) règlement (M.) de sécurité
sichern assurer, garantir
Sicherstellung (F.) saisie (F.), garantie (F.), sécurité (F.)
Sicherung (F.) protection (F.), sauvegarde (F.), garantie (F.)
Sicherungsabrede (F.) convention (F.) de sûreté
Sicherungsabtretung (F.) cession (F.) à titre de sûreté, cession (F.) à titre de garantie
Sicherungsbetrug (M.) fraude (F.) à la protection
Sicherungseigentum (N.) propriété (F.) fiduciaire sur un bien vendu sous réserve de propriété
Sicherungsgeber (M.) cédant (M.) d'une chose remise à titre de garantie
Sicherungsgeschäft (N.) contrat (M.) permettant au créancier de garantir sa créance
Sicherungsgrundschuld (F.) dette (F.) foncière en vue de garantir une créance
Sicherungshypothek (F.) hypothèque (F.) de garantie
Sicherungsklage zur Ausübung der dem zahlungsunfähigen Schuldner zustehenden Rechte durch seinen Gläubiger action (F.) oblique
Sicherungsmaßnahme (F.) mesure (F.) conservatoire
Sicherungsnehmer (M.) cessionnaire (M.) d'une chose remise à titre de garantie
Sicherungsübereignung (F.) remise (F.) d'un bien en propriété à titre de garantie, transfert (M.) de propriété aux fins de garantie
Sicherungsverfahren (N.) procédure (F.) de placement sous les verrous
Sicherungsvertrag (M.) convention (F.) de garantie, convention (F.) relative à la fourniture de sûretés
Sicherungsverwahrung (F.) détention (F.) à titre de mesure de sûreté, internement (M.)
Sicht (F.) vue (F.), visibilité (F.)
Sichtvermerk (M.) visa (M.)
Sichtwechsel (M.) lettre (F.) de change à vue
Sieg (M.) victoire (F.)
Siegel (N.) cachet (M.), cachet (M.) officiel, sceau (M.), scellé (M.)
Siegelbruch (M.) bris (M.) de scellés, rupture (F.) de scellement
siegeln sceller, cacheter, plomber
Signatur (F.) signature (F.)
Signaturkarte (F.) carte (F.) de signature
simultan simultané (Adj.)
Sippe (F.) famille (F.), parenté (F.)
Sippenhaft (F.) responsabilité (F.) collective d'une famille
sistieren arrêter, appréhender
Sistierung (F.) arrestation (F.)
Sitte (F.) coutume (F.), usage (M.)
Sitten und Gebräuche us (M. Pl.) et coutumes
Sittengesetz (N.) loi (F.) morale
sittenwidrig contraire aux bonnes mœurs, contre les bonnes mœurs
Sittenwidrigkeit (F.) atteinte (F.) aux bonnes mœurs
sittlich moral (Adj.)
Sittlichkeit (F.) bonnes mœurs (F.Pl.), moralité (F.)
Sittlichkeitsdelikt (N.) attentat (M.) aux bonnes mœurs
Sitz (M.) siège (M.), siège (M.) social, résidence (F.), domicile (M.)
Sitzung (F.) séance (F.), réunion (F.), conférence (F.)
Sitzungsperiode (F.) session (F.)
Sitzungspolizei (F.) police (F.) de l'audience, police (F.) de l'assemblée
Sitzverlegung (F.) transfert (M.) du siège social
Sitzverteilung (F.) répartition (F.) des sièges
Sklave (M.) esclave (M.)
Skonto (N.) escompte (M.)
Skript (N.) notes (F.Pl.)
Skriptum (N.) notes (F.Pl.)
Slowakei (F.) Slovaquie (F.)
Slowenien (N.) Slovénie (F.)
Smog (M.) smog (M.)
Sodomie (F.) sodomie (F.)
sofort immédiatement, tout de suite
sofortig immédiat, prompt
sofortige Beschwerde (F.) opposition (F.) immédiate
sofortige Vollziehung (F.) exécution (F.) immédiate
sofortiger Vollzug (M.) exécution (F.) immédiate
soft law (N.) (engl.) soft law (M.) (engl.)
Software (F.) software (M.), logiciel (M.)
Sohn (M.) fils (M.)

Solawechsel (M.) billet (M.) à ordre
Sold (M.) solde (F.)
Soldat (M.) soldat (M.)
Soldatenmeuterei (F.) mutinerie (F.) des soldats, révolte (F.)
Söldner (M.) mercenaire (M.)
Solidarhaftung (F.) responsabilité (F.) solidaire, responsabilité (F.) collective
solidarisch solidaire (Adj.)
Solidarität (F.) solidarité (F.)
Solidaritätsbeitrag (M.) contribution (F.) de solidarité
Soll (N.) (Schuld in der Buchhaltung) doit (M.), débit (M.), objectif (M.) prévisionnel
Sollkaufmann (M.) commerçant (M.) du fait de l'inscription de sa raison sociale dans le registre du commerce
Sollvorschrift (F.) prescription (F.) non impérative (F.)
solvent solvable
Solvenz (F.) solvabilité (F.)
Sommer (M.) été (M.)
Sommerzeit (F.) heure (F.) d'été
Sonder- spécial (Adj.)
Sonderabfall (M.) déchet (M.) spécial
Sonderausgabe (F.) dépense (F.) exceptionnelle déductible
Sonderbehörde (F.) autorité (F.) spéciale
Sonderdelikt (N.) délit (M.) spécial
Sondererbfolge (F.) succession (F.) à titre particulier
Sondergericht (N.) juridiction (F.) d'exception
Sondergut (N.) bien (M.) exclu de la communauté parce qu'il ne peut être transféré par acte juridique, bien (M.) propre d'un époux, bien (M.) réservé
Sondermüll (M.) déchets (M.Pl.) spéciaux, déchets (M.Pl.) industriels spéciaux
Sondernutzung (F.) jouissance (F.) spéciale
Sonderopfer (N.) sacrifice (M.) excédant la mesure normale
Sonderrecht (N.) droit (M.) spécial, privilège (M.), droit (M.) exclusif
Sonderrechtsnachfolge (F.) succession (F.) particulière
Sonderverbindung (F.) relation (F.) spéciale
Sondervermögen (N.) propre (M.), bien (M.) spécial, fonds (M.Pl.) spéciaux
Sonderverordnung (F.) mesure (F.) d'ordre intérieur
Sonntag (M.) dimanche (M.)
Sorge (F.) souci (M.), intérêt (M.), soin (M.), autorité (F.)
Sorgeberechtigter (M.) titulaire (M.) du droit de garde, autorité (F.) parentale
sorgen prendre soin, occuper de, veiller, soucier
Sorgerecht (N.) droit (M.) de garde sur les enfants, autorité (F.) parentale, autorité (F.)
Sorgfalt (F.) diligence (F.), soin (M.)
sorgfältig soignieux, soigné
Sorgfaltspflicht (F.) obligation (F.) d'agir avec soin et diligence, obligation (F.) de diligence
Sorgfaltspflichtverletzung (F.) défaut (M.) d'attention, non-respect (M.) de l'obligation d'agir soignieusement
Sorte (F.) genre (M.), espèce (F.)
Sortenschutz (M.) protection (F.) des espèces végétales
Souverän (M.) souverain (M.)
souverän souverain (Adj.)
Souveränität (F.) souveraineté (F.)
Sowjetunion (F.) Union (F.) Soviétique
sozial social
Sozialadäquanz (F.) justification (F.) du point de vue social
Sozialarbeiter (M.) assistant (M.) social
Sozialauswahl choix (M.) social
Sozialbindung (F.) exercice (M.) du droit en tenant compte de sa fonction sociale
sozialer Wohnungsbau (M.) construction (F.) de logements sociaux, construction (F.) d'immeubles à usage d'habitation à loyer modéré (H. L. M.)
Sozialethik (F.) éthique (F.) sociale
Sozialgericht (N.) tribunal (M.) du contentieux social, tribunal (M.) des affaires de Sécurité sociale
Sozialgerichtsbarkeit (F.) juridiction (F.) sociale
Sozialgesetzbuch (N.) code (M.) de la sécurité sociale
Sozialgesetzgebung (F.) législation (F.) sociale
Sozialhilfe (F.) aide (F.) sociale
Sozialhilfeleistung (F.) prestation (F.) au titre de l'aide sociale
Sozialhilferecht (N.) législation (F.) relative à l'aide sociale
sozialisieren socialiser

Sozialisierung (F.) socialisation (F.), nationalisation (F.)
Sozialismus (M.) socialisme (M.)
Sozialist (M.) socialiste (M.)
sozialistisch socialiste (Adj.)
Soziallast (F.) charge (F.) sociale
Sozialleistung (F.) prestation (F.) de la sécurité sociale
Sozialleistungsanspruch (M.) droit (M.) de prestation de la sécurité sociale
Sozialleistungsquote (F.) pourcentage (M.) des prestations de la sécurité sociale
Sozialpartner (M.) partenaire (M.) social
Sozialpflichtigkeit (F.) fait (M.) d'être obligé à la communauté
Sozialplan (M.) plan (M.) de protection sociale
Sozialrecht (N.) droit (M.) social, régime (M.) de la sécurité sociale, droit (M.) de la sécurité sociale
Sozialrente (F.) retraite (F.) de la sécurité sociale
sozialschädlich nuisible à la communauté
Sozialstaat (M.) État (M.) social
Sozialstaatsprinzip (N.) principe (M.) de l'État social
Sozialversicherung (F.) assurance (F.) sociale, securité (F.) sociale
Sozialversicherungsanmeldung (F.) immatriculation (F.) à la Sécurité sociale
Sozialversicherungsbeitrag (M.) cotisation (F.) due au titre des assurances sociales
Sozialversicherungsträger (M.) institution (F.) de l'assurance sociale
Sozialverwaltungsrecht (N.) droit (M.) administratif de la sécurité sociale
Sozialwohnung (F.) logement (M.) social
Sozietät (F.) société (F.) civile professionnelle, groupement (M.) d'intérêt
Soziologie (F.) sociologie (F.)
Sozius (M.) partenaire (M.), associé (M.)
Spanien (N.) Espagne (F.)
Sparbuch (N.) livret (M.) d'épargne
Spareinlage (F.) dépôt (M.) d'épargne
sparen épargner, conserver
Sparer (M.) épargnant (M.)
Sparkasse (F.) banque (F.) d'épargne, caisse (F.) d'épargne
Sparkonto (N.) compte (M.)
Spediteur (M.) commissionnaire (M.) de transport
Spedition (F.) commission (F.) de transport, expédition (F.), envoi (M.)
Speicher (M.) grenier (M.), mémoire (F.)
speichern mémoriser
Speicherung (F.) mémorisation (F.), stockage (M.)
Spekulant (M.) spéculateur (M.)
Spekulation (F.) spéculation (F.)
spekulieren spéculer
Spende (F.) don (M.), présent (M.), charité (F.), donation (F.)
spenden donner, faire don de
Spender (M.) donateur (M.)
sperren bloquer, barrer, prohiber, couper, interdire
Sperrgebiet (N.) territoire (M.) interdit
Sperrminorität (F.) minorité (F.) de blocage
Sperrstunde (F.) heure (F.) de clôture
Sperrung (F.) blocage (M.), fermeture (F.), barrage (M.), embargo (M.)
Spese (F.) débour (M.)
Spesen (F.Pl.) frais (M.Pl.) exposés, débours (M.Pl.)
Spezialhandlungsvollmacht (F.) procuration (F.) commerciale spéciale
Spezialist (M.) spécialiste (M.), expert (M.)
Spezialität (F.) spécialité (F.)
Spezialitätsprinzip (N.) principe (M.) de la spécialité
Spezialprävention (F.) prévention (F.) individuelle
speziell spécial (Adj.), particulier (Adj.)
spezielles Schuldmerkmal (N.) élément (M.) de culpabilité spécial
Spezies (F.) espèce (F.)
Spezieskauf (M.) vente (F.) d'un corps certain
Speziesschuld (F.) dette (F.) portant sur un corps certain, dette (F.) d'espèce
Spezifikation (F.) spécification (F.), définition (F.), détermination (F.)
Spezifikationskauf (M.) vente (F.) à spécification
Sphäre (F.) sphère (F.)
Spiel (N.) jeu (M.), contrat (M.) aléatoire
spielen jouer
Spielvertrag (M.) contrat (M.) aléatoire
Spion (M.) espion (M.)
Spionage (F.) espionnage (M.)
spionieren espionner

Spital (N.) hôpital (M.)
Spitzel (M.) indicateur (M.)
Splitting (N.) division (F.) du revenu des époux en deux parts en vue de déterminer l'impôt sur le revenu, péréquation (F.) fiscale des revenus des deux époux
sponsern sponsoriser
Sponsor (M.) sponsor (M.)
Sponsoring (N.) sponsorisation (F.)
Sport (M.) sport (M.)
Sportrecht (N.) droit (M.) relatif aux sport
Sprache (F.) langue (F.), langage (M.)
sprechen parler
Sprecher (M.) porte-parole (M.)
Sprecherausschuss (M.) comité (M.) des délégués des cadres supérieurs
Sprengel (M.) ressort (M.)
sprengen faire sauter, faire éclater
Sprengstoff (M.) explosif (M.)
Spruch (M.) jugement (M.), sentence (F.), verdict (M.)
Spruchkammer (F.) des Arbeitsgerichts in Frankreich bureau (M.) de jugement
Spruchkörper (M.) tribunal (M.)
spruchreif en état et en tour d'être jugé
Spruchrichter (M.) juge (M.) statuant dans un procès
Spruchrichterprivileg (N.) responsabilité (F.) priviligiée du juge statuant dans un procès
Sprung (M.) sault (M.)
Sprungrevision (F.) recours (M.) direct en cassation, recours (M.) direct en cassation sans passer par l'instance intermédiaire
Spur (F.) trace (F.), file (F.)
Staat (M.) État (M.)
Staatenbund (M.) conféderation (F.) d'États
staatenlos apatride (Adj.), sans nationalité
Staatenlosigkeit (F.) apatridie (F.)
Staatennachfolge (F.) succession (F.) d'États
staatlich étatique, de l'État public, national (Adj.)
staatlicher Fonds (M.) zur Bekämpfung der Arbeitslosigkeit fonds (M.) national de l'emploi
Staatsangehöriger (M.) ressortissant (M.), national (M.), citoyen (M.)
Staatsangehörigkeit (F.) nationalité (F.), citoyenneté (F.)
Staatsanleihe (F.) emprunt (M.) d'État
Staatsanwalt (M.) magistrat (M.) du parquet, procureur (M.)
Staatsanwältin (F.) procureur (F.)
Staatsanwaltschaft (F.) ministère (M.) public, parquet (M.), magistrature (F.) debout
Staatsaufsicht (F.) contrôle (M.) exercé par l'État
Staatsbürger (M.) ressortissant (M.), national (M.), citoyen (M.)
staatsbürgerlich (Adj.) civique (Adj.)
Staatsbürgerschaft (F.) nationalité (F.), citoyenneté (F.)
Staatsbürgschaft (F.) garantie (F.) accordée par l'État
Staatschef (M.) chef (M.) de l'État
Staatsdienst (M.) service (M.) de l'État, administration (F.) publique
Staatsexamen (N.) examen (M.) d'État
Staatsform (F.) forme (F.) de l'État, régime (M.) étatique
Staatsgebiet (N.) territoire (M.) national
Staatsgeheimnis (N.) secret (M.) d'État
Staatsgerichtshof (M.) Haute Cour (F.) constitutionnelle
Staatsgewalt (F.) pouvoir (M.) public, pouvoirs (M.Pl.) publics, puissance (F.) publique, autorité (F.) publique, force (F.) publique
Staatsgrenze (F.) frontière (F.) d'État
Staatsgut (N.) bien (M.) public
Staatshaftung (F.) für Amtspflichtverletzung der Rechtspflegeorgane responsabilité (F.) du fait du fonctionnement défectueux de la justice
Staatshaftung (F.) responsabilité (F.) de l'État
Staatshaftungsrecht (N.) régime (M.) légal de la responsabilité étatique
Staatskanzlei (F.) chancellerie (F.), chancellerie d'État
Staatskasse (F.) trésor (M.) public
Staatskirche (F.) religion (F.) d'État, église (F.) nationale
Staatskirchenrecht (N.) droit (M.) concernant les relations entre l'État et l'église
Staatskommissar (M.) commissaire (M.) de la république
Staatslehre (F.) théorie (F.) de l'État, sciences (F.Pl.) politiques
Staatsmann (M.) homme (M.) d'État
Staatsnotstand (M.) état (M.) d'urgence nationale
Staatsoberhaupt (M.) chef (M.) d'État
Staatsorgan (N.) organe (M.) de l'État

Staatsorganisation (F.) organisation (F.) de l'État
Staatsorganisationsrecht (N.) droit (M.) concernant l'organisation de l'État
Staatspartei (F.) parti (M.) unique
Staatspräsident (M.) (Staatspräsident in Frankreich) Chef (M.) de l'État, président (M.) de la République
Staatsprüfung (F.) diplôme (M.) de fin d'études universitaires, examen (M.) d'État
Staatsräson (F.) raison (F.) d'État
Staatsrat (M.) conseil (M.) d'État
Staatsrecht (N.) droit (M.) public, droit (M.) étatique
Staatsreligion (F.) religion (F.) d'État
Staatsschuld (F.) dette (F.) publique
Staatsschuldenrecht (N.) droit (M.) de dettes publiques
Staatsschutz (M.) sûreté (F.) de l'État
Staatssekretär (M.) secrétaire (M.) d'État
Staatsstreich (M.) coup (M.) d'État
Staatssymbol (N.) symbole (M.) de l'État
Staatsvertrag (M.) traité (M.), traité (M.) d'État, traité (M.) international, convention (F.) internationale
Staatsverwaltung (F.) administration (F.) publique
Staatsvolk (N.) citoyens (M.Pl.)
Staatszweck (M.) fonction (F.) de l'État
stabil stable, solide
Stadt (F.) ville (F.), cité (F.)
Stadtdirektor (M.) chef (M.) des services municipaux, secrétaire (M.) général de l'administration municipale
Städtebau (M.) urbanisme (M.)
städtisch municipal, urbain
Stadtplanung (F.) urbanisme (M.)
Stadtrat (M.) conseil (M.) municipal, membre (M. bzw. F.) du conseil municipal
Stadtrecht (M.) droit (M.) de ville
Stadtstaat (M.) ville-État (F.)
Stadtverwaltung (F.) municipalité (F.)
Staffel (F.) marche (F.)
Staffelmiete (F.) augmentation (F.) progressive du loyer
Stamm (M.) ligne (F.), famille (F.), souche (F.), maison (F.)
Stammaktie (F.) action (F.) ordinaire, action (F.) de capital
Stammeinlage (F.) mise (F.) de fonds initiale, apport (M.) initial, apport (M.) social
Stammkapital (N.) capital (M.) social
Stand (M.) état (M.), profession (F.), état-civil (M.)
Standard (M.) standard (M.), norme (F.), type (M.)
Standardformular (N.) formulaire-type (M.)
Standesamt (N.) service (M.) de l'état-civil, bureau (M.) de l'état-civil, état (M.) civil
standesamtlich civil (Adj.)
Standesbeamter (M.) fonctionnaire (M.) préposé à l'état-civil, officier (M.) de l'état-civil
Standespflicht (F.) obligation (F.) professionelle
Standesrecht (N.) droit (M.) professionnel
Standgericht (N.) cour (F.) martiale
ständig permanent, constant
Standort (M.) emplacement (M.), situation (F.), garnison (F.)
Standpunkt (M.) point (M.) de vue, opinion (F.)
Standrecht (N.) loi (F.) martiale
Station (F.) station (F.)
stationieren stationner
Statistik (F.) statistique (F.)
Stätte (F.) lieu (M.), endroit (M.)
statthaft recevable, admissible
Statthaftigkeit (F.) faculté (F.), permission (F.), admissibilité (F.), recevabilité (F.)
Statthalter (M.) gouverneur (M.), administrateur (M.) d'une province
statuieren statuer
status (M.) quo (lat.) (Zustand in dem) statu (M.) quo
Status (M.) statut (M.), état (M.) juridique, possession (F.) d'état
Statusklage (F.) action (F.) d'état
Statusprozess (M.) procédure (F.) en constatation d'état
Statut (N.) statut (M.)
Statutenkollision (F.) conflit (M.) des statuts
Stau (M.) bouchon (M.)
stechen piquer
Steckbrief (M.) signalement (M.), avis (M.) de recherche, mandat (M.) d'arrêt
stecken mettre
stehlen voler
steigern augmenter, élever
Stelle (F.) lieu (M.), endroit (M.), service (M.)
stellen mettre, fournir

Stellenvermittlung (F.) service (M.) de placement
Stellung (F.) position (F.)
stellvertretend remplaçant (Adj.), vice-, suppléant (Adj.), adjoint (Adj.)
Stellvertreter (M.) mandataire (M.), représentant (M.), remplaçant (M.), substitut (M.), suppléant (M.)
Stellvertretung (F.) représentation (F.), remplacement (M.), suppléance (F.), mandat (M.), substitution (F.)
Stempel (M.) cachet (M.), tampon (M.), timbre (M.)
Stempelgebühr (F.) droit (M.) de timbre
stempeln tamponner
Sterbebuch (N.) registre (M.) de décès
Sterbegeld (N.) allocation (F.) de décès, indemnité (F.) funéraire
Sterbehilfe (F.) euthanasie (F.)
sterben décéder, mourir
Sterberegister (N.) registre (M.) des décès
Sterbeurkunde (F.) acte (M.) de décès
Sterbeversicherung (F.) assurance (F.) décès
steril stérile (Adj.)
Sterilisation (F.) stérilisation (F.)
sterilisieren stériliser
Steuer (F.) impôt (M.), contribution (F.), taxe (F.), droit (M.)
Steuerbefreiung (F.) exemption (F.) d'impôts, exemption (F.) fiscale
Steuerberater (M.) conseiller (M.) fiscal
Steuerbescheid (M.) feuille (F.) d'impôt, avis (M.) d'imposition
Steuerbevollmächtigter (M.) mandataire (M.) en matière fiscale
Steuerbilanz (F.) bilan (M.) fiscal
Steuererhöhung (F.) augmentation (F.) des impôts
Steuererklärung (F.) déclaration (F.) d'impôts, déclaration (F.) de revenus
Steuererlass (M.) remise (F.) d'impôt, décret (M.) d'imposition
Steuerfahndung (F.) direction (F.) des vérifications, recherche (F.) de la fraude fiscale
steuerfrei exempt d'impôts, dispensé de l'impôt, non imposable
Steuerfreibetrag (M.) seuil (M.) d'imposition
Steuergeheimnis (N.) secret (M.) fiscal
Steuerhehlerei (F.) recel (M.) des choses n'ayant pas acquitté les taxes fiscales
Steuerhinterziehung (F.) fraude (F.) fiscale
Steuerhoheit (F.) souveraineté (F.) en matière fiscale
Steuerklasse (F.) catégorie (F.) d'imposition
steuerlich fiscal (Adj.)
Steuerliste (F.) rôle (M.)
Steueroase (F.) paradis (M.) fiscal
Steuerpflicht (F.) assujettissement (M.) à l'impôt, sujétion (F.) fiscale, obligation (F.) fiscale
steuerpflichtig contraignable, imposable
Steuerpflichtiger (M.) contribuable (M.), personne (F.) inscrite au rôle
Steuerrecht (N.) droit (M.) fiscal
Steuerreform (F.) réforme (F.) fiscale
Steuerrichtlinie (F.) directive (F.) d'imposition
Steuersache (F.) litige (M.) concernant l'assiette et la liquidation de l'impôt
Steuersatz (M.) taux (M.) d'imposition
Steuerschuld (F.) dette (F.) d'impôt
Steuerstrafrecht (N.) droit (M.) pénal fiscal
Steuervergünstigung (F.) privilège (M.) fiscal, allègement (M.) fiscal
Steuerzahler (M.) contribuable (M.)
Stich (M.) coup (M.)
Stichtag (M.) jour (M.) de référence, date (F.) de référence, date (F.) d'échéance
Stichwahl (F.) scrutin (M.) de ballotage, ballotage (M.)
Stiefbruder (M.) demi-frère (M.), frère (M.) utérin, frère (M.) consanguin
Stiefelter (M. bzw. F.) beau-parent (M.)
Stiefeltern (Pl.) beaux-parents (Pl.)
Stiefkind (N.) enfant (M.) d'un autre lit
Stiefmutter (F.) belle-mère (F.)
Stiefschwester (F.) demi-sœur (F.)
Stiefsohn (M.) beau-fils (M.)
Stieftochter (F.) belle-fille (F.)
Stiefvater (M.) beau-père (M.)
Stift (N.) maison (F.) religieuse, couvent (M.)
stiften fonder, établir, donner, faire don de
Stifter (M.) fondateur (M.), disposant (M.), donateur (M.)
Stiftung (F.) fondation (F.)
Stiftungsrat (M.) conseil (M.) de fondation
still calme (Adj.), tacite
stille Gesellschaft (F.) société (F.) en participation
stiller Gesellschafter (M.) associé (M.)

tacite, bailleur (M.) de fonds, commanditaire (M.)
Stilllegung (F.) fermeture (F.), arrêt (M.)
Stillschweigen (N.) silence (M.)
stillschweigend geschlossener Vertrag (M.) contrat (M.) tacite
stillschweigend tacite, implicite
stillschweigende Verlängerung (F.) tacite reconduction (F.)
Stillstand (M.) arrêt (M.), pause (F.)
Stimmabgabe (F.) vote (M.), votation (F.)
stimmen être exact, voter
Stimmenmehrheit (F.) majorité (F.) des voix, majorité (F.) des suffrages exprimés
Stimmrecht (N.) droit (M.) de vote
Stimmzettel (M.) bulletin (M.) de vote, bulletin (M.) électoral
Stipendium (N.) bourse (F.), bourse (F.) d'études
Stipulation (F.) stipulation (F.)
stipulieren stipuler
Stockwerk (N.) étage (M.)
Stoff (M.) étoffe (F.), substance (F.), matière (F.)
stören déranger, perturber
Störer (M.) perturbateur (M.)
stornieren annuler, contre-passer
Storno (N.) annulation (F.), contre-passation (F.)
Störung (F.) der öffentlichen Sicherheit und Ordnung atteinte (F.) à l'ordre public et la sécurité publique
Störung (F.) perturbation (F.), trouble (M.), nuisance (F.), atteinte (F.)
Strafanstalt (F.) établissement (M.) pénitentiaire, centre (M.) pénitentiaire
Strafantrag (M.) plainte (F.) entraînant poursuite pénale, plainte (F.) avec constitution de partie civile, plainte (F.)
Strafanzeige (F.) plainte (F.) pénale, plainte (F.)
Strafarrest (M.) arrêts (M.Pl.)
Strafaufhebungsgrund (M.) excuse (F.) absolutoire
Strafaufschub (M.) sursis (M.) à l'exécution de la peine
Strafausschließungsgrund (M.) excuse (F.) absolutoire, cause (F.) d'irresponsabilité, cause (F.) d'atténuation de la responsabilité
Strafaussetzung (F.) sursis (M.), dispense (F.) de l'exécution de la peine
strafbar punissable, pénalisable
Strafbarkeit (F.) pénalité (F.), fait (M.) d'être punissable
Strafbarkeitsirrtum (M.) erreur (F.) qu'un acte déterminé est punissable
Strafbefehl (M.) ordonnance (F.) de sanction judiciaire, ordonnance (F.) pénale
Strafe (F.) auferlegen infliger une peine
Strafe (F.) peine (F.)
strafen punir, pénaliser
Straferkenntnis (F.) jugement (M.) pénal
Straferlass (M.) remise (F.) de la peine, réduction (F.) de peine
straffällig criminel (Adj.), punissable
Strafgefangene (F.) prisonnière (F.), détenue (F.)
Strafgefangener (M.) prisonnier (M.), détenu (M.)
Strafgericht (N.) für Bagatellsachen (Strafgericht für Bagatellsachen in Frankreich) tribunal (M.) de police
Strafgericht (N.) tribunal (M.) répressif, juridiction (F.) pénale, tribunal (M.) correctionnel
Strafgesetz (N.) loi (F.) pénale
Strafgesetzbuch (N.) code (M.) pénal, code (M.) criminel
Strafkammer (F.) chambre (F.) criminelle, chambre (F.) correctionnelle
Sträfling (M.) détenu (M.)
straflos impuni
Straflosigkeit (F.) impunité (F.)
Strafmaß (N.) peine (F.), quantum (M.) de la peine
Strafmaßrevision (F.) vérification (F.) de peine
Strafmilderung (F.) atténuation (F.) de peine, mitigation (F.), commutation (F.) de peine
Strafmilderungsgrund (M.) excuse (F.) attenuante, circonstance (F.) atténuante
strafmündig pénalement responsable (Adj.), ayant (Adj.) la majorité pénale
Strafmündigkeit (F.) majorité (F.) pénale, responsabilité (F.) pénale
Strafprozess (M.) procès (M.) pénal
Strafprozessordnung (F.) code (M.) de procédure pénale, code d'instruction criminelle
Strafprozessrecht (N.) droit (M.) de la procédure pénale
Strafrahmen (M.) limites (F.Pl.) de la peine
Strafrecht (N.) droit (M.) pénal

strafrechtlich pénal, criminel (Adj.), répressif
Strafregister (N.) casier (M.) judiciaire
Strafregisterauszug (M.) extrait (M.) du casier judiciaire
Strafrest (M.) reliquat (M.) de peine
Strafrestaussetzung (F.) sursis (M.) relatif à la partie de la peine encore à purger
Strafrichter (M.) juge (M.) pénal
Strafsache (F.) affaire (F.) pénale
Strafschärfung (F.) aggravation (F.) de peine
Strafschärfungsgrund (M.) cause (F.) aggravante, circonstance (F.) aggravante
Strafsenat (M.) chambre (F.) criminelle
Straftat (F.) infraction (F.), crime (M.), délit (M.)
Straftatbestand (M.) éléments (M.Pl.) constitutifs de l'infraction
Straftäter (M.) délinquant (M.), auteur (M.) d'une infraction
Straftilgung (F.) extinction (F.) de la peine
strafunmündig mineur (Adj.) de moins de 14 ans
Strafunmündigkeit (F.) minorité (F.) pénale
Strafurteil (N.) jugement (M.) pénal, condamnation (F.) penale
Strafvereitelung (F.) entraves (F.Pl.) apportées à l'action de la justice dans le but d'assister un malfaiteur, fait (M.) de soustraire aux poursuites ordonnées par la loi
Strafverfahren (N.) procédure (F.) pénale, procédure (F.) criminelle
Strafverfolgung (F.) poursuite (F.) pénale, poursuite (F.) judiciaire, poursuite (F.)
Strafverfügung (F.) ordonnance (F.) pénale
Strafversprechen (N.) penalité (F.) conventionnelle
Strafverteidiger (M.) avocat (M.), défenseur (M.) devant les tribunaux répressifs
Strafverteidigung (F.) défense (F.) devant les tribunaux répressifs
Strafvollstreckung (F.) exécution (F.) de la peine
Strafvollzug (M.) exécution (F.) des peines, administration (F.) pénitentiaire
Strafvollzugsanstalt (F.) maison (F.) d'arrêt, centre (M.) pénetentiaire
Strafvollzugsbeamter (M.) gardien (M.) de prison
Strafvollzugsrichter (M.) juge (M.) de l'application des peines (J. A. P.)
Strafvorschrift (F.) disposition (F.) pénale
strafweise Aussperrung (F.) des Arbeitnehmers mise (F.) à pied
strafwürdig méritant une sanction pénale
Strafzumessung (F.) calcul (M.) de la peine
Strafzweck (M.) objet (M.) de la peine
Strand (M.) plage (F.)
Strandgut (N.) épave (F.) maritime
Strang (M.) corde (F.)
Strangulation (F.) strangulation (F.)
strangulieren étrangler
Strangulierung (F.) strangulation (F.)
Straße (F.) rue (F.), route (F.), chemin (M.), voie (F.)
Straßenbau (M.) construction (F.) de routes
Straßenbaubehörde (F.) service (M.) de construction des routes, voirie (F.)
Straßenbaulast (F.) charges (F.Pl.) résultant de l'ouverture et de l'aménagement et de l'entretien des voies routières
Straßenbauverwaltung (F.) service (M.) de la voirie
Straßenraub (M.) extorsion (F.) en route
Straßenrecht (N.) droit (M.) de la voirie
Straßenverkehr (M.) circulation (F.) routière, roulage (M.)
Straßenverkehrsbehörde (F.) direction (F.) des routes et de la circulation routière
Straßenverkehrsordnung (F.) code (M.) de la route
Straßenverkehrsrecht (N.) droit (M.) de la circulation routière
streichen peindre, annuler
Streife (F.) patrouille (F.)
Streifenwagen (M.) voiture (F.) policière
Streik (M.) grève (F.)
Streikbrecher (M.) briseur (M.) de grève
streiken faire grève, être en grève
Streikrecht (N.) droit (M.) de grève
Streit (M.) litige (M.), conflit (M.)
Streitbeilegung (F.) règlement (M.) d'une litige par négociation
streiten disputer, quereller
Streitgegenstand (M.) objet (M.) du litige
Streitgenosse (M.) litisconsort (M.), partie (F.) colitigante
Streitgenossenschaft (F.) requête (F.) conjointe, pluralité (F.) des litigants
streitig contentieux (Adj.), litigieux (Adj.)
streitige Gerichtsbarkeit (F.) juridiction (F.) contentieuse

streitiges Verfahren (N.) procédure (F.) en matière contentieuse
Streitigkeit (F.) litige (M.), contestation (F.)
Streitpunkt (M.) point (M.) litigieux
Streitverkündung (F.) dénonciation (F.) d'instance, intervention (F.) forcée, mise (F.) en cause, assignation (F.)
Streitwert (M.) montant (M.) de la demande
Streitwertfestsetzung (F.) détermination (F.) du montant des prétentions
streng sévère, strict, rigide, formel
Strengbeweis (M.) preuve (F.) formelle
Strenge (F.) sévérité (F.), rigueur (F.), austerité (F.)
strittig contentieux (Adj.), litigieux (Adj.)
Stroh (N.) paille (F.)
Strohfirma (F.) société (F.) écran
Strohmann (M.) homme (M.) de paille, prête-nom (M.)
Strom (M.) fleuve (F.), courant (M.), courant (M.) électrique, électricité (F.)
Stromeinspeisungsgesetz (N.) loi (F.) concernant l'introduction de courant électrique
Stromentwendung (F.) soustraction (F.) frauduleuse d'électricité
Stromsteuergesetz (N.) loi (F.) concernant l'imposition de courant électrique
Stück (N.) pièce (F.), unité (F.), morceau (M.), partie (F.)
Stückkauf (M.) vente (F.) d'un corps certain
Stückschuld (F.) dette (F.) portant sur un corps certain, dette (F.) d'espèce
Student (M.) étudiant (M.)
Studentenschaft (F.) corporation (F.) des étudiants, étudiants (M.Pl. bzw. F.Pl.)
Studentenwerk (N.) œuvres (F.Pl.) sociales des étudiants
Studienordnung (F.) réglementation (F.) des études
studieren étudier, faire des études
Studium (N.) étude (F.), études (F.Pl.) universitaires
Stufe (F.) échelon (M.)
Stufenklage (F.) actions (F.Pl.) successives
stumm muet (Adj.)
Stunde (F.) heure (F.)
stunden accorder un délai, atermoyer, ajourner, différer
Stundung (F.) prorogation (F.) du délai de paiement, ajournement (M.), sursis (M.)
subaltern subalterne (Adj.)
Subhastation (F.) vente (F.) aux enchères, vente (F.) aux enchères par autorité de justice
Subjekt (N.) sujet (M.)
subjektiv subjectif (Adj.)
subjektive Unmöglichkeit (F.) impossibilité (F.) personnelle
subjektiver Wert (M.) valeur (F.) subjective
subjektives Recht (N.) droit (M.) subjectif
subjektives Rechtfertigungselement (N.) cause (F.) subjective de justification
subjektives Tatbestandsmerkmal (N.) élément (M.) subjectif constitutif de l'infraction
Subordination (F.) subordination (F.)
subsidiär subsidiaire
Subsidiarität (F.) subsidiarité (F.)
Subsidiaritätsgrundsatz (M.) principe (M.) de subsidiarité
subskribieren souscrire
Subskription (F.) souscription (F.)
Substitut (N.) représentant (M.), préposé (M.)
Substitution (F.) substitution (F.)
subsumieren appliquer une règle de droit
Subsumtion (F.) application (F.) d'une règle de droit, qualification (F.)
Subsumtionsirrtum (M.) application (F.) erronée d'une règle de droit
Subunternehmer (M.) sous-entrepreneur (M.), sous-traitant (M.)
Subvention (F.) subvention (F.), aide (F.) financière, subside (M.)
subventionieren subventionner
Subventionsbetrug (M.) escroquerie (F.) aux subventions
subversiv subversif
Suche (F.) recherche (F.), enquête (F.)
suchen chercher, rechercher
Sucht (F.) manie (F.), passion (F.), toxicomanie (F.)
Suffragette (F.) suffragette (F.)
suggestiv suggestif
Sühne (F.) expiation (F.)
sühnen expier
sui generis (lat.) (seiner besonderen Art) sui generis (lat.) (specifique)
Suizid (M.) suicide (M.)
Sujet (N.) sujet (M.)
Sukzession (F.) succession (F.)
sukzessiv successif
Sukzessivlieferungsvertrag (M.) contrat (M.) de vente par livraisons successives,

contrat (M.) à exécution successive, contrat (M.) successif
summarisch sommaire (Adj.)
Summe (F.) somme (F.), total (M.), montant (M.)
Summenversicherung (F.) assurance (F.) de sommes
Sünde (F.) péché (M.)
sündigen pécher
supranational supranational
supranationale Organisation (F.) organisation (F.) supranationale
Surrogat (N.) succédané (M.), objet (M.) de remplacement
Surrogation (F.) subrogation (F.)
suspendieren suspendre, relever de ses fonctions
suspendiert mise à pied
Suspendierung (F.) des Arbeitsvertrags mise (F.) à pied
Suspendierung (F.) suspension (F.)
Suspension (F.) suspension (F.)
suspensiv suspensif
Suspensivbedingung (F.) condition (F.) suspensive
Suspensiveffekt (M.) effet (M.) suspensif
swap-Geschäft (N.) swap (M.), crédit (M.) croisé
Syllogismus (M.) syllogisme (M.)
Symbol (N.) symbole (M.)
Synallagma (N.) synallagma (M.)
synallagmatisch synallagmatique (Adj.)
Syndikat (N.) syndicat (M.), entente (F.)
Syndikus (M.) conseil (M.) juridique
Syndikusanwalt (M.) avocat (M.) lié à une entreprise par un contrat de louage de services
Synode (F.) synode (M.)
System (N.) système (M.)
Systematik (F.) systématique (F.)
systematisch systématique (Adj.)

T

Tabak (M.) tabac (M.)
Tabaksteuer (F.) tax (F.) sur le tabac
Tabelle (F.) table (F.), tableau (M.), barème (M.)
Tabu (N.) tabou (M.)
Tag (M.) jour (M.), journée (F.)
Tagedieb (M.) vaurien (M.)
Tagegeld (N.) indemnité (F.) journalière
Tagelohn (M.) salaire (M.) journalier
Tagelöhner (M.) journalier (M.)
tagen siéger, tenir ses assises
Tagesgeld (N.) argent (M.) au jour le jour
Tagesordnung (F.) ordre (M.) du jour
Tagesordnungspunkt (M.) point (M.) à l'ordre du jour
Tagessatz (M.) amende (F.) pénale au taux journalier
Tageszeitung (F.) journal (M.), quotidien (M.)
täglich quotidien (Adj.)
Tagsatzung (F.) séance (F.), audience (F.)
Tagung (F.) réunion (F.), session (F.)
Tagungsort (M.) lieu (M.) de réunion
Taktik (F.) tactique (F.)
Talar (M.) robe (F.), toge (F.)
Talion (F.) talion (F.)
Talon (M.) talon (M.)
Tante (F.) tante (F.)
Tantieme (F.) tantième (F.)
Tara (F.) tare (F.)
Tarif (M.) tarif (M.), barème (M.)
Tarifautonomie (F.) autonomie (F.) des partenaires sociaux
tariffähig capable (Adj.) de conclure des conventions collectives de travail
Tariffähigkeit (F.) capacité (F.) de conclure des conventions collectives de travail, habilité (F.) à négocier une convention collective
Tarifgebundenheit (F.) obligation (F.) de respecter une convention collective de travail
Tarifierung (F.) tarification (F.)
tariflich tarifaire, conventionnel
Tariflohn (M.) salaire (M.) conventionnel
Tarifpartner (M.) partie (F.) à une convention collective de travail, partenaire (M.) social
Tarifrecht (N.) législation (F.) applicable aux conventions collectives
Tarifstreitigkeit (F.) conflit (M.) collectif de travail
Tarifverhandlung (F.) négociation (F.) collective
Tarifvertrag (M.) convention (F.) collective de travail (C. C. T.), convention (F.) collective
Tarifvertragsgesetz (N.) loi (F.) portant sur les conventions collectives de travail

Tarifvertragspartei (F.) partie (F.) signataire d'une convention collective
Tarifvertragsrecht (N.) droit (M.) des conventions collectives
Taschendieb (M.) voleur (M.) à la tire
Taschengeld (N.) argent (M.) de poche
Taschengeldparagraph (M.) disposition (F.) légale accordant une capacité de contracter limitée aux mineurs
Tat (F.) acte (M.), action (F.), fait (M.)
Tatbestand (M.) état (M.) de choses, élément (M.) constitutif de l'infraction, éléments (M.Pl.) constitutifs d'une infraction
Tatbestandsirrtum (M.) erreur (F.) portant sur un élément constitutif de l'infraction
Tatbestandsmerkmal (N.) élément (M.) constitutif d'une infraction
Tateinheit (F.) concours (M.) idéal d'infractions, cumul (M.) idéal d'infractions
Tatentschluss (M.) décision (F.) d'agir
Täter (M.) auteur (M.)
Täterschaft (F.) fait (M.) d'être l'auteur d'une infraction
Täterschaftsrecht (N.) droit (M.) de fait d'être l'auteur d'une infraction
Tatfrage (F.) question (F.) de fond
Tatherrschaft (F.) domination (F.) d'action
tätig actif (Adj.)
tätige Reue (F.) repentir (M.) actif
tätigen effectuer, accomplir, conclure
Tätigkeit (F.) activité (F.), action (F.)
Tätigkeitsbereich (M.) sphère (F.) d'activité
Tätigkeitsdelikt (N.) délit (M.) formel, infraction (F.) formelle
tätlich de fait
Tätlichkeit (F.) excès (M.), violence (F.)
Tatmehrheit (F.) concours (M.) réel d'infractions
Tatort (M.) lieu (M.) du crime
Tatrichter (M.) juge (M.) statuant au fond
Tatsache (F.) fait (M.)
Tatsachenbehauptung (F.) allégation (F.)
Tatsachenfeststellung (F.) constatation (F.)
Tatsachenfrage (F.) question (F.) de fait, question (F.) de fond
Tatsacheninstanz (F.) juge (M.) du fond
Tatsachenirrtum (M.) erreur (F.) de fait
Tatsachenvermutung (F.) présomption (F.) de fait
tatsächlich de fait, effectif (Adj.), positif, réel (Adj.)
Tatstrafrecht (N.) droit (M.) criminel axé sur l'infraction
Tatumstand (M.) circonstance (F.) de l'infraction
Tatumstandsirrtum (M.) erreur (F.) portant sur un élément constitutif de l'infraction
Tatverdacht (M.) présomptions (F.Pl.) pesant sur, charges (F.Pl.) contre qn.
taub sourd (Adj.)
taubstumm sourd-muet (Adj.)
Taufe (F.) baptême (M.)
taufen baptiser
tauglich apte à, bon (Adj.), capable (Adj.)
Tauglichkeit (F.) aptitude (F.), capacité (F.), qualification (F.)
Tausch (M.) échange (M.), change (M.), troc (M.)
tauschen échanger, changer, troquer, faire du troc
täuschen tromper
Täuschung (F.) tromperie (F.)
Taxe (F.) taxe (F.), impôt (M.)
Taxi (N.) taxi (M.)
taxieren évaluer, taxer
Technik (F.) technique (F.), méthode (F.)
technisch technique (Adj.)
Technischer Überwachungsverein (M.) (TÜV) service (M.) des visites techniques
Teil (M.) partie (F.), portion (F.), part (F.), élément (M.), tome (M.)
Teilabkommen (N.) convention (F.) partielle
teilbar partageable, divisible, séparable
teilbare Leistung (F.) prestation (F.) séparable
Teilbarkeit (F.) divisibilité (F.), dépeçage (F.)
Teilbesitz (M.) possession (F.) d'une partie d'une chose
Teileigentum (N.) pleine propriété (F.) de locaux non affectés à l'habitation
teilen partager, diviser
Teilgläubigerschaft (F.) fait (M.) d'être créancier partiel
Teilhaber (M.) associé (M.), partenaire (M.), coparticipant (M.)
Teilhaberschaft (F.) fait (M.) d'être associé
Teilleistung (F.) prestation (F.) partielle
Teilnahme (F.) participation (F.)
Teilnehmer (M.) participant (M.)
Teilnichtigkeit (F.) nullité (F.) partielle
Teilrechtsfähigkeit (F.) capacité (F.) juridique partielle

Teilschuld (F.) obligation (F.) conjointe
Teilschuldner (M.) débiteur (M.) partiel
Teilschuldnerschaft (F.) fait (M.) d'être débiteur partiel
Teilschuldverschreibung (F.) obligation (F.) fractionnée, titre (M.) d'obligation
Teilstaat (M.) État-membre (M.)
Teilstreik (M.) grève (F.) partielle, grève (F.) tournante
Teilung (F.) der anfallenden Erbschaft je zur Hälfte an den mütterlichen und den väterlichen Stamm fente (F.)
Teilung (F.) partage (M.), division (F.)
Teilungsanordnung (F.) ordonnance (F.) de partage
Teilungsklage (F.) action (F.) en partage
Teilungsversteigerung (F.) vente (F.) aux enchères publiques en vue du partage du bien entre les créanciers
Teilunmöglichkeit (F.) impossibilité (F.) partielle
Teilunmöglichkeit (F.) impossibilité (F.) partielle
Teilurteil (N.) jugement (M.) partiel, jugement (M.) sur partie
teilweise partiel (Adj.), partiellement, en partie
Teilzahlung (F.) paiement (M.) partiel
Teilzahlungsabrede (F.) convention (F.) de paiement partiel
Teilzahlungskauf (M.) vente (F.) à tempérament, achat (M.) à tempérament
Teilzeit (F.) temps (M.) partiel
Teilzeitarbeit (F.) emploi (M.) à temps partiel
Telearbeit (F.) télétravail (M.)
Telefax (N.) téléfax (M.), télécopie (F.)
Telefon (N.) téléphone (M.)
telefonieren téléphoner
Telefonüberwachung (F.) écoute (F.) des conversations téléphoniques, télesurveillance (F.)
Telegramm (N.) télégramme (M.)
Telekommunikation (F.) télécommunication (F.)
Teleologie (F.) téléologie (F.)
teleologisch téléologique
Teleshopping (N.) téléachat (M.)
Tendenz (F.) tendance (F.)
Tendenzbetrieb (M.) entreprise (F.) poursuivant des buts religieux ou caritatifs ou politiques ou artistiques ou éducatifs
Tenor (M.) dispositif (M.) du jugement
Termin (M.) (Zeitpunkt) terme (M.), échéance (F.), audience (F.)
Termineinlage (F.) dépôt (M.) à terme, avoir (M.) à terme
Termingeschäft (N.) opération (F.) à terme
Terminkalender (M.) échéancier (M.)
Terminologie (F.) terminologie (F.)
Terminplan (M.) échéancier (M.)
territorial territorial
Territorialität (F.) territorialité (F.)
Territorialitätsprinzip (N.) principe (M.) de la territorialité, principe (M.) de territorialité
Territorialstaat (M.) État (M.) territorial
Territorium (N.) territoire (M.)
Terror (M.) terreur (F.)
Terrorismus (M.) terrorisme (M.)
Terrorist (M.) terroriste (M.)
Test (M.) test (M.)
Testament (N.) testament (M.), libéralité (F.)
testamentarisch testamentaire, par testament
Testamentsanfechtung (F.) action (F.) en révocation judiciaire du testament
Testamentserbe (M.) héritier (M.) testamentaire
Testamentseröffnung (F.) ouverture (F.) du testament
Testamentsvollstrecker (M.) exécuteur (M.) testamentaire
Testamentvollstreckung (F.) exécution (F.) du testament
Testat (N.) attestation (F.)
Testator (M.) testateur (M.), défunt (M.), de cuius
testieren attester, certifier, tester
testierfähig capable (Adj.) de tester, habile à tester
Testierfähigkeit (F.) capacité (F.) de tester, capacité (F.) de disposer par testament
Testierfreiheit (F.) liberté (F.) de disposer par testament
testierunfähig incapable de tester
Testierunfähigkeit (F.) incapacité (F.) de tester
Text (M.) texte (M.)
Textverarbeitung (F.) traitement (M.) de texte
Thema (N.) sujet (M.)
Theokratie (F.) théocratie (F.)

Theologie (F.) théologie (F.)
Theorie (F.) théorie (F.)
Therapie (F.) thérapie (F.), thérapeutique (F.)
These (F.) thèse (F.)
Thron (M.) trône (M.)
Thüringen (N.) Thuringe (F.)
Tier (N.) animal (M.), bête (F.)
Tierhalter (M.) gardien (M.) d'un animal
Tierhalterhaftung (F.) responsabilité (F.) du gardien (M.) d'un animal
Tierkörper (M.) cadavre (M.), carcasse (F.)
Tierkörperbeseitigung (F.) équarrissage (F.)
Tierkörperbeseitigungsrecht (N.) législation (F.) sur le service (M.) d'équarrissage
Tierquälerei (M.) cruauté (F.) envers les animaux
Tierschutz (M.) protection (F.) des animaux
Tierschutzverein (M.) société (F.) protectrice des animaux (S. P. A.)
tilgen amortir, rembourser, éteindre, purger
Tilgung (F.) amortissement (M.), remboursement (M.), extinction (F.), suppression (F.), annulation (F.)
Tilgungsrate (F.) quote (F.) d'amortissement, tranche (F.) d'amortissement
Titel (M.) titre (M.)
Titelschutz (M.) protection (F.) de désignation
Tochter (F.) fille (F.)
Tochtergesellschaft (F.) societé (F.) filiale, filiale (F.)
Tod (M.) mort (F.), décès (M.)
Todeserklärung (F.) déclaration (F.) judiciaire de décès
Todesstrafe (F.) peine (F.) de mort, peine (F.) capitale
Todesursache (F.) cause (F.) du décès
Todesurteil (N.) condamnation (F.) à la peine capitale
Todesvermutung (F.) présomption (F.) de décès
Todeszelle (F.) cellule (F.) d'un condamné à mort
tödlich mortel, létal
tolerant tolérant
Toleranz (F.) tolérance (F.)
tolerieren tolérer
Tontine (F.) tontine (F.)
Tortur (F.) torture (F.)
tot mort (Adj.)
Totalschaden (M.) dommage (M.) intégral, perte (F.) totale
töten tuer
Totgeburt (F.) naissance (F.) de mort-né, mort-né (M.)
Totgeburtenrate (F.) mortinatalité (F.)
Totschlag (M.) meurtre (M.), homicide (M.)
Totschläger (M.) meurtrier (M.)
Tötung (F.) atteinte (F.) à la vie, homicide (M.)
Tötungsdelikt (N.) atteinte (F.) à la vie d'une personne
tradieren continuer, remettre
Tradition (F.) tradition (F.)
Traditionspapier (N.) titre (M.) endossable
Transaktion (F.) transaction (F.), opération (F.) financière
Transfer (M.) transfer (M.)
transferieren transférer
Transformation (F.) transformation (F.)
Transformationsgesetz (N.) loi (F.) de transformation
transformieren transformer
Transit (M.) transit (M.), passage (M.) en franchise
transparent transparent
Transparenz (F.) transparence (F.)
Transplantat (N.) transplant (M.)
Transplantation (F.) transplantation (F.)
transplantieren transplanter
Transport (M.) transport (M.)
transportieren transporter
Transportversicherung (F.) assurance (F.) de transport
Trassant (M.) tireur (M.)
Trassat (M.) tiré (M.)
Tratte (F.) traite (F.)
trauen marier, unir, hasarder
Trauung (F.) mariage (M.)
Trauzeuge (M.) témoin (M.) au mariage civil, témoin (M.) de mariage, témoin (M.) du mariage
Travellerscheck (M.) travellers-chèque (M.), chèque (M.) de voyage
trennen séparer, disjoindre
Trennung (F.) séparation (F.), division (F.), disjonction (F.)
Trennungsgeld (N.) indemnité (F.) de sèparation
Trennungsunterhalt (M.) aliments (M.Pl.) en cas de séparation

Treu (F.) und Glauben (M.) les bonnes mœurs (F.Pl.), loyauté (F.) et confiance (F.) réciproque, bonne foi (F.)
treu dévoué (Adj.), sincère, fidèle, loyal (Adj.)
Treubruch (M.) violation (F.) de foi, infidélité (F.)
treubrüchig qui viole sa foi
Treue (F.) fidélité (F.), loyauté (F.)
Treuepflicht (F.) devoir (M.) de loyauté, devoir (M.) de loyalisme, devoir (M.) de fidélité
Treuepflichtverletzung (F.) manquement (M.) à l'obligation de loyauté
Treueverhältnis (N.) devoir (M.) de loyalisme
Treugeber (M.) fiduciant (M.)
Treuhand (F.) fiducie (F.), contrat (M.) d'administration des biens
Treuhandabrede (F.) contrat (M.) d'administration des biens
Treuhandeigentum (N.) propriété (F.) fiduciaire
Treuhänder (M.) fiducié (M.), fiduciaire (M.)
treuhänderisch fiduciaire (Adj.)
Treuhänderschaft (F.) mandat (M.), tutelle (F.)
Treuhandgesellschaft (F.) société (F.) fiduciaire
Treuhandkonto (N.) compte (M.) fiduciaire, compte (M.) de consignation
Treuhandschaft (F.) fiducie (F.)
Treuhandverhältnis (N.) lien (M.) fiduciaire
Treunehmer (M.) fiduciaire (M.), fiducié (M.)
treuwidrig ne pas respectant son devoir de loyauté
Tribunal (N.) tribunal (M.)
Tribut (M.) tribut (M.)
Trichotomie (F.) division (F.) des infractions en crimes et délits et contraventions
Trieb (M.) instinct (M.), pulsion (F.)
Triebtäter (M.) maniaque (M. bzw. F.)
trinken boire
Trinkgeld (N.) pourboire (M.)
Trödel (M.) bric-à-brac (M.)
Trödelvertrag (M.) contrat (M.) de consignation de marchandises
Trödelware (F.) article (M.) de brocante
Trucksystem (N.) système (M.) du règlement du prix du travail en marchandises
Trunkenheit (F.) ébriété (F.), ivresse (F.)
Trunkenheit (F.) am Steuer conduite (F.) sous l'empire d'un état alcoolique, conduite (F.) en état d'ivresse
Trunkenheit (F.) im Straßenverkehr ivresse (F.) sur la voie publique
Trunksucht (F.) alcoolisme (M.)
Trust (M.) trust (M.)
Tschechische Republik (F.) République tchèque (F.)
Tücke (F.) malice (M.), malignité (F.)
Tun (N.) action (F.)
tun faire
Turnus (M.) roulement (M.), alternance (F.) regulière
Tutor (M.) conseiller (M.), éducateur (M.), tuteur (M.)
TÜV (M.) (Technischer Überwachungsverein) service (M.) des visites techniques
Typ (M.) type (M.)
Typengenehmigung (F.) agréation (F.) par type
Typenverschmelzungsvertrag (M.) contrat (M.) de fusion de types, contrat (M.) mixte
Typenvertrag (M.) contrat (M.) type
Typenzwang (M.) contrainte (F.) à type
typisch typique (Adj.)
typisieren standardiser
typisierter Verwaltungsakt (M.) acte-type (M.)
Tyrann (M.) tyran (M.)
Tyrannei (F.) tyrannie (F.), dictature (F.)

U

Übel mal (M.), dommage (M.)
übel mauvais (Adj.)
Übeltäter (M.) malfaiteur (M.)
üben exercer, pratiquer
überantworten remettre, livrer
Überbau (M.) empiétement (M.), superstructure (F.)
überbauen construire sur, empiéter
überbieten surenchérir
überbringen remettre
Überbringer (M.) porteur (M.), présentateur (M.)
überbrücken surmonter
Überbrückungskredit (M.) crédit (M.) transitoire

übereignen transférer la propriété
Übereignung (F.) transfert (M.) de propriété, tradition (F.), transfert (M.)
Übereinkommen (N.) accord (M.), convention (F.), entente (F.)
übereinkommen convenir, accorder (s')
Übereinkunft (F.) convention (F.), entente (F.), accord (M.), arrangement (M.)
übereinstimmen accorder (s'), entendre (s')
übereinstimmend conforme, correspondant (Adj.)
Überfall (M.) invasion (F.), incursion (F.), attaque (F.), coup (M.) de main, fruits (M.Pl.) d'autrui
überfallen attaquer, assaillir, envahir
überführen transférer, transporter, confondre
Übergabe (F.) transfert (M.), tradition (F.), traditio (F.) (lat.), remise (F.), livraison (F.), délivrance (F.)
Übergang (M.) transfert (M.), transition (F.), passage (M.)
Übergangsbestimmung (F.) disposition (F.) transitoire
Übergangszeit période (F.) transitoire
übergeben transférer, délivrer, remettre
übergehen (V.) deviendre, ignorer, subroger
übergesetzlich surlégal
übergesetzlicher Notstand (M.) état (M.) de nécessité en tant que fait justificatif
Überhang (M.) branches (F.Pl.) et racines avançant au-delà des limites d'un champ
Überhangmandat (N.) mandat (M.) parlementaire supplémentaire, mandat (M.) en excédant
überholen réviser, doubler, dépasser
Überholverbot (N.) défense (F.) de doubler, interdiction (F.) de dépasser
überlang trop long
überlassen laisser, remettre, céder
überlasten surcharger
Überlastung (F.) surcharge (F.)
überleiten former la transition à
Überleitung (F.) transition (F.)
Überleitungsvertrag (M.) convention (F.) réglant les questions issues de la guerre et de l'occupation
Übermaß (N.) excès (M.)
Übermaßverbot (M.) interdiction (F.) de prendre des mesures excessives
Übernahme (F.) prise (F.) en charge, acceptation (F.), prise (F.) de possession, reprise (F.) en charge, prise (F.) en charge, absorption (F.)
übernehmen prendre, assumer, recevoir
überprüfen contrôler, vérifier
Überprüfung (F.) contrôle (M.), vérification (F.)
überschießen excéder
überschießende Innentendenz (F.) tendance (F.) intérieure excessive
überschreiten dépasser, franchir, excéder
Überschreitung (F.) transgression (F.), franchissement (M.), non-respect (M.), dépassement (M.), excès (M.)
überschulden surendetter
Überschuldung (F.) surendettement (M.)
Überschuss (M.) excédent (M.), surplus (M.)
überseeisch outre-mer
überseeisches Departement (N.) Département (M.) d'Outre-Mer (D. O. M.)
überseeisches Gebiet (N.) Territoire (M.) d'Outre-Mer (T. O. M.)
überstaatlich supranational
überstellen transférer
Überstellung (F.) transfert (M.)
überstimmen mettre en minorité
Überstunde (F.) heure (F.) supplémentaire
übertragbar cessible, transférable, négociable, transmissible
Übertragbarkeit (F.) cessibilité (F.), transmissibilité (F.), négociabilité (F.)
übertragen transférer, transmettre
Übertragung (F.) transfert (M.), transmission (F.), dévolution (F.), cession (F.)
übertreten (V.) enfeindre, violer (la loi)
Übertretung (F.) contravention (F.), infraction (F.)
überwachen surveiller
Überwachung (F.) surveillance (F.), contrôle (M.), supervision (F.), écoute (F.)
überweisen virer, transférer, renvoyer
Überweisende (F.) transferante (F.)
Überweisender (M.) transferant (M.)
Überweisung (F.) virement (M.) bancaire, virement (M.), transfert (M.)
Überweisungsbeschluss (M.) ordonnance (F.) de saisie et de remise, ordonnance (F.) de transfert de créance
überzeugen convaincre, persuader
Überzeugung (F.) conviction (F.), certitude (F.) intime

Überzeugungstäter (M.) délinquant (M.) par conviction
überziehen passer, recouvrir, faire un prélèvement à découvert, tirer à découvert
Überziehung (F.) découvert (M.) de compte, prélèvement (M.) à découvert
Überziehungskredit (M.) crédit (M.) à découvert
üble Nachrede (F.) diffamation (F.), imputations (F.Pl.) diffamatoires à l'encontre d'un tiers s'appuyant sur des faits matériels
Übung (F.) exercice (M.), usage (M.), coutume (F.)
Ufer (N.) rive (F.), rivage (M.)
Ultimatum (N.) ultimatum (M.), exigence (F.) impérative
ultra-vires-Lehre (F.) doctrine (F.) d'ultra-vires
umbringen tuer, assassiner
umbuchen faire un jeu d'écritures
Umbuchung (F.) jeu (M.) d'écritures
umdeuten donner un autre sens (à)
Umdeutung (F.) conversion (F.) d'un acte
umgeben entourer
Umgebung (F.) entourage (M.), ambiance (F.)
umgehen traiter, tourner (la loi), frauder
umgehend (Adv.) immédiatement, promptement
Umgehung (F.) violation (F.), infraction (F.), évitation (F.)
Umgehungsgeschäft (N.) contrat (M.) pour tourner la loi
Umkehr (F.) retour (M.), renversement (M.)
umkehren renverser
Umkehrschluss (M.) raisonnement (M.) à contrario
Umlage (F.) cotisation (F.), contribution (F.), prélèvement (M.)
Umlauf (M.) circulation (F.), roulement (M.)
umlaufen circuler
umlauffähig cessible, négociable, transmissible
Umlaufverfahren (N.) circulation (F.)
Umlaufvermögen (N.) capital (M.) de roulement, actif (M.) circulant
umlegen répartir, dévier, remembrer
Umlegung (F.) remembrement (M.)
Umsatz (M.) chiffre (M.) d'affaires, chiffre (M.) de ventes
Umsatzsteuer (F.) taxe (F.) sur le chiffre d'affaires
umsetzen vendre, placer, négocier
Umsetzung (F.) traduction (F.), application (F.), implémentation (F.)
umsonst gratuitement, en vain
Umstand (M.) circonstance (F.), détail (M.)
umstritten discuté, controversé
Umsturz (M.) renversement (M.), bouleversement (M.)
umstürzen tomber, renverser, révolutionner
Umtausch (M.) troc (M.), échange (M.), change (M.)
umtauschen changer, échanger, convertir
umwandeln transformer, convertir, commuer
Umwandlung (F.) transformation (F.), conversion (F.)
Umwelt (F.) environnement (M.)
Umweltbelastung (F.) dégradation (F.) de l'environnement, nuisance (F.)
Umweltbundesamt (N.) office (M.) fédéral de protection de l'environnement
Umweltdelikt (N.) infraction (F.) écologique
Umweltgütesiegel (N.) label (M.) écologique
Umweltinformationsgesetz (N.) loi (F.) d'information concernant l'environnement
Umweltrecht (N.) droit (M.) de l'environnement, droit (M.) relatif à la protection de l'environnement
Umweltschaden (M.) atteinte (F.) à l'environnement
Umweltschutz (M.) protection (F.) de l'environnement
Umweltverschmutzung (F.) pollution (F.)
umweltverträglich tolérable à l'environnement, respectueux de l'environnement
Umweltverträglichkeit (F.) tolérance (F.) écologique
Umweltverträglichkeitsprüfung (F.) examen (M.) de tolérance écologique, étude (F.) d'impact sur l'environnement, expertise (F.) environnementale
unabänderlich immutable
Unabänderlichkeit (F.) immutabilité (F.)
unabdingbar indispensable (Adj.), intangible, impératif (Adj.)
Unabdingbarkeit (F.) immutabilité (F.), caractère (M.) impératif
unabhängig indépendant (Adj.), souverain (Adj.)
Unabhängigkeit (F.) indépendance (F.)
unabwendbar inévitable, irrésistible

unabwendbares Ereignis (N.) événement (M.) irresistible
unanfechtbar définitif, incontestable, non-annulable
Unanfechtbarkeit (F.) non-annulabilité (F.)
unanwendbar inapplicable
Unanwendbarkeit (F.) inapplicabilité (F.)
unbeachtlich irrecevable
unbedingt absolu, direct
unbedingter Vorsatz (M.) dol (M.) direct
unbeendet inaccomplié, interminé
unbefugt non autorisé (Adj.), sans droit, irrégulier
unbegründet infondé
unbelastet non grévé
unbenannt innommé
unbenommen licite, permis (Adj.)
unberechtigt non autorisé (Adj.)
unbescholten non condamné, intègre, sans antécédents judiciaires
unbeschränkt illimité, indéfini
unbestimmt indéterminé
unbestimmter Gesetzesbegriff (F.) clause (F.) légale générale
unbestimmter Rechtsbegriff (M.) concept (M.) juridique indéterminé
Unbestimmtheit (F.) indétermination (F.)
unbestritten incontesté
unbeweglich immobilier (Adj.)
unbewegliche Sache (F.) bien (M.) immobilier
unbewusst inconscient
unbewusste Fahrlässigkeit (F.) négligence (F.), imprudence (F.)
unbillig injuste, inéquitable
Unbilligkeit (F.) injustice (F.), iniquité (F.)
unbotmäßig désobéissant, insubordonné
Unbotmäßigkeit (F.) désobéissance (F.), insubordination (F.)
unecht faux (Adj.)
unechte Urkunde (F.) faux document (M.), faux titre (M.)
unechtes Unterlassungsdelikt (N.) infraction (F.) de commission par omission
unehelich illégitime (Adj.), naturel (Adj.)
Unehelichkeit (F.) illégitimité (F.), fait (M.) d'être un enfant naturel
unentgeltlich gratuit, à titre gratuit, gracieux, non rémuneré
unentgeltlicher Vertrag (M.) contrat (M.) à titre gratuit
Unentgeltlichkeit (F.) gratuité (F.)
unerlässlich indispensable (Adj.)
unerlaubt interdit, illicite (Adj.)
unerlaubte Handlung (F.) délit (M.) civil, délit (M.), fait (M.) juridique illicite
unerlaubtes Entfernen (N.) vom Unfallort fait (M.) de s'eloigner des lieux de l'accident
UNESCO (F.) (United Nations Educational Scientific and Cultural Organization) U. N. E. S. C. O. (F.) (Organisation des Nations Unies pour l'éducation et la science et la culture)
unfähig incapable (Adj.), inhabile
Unfähigkeit (F.) incapacité (F.), incompétence (F.)
Unfall (M.) accident (M.)
Unfallbeteiligter (M.) personne (F.) impliquée dans un accident
Unfallhaftpflichtrecht (N.) droit (M.) relatif à la responsabilité civile en cas d'accident, droit (M.) de responsabilité d'accidents
Unfallrente (F.) rente (F.) d'accident
Unfallverhütung (F.) prévention (F.) des accidents, securité (F.) du travail
Unfallversicherung (F.) assurance (F.) individuelle accidents, assurance (F.) accident, assurance (F.) contre les accidents
unfreiwillig involontaire, contre son gré
Unfug (M.) tapage (M.) troublant la tranquillité des habitants, tapage (M.)
Ungarn (N.) Hongrie (F.)
ungeboren non encore né, pas encore né
ungebührlich irrévérencieux (Adj.)
ungehorsam désobéissant
ungerecht injuste, inique
ungerechtfertigt injustifié (Adj.)
ungerechtfertigte Bereicherung (F.) enrichissement (M.) sans cause
Ungerechtigkeit (F.) injustice (F.), iniquité (F.)
ungesetzlich illégal (Adj.), illégitime (Adj.)
ungleich inégal, différent
Ungleichgewicht (N.) déséquilibre (M.)
Ungleichheit (F.) inégalité (F.)
Unglück (N.) malheur (M.)
Unglücksfall (M.) accident (M.)
ungültig nul (Adj.), non valable, périmé, invalide (Adj.)
Ungültigkeit (F.) nullité (F.), invalidité (F.), caducité (F.)

Uniform (F.) uniforme (M.)
Union (F.) union (F.)
Unionsbürgerschaft (F.) citoyenneté (F.) communautaire
United Nations Educational Scientific and Cultural Organization (F.) (UNESCO) Organisation (F.) des Nations Unies pour l'éducation et la science et la culture (U. N. E. S. C. O.)
United Nations Organization (F.) (UNO) Organisation (F.) des Nations Unies (O. N. U.)
universal universel
Universalerbe (M.) héritier (M.) universel, héritier (M.) unique, légataire (M.) universel
Universalität (F.) universalité (F.)
Universalrechtsgut (N.) bien (M.) universel
Universalsukzession (F.) succession (F.) universelle, fait (M.) d'être ayant cause à titre universel
Universität (F.) université (F.), établissement (M.) public d'enseignement supérieur
Universitätsassistent (M.) assistant (M.), attaché (M.) de recherche
Unkenntnis (F.) ignorance (F.)
unklagbar qui ne peut faire l'object d'une action en justice
Unkosten (F.Pl.) frais (M.Pl.), dépenses (F.Pl.)
unlauter déloyal
unlauterer Wettbewerb (M.) concurrence (F.) déloyale
unmittelbar ansetzen apprêter immédiatement
unmittelbar bevorstehend immédiatement imminent
unmittelbar direct, immédiat
unmittelbare Stellvertretung (F.) représentation (F.) directe
unmittelbare Wahl (F.) scrutin (M.) direct, suffrage (M.) direct
unmittelbarer Besitz (M.) possession (F.) directe, possession (F.)
unmittelbarer Schaden (M.) dommage (M.) direct
unmittelbarer Zwang (M.) exécution (F.) d'office
Unmittelbarkeit (F.) caractère (M.) immédiat
unmöglich impossible
Unmöglichkeit (F.) impossibilité (F.)
unmündig mineur (Adj.)
Unmündigkeit (F.) minorité (F.)
UNO (F.) (United Nations Organization) O. N. U. (F.) (Organisation des Nations Unies)
unparteiisch impartial (Adj.)
unparteilich impartial (Adj.)
Unparteilichkeit (F.) impartialité (F.)
unpfändbar insaisissable
Unpfändbarkeit (F.) insaisissabilité (F.)
Unrecht (N.) injustice (F.), tort (M.)
unrecht injuste, inique
unrechtmäßig illégitime, illicite (Adj.), illégal
Unrechtsbewusstsein (N.) connaissance (F.) du caractère illicite des faits commis
unredlich de mauvaise foi, déloyal, malhonnête
Unredlichkeit (F.) mauvaise foi (F.)
unregelmäßig irrégulier
unregelmäßige Verwahrung (F.) dépôt (M.) irrégulier
unrichtig faux (Adj.), incorrect (Adj.), inexact
Unrichtigkeit (F.) fausseté (F.), incorrection (F.)
Unruhe (F.) désordre (M.)
Unschuld (F.) beteuern plaider innocent
Unschuld (F.) innocence (F.), absence (F.) de faute
Unschuldsvermutung (F.) présomption (F.) d'innocence
unstatthaft irrégulier, illicite (Adj.)
Unstatthaftigkeit (F.) illicéité (F.)
untätig inactif
Untätigkeit (F.) inaction (F.), inactivité (F.)
Untätigkeitsklage (F.) recours (M.) en cas d'inaction de l'administration, recours (M.) en carence
untauglich inapte (Adj.), incapable (Adj.)
untauglicher Versuch (M.) délit (M.) impossible, infraction (F.) impossible
unteilbar indivisible
unteilbare Verbindlichkeit (F.) obligation (F.) indivisible
unter Ausschluss der Öffentlichkeit à huis-clos
unter fremdem Namen au nom d'autrui
unter Vorspiegelung falscher Tatsachen en allégant des faits mesongers
Unterausschuss (M.) sous-commission (F.)
Unterbeteiligung (F.) participation (F.) indirecte
unterbrechen interrompre, suspendre

Unterbrechung (F.) interruption (F.)
unterbringen placer, héberger, implanter
Unterbringung (F.) internement (M.), placement (M.)
Unterdrücken (einer Urkunde) (N.) suppression (F.) (d'un document)
unterdrücken opprimer, réprimer, supprimer
untere inférieur
Untereigentum (N.) sous-propriété (F.)
Untergang (M.) perte (F.)
untergeben subordonner
untergehen perdre
untergeordnet subordonné (Adj.), subalterne (Adj.)
Unterhalt (M.) aliments (M.Pl.), pension (F.) alimentaire, entretien (M.), subsides (M.Pl.)
unterhalten entretenir, subvenir aux besoins
Unterhaltsanspruch (M.) créance (F.) alimentaire, droit (M.) à une pension alimentaire
Unterhaltsberechtigter (M.) créancier (M.) alimentaire, personne (F.) à charge
Unterhaltsklage (F.) action (F.) à fins de subsides, action (F.) en prestation d'aliments
Unterhaltspflicht (F.) dette (F.) alimentaire, obligation (F.) alimentaire, obligation (F.) d'entretien
unterhaltspflichtig débiteur (Adj.) d'aliments
Unterhaltspflichtverletzung (F.) violation (F.) de devoir d'entretien
Unterhaltsrecht (N.) droit (M.) de pension alimentaire
Unterhaltsvorschuss (M.) avance (F.) d'aliments, avance (F.) de subsistance
Unterhaltszahlung (F.) paiement (M.) d'entretien
Unterlassen (N.) négligence (F.), omission (F.)
unterlassen abstenir (s'), omettre, négliger de faire, ne manquer pas de faire, ne pas faire
unterlassene Hilfeleistung (F.) omission (F.) de porter secours, abstention (F.) de secours en cas de péril, entrave (F.) aux mesures d'assistance, abstention (F.) délictueuse
Unterlassung (F.) négligence (F.), omission (F.), infraction (F.) d'omission, abstention (F.)
Unterlassungsanspruch (M.) droit (M.) tendant à sanctionner le trouble actuel d'un droit ou de la possession
Unterlassungsdelikt (N.) délit (M.) d'omission
Unterlassungsklage (F.) action (F.) en abstention
Unterlassungspflicht (F.) obligation (F.) de ne pas faire
Unterlassungsverpflichtung (F.) obligation (F.) de ne pas faire
unterliegen perdre, relever, être sujet
Untermiete (F.) sous-location (F.), sous-bail (M.)
Untermieter (M.) sous-locataire (M.)
Untermietvertrag (M.) sous-location (F.), sous-bail (M.)
Unternehmen (N.) entreprise (F.), exploitation (F.)
unternehmen entreprendre
Unternehmensbewertung (F.) évaluation (F.) de la situation d'une entreprise
Unternehmenserwerb (M.) acquisition (F.) d'une entreprise
Unternehmenstarifvertrag (M.) accord (M.) collectif d'entreprise
Unternehmensverbund (M.) association (F.) d'entreprises
Unternehmer (M.) entrepreneur (M.), chef (M.) d'entreprise, exploitant (M.), constructeur (M.)
Unternehmergesellschaft (F.) société (F.) à responsabilité limitée simplifiée
Unternehmerpfandrecht (N.) droit (M.) de gage du fabricant
Unterordnung (F.) subordination (F.), sous-ordre (M.)
Unterpacht (F.) sous-location (F.)
Unterpächter (M.) sous-locataire (M.), sous-fermier (M.)
Unterpari-Ausgabe (F.) émission (F.) au-dessous du pair
Unterricht (M.) enseignement (M.)
unterrichten enseigner, donner des cours
untersagen interdire, défendre, prohiber
Untersagung (F.) der Ausübung eines Gewerbes fermeture (F.) d'établissement
Untersagung (F.) interdiction (F.), défense (F.), prohibition (F.)
unterscheiden distinguer, différencier, discerner

Unterscheidung (F.) distinction (F.)
unterschieben attribuer
Unterschieben eines Kindes (N.) supposition (F.) de part
Unterschied (M.) différence (F.), distinction (F.)
unterschlagen détourner, soustraire, intercepter
Unterschlagung (F.) détournement (M.)
unterschreiben signer
Unterschrift (F.) signature (F.)
untersuchen examiner, enquêter, vérifier, analyser
Untersuchung (F.) enquête (F.), recherche (F.), instruction (F.), étude (F.)
Untersuchungsausschuss (M.) commission (F.) d'enquête
Untersuchungsgefangener (M.) préventionnaire (M.), personne (F.) en détention provisoire
Untersuchungsgrundsatz (M.) principe (M.) inquisitoire, procédure (F.) inquisitoire, principe (M.) de la procédure inquisitoriale
Untersuchungshaft (F.) détention (F.) provisoire
Untersuchungsrichter (M.) juge (M.) d'instruction
Untervermächtnis (N.) legs (M.) grevant un légataire, legs (M.) avec charge
Untervermietung (F.) sous-location (F.)
Unterversicherung (F.) assurance (F.) insuffisante, sous-assurance (F.)
Untervollmacht (F.) sous-délégation (F.)
unterzeichnen signer, revêtir de sa signature
Unterzeichner (M.) signataire (M.), partie (F.) signataire
Unterzeichnung (F.) signature (F.), paraphe (M.)
Untreue (F.) infidélité (F.), abus (M.) de confiance, détournement (M.) de fonds commis
unveräußerlich inaliénable
unverbindlich non obligatoire
unvereinbar incompatible
Unvereinbarkeit (F.) incompatibilité (F.)
unverhältnismäßig disproportionné, disproportionnel
unverletzlich inviolable
unvermeidbar inévitable, inéluctable, irrésistible
unvermeidlich inévitable, irrésistible
Unvermögen (N.) impossibilité (F.) individuelle
unversetzbar inamovible
Unversetzbarkeit (F.) inamovibilité (F.)
Unverstand (M.) déraison (F.)
unvertretbar inadmissible, non fongible, inqualifiable
unvertretbare Handlung (F.) acte (M.) inqualifiable
unvertretbare Sache (F.) chose (F.) non fongible
unverzüglich sans délai, immédiat
unvollkommen imparfait, incomplet
unvollkommene Verbindlichkeit (F.) obligation (F.) imparfaite
unvollständig incomplet, fragmentaire (Adj.)
unvollständiger durch nachträglichen Zeugenbeweis zum vollen Nachweis ergänzter Beweis (M.) adminicule (M.)
unvordenklich immémorial
unvordenkliche Verjährung (F.) prescription (F.) immémoriale
unvoreingenommen impartial (Adj.)
Unvoreingenommenheit (F.) impartialité (F.)
unvorhersehbar imprévisible
Unvorhersehbarkeit (F.) imprévisibilité (F.)
unwahr faux (Adj.)
Unwahrheit (F.) mensonge (M.), contrevérité (F.)
unwesentlich négligeable, insignifiant
unwiderlegbar irréfragable
unwiderleglich irréfragable
unwiderruflich irrévocable
unwirksam nul (Adj.), inexistant, invalide (Adj.)
Unwirksamkeit (F.) nullité (F.)
unwissend ignorant (Adj.)
Unwissenheit (F.) ignorance (F.)
Unzucht (F.) attentat (M.) à la pudeur, violence (F.) impudique
unzüchtig impudique (Adj.)
unzulässig irrégulier, non autorisé (Adj.), inadmissible, irrecevable
Unzulässigkeit (F.) inadmissibilité (F.), irrecevabilité (F.)
unzumutbar qui n'est pas exigible, qu'on ne peut raisonnablement imposer à, inacceptable
Unzumutbarkeit (F.) fait (M.) de ne pouvoir être exigé de

unzurechnungsfähig irresponsable (Adj.), incapable (Adj.) de discerner
Unzurechnungsfähigkeit (F.) incapacité (F.) de discernement, irresponsabilité (F.)
unzuständig incompétent
Unzuständigkeit (F.) incompétence (F.)
unzuverlässig peu fiable, peu crédible
Unzuverlässigkeit (F.) manque (M.) de fiabilité, fiabilité (F.) insuffisante
Urabstimmung (F.) consultation (F.) de la base, référendum (M.) sur la grêve, vote (M.) sur un grève
Urfehde (F.) trêve (F.), serment (M.) de ne pas se venger
Urheber (M.) auteur (M.), initiateur (M.)
Urheberbenennung (F.) désignation (F.) de l'auteur
Urheberpersönlichkeitsrecht (N.) droit (M.) moral de l'auteur
Urheberrecht (N.) droit (M.) d'auteur, droit (M.) relatif à la propriété littéraire et artistique, droit (M.) de la propriété intellectuelle
urheberrechtlich de droit d'auteur
Urheberrechtsverletzung (F.) violation (F.) de la propriété littéraire et artistique
Urkunde (F.) acte (M.) écrit, document (M.), pièce (F.), titre (M.)
Urkundenbeweis (M.) preuve (F.) par titres, preuve (F.) par écrit
Urkundendelikt (N.) délit (M.) de documents
Urkundenfälschung (F.) faux (M.) en écriture, falsification (F.) d'écritures
Urkundenprozess (M.) procédure (F.) sur titres
Urkundenregister (N.) registre (M.) des actes
Urkundenunterdrückung (F.) détournement (M.) de pièces, suppression (F.) de pièces, détournement (M.) de document
urkundlich documentaire
Urkundsbeamter (M.) secrétaire (M.) greffier, greffier (M.)
Urlaub (M.) congé (M.), vacances (F.Pl.)
Urlaubsgeld (N.) indemnité (F.) de congé, prime (F.) de vacances
Urne (F.) urne (F.)
Urproduktion (F.) production (F.) de matières premières, secteur (M.) primaire
Ursache (F.) cause (F.), raison (F.)
ursächlich causal, causé par
Ursächlichkeit (F.) causalité (F.)
Urschrift (F.) original (M.)
Ursprung (M.) origine (F.)
ursprünglich original (Adj.), à l'origine
ursprüngliche Unmöglichkeit (F.) impossibilité (F.) existant au moment de la naissance de l'obligation
Urteil (N.) décision (F.) de justice, décision (F.), jugement (M.), arrêt (M.), sentence (F.)
urteilen juger, rendre un jugement
Urteilsbegründung (F.) motif (M.), motifs (M.Pl.) du jugement, attendu (M.), argument (M.)
Urteilsformel (F.) dispositif (M.) du jugement
Urteilsgebühr (F.) droit (M.) de jugement
Urteilsgrund (M.) motif (M.) du jugement
Urteilsgründe (M.Pl.) motifs (M.Pl.) du jugement
Urteilstenor (M.) dispositif (M.) du jugement
Urteilsverkündung (F.) prononcé (M.) du jugement
Urteilsvollstreckung (F.) exécution (F.) du jugement
Usance (F.) usage (M.) commercial, usances (F.Pl.)
Usurpation (F.) usurpation (F.)
usurpieren usurper
Utilitarismus (M.) utilitarisme (M.)

V

Vakanz (F.) vacance (F.)
Valuta (F.) monnaie (F.) étrangère, jour (M.) de l'inscription au débit
Vasall (M.) vassal (M.)
Vater (M.) père (M.)
Vaterland (N.) patrie (F.)
väterlich paternel
Vatermord (M.) parricide (M.)
Vaterschaft (F.) paternité (F.)
Vaterschaftsanerkenntnis (N.) reconnaissance (F.) de paternité
Vaterschaftsanerkennung (F.) reconnaissance (F.) de paternité
Vaterschaftsanfechtung (F.) désaveu (M.) de paternité
Vaterschaftsfeststellung (F.) preuve (F.) de la filiation paternelle, recherche (F.) de paternité

Vaterschaftsfeststellungsverfahren (N.) procédure (F.) en recherche de paternité, action (F.) en recherche de paternité
Vaterschaftsgutachten (N.) expertise (F.) hérédobiologique
Vaterschaftsklage (F.) action (F.) en recherche de la paternité naturelle
Vaterschaftsurlaub (M.) congé (M.) à cause de paternité
Vaterschaftsvermutung (F.) présomption (F.) de paternité
Vatikan (M.) Vatican (M.)
verabreden convenir, stipuler
Verabredung (F.) convention (F.), accord (M.), collusion (F.), connivence (F.)
Verabredungsgefahr (F.) risque (M.) de collusion
verabschieden voter, adopter, prendre congé
verächtlich méprisable
verächtlichmachen offenser
Verächtlichmachung (F.) offense (F.)
verändern changer, modifier, transformer, varier, altérer
Veränderung (F.) changement (M.), modification (F.), transformation (F.), altération (F.)
veranlagen imposer, établir
Veranlagung (F.) prédisposition (F.), hérédité (F.), taxation (F.), évaluation (F.) fiscale, imposition (F.)
Veranlagungsstelle (F.) bureau (M.) d'évaluation fiscale
Veranlagungssteuer (F.) impôt (M.) perçu par voie de rôle
verantwortlich responsable (Adj.)
Verantwortlichkeit (F.) responsabilité (F.)
Verantwortung (F.) responsabilité (F.)
verarbeiten travailler, effectuer un travail, transformer, façonner
Verarbeitung (F.) usinage (M.), façonnage (M.), transformation (F.)
veräußern aliéner, vendre, céder
Veräußerung (F.) aliénation (F.), vente (F.), cession (F.)
Veräußerungsverbot (N.) interdiction (F.) d'aliéner
verbal verbal (Adj.)
Verbalinjurie (F.) injure (F.) verbale, outrage (M.) par paroles
Verband (M.) groupement (M.), union (F.), association (F.), fédération (F.)
Verbandsklage (F.) action (F.) collective, action (F.) exercée par un groupement et tendant à la défense d'un intérêt collectif
Verbandskompetenz (F.) compétence (F.) de groupement
Verbandskörperschaft (F.) personne (F.) morale de droit public
Verbandstarifvertrag (M.) accord (M.) collectif syndical
verbannen bannir
Verbannung (F.) bannissement (M.), proscription (F.)
verbergen cacher, couvrir, recéler
verbessern améliorer, corriger
Verbesserung (F.) amélioration (F.), correction (F.)
verbieten interdire, défendre
verbinden associer, relier, lier, joindre
verbindlich obligatoire, ferme (Adj.), valable, définitif
Verbindlichkeit (F.) obligation (F.), dette (F.), force (F.) obligatoire
Verbindung (F.) relation (F.), rapport (M.), association (F.), connexité (F.), incorporation (F.)
verborgen caché, secret (Adj.), occulte
Verbot (N.) interdiction (F.), défense (F.), prohibition (F.)
verboten (Adj.) interdit, défendu, prohibé
verbotene Eigenmacht (F.) voie (F.) de fait illicite
Verbotsgesetz (N.) loi (F.) d'interdiction
Verbotsirrtum (M.) ignorance (F.) du fait qu'un acte constitue une infraction (F.), ignorance (F.) du caractère pénal d'un acte, erreur (F.) du droit
Verbrauch (M.) consommation (F.)
verbrauchbar consomptible
verbrauchbare Sache (F.) bien (M.) consomptible, chose (F.) consomptible
verbrauchen consommer
Verbraucher (M.) consommateur (M.), utilisateur (M.)
Verbraucherdarlehen (N.) prêt (M.) à la consommation
Verbraucherinformation (F.) information (F.) pour les consommateurs
Verbraucherkredit (M.) crédit (M.) à la consommation
Verbraucherrecht (N.) droit (M.) de la consommation

Verbraucherschutz (M.) protection (F.) des consommateurs
Verbraucherschutzgesetz (N.) loi (F.) concernant la protection des consommateurs
Verbraucherschutzrichtlinie (F.) directive (F.) concernant la protection des consommateurs
Verbrauchsgut (N.) bien (M.) de consommation
Verbrauchsgüterkauf (M.) contrat (M.) de vente portant sur un bien consumptible
Verbrauchsteuer (F.) impôt (M.) de consommation, taxe (F.) de consommation, accise (F.)
Verbrechen (N.) crime (M.), acte (M.) criminel, forfait (M.)
Verbrecher (M.) criminel (M.), malfaiteur (M.), délinquant (M.)
verbrecherisch criminel (Adj.), coupable (Adj.)
verbriefen confirmer par écrit
Verbund (M.) regroupement (M.), organisation (F.)
verbürgen cautionner, garantir
verbüßen purger, expier
Verdacht (M.) soupçon (M.), suspicion (F.)
verdächtig suspect (Adj.), soupçonnable (Adj.)
verdächtigen suspecter
Verdächtiger (M.) suspect (M.)
Verdächtigung (F.) suspicion (F.)
verdecken dissimuler, déguiser
verdienen gagner, mériter
Verdienst (M.) salaire (M.), gain (M.), bénéfice (M.)
Verdienst (N.) mérite (M.)
Verdienstausfall (M.) perte (F.) de salaire
Verdikt (N.) verdict (M.), sentence (F.)
verdingen adjuger
Verdingung (F.) adjudication (F.) publique
Verdingungsordnung (F.) für Bauleistungen (VOB) cahier (M.) de prescriptions pour les marchés de construction
Verdingungsordnung (F.) für Leistungen (VOL) cahier (M.) de prescriptions pour les marchés publics
verdunkeln obscurcir
Verdunkelung (F.) obscurcissement (M.)
Verdunkelungsgefahr (F.) danger (M.) de manipulation des éléments devant servir à la manifestation de la vérité
vereidigen assermenter
Vereidigung (F.) prestation (F.) de serment
Verein (M.) association (F.)
vereinbaren convenir, stipuler, mettre d'accord sur (se)
Vereinbarkeit (F.) compatibilité (F.)
Vereinbarung (F.) convention (F.), accord (M.), stipulation (F.)
Vereinbarung (F.) wodurch unbewegliche Sachen im Eigentum eines Ehegatten gemeinsames Eigentum beider Ehegatten werden ameublissement (M.)
Vereinbarungsdarlehen (N.) prêt (M.) fictif (né d'une convention entre le créancier et le débiteur) transformant pour l'avenir la chose fongible due en prêt, contrat (M.) de prêt d'argent
vereinen unir, fusionner, assembler
vereinfachen simplifier
vereinigen unir, réunir
vereinigt uni, associé
Vereinigte Staaten von Amerika (M.Pl.) États (M.Pl.) Unis d'Amérique
Vereinigung (F.) association (F.), réunion (F.), rassemblement (M.), fusion (F.)
Vereinigungsfreiheit (F.) liberté (F.) d'association, liberté (F.) syndicale
Vereinsfreiheit (F.) liberté (F.) d'association
Vereinshaftung (F.) responsabilité (F.) des associations
Vereinsrecht (N.) régime (M.) juridique des associations
Vereinsregister (N.) registre (M.) des associations
Vereinsvorstand (M.) direction (F.), bureau (M.) d'une association
Vereinte Nationen (F.Pl.) (UNO) Nations (F.Pl.) Unies (O. N. U.)
vereiteln faire échouer
vererben léguer, laisser, transmettre
vererblich transmissible par succession
Verfahren (N.) procédure (F.), procès (M.), méthode (F.)
Verfahrensbeteiligter (M.) partie (F.) au procès
Verfahrensfrist (F.) délai (M.) de procédure
Verfahrensgebühr (F.) honoraire (M.) de procédure
Verfahrensgrundsatz (M.) principe (M.)

directeur du procès, principe (M.) général de la procédure
Verfahrensgrundsätze (M.Pl.) principes (M.Pl.) directeurs du procès, principes (M.Pl.) généraux de la procédure
Verfahrensrecht (N.) droit (M.) procédural, droit (M.) de la procédure, procédure (F.)
verfahrensrechtlich procédural, processuel
Verfahrensverschleppung (F.) manœuvres (F.Pl.) dilatoires tendant à retarder la procédure
Verfall (M.) échéance (F.), déchéance (F.), péremption (F.), anéantissement (M.), confiscation (F.), depravation (F.), expiration (F.)
verfallen (V.) échoir, déchoir, expirer
Verfallsklausel (F.) clause (F.) de déchéance, pacte (M.) commissoire
Verfallspfand (N.) gage (M.) de déchéance
verfassen rédiger
Verfasser (M.) auteur (M.)
Verfassung (F.) état (M.), constitution (F.), loi (F.) fondamentale, statuts (M.Pl.)
verfassunggebend constituant
verfassunggebende Gewalt (F.) pouvoir (M.) constituant
Verfassungsänderung (F.) amendement (M.) à la constitution, modification (F.) de la constitution
Verfassungsauslegung (F.) interprétation (F.) de la constitution
Verfassungsbeschwerde (F.) recours (M.) constitutionnel, recours (M.) devant le Conseil constitutionnel
Verfassungsfeind (M.) ennemi (M.) de la constitution, anticonstitutionnaliste (M.)
verfassungsgemäß constitutionnel
Verfassungsgericht (N.) cour (F.) constitutionnelle, conseil (M.) constitutionnel
Verfassungsgeschichte (F.) histoire (F.) de la constitution
Verfassungsgrundsatz (M.) principe (M.) constitutionnel
verfassungskonform constitutionnel
verfassungskonforme Auslegung (F.) interprétation (F.) constitutionnel
Verfassungskontrolle (F.) contrôle (M.) de la constitutionnalité
verfassungsmäßig constitutionnel
verfassungsmäßige Ordnung (F.) régime (M.) constitutionnel
Verfassungsmäßigkeit (F.) constitutionnalité (F.), conformité (F.) à la constitution
Verfassungsorgan (N.) organe (M.) prévu par la constitution
Verfassungsprinzip (N.) principe (M.) constitutionnel
Verfassungsrecht (N.) droit (M.) constitutionnel
Verfassungsschutz (M.) protection (F.) de la constitution, sauvegarde (F.) de la constitution, service (M.) de protection de la constitution, Direction (F.) Centrale des Renseignements Généraux (D. C. R. G.)
Verfassungsstreitigkeit (F.) contentieux (M.) constitutionnel
Verfassungsurkunde (F.) acte (M.) constitutionnel
Verfassungsvorbehalt (M.) réserve (F.) de la constitution
verfassungswidrig inconstitutionnel, contraire à la constitution
Verfassungswidrigkeit (F.) inconstitutionnalité (F.)
Verfassungswirklichkeit (F.) vie (F.) politique
verfolgen poursuivre, persécuter
Verfolgung (F.) répression (F.), poursuite (F.), action (F.) pénale, action (F.) publique, filature (F.), persécution (F.)
Verfolgungsverjährung (F.) prescription (F.) de l'action pénale
Verfrachter (M.) fréteur (M.)
Verfristung (F.) perte (F.) par délai
verfügbar disponible, cessible
verfügen disposer, décréter, arrêter, ordonner, décider
Verfügung (F.) disposition (F.), arrêté (M.), ordonnance (F.), décret (M.)
Verfügung (F.) eines Nichtberechtigten aliénation (F.) d'un bien par une personne n'ayant pas le droit d'en disposer
Verfügung (F.) von Todes wegen disposition (F.) par testament, disposition (F.) testamentaire, disposition (F.) pour cause de mort
Verfügungsbefugnis (F.) pouvoir (M.) de disposition
Verfügungsermächtigung (F.) autorisation (F.) à disposer
Verfügungsgeschäft (N.) contrat (M.) sur la délivrance du bien vendu

Verfügungsgrundsatz (M.) principe (M.) selon lequel les parties conduisent l'instance
Verfügungsverbot (N.) interdiction (F.) d'aliéner
verführen séduire
Verführung (F.) séduction (F.) dolosive d'une personne mineure
Vergabe (F.) passation (F.)
Vergaberichtlinie (F.) directive (F.) de passation
Vergabeverfahren (N.) procédure (F.) de passation
Vergehen (N.) délit (M.)
Vergehensstrafe (F.) peine (F.) correctionnelle
vergelten récompenser
Vergeltung (F.) représailles (F.Pl.), revanche (F.)
vergesellschaften nationaliser
Vergesellschaftung (F.) transfert (M.) au secteur public, nationalisation (F.)
vergewaltigen violer, commettre un viol
Vergewaltigung (F.) viol (M.)
vergiften empoisonner
Vergiftung (F.) empoisonnement (M.), pollution (F.)
Vergleich (M.) comparaison (F.), transaction (F.), apurement (M.)
vergleichen comparer, régler une différence par voie de transaction, transiger, conclure un arrangement
vergleichend comparatif
Vergleichsmiete (F.) loyer (M.) de référence
Vergleichsordnung (F.) loi (F.) relative au règlement judiciaire
Vergleichsverfahren (N.) procédure (F.) de règlement judiciaire
vergüten rembourser, rémunérer, dédommager
Vergütung (F.) rémunération (F.), remboursement (M.), dédommagement (M.)
Vergütungsgefahr (F.) risque (M.) inhérent au paiement de la rémunération
verhaften arrêter, appréhender
Verhaftung (F.) arrestation (F.)
Verhalten (N.) comportement (M.), conduite (F.)
verhalten (V.) comporter
Verhaltenshaftung (F.) responsabilité (F.) de comportement
Verhältnis (N.) relation (F.), rapport (M.), proportion (F.), liaison (F.)
verhältnismäßig relatif, proportionnel
Verhältnismäßigkeit (F.) proportionnalité (F.), adéquation (F.)
Verhältnismäßigkeitsgrundsatz (M.) principe (M.) de la proportionnalité
Verhältniswahl (F.) scrutin (M.) proportionne, proportionnelle (F.)
Verhältniswahlrecht (N.) droit (M.) de représentation proportionnelle
verhandeln négocier, présider l'audience
Verhandlung (F.) négociation (F.), pourparlers (M.Pl.), débats (M.Pl.), audience (F.)
Verhandlungsfähigkeit (F.) aptitude (F.) de l'accusé de prendre part aux débats
Verhandlungsgebühr (F.) droit (M.) de plaidoire
Verhandlungsgrundsatz (M.) principe (M.) de la procédure accusatoire, procédure (F.) accusatoire
Verhandlungskalender (M.) rôle (M.)
verhängen infliger, déclarer, imposer, prononcer
Verhängung (F.) application (F.), mise (F.)
verharmlosen minimiser
Verharmlosung (F.) minimisation (F.)
verheimlichen dissimuler, cacher
Verheimlichung (F.) dissimulation (F.)
verherrlichen glorifier
Verherrlichung (F.) apologie (F.), glorification (F.)
verhindern empêcher, prévenir
Verhinderung (F.) empêchement (M.)
Verhör (N.) audition (F.)
verhören interroger
verhüten prévenir
Verhütung (F.) prévention (F.)
Verhütungsmittel (N.) contraceptif (M.)
verjähren prescrire (se), éteindre
verjährt prescrit, périmé, éteint, échu
Verjährung (F.) prescription (F.), péremption (F.)
Verjährungsfrist (F.) délai (M.) de prescription
Verkauf (M.) vente (F.)
verkaufen vendre, céder
Verkäufer (M.) vendeur (M.), employé (M.) (de magasin)
Verkäuferin (F.) vendeuse (F.), demoiselle (F.) (de magasin)

Verkehr (M.) relations (F.Pl.), affaires (F.Pl.), rapports (M.Pl.), trafic (M.), circulation (F.), commerce (M.), union (F.) de fait
verkehren inverser, invertir, avoir commerce avec
Verkehrsdelikt (N.) infraction (F.) au code de la route, délit (M.) de la circulation
Verkehrsgefährdung (F.) défaut (M.) de maîtrise, mise (F.) en danger
Verkehrsgeschäft (N.) transaction (F.) externe
Verkehrshypothek (F.) hypothèque (F.) conventionnelle
Verkehrsmittel (N.) moyen (M.) de transport
Verkehrsordnungswidrigkeit (F.) infraction (F.) au code de la route
Verkehrspflicht (F.) obligation (F.) de protection, responsabilité (F.) civile (r. c.)
Verkehrspolizei (F.) police (F.) de la circulation
Verkehrsrecht (N.) droit (M.) d'entretenir des relations personnelles avec un enfant, droit (M.) de la circulation
Verkehrsschutz (M.) protection (F.) des relations juridiques nationales
Verkehrssicherungspflicht (F.) obligation (F.) de securité
Verkehrssitte (F.) usage (M.)
Verkehrsstrafrecht (N.) droit (M.) pénal relatif à la circulation routière
Verkehrsteuer (F.) impôt (M.) sur la circulation
Verkehrsunfall (M.) accident (M.) de la route, accident (M.) de la circulation
Verkehrsunfallflucht (F.) délit (M.) de fuite
Verkehrswert (M.) valeur (F.) vénale
Verkehrswirtschaft (F.) économie (F.) de marché
Verkehrszeichen (N.) panneau (M.) de circulation, signal (M.) de circulation
Verkehrszentralregister (N.) fichier (M.) central des contraventions de circulation
verklagen attaquer en justice, poursuivre, demander
verklappen dégazer
Verklappung (F.) dégazage (M.) en mer
verklaren dresser un procès-verbal des avaries
Verklarung (F.) rapport (M.) de mer
verkünden annoncer, publier, proclamer, promulguer, prononcer, rendre (un jugement)
Verkündung (F.) annonce (F.), publication (F.), proclamation (F.), promulgation (F.) (d'une loi), prononciation (F.) (d'un jugement)
Verkündungsblatt (N.) bulletin (M.) d'annonces
Verkündungstermin (M.) audience (F.) de publication
verkürzen réduire, diminuer, raccourcir
Verkürzung (F.) réduction (F.), diminution (F.)
verladen (V.) charger, embarquer
Verladeschein (M.) reçu (M.) provisoire d'embarquement
Verlag (M.) maison (F.) de publication, maison (F.) d'édition
Verlagsrecht (N.) droit (M.) d'exploitation d'une œuvre de l'esprit, régime (M.) juridique du contrat d'édition
Verlagsvertrag (M.) contrat (M.) d'édition
verlängern prolonger, proroger, reconduire (un contrat)
verlängert prolongé
verlängerter Eigentumsvorbehalt (M.) réserve (F.) de propriété prolongée
Verlängerung (F.) prolongation (F.), prorogation (F.), reconduction (F.), renouvellement (M.), report (M.), suspension (F.)
verlassen (V.) quitter, abandonner
Verlassenschaft (F.) succession (F.), héritage (M.)
verlautbaren publier, communiquer
verlegen (V.) transférer, ajourner, publier, éditer
Verleger (M.) éditeur (M.)
verleihen prêter, décerner
Verleiher (M.) prêteur (M.)
Verleihung remise (F.)
verleiten inciter
Verleitung (F.) incitation (F.)
verletzen blesser, enfreindre, transgresser, violer (la loi)
Verletzer (M.) contrevenant (M.)
Verletzter (M.) partie (F.) lésée
Verletzung (F.) blessure (F.), lésion (F.) corporelle, infraction (F.), violation (F.), contrefaçon (F.)
Verletzungsdelikt (N.) délit (M.) de violation
verleumden diffamer, calomnier
Verleumder (M.) diffamateur (M.), calomniateur (M.)

Verleumdung (F.) calomnie (F.)
verlieren perdre
Verlierer (M.) perdant (M.)
verloben (sich) fiancer (se)
Verlöbnis (N.) fiançailles (F.Pl.)
Verlobung (F.) fiançailles (F.Pl.)
Verlust (M.) déficit (M.), perte (F.)
Verlustkauf (M.) vente (F.) à perte
Verlustvortrag (M.) report (M.) des pertes sur l'exercice suivant
Verlustzuweisung (F.) distribution (F.) des pertes
vermachen léguer
Vermächtnis (N.) legs (M.) à titre particulier, legs (M.)
Vermächtnisnehmer (M.) légataire (M.)
vermählen (sich) marier (se)
Vermählung (F.) mariage (M.)
vermeidbar évitable
vermeidbarer Verbotsirrtum (M.) ignorance (F.) évitable du fait qu'un acte constitue une infraction
vermeiden éviter (V.)
Vermeidung (F.) éviter (M.)
vermeintlich putatif
vermeintlicher Rechtstitel (M.) titre (M.) putatif
vermengen mélanger
Vermengung (F.) réunion (F.), confusion (F.)
Vermerk (M.) remarque (F.), note (F.), observation (F.), annotation (F.)
vermessen (V.) mesurer, arpenter
Vermessung (F.) arpentage (M.)
vermieten louer, donner à bail, donner en location
Vermieter (M.) loueur (M.), bailleur (M.)
Vermieterpfandrecht (N.) droit (M.) de gage du bailleur, privilège (M.) du bailleur
Vermietung (F.) location (F.), louage (M.), bail (M.) à loyer
vermindern diminuer, réduire, restreindre, amoindrir
vermindert restreint (Adj.), réduit
verminderte Schuldfähigkeit (F.) responsabilité (F.) pénale restreinte
Verminderung (F.) diminution (F.), amoindrissement (M.), réduction (F.)
vermischen mélanger
Vermischung (F.) mélange (M.), réunion (F.)
vermitteln servir d'intermédiaire, entremettre (s'), servir de médiateur
Vermittler (M.) intermédiare (M.), médiateur (M.)
Vermittlung (F.) entremise (F.), médiation (F.)
Vermittlungsausschuss (M.) commission (F.) de conciliation
Vermittlungsverfahren (N.) procédure (F.) de conciliation, procédure (F.) de médiation, médiation (F.)
Vermittlungsvertreter (M.) agent (M.) négociateur
Vermögen (N.) pouvoir (M.), faculté (F.), patrimoine (M.), biens (M.Pl.), capital (M.)
Vermögensbildung (F.) constitution (F.) d'un capital
Vermögensbildungsgesetz (N.) loi (F.) tendant à promouvoir la formation de patrimoine entre les mains des salariés
Vermögensdelikt (N.) délit (M.) contre les biens
Vermögensnachfolge (F.) succession (F.) universelle, fait (M.) d'être ayant cause à titre universel
Vermögenspflegschaft (F.) administration (F.) du patrimoine d'une personne sous tutelle
Vermögensrecht (N.) droit (M.) patrimonial, droit (M.) de patrimoine
Vermögensschaden (N.) dommage (M.) patrimonial, dommage (M.) financier, dommage (M.) pécuniaire
Vermögenssorge (F.) administration (F.) du patrimoine
Vermögensteuer (F.) impôt (M.) sur la fortune
Vermögensübernahme (F.) cession (F.) des intérêts patrimoniaux
Vermögensverfügung (F.) disposition (F.) relative à des biens, aliénation (F.)
Vermögensverwalter (M.) administrateur (M.) de biens, gérant (M.) de fortune
Vermögensverwaltung (F.) administration (F.) du patrimoine, gestion (F.) des biens
Vermögensverwaltungsgeschäft (N.) acte (M.) d'administration
Vermögensverzeichnis (N.) inventaire (M.) des biens
Vermögensvorteil (M.) avantage (M.) patrimonial
vermuten supposer, présumer
vermutlich présumable, vraisemblable
Vermutung (F.) présomption (F.), supposition (F.)

vernachlässigen négliger
Vernachlässigung (F.) négligence (F.)
vernehmen interroger
Vernehmung (F.) interrogatoire (M.), audition (F.)
Vernunft (F.) raison (F.)
vernünftig raisonnable (Adj.), judicieux
Vernunftrecht (N.) droit (M.) fondé sur la raison
Veröffentlichung (F.) publication (F.), divulgation (F.)
verordnen ordonner, décréter
Verordnung (F.) règlement (M.), décret (M.), arrêté (M.), ordonnance (F.)
verpachten donner à bail, affermer
Verpächter (M.) bailleur (M.) à ferme, bailleur (M.)
Verpachtung (F.) bail (M.), affermage (M.)
verpfänden donner en gage, mettre en gage, engager
Verpfänder (M.) débiteur (M.), metteuur (M.) en gage
Verpfändung (F.) mise (F.) en gage, dation (F.) en gage, nantissement (M.), antichrèse (F.)
verpflichten obliger, lier, contraindre, forcer, engager
Verpflichteter (M.) obligé (M.), débiteur (M.)
Verpflichtung (F.) obligation (F.), engagement (M.), sujétion (F.)
Verpflichtungsgeschäft (N.) acte (M.) aboutissant à une obligation personnelle
Verpflichtungsklage (F.) action (F.) en exécution d'une obligation, action (F.) tendant à obtenir un acte ou une omission
Verrat (M.) trahison (F.), déloyauté (F.)
verraten (V.) révéler, déceler, trahir
Verräter (M.) traître (M.)
Verräterin (F.) traîtresse (F.)
verräterisch de trahison
verrechnen compenser, virer, passer en compte
Verrechnung (F.) compensation (F.), passation (F.) en compte, virement (M.)
Verrechnungsscheck (M.) chèque (M.) barré
verrichten faire, accomplir, entreprendre
Verrichtung (F.) accomplissement (M.), exécution (F.), exercice (M.), fonction (F.)
Verrichtungsgehilfe (M.) préposé (M.), comettant (M.)
Verruf (M.) discrédit (M.)
versagen refuser, dénier, défaillir
Versagung (F.) refus (M.), interdiction (F.)
Versailler Vertrag (M.) traité (M.) de Versailles
versammeln rassembler, réunir
Versammlung (F.) assemblée (F.), rassemblement (M.), réunion (F.), groupement (M.)
Versammlung (F.) der Europäischen Gemeinschaften Parlement (M.) Européen
Versammlungsfreiheit (F.) liberté (F.) de réunion
Versammlungsgesetz (N.) loi (F.) relative à la réglementation des réunions et manifestations publiques
Versammlungsrecht (N.) droit (M.) de réunion, droit (M.) des assemblées
Versammlungsverbot (N.) interdiction (F.) de réunion
Versand (M.) livraison (F.), envoi (M.)
Versandhandel (M.) vente (F.) par correspondance (V. P. C.)
Versandhaus (N.) maison (F.) de vente par correspondance
Versandkosten (F.Pl.) frais (M.Pl.) d'envoi
versäumen manquer, négliger, omettre
Versäumnis (N.) manquement (M.), négligence (F.), omission (F.), défaut (M.) de comparution
Versäumnisurteil (N.) jugement (M.) par défaut
Versäumnisverfahren (N.) procédure (F.) par défaut
Versäumung (F.) défaut (M.), inobsérvation (F.)
Verschaffen (N.) procuration (F.), fourniture (F.)
verschaffen procurer, fournir
Verschaffung (F.) procuration (F.), fourniture (F.)
Verschaffungsvermächtnis (N.) legs (M.) de la chose d'autrui
verschärfen aggraver
verschenken donner
verschieben différer, ajourner
verschiffen embarquer, transporter par voie maritime
verschleiern dissimuler
Verschleierung (F.) dissimulation (F.), déguisement (M.)
verschleppen enlever, déporter, déplacer, retarder, traîner en longueur

Verschleppung (F.) enlèvement (M.), retardement (M.)
verschleudern vendre à vil prix, gaspiller
verschließen fermer
Verschluss (M.) fermeture (F.), clé (F.)
verschmelzen fusionner
Verschmelzung (F.) fusion (F.)
verschmutzen contaminer, polluer
Verschmutzung (F.) contamination (F.), pollution (F.)
verschollen disparu
Verschollenheit (F.) absence (F.), disparition (F.)
Verschulden (N.) bei Vertragsschluss responsabilité (F.) précontractuelle
Verschulden (N.) faute (F.), négligence (F.), responsabilité (F.), culpa (F.) (lat.)
verschulden être responsable de, endetter (s'), obérer, causer
Verschuldenshaftung (F.) responsabilité (F.) pour faute causée, responsabilité (F.) pour faute
Verschuldensprinzip (N.) principe (M.) de faute
Verschuldensvermutung (F.) présomption (F.) de faute
verschuldet (Adj.) chargé (Adj.) de dettes, endetté
Verschuldung (F.) endettement (M.)
verschwägert allié (Adj.), parent (Adj.) par alliance
Verschwägerung (F.) relation (F.) familiale par alliance
Verschweigen (N.) réticence (F.), silence (M.), non-déclaration (F.)
verschweigen dissimuler, taire, passer sous silence, dissimuler dolosivement le vice d'une chose
Verschweigung (F.) silence (M.), recèlement (M.)
verschwenden prodiguer, dilapider, gaspiller
Verschwendung (F.) dissipation (F.), gaspillage (M.), prodigalité (F.)
verschwiegen discret
Verschwiegenheit (F.) discrétion (F.), réserve (F.)
Verschwiegenheitspflicht (F.) devoir (M.) de discrétion
verschwören (sich) comploter, conspirer
Verschwörer (M.) conspirateur (M.), conjuré (M.)
Verschwörung (F.) conspiration (F.), complot (M.)
Versehen (N.) faute (F.), erreur (F.)
versehen (V.) (sich) remplir, munir, faire une faute
versehren blesser, endommager
versehrt handicapé (Adj.)
versenden envoyer, expédier
Versender (M.) expéditeur (M.), émetteur (M.)
Versendung (F.) envoi (M.), expédition (F.)
Versendungskauf (M.) vente (F.) à charge pour le vendeur de livrer la marchandise à un lieu autre que le lieu d'exécution
versetzen muter, affecter à un autre emploi, déplacer, mettre en gage, engager
Versetzung (F.) mutation (F.), nouvelle affectation (F.), déplacemement (M.)
Versicherer (M.) assureur (M.)
versichern assurer
versichert assuré (Adj.)
Versicherter (M.) assuré (M.)
Versicherung (F.) an Eides statt assurance (F.) sous la foi du serment
Versicherung (F.) assurance (F.), affirmation (F.)
Versicherungsaufsicht (F.) contrôle (M.) des compagnies d'assurance
Versicherungsbedingung (F.) clause (F.) d'assurances, condition (F.) d'assurances
Versicherungsberater (M.) assureur-conseil (M.)
Versicherungsbetrug (M.) escroquerie (F.) à l'assurance
Versicherungsfall (M.) réalisation (F.) du risque, sinistre (M.)
Versicherungsgesellschaft (F.) compagnie (F.) d'assurances
Versicherungskarte (F.) carte (F.) d'assuré, carte (F.) d'assurance
Versicherungsnehmer (M.) assuré (M.)
Versicherungspflicht (F.) obligation (F.) légale de s'assurer
Versicherungspolice (F.) police (F.) d'assurance
Versicherungsprämie (F.) prime (F.) d'assurance
Versicherungsrecht (N.) droit (M.) des assurances
Versicherungsschein (M.) police (F.) d'assurance (F.), police (F.)

Versicherungssumme (F.) somme (F.) assurée, montant (M.) assuré
Versicherungsteuer (F.) taxe (F.) sur le contrat d'assurance
Versicherungsträger (M.) organisme (M.) assureur, organisme (M.) d'assurance, institution (F.) d'assurance
Versicherungsurkunde (F.) document (M.) d'assuré
Versicherungsverein (M.) société (F.) d'assurances mutuelles, mutuelle (F.)
Versicherungsvertrag (M.) contrat (M.) d'assurance
Versicherungsvertreter (M.) agent (M.) d'assurance
Versicherungszwang (M.) obligation (F.) de s'assurer, assurance (F.) obligatoire
versiegeln sceller
Versiegelung (F.) apposition (F.) des scellés
versitzen perdre par prescription acquisitive
Versitzung (F.) prescription (F.) extinctive
versorgen approvisionner, pourvoir de, munir de, fournir de
Versorgung (F.) prestation (F.) d'assistance, aide (F.), fourniture (F.), approvisionnement (M.), alimentation (F.), distribution (F.)
Versorgungsausgleich (M.) répartition (F.) compensatoire des droits à la retraite entre conjoints en cas de divorce
Versprechen (N.) promesse (F.)
versprechen promettre
Versprechensempfänger (M.) bénéficiaire (M.) d'une promesse
verstaatlichen nationaliser, étatiser, socialiser
Verstaatlichung (F.) nationalisation (F.), étatisation (F.), socialisation (F.), transfert (M.) au secteur public
verstädtern urbaniser (s')
Verstädterung (F.) urbanisation (F.)
Versteck (N.) cache (F.)
verstecken cacher, celer, dissimuler
Versteigerer (M.) commissaire-priseur (M.), commissaire (M.) de priseur
versteigern vendre aux enchères, mettre aux enchères
Versteigerung (F.) vente (F.) aux enchères, mise (F.) aux enchères
versterben décéder, mourir
verstorben décédé, mort (Adj.), défunt (Adj.)
Verstoß (M.) contravention (F.), infraction (F.)
verstoßen (V.) violer, commettre une infraction, porter atteinte à, répudier, repousser
verstricken mettre sous main de justice
Verstrickung (F.) mise (F.) sous main de justice
Verstrickungsbruch (M.) détournement (M.) d'une chose saisie
verstümmeln mutiler, tronquer
Verstümmelung (F.) mutilation (F.)
Versuch (M.) essai (M.), démarche (F.), tentative (F.)
versuchen tenter, essayer de
vertagen ajourner, remettre à plus tard
Vertagung (F.) ajournement (M.)
Vertagung (F.) auf unbestimmte Zeit ajournement (M.) sine die
verteidigen défendre, plaider
Verteidiger (M.) avocat (M.), défenseur (M.) au pénal
Verteidigung (F.) défense (F.)
Verteidigungsfall (M.) état (M.) de nécessité résultant d'une menace grave et immédiate pour l'intégrité du territoire
Verteidigungsmittel (N.) moyen (M.) de la défense
Verteidigungsnotstand (M.) état (M.) de nécessité
verteilen répartir, partager, diffuser, distribuer
Verteilerschlüssel (M.) projet (M.) de répartition, plan (M.) de répartition
Verteilung (F.) distribution (F.), répartition (F.), assignation (F.)
vertiefen approfondir, creuser
Vertiefung (F.) approfondissement (M.)
vertikal vertical
vertikale Preisbindung (F.) imposition (F.) des prix dans le sens vertical
vertikaler Finanzausgleich (M.) accord (M.) financier entre le Bund et les Länder
Vertrag (M.) contrat (M.), traité (M.), accord (M.), convention (F.), pacte (M.), stipulation (F.)
Vertrag (M.) mit Schutzwirkung für Dritte contrat (M.) avec effet protecteur en faveur de tierces personnes
Vertrag (M.) über die Arbeitsweise der Europäischen Union traité (M.) sur le fonctionnement de l'Union Européenne (TFUE)

Vertrag (M.) von Lissabon traité (M.) de Lisbonne
Vertrag (M.) zu Lasten Dritter stipulation (F.) à charge d'autrui
Vertrag (M.) zugunsten Dritter stipulation (F.) pour autrui
vertraglich contractuel, conventionnel
vertragsähnlich quasi-contractuel (Adj.)
Vertragsauslegung (F.) interprétation (F.) d'une convention
Vertragsbestandteil (M.) élément (M.) du contrat
Vertragsbruch (M.) rupture (F.) du contrat, violation (F.) des obligations contractuelles
Vertragsfreiheit (F.) liberté (F.) contractuelle
Vertragshändler (M.) concessionnaire (M.)
Vertragspartner (M.) partie (F.) contractante, contractant (M.)
Vertragspflicht (F.) obligation (F.) contractuelle
Vertragspflichtverletzung (F.) violation (F.) d'une obligation contractuelle
Vertragsrecht (N.) droit (M.) conventionnel, droit (M.) des contrats
Vertragsschluss (M.) conclusion (F.) du contrat, passation (F.) du contrat
Vertragsstaat (M.) État (M.) contractant
Vertragsstatut (N.) loi (F.) applicable au contrat
Vertragsstrafe (F.) clause (F.) pénale, pénalité (F.) conventionnelle
Vertragsübernahme (F.) cession (F.) de contrat
Vertragsurkunde (F.) document (M.) contractuel
Vertragsverhältnis (N.) relation (F.) contractuelle
Vertragsverhandlung (F.) négociation (F.)
Vertragsverlängerung (F.) prolongation (F.) d'un contrat
Vertragsverletzung (F.) violation (F.) du contrat, infraction (F.) au contrat, inexécution (F.) du contrat, violation (F.) d'un traité
Vertragswidrigkeit (F.) non-respect (M.) d'une clause contractuelle
Vertrauen (N.) confiance (F.)
vertrauen avoir confiance
Vertrauensarzt (M.) médecin-conseil (M.)
Vertrauensbruch (M.) abus (M.) de confiance
Vertrauensfrage (F.) question (F.) de confiance
Vertrauensgrundsatz (M.) principe (M.) de la confiance réciproque, principe (M.) de confiance
Vertrauensinteresse (N.) indemnité (F.) pour les frais engagés
Vertrauensschaden (N.) dommage (M.) résultant des dépenses faites en vue de conclure un contrat, préjudice (M.) causé à la partie lésée de bonne foi résultant d'un acte juridiquement nul
Vertrauensschutz (M.) protection (F.) garantie par la loi aux personnes de bonne foi
Vertrauensstellung (F.) poste (M.) de confiance
Vertrauensvotum (N.) vote (M.) de confiance
vertraulich familier, confidentiel
Vertraulichkeit (F.) confidentialité
vertreiben expulser, évincer, déposséder
Vertreibung (F.) expulsion (F.), éviction (F.), dépossession (F.)
vertretbar fongible, justifiable
vertretbare Handlung (F.) acte (M.) fongible
vertretbare Sache (F.) chose (F.) fongible
vertreten (V.) müssen être responsable
vertreten (V.) représenter, remplacer, agir par procuration
Vertretenmüssen (N.) fait (M.) d'être responsable, fait (M.) d'être responsable de ses actes
Vertreter (M.) ohne Vertretungsmacht représentant (M.) sans pouvoir
Vertreter (M.) représentant (M.), mandataire (M.)
Vertretergeschäft (N.) acte (M.) par représentant
Vertretung (F.) représentation (F.), procuration (F.), mandat (M.)
Vertretungsmacht (F.) pouvoir (M.) de représentation (F.), mandat (M.)
Vertretungswille (M.) volonté (F.) de représentation
Vertretungszwang (M.) obligation (F.) de se faire représenter
Vertrieb (M.) vente (F.), écoulement (M.), distribution (F.)
Vertriebener (M.) personne (F.) déplacée, réfugié (M.)

Vertriebsrecht (N.) droit (M.) de diffusion, droit (M.) de distribution
verüben commettre
verunglimpfen diffamer
veruntreuen commettre des malversations, détourner, soustraire
Veruntreuung (F.) abus (M.) de confiance, détournement (M.)
verursachen causer, produire
Verursacher (M.) personne (F.) ayant causé un dommage
Verursachung (F.) fait (M.) de causer, cause (F.), causalité (F.)
verurteilen condamner, sanctionner
Verurteilter (M.) condamné (M.)
Verurteilung (F.) condamnation (F.)
vervielfältigen reproduire, multiplier, multicopier, polycopier
Vervielfältigung (F.) multiplication (F.), reproduction (F.), polycopiage (M.)
verwahren garder, conserver
Verwahrer (M.) dépositaire (M.)
Verwahrlosung (F.) abandon (M.), négligence (F.)
Verwahrung (F.) dépôt (M.), conservation (F.), garde (F.)
Verwahrungsbruch (M.) détournement (M.) d'objets en garde
Verwahrungsregister (N.) registre (M.) des dépôts
Verwahrungsvertrag (M.) contrat (M.) de dépôt
verwalten administrer, gérer
Verwalter (M.) administrateur (M.), gérant (M.)
Verwaltung (F.) administration (F.), gestion (F.), service (M.), direction (F.), gérance (F.)
Verwaltungsakt (M.) acte (M.) administratif individuel
Verwaltungsbehörde (F.) service (M.) administratif, administration (F.)
Verwaltungsgebühr (F.) taxe (F.) administrative, redevance (F.)
Verwaltungsgemeinschaft (F.) groupement (M.) intercommunal
Verwaltungsgericht (N.) tribunal (M.) administratif (T.A.)
verwaltungsgerichtliche Klage (F.) auf Prüfung der Rechtmäßigkeit recours (M.) en appreciation de légalité
verwaltungsgerichtliche Klage (F.) gerichtet auf Auslegung eines Verwaltungsakts recours (M.) en interprétation
Verwaltungsgerichtsbarkeit (F.) juridiction (F.) administrative
Verwaltungsgerichtsgesetz (N.) loi (F.) relative à la juridiction administrative
Verwaltungsgerichtshof (M.) (Verwaltungsgerichtshof in Deutschland) tribunal (M.) administratif supérieur, haute cour (F.) administrative, cour (F.) administrative d'appel (C.A.A.)
Verwaltungsgerichtshof (M.) (Verwaltungsgerichtshof in Österreich) Cour (F.) administrative, cour (F.) administrative d'appel (C.A.A.)
Verwaltungsgerichtsordnung (F.) loi (F.) relative à l'organisation des tribunaux administratifs
Verwaltungsgerichtsverfahren (N.) procédure (F.) administrative, contentieux (M.) administratif
Verwaltungshandeln (N.) acte (M.) de gestion, opération (F.) administrative
Verwaltungsjurist (M.) juriste (M.) de l'administration, juriste (M.) administratif
Verwaltungskosten (F.Pl.) frais (M.Pl.) administratifs, coût (M.) de l'administration publique
Verwaltungslehre (F.) doctrine (F.) relative à la fonction administrative
Verwaltungsmaßnahme (F.) mesure (F.) administrative
Verwaltungsorgan (N.) organe (M.) administratif
Verwaltungsprivatrecht (N.) droit (M.) privé applicable à l'administration
Verwaltungsprozessrecht (N.) droit (M.) de recours devant un tribunal administratif
Verwaltungsrat (M.) conseil (M.) d'administration, administrateur (M.)
Verwaltungsrecht (N.) droit (M.) administratif
verwaltungsrechtlich concernant le droit (M.) administratif
verwaltungsrechtlicher Vertrag (M.) contrat (M.) de droit public
Verwaltungsreform (F.) réforme (F.) administrative
Verwaltungsrichter (M.) juge (M.) administratif

Verwaltungsstrafe (F.) sanction (F.) administrative
Verwaltungsträger (M.) organe (M.) administratif
Verwaltungstreuhand (F.) administration (F.) de biens
Verwaltungsunrecht (N.) acte (M.) répréhensible passible d'une peine administrative
Verwaltungsverfahren (N.) procédure (F.) administrative, recours (M.) administratif
Verwaltungsverfahrensrecht (N.) droit (M.) de la procédure administrative
Verwaltungsvermögen (N.) domaine (M.) public, biens (M.Pl.) affectés a une collectivité publique
Verwaltungsverordnung (F.) règlement (M.) administratif
Verwaltungsvollstreckungsgesetz (N.) loi (F.) portant sur l'exécution par voie administrative
Verwaltungsvorschrift (F.) règlement (M.) administratif, disposition (F.) administrative, mesure (F.) d'ordre intérieur
Verwaltungszustellung (F.) signification (F.) administrative, notification (F.) administrative
Verwaltungszwang (M.) exécution (F.) d'office administrative, contrainte (F.) administrative
verwandt parent (Adj.) de, consanguin (Adj.)
Verwandter (M.) parent (M.), membre (M.) de la famille
Verwandtschaft (F.) parenté (F.), parents (M.Pl.)
verwandtschaftlich de parent
verwarnen avertir, donner un avertissement, verbaliser
Verwarnung (F.) avertissement (M.), avis (M.) de contravention, admonestation (F.)
Verwarnungsgeld (N.) pénalité (F.), amende (F.) administrative
verwechseln confondre
Verwechslung (F.) confusion (F.)
Verwechslungsgefahr (F.) danger (M.) de confusion
verweigern refuser, dénier
Verweigerung (F.) refus (M.)
Verweis (M.) renvoi (M.), avertissement (M.), blâme (M.)
verweisen expulser, renvoyer
Verweisung (F.) expulsion (F.), renvoi (M.), déclinatoire (M.)
Verweisungsbeschluss (M.) jugement (M.) de renvoi
verwenden utiliser, employer
Verwendung (F.) utilisation (F.), emploi (M.), usage (M.), impense (F.)
Verwendungen (F.Pl.) impenses (F.Pl.)
verwerfen rejeter, récuser, réprouver
Verwerfung (F.) rejet (M.), refus (M.), réprobation (F.)
verwertbar utilisable, exploitable
verwerten utiliser, exploiter, faire valoir
Verwertung (F.) utilisation (F.), exploitation (F.), emploi (M.), réalisation (F.) (du gage)
Verwertungsgesellschaft (F.) société (F.) de mise en valeur, société (F.) d'exploitation
Verwertungsverbot (N.) interdiction (F.) d'utiliser
verwesen (verwalten) administrer
Verweser (M.) administrateur (M.), vicaire (M.)
verwirken perdre, être déchu
verwirklichen réaliser
Verwirklichung (F.) réalisation (F.)
Verwirkung (F.) déchéance (F.), perte (F.), péremption (F.) (d'un droit)
Verwirkungsklausel (F.) clause (F.) de déchéance
verwunden blesser
verzeichnen enregistrer, marquer, inventorier, dresser un inventaire
Verzeichnis (N.) répertoire (M.), inventaire (M.), liste (F.), catalogue (M.)
verzeihen pardonner, excuser
Verzeihung (F.) pardon (M.), excuse (F.)
Verzicht (M.) renonciation (F.), abandon (M.)
verzichten renoncer
Verzichtserklärung (F.) déclaration (F.) de renonciation, acte (M.) de désistement
Verzichtsurteil (N.) jugement (M.) constatant la renonciation du demandeur à son droit
verzinsen rapporter des intérêts, payer des intérêts
verzinslich à intérêt
Verzinsung (F.) intérêt (M.), intérêts (M.Pl.)
verzögern retarder, différer

Verzögerung (F.) retard (M.)
verzollen dédouaner, payer la douane
Verzug (M.) demeure (F.), retard (M.), défaut (M.)
Verzug (M.) mit der Leistung non-respect (M.) du délai de livraison
Verzugsschaden (M.) préjudice causé par un retard
Verzugszinsen (M.Pl.) intérêts (M.Pl.) moratoires
Veto (N.) veto (M.)
Vetorecht (N.) droit (M.) de veto
Vetter (M.) cousin (M.)
Vetternwirtschaft (F.) népotisme (M.), favoritisme (M.), clientélisme (M.)
Video (N.) vidéo (F.), film (M.) vidéo
Videoüberwachung (F.) contrôle (F.) vidéo, télésurveillance (F.)
Vieh (N.) bestiaux (M.Pl.), bétail (M.)
Viehkauf (M.) vente (F.) de bestiaux
Vielweiberei (F.) polygamie (F.)
Vierteljahr (N.) trimestre (M.)
vierteljährlich trimestriel
Viktimologie (F.) victimologie (F.)
Vindikation (F.) revendication (F.), demande (F.) en restitution d'un droit réel immobilier
Vindikationslegat (N.) legs (M.) par lequel le légataire devient directement propriétaire de la chose léguée
Vindikationszession (F.) cession (F.) de l'action en revendication
vindizieren revendiquer
vinkulieren lier, lier à l'approbation de qn.
vinkulierte Namensaktie (F.) action (F.) nominative négociable sous réserve d'autorisation de la société ayant émis ce titre
Visum (N.) visa (M.)
Vivisektion (F.) vivisection (F.)
Vizekanzler (M.) vice-chancelier (M.)
Vizekönig (M.) vice-roi (M.)
Vizepräsident (M.) vice-président (M.)
V-Mann (M.) indicateur (M.), informateur (M.) de police
vogelfrei hors la loi
volenti non fit iniuria (lat.) (dem Einwilligenden geschieht kein Unrecht) volenti non fit iniuria (lat.)
Volk (N.) peuple (M.)
Völkerbund (M.) Société (F.) des Nations (S. D. N.)
Völkermord (M.) génocide (M.)
Völkerrecht (N.) droit (M.) international public, droit (M.) des gens
Völkerrechtssubjekt (N.) sujet (M.) de droit international public
Volksabstimmung (F.) référendum (M.), plébiscite (M.), consultation (F.) populaire
Volksbank (F.) banque (F.) populaire
Volksbegehren (N.) demande (F.) populaire de référendum, plébiscite (M.)
Volksentscheid (M.) référendum (M.), plébiscite (M.)
Volkshochschule (F.) université (F.) populaire, académie (F.) du soir
Volksschule (F.) école (F.) primaire
Volkssouveränität (F.) souveraineté (F.) du peuple
Volksverhetzung (F.) excitation (F.) à la haine
Volksversammlung (F.) assemblée (F.) du peuple
Volksvertreter (M.) représentant (M.) du peuple
Volksvertretung (F.) représentation (F.) populaire, représentation (F.) nationale
voll plein (Adj.), entier (Adj.), complet (Adj.)
Vollbeschäftigung (F.) plein-emploi (M.)
vollenden achever, finir, accomplir
Vollendung (F.) achèvement (M.), consommation (F.)
volljährig majeur (Adj.)
Volljähriger (M.) majeur (M.)
Volljährigkeit (F.) majorité (F.)
Volljurist (M.) juriste (M.) titulaire des deux examens d'État allemands
Vollkaskoversicherung (F.) assurance (F.) automobile tous risques, assurance (F.) tierce complète
Vollkaufmann (M.) commerçant (M.) de plein droit
Vollmacht (F.) erteilen mandater, donner une procuration, donner pouvoir
Vollmacht (F.) pouvoir (M.), procuration (F.), mandat (M.)
Vollmachtgeber (M.) mandant (M.), représenté (M.)
Vollmachtsurkunde (F.) acte (M.) de procuration, acte (M.) de mandat, procuration (F.)
Vollrausch (M.) ivresse (F.) complète
vollständig entier (Adj.), total (Adj.), intégral (Adj.)

vollstreckbar exécutoire
vollstreckbare Urkunde (F.) acte (M.) revêtu de la formule exécutoire
Vollstreckbarkeit (F.) force (F.) exécutoire
vollstrecken exécuter, procéder à l'exécution forcée
Vollstrecker (M.) exécuteur (M.), agent (M.) d'exécution, huissier (M.) de justice
Vollstreckung (F.) saisie-exécution (F.), saisie (F.)
Vollstreckungsanordnung (F.) mandat (M.) d'exécution
Vollstreckungsbeamter (M.) huissier (M.)
Vollstreckungsbefehl (M.) sommation (F.) par voie d'huissier, mandat (M.) d'exécution, ordre (M.) d'exécution
Vollstreckungsbescheid (M.) sommation (F.) par voie d'huissier, titre (M.) exécutoire
Vollstreckungserinnerung (F.) incident (M.) soulevé par le débiteur saisi et portant sur un vice de forme
Vollstreckungsgegenklage (F.) opposition (F.) par voie de justice en matière d'exécution, action (F.) par laquelle le défendeur s'oppose à une exécution forcée en invoquant des exceptions de fond
Vollstreckungsgericht (N.) tribunal (M.) chargé de l'exécution
Vollstreckungsgläubiger (M.) créancier (M.) requérant l'exécution forcée
Vollstreckungsklausel (F.) formule (F.) exécutoire
Vollstreckungsmaßnahme (F.) mesure (F.) d'exécution, mesure (F.) prise dans une exécution
Vollstreckungsorgan (N.) organe (M.) chargé de l'exécution (F.) forcée
Vollstreckungsschuldner (M.) débiteur (M.) saisi
Vollstreckungsschutz (M.) protection (F.) contre l'exécution forcée
Vollstreckungstitel (M.) titre (M.) exécutoire
Vollstreckungsvereitelung (F.) manœuvre (F.) illicite du débiteur tendant à faire échec à l'exécution forcée
Vollstreckungsverfahren (N.) procédure (F.) d'exécution
Vollstreik (M.) grève (F.) totale
Volltrunkenheit (F.) ivresse (F.) complète
Vollurteil (N.) jugement (M.) statuant sur la demande entière, décision (F.) judiciaire statuant sur la demande entière
Vollversammlung (F.) assemblée (F.) générale
vollziehbar exécutable (Adj.)
Vollziehbarkeit (F.) exécutabilité (F.)
vollziehen exécuter
vollziehend exécutif (Adj.)
Vollziehung (F.) exécution (F.), consommation (F.)
Vollzug (M.) exécution (F.)
Vollzugsanstalt (F.) établissement (M.) pénitentiaire, prison (F.)
Vollzugsbeamter (M.) fonctionnaire (M.) d'exécution, fonctionnaire (M.) exécutif
Vollzugsbehörde (F.) établissement (M.) pénitentiaire
Vollzugsdienst (M.) activités (F.Pl.) des établissements pénitentiaires
Vollzugspolizei (F.) police (F.) administrative
Volontär (M.) stagiaire (M.)
vom Hörensagen par ouï-dire
von Amts wegen d'office
vorab préalable (Adj.)
Vorabentscheidung (F.) décision (F.) préalable, jugement (M.) interlocutoire, renvoi (M.) en interprétation préjudicielle
Vorabentscheidungsverfahren (N.) procédure (F.) préjudicielle
Voranfrage (F.) demande (F.) préalable
vorangegangenes Tun (N.) acte (M.) précédé
vorangehen précéder
vorangehend a priori (lat.), préliminaire, précédent (Adj.)
Voranschlag (M.) prévision (M.), devis (M.)
Voraus (M.) préciput (M.)
Vorausabtretung (F.) cession (F.) de créances futures
voraussehbar prévisible
Voraussehbarkeit (F.) prévisibilité (F.)
voraussetzen présumer, supposer
Voraussetzung (F.) condition (F.), supposition (F.)
Vorausverfügung (F.) cession (F.) par anticipation
Vorausvermächtnis (N.) prélegs (M.)
Vorauszahlung (F.) paiement (M.) préalable
Vorbedacht (M.) préméditation (F.)
Vorbedingung (F.) condition (F.) préalable, préalable (M.)

Vorbehalt (M.) réserve (F.)
vorbehalten (V.) réserver
vorbehaltlos sans réserve, sans restriction
Vorbehaltsgut (N.) biens (M.Pl.) réservés, propres (M.Pl.)
Vorbehaltsurteil (N.) jugement (M.) réservant au défendeur le droit de présenter des exceptions à posteriori
vorbereiten préparer
Vorbereitung (F.) préparation (F.)
Vorbereitungsdienst (M.) stage (M.) préparatoire
Vorbereitungshandlung (F.) acte (M.) préparatoire
Vorbescheid (M.) avis (M.) provisoire, décision (F.) préalable
vorbestellen réserver
vorbestraft ayant (Adj.) des antécédants judiciaires, condamné (Adj.) antérieurement
Vorbeugehaft (F.) arrestation (F.) préventive
vorbeugen prévenir
vorbeugend préventif
Vorbeugung (F.) prévention (F.)
Vorbringen (N.) exposé (M.), présentation (F.), conclusion (F.)
vorbringen présenter, avancer, exposer
Vorbürge (M.) pré-caution (F.)
Voreid (M.) serment (M.) promissoire
voreingenommen préoccupé, plein (Adj.) d'idées préconçues
vorenthalten (V.) dénier, intercepter
Vorenthaltung (F.) non-représentation (F.), non-délivrance (F.)
Vorerbe (M.) héritier (M.) grevé
Vorerbschaft (F.) fait (M.) d'hériter grevé, héritage (M.) grevé
Vorerhebung (F.) enquête (F.) préliminaire
Vorermittlung (F.) enquête (F.) policière
Vorfahre (M.) ascendant (M.), aïeul (M.)
Vorfahrt (F.) priorité (F.) de passage
Vorfall (M.) incident (M.)
Vorfrage (F.) question (F.) préjudicielle
vorführen amener, présenter, faire une démonstration, faire comparaître
Vorführung présentation (F.)
Vorführungsbefehl (M.) mandat (M.) d'amener
Vorgänger (M.) prédécesseur (M.)
Vorgehen (N.) assignation (F.) poursuite (F.), manœuvre (F.)
vorgehen procéder, agir contre, intenter
Vorgeschichte (F.) antécédents (M. Pl.), historique (M.)
Vorgesellschaft (F.) société (F.) en formation
Vorgesetzter (M.) supérieur (M.) hiérarchique
Vorgründungsgesellschaft (F.) société (F.) en constitution
vorhersehbar prévisible
Vorhersehbarkeit (F.) prévisibilité (F.)
vorhersehen prévoir
Vorkasse (F.) paiement (M.) d'avance
Vorkauf (M.) préemption (F.)
Vorkaufsberechtigter (M.) préempteur (M.)
Vorkaufsrecht (N.) droit (M.) de préemption
Vorkaufsrechtsvertrag (M.) pacte (M.) de préférence
Vorkaufsvertrag (M.) contrat (M.) de préemption
vorladen convoquer, citer
Vorladung (F.) convocation (F.), citation (F.), assignation (F.)
Vorlage (F.) der Akten communication (F.) de pièces
Vorlage (F.) projet (M.) (de loi), présentation (F.)
Vorlagepflicht (F.) obligation (F.) de présenter un acte au tribunal, obligation (F.) de renvoi (devant la Cour), devoir (M.) de présentation
Vorlageverfahren (N.) procédure (F.) de renvoi
vorläufig provisoire (Adj.)
vorläufige Festnahme (F.) garde (F.) à vue
vorläufige Verwahrungshaft (F.) incarcération (F.) provisoire
vorläufige Vollstreckbarkeit (F.) exécution (F.) provisoire
vorläufiger Rechtsschutz (M.) protection (F.) juridique provisoire
vorlegen présenter, produire
Vorlegung (F.) présentation (F.), production (F.)
Vorlegungspflicht (F.) devoir (M.) de présentation
Vorleistung (F.) prestation (F.) préalable
Vorleistungspflicht (F.) obligation (F.) d'exécuter la prestation avant la contre-prestation
Vormacht (F.) primauté (F.)
vormerken noter
Vormerkung (F.) prénotation (F.), inscription (F.) d'une annotation, annotation (F.)

Vormiete (F.) pré-loyer (M.)
Vormietrecht (N.) droit (M.) de pré-loyer
Vormund (M.) tuteur (M.)
Vormundschaft (F.) tutelle (F.)
Vormundschaftsgericht (N.) tribunal (M.) des tutelles
Vormundschaftsrichter (M.) juge (M.) des tutelles
Vormundschaftssache (F.) affaire (F.) relevant du juge des tutelles
Vornahme (F.) exécution (F.)
Vornahmeklage (F.) action (F.) intentée afin que l'administration agisse dans un sens détérminé, action (F.) tendant à obtenir que l'administration agisse
Vorname (M.) prénom (M.)
vornehmen faire
Vorpfändung (F.) préavis (M.) de saisie
Vorprüfung (F.) examen (M.) préalable, instruction (F.) préalable
Vorprüfungsverfahren (N.) procédure (F.) d'examen préalable
Vorrang (M.) primauté (F.), priorité (F.), rang (M.) privilégié, préséance (F.), prééminence (F.), antériorité (F.)
vorrangig prioritaire, privilégié (Adj.)
Vorrat (M.) stock (M.), réserve (F.)
Vorratsschuld (F.) obligation (F.) de fournir une chose déterminée dans le genre
Vorrecht (N.) privilège (M.)
Vorruhestand (M.) préretraite (M.)
Vorsatz (M.) dol (M.), faute (F.) volontaire, dol (M.) pénal, intention (F.)
vorsätzlich gefasster Plan (M.) préméditation (F.)
vorsätzlich intentionnel, volontaire (Adj.)
vorsätzliche Straftat (F.) infraction (F.) intentionnelle
Vorsatzschuld (F.) culpabilité (F.) intentionnelle
Vorschlag (M.) proposition (F.)
vorschreiben prescrire, dicter
Vorschrift (F.) instruction (F.), règlement (M.), disposition (F.), prescription (F.)
vorschriftsmäßig en bonne et due forme, conforme au règlement
vorschriftswidrig contraire au règlement
Vorschuss (M.) avance (F.)
Vorschussleistung (F.) avance (F.) sur règlement
Vorsicht (F.) précaution (F.), prudence (F.)
Vorsichtsmaßnahme (F.) mesure (F.) de précaution
Vorsitz (M.) présidence (F.)
vorsitzend président (Adj.)
Vorsitzende (F.) présidente (F.)
Vorsitzender (M.) président (M.)
vorsitzender Richter (M.) juge (M.) président (M.)
Vorsitzer (M.) président (M.)
Vorsorge (F.) prévoyance (F.)
Vorsorge (F.) treffen prendre des dispositions
vorsorgen prendre des dispositions
vorspiegeln simuler, faire croire, tromper
Vorspiegelung (F.) tromperie (F.) portant sur des fausses allégations
Vorspruch (M.) prologue (F.), préambule (M.)
Vorsprung (M.) avance (F.)
Vorstand (M.) conseil (M.) de direction, comité (M.) de direction, directoire (M.), bureau (M.)
Vorstandsmitglied (N.) directeur (M.), membre (M.) du directoire, administrateur (M.) de société
Vorstandsvorsitzende (F.) présidente (F.) du directoire
Vorstandsvorsitzender (M.) président (M.) directeur général (P.D.G.), président (M.) du directoire
Vorsteuer (F.) taxe (F.) déductible
Vorsteuerabzug (M.) déduction (F.) taxe pour taxe
Vorstiftung (F.) fondation (F.) en formation, pré-fondation (F.)
Vorstrafe (F.) condamnation (F.) antérieure, antécédents (M.Pl.) judiciaires
Vortat (F.) infraction (F.) initiale
Vortäuschen (N.) simulacre (M.)
vortäuschen simuler, feindre
Vortäuschung (F.) simulation (F.)
Vorteil (M.) avantage (M.), bénéfice (M.), profit (M.)
vorteilhaft avantageux, profitable
Vorteilsannahme (F.) réception (F.) de dons
Vorteilsausgleichung (F.) imputation (F.) des avantages acquis par le lésé du fait de la réparation du dommage au compte des dommages-intérêts dus
Vorteilsgewährung (F.) fait (M.) d'accorder des dons, fait (M.) d'accorder des

dons ou présents tendant à la corruption d'un fonctionnaire public
Vortrag (M.) rapport (M.), exposé (M.), report (M.)
vorübergehend temporaire, transitoire, provisoire (Adj.)
Voruntersuchung (F.) instruction (F.) préalable, instruction (F.) préliminaire, enquête (F.) préliminaire
Vorurteil (N.) préjugé (M.)
Vorverein (M.) pré-association (F.), association (F.) en formation
Vorverfahren (N.) procédure (F.) préliminaire
Vorvertrag (M.) avant-contrat (M.), précontrat (M.), contrat (M.) préliminaire
vorvertraglich précontractuel (Adj.)
Vorverurteilung (F.) jugement (M.) antérieur, jugement (M.) hâtif et préconçu
Vorwahl (F.) élection (F.) primaire, indicatif (M.)
vorwegnehmen anticiper
Vorwurf (M.) reproche (M.), grief (M.)
vorzeitig prématuré, anticipé
Vorzug (M.) préférence (F.), avantage (M.), atout (M.), qualité (F.)
Vorzugsaktie (F.) action (F.) privilégiée, action (F.) de priorité
Votum (N.) vote (M.), suffrage (M.)
vulgär vulgaire

W

Wache (F.) garde (F.), commissariat (M.) de police
Wächter (M.) gardien (M.)
Waffe (F.) arme (F.)
Waffenschein (M.) permis (M.) de port d'armes
Waffenstillstand (M.) armistice (M.), cessez-le-feu (M.)
Wagen (M.) voiture (F.), wagon (M.)
Wahl (F.) élection (F.), vote (M.), votation (F.), suffrage (M.), scrutin (M.), choix (M.), sélection (F.)
wählbar éligible
Wahlbeamter (M.) fonctionnaire (M.) électif
Wahlbehinderung (F.) entrave (F.) à l'exercice du droit de vote
Wahlberechtigter (M.) électeur (M.) inscrit, électeur (M.)
Wahlberechtigung (F.) capacité (F.) électorale
Wahlbetrug (M.) fraude (F.) électorale
Wahldelikt (N.) fraude (F.) électorale
wählen voter, élir, choisir, faire un choix
Wähler (M.) votant (M.), électeur (M.)
Wählerbestechung (F.) corruption (F.) électorale, influence (F.) du vote d'un électeur par des dons ou des libéralités en argent ou en nature
Wählernötigung (F.) violences (F.Pl.) ou menaces (F.Pl.) contre un électeur, pression (F.) électorale
Wählertäuschung (F.) fraude (F.) électorale
Wahlfach (N.) discipline (F.) facultative, enseignement (M.) optionnel
Wahlfälschung (F.) fraude (F.) électorale
Wahlfeststellung (F.) concours (M.) de qualifications
Wahlgeheimnis (N.) secret (M.) du vote
Wahlkonsul (M.) consul (M.) honoraire
Wahlkreis (M.) circonscription (F.) électorale, district (M.) électoral, arrondissement (M.) électoral
Wahlleiter (M.) président (M.) du bureau de vote
Wahlordnung (F.) régime (M.) électoral
Wahlperiode (F.) législature (F.)
Wahlpflicht (F.) vote (M.) obligatoire, obligation (F.) de voter
Wahlprüfung (F.) contrôle (M.) de la régularité du scrutin
Wahlrecht (N.) droit (M.) de vote, droit (M.) d'option, capacité (F.) électorale, éligibilité (F.)
Wahlschuld (F.) obligation (F.) alternative, obligation (F.) facultative
Wahlurne (F.) urne (F.)
Wahlvermächtnis (N.) legs (M.) alternatif
Wahlverteidiger (M.) défenseur (M.)
Wahlzettel (M.) bulletin (M.) de vote, tract (M.) électoral
Wahndelikt (N.) délit (M.) putatif, infraction (F.) putative
Wahnsinn (M.) démence (F.), folie (F.)
wahnsinnig dément (Adj.), fou (Adj.)
wahr vrai, authentique
währen durer
wahren préserver, conserver
Wahrheit (F.) vérité (F.), véracité (F.)
Wahrheitsbeweis (M.) preuve (F.) de la véracité des faits allégués

Wahrheitspflicht (F.) obligation (F.) d'avoir à dire la vérité (toute la vérité et rien que la vérité)
Wahrnehmung (F.) (berechtigter Interessen) défense (F.) (d'intérêts légitimes)
Wahrnehmung (F.) perception (F.), poursuite (F.) (d'un droit), sauvegarde (F.) (d'un droit)
wahrscheinlich probable, vraisemblable, possible
Wahrscheinlichkeit (F.) probabilité (F.), vraisemblabilité (F.), possibilité (F.)
Wahrung (F.) der Rechte garantie (F.) des droits
Währung (F.) monnaie (F.), devise (F.)
Wahrung (F.) préservation (F.)
Währungsangleichung (F.) alignement (M.) monétaire
Währungsreserve (F.) réserve (F.) monétaire, réserve (F.) en devises
Währungssystem (N.) système (M.) monétaire
Währungsunion (F.) union (F.) monétaire
Waise (M.) orphelin (M.)
Waisenrente (F.) rente (F.) d'orphelin
Wald (M.) forêt (F.)
Wandelanleihe (F.) emprunt (M.) sous forme d'obligations convertibles
wandeln résoudre
Wandelschuldverschreibung (F.) obligation (F.) convertible en actions
Wandlung (F.) annulation (F.) d'un contrat, résolution (F.) d'un contrat, résolution (F.) d'une vente, action (F.) rédhibitoire, rédhibition (F.)
Wappen (N.) armoiries (F.Pl.)
Ware (F.) marchandise (F.), article (M.), produit (M.), denrée (F.)
Warenhandwerker (M.) artisan (M.) préparant et transformant la matière première pour la commercialisation
Warenverkehr (M.) échanges (M.Pl.) commerciaux, circulation (F.) des biens, circulation (F.) des marchandises
Warenverkehrsfreiheit (F.) libre circulation (F.) des biens, libre circulation (F.) des marchandises, liberté (F.) d'échanges commerciaux
Warenzeichen (N.) marque (F.) de fabrique et de commerce et de service
warnen avertir, mettre en garde
Warnstreik (M.) grève (F.) d'avertissement
Warnung (F.) mise (F.) en garde, avertissement (M.)
warten attendre
Wärter (M.) gardien (M.)
Wartezeit (F.) vor der Wiederverheiratung délai (M.) de viduité
Wasser (N.) eau (F.)
Wasserhaushalt (M.) régime (M.) des eaux
Wasserrecht (N.) régime (M.) des eaux
Wasserverband (M.) régie (F.) directe de l'eau
Wechsel (M.) changement (M.), mutation (F.), lettre (F.) de change, traite (F.), effet (M.)
Wechselakzept (N.) acceptation (F.) d'une traite
wechselbezüglich réciproque (Adj.)
wechselbezügliches Testament (N.) testament (M.) conjonctif
Wechselbürge (M.) avaliste (M.), avaliseur (M.), donneur (M.) d'aval
Wechselbürgschaft (F.) aval (M.) d'une lettre de change
wechselfähig capable (Adj.) de tirer une lettre de change, capable (Adj.) d'émettre un effet
Wechselgeber (M.) tireur (M.)
Wechselnehmer (M.) preneur (M.)
Wechselprotest (M.) protêt (M.) faute de paiement, protêt (M.) faute d'acceptation
Wechselprozess (M.) procédure (F.) en matière de lettres de changes, contentieux (M.) cambiaire
Wechselrecht (N.) droit (M.) cambiaire
wechselrechtlich cambiaire (Adj.)
Wechselregress (M.) recours (M.) faute de paiement, recours (M.) faute d'acceptation
Wechselreiterei (F.) cavalerie (F.)
wechselseitig réciproque (Adj.), mutuel
Weg (M.) voie (F.), chemin (M.), route (F.), direction (F.)
Wegerecht (N.) droit (M.) de passage, servitude (F.) de passage, régime (M.) de la voirie
Wegeunfall (M.) accident (M.) de trajet
Wegfall (M.) cessation (F.), abolition (F.), suppression (F.)
Wegfall (M.) der Bereicherung (F.) disparition (F.) d'enrichissement
Wegfall der Geschäftsgrundlage (M.) imprévision (F.), clause (F.) rebus sic stantibus (lat.)

Wegnahme (F.) enlèvement (M.), soustraction (F.) frauduleuse
Wegnahmerecht (N.) droit (M.) de retrait, droit (M.) d'enlever une chose
wegnehmen prendre, soustraire
Wehrbeauftragter (M.) délégué (M.) parlementaire auprès de l'armée, délégué (M.) parlementaire a la defense
Wehrdienst (M.) service (M.) national, service (M.) militaire
Wehrdienstentziehung (F.) refus (M.) de donner suite à l'incorporation
Wehrdienstverweigerer (M.) insoumis (M.), objecteur (M.)
Wehrdienstverweigerung (F.) insoumission (F.), refus (M.) du service national, objection (F.)
wehren défendre, résister
wehrlos sans défense, faible (Adj.)
Wehrloser (M.) sans-défense (M.)
Wehrlosigkeit (F.) impuissance (F.) à se défendre, incapacité (F.) d'assurer sa propre défense
Wehrmittel (N.) matériel (M.) et approvisionnements appartenant à l'armée
Wehrpass (M.) livret (M.) militaire
Wehrpflicht (F.) obligations (F.Pl.) militaires, service (M.) militaire obligatoire
Wehrpflichtentziehung (F.) insoumission (F.)
Wehrpflichtiger (M.) personne (F.) soumise aux obligations d'activité du service national
Wehrrecht (N.) régime (M.) juridique du service national
Wehrstrafrecht (N.) régime (M.) juridique des punitions disciplinaires militaires
weigern (sich) refuser de
Weigerung (F.) refus (M.), rejet (M.)
Weigerungsklage (F.) recours (M.) de refus
Weihe (F.) (Priesterweihe) ordination (F.)
Weihnacht noël (M.)
Weihnachtsgeld (N.) gratification (F.) de fin d'année
weisen indiquer, désigner
Weisung (F.) instruction (F.), directive (F.), prescription (F.), ordre (M.)
Weisungsbefugnis (F.) pouvoir (M.) de direction
weisungsgebunden tenu de se conformer aux directives
Weisungsrecht (N.) pouvoir (M.) réglementaire, droit (M.) de donner des instructions
Weisungsverwaltung (F.) administration (F.) des instructions
weitere autre, subséquent
weitere Beschwerde (F.) pourvoi (M.) subséquent, contredit (M.)
Weitergabe (F.) remise (F.)
weiterleiten transmettre
weiterverweisen faire de renvoi
Weiterverweisung (F.) renvoi (M.)
Welt (F.) monde (M.)
Weltbank (F.) banque (F.) mondiale
Weltgesundheitsorganisation (F.) (WHO) organisation (F.) mondiale de la santé (O. M. S.)
Welthandel (M.) commerce (M.) mondial
Weltkulturerbe (N.) héritage (M.) culturel mondial
Weltorganisation (F.) für geistiges Eigentum (WIPO) Organisation (F.) mondiale pour la propriété intellectuelle (OMPI)
Weltpostverein (M.) Union (F.) postale universelle
Weltraum (M.) espace (M.), espace (M.) extra-atmosphérique
Weltraumrecht (N.) droit (M.) de l'espace
Weltrecht (N.) droit (M.) universel
Welturheberrechtsabkommen (N.) Convention (F.) universelle sur la propriété littéraire et artistique
werben recruter, embaucher, faire de la publicité
Werbung (F.) publicité (F.), réclame (F.), propagande (F.), activité (F.) promotionnelle
Werbungskosten (F.Pl.) frais (M.Pl.) professionnels
Wergeld (N.) prix (M.) du sang
Werk (N.) œuvre (F.), travail (M.), ouvrage (M.), création (F.), usine (F.), entreprise (F.), établissement (M.) industriel
Werklieferungsvertrag (M.) contrat (M.) mixte d'entreprise et de vente
Werklohn (M.) salaire (M.) pour un ouvrage
Werkstarifvertrag (M.) convention (F.) collective de travail d'une entreprise
Werktag (M.) jour (M.) ouvrable
Werktätiger (M.) ouvrier (M.), salarié (M.), travailleur (M.)
Werkunternehmer (M.) entrepreneur (M.)

Werkunternehmerpfandrecht (N.) droit (M.) de gage de l'entrepreneur
Werkvertrag (M.) contrat (M.) d'entreprise, contrat (M.) de louage d'ouvrage
Werkzeug (N.) outil (M.)
Wert (M.) valeur (F.), prix (M.)
Wertberichtigung (F.) réévaluation (F.), rectification (F.) de la valeur
werten évaluer, taxer, estimer
Werteordnung (F.) ordre (M.) des valeurs
Wertesystem (N.) système (M.) des valeurs
Wertgegenstand (M.) objet (M.) de valeur
wertlos sans valeur
Wertpapier (N.) titre (M.), valeur (F.) mobilière, valeur (F.)
Wertpapierbörse (F.) bourse (F.) de valeur
Wertpapierrecht (N.) régime (M.) juridique des valeurs mobilières
Wertsache (F.) objet (M.) de valeur
Wertschuld (F.) obligation (F.) de valeur
Wertsicherungsklausel (F.) clause (F.) d'indexation, clause (F.) de garantie de change
Werturteil (N.) jugement (M.) de valeur
wertvoll précieux
Wertzeichen (N.) timbre-poste (M.), timbre (M.)
Wertzeichenfälschung (F.) contrefaçon (F.) de timbre-poste
Wesen (N.) nature (F.), essence (F.)
Wesensgehalt (M.) substance (F.), teneur (M.) principal
wesentlich essentiel (Adj.), principal (Adj.), important
wesentlicher Bestandteil (M.) élément (M.) incorporé
Wettbewerb (M.) concurrence (F.), compétition (F.)
Wettbewerber (M.) concurrent (M.)
Wettbewerbsbeschränkung (F.) restriction (F.) à la concurrence
Wettbewerbsfreiheit (F.) liberté (F.) de la concurrence
Wettbewerbsrecht (N.) droit (M.) de la concurrence
Wettbewerbsverbot (N.) interdiction (F.) en matière de concurrence, obligation (F.) de non-concurrence
Wette (F.) pari (M.)
wetten parier
WEU (F.) (Westeuropäische Union) U. E. O (F.) (Union de l'Europe Occidentale)
wichtig important, essentiel (Adj.), principal (Adj.)
wichtiger Grund (M.) (zur Kündigung) motif (M.) (de licenciement) résultant d'une faute grave
Widerklage (F.) demande (F.) reconventionnelle, action (F.) reconventionnelle, reconvention (F.)
Widerkläger (M.) demandeur (M.) reconventionnel
widerlegen réfuter, prouver la fausseté
widerrechtlich illicite (Adj.), illégal (Adj.)
Widerrechtlichkeit (F.) illicéité (F.)
Widerruf (M.) rétractation (F.), révocation (F.), dédit (M.), retrait (M.)
widerrufen (V.) rétracter, révoquer, abroger
widerruflich révocable
Widerruflichkeit (F.) précarité (F.)
Widerrufsrecht (N.) droit (M.) de révocation
Widerrufsvorbehalt (M.) réserve (F.) de révocation
Widerspruch (M.) contradiction (F.), contredit (M.), protestation (F.), opposition (F.)
widersprüchlich contradictoire
Widerspruchsbehörde (F.) autorité (F.) administrative compétente sur un contredit
Widerspruchsbescheid (M.) décision (F.) rendue sur une opposition, décision (F.) de l'autorité administrative sur un contredit
Widerspruchsklage (F.) tierce opposition (F.)
Widerspruchsverfahren (N.) recours (M.) administratif gracieux ou hiérarchique, recours (M.) gracieux, recours (M.) administratif hiérarchique
Widerstand (M.) gegen die Staatsgewalt résistance (F.) envers l'autorité publique
Widerstand (M.) résistance (F.), opposition (F.)
Widerstandsrecht (N.) droit (M.) de résistance à l'oppression, droit (M.) de résistance
widmen affecter, consacrer, dédicacer
Widmung (F.) affectation (F.), dédicace (F.), classement (M.)
Wiederaufgreifen (N.) recours (M.) administratif en révision
Wiederaufnahme (F.) révision (F.), réexamen (M.), reprise (F.), réouverture (F.)
Wiederaufnahmeantrag (M.) recours (M.) en révision
wiederaufnehmen reprendre
wiederbeschaffen réapprovisionner

Wiederbeschaffung (F.) réapprovisionnement (M.)
wiedereinsetzen réintégrer, restaurer
Wiedereinsetzung (F.) in den vorigen Stand relèvement (M.) de forclusion, relève (F.) de forclusion
wiederherstellen reconstruire, réparer, restaurer
Wiederherstellung (F.) reconstitution (F.), reconstruction (F.)
wiederholen répéter, reprendre, réiterer
wiederholte Verfügung (F.) ordonnance (F.) réiterée
Wiederholung (F.) répétition (F.), réitération (F.)
Wiederholungsgefahr (F.) risque (M.) d'une réitération
wiederinstandsetzen remettre en état
Wiederinstandsetzung (F.) remise (F.) en état
Wiederkauf (M.) réméré (M.), rachat (M.)
Wiederkehrschuldverhältnis (N.) succession (F.) de contrats particuliers qui se renouvellent mais qui sont juridiquement indépendants
wiedervereinigen réunir
Wiedervereinigung (F.) réunification (F.)
wiederverheiraten (sich) remarier (se)
Wiederverheiratung (F.) remariage (M.)
Wiederverheiratungsklausel (F.) clause (F.) de remariage
Wiederverkauf (M.) revente (F.)
Wiedervorlage (F.) présentation (F.) pour nouvel examen
Wild (N.) gibier (M.)
Wilddieb (M.) braconnier (M.)
wilde Ehe (F.) concubinage (M.), union (F.) libre
wilder Streik (M.) grève (F.) sauvage
Wilderei (F.) braconnage (M.)
Wilderer (M.) braconnier (M.)
wildern braconner
Wildschaden (M.) dommage (M.) causé par le gibier
Wille (M.) volonté (F.)
Willensäußerung (F.) déclaration (F.) de volonté
Willenseinigung (F.) accord (M.) de volonté, consentement (M.)
Willenserklärung (F.) déclaration (F.) de volonté, manifestation (F.) de volonté
Willensfreiheit (F.) autonomie (F.) de la volonté
Willensmangel (M.) vice (M.) entachant la déclaration de volonté, vice (M.) du consentement
Willkür (F.) arbitraire (F.)
willkürlich arbitraire (Adj.)
Willkürverbot (N.) interdiction (F.) de tout abus de droit
Winkeladvokat (M.) avocaillon (M.), avocat (M.) véreux, avocat (M.) marron
Winzer (M.) viticulteur (M.)
WIPO (F.) (Weltorganisation für geistiges Eigentum) Organisation (F.) mondiale pour pla propriété intellectuelle
wirken avoir un effet, être efficace, agir, exercer une action, être en vigueur
wirksam efficace, valide, régulier, valable
Wirksamkeit (F.) validité (F.), efficacité (F.)
Wirksamwerden (N.) entrée (F.) en vigueur
Wirkung (F.) effet (M.), incidence (F.)
Wirkungskreis (M.) champ (M.) d'action
Wirt (M.) hôte (M.)
Wirtschaft (F.) économie (F.)
wirtschaftlich économique, rentable, profitable, lucratif
wirtschaftliche Abhängigkeit (F.) dépendance (F.) économique
wirtschaftlicher Verein (M.) association (F.) à caractère économique
Wirtschaftlichkeit (F.) efficience (F.), rentabilité (F.)
Wirtschaftsjurist (M.) juriste (M.) d'entreprise
Wirtschaftskriminalität (F.) délinquance (F.) économique
Wirtschaftslenkung (F.) dirigisme (M.) économique, économie (F.) dirigée
Wirtschaftsprivatrecht (N.) droit (M.) privé économique
Wirtschaftsprüfer (M.) expert (M.) comptable, commissaire (M.) aux comptes, vérificateur (M.) aux comptes, audit (M.)
Wirtschaftsprüfung (F.) contrôle (M.) de la gestion financière
Wirtschaftsrecht (N.) droit (M.) des affaires, droit (M.) économique et financier, droit (M.) économique
Wirtschaftsstrafrecht (N.) droit (M.) pénal économique et financier, droit (M.) pénal des affaires

Wirtschaftsunion (F.) union (F.) économique
Wirtschaftsverfassung (F.) ordre (M.) économique
Wirtschaftsverfassungsrecht (N.) droit (M.) d'ordre économique
Wirtschaftsverwaltung (F.) administration (F.) économique
Wirtschaftsverwaltungsrecht (N.) droit (M.) administratif économique, droit (M.) public des affaires
Wissen (N.) savoir (M.), connaissances (F.Pl.)
wissen savoir (V.), connaître
Wissenmüssen (N.) devoir (M.) de savoir, obligation (F.) de s'informer
Wissenschaft (F.) science (F.)
wissenschaftlich scientifique
Wissenschaftsfreiheit (F.) liberté (F.) de la recherche scientifique
wissentlich sciemment, intentionnel
Witwe (F.) veuve (F.)
Witwenrente (F.) pension (F.) réversion
Witwer (M.) veuf (M.)
Woche (F.) semaine (F.)
wöchentlich hebdomadaire (Adj.)
wöchentliche Ruhezeit (F.) repos (M.) hebdomadaire
Wohl (N.) bien-être (M.)
wohlerworbenes Recht (N.) droit (M.) acquis
Wohlfahrt (F.) bienfaisance (F.), assistance (F.) sociale, prévoyance (F.) sociale
Wohlfahrtspflege (F.) aide (F.) sociale
Wohlfahrtsstaat (M.) État-providence (M.)
Wohnbau (M.) construction (F.) à usage d'habitation
Wohnen (N.) habiter (M.)
wohnen habiter (V.), résider, loger
Wohngebiet (N.) quartier (M.) résidentiel
Wohngeld (N.) allocation (F.) de logement
wohnhaft domicilié (Adj.)
Wohnort (M.) domicile (M.), résidence (F.)
Wohnraum (M.) local (M.) à usage d'habitation, logement (M.)
Wohnrecht (N.) droit (M.) d'habitation
Wohnsitz (M.) domicile (M.), résidence (F.)
Wohnung (F.) logement (M.), appartement (M.), habitation (F.)
Wohnungsbau (M.) construction (F.) de logements
Wohnungseigentum (N.) copropriété (F.) dans une maison divisée par appartements, propriété (F.) d'un appartement
Wohnungsrecht (N.) droit (M.) d'habitation, droit (M.) d'usage du logement
Wohnungsvermittlung (F.) location (F.) par l'intermédiaire, agence (F.) immobilière
Wohnungsvermittlungsbüro (N.) agence (F.) immobilière
Wollen (N.) vouloir (M.), volonté (F.)
Wort (N.) mot (M.), terme (M.), parole (F.)
wörtlich littéeral, textuel
Wrack (N.) épave (F.)
Wucher (M.) usure (F.)
Wucherer (M.) usurier (M.)
Wunde (F.) plaie (F.)
Würde (F.) dignité (F.)
Würdenträger (M.) dignitaire (M.)
würdigen honorer, juger digne, respecter

Z

Zahl (F.) nombre (M.), chiffre (M.)
zahlbar payable
zahlen payer, acquitter, rémunérer (un salarié)
Zahlung (F.) paiement (M.), comblement (M.) de passif
Zahlungsanweisung (F.) mandat (M.) de paiement, délégation de paiement, ordonnance (F.) de paiement, ordre (M.) de virement
Zahlungsaufschub (M.) atermoiement (M.), moratoire (M.), sursis (M.) de paiement
Zahlungsbefehl (M.) commandement (M.) de payer
Zahlungseinstellung (F.) suspension (F.) de paiement, cessation (F.) des paiements
zahlungsfähig solvable
Zahlungsfähigkeit (F.) solvabilité (F.), capacité (F.) de paiement
Zahlungsklage (F.) action (F.) en paiement
Zahlungsmittel (N.) moyen (M.) de paiement
zahlungsunfähig insolvable (Adj.)
Zahlungsunfähigkeit (F.) insolvabilité (F.), incapacité (F.) de paiement
Zahlungsverkehr (M.) opérations (F.Pl.) de paiement, transactions (F.Pl.) financières, paiement (M.)
Zahlungsverzug (M.) retard (M.) dans le paiement
Zahn (M.) dent (M.)
Zahnarzt (M.) médecin (M.) dentiste

Zapfenstreich (M.) couvre-feu (M.)
Zaun (M.) clôture (F.)
Zebra (N.) zèbre (M.)
Zebrastreifen (M.) passage (M.) clouté, passage (M.) zébré
Zeche (F.) addition (F.), mine (F.), houillère (F.)
Zechprellerei (F.) filouterie (F.), grivèlerie (F.)
Zedent (M.) cédant (M.), vendeur (M.)
Zeichen (N.) signe (M.), signal (M.), marque (F.) de fabrique et de commerce et de service
zeichnen dessiner, signer, souscrire
Zeichnung (F.) dessin (M.), signature (F.) sociale, souscription (F.)
zeichnungsberechtigt autorisé (Adj.) de signer
Zeit (F.) temps (M.)
Zeitablauf (M.) expiration (F.) du délai
Zeitarbeit (F.) travail (M.) intérimaire
Zeitbestimmung (F.) détermination (F.) du délai, fixation (F.) d'un délai
Zeitgesetz (N.) loi (F.) valide pour un certain laps de temps
zeitlich chronologique
Zeitlohn (M.) salaire (M.) au temps
Zeitraum (M.) période (F.), laps (M.) de temps
Zeitschrift (F.) revue (F.), périodique (F.)
Zeitung (F.) journal (M.)
Zelle (F.) cellule (F.)
zensieren censurer
Zensur (F.) censure (F.)
zentral central
Zentralbank (F.) banque (F.) centrale
Zentralisation (F.) centralisation (F.)
zentralisieren centraliser
Zentralismus (M.) centralisme (M.)
Zentralregister (N.) registre (M.) central, registre (M.) national
Zentrum (N.) centre (M.)
zerrütten briser, rompre, désorganiser
Zerrüttung (F.) altération (F.), désunion (F.), rupture (F.)
Zerrüttungsprinzip (N.) divorce (M.) constat d'échec, principe (M.) de désunion
zerstören détruire, démolir, ruiner
Zerstörung (F.) destruction (F.), dégradation (F.)
Zertifikat (N.) certificat (M.)
zertifizieren certifier
Zession (F.) cession (F.)
Zessionar (M.) cessionnaire (M.)
Zettel (M.) fiche (F.)
Zeuge (M.) témoin (M.), déclarant (M.)
Zeugen benennen constituer des témoins, citer comme témoin
zeugen engendrer, procréer, témoigner, révéler
Zeugen vernehmen auditionner des témoins
Zeugenaussage (F.) témoignage (M.), déposition (F.) du témoin
Zeugenbeweis (M.) preuve (F.) par témoignage
Zeugenvernehmung (F.) audition (F.) d'un témoin
Zeugnis (N.) certificat (M.), lettre (F.) de référence, référence (F.), déposition (F.), témoignage (M.)
Zeugnisverweigerung (F.) refus (M.) de témoigner
Zeugnisverweigerungsrecht (N.) droit (M.) de refuser un témoignage
Zeugung (F.) procréation (F.)
Ziffer (F.) chiffre (M.), nombre (M.)
Zigeuner (M.) bohémien (M.), gitan (M.), tsigane (M.)
Zigeunerin (F.) bohémienne (F.), tsigane (F.)
Zimmer (N.) chambre (F.)
Zins (M.) intérêt (M.), fruits (M.Pl.) civils, redevance (F.)
Zinsabschlag (M.) prélèvement (M.) forfaitaire
Zinsabschlaggesetz (N.) loi (F.) de prélèvement forfaitaire
Zinseszins (M.) capitalisation (F.) des intérêts, anatocisme (M.)
Zinssatz (M.) taux (M.) d'intérêt
Zinsschein (M.) coupon (M.) d'intérêts
Zinsschuld (F.) intérêt (M.) dû
Zitat (N.) citation (F.)
zitieren citer
zivil civil (Adj.)
Zivildienst (M.) défense (F.) civile, service (M.) civil
ziviler Solidaritätspakt (M.) pacte (M.) civil de solidarité
Zivilgericht (N.) tribunal (M.) civil
Zivilgesetzbuch (M.) code (M.) civil
Zivilkammer (F.) chambre (F.) civile
Zivilklage (F.) action (F.) civile

Zivilprozess (M.) procédure (F.) civile, procès (M.) civil, contentieux (M.) civil
Zivilprozessordnung (F.) code (M.) de procédure civile
Zivilprozessrecht droit (M.) de la procédure civile
Zivilrecht (N.) droit (M.) civil
Zivilrichter (M.) juge (M.) au civil
Zivilsache (F.) affaire (F.) civile, cause (F.) civile
Zivilsenat (M.) chambre (F.) civile
Zivilverhandlung (F.) audience (F.) civile
Zölibat (M. bzw. N.) célibat (M.)
Zoll (M.) douane (F.), droit (M.) de douane
Zollbehörde (F.) administration (F.) des douanes, douane (F.)
zollfrei en franchise de douane
zollfreie Einfuhr (F.) entrée (F.) en franchise
Zollgebiet (N.) zone (F.) de surveillance douanière
Zöllner (M.) douanier (M.)
Zollunion (F.) union (F.) douanière
Zone (F.) zone (F.), secteur (M.)
zu treuen Händen aux bons soins, en mains sûres
Zubehör (N.) adjonction (F.), accessoire (M.) de la chose principale
Zucht (F.) culture (F.), élevage (M.), ordre (M.), discipline (F.)
Zuchthaus (N.) réclusion (F.), peine (F.) de travaux forcés
züchtigen punir, corriger, châtier
Züchtigung (F.) correction (F.), châtiment (M.)
Züchtigungsrecht (N.) droit (M.) de correction, droit (M.) de châtiment
Zuchtmittel (N.) sanction (F.) semi-pénale applicable aux mineurs
zueignen (sich) approprier (s')
Zueignung (F.) appropriation (F.)
Zueignungsabsicht (F.) volonté (F.) d'appropriation, désir (M.) d'appropriation
Zufall (M.) cas (M.) fortuit, aléa (M.), hasard (M.)
zufällig fortuit, inattendu
Zug (M.) coup (M.), train (M.)
Zug (M.) um Zug donnant donnant
Zugabe (F.) supplément (M.)
Zugang (M.) accès (M.), entrée (F.), réception (F.)
Zugangsvereitelung (F.) empêchement (M.) de l'accès
Zugangsverzögerung (F.) retardation (F.) de l'accès
zugehen recevoir
Zugehör (N.) (Zugehör in Österreich) accessoire (M.)
zugehören appartenir
zugesichert convenu, garanti
Zugeständnis (N.) concession (F.)
zugestehen concéder, accorder, avouer
Zugewinn (M.) accroissement (M.), acquêt (M.)
Zugewinnausgleich (M.) prestation (F.) compensatoire, péréquation (F.) des acquêts
zugewinnen acquérir
Zugewinngemeinschaft (F.) régime (M.) légal de la participation aux acquêts, participation (F.) aux acquêts
zuhalten soutenir
Zuhälter (M.) proxénète (M.), souteneur (M.)
Zuhälterei (F.) proxénétisme (M.)
Zukunft (F.) avenir (M.)
zukünftig futur (Adj.), présomptif
Zulage (F.) supplément (M.), allocation (F.) complémentaire
zulassen admettre, permettre
zulässig licite, admis, permis (Adj.), admissible, recevable
zulässige Berufung (F.) appel (M.) admissible, appel (M.) recevable
Zulässigkeit (F.) recevabilité (F.), admissibilité (F.), licéité (F.)
Zulässigkeitsvoraussetzung (F.) condition (F.) de recevabilité
Zulassung (F.) permission (F.), permis (M.), autorisation (F.), admission (F.)
Zulassungsvoraussetzung (F.) condition (F.) d'admission
zulegen additionner
zumessen mesurer, attribuer
Zumessung (F.) mesure (F.), détermination (F.), attribution (F.)
zumutbar raisonnable (Adj.), acceptable, convenable (Adj.), possible
Zumutbarkeit (F.) acceptabilité (F.)
zumuten demander
Zunahme (F.) augmentation (F.), montée (F.)
Zuname (M.) nom (M.) de famille, nom (M.) patronymique
zunehmen grandir
Zunft (F.) corps (M.) de métier, corporation (F.)

zurechenbar imputable
Zurechenbarkeit (F.) imputabilité (F.)
zurechnen imputer
Zurechnung (F.) imputation (F.)
zurechnungsfähig irresponsable (Adj.)
Zurechnungsfähigkeit (F.) imputabilité (F.), capacité (F.) de discernement, discernement (M.), responsabilité (F.)
zurückbehalten (V.) retenir
Zurückbehaltung (F.) rétention (F.)
Zurückbehaltungsrecht (N.) droit (M.) de rétention
zurückfordern revendiquer
zurückgeben restituer, rendre
Zurücknahme (F.) reprise (F.), rétractation (F.)
zurücknehmen retirer
zurücktreten dénoncer, renoncer, retirer (se)
zurückverweisen renvoyer à
Zurückverweisung (F.) renvoi (M.)
zurückweisen rejeter, refuser, débouter, réfuter, refouler, renvoyer
Zurückweisung (F.) rejet (M.), refus (M.), débouté (M.), réfutation (F.), refoulement (M.), non-admission (F.)
zurückzahlen rembourser, renverser
zurückziehen (sich) retirer, désister (se), dénoncer
Zusage (F.) promesse (F.), acceptation (F.)
Zusammenhang (M.) liaison (F.), connexion (F.), connexité (F.), rapport (M.), relation (F.)
zusammenrotten (sich) attrouper (s')
Zusammenrottung (F.) attroupement (M.), rassemblement (M.)
Zusammenschluss (M.) fusion (F.), union (F.), coalition (F.), concentration (F.)
Zusatz (M.) supplément (M.), avenant (M.), postscriptum (M.)
Zusatzabkommen (N.) convention (F.) annexe
zusätzlich supplémentaire (Adj.), additionnel
zuschießen subventionner, augmenter, supplémenter, contribuer
Zuschlag (M.) surtaxe (F.), supplément (M.), adjudication (F.)
zuschreiben créditer
Zuschuss (M.) subvention (F.), contribution (F.) financière, supplément (M.)
zusichern assurer, garantir
Zusicherung (F.) (einer Eigenschaft) garantie (F.) (de qualités spécifiques)
Zusicherung (F.) assurance (F.), garantie (F.)
Zustand (M.) état (M.), condition (F.), situation (F.)
zuständig compétent (Adj.)
Zuständigkeit (F.) compétence (F.)
Zuständigkeitsentscheidung (F.) règlement (M.) de juges
Zustandsdelikt (N.) infraction (F.) permanente
Zustandshaftung (F.) responsabilité (F.) pour le bon état (du véhicule), responsabilité (F.) pour le bon entretien et l'absence de vice de construction (d'un immeuble)
Zustandsstörer (M.) troublant (M.) l'ordre public du fait du une chose lui appartenant
zustehen appartenir
zustellen signifier, délivrer, notifier
Zustellung (F.) notification (F.), signification (F.), délivrance (F.)
Zustellungsfrist (F.) délai de notification
Zustellungsurkunde (F.) acte (M.) de signification, exploit (M.) de signification
zustimmen consentir, approuver
Zustimmung (F.) consentement (M.), accord (M.), approbation (F.)
Zustimmungsgesetz (N.) loi (F.) d'approbation
zuverlässig sûr, fiable, solide, éprouvé
Zuverlässigkeit (F.) sûreté (F.), fiabilité (F.), fidélité (F.)
zuwenden affecter, donner
Zuwendung (F.) affectation (F.), donation (F.), allocation (F.), disposition (F.), subvention (F.), aide (F.) financière
Zuwendungsverhältnis (N.) relation (F.) d'affectation
zuwiderhandeln enfreindre, contrevenir, violer
Zuwiderhandlung (F.) contravention (F.), violation (F.)
zuzüglich plus, en plus
Zwang (M.) contrainte (F.), force (F.)
Zwangsaktion (F.) mesure (F.) coercitive
Zwangsgeld (N.) amende (F.) administrative, astreinte (F.) administrative
Zwangshypothek (F.) hypothèque (F.) judiciaire
Zwangslage (F.) état (M.) de nécessité, nécessité (F.), état (M.) de contrainte

Zwangslizenz (F.) licence (F.) obligatoire
Zwangsmaßnahme (F.) mesure (F.) de contrainte
Zwangsmittel (N.) moyen (M.) de contrainte, mesure (F.) de contrainte, moyen (M.) de coercition
Zwangsschlichtung (F.) conciliation (F.) obligatoire
Zwangsvergleich (M.) concordat (M.) forcé
Zwangsversteigerung (F.) vente (F.) aux enchères
Zwangsverwaltung (F.) administration-séquestre (F.)
Zwangsvollstreckung (F.) exécution (F.) forcée, saisie-exécution (F.), voie (F.) d'exécution
Zwangsvollstreckungsrecht (N.) droit (M.) des voies d'execution
Zwangsvollstreckungsrichter (M.) juge (M.) de l'exécution
Zweck (M.) but (M.), sens (M.), intention (F.)
Zweckentfremdung (F.) détournement (M.) de l'usage
Zweckerreichung (F.) réalisation (F.) de l'objet prévu
zweckmäßig utile, opportun
Zweckmäßigkeit (F.) utilité (F.), opportunité (F.)
Zweckverband (M.) syndicat (M.)
Zweifel (M.) doute (M.), incertitude (F.)
zweifelhaft douteux, incertain, improbable
zweifellos indubitable, sans doute
Zweig (M.) branche (F.), filière (F.), ramille (F.), secteur (M.)
Zweigniederlassung (F.) succursale (F.)
Zweigstelle (F.) dépôt (M.), comptoir (M.), agence (F.)
Zweikammersystem (N.) bicamérisme (M.), bicaméralisme (M.)
Zweikampf (M.) duel (M.)
zweiseitig bilatéral, synallagmatique (Adj.)
zweispurig deux vois
Zweitbescheid (M.) nouvelle décision (F.) administrative, nouvelle décision (F.) administrative prise après un recours devant un tribunal administratif
zweite deuxième, second
zweitinstanzlich en seconde instance
Zweitstimme (F.) deuxième voix
Zwilling (M.) jumeau (M.), jumelle (F.)
zwingen forcer, contraindre, obliger
zwingend obligatoire, coercitif, impératif (Adj.), d'ordre public
zwingendes Recht (N.) droit (M.) impératif
zwischen entre, intermédiaire
Zwischenbescheid (M.) réponse (F.) d'attente, décision (F.) provisoire
Zwischenfeststellungsklage (F.) demande (F.) incidente
Zwischenprüfung (F.) examen (M.) de contrôle
zwischenstaatlich international, interétatique
Zwischenstreit (M.) incidents (M.Pl.) du procès
Zwischenurteil (N.) jugement (M.) interlocutoire, interlocutoire (M.), jugement (M.) avant dire droit
Zwischenverfahren (N.) procédure (F.) préparatoire, procédure (F.) relative à une mesure provisoire
Zwischenverfügung (F.) décision (F.) provisoire
Zypern (N.) Chypre (F.)

Französisch - Deutsch

a

à court terme kurzfristig
à dessein mutwillig
à distance fern
à durée limitée befristet
à échéance befristet
à huis-clos unter Ausschluss der Öffentlichkeit
à intérêt verzinslich
à l'occasion de anlässlich, gelegentlich
à l'origine ursprünglich
à la fois kumulativ
à long terme langfristig
à moyen terme mittelfristig
à perpétuité lebenslänglich
à plusieurs degrés mehrstufig
à plusieurs étages mehrstufig
a posteriori (lat.) nachträglich
a priori (lat.) vorangehend
à recouvrer ausstehend
à ses propres risques et périls auf eigene Gefahr
à soi eigen
à titre gratuit unentgeltlich
à titre onéreux entgeltlich
à vendre feil (Adj.)
à vie lebenslänglich
abandon (M.) Abandon (N.), Aufgabe (F.), Aussetzung (F.), Dereliktion (F.), Preisgabe (F.), Verwahrlosung (F.), Verzicht (M.)
abandon (M.) de possession Besitzaufgabe (F.)
abandon (M.) de propriété Eigentumsaufgabe (F.)
abandon (M.) de service Dienstflucht (F.)
abandonné herrenlos, hilflos
abandonnement (M.) Abandon (N.)
abandonner abandonnieren, aufgeben, aussetzen, preisgeben, quittieren, verlassen (V.)
abattement (M.) à la base Freibetrag (M.)
abattement (M.) pour enfant à charge Kinderfreibetrag (M.)
abattement (M.) spécial à la base Grundfreibetrag (M.)
abattre erschlagen (V.)
abbaye (F.) Abtei (F.)
abbé (M.) Abt (M.)
abbesse (F.) Äbtissin (F.)
abdication (F.) Abdankung (F.)
abdiquer abdanken
abeille (F.) Biene (F.)
aberratio (F.) ictus (lat.) aberratio (F.) ictus (lat.) (Abirrung des Geschosses)
abîmer abnutzen
abjurer austreten
abolir abschaffen, aufheben
abolition (F.) Abolition (F.), Abschaffung (F.), Wegfall (M.)
abolition (F.) du droit de diffidation Landfriede (M.)
abonnement (M.) Abonnement (N.)
abonner abonnieren
abordage (M.) Kollision (F.)
aborder betreten (V.)
abréger abkürzen
abréviation (F.) Abkürzung (F.)
abri (M.) Obdach (N.)
abrogation (F.) Abrogation (F.), Abschaffung (F.), Außerkraftsetzung (F.)
abroger abrogieren, abschaffen, aufheben, kaduzieren, widerrufen (V.)
absence (F.) Abwesenheit (F.), Verschollenheit (F.)
absence (F.) de droits Rechtlosigkeit (F.)
absence (F.) de faute Unschuld (F.)
absent (Adj.) abwesend
absent (M.) Abwesender (M.)
absenter (s') entfernen (sich)
absolu absolut, unbedingt
absolution (F.) Ablass (M.), Absolution (F.)
absolutisme (M.) Absolutismus (M.)
absorber absorbieren
absorption (F.) Absorption (F.), Einverleibung (F.), Übernahme (F.)
absorption (F.) des peines Konsumtion (F.)
abstenir (s') unterlassen
abstenir enthalten (V.)
abstention (F.) Enthaltung (F.), Unterlassung (F.)
abstention (F.) de juge Rechtsverweigerung (F.)
abstention (F.) de secours en cas de péril unterlassene Hilfeleistung (F.)
abstention (F.) délictueuse unterlassene Hilfeleistung (F.)
abstraction (F.) Abstraktion (F.)
abstraire abstrahieren
abstrait abstrakt
abus (M.) Missbrauch (M.)

abus (M.) d'autorité Amtsanmaßung (F.)
abus (M.) d'un distributeur automatique Automatenmissbrauch (M.)
abus (M.) de blanc-seing Blankettmissbrauch (M.)
abus (M.) de confiance Untreue (F.), Vertrauensbruch (M.), Veruntreuung (F.)
abus (M.) de droit Rechtsmissbrauch (M.)
abus (M.) de pouvoir discrétionnaire Ermessensüberschreitung (F.)
abuser missbrauchen
abusif rechtsmissbräuchlich
académie (F.) du soir Volkshochschule (F.)
académique (Adj.) akademisch
accaparer hamstern
accéléré beschleunigt
accélérer beschleunigen
acceptabilité (F.) Zumutbarkeit (F.)
acceptable akzeptabel, zumutbar
acceptant (M.) Akzeptant (M.)
acceptation (F.) Akzept (N.), Annahme (F.), Übernahme (F.), Zusage (F.)
acceptation (F.) d'une traite Wechselakzept (N.)
acceptation (F.) de banque Bankakzept (N.)
acceptation (F.) provisoire d'un risque Deckungszusage (F.)
accepter akzeptieren, annehmen, billigen
accepteur (M.) Akzeptant (M.)
acception (F.) Billigung (F.)
accès (M.) Anfall (M.), Zugang (M.)
accès (M.) à l'enseignement supérieur Hochschulreife (F.)
accès (M.) libre à l'information Informationsfreiheit (F.)
accession (F.) naturelle Anwachsung (F.)
accessoire (Adj.) akzessorisch, Neben-
accessoire (M.) Zugehör (N.) (Zugehör in Österreich)
accessoire (M.) de la chose principale Zubehör (N.)
accessorieté (F.) limitée limitierte Akzessorität (F.)
accident (M.) Unfall (M.), Unglücksfall (M.)
accident (M.) de la circulation Verkehrsunfall (M.)
accident (M.) de la route Verkehrsunfall (M.)
accident (M.) de trajet Arbeitswegunfall (M.), Wegeunfall (M.)
accident (M.) du travail Arbeitsunfall (M.)
accise (F.) Verbrauchsteuer (F.)
acclamation (F.) Akklamation (F.)
accommodement (M.) Akkord (M.)
accompagnement (M.) Geleit (N.)
accompagner begleiten
accompliable erfüllbar
accomplir ausführen, beenden, erfüllen, leisten, tätigen, verrichten, vollenden
accomplissement (M.) Ausführung (F.), Verrichtung (F.)
accord (M.) Abkommen (N.), Abmachung (F.), Abrede (F.), Absprache (F.), Benehmen (N.), Einigung (F.), Einvernehmen (N.), Einverständnis (N.), Konsens (M.), Pakt (M.), Parteivereinbarung (F.), Regelung (F.), Übereinkommen (N.), Übereinkunft (F.), Verabredung (F.), Vereinbarung (F.), Vertrag (M.), Zustimmung (F.)
accord (M.) amiable Agreement (N.) (engl.)
accord (M.) collectif d'entreprise Unternehmenstarifvertrag (M.)
accord (M.) collectif de travail Kollektivvertrag (M.)
accord (M.) collectif syndical Verbandstarifvertrag (M.)
accord (M.) commercial Handelsabkommen (N.)
accord (M.) d'entreprise Betriebsvereinbarung (F.)
accord (M.) de partenariat Assoziierungsabkommen (N.)
accord (M.) de Schengen Schengener Übereinkommen (N.)
accord (M.) de volonté Willenseinigung (F.)
accord (M.) des parties pour le transfert de propriété d'un bien foncier Auflassung (F.) (Eigentumsübertragungserklärung)
accord (M.) financier Finanzausgleich (M.)
accord (M.) financier entre le Bund et les Länder vertikaler Finanzausgleich (M.)
accord (M.) financier entre les länder horizontaler Finanzausgleich (M.)
Accord (M.) général sur le commerce de services Allgemeines Übereinkommen (N.) über den Handel mit Dienstleistungen (GATS)
Accord (M.) général sur les tarifs de services General Agreement (N.) on Tarifs in Services (engl.) (GATS)
Accord (M.) général sur les tarifs douaniers et le commerce (G. A. T. T.) General Agreement (N.) on Tariffs and Trade (engl.) (GATT)

accord (M.) restrictif de concurrence Kartell (N.)
accord (M.) sur certains points d'un contrat définitif Punktation (F.)
accord-cadre (M.) Rahmenabkommen (N.)
accorder bewilligen, erteilen, gewähren, zugestehen
accorder (s') abmachen, übereinkommen, übereinstimmen
accorder un crédit-bail leasen
accorder un délai stunden
accorder un délai supplémentaire aufschieben
accorder un prêt darleihen
accorder un sursis aufschieben
accord-type (M.) Mustervertrag (M.)
accoucher gebären
accréditer akkreditieren
accréditif (M.) Akkreditiv (N.), Kreditbrief (M.)
accréditif (M.) sur documents Dokumentenakkreditiv (N.)
accroissement (M.) Akkreszenz (F.), Anwachsung (F.), Zugewinn (M.)
accroitre anwachsen
accueil (M.) Empfang (M.)
accueillir empfangen (V.)
accumulation (F.) Häufung (F.)
accumuler (s') auflaufen
accumuler häufen, kumulieren
accusateur (M.) Ankläger (M.)
accusation (F.) Anklage (F.), Anschuldigung, Belastung (F.), Bezichtigung (F.)
accusatrice (F.) Anklägerin (F.)
accusé (M.) Angeklagter (M.)
accusée (F.) Angeklagte (F.)
accuser anklagen, anschuldigen, belasten, beschuldigen, bezichtigen
achat (M.) Besorgung (F.), Bezug (M.), Einkauf (M.), Erwerb (M.), Kauf (M.)
achat (M.) à crédit Abzahlungskauf (M.), Kreditkauf (M.)
achat (M.) à tempérament Teilzahlungskauf (M.)
achat (M.) au comptant Barkauf (M.)
achat (M.) commercial Handelskauf (M.)
achat (M.) d'un immeuble Grundstückskauf (M.)
achat (M.) d'une chose de genre Gattungskauf (M.), Genuskauf (M.)
achat (M.) d'une chose fongible Gattungskauf (M.), Genuskauf (M.)
achat (M.) de droits successifs Erbschaftskauf (M.)
acheminement (M.) Beförderung (F.)
acheter beziehen, einkaufen, kaufen
acheteur (M.) Käufer (M.)
acheteur (M.) en puissance potentieller Käufer (M.)
achèvement (M.) Abschluss (M.), Beendigung (F.), Fertigstellung (F.), Vollendung (F.)
achever abschließen, beschließen, fertigstellen, vollenden
achever ses études absolvieren
acompte (M.) Abschlagszahlung (F.), Anzahlung (F.)
acquéreur (M.) Erwerber (M.), Käufer (M.)
acquéreur (M.) de la succession Erbschaftserwerber (M.)
acquérir erringen, erwerben, kaufen, zugewinnen
acquérir l'autorité de la chose jugée Rechtskraft (F.) erlangen
acquêt (M.) Zugewinn (M.)
acquêts (M.Pl.) Errungenschaft (F.)
acquiescement (M.) Anerkennungsurteil (F.), Einwilligung (F.)
acquis (M.) Errungenschaft (F.)
acquis (M.) communautaire Integrationsstand (M.)
acquisition (F.) Bezug (M.), Einkauf (M.), Errungenschaft (F.), Erwerb (M.), Kauf (M.)
acquisition (F.) d'un bien par appropriation directe ou par transformation ou aux enchères originärer Eigentumserwerb (M.)
acquisition (F.) d'un droit Rechtserwerb (M.)
acquisition (F.) d'un non-propriétaire Durchgangserwerb (M.)
acquisition (F.) d'une entreprise Unternehmenserwerb (M.)
acquisition (F.) d'une souche de titre Mantelkauf (M.)
acquisition (F.) de bonne foi gutgläubiger Erwerb (M.)
acquisition (F.) de la propriété Eigentumserwerb (M.)
acquisition (F.) de pleindroit de la propriété de l'hérédité Erbanfall (M.)
acquisition (F.) dérivée de la propriété abgeleiteter Eigentumserwerb (M.), derivativer Eigentumserwerb (M.)

acquisition (F.) directe Direkterwerb (M.)
acquit (M.) Quittung (F.), Schein (M.)
acquittement (M.) Abgeltung (F.), Bezahlung (F.), Freisprechung (F.), Freispruch (M.)
acquitter begleichen, freisprechen, quittieren, zahlen
acte (M.) (administratif individuel) créant un droit particulier individuel begünstigender Verwaltungsakt (M.)
acte (M.) Akt (M.), Geschäft (N.), Handlung (F.), Maßnahme (F.), Prozessurkunde (F.), Tat (F.)
acte (M.) à titre onéreux consenti à un prix inférieur gemischte Schenkung (F.)
acte (M.) aboutissant à une obligation personnelle Verpflichtungsgeschäft (N.)
acte (M.) administratif individuel Verwaltungsakt (M.)
acte (M.) authentique echte Urkunde (F.), öffentliche Urkunde (F.)
acte (M.) collectif Gesamtakt (M.)
acte (M.) concluant konkludentes Handeln (N.)
acte (M.) consensuel Konsensualvertrag (M.)
acte (M.) conservatoire Maßnahme (M.) zur Wahrung von Interessen
acte (M.) constituant un risque pour la santé Gesundheitsgefährdung (F.)
acte (M.) constitutif de droit Gestaltungsakt (M.)
acte (M.) constitutionnel Verfassungsurkunde (F.)
acte (M.) criminel Verbrechen (N.)
acte (M.) d'accusation Anklage (F.), Anklageschrift (F.)
acte (M.) d'administration Vermögensverwaltungsgeschäft (N.)
acte (M.) d'administration judiciaire Justizverwaltungsakt (M.)
acte (M.) d'autorité Hoheitsakt (M.)
acte (M.) d'execution Erfüllungsgeschäft (N.)
acte (M.) de caution Bürgschaftsurkunde (F.)
acte (M.) de cession Abtretungsurkunde (F.)
acte (M.) de commerce Handelsgeschäft (N.)
acte (M.) de complaisance Gefälligkeitsvereinbarung (F.), Gefälligkeitsverhältnis (N.)
acte (M.) de décès Sterbeurkunde (F.)
acte (M.) de désistement Verzichtserklärung (F.)
acte (M.) de gestion Verwaltungshandeln (N.)
acte (M.) de gouvernement Hoheitsakt (M.), Regierungsakt (M.)
acte (M.) de grâce Gnadenakt (M.)
acte (M.) de mandat Vollmachtsurkunde (F.)
acte (M.) de mariage Heiratsurkunde (F.)
acte (M.) de mise en accusation Anklageschrift (F.)
acte (M.) de naissance Geburtsurkunde (F.)
acte (M.) de nomination Ernennungsurkunde (F.)
acte (M.) de pourvoi en cassation Revisionsschrift (F.)
acte (M.) de procédure Prozesshandlung (F.)
acte (M.) de procuration Vollmachtsurkunde (F.)
acte (M.) de pure faculté Duldung (F.) ohne Rechtsanerkenntnis
acte (M.) de récusation Ablehnungsantrag (M.)
acte (M.) de signification Zustellungsurkunde (F.)
acte (M.) de violence Gewalttat (F.)
acte (M.) détachable abtrennbarer Verwaltungsakt (M.)
acte (M.) écrit Schriftsatz (M.), Urkunde (F.)
acte (M.) européen Europäische Akte (F.), Rechtsakte (F.) der Europäischen Gemeinschaften
acte (M.) final Schlussakte (F.)
acte (M.) fongible vertretbare Handlung (F.)
acte (M.) impudique sexuelle Handlung (F.)
acte (M.) individuel prévoyant la participation de l'interessé mitwirkungsbedürftiger Verwaltungsakt (M.)
acte (M.) inexistant Nichtakt (M.)
acte (M.) inqualifiable unvertretbare Handlung (F.)
acte (M.) instrumentaire Beweisurkunde (F.)
acte (M.) juridictionnel richterliche Entscheidung (F.)
acte (M.) juridique Rechtsakt (M.), Rechtsgeschäft (N.), Rechtshandlung (F.)
acte (M.) juridique reposant sur des déclarations de volonté faites par plaisanterie Scherzgeschäft (N.)
acte (M.) manifeste handhafte Tat (F.)
acte (M.) matérial assimilé à un acte juridique rechtsgeschäftsähnliche Handlung (F.)
acte (M.) matériel Realakt (M.)

acte (M.) matériel assimilé à un acte juridique geschäftsähnliche Handlung (F.)
acte (M.) matériel unique Handlungseinheit (F.)
acte (M.) mixte einseitiges Handelsgeschäft (N.)
acte (M.) officiel öffentliche Urkunde (F.)
acte (M.) organisant l'administration Organisationsakt (M.)
acte (M.) par représentant Vertretergeschäft (N.)
acte (M.) passé avec soi-même Selbstkontrahieren (N.)
acte (M.) précédé vorangegangenes Tun (N.)
acte (M.) préparatoire Vorbereitungshandlung (F.)
acte (M.) privé Privaturkunde (F.)
acte (M.) rempliant une obligation Erfüllungsgeschäft (N.)
acte (M.) répréhensible passible d'une peine administrative Verwaltungsunrecht (N.)
acte (M.) revêtu de la formule exécutoire vollstreckbare Urkunde (F.)
acte (M.) solennel formgebundener Vertrag (M.)
acte (M.) sous seing privé Privaturkunde (F.)
acte (M.) sous seing privé d'ouverture de crédit Kreditvertrag (M.)
acte (M.) unilatéral einseitiges Rechtsgeschäft (N.)
Acte (M.) unique européen (A. U. E.) Einheitliche Europäische Akte (F.)
acte-condition (M.) rechtsbegründende Handlung (F.)
acte-règle (M.) Satzungsrecht (N.)
acte-type (M.) typisierter Verwaltungsakt (M.)
actif (Adj.) aktiv, erwerbstätig, tätig
actif (M.) Aktiva (N.Pl.), Aktivum, Guthaben (N.), Haben (N.)
actif (M.) circulant Umlaufvermögen (N.)
actif (M.) d'une société Gesellschaftsvermögen (N.)
actif (M.) social Gesellschaftsvermögen (N.)
action (F.) actio (F.) (lat.), Aktie (F.), Aktion (F.), Anspruch (M.), Einschreiten (N.), Einwirkung (F.), Handeln (N.), Handlung (F.), Klage (F.), Prozesshandlung (F.), Tat (F.), Tätigkeit (F.), Tun (N.)
action (F.) à fins de subsides Unterhaltsklage (F.)
action (F.) au porteur Inhaberaktie (F.)
action (F.) causale Kausalgeschäft (N.)
action (F.) civile Zivilklage (F.)
action (F.) collective Verbandsklage (F.)
action (F.) concluante schlüssiges Handeln (N.)
action (F.) confessoire Klage (F.) auf Bestehen einer Dienstbarkeit
action (F.) contre une personne morale de droit public afin d'obtenir la réparation des suites préjudiciables d'un acte administratif illégal et de rétablir la situation antécédente Folgenbeseitigungsanspruch (M.)
action (F.) d'apport Gründeraktie (F.)
action (F.) d'état Statusklage (F.)
action (F.) de capital Stammaktie (F.)
action (F.) de groupe Sammelklage (F.)
action (F.) de in rem verso Bereicherungsklage (F.)
action (F.) de jouissance Genussschein (M.)
action (F.) de la partie civile accompagnant l'action publique Nebenklage (F.)
action (F.) de priorité Vorzugsaktie (F.)
action (F.) de se prévaloir Berühmung (F.)
action (F.) en abstention Unterlassungsklage (F.)
action (F.) en annulation Nichtigkeitsklage (F.)
action (F.) en annulation d'un acte administratif Anfechtungsklage (F.)
action (F.) en annulation d'une acte frauduleusement accompli par le débiteur dans le but de s'appauvrir Gläubigeranfechtung (F.)
action (F.) en annulation du créancier contre les actes de disposition frauduleux du débiteur Gläubigeranfechtung (F.)
action (F.) en annulation par cause d'erreur Irrtumsanfechtung (F.)
action (F.) en constatation d'un droit Feststellungsklage (F.)
action (F.) en constatation de droits Feststellungsklage (F.)
action (F.) en dommage-intérêts Schadensersatzklage (F.)
action (F.) en évacuation Räumungsklage (F.)
action (F.) en exécution Leistungsklage (F.)
action (F.) en exécution d'une obligation Verpflichtungsklage (F.)

action (F.) en exécution d'une prestation Leistungsklage (F.)
action (F.) en inopposabilité Konkursanfechtung (F.)
action (F.) en intervention Interventionsklage (F.)
action (F.) en justice Klage (F.)
action (F.) en modification Abänderungsklage (F.)
action (F.) en nullité des actes du failli pendant la période suspecte Konkursanfechtung (F.)
action (F.) en paiement Zahlungsklage (F.)
action (F.) en partage Teilungsklage (F.)
action (F.) en prestation d'aliments Unterhaltsklage (F.)
action (F.) en recherche de la paternité naturelle Vaterschaftsklage (F.)
action (F.) en recherche de paternité Vaterschaftsfeststellungsverfahren (N.)
action (F.) en réformation Abänderungsklage (F.)
action (F.) en répétition de l'indu Kondiktion (F.)
action (F.) en responsabilité delictuelle Anspruch (M.) aus unerlaubter Handlung
action (F.) en restitution Herausgabeklage (F.)
action (F.) en rétablissement Herstellungsklage (F.)
action (F.) en revendication Leistungskondiktion (F.)
action (F.) en révision d'un jugement Restitutionsklage (F.)
action (F.) en révocation judiciaire du testament Testamentsanfechtung (F.)
action (F.) en vérification Feststellungsklage (F.)
action (F.) engagée par le voisin Nachbarklage (F.)
action (F.) estimatoire Preisminderungsklage (F.)
action (F.) exercée contre un contractant par une partie qui a agi pour le compte d'un tiers en vue d'obtenir l'indemnisation des dommages subis par ce dernier Drittschadensliquidation (F.)
action (F.) exercée par un groupement et tendant à la défense d'un intérêt collectif Verbandsklage (F.)
action (F.) immobilière Klage (F.) aus einem Recht an einer unbeweglichen Sache
action (F.) initiale de la partie lésée donnant directement ouverture de l'instruction Privatklage (F.)
action (F.) intentée afin que l'administration agisse dans un sens détérminé Vornahmeklage (F.)
action (F.) intentée par un organ d'un état Organklage (F.)
action (F.) juridique tendant à faire modifier une situation juridique Gestaltungsklage (F.)
action (F.) mixte Klage (F.) auf Anerkennung eines Sachenrechts und Durchsetzung eines Schuldrechts
action (F.) mobilière Fahrnisklage (F.)
action (F.) négatoire negatorische Klage (F.)
action (F.) nominative Namensaktie (F.)
action (F.) nominative négociable sous réserve d'autorisation de la société ayant émis ce titre vinkulierte Namensaktie (F.)
action (F.) oblique Sicherungsklage zur Ausübung der dem zahlungsunfähigen Schuldner zustehenden Rechte durch seinen Gläubiger
action (F.) offensive Angriff (M.)
action (F.) ordinaire Stammaktie (F.)
action (F.) par laquelle le défendeur s'oppose à une exécution forcée en invoquant des exceptions de fond Vollstreckungsgegenklage (F.)
action (F.) paulienne Gläubigeranfechtung (F.), Konkursanfechtung (F.)
action (F.) paulienne simplifiée Konkursanfechtung (F.)
action (F.) pénale Verfolgung (F.)
action (F.) pénale que le parquet n'est pas tenu d'engager et qui peut être exercée par la victime elle-même Privatklage (F.)
action (F.) personnelle schuldrechtliche Klage (F.)
action (F.) pétitoire Eigentumsklage (F.)
action (F.) possessoire possessorische Klage (F.)
action (F.) pour cause d'enrichissement sans cause Bereicherungsanspruch (M.)
action (F.) privilégiée Vorzugsaktie (F.)
action (F.) publique Anklage (F.), öffentliche Klage (F.), Verfolgung (F.)
action (F.) reconventionnelle Widerklage (F.)
action (F.) récursoire Regress (M.), Rückgriffsklage (F.)

action (F.) rédhibitoire Wandlung (F.)
action (F.) révocatoire Insolvenzanfechtung (F.)
action (F.) sanitaire et sociale Gesundheitsfürsorge (F.)
action (F.) tendant à obtenir que l'administration agisse Vornahmeklage (F.)
action (F.) tendant à obtenir un acte ou une omission Verpflichtungsklage (F.)
action (F.) visant la modification d'une situation juridique Gestaltungsklage (F.)
actionnaire (F.) Aktionärin (F.)
actionnaire (M.) Aktionär (M.)
actionnaire (M.) principal Hauptaktionär (M.)
actionnariat (M.) des salariés Kapitalbeteiligung (M.) der Arbeitnehmer am Unternehmen
actions (F.Pl.) successives Stufenklage (F.)
activité (F.) Amt (N.), Beschäftigung (F.), Tätigkeit (F.)
activité (F.) accessoire Nebenbeschäftigung (F.), Nebentätigkeit (F.)
activité (F.) administrative Amtsbetrieb (M.)
activité (F.) commerciale Geschäftsbetrieb (M.), Handelsgewerbe (N.)
activité (F.) dangereuse gefahrengeneigte Tätigkeit (F.)
activité (F.) de conseil dans le domaine juridique Rechtsanwaltsberatung (F.)
activité (F.) de la police afin de maintenir la sécurité publique Gefahrenabwehr (F.)
activité (F.) en tant que profession habituelle Gewerbsmäßigkeit (F.)
activité (F.) génératrice de droit Rechtsschöpfung (F.)
activité (F.) professionnelle Arbeit (F.), Gewerbe (N.)
activité (F.) promotionnelle Werbung (F.)
activités (F.Pl.) des établissements pénitentiaires Vollzugsdienst (M.)
actuel (Adj.) aktuell, gegenwärtig
ad hoc (lat.) ad hoc (lat.) (zu dem Zeitpunkt)
adapter anpassen, bearbeiten
adaption (F.) Anpassung (F.), Bearbeitung (F.)
adaption (F.) du droit aux changements de la société et de l'économie Rechtsfortbildung (F.)
additif (M.) Nachtrag (M.)
addition (F.) Zeche (F.)
additionnel eventual, nachträglich, zusätzlich
additionner zulegen
adéquat (Adj.) adäquat, sachgerecht
adéquation (F.) Adäquanz (F.), Angemessenheit (F.), Verhältnismäßigkeit (F.)
adhérent (M.) Angehöriger (M.), Mitglied (N.)
adhérer (à) anhängen, beitreten, eintreten
adhésion (F.) Adhäsion (F.), Akzeptanz (F.), Beitritt (M.), Eintreten (N.), Eintritt (M.)
adjoint (Adj.) stellvertretend
adjoint (M.) Beigeordneter (M.)
adjoint (M.) de probation Bewährungshelfer (M.)
adjonction (F.) Zubehör (N.)
adjudant (M.) Adjutant (M.)
adjudication (F.) Zuschlag (M.)
adjudication (F.) judiciaire gerichtliche Versteigerung (F.)
adjudication (F.) publique Verdingung (F.)
adjuger verdingen
admettre anerkennen, dulden, einräumen, konzedieren, zulassen
adminicule (M.) unvollständiger durch nachträglichen Zeugenbeweis zum vollen Nachweis ergänzter Beweis (M.)
administrateur (M.) Hausverwalter (M.), Verwalter (M.), Verwaltungsrat (M.), Verweser (M.)
administrateur (M.) chargé de la liquidation judiciaire Konkursverwalter (M.)
administrateur (M.) d'insolvabilité Insolvenzverwalter (M.)
administrateur (M.) d'une province Statthalter (M.)
administrateur (M.) de biens Sachwalter (M.), Vermögensverwalter (M.)
administrateur (M.) de la succession Nachlasspfleger (M.)
administrateur (M.) de société Geschäftsführer (M.), Vorstandsmitglied (N.)
administrateur (M.) des biens de la succession Erbschaftsverwalter (M.)
administrateur (M.) des finances municipales Kämmerer (M.)
administrateur (M.) judiciaire Insolvenzverwalter (M.), Masseverwalter (M.)
administrateur-ordonnateur (M.) Anweisungsbeamter (M.) für den Haushaltsplanvollzug (Anweisungsbeamter für den Haushaltsplanvollzug in Frankreich)

administratif (Adj.) administrativ, behördlich
administration (F.) Administration (F.), Amt (N.), Behörde (F.), Gebaren (N.), Geschäftsführung (F.), Verwaltung (F.), Verwaltungsbehörde (F.)
administration (F.) ayant pour fonction l'ordonnancement juridique Eingriffsverwaltung (F.)
administration (F.) communale Gemeindebehörde (F.), Gemeindeverwaltung (F.)
administration (F.) de biens Verwaltungstreuhand (F.)
administration (F.) de formation Bildungsverwaltung (F.)
administration (F.) de l'indivision successorale Nachlasspflegschaft (F.)
administration (F.) de la justice Justizverwaltung (F.), Rechtspflege (F.)
administration (F.) de la preuve Beweiserhebung (F.)
administration (F.) de la succession Nachlassverwaltung (F.)
administration (F.) décentralisée mittelbare Staatsverwaltung (F.)
administration (F.) déléguée Auftragsverwaltung (F.)
administration (F.) des approvisionnements Beschaffungsverwaltung (F.)
administration (F.) des biens placés sous séquestre Sequestration (F.)
administration (F.) des douanes Zollbehörde (F.)
administration (F.) des finances Finanzamt (N.), Finanzverwaltung (F.)
administration (F.) des instructions Weisungsverwaltung (F.)
administration (F.) des subventions ou d'autres mesures d'encouragement Förderungsverwaltung (F.)
administration (F.) du Land Landesverwaltung (F.)
administration (F.) du patrimoine Vermögenssorge (F.), Vermögensverwaltung (F.)
administration (F.) du patrimoine d'une personne sous tutelle Vermögenspflegschaft (F.)
administration (F.) économique Wirtschaftsverwaltung (F.)
administration (F.) en dehors des lois gesetzesfreie Verwaltung (F.)
administration (F.) en matière de police administrative des constructions Baubehörde (F.)
administration (F.) fédérale Bundesbehörde (F.), Bundesverwaltung (F.)
administration (F.) fédérale des armées Bundeswehrverwaltung (F.)
administration (F.) financière Finanzverwaltung (F.)
administration (F.) générale Hauptverwaltung (F.)
administration (F.) intermédiaire Mittelbehörde (F.)
administration (F.) interne innere Verwaltung (F.)
administration (F.) judiciaire Gerichtsverwaltung (F.)
administration (F.) liée gebundene Verwaltung (F.)
administration (F.) municipale Kommunalverwaltung (F.)
administration (F.) pénitentiaire Strafvollzug (M.)
administration (F.) pour autrui Fremdgeschäftsführung (F.)
administration (F.) prestataire de services Daseinsvorsorge (F.)
administration (F.) provinciale Landesverwaltung (F.)
administration (F.) publique Staatsdienst (M.), Staatsverwaltung (F.)
administration-séquestre (F.) Zwangsverwaltung (F.)
administratrice (F.) des biens de la succession Erbschaftsverwalterin (F.)
administrer administrieren, führen, leiten, verwalten, verwesen (verwalten)
admis zulässig
admissibilité (F.) Statthaftigkeit (F.), Zulässigkeit (F.)
admissible statthaft, zulässig
admission (F.) Anerkennung (F.), Zulassung (F.)
admission (F.) à l'enseignement supérieur Habilitation (F.)
admission (F.) à la retraite Emeritierung (F.)
admission (F.) à titre de professeur suppléant d'université Habilitation (F.)
admission (F.) au territoire Einreise (F.)
admission (F.) sur le territoire Einreisebewilligung (F.)

admonestation (F.) Verwarnung (F.)
adolescent (M.) Jugendlicher (M.)
adonner hingeben
adopté (M.) Adoptierter (M.)
adoptée (F.) Adoptierte (F.)
adopter adoptieren, annehmen an Kindes Statt, erlassen (V.), verabschieden
adoption (F.) Adoption (F.), Kindesannahme (F.)
adoucissement (M.) Milderung (F.)
adresse (F.) Adresse (F.)
adresse (F.) bancaire Bankverbindung (F.)
adresser adressieren, ansprechen
adulte (M.) Erwachsener (M.)
adultère (Adj.) ehebrecherisch
adultère (M.) Ehebrecher (M.), Ehebruch (M.)
adultérin ehebrecherisch
adversaire (Adj.) gegnerisch
adversaire (M.) Feind (M.), Gegenseite (F.), Gegner (M.), Prozessgegner (M.)
aéronef (M.) Luftfahrzeug (N.)
affacturage (M.) Factoring (N.)
affaiblissement (M.) Abnahme (F.)
affaire (F.) Angelegenheit (F.), Betrieb (M.), Fall (M.), Geschäft (N.), Handel (M.), Handelsgeschäft (N.), Prozess (M.), Sache (F.)
affaire (F.) civile Zivilsache (F.)
affaire (F.) de peu d'importance Bagatellsache (F.)
affaire (F.) de secours Ersatzgeschäft (N.)
affaire (F.) de terrain à bâtir Baulandsache (F.)
affaire (F.) étrangere auswärtige Angelegenheit (F.)
affaire (F.) fédérale Bundesangelegenheit (F.)
affaire (F.) pénale Strafsache (F.)
affaire (F.) publique öffentlicher Belang (M.)
affaire (F.) relevant du juge des tutelles Vormundschaftssache (F.)
affaire (F.) traitée pendant les vacances judiciaires Feriensache (F.)
affaire (F.) traitée sur place Platzgeschäft (N.)
affaires (F.Pl.) Verkehr (M.)
affaires (F.Pl.) étrangères auswärtige Angelegenheiten (F.Pl.)
affectation (F.) Anrechnung (F.), Widmung (F.), Zuwendung (F.)
affecter anweisen, widmen, zuwenden
affecter à un autre emploi versetzen
affection (F.) Krankheit (F.)
affermage (M.) Pachtverhältnis (N.), Verpachtung (F.)
affermer verpachten
affiche (F.) Anschlag (M.), Plakat (N.)
afficher anschlagen
affidavit (M.) Affidavit (N.)
affiliation (F.) Mitgliedschaft (F.)
affirmatif affirmativ
affirmation (F.) Aussage (F.), Behauptung (F.), Bekräftigung (F.), Versicherung (F.)
affirmation (F.) solennelle tenant lieu du serment eidesstattliche Versicherung (F.)
affirmation (F.) sous la foi du serment Beeidigung (F.)
affirmer behaupten, bejahen
affirmer sous la foi du serment beeiden, beeidigen
affouage (M.) Brennholzrecht (N.)
affranchir frankieren, freilassen
affréter chartern
affréteur (M.) Charterer (M.)
affront (M.) Affront (M.)
Afrique (F.) Afrika (N.)
âge (M.) Alter (N.), Lebensalter (N.)
âge (M.) d'accès au travail Arbeitsmündigkeit (F.)
âge (M.) matrimonial Ehemündigkeit (F.)
âge (M.) requis pour contracter mariage Ehemündigkeit (F.)
âge-limite (M.) Altersgrenze (F.)
agence (F.) Agentur (F.), Büro (N.), Geschäftsstelle (F.), Zweigstelle (F.)
agence (F.) de notation financière Ratingagentur (F.)
Agence (F.) européenne de l'environnement Europäische Umweltagentur (F.)
agence (F.) fédérale pour l'emploi Bundesagentur (F.) für Arbeit
agence (F.) immobilière Wohnungsvermittlung (F.), Wohnungsvermittlungsbüro (N.)
agence (F.) matrimoniale Heiratsvermittlung (F.)
agence (F.) pour l'emploi Agentur (F.) für Arbeit, Arbeitsagentur (F.), Arbeitsamt (N.)
agencer gestalten
agent (M.) Agent (M.), Beamter (M.), Bediensteter (M.)
agent (M.) commercial Agent (M.), Handelsvertreter (M.)
agent (M.) contractuel Angestellter (M.)

agent (M.) d'assurance Versicherungsvertreter (M.)
agent (M.) d'exécution Vollstrecker (M.)
agent (M.) de change Börsenmakler (M.)
agent (M.) de direction leitender Angestellter (M.)
agent (M.) de la fonction publique Beamter (M.)
agent (M.) de police Polizist (M.), Schutzmann (M.)
agent (M.) de police judiciaire (A. P. J.) Polizeibeamter (M.)
agent (M.) en brevets Patentanwalt (M.)
agent (M.) immobilier Makler (M.)
agent (M.) matrimonial Ehemakler (M.), Ehevermittler (M.)
agent (M.) négociateur Vermittlungsvertreter (M.)
aggrandir arrondieren
aggravant erschwerend
aggravation (F.) de peine Strafschärfung (F.)
aggravation (F.) des risques Gefahrerhöhung (F.)
aggraver erschweren, verschärfen
agio (M.) Agio (N.), Aufgeld (N.)
agir agieren, einschreiten, handeln, wirken
agir contre vorgehen
agir en annulation anfechten
agir en justice einklagen, klagen
agir par procuration vertreten (V.)
agitateur (M.) Hetzer (M.)
agiter aufwiegeln
agnat (M.) Agnat (M.)
agréable genehm
agréation (F.) par type Typengenehmigung (F.)
agréé lizenziert
agrément (M.) Agrément (N.), Annahme (F.), Lust (F.)
agresseur (M.) Angreifer (M.)
agressif aggressiv
agression (F.) Aggression (F.)
agriculteur (M.) Landwirt (M.)
agricultrice (F.) Landwirtin (F.)
agriculture (F.) Landwirtschaft (F.)
aide (F.) Begünstigung (F.), Beihilfe (F.), Beistand (M.), Förderung (F.), Hilfe (F.), Hilfeleistung (F.), Versorgung (F.)
aide (F.) à l'enfance Jugendhilfe (F.)
aide (F.) à la prostitution Kuppelei (F.)
aide (F.) administrative Amtshilfe (F.)
aide (F.) de l'État à la construction d'immeubles Baukostenzuschuss (M.)
aide (F.) éducative Erziehungshilfe (F.)
aide (F.) familiale Familienhilfe (F.)
aide (F.) financière Subvention (F.), Zuwendung (F.)
aide (F.) gouvernementale Beihilfe (F.)
aide (F.) judiciaire Armenrecht (N.) (Prozesskostenhilfe), Gerichtshilfe (F.)
aide (F.) juridictionnelle Prozesskostenhilfe (F.)
aide (F.) juridique Prozesskostenhilfe (F.)
aide (F.) prêtée par une administration à un autre service Amtshilfe (F.)
aide (F.) sociale Fürsorge (F.), Sozialhilfe (F.), Wohlfahrtspflege (F.)
aide (M.) de camp Adjutant (M.)
aide-ménagère (F.) Hausgehilfin (F.)
aider begünstigen, beistehen, betreuen, dienen, fördern, helfen
aïeul (M.) Ahne (M.), Vorfahre (M.)
aimable gefällig
air (M.) Luft (F.)
aire (F.) piétonne Fußgängerzone (F.)
aisance (F.) de voirie Anliegerrecht (N.)
ajourné betagt
ajournement (M.) Aufschub (M.), Stundung (F.), Vertagung (F.)
ajournement (M.) sine die Vertagung (F.) auf unbestimmte Zeit
ajourner aufschieben, stunden, verlegen (V.), verschieben, vertagen
ajouter anschließen
ajustement (M.) Anpassung (F.)
ajuster abstimmen, anpassen
alarme (F.) Alarm (M.)
alcool (M.) Alkohol (M.)
alcool (M.) et tabac (M.) Genussmittel (N.)
alcoolémie (F.) Blutalkohol (M.)
alcoolisme (M.) Trunksucht (F.)
aléa (M.) Zufall (M.)
aléatoire aleatorisch
alias alias (lat.) (anderswo)
alibi (M.) Alibi (N.)
aliénation (F.) Disposition (F.), Veräußerung (F.), Vermögensverfügung (F.)
aliénation (F.) d'un bien par une personne n'ayant pas le droit d'en disposer Verfügung (F.) eines Nichtberechtigten
aliénation (F.) mentale Geisteskrankheit (F.)
aliéné (Adj.) geisteskrank

aliéné (M.) mental Irrer (M.)
aliéner abtreten, veräußern
alignement (M.) Baulinie (F.), Fluchtlinie (F.)
alignement (M.) monétaire Währungsangleichung (F.)
aliment (M.) Aliment (N.)
aliment (M.) industriel pour les animaux Futtermittel (N.)
alimentation (F.) Ernährung (F.), Versorgung (F.)
aliments (M.Pl.) Alimente (N.Pl.), Unterhalt (M.)
aliments (M.Pl.) en cas de séparation Trennungsunterhalt (M.)
alinéa (M.) Absatz (M.)
aliud (lat.) aliud (lat.) (anderes)
allégation (F.) Behauptung (F.), Beibringung (F.), Tatsachenbehauptung (F.)
allégation (F.) d'une partie Parteivorbringen (N.)
allégation (F.) mensongère Schutzbehauptung (F.)
allégation (F.) portant sur un fait exact sous forme offensante Formalbeleidigung (F.)
allégement (M.) Erleichterung (F.)
allègement (M.) fiscal Steuervergünstigung (F.)
alléger erleichtern
alléguer behaupten, beibringen
Allemagne (F.) Deutschland (N.)
allemand (M.) Deutscher (M.)
Allemande (F.) Deutsche (F.)
aller fahren, gehen
aller à cheval reiten
aller habiter beziehen
alliance (F.) Allianz (F.), Bund (M.), Bündnis (N.), Schwägerschaft (F.)
allié (Adj.) verschwägert
Allié (M.) Alliierter (M.)
Alliés (M.Pl.) Alliierte (M.Pl.)
allocataire (M.) Beihilfeempfangsberechtigter (M.)
allocation (F.) Bewilligung (F.), Zuwendung (F.)
allocation (F.) complémentaire Zulage (F.)
allocation (F.) d'éducation parentale Erziehungsgeld (N.)
allocation (F.) d'entretien Pflegegeld (N.)
allocation (F.) de chômage Arbeitslosengeld (N.)
allocation (F.) de décès Sterbegeld (N.)
allocation (F.) de logement Wohngeld (N.)
allocation (F.) familiale Familienbeihilfe (F.) (Familienbeihilfe in Österreich), Kindergeld (N.)
allocation (F.) logement Mietzuschuss (M.)
allocation (F.) parentale Elterngeld (N.)
allonge (F.) Allonge (F.)
alma mater (F.) (lat.) alma mater (F.) (lat.) (nährende Mutter bzw. Universität)
alourdir beschweren
alpe (F.) Alm (F.), Alpe (F.)
altération (F.) Veränderung (F.), Zerrüttung (F.)
altération (F.) des facultés intellectuelles Bewusstseinsstörung (F.)
altérer verändern
alternance (F.) regulière Turnus (M.)
alternatif alternativ
alternative (F.) Alternative (F.)
altesse (F.) Hoheit (F.)
altitude (F.) Höhe (F.)
amabilité (F.) Gefälligkeit (F.)
amateur (M.) Laie (M.)
ambassade (F.) Botschaft (F.)
ambassadeur (M.) Botschafter (M.)
ambassadrice (F.) Botschafterin (F.)
ambiance (F.) Umgebung (F.)
ambulant ambulant
âme (F.) Psyche (F.)
amélioration (F.) Besserung (F.), Nachbesserung (F.), Verbesserung (F.)
améliorer bessern, sanieren, verbessern
aménagement (M.) Einrichtung (F.)
aménagement (M.) des espaces Raumordnung (F.)
aménagement (M.) du territoire Raumordnung (F.)
aménagement (M.) du territoire d'un Land Landesplanung (F.)
aménager gestalten
amende (F.) Beugemittel (N.), Buße (F.), Geldbuße (F.), Ordnungsmittel (N.)
amende (F.) administrative Verwarnungsgeld (N.), Zwangsgeld (N.)
amende (F.) conventionnelle Konventionalstrafe (F.)
amende (F.) disciplinaire Ordnungsstrafe (F.)
amende (F.) forfaitaire Bußgeld (N.), Geldbuße (F.)
amende (F.) pénale Buße (F.), Geldstrafe (F.)

amende (F.) pénale au taux journalier Tagessatz (M.)
amendement (M.) Abänderung (F.), Amendement (N.), Änderung (F.), Novellierung (F.)
amendement (M.) à la constitution Verfassungsänderung (F.)
amendement (M.) législatif Gesetzesänderung (F.)
amender abändern, ändern, novellieren
amener vorführen
Amérique (F.) Amerika (N.)
ameublement (M.) Mobiliar (N.)
ameublissement (M.) Vereinbarung (F.) wodurch unbewegliche Sachen im Eigentum eines Ehegatten gemeinsames Eigentum beider Ehegatten werden
ami (M.) Freund (M.)
amiable gütlich
amiral (M.) Admiral (M.)
amitié (F.) Freundschaft (F.)
amnistie (F.) Amnestie (F.), Begnadigung (F.)
amnistie (F.) au cours du déroulement du procès pénal Abolition (F.)
amnistie (F.) générale Generalamnestie (F.)
amnistier amnestieren, begnadigen
amoindrir vermindern
amoindrissement (M.) Verminderung (F.)
amortir ablösen, abschreiben, amortisieren, löschen, tilgen
amortissable ablösbar
amortissement (M.) Ablösung (F.), Abschreibung (F.), Amortisation (F.), Löschung (F.), Tilgung (F.)
amortissement (M.) de dette Schuldentilgung (F.)
amoureux (M.) Liebhaber (M.)
an (M.) Jahr (N.)
analogie (F.) Analogie (F.)
analogie (F.) juridique Rechtsanalogie (F.)
analogue analog
analyse (F.) Beurteilung (F.)
analyse (F.) des besoins Bedürfnisprüfung (F.)
analyser beurteilen, untersuchen
anarchie (F.) Anarchie (F.)
anarchique anarchisch
anarchiste (M.) Anarchist (M.)
anathème (M.) Anathema (N.)
anatocisme (M.) Anatozismus (M.), Zinseszins (M.)
ancienneté (F.) Besoldungsdienstalter (N.), Dienstalter (N.)
âne (M.) Esel (M.)
anéantissement (M.) Verfall (M.)
anesthésique (M.) Betäubungsmittel (N.)
angle (M.) Ecke (F.)
Angleterre (F.) England (N.)
Anhalt (M.) Anhalt (N.) (Land Anhalt)
animal (M.) Tier (N.)
animal (M.) domestique Haustier (N.)
animal (M.) familier Haustier (N.)
animer anregen
année (F.) Jahr (N.)
année (F.) budgétaire Rechnungsjahr (N.)
année (F.) commerciale Geschäftsjahr (N.)
annexe (F.) Anlage (F.), Annex (M.), Ergänzung (F.)
annexer annektieren, anschließen, einverleiben
annexion (F.) Annexion (F.), Anschluss (M.)
annonce (F.) Ankündigung (F.), Anmeldung (F.), Anzeige (F.), Bekanntgabe (F.), Inserat (N.), Meldung (F.), Verkündung (F.)
annoncer ankündigen, anmelden, bekanntgeben, bekanntmachen, melden, verkünden
annotation (F.) Anmerkung (F.), Vermerk (M.), Vormerkung (F.)
annoter anmerken
annuaire (M.) Jahrbuch (N.)
annuel jährlich
annuité (F.) Annuität (F.), Rente (F.)
annulabilité (F.) Anfechtbarkeit (F.)
annulable anfechtbar
annulation (F.) Annullierung (F.), Aufhebung (F.), Storno (N.), Tilgung (F.)
annulation (F.) d'un contrat Wandlung (F.)
annulation (F.) du mariage Eheaufhebung (F.)
annuler anfechten, annullieren, aufheben, auflösen, brechen, stornieren, streichen
anoblir adeln
anomal abnorm
anonymat (M.) Anonymität (F.)
anonyme anonym
anormal abnorm, anormal, außergewöhnlich
antagonisme (M.) Gegensatz (M.)
antécédents (M. Pl.) Vorgeschichte (F.)
antécédents (M.Pl.) judiciaires Vorstrafe (F.)
antériorité (F.) Vorrang (M.)

antichrèse (F.) Antichrese (F.), Nutzungspfand (N.), Verpfändung (F.)
anticipé vorzeitig
anticiper vorwegnehmen
anticonstitutionnaliste (M.) Verfassungsfeind (M.)
antidate (F.) Rückdatierung (F.)
antidater rückdatieren
antinomie (F.) Antinomie (F.), Opposition (F.)
apanage (M.) Apanage (F.)
apatride (Adj.) heimatlos, staatenlos
apatride (M.) Heimatloser (M.)
apatridie (F.) Staatenlosigkeit (F.)
apercevoir merken
aplanissement (M.) Beseitigung (F.)
apologie (F.) Verherrlichung (F.)
apostolique apostolisch
apparemment anscheinend
apparence (F.) Anschein (M.), Schein (M.)
apparence (F.) du droit Rechtsschein (M.)
apparent anscheinend, offenbar
appartement (M.) Wohnung (F.)
appartement (M.) en copropriété Eigentumswohnung (F.)
appartenant à angehörig
appartenir zugehören, zustehen
appartenir à angehören, gehören
appel (M.) Appellation (F.), Aufruf (M.), Befürwortung (F.), Berufung (F.)
appel (M.) admissible zulässige Berufung (F.)
appel (M.) d'offres Ausschreibung (F.)
appel (M.) d'offres public öffentliche Ausschreibung (F.)
appel (M.) incident Anschlussberufung (F.)
appel (M.) joint Anschlussberufung (F.)
appel (M.) recevable zulässige Berufung (F.)
appel (M.) sous les drapeaux Einziehung (F.), Rekrutierung (F.)
appelant (M.) Berufungskläger (M.)
appelé (Adj.) berufen (Adj.)
appelé (M.) Nacherbe (M.)
appeler anrufen, aufrufen, berufen (V.)
appeler sous le drapeaux einberufen (V.)
appendice (M.) Ergänzung (F.)
applicabilité (F.) Anwendbarkeit (F.)
applicable anwendbar
application (F.) Anwendung (F.), Durchführung (F.), Umsetzung (F.), Verhängung (F.)
application (F.) d'une règle de droit Subsumtion (F.)
application (F.) de la loi Gesetzesanwendung (F.)
application (F.) du droit Rechtsanwendung (F.)
application (F.) erronée d'une règle de droit Subsumtionsirrtum (M.)
appliquant (M.) Anwender (M.)
appliquer anwenden
appliquer une règle de droit subsumieren
appointement (M.) Besoldung (F.)
appointer besolden
apport (M.) Beitrag (M.), Einlage (F.)
apport (M.) en nature Sacheinlage (F.)
apport (M.) initial Stammeinlage (F.)
apport (M.) social Kommanditeinlage (F.), Stammeinlage (F.)
apporter bringen, einlegen
apporteur (M.) Einleger (M.)
apposition (F.) des scellés Versiegelung (F.)
appréciation (F.) Beurteilung (F.), Bewertung (F.), Ermessen (N.), Prüfung (F.)
appréciation (F.) des preuves Beweiswürdigung (F.)
apprécier beurteilen, bewerten, bewerten, ermessen
appréhender sistieren, verhaften
appréhension (F.) Besorgnis (F.)
apprendre erfahren (V.), lernen
apprenti (M.) Auszubildender (M.), Lehrling (M.)
apprentissage (M.) Ausbildung (F.), Lehre (F.)
apprêter ansetzen (N.) (ansetzen zur Tatbestandsverwirklichung)
apprêter immédiatement unmittelbar ansetzen
approbation (F.) Anerkennung (F.), Billigung (F.), Genehmigung (F.), Sanktion (F.), Zustimmung (F.)
approbation (F.) présumé mutmaßliche Einwilligung (F.)
approfondir vertiefen
approfondissement (M.) Vertiefung (F.)
appropriation (F.) Aneignung (F.), Zueignung (F.)
approprié (Adj.) adäquat, angemessen
approprié sachgerecht
approprier (s') aneignen, zueignen (sich)
approuver bejahen, billigen, genehmigen, zustimmen
approvisionnement (M.) Besorgung (F.), Versorgung (F.)

approvisionner versorgen
apte à fähig, tauglich
apte pour agir en justice prozessfähig
aptitude (F.) Befähigung (F.), Eignung (F.), Fähigkeit (F.), Tauglichkeit (F.)
aptitude (F.) de l'accusé de prendre part aux débats Verhandlungsfähigkeit (F.)
apurement (M.) Bereinigung (F.), Vergleich (M.)
apurer bereinigen
Arabie (F.) Arabien (N.)
arbitrage (M.) Arbitrage (F.), Schlichtung (F.)
arbitrage (M.) international internationale Schiedsgerichtsbarkeit (F.)
arbitraire (Adj.) arbiträr, eigenmächtig, willkürlich
arbitraire (F.) Willkür (F.)
arbitre (M.) Schiedsmann (M.), Schiedsrichter (M.)
arbitrer schlichten
archaïque archaisch
archevêque (M.) Erzbischof (M.)
architecte (M.) Architekt (M.), Baumeister (M.)
archives (F.Pl.) Archiv (N.)
archiviste (M.) Archivar (M.)
argent (M.) Geld (N.), Haben (N.)
argent (M.) au jour le jour Tagesgeld (N.)
argent (M.) comptant Bargeld (N.)
argent (M.) de poche Taschengeld (N.)
argent (M.) liquide Bargeld (N.)
argument (M.) Argument (N.), Begründung (F.), Klagebegründung (F.), Urteilsbegründung (F.)
argument (M.) supplétif Hilfsbegründung (F.)
argumentation (F.) Begründung (F.), Beweisführung (F.), Einlassung (F.), Rechtsausführung (F.)
argumenter argumentieren, einlassen
aristocrate (M.) Aristokrat (M.)
aristocratie (F.) Aristokratie (F.)
armateur (M.) Reeder (M.)
arme (F.) Gewehr (N.), Waffe (F.)
arme (F.) à feu Schusswaffe (F.)
arme (F.) atomique biologique chimique ABC-Waffe (F.)
arme (F.) atomique chimique et biologique ABC-Waffe (F.)
arme (F.) de guerre Kriegswaffe (F.)
armée (F.) Armee (F.), Heer (N.), Militär (N.)
armée (F.) de la République fédérale d'Allemagne Bundeswehr (F.)
armement (M.) Reederei (F.), Rüstung (F.)
armer (s') rüsten
armer ausstatten
armistice (M.) Waffenstillstand (M.)
armoiries (F.Pl.) Wappen (N.)
arpentage (M.) Vermessung (F.)
arpenter vermessen (V.)
arracher raufen
arrangement (M.) Abmachung (F.), Absprache (F.), Anordnung (F.), Einigung (F.), Regelung (F.), Übereinkunft (F.)
arranger (s') absprechen, einigen (sich)
arranger einrichten, ordnen
arrérage (M.) periodisch fällige Zahlung (F.)
arrestation (F.) Festnahme (F.), Sistierung (F.), Verhaftung (F.)
arrestation (F.) préventive Vorbeugehaft (F.)
arrêt (M.) Aufenthalt (M.), Aufhebung (F.), Berufungsurteil (N.), Beschluss (M.), Einstellung (F.), Erkenntnis (F.), Judikat (N.), Kognition (F.), Stilllegung (F.), Stillstand (M.), Urteil (N.)
arrêt (M.) de la procédure Ruhen (N.) des Verfahrens
arrêt (M.) de mise en accusation Eröffnungsbeschluss (M.)
arrêté (M.) Anordnung (F.), Erlass (M.) (Anordnung), Verfügung (F.), Verordnung (F.)
arrêté (M.) d'extension Allgemeinverbindlichkeitserklärung (F.)
arrêté (M.) de police Polizeiverordnung (F.)
arrêter abstellen, beschließen, fassen, festnehmen, halten, inhaftieren, sistieren, verfügen, verhaften
arrêts (M.Pl.) Arrest (M.), Strafarrest (M.)
arrhes (F.Pl.) arrha (F.) (lat.) (Angeld), Draufgabe (F.)
arrière (M.) Rückstand (M.)
arrière Rück-
arrière-caution (F.) Ausfallbürgschaft (F.), Rückbürge (M.), Rückbürgschaft (F.)
arrivée (F.) Eingang (M.)
arriver eingehen, ereignen (sich), geschehen
arriver à échéance fällig werden
arrondir arrondieren
arrondissement (M.) Bezirk (M.)

arrondissement (M.) électoral Wahlkreis (M.)
art (M.) Kunst (F.)
art (M.) médical Heilkunde (F.)
article (M.) Abschnitt (M.), Artikel (M.), Paragraph (M.), Ware (F.)
article (M.) d'usage Gebrauchsgegenstand (M.)
article (M.) de brocante Trödelware (F.)
article (M.) de marque Markenartikel (M.)
artificiel künstlich
artisan (M.) Gewerbetreibender (M.), Handwerker (M.)
artisan (M.) façonnier Lohnhandwerker (M.)
artisan (M.) préparant et transformant la matière première pour la commercialisation Warenhandwerker (M.)
artisanat (M.) Gewerbe (N.), Handwerk (N.)
artiste (M.) Künstler (M.)
ascendance (F.) Abkunft (F.), Aszendenz (F.)
ascendant (M.) Aszendent (M.), Vorfahre (M.)
ascendants (M.Pl.) Aszendenz (F.)
asile (M.) Asyl (N.), Obdach (N.), Obdachlosenasyl (N.)
asile (M.) de famille Heimstätte (F.)
asile (M.) vieilli Heilanstalt (F.)
asocial asozial
aspect (M.) Gesicht (N.)
asperation (F.) Asperation (F.)
aspirant (M.) Anwärter (M.)
aspirante (F.) Anwärterin (F.)
aspirer bewerben (sich)
assaillir überfallen
assainir sanieren
assainissement (M.) Sanierung (F.)
assassin (M.) Meuchelmörder (M.), Mörder (M.)
assassinat (M.) Meuchelmord (M.)
assassinat (M.) judiciaire Justizmord (M.)
assassiner meucheln, morden, umbringen
assemblée (F.) Konvent (M.), Versammlung (F.)
assemblée (F.) annuelle Jahresversammlung (F.)
assemblée (F.) communale Bürgerversammlung (F.)
assemblée (F.) déliberante du cercle Kreistag (M.)
assemblée (F.) des associés Gesellschafterversammlung (F.)
assemblée (F.) des créanciers Gläubigerversammlung (F.)
assemblée (F.) du personnel Personalversammlung (F.)
assemblée (F.) du personnel d'une entreprise Betriebsversammlung (F.)
assemblée (F.) du peuple Volksversammlung (F.)
assemblée (F.) fédérale Bundestag (M.), Bundesversammlung (F.)
assemblée (F.) générale Generalversammlung (F.), Hauptversammlung (F.), Vollversammlung (F.)
assemblée (F.) nationale Nationalrat (M.), Nationalversammlung (F.)
assemblée (F.) plénière Plenum (N.)
assembler sammeln, vereinen
asseoir (s') niederlassen (sich)
assermenter vereidigen
assertion (F.) Behauptung (F.)
assesseur (M.) Beisitzer (M.), Schöffe (M.)
assiette (F.) Bemessungsgrundlage (F.)
assignant (M.) Anweisender (M.)
assignation (F.) Anweisung (F.), Klageschrift (F.), Streitverkündung (F.), Verteilung (F.), Vorladung (F.)
assignation (F.) à résidence Hausarrest (M.)
assignation (F.) poursuite (F.) Vorgehen (N.)
assigner anweisen, klagen, laden (herbestellen)
assimilé aux salariés arbeitnehmerähnlich
assises (F.Pl.) Geschworenenbank (F.)
assistance (F.) Begünstigung (F.), Beihilfe (F.), Beistand (M.), Betreuung (F.), Hilfe (F.)
assistance (F.) administrative Amtshilfe (F.)
assistance (F.) aux chômeurs Arbeitslosenhilfe (F.)
assistance (F.) aux jeunes Jugendwohlfahrt (F.)
assistance (F.) aux mineurs Kinderhilfe (F.)
assistance (F.) bénévole Gefälligkeitsverhältnis (N.)
assistance (F.) des enfants Kinderhilfe (F.)
assistance (F.) judiciaire gratuite Armenrecht (N.) (Prozesskostenhilfe)
assistance (F.) sociale Fürsorge (F.), Wohlfahrt (F.)
assistant (M.) Assistent (M.), Betreuer (M.), Gehilfe (M.), Hochschulassistent (M.), Mitarbeiter (M.), Universitätsassistent (M.)

assistant (M.) d'avocat Rechtsanwaltsgehilfe (M.)
assistant (M.) qualifié d'avocat Rechtsanwaltsfachangestellter (M.)
assistant (M.) social Fürsorger (M.), Sozialarbeiter (M.)
assistante (F.) Assistentin (F.), Betreuerin (F.)
assister begünstigen, beisitzen, beistehen, beiwohnen, helfen, hilfeleisten
association (F.) Assoziation (F.), Verband (M.), Verbindung (F.), Verein (M.), Vereinigung (F.)
association (F.) à caractère économique wirtschaftlicher Verein (M.)
association (F.) administrative Landschaftsverband (M.)
association (F.) ayant la personnalité civile rechtsfähiger Verein (M.)
association (F.) cultuelle Religionsgesellschaft (F.)
association (F.) culturelle sans le statut de personne morale de droit public Freikirche (F.)
association (F.) d'avocats Anwaltssozietät (F.)
association (F.) d'entreprises Unternehmensverbund (M.)
association (F.) de malfaiteurs kriminelle Vereinigung (F.)
association (F.) en formation Vorverein (M.)
association (F.) en participation Partnerschaft (F.)
association (F.) enregistrée e. V. (M.) (eingetragener Verein), eingetragener Verein (M.)
Association (F.) Européenne Europäischer Verband (M.)
Association (F.) Européenne de Libre Échange (A. E. L. E.) EFTA (F.) (Europäische Freihandelsassoziation), Europäische Freihandelsassoziation (F.) (EFTA)
association (F.) générale Dachverband (M.)
association (F.) intercommunale Gemeindeverband (M.)
association (F.) patronale Arbeitgeberverband (M.)
association (F.) professionnelle Berufsgenossenschaft (F.), Berufsverband (M.)
association (F.) professionnelle ouvrière Gewerkschaft (F.)
association (F.) sans but lucratif Idealverein (M.)
association (F.) sans personnalité juridique nichtrechtsfähiger Verein (M.)
associé (M.) Gesellschafter (M.), Partner (M.), Sozius (M.), Teilhaber (M.)
associé (M.) tacite stiller Gesellschafter (M.)
associé (M.) unique Alleingesellschafter (M.)
associé vereinigt
associée (F.) unique Alleingesellschafterin (F.)
associer assoziieren, verbinden
assommer erschlagen (V.)
assouplir mildern
assujettissement (M.) à l'impôt Steuerpflicht (F.)
assumer eingehen, übernehmen
assurance (F.) Assekuranz (F.), Versicherung (F.), Zusicherung (F.)
assurance (F.) accident Unfallversicherung (F.)
assurance (F.) automobile Kraftfahrtversicherung (F.), Kraftfahrzeugversicherung (F.)
assurance (F.) automobile tous risques Vollkaskoversicherung (F.)
assurance (F.) chômage Arbeitslosenversicherung (F.)
assurance (F.) complémentaire Nachversicherung (F.)
assurance (F.) contre les accidents Unfallversicherung (F.)
assurance (F.) d'invalidité professionnelle Berufsunfähigkeitsversicherung (F.)
assurance (F.) de choses Sachversicherung (F.)
assurance (F.) de dommage Schadensversicherung (F.)
assurance (F.) de machines Maschinenversicherung (F.)
assurance (F.) de personnes Personenversicherung (F.)
assurance (F.) de rattrapage de périodes antérieures non cotisées Nachversicherung (F.)
assurance (F.) de sommes Summenversicherung (F.)
assurance (F.) de transport Transportversicherung (F.)
assurance (F.) décès Sterbeversicherung (F.)
assurance (F.) défense et recours Rechtsschutzversicherung (F.)
assurance (F.) dépendance Pflegeversicherung (F.)

assurance (F.) des employés Angestelltenversicherung (F.)
assurance (F.) dommages Schadensversicherung (F.)
assurance (F.) facultative freiwillige Versicherung (F.)
assurance (F.) grêle Hagelversicherung (F.)
assurance (F.) groupée Gruppenversicherung (F.)
assurance (F.) incendie Feuerversicherung (F.)
assurance (F.) individuelle accidents Unfallversicherung (F.)
assurance (F.) individuelle voyage Reiseversicherung (F.)
assurance (F.) insuffisante Unterversicherung (F.)
assurance (F.) invalidité Invalidenversicherung (F.)
assurance (F.) invalidité-vieillesse des employés Angestelltenversicherung (F.)
assurance (F.) maladie Krankenversicherung (F.)
assurance (F.) maritime Seeversicherung (F.)
assurance (F.) mobilier d'habitation Hausratversicherung (F.)
assurance (F.) obligatoire Pflichtversicherung (F.), Versicherungszwang (M.)
assurance (F.) pour soins de santé en cas d'infirmité Pflegeversicherung (F.)
assurance (F.) privée Privatversicherung (F.)
assurance (F.) responsabilité civile Haftpflichtversicherung (F.)
assurance (F.) retraite Rentenversicherung (F.)
assurance (F.) sociale Sozialversicherung (F.)
assurance (F.) sous la foi du serment Versicherung (F.) an Eides statt
assurance (F.) sur la vie Lebensversicherung (F.)
assurance (F.) tierce complète Vollkaskoversicherung (F.)
assurance (F.) tous accidents Kaskoversicherung (F.)
assurance (F.) vie Lebensversicherung (F.)
assurance (F.) vieillesse Rentenversicherung (F.)
assurance (F.) vol et incendie et bris de glace Kaskoversicherung (F.)
assurance (F.) volontaire freiwillige Versicherung (F.)
assurance-vie (F.) conclue par l'employeur en faveur du salarié Direktversicherung (F.)
assuré (Adj.) versichert
assuré (M.) Versicherter (M.), Versicherungsnehmer (M.)
assurer sichern, versichern, zusichern
assureur (M.) Versicherer (M.)
assureur-conseil (M.) Versicherungsberater (M.)
astreinte (F.) Beugestrafe (F.), Ordnungsgeld (N.)
astreinte (F.) administrative Zwangsgeld (N.)
astucieux hinterlistig
atermoiement (M.) Zahlungsaufschub (M.)
atermoyer stunden
atome (M.) Atom (N.)
atout (M.) Vorzug (M.)
attaché (M.) Attaché (M.), Regierungsrat (M.)
attaché (M.) d'administration Regierungsrat (M.)
attaché (M.) de recherche Hochschulassistent (M.), Universitätsassistent (M.)
attaquable anfechtbar
attaque (F.) Angriff (M.), Überfall (M.)
attaque (F.) violente Aggression (F.)
attaquer anfechten, angreifen, überfallen
attaquer brusquement anfallen
attaquer en justice verklagen
atteignant le quorum beschlussfähig
atteinte (F.) Beeinträchtigung (F.), Störung (F.)
atteinte (F.) à l'environnement Umweltschaden (M.)
atteinte (F.) à l'intégrité corporelle Gesundheitsschädigung (F.)
atteinte (F.) à l'intégrité physique Körperverletzung (F.)
atteinte (F.) à l'ordre public et la sécurité publique Störung (F.) der öffentlichen Sicherheit und Ordnung
atteinte (F.) à la liberté Freiheitsberaubung (F.)
atteinte (F.) à la liberté individuelle Nötigung (F.)
atteinte (F.) à la santé Gesundheitsschädigung (F.)
atteinte (F.) à la vie Tötung (F.)
atteinte (F.) à la vie d'une personne Mord (M.), Tötungsdelikt (N.)

atteinte (F.) au crédit Kreditschädigung (F.)
atteinte (F.) aux bonnes mœurs Sittenwidrigkeit (F.)
attendre warten
attendu (M.) Begründung (F.), Urteilsbegründung (F.)
attentat (M.) Anschlag (M.), Attentat (N.)
attentat (M.) à la pudeur sexueller Missbrauch (M.), Unzucht (F.)
attentat (M.) aux bonnes mœurs Sittlichkeitsdelikt (N.)
attention (F.) Acht (F.) (Vorsicht), Achtung (F.), Beachtung (F.), Gehör (N.), Interesse (N.), Obacht (F.)
atténuant mildernd
atténuation (F.) Milderung (F.)
atténuation (F.) de peine Strafmilderung (F.)
atténuer mildern
atterrissement (M.) Anwachsung (F.)
attestation (F.) Attest (N.), Bescheinigung (F.), Bestätigung (F.), Nachweis (M.), Schein (M.), Testat (N.)
attestation (F.) négative Negativattest (M.)
attester bescheinigen, bezeugen, testieren
attirer l'attention hinweisen
attitude (F.) Einstellung (F.)
attribuer bemessen, unterschieben, zumessen
attribution (F.) Aufgabe (F.), Einweisung (F.), Zumessung (F.)
attribution (F.) de juridiction Prorogation (F.)
attribution (F.) déléguée Auftragsangelegenheit (F.)
attroupement (M.) Auflauf (M.), Zusammenrottung (F.)
attrouper (s') zusammenrotten (sich)
au chômage (Adj.) arbeitslos
au chômage (M.) Arbeitsloser (M.)
au comptant gegen Kasse
au comptant après réception de la facture Kasse gegen Faktura
au comptant compté netto Kasse
au comptant contre documents Kasse gegen Verladedokumente
au nom d'autrui unter fremdem Namen
au prorata anteilig
auberge (F.) Gasthaus (N.), Gasthof (M.), Herberge (F.)
aubergiste (M.) Gastwirt (M.)
audience (F.) Audienz (F.), Gehör (N.), Tagsatzung (F.), Termin (M.) (Zeitpunkt), Verhandlung (F.)
audience (F.) civile Zivilverhandlung (F.)
audience (F.) de conciliation Güteverhandlung (F.)
audience (F.) de publication Verkündungstermin (M.)
audience (F.) du tribunal Gerichtssitzung (F.)
audience (F.) judiciaire Gerichtsverhandlung (F.)
audience (F.) principale Haupttermin (M.), Hauptverhandlung (F.)
audit (M.) Buchprüfung (F.), Wirtschaftsprüfer (M.)
auditeur (M.) Hospitant (M.)
auditeur (M.) de justice Gerichtsreferendar (M.)
audition (F.) Anhörung (F.), Einvernahme (F.), Verhör (N.), Vernehmung (F.)
audition (F.) contradictoire Kreuzverhör (N.)
audition (F.) d'un témoin Zeugenvernehmung (F.)
audition (F.) des parties Parteivernehmung (F.)
audition (F.) des témoins et des experts menée contradictoirement Kreuzverhör (N.)
auditionner des témoins Zeugen vernehmen
auditoire (M.) Publikum (N.)
augmentation (F.) Anstieg (M.), Erhöhung (F.), Zunahme (F.)
augmentation (F.) de loyer Mieterhöhung (F.)
augmentation (F.) des impôts Steuererhöhung (F.)
augmentation (F.) du capital Kapitalerhöhung (F.)
augmentation (F.) du salaire Lohnerhöhung (F.)
augmentation (F.) progressive du loyer Staffelmiete (F.)
augmenter anheben, ansteigen, erhöhen, steigern, zuschießen
austerité (F.) Strenge (F.)
auteur (M.) Autor (M.), Rechtsvorgänger (M.), Täter (M.), Urheber (M.), Verfasser (M.)
auteur (M.) d'une infraction Straftäter (M.)
auteur (M.) de l'attentat Attentäter (M.)

auteur (M.) moral d'une infraction Schreibtischtäter (M.)
auteur (M.) principal Haupttäter (M.)
auteur (M.) secondaire Nebentäter (M.)
authenticité (F.) Echtheit (F.)
authentification (F.) Beglaubigung (F.), Beurkundung (F.), Legalisation (F.), Legalisierung (F.), öffentliche Beglaubigung (F.)
authentifier beglaubigen, beurkunden
authentique authentisch, echt, wahr
autochtone (Adj.) einheimisch
autodéfense (F.) Selbsthilfe (F.), Selbstverteidigung (F.)
autodéfense (F.) du possesseur Besitzwehr (F.)
autodétermination (F.) Selbstbestimmung (F.)
automate (M.) Automat (M.)
automatique automatisch
automobile (F.) Auto (N.), Kraftfahrzeug (N.)
automobiliste (M.) Kraftfahrzeugführer (M.)
automobiliste (M.) roulant à contre-sens sur l'autoroute Geisterfahrer (M.)
autonome (Adj.) autonom, selbständig
autonomie (F.) Autonomie (F.), Selbstbestimmung (F.), Selbstverwaltung (F.)
autonomie (F.) administrative Selbstverwaltung (F.)
autonomie (F.) de la volonté Privatautonomie (F.), Willensfreiheit (F.)
autonomie (F.) des partenaires sociaux Tarifautonomie (F.)
autonomie (F.) municipale Selbstverwaltung (F.) der Gemeinden
autonomie (M.) communale Selbstverwaltung (F.) der Gemeinden
autopsie (F.) Autopsie (F.), Leichenöffnung (F.), Leichenschau (F.), Obduktion (F.), Sektion (F.)
autorisation (F.) Befugnis (F.), Berechtigung (F.), Bevollmächtigung (F.), Bewilligung (F.), Erlaubnis (F.), Ermächtigung (F.), Genehmigung (F.), Recht (N.), Zulassung (F.)
autorisation (F.) à disposer Verfügungsermächtigung (F.)
autorisation (F.) à remplir Ausfüllungsbefugnis (F.)
autorisation (F.) d'exercer une profession Approbation (F.)
autorisation (F.) d'exercice Ausübungsermächtigung (F.)
autorisation (F.) d'exploitation Gewerbeerlaubnis (F.), Lizenz (F.)
autorisation (F.) de construire Baugenehmigung (F.)
autorisation (F.) de mariage Heiratserlaubnis (F.)
autorisation (F.) de prélèvement Einziehungsermächtigung (F.), Einzugsermächtigung (F.)
autorisation (F.) de radiation Löschungsbewilligung (F.)
autorisation (F.) de radier Löschungsbewilligung (F.)
autorisation (F.) de séjour Aufenthaltsgenehmigung (F.)
autorisation (F.) de séjourner Aufenthaltsrecht (N.)
autorisation (F.) de témoigner Aussagegenehmigung (F.)
autorisé (Adj.) befugt, berechtigt, erlaubt, kompetent
autorisé (Adj.) à exercer approbiert
autorisé (Adj.) à exploiter une licence lizenziert
autorisé (Adj.) de signer zeichnungsberechtigt
autoriser approbieren, autorisieren, berechtigen, bevollmächtigen, bewilligen, erlauben, ermächtigen, genehmigen
autorité (F.) Bestandskraft (F.), Gewalt (F.), Herrschaft (F.), Kraft (M.), Macht (F.), Regierung (F.), Sorge (F.), Sorgerecht (N.)
autorité (F.) administrative compétente sur un contredit Widerspruchsbehörde (F.)
autorité (F.) collégiale Kollegialbehörde (F.)
autorité (F.) de contrôle Aufsichtsbehörde (F.)
autorité (F.) de la chose jugée Rechtskraft (F.)
autorité (F.) fédérale Bundesbehörde (F.)
autorité (F.) judiciaire Justizbehörde (F.)
autorité (F.) parentale elterliche Gewalt (F.), elterliche Sorge (F.), Sorgeberechtigter (M.), Sorgerecht (N.)
autorité (F.) publique Staatsgewalt (F.)
autorité (F.) spéciale Sonderbehörde (F.)
autorité (F.) supérieure fédérale Bundesoberbehörde (F.)
autorité de police Polizeibehörde (F.)
autorités (F.Pl.) Obrigkeit (F.)
autoroute (F.) Autobahn (F.)

autoroute (F.) fédérale Bundesautobahn (F.)
autre andere, weitere
Autriche (F.) Österreich (N.)
aux bons soins zu treuen Händen
aux frais auf Kosten
auxiliaire (M.) Gehilfe (M.)
auxiliaire (M.) d'exécution Erfüllungsgehilfe (M.)
auxiliaire (M.) de justice Gerichtsdiener (M.)
auxiliaire (M.) de possession Besitzdiener (M.)
aval (M.) Aval (M.)
aval (M.) d'une lettre de change Wechselbürgschaft (F.)
avaliseur (M.) Wechselbürge (M.)
avaliste (M.) Wechselbürge (M.)
avance (F.) Vorschuss (M.), Vorsprung (M.)
avance (F.) à découvert Dispositionskredit (M.)
avance (F.) d'aliments Unterhaltsvorschuss (M.)
avance (F.) de subsistance Unterhaltsvorschuss (M.)
avance (F.) en compte courant Kontokorrentkredit (M.)
avance (F.) par nantissement sur titres Lombardkredit (M.)
avance (F.) sur règlement Vorschussleistung (F.)
avancement (M.) Beförderung (F.)
avancer vorbringen
avantage (M.) Bevorrechtigung (F.), Interesse (N.), Nutzen (M.), Vorteil (M.), Vorzug (M.)
avantage (M.) d'usage Gebrauchsvorteil (M.)
avantage (M.) patrimonial Vermögensvorteil (M.)
avantager begünstigen
avantages (M.Pl.) acquis Besitzstand (M.)
avantageux günstig, vorteilhaft
avant-contrat (M.) Vorvertrag (M.)
avarie (F.) Beschädigung (F.), Havarie (F.), Haverei (F.)
avec le bénéfice du doute im Zweifel
avenant (M.) Ergänzung (F.), Nachtrag (M.), Zusatz (M.)
avenir (M.) Zukunft (F.)
avertir abmahnen, androhen, benachrichtigen, mahnen, verwarnen, warnen
avertissement (M.) Abmahnung (F.), Androhung (F.), Erinnerung (F.), Mahnung (F.), Verwarnung (F.), Verweis (M.), Warnung (F.)
avertissement (M.) concernant la dangerosité d'un produit Produktwarnung (F.)
aveu (M.) Geständnis (N.)
aveugle blind
aviation (F.) Fliegerei (F.)
avidité (F.) Gier (F.)
avion (M.) Flugzeug (N.), Luftfahrzeug (N.)
avis (M.) Abmahnung (F.), Ansicht (F.), Äußerung (F.), Avis (N.), Bekanntmachung (F.), Belehrung (F.), Bescheid (M.), Gutachten (N.), Meinung (F.), Meldung (F.), Mitteilung (F.)
avis (M.) d'amende forfaitaire Bußgeldbescheid (M.)
avis (M.) d'imposition Steuerbescheid (M.)
avis (M.) de cession Abtretungsanzeige (F.)
avis (M.) de chargement Ladeschein (M.)
avis (M.) de contravention Verwarnung (F.)
avis (M.) de livraison Lieferschein (M.)
avis (M.) de recherche Fahndungsschreiben (N.), Steckbrief (M.)
avis (M.) officiel Edikt (N.)
avis (M.) officiel de reconnaissance Anerkennungsbescheid (M.)
avis (M.) provisoire Vorbescheid (M.)
aviser benachrichtigen
avocaillon (M.) Winkeladvokat (M.)
avocat (M.) Advokat (M.), Anwalt (M.), Fürsprecher (M.), Rechtsanwalt (M.), Strafverteidiger (M.), Verteidiger (M.)
avocat (M.) commis d'office notwendiger Verteidiger (M.), Pflichtverteidiger (M.)
avocat (M.) d'office Offizialverteidiger (M.)
avocat (M.) désigné d'office Pflichtverteidiger (M.)
avocat (M.) exerçant en outre les fonctions de notaire Anwaltsnotar (M.)
avocat (M.) général Generalanwalt (M.)
avocat (M.) lié à une entreprise par un contrat de louage de services Syndikusanwalt (M.)
avocat (M.) marron Winkeladvokat (M.)
avocat (M.) spécialiste Fachanwalt (M.)
avocat (M.) transmettant les dossiers Korrespondenzanwalt (M.)
avocat (M.) véreux Winkeladvokat (M.)
avocat-conseil (M.) Beirat (M.)
avocate (F.) Anwältin (F.), Rechtsanwältin (F.)

avoir (M.) Einlage (F.), Gut (N.), Guthaben (N.), Habe (F.), Haben (N.)
avoir (M.) à terme Termineinlage (F.)
avoir (M.) bloqué Festgeld (N.)
avoir genießen
avoir besoin brauchen
avoir commerce avec verkehren
avoir confiance vertrauen
avoir connaissance kennen
avoir conscience bewusst sein
avoir des rapports sexuels beiwohnen
avoir été volé abhandenkommen
avoir l'obligation de faire obliegen
avoir le pouvoir herrschen
avoir lieu ereignen (sich), geschehen
avoir un effet wirken
avoirs (M.Pl.) sociaux Geschäftsguthaben (N.)
avortement (M.) Abtreibung (F.)
avorter abtreiben
avorton (M.) Missgeburt (F.)
avouer bekennen, gestehen, zugestehen
axiome (M.) Axiom (N.)
ayant (Adj.) des antécédants judiciaires vorbestraft
ayant (Adj.) force de chose jugée rechtskräftig
ayant (Adj.) la majorité pénale strafmündig
ayant (Adj.) les mêmes droits gleichberechtigt
ayant (M.) cause Anspruchsberechtigter (M.), Rechtsnachfolger (M.)
ayant (M.) droit Rechtsnachfolger (M.)
ayant-cause (M.) Rechtsnachfolger (M.)
ayant-droit (M.) Berechtigter (M.)

b

baccalauréat (M.) Abitur (N.), Matura (F.), Reifeprüfung (F.)
bachelier (M.) baccalaureus (M.) (lat.) (Stabträger)
Bade (F.) Baden (N.) (Land)
bagatelle (F.) Bagatelle (F.)
bail (M.) Miete (F.), Mietvertrag (M.), Pacht (F.), Pachtvertrag (M.), Verpachtung (F.)
bail (M.) à ferme Landpacht (F.), Pacht (F.), Pachtvertrag (M.)
bail (M.) à loyer Vermietung (F.)
bail (M.) commercial Geschäftsraummiete (F.)
bail (M.) emphytéotique Erbpacht (F.)
bail (M.) héréditaire Erbpacht (F.)
bail (M.) rural Landpachtvertrag (F.)
bailleur (M.) Leasinggeber (M.), Vermieter (M.), Verpächter (M.)
bailleur (M.) à ferme Verpächter (M.)
bailleur (M.) de fonds Kreditgeber (M.), stiller Gesellschafter (M.)
bâillon (M.) Knebel (M.)
bâillonner knebeln
baisse (F.) Abschlag (M.), Baisse (F.), Fall (M.)
baisser herabsetzen
balance (F.) Bilanz (F.), Saldo (M.)
balance (F.) commerciale Handelsbilanz (F.)
balance (F.) des soldes Saldo (M.)
balancer saldieren
ballotage (M.) Stichwahl (F.)
ban (M.) Bann (M.)
banc (M.) des accusés Anklagebank (F.)
bande (F.) Bande (F.), Rotte (F.) (Menschengruppe)
bande (F.) organisée Bande (F.)
bandit (M.) Bandit (M.)
bannir verbannen
bannissement (M.) Acht (F.) (Verbannung), Bann (M.), Exil (N.), Verbannung (F.)
banque (F.) Bank (F.)
banque (F.) centrale Bundesbank (F.), Zentralbank (F.)
banque (F.) centrale du Land Landeszentralbank (F.)
banque (F.) d'affaire Emissionsbank (F.)
banque (F.) d'affaires Kreditinstitut (N.)
banque (F.) d'émission Notenbank (F.)
banque (F.) d'émission fédérale Bundesbank (F.)
banque (F.) d'épargne Sparkasse (F.)
banque (F.) de crédit Kreditinstitut (N.)
banque (F.) de données Datenbank (F.)
banque (F.) de prêts hypothécaires Hypothekenbank (F.)
Banque (F.) Européenne des Investissemants (B. E. I.) Europäische Investitionsbank (F.) (EIB)
banque (F.) immobilière Hypothekenbank (F.)
banque (F.) mondiale Weltbank (F.)
banque (F.) populaire Volksbank (F.)
banque (F.) régionale Landesbank (F.)
banqueroute (F.) Bankrott (M.)
banqueroutier (M.) Bankrotteur (M.)

banquier (M.) Bankier (M.)
bans (M.Pl.) Aufgebot (N.)
baptême (M.) Taufe (F.)
baptiser taufen
barbarel grausam
barème (M.) Tabelle (F.), Tarif (M.)
barème (M.) fédéral des honoraires d'avocat Bundesgebührenordnung (F.) für Rechtsanwälte, Bundesrechtsanwaltsgebührenordnung (F.)
baron (M.) Freiherr (M.)
barrage (M.) Absperrung (F.), Sperrung (F.)
barreau (M.) Anwaltschaft (F.), Rechtsanwaltschaft (F.), Rechtsanwaltskammer (F.)
barrement (M.) Kreuzung (F.)
barrer absperren, sperren
barrière (F.) Schlagbaum (M.), Schranke (F.)
bas (Adj.) gering, niedrig
base (F.) Grundlage (F.)
base (F.) d'autorisation Ermächtigungsgrundlage (F.)
base (F.) d'une demande Anspruchsgrundlage (F.)
base (F.) de calcul Bemessungsgrundlage (F.)
base (F.) juridique Rechtsgrundlage (F.)
baser sur berufen (V.)
Basse-Saxe (F.) Niedersachsen (N.)
bastonnade (F.) Prügelstrafe (F.)
bataille (F.) Kampf (M.), Schlacht (F.)
batailleur (M.) Schläger (M.)
bataillon (M.) Bataillon (N.)
bateau (M.) Schiff (N.)
bâtiment (M.) Anwesen (N.), Bau (M.), Bauwerk (N.), Gebäude (N.)
bâtir bauen, bebauen
battre kämpfen, prügeln, schlagen
bavarois (Adj.) bayerisch
Bavarois (M.) Bayer (M.)
Bavière (F.) Bayern (N.)
beau schön
beau-fils (M.) Schwiegersohn (M.), Stiefsohn (M.)
beau-frère (M.) Schwager (M.)
beau-frère (M.) par alliance Schwippschwager (M.)
beau-parent (M.) Schwiegerelter (M. bzw. F.), Stiefelter (M. bzw. F.)
beau-père (M.) Schwiegervater (M.), Stiefvater (M.)
beaux-parents (Pl.) Schwiegereltern (Pl.), Stiefeltern (Pl.)
Belgique (F.) Belgien (N.)
belle-fille (F.) Schwiegertochter (F.), Stieftochter (F.)
belle-mère (F.) Schwiegermutter (F.), Stiefmutter (F.)
belle-sœur (F.) Schwägerin (F.)
belligérance (F.) Krieg (M.)
bénéfice (M.) beneficium (N.) (lat.) (Wohltat), Einkunft (F.), Gewinn (M.), Nutzen (M.), Rechtswohltat (F.), Verdienst (M.), Vorteil (M.)
bénéfice (M.) d'inventaire beneficium (N.) inventarii (lat.) (Wohltat des Inventars)
bénéfice (M.) de discussion Einrede (F.) der Vorausklage
bénéfice (M.) net Reingewinn (M.)
bénéficiaire (M.) Begünstigter (M.), Berechtigter (M.), Empfänger (M.)
bénéficiaire (M.) d'une fondation Destinatär (M.)
bénéficiaire (M.) d'une licence Lizenznehmer (M.)
bénéficiaire (M.) d'une promesse Versprechensempfänger (M.)
bénéficiaire (M.) du crédit Kreditnehmer (M.)
bénéficier genießen
Benelux (M.) Benelux-Staat (M.), Benelux-Staaten (M.Pl.)
Bénéluxiens (M.Pl.) Benelux-Staaten (M.Pl.)
berger (M.) Hirte (M.)
Berlin (F.) Berlin (N.)
Berne (F.) Bern (N.)
besoin (M.) Bedarf (M.), Bedürfnis (N.), Drang (M.), Not (F.)
besoin (M.) d'un mineur établi par la loi Regelbedarf (N.)
besoin (M.) personnel Eigenbedarf (M.)
bestiaux (M.Pl.) Vieh (N.)
bétail (M.) Vieh (N.)
bête (F.) Tier (N.)
bibliographie (F.) Bibliographie (F.)
bibliothèque (F.) Bibliothek (F.)
bicaméralisme (M.) Zweikammersystem (N.)
bicamérisme (M.) Zweikammersystem (N.)
bien (M.) Besitztum (N.), Gut (N.), Habe (F.), Produkt (N.), Rechtsgut (N.), Sache (F.)
bien (M.) collectif Gemeinschaftswert (M.)
bien (M.) commun Gemeinschaftswert (M.), Gesamtgut (N.)

bien (M.) consomptible verbrauchbare Sache (F.)
bien (M.) de consommation Verbrauchsgut (N.)
bien (M.) de la succession Nachlass (M.), Nachlassgegenstand (M.)
bien (M.) domanial Domäne (F.)
bien (M.) exclu de la communauté parce qu'il ne peut être transféré par acte juridique Sondergut (N.)
bien (M.) foncier Grundstück (N.), Liegenschaft (F.)
bien (M.) immeuble Grundstück (N.)
bien (M.) immobilier unbewegliche Sache (F.)
bien (M.) incorporel Immaterialgut (N.)
bien (M.) intellectuel Immaterialgut (N.)
bien (M.) meuble Mobilie (F.)
bien (M.) mobilier bewegliche Sache (F.), Fahrhabe (F.), Fahrnis (F.)
bien (M.) propre d'un époux Sondergut (N.)
bien (M.) protégé par une disposition légale Rechtsgut (N.)
bien (M.) public Allgemeinwohl (N.), Gemeingut (N.), Gemeinschaftswert (M.), Gemeinwohl (N.), öffentliches Wohl (N.), Staatsgut (N.)
bien (M.) relevant de la propriété industrielle Immaterialgut (N.)
bien (M.) réservé Sondergut (N.)
bien (M.) rural Hof (M.)
bien (M.) spécial Sondervermögen (N.)
bien (M.) universel Universalrechtsgut (N.)
bien qualifié (Adj.) qualifiziert
bien-être (M.) Wohl (N.)
bien-être (M.) de l'enfant Kindeswohl (N.)
bienfaisance (F.) Wohlfahrt (F.)
bien-fondé (M.) Begründetheit (F.), Berechtigung (F.)
bien-fonds (M.) Grund (M.), Liegenschaft (F.)
biens (M.Pl.) Vermögen (N.)
biens (M.Pl.) affectés a une collectivité publique Verwaltungsvermögen (N.)
biens (M.Pl.) communaux Allmende (F.)
biens (M.Pl.) et droits (M.Pl.) réels Sachenrecht (N.)
biens (M.Pl.) immobiliers Immobilien (F.Pl.)
biens (M.Pl.) réservés Vorbehaltsgut (N.)
biens (M.Pl.) sociaux Gesellschaftsvermögen (N.)
bienveillance (F.) Gefälligkeit (F.)
bière (F.) Bier (N.)
bigamie (F.) Bigamie (F.), Doppelehe (F.)
bijou (M.) Kleinod (N.)
bilan (M.) Bilanz (F.)
bilan (M.) annuel Jahresbilanz (F.)
bilan (M.) commercial Handelsbilanz (F.)
bilan (M.) d'ouverture Eröffnungsbilanz (F.)
bilan (M.) de fin d'année Jahresbilanz (F.)
bilan (M.) de l'exercice Jahresabschluss (M.)
bilan (M.) fiscal Steuerbilanz (F.)
bilatéral bilateral, zweiseitig
billet (M.) Banknote (F.), Fahrkarte (F.), Fahrschein (M.), Note (F.), Schein (M.)
billet (M.) à ordre Solawechsel (M.)
billet (M.) de banque Banknote (F.), Geldschein (M.)
billeterie (F.) Bankomat (M.)
bipartition (F.) des infractions Dichotomie (F.)
blâme (M.) Rüge (F.), Schelte (F.), Verweis (M.)
blâmer schelten
blanchiment (M.) d'argent Geldwäsche (F.)
blanc-seing (M.) Blankett (N.), Blankounterschrift (F.)
blasphème (M.) Blasphemie (F.), Gotteslästerung (F.)
blesser verletzen, versehren, verwunden
blessure (F.) Verletzung (F.)
blessure (F.) corporelle Körperverletzung (F.)
blocage (M.) Sperrung (F.)
blocus (M.) Blockade (F.)
bloquer blockieren, sperren
bohémien (M.) Zigeuner (M.)
bohémienne (F.) Zigeunerin (F.)
boire trinken
boite-postale (F.) Schließfach (N.)
boiter hinken
boiteux hinkend
bon (Adj.) gelegen, gut, tauglich
bon (Adv.) marché billig, günstig
bon (M.) Bon (M.), Gutschein (M.), Schein (M.)
bon (M.) d'achat Kaufschein (M.)
bon (M.) de commande Bestellschein (N.)
bon (M.) de livraison Lieferschein (M.)
bonne foi (F.) bona fides (F.) (lat.) (gute Treue bzw. guter Glaube), guter Glaube (M.), Gutgläubigkeit (F.), Redlichkeit (F.), Treu (F.) und Glauben (M.)

bonne mœur (F.) gute Sitte (F.)
bonnes mœurs (F.Pl.) Anstand (M.), gute Sitten (F.Pl.), Sittlichkeit (F.)
bonté (F.) Güte (F.)
bonus (M.) Bonus (M.), Schadensfreiheitsrabatt (M.)
bord (M.) Bord (N.)
bordel (M.) Bordell (N.)
bornage (M.) Begrenzung (F.)
borne (M.) Grenzstein (M.)
borne-frontière (M.) Grenzstein (M.)
borner beschränken
bouche (F.) Mund (M.)
bouchon (M.) Stau (M.)
bouleversement (M.) Revolution (F.), Umsturz (M.)
bourgeois (Adj.) bürgerlich
bourgmestre (M.) Oberbürgermeister (M.)
bourreau (M.) Henker (M.), Scharfrichter (M.)
bourse (F.) Börse (F.), Stipendium (N.)
bourse (F.) d'études Stipendium (N.)
bourse (F.) de valeur Effektenbörse (F.), Wertpapierbörse (F.)
boycottage (M.) Boykott (M.)
boycotter boykottieren
bracelet (M.) électronique elektronische Fußfessel (F.)
braconnage (M.) Jagdwilderei (F.), Wilderei (F.)
braconnage (M.) dans les rivières et lacs Fischwilderei (F.)
braconner wildern
braconnier (M.) Wilddieb (M.), Wilderer (M.)
branche (F.) Branche (F.), Fach (N.), Linie (F.), Zweig (M.)
branche (F.) d'industrie Industrieverband (M.)
branches (F.Pl.) et racines avançant au-delà des limites d'un champ Überhang (M.)
Brandebourg (M.) Brandenburg (N.)
braquage (M.) d'une banque Bankraub (M.)
bref kurz
Brême (F.) Bremen (N.)
brevet (M.) Diplom (N.), Patent (N.)
brevet (M.) communautaire Gemeinschaftspatent (N.)
brevet (M.) d'invention Patent (N.)
brevet (M.) européen Europäisches Patent (N.)
brevet (M.) professionnel Befähigungsnachweis (M.)
brevetabilité (F.) Patentfähigkeit (F.)
brevetable patentfähig
breveté (M.) Patentinhaber (M.)
breveter patentieren
brevi manu traditio (F.) (lat.) brevi manu traditio (F.) (lat.) (Übergabe kurzer Hand)
bric-à-brac (M.) Trödel (M.)
brigade (F.) Brigade (F.)
brigand (M.) Bandit (M.)
bris (M.) de prison Ausbruch (M.)
bris (M.) de scellés Siegelbruch (M.)
briser zerrütten
briseur (M.) de grève Streikbrecher (M.)
brochure (F.) publicitaire Flugblatt (N.)
bruit (M.) Immission (F.), Lärm (M.)
brûler brennen
brut (Adj.) brutto
brutal gewalttätig
Bruxelles Brüssel (N.)
budget (M.) Budget (N.), Etat (M.), Haushalt (M.), Haushaltsplan (M.)
budget (M.) complémentaire Nachtragshaushalt (M.)
budget (M.) fédéral Bundeshaushalt (M.)
Bulgarie (F.) Bulgarien (N.)
bulle (F.) Bulle (F.) (Bulle im Kirchenrecht)
bulletin (M.) Bulletin (N.), Mitteilungsblatt (N.)
bulletin (M.) d'annonces Verkündungsblatt (N.)
bulletin (M.) d'information Mitteilungsblatt (N.)
bulletin (M.) de chargement Ladeschein (M.)
bulletin (M.) de livraison Lieferschein (M.)
bulletin (M.) de vote Stimmzettel (M.), Wahlzettel (M.)
bulletin (M.) des annonces officielles édité par le gouvernement fédéral Bundesanzeiger (M.)
bulletin (M.) des lois Gesetzessammlung (F.)
bulletin (M.) électoral Stimmzettel (M.)
bulletin (M.) ministériel Ministerialblatt (N.)
bulletin (M.) officiel Amtsblatt (N.)
Bundestag (M.) Bundestag (M.)
Bundesversammlung (F.) Bundesversammlung (F.)
bureau (M.) Agentur (F.), Amt (N.), Büro

(N.), Dienststelle (F.), Geschäftsstelle (F.), Kanzlei (F.), Vorstand (M.)
bureau (M.) d'arbitrage Schiedsstelle (F.)
bureau (M.) d'évaluation fiscale Veranlagungsstelle (F.)
bureau (M.) d'une association Vereinsvorstand (M.)
bureau (M.) de conciliation Schlichtungsstelle (F.)
bureau (M.) de jugement Spruchkammer (F.) des Arbeitsgerichts in Frankreich
bureau (M.) de l'état-civil Standesamt (N.)
bureau (M.) de perception judiciaire Gerichtskasse (F.)
bureau (M.) de placement Arbeitsamt (N.)
bureau (M.) de placement de la main-d'œuvre Arbeitsvermittlung (F.)
bureau (M.) de poste Postamt (N.)
bureau (M.) de recouvrement de créances Inkassobüro (N.)
bureau (M.) des poids et mesures Eichamt (N.)
bureaucratie (F.) Bürokratie (F.)
but (M.) Absicht (F.), Zweck (M.)
but (M.) de la protection Schutzzweck (M.)
but (M.) poursuivi par la société Gesellschaftszweck (M.)
butin (M.) Beute (F.)

c

C. A. F. (coût assurance fret) cif (cost insurance freight)
C. E. (F.) (Communauté Européenne) EG (F.) (Europäische Gemeinschaft)
C. I. F. (cost insurance freight) cif (cost insurance freight)
cabinet (M.) Kabinett (N.), Praxis (F.)
cabinet (M.) d'avocat Rechtsanwaltskanzlei (F.)
cabinet (M.) fédéral Bundeskabinett (N.)
câble (M.) Kabel (N.)
cabotage (M.) Kabotage (F.)
cache (F.) Versteck (N.)
caché verborgen
cacher verbergen, verheimlichen, verstecken
cachet (M.) Gage (F.), Siegel (N.), Stempel (M.)
cachet (M.) officiel Dienstsiegel (N.), Siegel (N.)
cacheter siegeln
caculer bemessen
cadastre (M.) Kataster (M. bzw. N.)
cadavre (M.) Leiche (F.), Leichnam (M.), Tierkörper (M.)
cadeau (M.) Geschenk (N.)
cadet (M.) Kadett (M.)
cadre (M.) Rahmen (M.)
cadre (M.) supérieur leitender Angestellter (M.), Manager (M.)
caduc hinfällig
caducité (F.) Hinfälligkeit (F.), Ungültigkeit (F.)
cahier (M.) de prescriptions pour les marchés de construction Verdingungsordnung (F.) für Bauleistungen (VOB)
cahier (M.) de prescriptions pour les marchés publics Verdingungsordnung (F.) für Leistungen (VOL)
cahier (M.) des charges Ausschreibungsunterlage (F.)
caisse (F.) Kasse (F.)
caisse (F.) corporative de maladie Innungskrankenkasse (F.)
caisse (F.) d'assurance maladie Krankenkasse (F.)
caisse (F.) d'assurance maladie de droit privé Ersatzkasse (F.)
caisse (F.) d'épargne Sparkasse (F.)
caisse (F.) d'épargne-logement Bausparkasse (F.)
caisse (F.) de retraite de charbonnage Bundesknappschaft (F.)
caisse (F.) fédérale de retraite Bundesversicherungsanstalt (F.)
caisse (F.) libre agréée Ersatzkasse (F.)
caisse (F.) maladie Krankenkasse (F.)
caisse (F.) primaire d'assurance maladie Ortskrankenkasse (F.)
caissier (M.) Kassier (M.)
calcul (M.) Bemessung (F.), Berechnung (F.), Kalkulation (F.), Rechnung (F.)
calcul (M.) compensatoire Ausgleich (M.)
calcul (M.) de la peine Strafzumessung (F.)
calcul (M.) des coûts Kostenrechnung (F.)
calculer berechnen, kalkulieren, rechnen
calendrier (M.) Kalender (M.)
calme (Adj.) still
calme (M.) Ruhe (F.)
calomniateur (M.) Verleumder (M.)
calomnie (F.) Verleumdung (F.)

calomnier verleumden
camarade (F.) Genossin (F.)
camarade (F.) d'études Kommilitonin (F.)
camarade (M.) Genosse (M.), Parteigenosse (M.)
camarade (M.) d'études Kommilitone (M.)
cambiaire (Adj.) wechselrechtlich
cambriolage (M.) Einbruch (M.), Einbruchsdiebstahl (M.)
cambrioleur (M.) Einbrecher (M.)
camelote (F.) Schund (M.)
caméralistique (F.) Kameralistik (F.), Kameralwissenschaft (F.)
camp (M.) Lager (N.)
camp (M.) de concentration Konzentrationslager (N.)
campagnard (M.) Junker (M.)
campagne (F.) Kampagne (F.), Land (N.)
campagne (F.) diffamatoire Rufmord (M.)
canaille (F.) Lump (M.)
canal (M.) Kanal (M.)
candidat (M.) Anwärter (M.), Bewerber (M.), Kandidat (M.), Prüfling (M.)
candidat (M.) au doctorat Doktorand (M.)
candidate (F.) Anwärterin (F.), Bewerberin (F.)
candidature (F.) Bewerbung (F.), Kandidatur (F.)
candide arglos
canon (M.) Kanon (M.)
canonique (Adj.) kanonisch, kirchlich
canton (M.) Kanton (M.)
capable (Adj.) fähig, geschäftsfähig, handlungsfähig, tauglich
capable (Adj.) d'agir en justice pour user une liberté grundrechtsmündig
capable (Adj.) d'émettre un effet wechselfähig
capable (Adj.) d'être partie parteifähig
capable (Adj.) de commettre un délit deliktsfähig
capable (Adj.) de conclure des conventions collectives de travail tariffähig
capable (Adj.) de contracter geschäftsfähig
capable (Adj.) de discernement einsichtsfähig
capable (Adj.) de jouir des droits rechtsfähig
capable (Adj.) de prêter serment eidesmündig
capable (Adj.) de tester testierfähig
capable (Adj.) de tirer une lettre de change wechselfähig
capable (Adj.) pour agir en justice prozessfähig
capable (Adj.) pour ester en justice postulationsfähig
capacité (F.) Befähigung (F.), Eignung (F.), Fähigkeit (F.), Handlungsfähigkeit (F.), Kapazität (F.), Möglichkeit (F.), Sachkunde (F.), Tauglichkeit (F.)
capacité (F.) à ester en justice Parteifähigkeit (F.)
capacité (F.) à exercer des fonctions judiciaires Richteramtsbefähigung (F.)
capacité (F.) civile Rechtsfähigkeit (F.)
capacité (F.) contractuelle restreinte beschränkte Geschäftsfähigkeit (F.)
capacité (F.) d'actionner Aktivlegitimation (F.)
capacité (F.) d'agir en justice pour user une liberté Grundrechtsmündigkeit (F.)
capacité (F.) d'ester en justice Parteifähigkeit (F.), Prozessfähigkeit (F.)
capacité (F.) d'exercice Geschäftsfähigkeit (F.)
capacité (F.) d'exercice et délictuelle Handlungsfähigkeit (F.)
capacité (F.) de conclure des conventions collectives de travail Tariffähigkeit (F.)
capacité (F.) de contracter Geschäftsfähigkeit (F.)
capacité (F.) de discernement Zurechnungsfähigkeit (F.)
capacité (F.) de disposer par testament Testierfähigkeit (F.)
capacité (F.) de ester en justice Klagebefugnis (F.)
capacité (F.) de jouissance des droits Rechtsfähigkeit (F.)
capacité (F.) de paiement Zahlungsfähigkeit (F.)
capacité (F.) de prêter serment Eidesmündigkeit (F.)
capacité (F.) de réagir Reaktionsvermögen (N.)
capacité (F.) de tester Testierfähigkeit (F.)
capacité (F.) délictuelle Deliktsfähigkeit (F.)
capacité (F.) électorale Wahlberechtigung (F.), Wahlrecht (N.)
capacité (F.) juridique Rechtsfähigkeit (F.)

capacité (F.) juridique partielle Teilrechtsfähigkeit (F.)
capacité (F.) matrimoniale Ehefähigkeit (F.)
capitaine (M.) Hauptmann (M.), Kapitän (M.)
capital (M.) Kapital (N.), Vermögen (N.)
capital (M.) approuvé genehmigtes Kapital (N.)
capital (M.) d'emprunt Fremdkapital (N.)
capital (M.) d'une société Gesellschaftskapital (N.)
capital (M.) de roulement Umlaufvermögen (N.)
capital (M.) étranger Fremdkapital (N.)
capital (M.) fixe Anlagevermögen (N.)
capital (M.) immobilisé Anlagevermögen (N.)
capital (M.) juridique Kapital (N.)
capital (M.) nominal Nennkapital (N.)
capital (M.) propre Eigenkapital (N.)
capital (M.) social Grundkapital (N.), Kapital (N.), Stammkapital (N.)
capital (M.) social minimum Mindestkapital (N.)
capitale (F.) Hauptstadt (F.)
capitalisation (F.) des intérêts Zinseszins (M.)
capitaliser kapitalisieren
capitalisme (M.) Kapitalismus (M.)
capitaliste (Adj.) kapitalistisch
capitaliste (M.) Kapitalist (M.)
capitaux (M.Pl.) Fonds (M.)
capitaux (M.Pl.) étrangers Fremdkapital (N.)
capitulaire (M.) Kapitular (N.)
capitulation (F.) Kapitulation (F.)
capituler kapitulieren
captivité (F.) Kriegsgefangenschaft (F.)
capture (F.) Fang (M.), Festnahme (F.), Prise (F.)
caractère (M.) Art (F.), Eigenschaft (F.)
caractère (M.) fautif Fehlerhaftigkeit (F.)
caractère (M.) immédiat Unmittelbarkeit (F.)
caractère (M.) impératif Unabdingbarkeit (F.)
caractère (M.) obligatoire Allgemeinverbindlichkeit (F.)
caractère (M.) oral Mündlichkeit (F.)
caractéristique (F.) Merkmal (N.)
caractéristiques (F.Pl.) Daten (N.Pl.)
carambolage (M.) Auffahrunfall (M.)
carat (M.) Karat (N.)
carcasse (F.) Tierkörper (M.)
cardinal (M.) Kardinal (M.)
carence (F.) Nichterfüllung (F.)
cargaison (F.) Fracht (F.), Frachtgut (N.), Last (F.)
carnet (M.) de propriété d'un véhicule automobile Kraftfahrzeugbrief (M.)
carnet (M.) de route Fahrtenbuch (N.)
carnet (M.) de voiture Kraftfahrzeugbrief (M.)
carrefour (M.) Kreuzung (F.)
carrière (F.) Laufbahn (F.)
carte (F.) Ausweis (M.), Karte (F.), Plan (M.)
carte (F.) à puces Chipkarte (F.)
carte (F.) accréditive Kreditkarte (F.)
carte (F.) attestant l'affiliation à une caisse d'assurance maladie Krankenversichertenkarte (F.)
carte (F.) blanche Freibrief (M.)
carte (F.) chèque Scheckkarte (F.)
carte (F.) d'assurance Versicherungskarte (F.)
carte (F.) d'assuré Versicherungskarte (F.)
carte (F.) d'identité Personalausweis (M.)
carte (F.) de chèque Scheckkarte (F.)
carte (F.) de commerçant Gewerbeschein (M.)
carte (F.) de crédit Kreditkarte (F.)
carte (F.) de retrait de fonds Geldkarte (F.)
carte (F.) de santé électronique Gesundheitskarte (F.)
carte (F.) de séjour Aufenthaltserlaubnis (F.), Aufenthaltsgenehmigung (F.)
carte (F.) de signature Signaturkarte (F.)
carte (F.) grise Kraftfahrzeugschein (M.)
carte (F.) postale Postkarte (F.)
cartel (M.) Absprache (F.), Kartell (N.)
cartouche (F.) Patrone (F.)
cas (M.) Angelegenheit (F.), Einzelfall (M.), Fall (M.), Rechtsfall (N.), Sache (F.)
cas (M.) conforme à l'usage Regelfall (M.)
cas (M.) d'ouverture d'une procédure collective Insolvenzgrund (M.)
cas (M.) d'ouverture de la procédure collective de liquidation Konkursgrund (M.)
cas (M.) de nécessité Notfall (M.)
cas (M.) de succession Erbfall (M.)
cas (M.) fortuit Zufall (M.)
cas (M.) général Regelfall (M.)
cas (M.) isolé Einzelfall (M.)
cas (M.) normal Regelfall (M.)
cas (M.) particulier Einzelfall (M.)

case-law (M.) (engl.) case-law (N.) (engl.), Fallrecht (N.)
caserne (F.) Kaserne (F.)
casier (M.) judiciaire Strafregister (N.)
casier (M.) judiciaire central fédéral Bundeszentralregister (N.)
cassation (F.) Aufhebung (F.), Kassation (F.), Revision (F.)
casse (F.) Bruch (M.)
casser aufheben, durchbrechen, kassieren
caste (F.) Kaste (F.)
castration (F.) Kastration (F.)
casuels (M.Pl.) Nebenverdienst (M.)
casuistique (F.) Kasuistik (F.)
catalogue (M.) Katalog (M.), Verzeichnis (N.)
catastrophe (F.) Katastrophe (F.)
catéchisme (M.) Religionsunterricht (M.)
catégorie (F.) commerciale Handelsklasse (F.)
catégorie (F.) d'imposition Steuerklasse (F.)
catégorisation (F.) Einstufung (F.)
catégoriser einstufen
cathédrale (F.) Dom (M.)
catholique (Adj.) katholisch
causa (F.) (lat.) causa (F.) (lat.) (Grund bzw. Sache)
causal kausal, ursächlich
causalité (F.) Kausalität (F.), Kausalzusammenhang (M.), Ursächlichkeit (F.), Verursachung (F.)
causalité (F.) génératrice de la responsabilité haftungsbegründende Kausalität (F.)
cause (F.) causa (F.) (lat.) (Grund bzw. Sache), Grund (M.), Rechtsfall (N.), Rechtsgrund (M.), Rechtsgrundlage (F.), Sache (F.), Ursache (F.), Verursachung (F.)
cause (F.) aggravante Strafschärfungsgrund (M.)
cause (F.) civile Zivilsache (F.)
cause (F.) d'atténuation de la responsabilité Strafausschließungsgrund (M.)
cause (F.) d'excuse Entschuldigungsgrund (M.)
cause (F.) d'irresponsabilité Strafausschließungsgrund (M.)
cause (F.) de justification Rechtfertigungselement (N.), Rechtfertigungsgrund (M.)
cause (F.) de récusation Ablehnungsgrund (M.)
cause (F.) du décès Todesursache (F.)
cause (F.) subjective de justification subjektives Rechtfertigungselement (N.)
causé par ursächlich
causer bewirken, verschulden, verursachen
causer un dommage schädigen
caution (F.) Bürge (M.), Bürgschaft (F.), Sicherheitsleistung (F.)
caution (F.) qui s'engage à payer comme débiteur Selbstschuldner (M.)
caution (F.) solidaire Mitbürge (M.), selbstschuldnerische Bürgschaft (F.)
cautionnement (M.) Bürgschaft (F.), Kaution (F.)
cautionnement (M.) bancaire Bankbürgschaft (F.)
cautionnement (M.) pour le reliquat de la dette Ausfallbürgschaft (F.)
cautionnement (M.) sans bénéfice de discussion selbstschuldnerische Bürgschaft (F.)
cautionnement (M.) simple Ausfallbürgschaft (F.)
cautionnement (M.) solidaire Mitbürgschaft (F.)
cautionner bürgen, verbürgen
cavalerie (F.) Wechselreiterei (F.)
cédant (M.) Abtretender (M.), Indossant (M.), Zedent (M.)
cédant (M.) d'une chose remise à titre de garantie Sicherungsgeber (M.)
céder abtreten, überlassen, veräußern, verkaufen
cédule (F.) hypothécaire Hypothekenbrief (M.)
celer verstecken
célibat (M.) Zölibat (M. bzw. N.)
célibataire (Adj.) ledig
célibataire (M.) Junggeselle (M.)
cellule (F.) Zelle (F.)
cellule (F.) d'un condamné à mort Todeszelle (F.)
censure (F.) Zensur (F.)
censurer zensieren
cent (M.) Cent (M.)
cent (Num. Kard.) hundert
central zentral
centralisation (F.) Zentralisation (F.)
centraliser zentralisieren
centralisme (M.) Zentralismus (M.)
centre (M.) Zentrum (N.)
centre (M.) de formation professionnelle Berufsschule (F.)
centre (M.) de santé Gesundheitsamt (N.)

centre (M.) pénetentiaire Strafvollzugsanstalt (F.)
centre (M.) pénitentiaire Strafanstalt (F.)
cercle (M.) Bezirk (M.), Kreis (M.), Landkreis (M.)
céréales (F.Pl.) Getreide (N.)
certain gewiss, sicher
certificat (M.) Attest (N.), Bescheinigung (F.), Bestätigung (F.), Schein (M.), Zertifikat (N.), Zeugnis (N.)
certificat (M.) d'aptitude Befähigungsnachweis (M.)
certificat (M.) d'héritier Erbschein (M.)
certificat (M.) de bonne conduite Führungszeugnis (N.)
certificat (M.) de chargement Ladeschein (M.)
certificat (M.) de dette Schuldschein (M.)
certificat (M.) de moralité Leumundszeugnis (N.)
certificat (M.) de vaccination Impfschein (M.)
certificat (M.) provisoire Interimsschein (M.)
certificateur (M.) de caution Nachbürge (M.)
certification (F.) Beglaubigung (F.), Beurkundung (F.), öffentliche Beglaubigung (F.)
certification (F.) de l'authenticité Beurkundung (F.)
certifier beglaubigen, bescheinigen, beurkunden, testieren, zertifizieren
certitude (F.) Bestimmtheit (F.), Gewissheit (F.)
certitude (F.) intime Überzeugung (F.)
cerveau (M.) Gehirn (N.), Hirn (M.)
cessation (F.) Aufhebung (F.), Beendigung (F.), Wegfall (M.)
cessation (F.) des paiements Zahlungseinstellung (F.)
cesser scheiden
cessez-le-feu (M.) Waffenstillstand (M.)
cessibilité (F.) Abtretbarkeit (F.), Übertragbarkeit (F.)
cessible abtretbar, übertragbar, umlauffähig, verfügbar
cession (F.) Abtretung (F.), cessio (F.) (lat.) (Abtretung), Disposition (F.), Rechtsübertragung (F.), Übertragung (F.), Veräußerung (F.), Zession (F.)
cession (F.) à découvert Blankozession (F.)
cession (F.) à titre de garantie Sicherungsabtretung (F.)
cession (F.) à titre de sûreté Sicherungsabtretung (F.)
cession (F.) aux fins d'encaissement Inkassozession (F.)
cession (F.) d'entreprise Betriebsübergang (M.)
cession (F.) d'un bien-fonds Grundabtretung (F.)
cession (F.) de contrat Vertragsübernahme (F.)
cession (F.) de créance Abtretung (F.), Forderungsübertragung (F.)
cession (F.) de créances futures Vorausabtretung (F.)
cession (F.) de dettes privative Schuldübernahme (F.), Schuldübernahme (F.)
cession (F.) de l'action en revendication Vindikationszession (F.)
cession (F.) des intérêts patrimoniaux Vermögensübernahme (F.)
cession (F.) en bloc Globalzession (F.)
cession (F.) globale Globalzession (F.)
cession (F.) légale Legalzession (F.)
cession (F.) par anticipation Vorausverfügung (F.)
cessionnaire (M.) Abtretungsempfänger (M.), Factor (M.), Indossat (M.), Indossatar (M.), Neugläubiger (M.), Zessionar (M.)
cessionnaire (M.) d'une chose remise à titre de garantie Sicherungsnehmer (M.)
chahuter randalieren
chahuteur (M.) Randalierer (M.)
chaîne (F.) Kette (F.)
chaîne (F.) de fabrication Fließband (N.)
chaire (F.) professorale Lehrstuhl (M.)
chambre (F.) Kammer (F.), Senat (M.), Zimmer (N.)
chambre (F.) à gaz Gaskammer (F.) (Gaskammer in den Vereinigten Staaten von Amerika)
chambre (F.) civile Zivilkammer (F.), Zivilsenat (M.)
chambre (F.) commerciale Kammer (F.) für Handelssachen
chambre (F.) correctionnelle Strafkammer (F.)
chambre (F.) criminelle Strafkammer (F.), Strafsenat (M.)
chambre (F.) d'agriculture Landwirtschaftskammer (F.)
chambre (F.) de commerce Handelskammer (F.)

chambre (F.) de commerce internationale internationale Handelskammer (F.)
chambre (F.) des députés Abgeordnetenhaus (N.), Kammer (F.)
chambre (F.) des métiers Handwerkskammer (F.)
chambre (F.) détachée detachierte Kammer (F.)
chambre (F.) du commerce et de l'industrie Industrie- und Handelskammer (F.)
chambre (F.) du conseil Beratungszimmer (N.)
chambre (F.) fédérale des notaires Bundesnotarkammer (F.)
chambre (F.) mixte große Kammer (F.) des Kassationshofs (große Kammer des Kassationsgerichtshofs in Frankreich)
chambre (F.) patronale Arbeitgeberverband (M.)
chambre (F.) syndicale Kammer (F.)
champ (M.) d'action Wirkungskreis (M.)
champ (M.) d'application Anwendungsbereich (M.)
champion (M.) Meister (M.)
champs (M. Pl.) Flur (F.)
chance (F.) Chance (F.), Glück (N.), Möglichkeit (F.)
chancelier (M.) Bundeskanzler (M.), Kanzler (M.)
chancelier (M.) de la Republique fédérale Bundeskanzler (M.)
chancelier (M.) du Reich Reichskanzler (M.)
chancellerie (F.) Kanzlei (F.), Kanzleramt (N.), Staatskanzlei (F.)
chancellerie (F.) fédérale Bundeskanzleramt (N.)
chancellerie d'État Staatskanzlei (F.)
change (M.) Tausch (M.), Umtausch (M.)
changement (M.) Abänderung (F.), Änderung (F.), Konversion (F.), Veränderung (F.), Wechsel (M.)
changement (M.) d'affectation Nutzungsänderung (F.)
changement (M.) de nom Namensänderung (F.)
changement (M.) de sexe Geschlechtsumwandlung (F.)
changement (M.) du rang Rangänderung (F.)
changement (M.) fondamental dans les circonstances existant au temps de la conclusion du contrat Fehlen (N.) der Geschäftsgrundlage
changer abändern, ändern, tauschen, umtauschen, verändern
changes (M.Pl.) Devisen (F.Pl.)
chantage (M.) Erpressung (F.)
chantage (M.) à l'aide de menaces et contraintes räuberische Erpressung (F.)
chapelle (F.) Kapelle (F.)
chapitre (M.) Abschnitt (M.), Kapitel (N.)
chapitre (M.) de la cathédrale Domkapitel (N.)
char (M.) Panzer (M.)
chargé (Adj.) de dettes verschuldet (Adj.)
charge (F.) Auflage (F.), Belastung (F.), Fracht (F.), Funktion (F.), Last (F.), Mission (F.), Posten (M.)
charge (F.) à la cour Hofamt (N.)
charge (F.) d'enseignement Lehrauftrag (M.)
charge (F.) de cours Lehrauftrag (M.)
charge (F.) de la preuve Beweislast (F.)
charge (F.) foncière Reallast (F.)
charge (F.) honorique Ehrenamt (N.)
charge (F.) publique öffentliche Last (F.)
charge (F.) sociale Soziallast (F.)
chargé (M.) Beauftragter (M.)
chargé (M.) d'affaires Geschäftsträger (M.)
chargé (M.) d'enseignement Lehrbeauftragter (M.)
chargé (M.) de cours Privatdozent (M.)
chargé (M.) de fonctions Sachbearbeiter (M.)
chargé (M.) de l'informatique et des libertés publiques Datenschutzbeauftragter (M.)
chargeant (Adj.) belastend
chargement (M.) Fracht (F.), Frachtgut (N.), Ladung (F.) (Last)
charger befassen, belasten, beschweren, einladen (aufladen), laden (aufladen), verladen
charger de (se) betreuen
charger de beauftragen
charges (F.Pl.) contre qn. Tatverdacht (M.)
charges (F.Pl.) locatives Nebenkosten (F.Pl.)
charges (F.Pl.) patronales Lohnnebenkosten (F.Pl.)
charges (F.Pl.) résultant de l'ouverture et de l'aménagement et de l'entretien des voies routières Straßenbaulast (F.)
charité (F.) Spende (F.)
charte (F.) Charta (F.)
charte (F.) des droits fondamentaux Grundrechtecharta (F.)

Charte (F.) sociale européenne Europäische Sozialcharta (F.)
charte partie (F.) Chartervertrag (M.)
charter (M.) Charter (M.), Chartervertrag (M.)
chasse (F.) Jagd (F.)
chasser hetzen, jagen
chasseur (M.) Jäger (M.)
chaste keusch
château (M.) Schloss (N.)
châtier züchtigen
châtiment (M.) Züchtigung (F.)
châtrer kastrieren
chauffer heizen
chauffeur (M.) Fahrer (M.)
chaussée (F.) Fahrbahn (F.)
chef (M.) Führer (M.), Obmann (M.), Prinzipal (M.)
chef (M.) d'entreprise Arbeitgeber (M.), Unternehmer (M.)
chef (M.) d'État Staatsoberhaupt (M.)
chef (M.) de bataillon Major (M.)
chef (M.) de bureau Referent (M.)
chef (M.) de chantier Bauleiter (M.)
chef (M.) de division Dezernent (M.)
chef (M.) de gouvernement Regierungschef (M.)
chef (M.) de l'administration d'un cercle Oberkreisdirektor (M.)
chef (M.) de l'État Staatschef (M.)
Chef (M.) de l'État Staatspräsident (M.) (Staatspräsident in Frankreich)
chef (M.) de service Referent (M.)
chef (M.) des administrations d'un cercle Bezirkshauptmann (M.) (Bezirkshauptmann in Österreich)
chef (M.) des administrations d'un Regierungsbezirk Regierungspräsident (M.)
chef (M.) des administrations du cercle Landrat (M.)
chef (M.) des services de l'administration municipale Oberstadtdirektor (M.)
chef (M.) des services municipaux Stadtdirektor (M.)
chef (M.) du gouvernement provincial Landeshauptmann (M.) (Landeshauptmann in Österreich)
chef-d'œuvre (M.) Meisterstück (N.)
chemin (M.) Straße (F.), Weg (M.)
chemin (M.) de fer Bahn (F.), Eisenbahn (F.)
chemin (M.) établi en vertu d'une servitude de passage Notweg (M.)
chemin (M.) privé Privatstraße (F.)
cheminée (F.) Schlot (M.), Schornstein (M.)
chemins (M.Pl.) de fer de la République fédérale Bundesbahn (F.)
chèque (M.) Scheck (M.)
chèque (M.) à ordre Orderscheck (M.)
chèque (M.) à vue Barscheck (M.)
chèque (M.) au porteur Inhaberscheck (M.)
chèque (M.) barré Verrechnungsscheck (M.)
chèque (M.) de voyage Reisescheck (M.), Travellerscheck (M.)
chèque (M.) en blanc Blankoscheck (M.)
chèque (M.) ouvert Barscheck (M.)
chèque (M.) postal Postscheck (M.)
chercher abholen, beabsichtigen, nachschlagen, suchen
chercher à découvrir ausforschen
chevalerie (F.) Adelsstand (M.)
chevalier (M.) Ritter (M.)
chicane (F.) Belästigung (F.), Schikane (F.)
chicanerie (F.) Querulanz (F.)
chien (M.) Hund (M.)
chienne (F.) Hündin (F.)
chiffre (M.) Zahl (F.), Ziffer (F.)
chiffre (M.) d'affaires Umsatz (M.)
chiffre (M.) de ventes Umsatz (M.)
chiffre (M.) noir Dunkelfeld (N.), Dunkelziffer (F.)
chip (F.) Chip (M.)
choc (M.) Schock (M.)
choisir auswählen, wählen
choix (M.) Auswahl (F.), Wahl (F.)
choix (M.) d'un métier Berufswahl (F.)
choix (M.) d'une profession Berufswahl (F.)
choix (M.) du droit applicable Rechtswahl (F.)
choix (M.) social Sozialauswahl
chômage (M.) Arbeitslosigkeit (F.)
chômage (M.) partiel Kurzarbeit (F.)
chose (F.) Ding (N.) (Sache), Sache (F.)
chose (F.) consomptible verbrauchbare Sache (F.)
chose (F.) d'autrui fremde Sache (F.)
chose (F.) de genre Gattungssache (F.)
chose (F.) fongible Gattungssache (F.), vertretbare Sache (F.)
chose (F.) jugée rechtskräftig entschiedene Sache (F.)
chose (F.) non fongible unvertretbare Sache (F.)
chose (F.) provisoire Behelf (M.)

chose (F.) qui constitue un danger public incontrôlable gemeingefährliches Mittel (N.)
chrétien (Adj.) christlich
chronologique zeitlich
chute (F.) Fall (M.)
Chypre (F.) Zypern (N.)
cimetière (M.) Friedhof (M.)
circonscription (F.) électorale Wahlkreis (M.)
circonscription (F.) judiciaire Gerichtsbezirk (M.)
circonstance (F.) Ereignis (N.), Umstand (M.)
circonstance (F.) aggravante Strafschärfungsgrund (M.)
circonstance (F.) atténuante Milderungsgrund (M.), Strafmilderungsgrund (M.)
circonstance (F.) de l'infraction Tatumstand (M.)
circonstance (F.) objective de la possibilité d'infliger objektive Bedingung (F.) der Strafbarkeit
circonstances (F.Pl.) Sachverhalt (M.)
circonstances (F.Pl.) exceptionnelles Ausnahmezustand (M.)
circonvenir irreführen
circulaire (F.) Runderlass (M.), Rundschreiben (N.)
circulation (F.) Umlauf (M.), Umlaufverfahren (N.), Verkehr (M.)
circulation (F.) automobile Kraftfahrt (F.), Kraftverkehr (M.)
circulation (F.) des biens Warenverkehr (M.)
circulation (F.) des capitaux Kapitalverkehr (M.)
circulation (F.) des marchandises Warenverkehr (M.)
circulation (F.) routière Kraftverkehr (M.), Straßenverkehr (M.)
circuler fahren, fließen, umlaufen
citation (F.) Vorladung (F.), Zitat (N.)
citation (F.) en justice Ediktalzitation (F.), Ladung (F.) (Herbestellung)
cité (F.) Stadt (F.)
citer aufrufen, laden (herbestellen), vorladen, zitieren
citer à participer à la procédure beiladen
citer comme témoin Zeugen benennen
citer en justice laden (herbestellen)
citoyen (M.) Bürger (M.), Staatsangehöriger (M.), Staatsbürger (M.)
citoyenneté (F.) Bürgerrecht (N.), Staatsangehörigkeit (F.), Staatsbürgerschaft (F.)
citoyenneté (F.) communautaire Unionsbürgerschaft (F.)
citoyens (M.Pl.) Staatsvolk (N.)
civil (Adj.) bürgerlich, standesamtlich, zivil
civique (Adj.) staatsbürgerlich (Adj.)
clair klar, rein
clandestin heimlich
clarifier klären
classe (F.) Klasse (F.), Schicht (F.)
classe (F.) commerciale Handelsklasse (F.)
classement (M.) Einstellung (F.), Einstufung (F.), Rangverhältnis (N.), Widmung (F.)
classer einstufen
classifier klassifizieren
clause (F.) Bestimmung (F.), Formel (F.), Klausel (F.)
clause (F.) à caractère normatif Normativbestimmung (F.)
clause (F.) à ordre Orderklausel (F.)
clause (F.) abusive rechtsmissbräuchliche Klausel (F.)
clause (F.) assurant la valeur d'une dette d'argent Geldwertsicherungsklausel (F.)
clause (F.) attributive de juridiction Gerichtsstandsvereinbarung (F.), Prorogation (F.)
clause (F.) au porteur Inhaberklausel (F.)
clause (F.) compromissoire Schiedsabkommen (N.), Schiedsklausel (F.)
clause (F.) d'arbitrage Schiedsklausel (F.)
clause (F.) d'assurances Versicherungsbedingung (F.)
clause (F.) d'indexation Wertsicherungsklausel (F.)
clause (F.) d'une convention collective assurant le salaire réel par rapport au salaire conventionnel Effektivklausel (F.)
clause (F.) de déchéance Verfallsklausel (F.), Verwirkungsklausel (F.)
clause (F.) de déchéance du terme Fälligkeitsklausel (F.)
clause (F.) de différenciation Differenzierungsklausel (F.)
clause (F.) de garantie de change Wertsicherungsklausel (F.)
clause (F.) de jonction Junktimklausel (F.)
clause (F.) de la nation la plus favorisée Meistbegünstigungsklausel (F.)
clause (F.) de non-responsabilité Freizeichnungsklausel (F.)
clause (F.) de remariage Wiederverheiratungsklausel (F.)

clause (F.) dérogatoire abweichende Bestimmung (F.)
clause (F.) générale Generalklausel (F.)
clause (F.) légale générale unbestimmter Gesetzesbegriff (F.)
clause (F.) pénale Vertragsstrafe (F.)
clause (F.) rebus sic stantibus (lat.) Wegfall der Geschäftsgrundlage (M.)
clause (F.) rebus sic stantibus (z. T. lat.) clausula (F.) rebus sic stantibus (lat.) (Bedingung der gleichbleibenden Umstände), Fehlen (N.) der Geschäftsgrundlage
clauses (F.Pl.) de commerce international incoterms (Pl.)
clé (F.) Schlüssel (M.), Verschluss (M.)
clearing (M.) Clearing (N.)
clergé (M.) Klerus (M.)
clérical (Adj.) geistlich, kirchlich, klerikal
client (M.) Abnehmer (M.), Auftraggeber (M.), Gast (M.), Klient (M.), Kunde (M.), Mandant (M.)
clientèle (F.) Klientel (F.)
clientélisme (M.) Vetternwirtschaft (F.)
clignoter blinken
clinique (F.) Klinik (F.)
cloison (F.) coupe-feu Brandmauer (F.)
cloître (M.) Kloster (N.)
clore abschließen
clôture (F.) (d'une procédure) Abschluss (M.)
clôture (F.) Schließung (F.), Zaun (M.)
clôture (F.) de l'exercice Jahresabschluss (M.)
clôture (F.) des comptes Rechnungsabschluss (M.)
coactivité (F.) Mittäterschaft (F.)
coadjuteur (M.) Koadjutor (M.)
coaliser koalieren
coalition (F.) Bund (M.), Koalition (F.), Zusammenschluss (M.)
coassurance (F.) Mitversicherung (F.)
coauteur (M.) Komplize (M.)
coauteur (M.) d'un délit Mittäter (M.)
cocaïne (F.) Kokain (N.)
code (M.) codex (M.) (lat.) (Buch bzw. Gesetzbuch), Gesetzbuch (N.), Kodex (M.)
code (M.) civil Bürgerliches Gesetzbuch (N.), Code (M.) civil (franz.), Zivilgesetzbuch (M.)
code (M.) criminel Strafgesetzbuch (N.)
code (M.) de commerce Code (M.) de commerce (franz.), Handelsgesetzbuch (N.)
code (M.) de l'artisanat Handwerksordnung (F.)
code (M.) de la construction Baugesetzbuch (N.)
code (M.) de la route Straßenverkehrsordnung (F.)
code (M.) de la sécurité sociale Sozialgesetzbuch (N.)
code (M.) de procédure Prozessordnung (F.)
code (M.) de procédure civile Zivilprozessordnung (F.)
code (M.) de procédure pénale Strafprozessordnung (F.)
code (M.) des communes Gemeindeordnung (F.)
code (M.) des impôts Abgabenordnung (F.)
code (M.) des procédures fiscales Abgabenordnung (F.)
code (M.) électoral de l'état fédéral Bundeswahlgesetz (N.)
code (M.) fédéral de la construction Bundesbaugesetz (N.)
code (M.) pénal Code (M.) pénal (franz.), Strafgesetzbuch (N.)
code (M.) portant réglementation de l'état d'urgence Notstandsverfassung (F.)
code (M.) postal Postleitzahl (F.)
code (M.) relatif à l'exercice des professions artisanales et commerciales et industrielles Gewerbeordnung (F.)
code d'instruction criminelle Strafprozessordnung (F.)
codébiteur (M.) Mitschuldner (M.)
codébiteur (M.) solidaire Gesamtschuldner (M.)
codécision (F.) Mitbestimmung (F.)
co-délinquant Mittäter (M.)
codicille (M.) Kodizill (N.)
codification (F.) Kodifikation (F.)
codifier kodifizieren
coenterprise (F.) Joint venture (N.)
coentreprise (F.) Gemeinschaftsunternehmen (N.)
coercitif zwingend
coercition (F.) Druck (M.)
cœur (M.) Herz (N.)
coffre-fort (M.) Schließfach (N.)
cofidéjusseur (M.) Mitbürge (M.)
cogérant (M.) Mitunternehmer (M.)
cogestion (F.) Mitbestimmung (F.)
cognat (M.) Kognat (M.)

cohabitation (F.) Beiwohnung (F.), Lebensgemeinschaft (F.), nichteheliche Lebensgemeinschaft (F.)
cohéritier (M.) Miterbe (M.)
coin (M.) Ecke (F.)
coït (M.) Beischlaf (M.), Koitus (M.)
colégataire (M.) Mitvermächtnisnehmer (M.)
colegs (M.) Mitvermächtnis (N.)
colis (M.) Paket (N.)
collaborateur (M.) Mitarbeiter (M.)
collaboration (F.) Mitarbeit (F.), Mitwirken (N.), Mitwirkung (F.)
collaborer kooperieren
collation (F.) Kollation (F.)
collationnement (M.) Kollationierung (F.)
collecte (F.) Sammlung (F.)
collecte (F.) et élimination des déchets Müllentsorgung (F.)
collecter sammeln
collectif (Adj.) gemeinsam (Adj.), kollektiv
collection (F.) Abholung (F.), Sammlung (F.)
collection (F.) de causes Fallsammlung (F.)
collectionner sammeln
collective (F.) personale Personalkörperschaft (F.)
collectivité (F.) Gemeinschaft (F.), Körperschaft (F.)
collectivité (F.) territoriale Gebietskörperschaft (F.)
collectivité (F.) territoriale dotée de l'autonomie administrative Selbstverwaltungskörperschaft (F.)
collège (M.) administratif municipal Magistrat (N.)
collège (M.) d'enseignement secondaire Realschule (F.)
collège (M.) de juges Kollegium (N.)
collégial kollegial
collègue (M.) Kollege (M.)
collision (F.) Kollision (F.)
collusion (F.) Kollusion (F.), Verabredung (F.)
colonel (M.) Oberst (M.)
colonie (F.) Kolonie (F.)
colporter hausieren
colporteur (M.) Hausierer (M.)
coltiner schleppen
combat (M.) Kampf (M.)
combattre kämpfen
comblement (M.) de passif Zahlung (F.)
combler decken
comettant (M.) Verrichtungsgehilfe (M.)
comices (M.Pl.) Komitien (F.Pl.)
comité (M.) Ausschuss (M.), Gremium (N.), Komitee (N.)
comité (M.) consultatif Kuratorium (N.)
comité (M.) d'action Bürgerinitiative (F.)
comité (M.) d'entreprise Betriebsrat (M.)
comité (M.) de direction Vorstand (M.)
comité (M.) des citoyens Bürgerinitiative (F.)
comité (M.) des délégués des cadres supérieurs Sprecherausschuss (M.)
comité (M.) des représentants permanents des états membres (Coreper) Ausschuss (M.) der ständigen Vertreter (Ausschuss der ständigen Vertreter in Frankreich)
comité (M.) du personnel Personalvertretung (F.)
comité (M.) juridique Rechtsausschuss (M.)
commandant (M.) Kapitän (M.), Kommandeur (M.), Major (M.)
commande (F.) Bestellung (F.)
commandement (M.) Befehl (M.), Gebot (N.)
commandement (M.) de payer Mahnbescheid (M.), Zahlungsbefehl (M.)
commander befehlen, bestellen, gebieten, heißen, kommandieren
commanditaire (F.) Kommanditistin (F.)
commanditaire (M.) Auftraggeber (M.), Kommanditist (M.), stiller Gesellschafter (M.)
commandite (F.) Kommanditeinlage (F.)
commandité (M.) Komplementär (M.)
commencement (M.) Anfang (M.), Beginn (M.)
commencement (M.) d'exécution (d'une infraction) Beginn (M.) der Ausführung
commencement (M.) d'exécution Anfang (M.) der Ausführung
commencer beginnen
commentaire (M.) Kommentar (M.)
commentateur (M.) Kommentator (M.)
commenter auslegen, erläutern, kommentieren
commerçant (M.) Gewerbetreibender (M.), Händler (M.), Kaufmann (M.)
commerçant (M.) à titre individuel Einzelkaufmann (M.)
commerçant (M.) de par l'exercice de sa profession Musskaufmann (M.)
commerçant (M.) de par son inscription au registre du commerce Kannkaufmann (M.)

commerçant (M.) de plein droit Vollkaufmann (M.)
commerçant (M.) du fait de l'inscription de sa raison sociale dans le registre du commerce Sollkaufmann (M.)
commerçant (M.) en gros Großhändler
commerçant (M.) en nom propre Properhändler (M.)
commerçante (F.) Kauffrau (F.)
commerce (M.) Gewerbe (N.), Handel (M.), Handelsgewerbe (N.), Verkehr (M.)
commerce (M.) ambulant Reisegewerbe (N.)
commerce (M.) de biens immobiliers Bodenverkehr (M.)
commerce (M.) de détail Einzelhandel (M.)
commerce (M.) électronique e-commerce (N.) (engl.)
commerce (M.) en gros Großhandel (M.)
commerce (M.) extérieur Außenwirtschaft (F.)
commerce (M.) intérieur Binnenhandel (M.)
commerce (M.) maritim Seehandel (M.)
commerce (M.) mondial Welthandel (M.)
commerce (M.) noir Schwarzhandel (M.)
commercer handeln
commercial (Adj.) geschäftlich, gewerbsmäßig, kaufmännisch, kommerziell, merkantil
commercialiser kommerzialisieren
commettant (M.) Auftraggeber (M.), Gehilfe (M.), Geschäftsherr (M.), Kommittent (M.), Mandant (M.)
commettre begehen, verüben
commettre des malversations veruntreuen
commettre un adultère ehebrechen
commettre un viol vergewaltigen
commettre une imposture hochstapeln
commettre une infraction verstoßen (V.)
commis (M.) Angestellter (M.), Handlungsgehilfe (M.)
commis (M.) adjoint Assistent (M.)
commis (M.) aux écritures Buchhalter (M.)
commissaire (M.) Kommissar (M.)
commissaire (M.) aux comptes Prüfer (M.), Wirtschaftsprüfer (M.)
commissaire (M.) de la république Staatskommissar (M.)
commissaire (M.) de priseur Versteigerer (M.)
commissaire (M.) du gouvernement Regierungskommissar (M.)
commissaire (M.) fédéral Bundesbeauftragter (M.)
commissaire-priseur (M.) Auktionator (M.), Versteigerer (M.)
commissariat (M.) Kommissariat (N.), Revier (N.)
commissariat (M.) de police Wache (F.)
commission (F.) Ausschuss (M.), Begehung (F.), Forum (N.), Jury (F.), Kommission (F.), Maklergebühr (F.), Maklervertrag (M.), Provision (F.)
commission (F.) administrative du cercle Kreisausschuss (M.)
commission (F.) consultative Beirat (M.)
commission (F.) d'achat Einkaufskommission (F.)
commission (F.) d'apport Abschlussprovision (F.)
commission (F.) d'enquête Parlamentarischer Untersuchungsausschuss (M.), Untersuchungsausschuss (M.)
commission (F.) d'une assemblée plèniere Plenarausschuss (M.)
commission (F.) de banque Agio (N.)
commission (F.) de bonne fin Abschlussprovision (F.)
commission (F.) de conciliation Vermittlungsausschuss (M.)
commission (F.) de contrôle des ententes illicites et des positions dominantes Kartellbehörde (F.)
Commission (F.) de l'Union européenne Kommission (F.) der Europäischen Union
commission (F.) de transport Spedition (F.)
commission (F.) des droits de l'homme Menschenrechtskommission (F.)
commission (F.) ducroire Delkredereprovision (F.)
Commission (F.) européenne Europäische Kommission (F.)
commission (F.) européenne des droits de l'homme Europäische Menschenrechtskommission (F.)
commission (F.) juridique Rechtsausschuss (M.)
commission (F.) municipale Ortsbeirat (M.)
commission (F.) parlementaire compétente en matière de pétitions Petitionsausschuss (M.)
commission (F.) parlementaire pour pré-

parer certaines décisions importantes Enquetekommission (F.)
commission (F.) régionale de contentieux social Landessozialgericht (N.)
commission (F.) rogatoire Rechtshilfeersuchen (N.)
commissionnaire (M.) Kommissionär (M.), Makler (M.)
commissionnaire (M.) de transport Spediteur (M.)
commissionner bevollmächtigen
commodat (M.) Leihe (F.)
commodum (M.) (lat.) commodum (N.) (lat.) (Vorteil)
commuer umwandeln
commun (Adj.) gemein, gemeinsam (Adj.), gemeinschaftlich
communal kommunal
communaliser eingemeinden
communauté (F.) allgemeine Gütergemeinschaft (F.), Gemeinschaft (F.), Gütergemeinschaft (F.), Kollektiv (N.), Kommune (F.)
Communauté (F.) charbon-acier Montanunion (F.)
communauté (F.) continue fortgesetzte Gütergemeinschaft (F.)
communauté (F.) d'acquêts Errungenschaftsgemeinschaft (F.)
communauté (F.) de vie eheliche Lebensgemeinschaft (F.), Lebensgemeinschaft (F.)
communauté (F.) des biens allgemeine Gütergemeinschaft (F.), Gütergemeinschaft (F.)
communauté (F.) des biens continue fortgesetzte Gütergemeinschaft (F.)
communauté (F.) des meubles Fahrnisgemeinschaft (F.)
Communauté (F.) Économique Européenne (C. E. E) Europäische Wirtschaftsgemeinschaft (F.) (EWG)
communauté (F.) entre époux Gütergemeinschaft (F.) zwischen Ehegatten
Communauté (F.) Européenne (C. E.) Europäische Gemeinschaft (F.) (EG)
Communauté (F.) Européenne de l'Énergie Atomique (C. E. E. A.) Europäische Atomgemeinschaft (F.)
Communauté (F.) Européenne du Charbon et de l'Acier (C. E. C. A.) Europäische Gemeinschaft (F.) für Kohle und Stahl (EGKS), Montanunion (F.)
communauté (F.) héréditaire Erbengemeinschaft (F.), Miterbengemeinschaft (F.)
communauté (F.) national Gemeinwesen (N.)
communauté (F.) par quote-parts Bruchteilsgemeinschaft (F.)
communauté (F.) religieuse Religionsgesellschaft (F.)
communauté (F.) universelle allgemeine Gütergemeinschaft (F.)
communauté (F.) urbaine Gemeindeverband (M.)
communaux (M.Pl.) Allmende (F.)
commune (F.) Gemeinde (F.), Kommune (F.)
commune renommée (F.) Hörensagen (N.)
communication (F.) Avis (N.), Kommunikation (F.), Mitteilung (F.)
communication (F.) de pièces Vorlage (F.) der Akten
communier kommunizieren
communiqué (M.) Bericht (M.), Mitteilung (F.)
communiquer ankündigen, bekanntgeben, kommunizieren, mitteilen, verlautbaren
communisme (M.) Kommunismus (M.)
communiste (Adj.) kommunistisch
communiste (M.) Kommunist (M.)
commutation (F.) de peine Strafmilderung (F.)
commuter mildern
comoriente (M.) Kommorient (M.)
comourant (M.) Kommorient (M.)
compagnie (F.) (cie.) Firma (F.)
compagnie (F.) d'assurances Versicherungsgesellschaft (F.)
compagnie (F.) maritime en copropriété Partenreederei (F.)
compagnon (F.) Lebenspartnerin (F.)
compagnon (M.) Genosse (M.), Geselle (M.), Lebenspartner (M.)
comparaison (F.) Gegenüberstellung (F.), Vergleich (M.)
comparaison (F.) des biens Güterabwägung (F.)
comparaître erscheinen
comparatif vergleichend
comparer vergleichen
comparse (M.) Gehilfe (M.)
comparution (F.) Erscheinen (N.)
comparution (F.) en personne persönliches Erscheinen (N.)

compatibilité (F.) Kompatibilität (F.), Vereinbarkeit (F.)
compatible kompatibel
compensable aufrechenbar
compensatio (F.) lucri cum damno (lat.) compensatio (F.) lucri cum damno (lat.) (Vorteilsausgleich)
compensation (F.) Abfindung (F.), Anrechnung (F.), Aufrechnung (F.), Ausgleich (M.), Clearing (N.), Ersatz (M.), Ersetzung (F.), Kompensation (F.), Verrechnung (F.)
compensation (F.) de la culpabilité Kulpakompensation (F.)
compensation (F.) de la dette Kulpakompensation (F.)
compensation (F.) en matière de pension vieillesse Rentensplitting (N.)
compensation (F.) subsidiaire Eventualaufrechnung (F.)
compenser aufrechnen, ausgleichen, ersetzen, kompensieren, verrechnen
compétence (F.) Befähigung (F.), Befugnis (F.), Kompetenz (F.), Sachkunde (F.), Zuständigkeit (F.)
compétence (F.) annexe Annexkompetenz (F.)
compétence (F.) d'attribution sachliche Zuständigkeit (F.)
compétence (F.) de groupement Verbandskompetenz (F.)
compétence (F.) exclusive dans le domaine des affaires culturelles Kulturhoheit (F.)
compétence (F.) internationale internationale Zuständigkeit (F.)
compétence (F.) judiciaire Gerichtsstand (M.)
compétence (F.) judiciaire internationale internationale Zuständigkeit (F.)
compétence (F.) légale pour fixer les principes généraux de la législation en certaines matières Rahmenkompetenz (F.)
compétence (F.) législative Gesetzgebungszuständigkeit (F.)
compétence (F.) législative concurrente de l'État central et des États fédérés konkurrierende Bundesgesetzgebung (F.)
compétence (F.) normative exclusive ausschließliche Gesetzgebung (F.)
compétence (F.) pour élargir sa propre compétence Kompetenzkompetenz (F.)
compétence (F.) pour la matière Sachkunde (F.)
compétence (F.) prévue par la loi Pflichtaufgabe (F.)
compétence (F.) ratione materiae sachliche Zuständigkeit (F.)
compétence (F.) territoriale örtliche Zuständigkeit (F.)
compétent (Adj.) berufen (Adj.), kompetent, sachverständig, zuständig
compétition (F.) Konkurrenz (F.), Leistungswettbewerb (M.), Wettbewerb (M.)
compilation (F.) Kompilation (F.), Sammelwerk (N.)
complaisance (F.) Gefälligkeit (F.)
complaisant gefällig
complément (M.) Ergänzung (F.), Nachzahlung (F.)
complémentaire (Adj.) ergänzend
complet (Adj.) voll
complétant (Adj.) ergänzend
compléter ergänzen
complexe (Adj.) komplex
complexe (M.) Komplex (M.)
complice (M.) Gehilfe (M.), Komplize (M.), Mittäter (M.)
complicité (F.) Beihilfe (F.), Mittäterschaft (F.)
complot (M.) Komplott (N.), Verschwörung (F.)
comploter verschwören (sich)
comportement (M.) Benehmen (N.), Führung (F.), Gebaren (N.), Verhalten (N.)
comportement (M.) dangereux Ingerenz (F.)
comporter verhalten (V.)
composante (F.) Bestandteil (M.)
compositeur (M.) Schlichter (M.)
composition (F.) Beilegung (F.), Bildung (F.), Gestaltung (F.), Komposition (F.)
composition (F.) amiable Parteivereinbarung (F.)
comprendre begreifen, einschließen, enthalten (V.), erfassen
compris inbegriffen, inklusiv
compromis (M.) Absprache (F.), Ausgleich (M.), Kompromiss (M.), Schiedsvertrag (M.)
compromis (M.) d'arbitrage Schiedsvertrag (M.)
comptabiliser buchen
comptabilité (F.) Buchführung (F.), Buchhaltung (F.)

comptabilité (F.) à partie double doppelte Buchführung (F.)
comptabilité (F.) de gestion Buchhaltung (F.)
comptabilité (F.) en partie double doppelte Buchführung (F.)
comptabilité (F.) régulière ordnungsgemäße Buchführung (F.)
comptable (M.) Buchhalter (M.)
comptant (Adj.) bar
comptant (M.) Schalter (M.)
compte (M.) Konto (N.), Rechnung (F.), Sparkonto (N.)
compte (M.) courant Girokonto (N.), Kontokorrent (N.)
compte (M.) courant par solde Kontokorrent (N.)
compte (M.) d'autrui fremde Rechnung
compte (M.) de consignation Anderkonto (N.), Treuhandkonto (N.)
compte (M.) de dépôt Depositenkonto (N.)
compte (M.) de frais Kostenrechnung (F.)
compte (M.) de pertes et profits Gewinnrechnung und Verlustrechnung (F.)
compte (M.) de résultat Gewinnrechnung und Verlustrechnung (F.)
compte (M.) de virement Girokonto (N.)
compte (M.) débité Lastschriftanzeige (F.)
compte (M.) dont le titulaire dispose pour une tierce personne Anderkonto (N.)
compte (M.) en banque Bankkonto (N.), Girokonto (N.)
compte (M.) fiduciaire Treuhandkonto (N.)
compte (M.) rendu Bericht (M.), Rechenschaft (F.), Referat (N.)
compte (M.) séparé Anderkonto (N.)
compter berechnen, rechnen
compte-rendu (M.) Protokoll (N.)
compte-rendu (M.) annuel Jahresbericht (M.)
comptoire (M.) Zweigstelle (F.)
comte (M.) Graf (M.)
comté (M.) Grafschaft (F.)
concédant (M.) Lizenzgeber (M.)
concéder bewilligen, einräumen, gewähren, konzedieren, zugestehen
concentration (F.) Konzentration (F.), Zusammenschluss (M.)
concentrer konzentrieren
concept (M.) Begriff (M.)
concept (M.) juridique Rechtsbegriff (M.), Rechtsfigur (F.)
concept (M.) juridique indéterminé unbestimmter Rechtsbegriff (M.)
concept (M.) légal Legaldefinition (F.), Rechtsgedanke (M.)
conception (F.) Empfängnis (F.), Planung (F.)
conceptuel abstrakt
concernant einschlägig
concernant l'État de droit rechtsstaatlich
concernant le droit (M.) administratif verwaltungsrechtlich
concerner gelten
concertation (F.) Abstimmung (F.)
concession (F.) Konzession (F.), Lizenz (F.), Zugeständnis (N.)
concessionnaire (M.) Beliehener (M.), Konzessionär (M.), Vertragshändler (M.)
concevoir empfangen (V.)
concierge (M. bzw. F.) Hausmeister (M.)
concile (M.) Konzil (N.)
conciliateur (M.) Schlichter (M.)
conciliation (F.) Einigung (F.), Schlichtung (F.)
conciliation (F.) obligatoire Zwangsschlichtung (F.)
concilier beilegen, schlichten
conclave (M.) Konklave (F.)
concluant konkludent, schlüssig
conclude (V.) konludieren
conclure (un accord) einigen (sich)
conclure (un contrat) schließen
conclure abschließen, eingehen, konkludieren, kontrahieren, tätigen
conclure un arrangement vergleichen
conclusion (F.) Abschluss (M.), Einlassung (F.), Folge (F.), Konklusion (F.), Parteiantrag (M.), Rückschluss (M.), Schließung (F.), Schluss (M.), Schlussvortrag (M.), Vorbringen (N.)
conclusion (F.) du contrat Vertragsschluss (M.)
conclusion (F.) du mariage Eheschließung (F.)
conclusion (F.) finale Schlussantrag (M.)
conclusions (F.Pl.) complémentaires du ministère public Nachtragsanklage (F.)
conclusions (F.Pl.) subsidiaires Hilfsantrag (M.)
concordat (M.) Kirchenvertrag (M.), Konkordat (N.)
concordat (M.) forcé Zwangsvergleich (M.)

concours (M.) Konkurrenz (F.), Mitwirken (N.), Mitwirkung (F.), Preisausschreiben (N.)
concours (M.) d'entrée dans la fonction publique Auswahlprüfung (F.)
concours (M.) de qualifications Wahlfeststellung (F.)
concours (M.) idéal d'infractions Gesetzeseinheit (F.), Gesetzeskonkurrenz (F.), Idealkonkurrenz (F.), Tateinheit (F.)
concours (M.) ideal homogène d'infractions gleichartige Tateinheit (F.)
concours (M.) matériel d'infractions Realkonkurrenz (F.)
concours (M.) réel d'infractions Realkonkurrenz (F.), Tatmehrheit (F.)
concret konkret
concrétisation (F.) Konkretisierung (F.)
conçu (M.) Leibesfrucht (F.)
concubin (M.) Lebenspartner (M.)
concubinage (M.) Konkubinat (N.), Lebensgemeinschaft (F.), nichteheliche Lebensgemeinschaft (F.), wilde Ehe (F.)
concubine (F.) Konkubine (F.), Lebenspartnerin (F.)
concurrence (F.) Konkurrenz (F.), Leistungswettbewerb (M.), Wettbewerb (M.)
concurrence (F.) déloyale unlauterer Wettbewerb (M.)
concurrence (F.) empêchante Behinderungswettbewerb (M.)
concurrence (F.) licite Leistungswettbewerb (M.)
concurrent (M.) Konkurrent (M.), Mitbewerber (M.), Wettbewerber (M.)
concurrente konkurrierend
concussion (F.) Abgabenüberhebung (F.), Gebührenüberhebung (F.)
condamnation (F.) Bestrafung (F.), Verurteilung (F.)
condamnation (F.) à la peine capitale Todesurteil (N.)
condamnation (F.) antérieure Vorstrafe (F.)
condamnation (F.) aux dépens Kostenentscheidung (F.), Kostenfestsetzungsbeschluss (M.)
condamnation (F.) penale Strafurteil (N.)
condamnation (F.) principale Hauptstrafe (F.)
condamné (Adj.) antérieurement vorbestraft
condamné (M.) Verurteilter (M.)
condamner verurteilen
condenser abkürzen
condictio (F.) (lat.) Kondiktion (F.)
condiction (F.) d'atteinte Eingriffskondiktion (F.)
condition (F.) Bedingung (F.), Erfordernis (N.), Kondition (F.), Rechtsbedingung (F.), Voraussetzung (F.), Zustand (M.)
condition (F.) à observer par le condamné pendant le délai d'épreuve Bewährungsauflage (F.)
condition (F.) accomplié erfüllte Bedingung (F.)
condition (F.) créditrice Kontostand (M.)
condition (F.) d'admission Zulassungsvoraussetzung (F.)
condition (F.) d'assurances Versicherungsbedingung (F.)
condition (F.) d'une acte de procédure Prozesshandlungsvoraussetzung (F.)
condition (F.) de droit Rechtsbedingung (F.)
condition (F.) de la recevabilité de l'action en justice Prozessvoraussetzung (F.)
condition (F.) de livraison Lieferbedingung (F.)
condition (F.) de recevabilité Zulässigkeitsvoraussetzung (F.)
condition (F.) des personnes Personenrecht (N.)
condition (F.) dilatoire aufschiebende Bedingung (F.)
condition (F.) générale allgemeine Geschäftsbedingung (F.)
condition (F.) générale du contrat Geschäftsbedingung (F.)
condition (F.) nécessaire et suffisante condicio (F.) sine qua non (lat.) (Bedingung ohne die nicht)
condition (F.) préalable Vorbedingung (F.)
condition (F.) résolutoire auflösende Bedingung (F.), Resolutivbedingung (F.)
condition (F.) suspensive aufschiebende Bedingung (F.), Suspensivbedingung (F.)
conditionnel bedingt
conditionner bedingen
conditions (F.Pl.) générales allgemeine Geschäftsbedingungen (F.Pl.)
condominium (M.) Kondominat (N.), Kondominium (N.)
conducteur (Adj.) leitend
conducteur (M.) Fahrer (M.), Führer (M.), Kraftfahrzeugführer (M.), Leiter (M.)

conduire führen, leiten, lenken
conduire à travers durchführen
conduit (M.) Leitung (F.)
conduite (F.) Bedienung (F.), Führung (F.), Verhalten (N.)
conduite (F.) à gauche Linksverkehr (M.)
conduite (F.) du procès Prozessführung (F.)
conduite (F.) en état d'ivresse Trunkenheit (F.) am Steuer
conduite (F.) sous l'empire d'un état alcoolique Trunkenheit (F.) am Steuer
confédération (F.) Bundesstaat (M.), Konföderation (F.)
conféderation (F.) d'États Staatenbund (M.)
Conféderation (F.) des syndicats ouvriers allemands Deutscher Gewerkschaftsbund (M.) (DGB), DGB (M.) (Deutscher Gewerkschaftsbund)
conférence (F.) Konferenz (F.), Kongress (M.), Sitzung (F.)
conférence (F.) des présidents à l'Assemblée nationale Ältestenrat (M.)
conférence (F.) des représentants des groupes parlementaires Ältestenrat (M.)
Conférence (F.) sur la sécurité et la coopération en Europe (C. S. C. E.) Konferenz (F.) für Sicherheit und Zusammenarbeit in Europa (KSZE)
conférer beraten (sich), einräumen
confesser bekennen
confession (F.) Bekenntnis (N.), Konfession (F.), Religion (F.)
confiance (F.) Vertrauen (N.)
confidentialité Vertraulichkeit (F.)
confidentiel vertraulich
confier anvertrauen
confirmation (F.) Bestätigung (F.)
confirmation (F.) de commande Auftragsbestätigung (F.)
confirmer bekräftigen, bestätigen
confirmer par écrit verbriefen
confiscation (F.) Beschlag (M.), Beschlagnahme (F.), Einziehung (F.), Konfiskation (F.), Verfall (M.)
confisquer beschlagnahmen, einziehen, konfiszieren
conflit (M.) Kollision (F.), Konflikt (M.), Streit (M.)
conflit (M.) collectif de travail Arbeitskampf (M.), Tarifstreitigkeit (F.)
conflit (M.) d'attribution Kompetenzkonflikt (M.)
conflit (M.) d'intérêts Interessenkollision (F.)
conflit (M.) de compétence Kompetenzkonflikt (M.)
conflit (M.) de juridiction Kompetenzkonflikt (M.)
conflit (M.) de lois Kollisionsrecht (N.)
conflit (M.) de qualifications Qualifikationskonflikt (M.)
conflit (M.) des lois Normenkollision (F.)
conflit (M.) des statuts Statutenkollision (F.)
confondre überführen, verwechseln
conforme konform, sachgerecht, übereinstimmend
conforme à l'ordre ordnungsgemäß
conforme à la loi ex lege (lat.) (gesetzlich)
conforme au règlement vorschriftsmäßig
conforme aux lois gesetzmäßig
conformément gemäß
conformité (F.) à la constitution Verfassungsmäßigkeit (F.)
conformité (F.) au droit Gerechtigkeit (F.)
confraternel kollegial
confrontation (F.) Gegenüberstellung (F.)
confusion (F.) Konfusion (F.), Vermengung (F.), Verwechslung (F.)
congé (M.) Kündigung (F.), Urlaub (M.)
congé (M.) à cause de paternité Vaterschaftsurlaub (M.)
congé (M.) de maternité Mutterschaftsurlaub (M.)
congé (M.) éducatif Erziehungsurlaub (M.)
congé (M.) parental d'éducation Erziehungsurlaub (M.)
congédiement (M.) Entlassung (F.), Kündigung (F.)
congédier entlassen (V.), kündigen
congé-maternité (M.) Mutterschaftsurlaub (M.)
congrégation (F.) Kongregation (F.)
congrés (M.) Kongress (M.)
congrès (M.) de juristes Juristentag (M.)
congrès (M.) fédéral Bundesversammlung (F.)
conjoint (M.) Ehegatte (M.), Ehepartner (M.)
conjointe (F.) Ehepartnerin (F.)
conjointement gemeinsam (Adv.)
conjoncture (F.) Konjunktur
conjugal ehelich
conjuger beugen
conjuration (F.) Konspiration (F.)

conjuré (M.) Verschwörer (M.)
connaissance (F.) Erkenntnis (F.), Kenntnis (F.)
connaissance (F.) des choses Sachkunde (F.)
connaissance (F.) du caractère illicite des faits commis Unrechtsbewusstsein (N.)
connaissance (F.) du droit Rechtskenntnis (F.)
connaissance (F.) potentielle du caractère illicite des faits commis potentielles Unrechtsbewusstsein (N.)
connaissances (F.Pl.) Können (N.), Wissen (N.)
connaissement (M.) Konnossement (N.)
connaître kennen, wissen
connexe (Adj.) konnex
connexion (F.) Zusammenhang (M.)
connexité (F.) Konnexität (F.), Verbindung (F.), Zusammenhang (M.)
connivence (F.) Konnivenz (F.), Verabredung (F.)
connu bekannt (Adj.)
conquête (F.) Errungenschaft (F.)
consacrer widmen
consanguin (Adj.) verwandt
conscience (F.) Bewusstsein (N.), Gewissen (N.)
conscience (F.) du droit Rechtsempfinden (N,)
conscience (F.) juridique spontanée Rechtsgefühl (M.)
conscient bewusst
conscription (F.) Konskription (F.)
conscrit (M.) Rekrut (M.)
conseil (M.) Beirat (M.), Belehrung (F.), Berater (M.), Beratung (F.)
Conseil (M.) Europäischer Rat (M.)
conseil (M.) Konsulent (M.), Konsultation (F.), Rat (M.)
conseil (M.) aulique Hofrat (M.)
conseil (M.) constitutionnel Verfassungsgericht (N.)
conseil (M.) consultatif de la magistrature Präsidialrat (M.)
conseil (M.) d'administration Verwaltungsrat (M.)
conseil (M.) d'État Staatsrat (M.)
conseil (M.) de contrôle Kontrollrat (M.)
conseil (M.) de défense des intérêts des agents publics Personalrat (M.)
conseil (M.) de direction Vorstand (M.)
conseil (M.) de discipline Ehrengericht (N.)
conseil (M.) de district Kreistag (M.)
conseil (M.) de fondation Stiftungsrat (M.)
conseil (M.) de Kabinett Ministerrat (M.)
Conseil (M.) de l'Europe Europarat (M.)
conseil (M.) de la concurrence Kartellbehörde (F.)
conseil (M.) de la couronne Kronrat (M.) (Kronrat in Großbritannien)
conseil (M.) de presse Presserat (M.)
conseil (M.) de prud'hommes Arbeitsgericht (N.)
conseil (M.) de santé Gesundheitsamt (N.)
conseil (M.) de sécurité Sicherheitsrat (M.)
conseil (M.) de surveillance Aufsichtsrat (M.)
conseil (M.) des ministres Kabinett (N.), Ministerrat (M.)
conseil (M.) des ministres de l'Union européenne Rat (M.) der Europäischen Union
conseil (M.) disciplinaire Disziplinargericht (N.)
Conseil (M.) européen Europäischer Rat (M.)
conseil (M.) fédéral Bundesrat (M.)
conseil (M.) juridique Justitiar (M.), Prozessagent (M.), Rechtsbeistand (M.), Rechtsberater (M.), Rechtsberatung (F.), Syndikus (M.)
conseil (M.) municipal Gemeinderat (M.), Stadtrat (M.)
conseil (M.) parlementaire Parlamentarischer Rat (M.)
conseil (M.) régional Regionalversammlung (F.)
Conseil (M.) Supérieur de la Sécurité (F.) sociale oberster Sozialversicherungsausschuss (M.) (oberster Sozialversicherungsausschuss in Frankreich)
conseiller (M.) Beisitzer (M.), Berater (M.), Rat (M.), Richter (M.) höherer Instanz, Tutor (M.)
conseiller (M.) aulique Hofrat (M.)
conseiller (M.) de légation Legationsrat (M.)
conseiller (M.) fiscal Steuerberater (M.)
conseiller (M.) municipal Gemeinderat (M.)
conseiller (V.) befürworten, beraten (V.), empfehlen
consensuel formfrei, konsensual
consentement (M.) Bewilligung (F.), Einigung (F.), Einvernehmen (N.), Einverständnis (N.), Einwilligung (F.), Freigabe (F.), Genehmigung (F.), Gestattung (F.),

Konsens (M.), Willenseinigung (F.), Zustimmung (F.)
consentement (M.) à l'enregistrement Eintragungsbewilligung (F.)
consentement (M.) à l'inscription Eintragungsbewilligung (F.)
consentement (M.) à une radiation Löschungsbewilligung (F.)
consentement (M.) formel Annahme (F.)
consentement (M.) général Generaleinwilligung (F.), Generalkonsens (M.)
consentement (M.) tacite par acte concluant konkludentes Handeln (N.)
consentir bewilligen, einwilligen, gestatten, gewähren, zustimmen
conséquence (F.) Auswirkung (F.), Folge (F.)
conséquence (F.) juridique Rechtsfolge (F.)
conservateur (Adj.) konservativ
conservation (F.) Erhaltung (F.), Verwahrung (F.)
conservation (F.) de la nature Naturschutz (M.)
conservation (F.) de la preuve Beweissicherung (F.)
conserver aufbewahren, bewahren, erhalten (V.), hegen, konservieren, sparen, verwahren, wahren
considérable erheblich
considération (F.) Abwägung (F.), Ansehung (F.), Betracht (M.), Betrachtung (F.), Erwägung (F.), Rücksicht (F.)
considérer abwägen, achten, berücksichtigen, betrachten, erwägen
consignation (F.) Hinterlegung (F.), Konsignation (F.), Sicherheitsleistung (F.)
consigner hinterlegen
consistoire (M.) Konsistorium (N.)
consolidation (F.) Konsolidation (F.)
consolider konsolidieren
consommateur (M.) Konsument (M.), Verbraucher (M.)
consommation (F.) Begehung (F.), Entnahme (F.), Konsum (M.), Verbrauch (M.), Vollendung (F.), Vollziehung (F.)
consommer konsumieren, verbrauchen
consomptible verbrauchbar
consort (M.) Konsorte (M.)
consortium (M.) Gelegenheitsgesellschaft (F.), Konsortium (N.), Konzern (M.)
conspirateur (M.) Verschwörer (M.)
conspiration (F.) Komplott (N.), Konspiration (F.), Verschwörung (F.)
conspirer konspirieren, verschwören (sich)
constant ständig
constat (M.) Protokoll (N.)
constatation (F.) Feststellung (F.), Tatsachenfeststellung (F.)
constatation (F.) et simplification (F.) du droit en vigueur Rechtsbereinigung (F.)
constater feststellen
constituant verfassunggebend
constituant un danger public gemeingefährlich
constituer anlegen, bestellen, bilden, einsetzen, errichten, gründen
constituer des témoins Zeugen benennen
constituer juge einsetzen als Richter
constitut (M.) possessoire Besitzkonstitut (N.), Besitzmittelungsverhältnis (N.)
constitutif (Adj.) konstitutiv
constitutif grundlegend
constitution (F.) Begründung (F.), Beschaffenheit (F.), Bestellung (F.), Bildung (F.), Einsetzung (F.), Grundgesetz (N.), Konstitution (F.), Verfassung (F.)
constitution (F.) communale comprenant un organe délibérant et une municipalité collective Magistratsverfassung (F.)
constitution (F.) d'un capital Vermögensbildung (F.)
constitution (F.) du Land Landesverfassung (F.)
constitution (F.) fédérale Bundesverfassung (F.)
constitution (F.) formelle formelle Verfassung (F.)
constitution (F.) matérielle materielle Verfassung (F.)
constitution (F.) municipale Magistratsverfassung (F.)
constitution (F.) provinciale Landesverfassung (F.)
constitutionnalisme (M.) Konstitutionalismus (M.)
constitutionnalité (F.) Rechtsstaatlichkeit (F.), Verfassungsmäßigkeit (F.)
constitutionnel konstitutionell, verfassungsgemäß, verfassungskonform, verfassungsmäßig
constructeur (M.) Architekt (M.), Unternehmer (M.)
constructeur (M.) de l'ouvrage Bauunternehmer (M.)

constructif konstruktiv
construction (F.) Ausführung (F.), Bau (M.), Bauwerk (N.)
construction (F.) à usage d'habitation Wohnbau (M.)
construction (F.) d'immeubles à usage d'habitation à loyer modéré (H. L. M.) sozialer Wohnungsbau (M.)
construction (F.) de logements Wohnungsbau (M.)
construction (F.) de logements sociaux sozialer Wohnungsbau (M.)
construction (F.) de routes Straßenbau (M.)
construire bauen, konstruieren
construire sur überbauen
consul (M.) Konsul (M.)
consul (M.) général Generalkonsul (M.)
consul (M.) honoraire Wahlkonsul (M.)
consulat (M.) Konsulat (N.)
consultant (M.) Berater (M.)
consultation (F.) Anhörung (F.), Benehmen (N.), Beratung (F.), Einsicht (F.), Konsultation (F.), Rechtsgutachten (N.)
consultation (F.) de la base Urabstimmung (F.)
consultation (F.) du dossier Akteneinsicht (F.), Einsicht (F.)
consultation (F.) électorale Abstimmung (F.)
consultation (F.) juridique Rechtsberatung (F.), Rechtsgutachten (N.)
consultation (F.) populaire Volksabstimmung (F.)
consulter abrufen, beraten (V.)
contact (M.) Kontakt (M.)
contamination (F.) Verschmutzung (F.)
contaminer verschmutzen
contenir enthalten (V.), fassen
contentement (M.) Befriedigung (F.)
contenter befriedigen
contentieux (Adj.) streitig, strittig
contentieux (M.) administratif öffentlichrechtliche Streitigkeit (F.), Verwaltungsgerichtsverfahren (N.)
contentieux (M.) cambiaire Wechselprozess (M.)
contentieux (M.) civil Zivilprozess (M.)
contentieux (M.) constitutionnel öffentlichrechtliche Streitigkeit (F.), Verfassungsstreitigkeit (F.)
contentieux (M.) juridique Rechtsstreit (M.), Rechtsstreitigkeit (F.)
contentieux (M.) matrimonial Familiensache (F.)
contenu (M.) Gehalt (M.), Inhalt (M.)
contestable anfechtbar
contestation (F.) Abrede (F.), Einspruch (M.), Streitigkeit (F.)
contesté bestritten
contester abstreiten, anfechten, bestreiten, leugnen
contingent (M.) Kontingent (N.)
contingentement (M.) Kontingentierung (F.)
continu fortgesetzt
continuation (F.) Fortführung (F.), Fortsetzung (F.)
continuation (F.) des fonctions Funktionsnachfolge (F.)
continuer fortführen, fortsetzen, tradieren
continuité (F.) Fortsetzung (F.)
contraceptif (M.) Verhütungsmittel (N.)
contraception (F.) Empfängnisverhütung (F.)
contractant (M.) Vertragspartner (M.)
contracter abschließen, aufnehmen, eingehen, kontrahieren, schließen
contracter mariage heiraten
contractuel rechtsgeschäftlich, vertraglich
contradiction (F.) Antinomie (F.), Widerspruch (M.)
contradictoire kontradiktorisch, widersprüchlich
contraignable steuerpflichtig
contraindre nötigen, verpflichten, zwingen
contrainte (F.) Druck (M.), Erzwingung (F.), Gebundenheit (F.), Gewalt (F.), Zwang (M.)
contrainte (F.) à type Typenzwang (M.)
contrainte (F.) administrative Verwaltungszwang (M.)
contrainte (F.) fédérale Bundeszwang (M.)
contrainte (F.) indirecte mittelbarer Zwang (M.)
contrainte (F.) par corps Ersatzzwangshaft (F.), Erzwingungshaft (F.)
contrainte (F.) par corps pour le recouvrement des amendes Ersatzfreiheitsstrafe (F.)
contraire à l'ordre ordnungswidrig
contraire à la constitution verfassungswidrig
contraire au droit européen europarechtswidrig
contraire au règlement vorschriftswidrig

contraire aux bonnes mœurs sittenwidrig
contrariété (F.) Abweichung
contrariété (F.) de jugements gegensätzliche Entscheidungen (F.Pl.)
contraste (M.) Gegensatz (M.)
contrat (M.) Abkommen (N.), Geschäft (N.), Kontrakt (M.), pactum (N.) (lat.), Vertrag (M.)
contrat (M.) à durée indéterminée Dauerschuldverhältnis (N.)
contrat (M.) à exécution successive Sukzessivlieferungsvertrag (M.)
contrat (M.) à titre gratuit unentgeltlicher Vertrag (M.)
contrat (M.) à titre onéreux entgeltlicher Vertrag (M.)
contrat (M.) administratif öffentlichrechtlicher Vertrag (M.)
contrat (M.) aléatoire Ausspielvertrag (M.), Glücksvertrag (M.), Spiel (N.), Spielvertrag (M.)
contrat (M.) avec effet protecteur en faveur de tierces personnes Vertrag (M.) mit Schutzwirkung für Dritte
contrat (M.) cadre Rahmenvertrag (M.)
contrat (M.) commercial Handelsvertrag (M.)
contrat (M.) complexe gemischter Vertrag (M.)
contrat (M.) concernant la compensation d'un garage Garagenersatzvertrag (M.)
contrat (M.) consensuel formfreier Vertrag (M.), Konsensualvertrag (M.)
contrat (M.) d'achat Kaufvertrag (M.)
contrat (M.) d'administration des biens Treuhand (F.), Treuhandabrede (F.)
contrat (M.) d'affermage Pachtvertrag (M.)
contrat (M.) d'affrètement Charter (M.), Chartervertrag (M.), Frachtvertrag (M.)
contrat (M.) d'asservissement Knebelungsvertrag (M.)
contrat (M.) d'association Gesellschaftsvertrag (M.)
contrat (M.) d'assurance Versicherungsvertrag (M.)
contrat (M.) d'édition Verlagsvertrag (M.)
contrat (M.) d'engagement maritime Heuervertrag (M.)
contrat (M.) d'entrepôt Lagervertrag (M.)
contrat (M.) d'entreprise Dienstvertrag (M.), Werkvertrag (M.)
contrat (M.) d'épargne-logement Bausparvertrag (M.)
contrat (M.) d'hébergement Beherbergungsvertrag (M.)
contrat (M.) d'indemnisation Abfindungsvereinbarung (F.)
contrat (M.) d'intermédiation de crédit Kreditvermittlungsvertrag (M.)
contrat (M.) d'ouverture de crédit Kreditvertrag (M.)
contrat (M.) de bail Bestandvertrag (M.), Mietvertrag (M.), Pachtvertrag (M.)
contrat (M.) de bail à ferme Landpachtvertrag (F.)
contrat (M.) de bail à nourriture Leibgedinge (N.)
contrat (M.) de bière Bierlieferungsvertrag (M.)
contrat (M.) de caution Bürgschaftsvertrag (M.)
contrat (M.) de commission Kommission (F.)
contrat (M.) de consignation de marchandises Trödelvertrag (M.)
contrat (M.) de constitution Gründungsvertrag (M.)
contrat (M.) de courtage Maklervertrag (M.)
contrat (M.) de crédit Kreditvertrag (M.)
contrat (M.) de crédit-bail Leasingvertrag (M.)
contrat (M.) de dépôt Depotgeschäft (N.), Verwahrungsvertrag (M.)
contrat (M.) de domination Herrschaftsvertrag (M.)
contrat (M.) de donation Schenkungsvertrag (M.)
contrat (M.) de droit public öffentlichrechtlicher Vertrag (M.), verwaltungsrechtlicher Vertrag (M.)
contrat (M.) de fait faktischer Vertrag (M.)
contrat (M.) de fermage Pachtvertrag (M.)
contrat (M.) de franchise Franchisevertrag (M.)
contrat (M.) de franchising Franchisevertrag (M.)
contrat (M.) de fret Frachtvertrag (M.)
contrat (M.) de fusion de types Typenverschmelzungsvertrag (M.)
contrat (M.) de gage Pfandvertrag (M.)
contrat (M.) de garantie Garantievertrag (M.)

contrat (M.) de gestion des affaires Geschäftsbesorgungsvertrag (M.)
contrat (M.) de location Bestandvertrag (M.), Mietvertrag (M.)
contrat (M.) de louage d'ouvrage Werkvertrag (M.)
contrat (M.) de magasinage Lagervertrag (M.)
contrat (M.) de mariage Ehevertrag (M.)
contrat (M.) de préemption Vorkaufsvertrag (M.)
contrat (M.) de prêt Darlehensvertrag (M.), Leihvertrag (M.)
contrat (M.) de prêt d'argent Vereinbarungsdarlehen (N.)
contrat (M.) de prise de contrôle Beherrschungsvertrag (M.)
contrat (M.) de résiliation Aufhebungsvertrag (M.)
contrat (M.) de service Dienstverhältnis (N.), Dienstvertrag (M.)
contrat (M.) de société Gesellschaftsvertrag (M.), Satzung (F.)
contrat (M.) de tenue de compte Girovertrag (M.)
contrat (M.) de transport Beförderungsvertrag (M.), Frachtvertrag (M.)
contrat (M.) de travail Arbeitsverhältnis (N.), Arbeitsvertrag (M.), Dienstverhältnis (N.), Dienstvertrag (M.)
contrat (M.) de travail en chaîne Kettenarbeitsverhältnis (N.), Kettenarbeitsvertrag (M.)
contrat (M.) de vente Kaufvertrag (M.)
contrat (M.) de vente à distance Fernabsatzvertrag (M.)
contrat (M.) de vente par livraisons successives Sukzessivlieferungsvertrag (M.)
contrat (M.) de vente portant sur un bien consumptible Verbrauchsgüterkauf (M.)
contrat (M.) de vente sous réserve d'approvisionnement par son propre fournisseur Selbstbelieferungsklausel (F.)
contrat (M.) de voyage et de séjour Reisevertrag (M.)
contrat (M.) formé par le seul consentement des parties Konsensualvertrag (M.)
contrat (M.) innomé atypischer Vertrag (M.)
contrat (M.) judiciaire Prozessvergleich (M.)
contrat (M.) léonin Knebelungsvertrag (M.)
contrat (M.) mixte gemischter Vertrag (M.), Typenverschmelzungsvertrag (M.)
contrat (M.) mixte d'entreprise et de vente Werklieferungsvertrag (M.)
contrat (M.) modèle Mustervertrag (M.)
contrat (M.) permettant au créancier de garantir sa créance Sicherungsgeschäft (N.)
contrat (M.) pour tourner la loi Umgehungsgeschäft (N.)
contrat (M.) préliminaire Vorvertrag (M.)
contrat (M.) réel Realkontrakt (M.), Realvertrag (M.)
contrat (M.) réel relatif à l'acquisition ou la transmision d'un droit réel Einigung (F.)
contrat (M.) successif Sukzessivlieferungsvertrag (M.)
contrat (M.) sur la délivrance du bien vendu Verfügungsgeschäft (N.)
contrat (M.) synallagmatique gegenseitiger Vertrag (M.)
contrat (M.) tacite stillschweigend geschlossener Vertrag (M.)
contrat (M.) type Typenvertrag (M.)
contrat (M.) unilatéralement obligatoire einseitig verpflichtender Vertrag (M.)
contrat-réseau (M.) Netzvertrag (M.)
contrat-type (M.) Formularvertrag (N.), Mustervertrag (M.)
contravention (F.) Übertretung (F.), Verstoß (M.), Zuwiderhandlung (F.)
contravention (F.) aux lois réglementant la monnaie Münzdelikt (N.)
contre gegen
contre la loi contra legem (lat.) (gegen das Gesetz)
contre les bonnes mœurs sittenwidrig
contre remboursement per Nachnahme
contre son gré unfreiwillig
contrebande (F.) Konterbande (F.), Schmuggel (M.)
contrebandier (M.) Schmuggler (M.)
contre-créance (F.) Gegenforderung (F.)
contredit (M.) Gegenargument (N.), weitere Beschwerde (F.), Widerspruch (M.)
contrefaçon (F.) Verletzung (F.)
contrefaçon (F.) de timbre-poste Wertzeichenfälschung (F.)
contrefacteur (M.) Fälscher (M.)
contre-mémoire (M.) Klagebeantwortung (F.)
contre-offre (F.) Gegenangebot (N.)
contrepartie (F.) Gegenleistung (F.)
contre-passation (F.) Storno (N.)

contre-passer stornieren
contre-prestation (F.) Gegenleistung (F.)
contre-révolution (F.) Konterrevolution (F.)
contreseing (M.) Gegenzeichnung (F.)
contresignature (F.) Gegenzeichnung (F.)
contrevenant (M.) Verletzer (M.)
contrevenir zuwiderhandeln
contreverité (F.) Unwahrheit (F.)
contribuable (M.) Steuerpflichtiger (M.), Steuerzahler (M.)
contribuer beitragen, zuschießen
contribution (F.) Abgabe (F.), Beitrag (M.), Kontribution (F.), Steuer (F.), Umlage (F.)
contribution (F.) d'un époux à la gestion des affaires de l'autre Mitarbeit (F.) des Ehegatten
contribution (F.) de solidarité Solidaritätsbeitrag (M.)
contribution (F.) financière Zuschuss (M.)
contribution (F.) indirecte Akzise (F.)
contrôle (F.) vidéo Videoüberwachung (F.)
contrôle (M.) Aufsicht (F.), Kontrolle (F.), Prüfung (F.), Überprüfung (F.), Überwachung (F.)
contrôle (M.) administratif Fachaufsicht (F.)
contrôle (M.) de construction Bauüberwachung (F.)
contrôle (M.) de l'exécution des lois Bundesaufsicht (F.)
contrôle (M.) de l'informatique Datenschutz (M.)
contrôle (M.) de la constitutionalité d'une loi à l'occasion d'un litige konkrete Normenkontrolle (F.)
contrôle (M.) de la constitutionnalité Verfassungskontrolle (F.)
contrôle (M.) de la constitutionnalité d'une norme Normenkontrolle (F.)
contrôle (M.) de la constitutionnalité d'une norme en dehors de tout litige concret abstrakte Normenkontrolle (F.)
contrôle (M.) de la gestion financière Wirtschaftsprüfung (F.)
contrôle (M.) de la régularité du scrutin Wahlprüfung (F.)
contrôle (M.) des compagnies d'assurance Versicherungsaufsicht (F.)
contrôle (M.) des comptes Rechnungsprüfung (F.)
contrôle (M.) des fusions Fusionskontrolle (F.)
contrôle (M.) des gaz d'échappement Abgasuntersuchung (F.)
contrôle (M.) des regroupements Fusionskontrolle (F.)
contrôle (M.) du contenu Inhaltskontrolle (F.)
contrôle (M.) exercé par l'État Staatsaufsicht (F.)
contrôle (M.) extérieure Außenprüfung (F.)
contrôle (M.) fiscal d'une entreprise Betriebsprüfung (F.)
contrôle (M.) hiérarchique Dienstaufsicht (F.)
contrôle (M.) judiciaire du contenu d'une clause Inhaltskontrolle (F.)
contrôlé abhängig
contrôler aufsehen, beaufsichtigen, beherrschen, kontrollieren, prüfen, überprüfen
contrôleur (M.) Aufseher (M.), Kontrolleur (M.), Prüfer (M.)
contrôleur (M.) des comptes Rechnungsprüfer (M.)
controversé umstritten
convaincant schlüssig
convaincre überzeugen
convenable (Adj.) akzeptabel, angemessen, genehm, zumutbar
convenances (F.Pl.) Anstand (M.)
convenir abmachen, übereinkommen, verabreden, vereinbaren
Convention (F.) (européenne) de sauvegarde des droits de l'homme et des libertés fondamentales Europäisches Übereinkommen (N.) zum Schutze der Menschenrechte und Grundfreiheiten
convention (F.) Abkommen (N.), Abmachung (F.), Abrede (F.), Absprache (F.), Konvent (M.), Konvention (F.), Parteivereinbarung (F.), Übereinkommen (N.), Übereinkunft (F.), Verabredung (F.), Vereinbarung (F.), Vertrag (M.)
convention (F.) annexe Zusatzabkommen (N.)
convention (F.) collective Gesamtvereinbarung (N.), Kollektivvertrag (M.), Tarifvertrag (M.)
convention (F.) collective de travail (C. C. T.) Tarifvertrag (M.)
convention (F.) collective de travail d'une entreprise Werkstarifvertrag (M.)
convention (F.) collective générale Manteltarifvertrag (M.)

convention (F.) collective relative aux affaires sociales Dienstvereinbarung (F.)
convention (F.) d'extradition Auslieferungsvertrag (M.)
convention (F.) d'arbitrage Schiedsabkommen (N.)
convention (F.) d'honoraires Honorarvereinbarung (F.)
convention (F.) d'unification Einigungsvertrag (M.)
Convention (F.) de Berne Berner Übereinkunft (F.)
Convention (F.) de Bruxelles Brüsseler Vertrag (M.)
convention (F.) de commerce Handelsabkommen (N.)
convention (F.) de garantie Sicherungsvertrag (M.)
Convention (F.) de Genève Genfer Konvention (F.)
convention (F.) de l'accord Durchführungsabkommen (N.)
Convention (F.) de la Haye relative au droit des ventes Haager Kaufrechtsübereinkommen (N.)
Convention (F.) de Munich Münchener Abkommen (N.)
convention (F.) de paiement partiel Teilzahlungsabrede (F.)
Convention (F.) de sauvegarde des droits de l'homme et des libertés fondamentales Konvention (F.) zum Schutz der Menschenrechte
convention (F.) de sûreté Sicherungsabrede (F.)
convention (F.) des droits de l'homme Menschenrechtskonvention (F.)
convention (F.) destinée à éviter la double imposition Doppelbesteuerungsabkommen (N.)
convention (F.) intergouvernementale Regierungsabkommen (N.)
convention (F.) internationale Staatsvertrag (M.)
convention (F.) nationale Nationalkonvent (M.)
convention (F.) partielle Teilabkommen (N.)
convention (F.) réglant les questions issues de la guerre et de l'occupation Überleitungsvertrag (M.)
convention (F.) relative à l'entraide judiciaire Rechtshilfeabkommen (N.)
convention (F.) relative à la fourniture de sûretés Sicherungsvertrag (M.)
Convention (F.) universelle sur la propriété littéraire et artistique Welturheberrechtsabkommen (N.)
conventionnel gewillkürt, konventional, rechtsgeschäftlich, tariflich, vertraglich
convenu gewillkürt, zugesichert
conversion (F.) Änderung (F.), Konversion (F.), Umwandlung (F.)
conversion (F.) d'un acte Umdeutung (F.)
convertibilité (F.) Konvertibilität (F.)
convertible konvertibel
convertir umtauschen, umwandeln
conviction (F.) Überzeugung (F.)
conviction (F.) intime Rechtsüberzeugung (F.)
convocation (F.) Aufforderung (F.), Einberufung (F.), Ladung (F.) (Herbestellung), Vorladung (F.)
convoquer auffordern, bescheiden (V.), einberufen (V.), einladen (hereinbitten), laden (herbestellen), vorladen
cobligé (M.) Mitschuldner (M.)
coopérateur (F.) Genossin (F.)
coopérateur (M.) Genosse (M.)
coopératif (Adj.) genossenschaftlich
coopération (F.) Kooperation (F.), Mitarbeit (F.), Mitwirken (N.), Mitwirkung (F.)
Coopération (F.) Politique Européenne (CPE) Europäische politische Zusammenarbeit (F.) (EPZ)
coopérative (F.) Genossenschaft (F.)
coopérative (F.) enregistrée eingetragene Genossenschaft (F.)
coopérer kooperieren
coopter kooptieren
coordination (F.) Abstimmung (F.)
coordonner abstimmen
coparticipant (M.) Teilhaber (M.)
copie (F.) Abschrift (F.), Duplikat (N.), Fotokopie (F.), Kopie (F.)
copie (F.) pirate Raubkopie (F.)
copier abschreiben, kopieren, nachahmen
co-possesseur (M.) Mitbesitzer (M.)
co-possession (F.) Mitbesitz (M.)
copropriétaire (M.) Miteigentümer (M.)
copropriété (F.) Gesamthandseigentum (N.), Miteigentum (N.)

copropriété (F.) dans une maison divisée par appartements Wohnungseigentum (N.)
copulation (F.) Beischlaf (M.)
copyright (M.) Copyright (N.)
corde (F.) Strang (M.)
cordon (M.) Absperrung (F.)
coresponsabilité (F.) Mithaftung (N.)
corporation (F.) Gilde (F.), Innung (F.), Kammer (F.), Körperschaft (F.), Korporation (F.), Zunft (F.)
corporation (F.) artisanale Handwerksinnung (F.)
corporation (F.) des étudiants Studentenschaft (F.)
corporation (F.) des mineurs Knappschaft (F.)
corporel (Adj.) körperlich
corps (M.) Gilde (F.), Körper (M.), Körperschaft (F.), Leib (M.)
corps (M.) d'un mort Leichnam (M.)
corps (M.) de métier Innung (F.), Zunft (F.)
corps (M.) du délit corpus (N.) delicti (lat.) (Verbrechensgegenstand)
correct fair, korrekt, ordentlich
correction (F.) Abänderung (F.), Berichtigung (F.), Nachbesserung (F.), Verbesserung (F.), Züchtigung (F.)
corrélation (F.) des faits Sachzusammenhang (M.)
correspondance (F.) Korrespondenz (F.), Schriftverkehr (M.)
correspondance (F.) commerciale Geschäftsbrief (M.)
correspondant (Adj.) übereinstimmend
correspondant (M.) Berichterstatter (M.)
corriger berichtigen, bessern, korrigieren, verbessern, züchtigen
corroborer bekräftigen
corrompre bestechen, korrumpieren
corruptible bestechlich
corruption (F.) Bestechung (F.), Korruption (F.)
corruption (F.) des députés Abgeordnetenbestechung (F.)
corruption (F.) électorale Wählerbestechung (F.)
cotation (F.) Notierung (F.)
cote (F.) Nummer (F.), Quote (F.)
cote (F.) du dossier Aktenzeichen (N.)
côte (F.) Küste (F.)
côté (M.) Seite (F.)
coté en bourse börsennotiert
coter notieren, quotieren
cotisation (F.) Beitrag (M.), Gebühr (F.), Quotierung (F.), Umlage (F.)
cotisation (F.) à la sécurité sociale Beitrag (M.) zur Sozialversicherung
cotisation (F.) calculée Beitragsbemessung (F.)
cotisation (F.) due au titre des assurances sociales Sozialversicherungsbeitrag (M.)
cotisation (F.) légalement due Pflichtbeitrag (M.)
couche (F.) Schicht (F.)
coucher niederlegen
coucher avec beischlafen, beiwohnen
couler fließen
couleurs (F.Pl.) nationales Nationalfarbe (F.)
coup (M.) Stich (M.), Zug (M.)
coup (M.) d'État Putsch (M.), Staatsstreich (M.)
coup (M.) de grâce Gnadenstoß (M.)
coup (M.) de main Überfall (M.)
coupable (Adj.) schuldig, verbrecherisch
coupable (M.) Schuldiger (M.)
couper abschneiden, durchschneiden, sperren
coupon (M.) Abschnitt (M.), Anteilschein (M.), Coupon (M.), Kupon (M.)
coupon (M.) au porteur Inhaberanteilsschein (M.)
coupon (M.) d'intérêts Zinsschein (M.)
coups (M.Pl.) et blessures avec circonstances aggravantes gefährliche Körperverletzung (F.)
coupure (F.) Abschnitt (M.)
cour (F.) Gericht (N.), Gerichtshof (M.), Hof (M.)
Cour (F.) Gerichtshof (M.) der Europäischen Union
Cour (F.) administrative Verwaltungsgerichtshof (M.) (Verwaltungsgerichtshof in Österreich)
cour (F.) administrative d'appel (C.A.A.) Oberverwaltungsgericht (N.), Verwaltungsgerichtshof (M.) (Verwaltungsgerichtshof in Deutschland), Verwaltungsgerichtshof (M.) (Verwaltungsgerichtshof in Österreich)
Cour (F.) administrative fédérale Bundesverwaltungsgericht (N.)
cour (F.) arbitrale Schiedsgericht (N.)
cour (F.) constitutionnelle Verfassungsgericht (N.)

cour (F.) constitutionnelle d'un land Landesverfassungsgericht (N.)
Cour (F.) constitutionnelle fédérale Bundesverfassungsgericht (N.)
cour (F.) d'appel (C.A.) Oberlandesgericht (N.)
cour (F.) d'appel Appellationsgericht (N.), Berufungsgericht (N.), Rechtsmittelgericht (N.)
cour (F.) d'appel compétente en matière de sécurité sociale Landessozialgericht (N.)
cour (F.) d'appel prud'homale Landesarbeitsgericht (N.)
cour (F.) d'arbitrage Schiedsgericht (N.)
cour (F.) d'assises Schwurgericht (N.)
Cour (F.) de cassation Kassationshof (M.) (Kassationshof in Frankreich)
Cour (F.) de Justice Gerichtshof (M.) der Europäischen Union
Cour (F.) de Justice des Communautés Européennes (C. J. C. E.) Europäischer Gerichtshof (M.) (EuGH)
Cour (F.) de Justice Européenne Gerichtshof (M.) der Europäischen Union
cour (F.) de justice seigneurale Patrimonialgericht (N.)
cour (F.) des brevets Patentgericht (N.)
cour (F.) des comptes Rechnungshof (M.)
Cour (F.) des comptes fédérale Bundesrechnungshof (M.)
Cour (F.) européenne des Droits de l'Homme Europäischer Gerichtshof (M.) für Menschenrechte
Cour (F.) fédérale administrative Bundesverwaltungsgericht (N.)
Cour (F.) fédérale compétente en matière de sécurité sociale Bundessozialgericht (N.)
Cour (F.) fédérale de justice Bundesgerichtshof (M.)
Cour (F.) fédérale de révision et de cassation Bundesgerichtshof (M.)
Cour (F.) fédérale des brevets Bundespatentgericht (N.)
Cour (F.) fédérale des finances Bundesfinanzhof (M.)
Cour (F.) fédérale du contentieux social Bundessozialgericht (N.)
Cour (F.) fédérale du travail Bundesarbeitsgericht (N.)
Cour (F.) fiscale fédérale Bundesfinanzhof (M.)
Cour (F.) Internationale de Justice (C. I. J.) Internationaler Gerichtshof (M.) (IGH)
Cour (F.) Internationale Maritime internationaler Seegerichtshof (M.)
cour (F.) martiale Standgericht (N.)
cour (F.) suprême Höchstgericht (N.)
cour (F.) suprême fédérale oberstes Bundesgericht (N.)
courant (M.) Strom (M.)
courant (M.) électrique Strom (M.)
courir laufen
couronne (F.) Krone (F.)
couronnement (M.) Krönung (F.)
couronner krönen
courrier (M.) Kurier (M.), Post (F.)
courrier (M.) électronique e-mail (N.)
cours (M.) Bahn (F.), Kurs (M.), Lauf (M.), Lehrveranstaltung (F.)
cours (M.) de répétition Repetitorium (N.)
cours (M.) pratiqué sur le marché Marktpreis (M.)
course (F.) Besorgung (F.), Fahrt (F.), Kaperei (F.), Lauf (M.)
course (F.) de corsaire Kaperei (F.)
court beschleunigt, kurz
courtage (M.) Provision (F.)
courtage (M.) matrimonial Ehevermittlung (F.), Heiratsvermittlung (F.)
courtier (M.) Handelsmakler (M.), Makler (M.)
courtier (M.) mandataire commercial Handelsmakler (M.)
cousin (M.) Cousin (M.), Vetter (M.)
coût (M.) Gestehungskosten (F.Pl.)
coût (M.) de l'administration publique Verwaltungskosten (F.Pl.)
coût (M.) de la construction Baukosten (F.Pl.)
coût (M.) et fret (CFR) cf (cash and freight)
coûter kosten
coûts (M.Pl.) Kosten (F.Pl.)
coutume (F.) Brauch (M.), Gebrauch (M.), Gewohnheit (F.), Gewohnheitsrecht (N.), Herkommen (N.), Sitte (F.), Übung (F.)
coutume (F.) commerciale Handelsbrauch (M.)
couvent (M.) Kloster (N.), Stift (N.)
couvert (M.) Schirm (M.)
couverture (F.) Absicherung (F.), Deckung (F.), Heilung (F.), Konvaleszenz (F.)

couverture (F.) des coûts Kostendeckung (F.)
couvre-feu (M.) Zapfenstreich (M.)
couvrir absichern, decken, verbergen
couvrir de bâtiments bebauen
crainte (F.) Besorgnis (F.), Furcht (F.)
créance (F.) Forderung (F.), Forderungsrecht (N.), Geldforderung (F.), Guthaben (N.)
créance (F.) alimentaire Unterhaltsanspruch (M.)
créance (F.) contre le débiteur en liquidation Masseanspruch (M.)
créance (F.) d'argent Geldforderung (F.)
créance (F.) dans le cadre d'une procédure collective Insolvenzforderung (F.)
créance (F.) de compensation Ausgleichsanspruch (M.)
créance (F.) de la faillite Konkursforderung (F.)
créance (F.) de participation Ausgleichsanspruch (M.)
créance (F.) en argent Geldforderung (F.)
créance (F.) en contrepartie Gegenanspruch (M.), Gegenforderung (F.)
créance (F.) en recours Regressforderung (F.)
créance (F.) pécuniaire Geldforderung (F.)
créance (F.) principale Hauptforderung (F.)
créance (F.) reclamée en sus Nachforderung (F.)
créance (F.) successorale Nachlassforderung (F.)
créancier (M.) Gläubiger (M.), Konkursgläubiger (M.), Prätendent (M.)
créancier (M.) alimentaire Unterhaltsberechtigter (M.)
créancier (M.) chirographaire nichtbevorrechtigter Gläubiger (M.)
créancier (M.) d'insolvabilité Insolvenzgläubiger (M.)
créancier (M.) de la masse Massegläubiger (M.)
créancier (M.) du failli Insolvenzgläubiger (M.)
créancier (M.) en vertu d'un gage immobilier Grundpfandgläubiger (M.)
créancier (M.) gagiste Pfandgläubiger (M.)
créancier (M.) hypothecaire Hypothekengläubiger (M.)
créancier (M.) pour réaliser les biens d'insolvabilité Massegläubiger (M.)
créancier (M.) requérant l'exécution forcée Vollstreckungsgläubiger (M.)
créancier (M.) solidaire Gesamtgläubiger (M.)
création (F.) Ausstellung (F.), Begründung (F.), Gründung (F.), Schöpfung (F.), Werk (N.)
création (F.) d'emplois Arbeitsbeschaffung (F.)
créature (F.) Gestalt (F.)
crédit (M.) Borg (M.), Haben (N.), Kredit (M.), Kreditgeschäft (N.), Kreditwesen (N.)
crédit (M.) à découvert Überziehungskredit (M.)
crédit (M.) à la consommation Verbraucherkredit (M.)
crédit (M.) consenti par un donneur de crédit avec prise en gage des biens affermés Pachtkredit (M.)
crédit (M.) croisé swap-Geschäft (N.)
crédit (M.) d'heures auf die Arbeitszeit anrechenbare Tätigkeit (F.) eines Betriebsrats
crédit (M.) documentaire Dokumentenakkreditiv (N.)
crédit (M.) en compte courant Kontokorrentkredit (M.)
crédit (M.) foncier Bodenkredit (M.)
crédit (M.) garanti par nantissement mobilier Lombardkredit (M.)
crédit (M.) immobilier Bodenkredit (M.), Realkredit (M.)
crédit (M.) personnel Personalkredit (M.)
crédit (M.) transitoire Überbrückungskredit (M.)
crédit-bail (M.) Leasing (N.), Mietkauf (M.)
créditer zuschreiben
créditeur (M.) Gläubiger (M.)
crédits (M.Pl.) Kreditwesen (N.)
créer ausstellen, bilden, erzeugen, gründen, herstellen, schöpfen
creuser vertiefen
crime (M.) Straftat (F.), Verbrechen (N.)
crime (M.) capital Bluttat (F.), Kapitalverbrechen (N.)
crime (M.) crapuleux Meuchelmord (M.)
crime (M.) de guerre Kriegsverbrechen (N.)
crime (M.) de lèse-majesté Majestätsverbrechen (N.)
crime (M.) de sang Kapitalverbrechen (N.)
crime (M.) sadique Lustmord (M.)
criminaliser kriminalisieren

criminalistique (F.) Kriminalistik (F.)
criminalité (F.) Kriminalität (F.)
criminalité (F.) de jeunes adultes Entwicklungskriminalität (F.)
criminalité (F.) juvénile Jugendkriminalität (F.)
criminel (Adj.) kriminell, straffällig, strafrechtlich, verbrecherisch
criminel (M.) Verbrecher (M.)
criminologie (F.) Kriminologie (F.)
criminologique (Adj.) kriminologisch
criminologiste (M.) Kriminologe (M.)
criminologue (M.) Kriminologe (M.)
crise (F.) Anfall (M.)
critique (M.) Beurteilung (F.)
croire glauben, meinen
croisement (M.) Kreuzung (F.)
croiser kreuzen
croix (M.) Kreuz (N.)
croyable glaubhaft
croyance (F.) Bekenntnis (N.), Konfession (F.)
cruauté (F.) Grausamkeit (F.)
cruauté (F.) envers les animaux Tierquälerei (M.)
crue grausam
cruzifix (M.) Kreuz (N.)
CSCE (F.) (conférence sur la sécurité et la coopération en Europe) KSZE (F.) (Konferenz über Sicherheit und Zusammenarbeit in Europa)
cuirasse (F.) Panzer (M.)
cuisiner ausforschen
culpa (F.) (lat.) Verschulden (N.)
culpa (F.) in abstracto (lat.) culpa (F.) in abstracto (lat.) (abstrakte Schuld)
culpa (F.) in eligendo (lat.) culpa (F.) in eligendo (lat.) (Verschulden bei der Auswahl)
culpabilité (F.) Schuld (F.)
culpabilité (F.) intentionnelle Vorsatzschuld (F.)
culpable (Adj.) schuldig
culte (M.) Religion (F.)
cultivateur (M.) Bauer (M.)
cultiver bebauen
culture (F.) Kultur (F.), Zucht (F.)
culture (F.) à trois assolements Dreifelderwirtschaft (F.)
cumul (M.) Häufung (F.), Konkurrenz (F.), Kumulation (F.)
cumul (M.) idéal d'infractions Gesetzeseinheit (F.), Gesetzeskonkurrenz (F.), Tateinheit (F.)
cumul (M.) réel d'infractions Realkonkurrenz (F.)
cumulativement kumulativ
cumuler kumulieren
cupide habgierig
cupidité (F.) Habgier (F.)
curatelle (F.) Betreuung (F.), Kuratel (F.), Pflegschaft (F.)
curatelle (F.) complémentaire Ergänzungspflegschaft (F.)
curatelle (F.) d'absence Abwesenheitspflegschaft (F.)
curatelle (F.) d'une succession vacante Nachlasspflegschaft (F.)
curatelle (F.) de la personne déclarée absente Abwesenheitspflegschaft (F.)
curatelle (F.) de la succession Nachlassverwaltung (F.)
curatelle (F.) des personnes infirmes Gebrechlichkeitspflegschaft (F.)
curateur (M.) Kurator (M.), Pfleger (M.), Sachwalter (M.)
curateur (M.) de l'absent Abwesenheitspfleger (M.)
curateur (M.) de la succession Nachlassverwalter (M.)
curé (M.) Geistlicher (M.), Pastor (M.), Pfarrer (M.)
curie (F.) Kurie (F.)
cycliste (M.) Radfahrer (M.)

d

d'accord einig, einverstanden
d'affaires geschäftlich
d'âge (M.) requis pour contracter mariage ehemündig
d'autrui fremd
d'incapacité professionelle berufsunfähig
d'intérêt commun gemeinnützig
d'office ex officio (lat.) (von Amts wegen), von Amts wegen
d'or golden
d'ordre public zwingend
d'utilité publique gemeinnützig
damnum (N.) (lat.) damnum (N.) (lat.) (Schaden)
danger (M.) Gefahr (F.), Gefährdung (F.)

danger (M.) actuel gegenwärtige Gefahr (F.)
danger (M.) apparent Anscheinsgefahr (F.)
danger (M.) de confusion Verwechslungsgefahr (F.)
danger (M.) de fuite Fluchtgefahr (F.)
danger (M.) de manipulation des éléments devant servir à la manifestation de la vérité Verdunkelungsgefahr (F.)
danger (M.) de mort Lebensgefahr (F.)
danger (M.) imminent Gefahr (F.) im Verzug, gegenwärtige Gefahr (F.)
danger (M.) putatif Putativgefahr (F.)
dangereux gefahrengeneigt, gefährlich
dangereux pour la communauté gemeingefährlich
dangereux pour les mineurs jugendgefährdend
dans l'espace de binnen
dans le besoin bedürftig
dans le délai de binnen
dans le doute im Zweifel
dans les délais fristgemäß
date (F.) Datum (N.)
date (F.) d'échéance Stichtag (M.)
date (F.) de l'exécution du contrat Leistungszeit (F.)
date (F.) de livraison Lieferzeit (F.)
date (F.) de référence Stichtag (M.)
date (M.) de naissance Geburtsdatum (N.)
dater datieren
dation (F.) en gage Verpfändung (F.)
dation (F.) en paiement an Zahlungs Statt, Hingabe (F.) an Erfüllungs Statt, Leistung (F.) an Erfüllungs Statt
dation (F.) en vue de paiement Leistung (F.) erfüllungshalber
de bonne foi gutgläubig, redlich
de cadre leitend
de calendrier kalendarisch
de cassation kassatorisch
de collègue kollegial
de concurrence konkurrierend
de cuius (M.) (lat.) Erblasser (M.), Erblasserin (F.)
de cuius Testator (M.)
de direction leitend
de droit de iure (lat.) (rechtlich)
de droit d'auteur urheberrechtlich
de droit privé privatrechtlich
de façon réiterée dauernd
de facto de facto (lat.) (tatsächlich)
de fait de facto (lat.) (tatsächlich), faktisch, tätlich, tatsächlich
de force probante beweiskräftig
de grand prix kostbar
de grande valeur kostbar
de haute traison landesverräterisch
de indivision gesamthänderisch
de iure (lat.) de iure (lat.) (rechtlich)
de l'État public staatlich
de l'opposition oppositionell
de la police polizeilich
de lege ferenda (lat.) de lege ferenda (lat.) (nach zu schaffendem Gesetz)
de lege lata (lat.) de lege lata (lat.) (nach geltendem Recht)
de main commune gesamthänderisch
de mauvaise foi bösgläubig, unredlich
de même nature gleichartig
de nature beschaffen (Adj.)
de parent verwandtschaftlich
de plein droit ipso iure (lat.) (von selbst)
de police polizeilich
de procès prozessual
de propos délibéré mutwillig
de référé einstweilig
de sa propre main eigenhändig
de service dienstlich
de tout repos mündelsicher
de trahison verräterisch
débat (M.) Debatte (F.)
débat (M.) public Forum (N.)
débats (M.Pl.) Hauptverhandlung (F.), Verhandlung (F.)
débauchage (M.) Abwerbung (F.)
débaucher abwerben
débilité (F.) mentale Geistesschwäche (F.)
débit (M.) Abbuchung (F.), Debet (N.), Lastschrift (F.), Soll (N.) (Schuld in der Buchhaltung)
débit (M.) par mandat d'encaissement Einzugsermächtigungslastschrift (F.)
débiter abbuchen, belasten
débiteur (Adj.) schuldig
débiteur (Adj.) d'aliments unterhaltspflichtig
débiteur (M.) Debitor (M.), Schuldner (M.), Verpfänder (M.), Verpflichteter (M.)
débiteur (M.) failli Insolvenzschuldner (M.)
débiteur (M.) gagiste Pfandnehmer (M.), Pfandschuldner (M.)
débiteur (M.) hypothécaire Hypothekenschuldner (M.)

débiteur (M.) partiel Teilschuldner (M.)
débiteur (M.) saisi Pfandnehmer (M.), Vollstreckungsschuldner (M.)
débiteur (M.) soumis a la liquidation judiciaire Gemeinschuldner (M.)
débitrice (M.) Schuldnerin (F.)
débouché (M.) Absatz (M.)
débour (M.) Spese (F.)
débours (M.Pl.) Ausgabe (F.), Auslage (F.), Kosten (F.Pl.), Spesen (F.Pl.)
débouté (M.) Abweisung (F.), Klageabweisung (F.), Zurückweisung (F.)
débouter zurückweisen
débouter de une demande abweisen
début (M.) Anfang (M.), Beginn (M.)
décaissement (M.) Auszahlung (F.)
décanat (M.) Dekanat (N.)
décapitation (F.) Enthauptung (F.)
décapiter enthaupten, köpfen
décédé verstorben
décéder sterben, versterben
déceler verraten (V.)
décentralisation (F.) Dezentralisation (F.)
décentraliser dezentralisieren
décerner verleihen
décès (M.) Tod (M.)
décharge (F.) Entlastung (F.)
décharge (F.) publique Deponie (F.)
déchargement (M.) Löschung (F.)
décharger ausladen, entlasten, löschen
déchéance (F.) Aberkennung (F.), Präklusion (F.), Verfall (M.), Verwirkung (F.)
déchéance (F.) d'un droit Rechtsverlust (M.)
déchéance (F.) de la nationalité Ausbürgerung (F.)
déchet (M.) Abfall (M.), Müll (M.)
déchet (M.) spécial Sonderabfall (M.)
déchets (M.Pl.) industriels Müll (M.)
déchets (M.Pl.) industriels spéciaux Sondermüll (M.)
déchets (M.Pl.) spéciaux Sondermüll (M.)
déchoir aberkennen, verfallen (V.)
décider beschließen, entscheiden, entschließen, erkennen, judizieren, verfügen
décisif konkludent
décision (F.) Bescheid (M.), Beschluss (M.), Entscheid (M.), Entscheidung (F.), Entschließung (F.), Entschluss (M.), Erkenntnis (F.), Judikat (N.), Urteil (N.)
décision (F.) administrative Bescheid (M.)
décision (F.) d'agir Tatentschluss (M.)
décision (F.) d'un tribunal permettant à un tiers dont les intérêts sont ou pourraient être lésés à participer à la procédure Beiladung (F.)
décision (F.) de condamnation aux dépens Kostenentscheidung (F.)
décision (F.) de déclaration d'utilité publique Planfeststellungsbeschluss (M.)
décision (F.) de justice Urteil (N.)
décision (F.) de l'administration prise à la suite d'un cas concret individuel et s'adressant à une catégorie déterminée d'individus Allgemeinverfügung (F.)
décision (F.) de l'assemblée générale Hauptversammlungsbeschluss (M.)
décision (F.) de l'autorité administrative sur un contredit Widerspruchsbescheid (M.)
décision (F.) de principe Grundsatzentscheidung (F.)
décision (F.) définitive Bestandskraft (F.)
décision (F.) discrétionnaire Ermessensentscheidung (F.)
décision (F.) du tribunal supérieur sur une question concernant le droit relatif au louage de choses Rechtsentscheid (M.)
décision (F.) en fond Sachentscheidung (F.)
décision (F.) erronée Fehlurteil (N.)
décision (F.) exécutoire Leistungsbescheid (M.)
décision (F.) gracieuse prozessleitende Verfügung (F.)
décision (F.) inexistante Nichtakt (M.)
décision (F.) judiciaire statuant sur la demande entière Vollurteil (N.)
décision (F.) majoritaire Mehrheitsbeschluss (M.)
décision (F.) préalable Vorabentscheidung (F.), Vorbescheid (M.)
décision (F.) prise à la majorité Mehrheitsbeschluss (M.)
décision (F.) prise en assemblée plénière Plenarbeschluss (M.)
décision (F.) provisoire Zwischenbescheid (M.), Zwischenverfügung (F.)
décision (F.) qui n'a pas encore été prononcée en audience publique ou signifiée Scheinurteil (N.)
décision (F.) rectificative Ergänzungsurteil (N.)
décision (F.) rendue en tenant compte de

l'état du dossier Entscheidung (F.) nach Lage der Akten
décision (F.) rendue sur une opposition Widerspruchsbescheid (M.)
déclarable anzeigepflichtig
déclarant (M.) Zeuge (M.)
déclaration (F.) Abgabe (F.), Angabe (F.), Ankündigung (F.), Anmeldung (F.), Anzeige (F.), Aussage (F.), Äußerung (F.), Deklaration (F.), Erklärung (F.)
déclaration (F.) contradictoire Gegendarstellung (F.)
déclaration (F.) d'impôts Steuererklärung (F.)
déclaration (F.) d'intention Absichtserklärung (F.)
déclaration (F.) de cession Abtretungserklärung (F.)
déclaration (F.) de départ Abmeldung (F.)
déclaration (F.) de garantie de la société-mère en faveur d'une de ses filiales Patronatserklärung (F.)
déclaration (F.) de guerre Kriegserklärung (F.)
déclaration (F.) de jugement commun Feststellung (F.) der Streitgenossenschaft
Déclaration (F.) de Londres Londoner Deklaration (F.)
déclaration (F.) de nullité Kraftloserklärung (F.)
déclaration (F.) de reconnaissance Anerkenntnis (N.)
déclaration (F.) de renonciation Verzichtserklärung (F.)
déclaration (F.) de résolution Rücktrittserklärung (F.)
déclaration (F.) de retrait Rücktrittserklärung (F.)
déclaration (F.) de revenus Steuererklärung (F.)
déclaration (F.) de volonté Erklärung (F.), Willensäußerung (F.), Willenserklärung (F.)
déclaration (F.) des créances Forderungsanmeldung (F.)
déclaration (F.) des droits Grundrechtskatalog (M.)
déclaration (F.) judiciaire de décès Todeserklärung (F.)
déclaration (F.) obligatoire Anzeigepflicht (F.)
déclaratoire deklaratorisch
déclarer angeben, anmelden, anzeigen, aussagen, äußern, deklarieren, erklären, verhängen
déclarer déchu de sa nationalité ausbürgern
déclarer le départ abmelden
déclarer non coupable freisprechen
déclasser degradieren
déclinatoire (M.) Verweisung (F.)
décliner (son identité) ausweisen (sich)
décliner abschlagen, ausschließen
décombres (M.Pl.) Schutt (M.)
décommander absagen, ausladen
décompte (M.) Abrechnung (F.)
décompter abrechnen, absetzen
déconcentration (F.) Dekonzentration (F.)
déconcentrer dekonzentrieren
décoration (F.) Orden (M.)
découler anfallen
découragement (M.) Abschreckung (F.)
décourager abschrecken
découvert (M.) Kontoüberziehung (F.)
découvert (M.) de compte Überziehung (F.)
découverte (F.) Entdeckung, Fund (M.)
découverte (F.) d'un trésor Schatzfund (M.)
découvreur (M.) Entdecker (M.)
découvrir aufdecken, aufspüren, entdecken, ermitteln, offenbaren
décret (M.) Dekret (N.), Erlass (M.) (Anordnung), Rechtsverordnung (F.), Verfügung (F.), Verordnung (F.)
décret (M.) d'application Ausführungsverordnung (F.), Durchführungsverordnung (F.)
décret (M.) d'application de la loi Rechtsverordnung (F.)
décret (M.) d'imposition Steuererlass (M.)
décret (M.) de nomination Ernennungsurkunde (F.)
décret (M.) pris en conseil des ministres Kabinettsbeschluss (M.)
décret (M.) relatif à la tenue des registres fonciers Grundbuchverfügung (F.)
décret (M.) relatif au recouvrement des amendes prononcées par les tribunaux Justizbeitreibungsordnung (F.)
décréter anordnen, festsetzen, verfügen, verordnen
décroissance (F.) Abnahme (F.)
dédaigner missachten
dédicace (F.) Widmung (F.)
dédicacer widmen

dédit (M.) Draufgabe (F.), Reugeld (N.), Widerruf (M.)
dedommagé schadlos
dédommagement (M.) Abfindung (F.), Entgelt (N.), Entschädigung (F.), Ersatz (M.), Ersetzung (F.), Kompensation (F.), Schadensersatz (M.), Schadloshaltung (F.), Vergütung (F.)
dédommager abfinden, entschädigen, ersetzen, schadlos halten, vergüten
dédouaner abfertigen, verzollen
déductibilité (F.) Absetzbarkeit (F.)
déductible absetzbar
déduction (F.) Ableitung (F.), Absetzung (F.), Abzug (M.), Deduktion (F.), Schluss (M.)
déduction (F.) forfaitaire sur les traitements et salaires Arbeitnehmerfreibetrag (M.)
déduction (F.) taxe pour taxe Vorsteuerabzug (M.)
déduire ableiten, abrechnen, absetzen, abziehen, deduzieren, herleiten, schließen
défaillance (F.) Ausbleiben (N.), Ausfall (M.), Konkurs (M.), Säumnis (F.)
défaillant (Adj.) säumig
défaillant (M.) Abwesender (M.)
défaillir versagen
défaut (M.) Ausbleiben (N.), Fehler (M.), Mangel (M.), Versäumung (F.), Verzug (M.)
défaut (M.) d'attention Sorgfaltspflichtverletzung (F.)
défaut (M.) de comparution Abwesenheit (F.), Versäumnis (N.)
défaut (M.) de consentement Dissens (M.)
défaut (M.) de construction Baumangel (M.)
défaut (M.) de fabrication Fabrikationsfehler (M.)
défaut (M.) de maîtrise Verkehrsgefährdung (F.)
défaut (M.) de paiement permettant de saisir le gage Pfandreife (F.)
défaut (M.) de préstation Nichtleistung (F.)
défectueux mangelhaft
défectuosité (F.) Fehlerhaftigkeit (F.), Mangel (M.)
défectuosité (F.) d'appréciation Ermessensmangel (M.)
défenderesse (F.) Beklagte (F.)
défenderesse (F.) en appel Berufungsbeklagte (F.)
défendeur (Adj.) beklagt
défendeur (M.) Beklagter (M.)
défendeur (M.) en appel Berufungsbeklagter (M.)
défendre abwehren, einlassen, entschuldigen, rechtfertigen, schützen, untersagen, verbieten, verteidigen, wehren
défendre en justice plädieren
défendu verboten (Adj.)
défense (F.) (d'intérêts légitimes) Wahrnehmung (F.) (berechtigter Interessen)
défense (F.) Abwehr (F.), Einlassung (F.), Rechtfertigung (F.), Untersagung (F.), Verbot (N.), Verteidigung (F.)
défense (F.) civile Zivildienst (M.)
défense (F.) de contracter mariage Eheverbot (N.)
défense (F.) de doubler Überholverbot (N.)
défense (F.) devant les tribunaux répressifs Strafverteidigung (F.)
défense (F.) du consommateur Konsumentenschutz (M.)
défenseur (M.) Wahlverteidiger (M.)
défenseur (M.) au pénal Verteidiger (M.)
défenseur (M.) commis notwendiger Verteidiger (M.)
défenseur (M.) d'office notwendiger Verteidiger (M.), Offizialverteidiger (M.)
défenseur (M.) devant les tribunaux répressifs Strafverteidiger (M.)
défensif defensiv
défiance (F.) Argwohn (M.), Misstrauen (N.)
déficience (F.) Behinderung (F.)
déficit (M.) Ausfall (M.), Defizit (N.), Differenz (F.), Einbuße (F.), Fehlbetrag (M.), Manko (N.), Verlust (M.)
défini bestimmt
définir bestimmen, definieren
définitif bestandskräftig, unanfechtbar, verbindlich
définition (F.) Definition (F.), Spezifikation (F.)
définition (F.) des responsabilités Geschäftsverteilung (F.)
définition (F.) légale Legaldefinition (F.)
défunt (Adj.) verstorben
défunt (M.) Erblasser (M.), Testator (M.)
dégagement (M.) de la responsabilité Enthaftung (F.), Haftungsausschluss (M.)
dégager de la responsabilité enthaften
dégazage (M.) en mer Verklappung (F.)
dégazer verklappen
dégradation (F.) Zerstörung (F.)

dégradation (F.) de l'environnement Umweltbelastung (F.)
dégradation (F.) de l'état de santé Gesundheitszerstörung (F.)
dégradations (F.Pl.) volontaires Beschädigung (F.)
dégrader degradieren
degré (M.) Grad (M.)
degré (M.) du handicap Pflegestufe (F.)
dégressif degressiv
déguerpissement (M.) Räumung (F.)
déguisement (M.) Verschleierung (F.)
déguiser verdecken
délabré baufällig
délai (M.) Aufschub (M.), Frist (F.)
délai (M.) d'acceptation Annahmefrist (F.)
délai (M.) d'appel Berufungsfrist (F.)
délai (M.) d'attente Karenz (F.)
délai (M.) d'opposition Einspruchsfrist (F.)
delai (M.) d'une année Jahresfrist (F.)
délai (M.) de carence Karenzzeit (F.)
délai (M.) de dénonciation Kündigungsfrist (F.)
délai (M.) de forclusion Ausschlussfrist (F.)
délai (M.) de garantie Garantiefrist (F.)
délai (M.) de grâce Nachfrist (F.)
délai (M.) de l'action en nullité Anfechtungsfrist (F.)
délai (M.) de péremption Ausschlussfrist (F.)
délai (M.) de préavis Kündigungsfrist (F.)
délai (M.) de prescription Verjährungsfrist (F.)
délai (M.) de procédure Verfahrensfrist (F.)
délai (M.) de recours Beschwerdefrist (F.)
délai (M.) de rigueur Notfrist (F.)
délai (M.) de viduité Wartezeit (F.) vor der Wiederverheiratung
délai (M.) pour conclure Einlassungsfrist (F.)
délai (M.) pour faire recours Rechtsmittelfrist (F.)
délai (M.) pour intenter une action Klagefrist (F.)
délai (M.) pour présenter son argumentation Einlassungsfrist (F.)
délai (M.) préfix Notfrist (F.)
délai (M.) supplémentaire Nachfrist (F.)
délai de notification Zustellungsfrist (F.)
délai-congé (M.) Kündigungsfrist (F.)
délaissé hilflos
délaissement (M.) Abandon (N.), Aufgabe (F.)
délaisser abandonnieren, preisgeben
délateur (M.) Denunziant (M.)
délation (F.) Denunziation (F.)
délégation (F.) Abordnung (F.), Delegation (F.), Schuldübernahme (F.)
délégation (F.) des jeunes Jugendvertretung (F.)
délégation (F.) imparfaite Interzession (F.), Schuldbeitritt (M.), Schuldmitübernahme (F.), Schuldübernahme (F.)
délégation (F.) parfaite privative Schuldübernahme (F.), Schuldübernahme (F.)
délégation de paiement Zahlungsanweisung (F.)
délégué (Adj.) abgeordnet (Adj.)
délégué (M.) Beauftragter (M.), Delegierter (M.)
délégué (M.) à la probation Bewährungshelfer (M.)
délégue (M.) d'une entreprise Betriebsrat (M.)
délégué (M.) parlementaire a la defense Wehrbeauftragter (M.)
délégué (M.) parlementaire auprès de l'armée Wehrbeauftragter (M.)
déléguée (F.) Delegierte (F.)
déléguer abordnen, beauftragen, delegieren, entsenden
délégues (M.Pl.) d'une entreprise Betriebsrat (M.)
délibération (F.) Beratung (F.)
déliberation (F.) Beschlussfassung (F.)
délibération (F.) Erörterung (F.), Judikation (F.)
délibération (F.) des associés Gesellschafterbeschluss (M.)
délibéré (M.) Beratung (F.)
délibérer beraten (sich), erwägen
délictuel deliktisch
délimiter begrenzen
délinquance (F.) Kriminalität (F.)
délinquance (F.) économique Wirtschaftskriminalität (F.)
délinquance (F.) juvénile Jugendkriminalität (F.)
délinquant (M.) Delinquent (M.), Frevler (M.), Straftäter (M.), Verbrecher (M.)
délinquant (M.) d'habitude Gewohnheitsverbrecher (M.)
délinquant (M.) d'occasion Gelegenheitstäter (M.)

délinquant (M.) par conviction Überzeugungstäter (M.)
délire (M.) Delirium (N.)
délit (M.) Delikt (N.), Frevel (M.), Straftat (F.), unerlaubte Handlung (F.), Vergehen (N.)
délit (M.) abstrait consistant dans le fait de faire courir un risque konkretes Gefährdungsdelikt (N.)
délit (M.) civil unerlaubte Handlung (F.)
délit (M.) commis dans l'exercice de fonctions publiques Amtsdelikt (N.), Amtsvergehen (N.)
délit (M.) commis sous l'empire d'un état alcoolique Alkoholdelikt (N.)
délit (M.) concernant la monnaie Münzdelikt (N.)
délit (M.) consistant dans le fait de mettre en péril Gefährdungsdelikt (N.)
délit (M.) consistant dans le fait de mettre en péril abstrait abstraktes Gefährdungsdelikt (N.)
délit (M.) contre les biens Vermögensdelikt (N.)
délit (M.) d'imprudence Fahrlässigkeitsdelikt (N.)
délit (M.) d'omission Unterlassungsdelikt (N.)
délit (M.) d'omission proprement dite echtes Unterlassungsdelikt (N.)
délit (M.) de commission Begehungsdelikt (N.)
délit (M.) de documents Urkundendelikt (N.)
délit (M.) de fuite Fahrerflucht (F.), Verkehrsunfallflucht (F.)
délit (M.) de la circulation Verkehrsdelikt (N.)
délit (M.) de presse Pressedelikt (N.)
délit (M.) de séquestration Freiheitsberaubung (F.)
délit (M.) de violation Verletzungsdelikt (N.)
délit (M.) dont la répression n'a lieu que sur la plainte de la victime Antragsdelikt (N.)
délit (M.) flagrant handhafte Tat (F.)
délit (M.) formel Tätigkeitsdelikt (N.)
délit (M.) impossible untauglicher Versuch (M.)
délit (M.) permanent Dauerdelikt (N.)
délit (M.) putatif Wahndelikt (N.)
délit (M.) qualifié qualifizierte Straftat (F.)
délit (M.) spécial Sonderdelikt (N.)
délit (M.) subséquent Nachtat (F.)
délit (M.) successif Dauerdelikt (N.)
délivrance (F.) Ablieferung (F.), Auslieferung (F.), Ausstellung (F.), Befreiung (F.), Erteilung (F.), Übergabe (F.), Zustellung (F.)
délivrance (F.) du brevet Patentierung (F.)
délivrer abliefern, ausstellen, befreien, erteilen, liefern, übergeben, zustellen
délivrer un brevet patentieren
déloyal unlauter, unredlich
déloyauté (F.) Verrat (M.)
démagogue (M.) Demagoge (M.)
demande (F.) actio (F.) (lat.), Anforderung (F.), Anfrage (F.), Anmeldung (F.), Anspruch (M.), Ansuchen (N.), Antrag (M.), Begehren (N.), Bestellung (F.), Bitte (F.), Eingabe (F.), Ersuchen (N.), Forderung (F.), Frage (F.), Gesuch (N.), Klage (F.), Klageschrift (F.), Nachfrage (F.), Parteiantrag (M.)
demande (F.) additionnelle Eventualantrag (M.)
demande (F.) d'annulation Anfechtung (F.)
demande (F.) d'asile Asylantrag (M.)
demande (F.) d'expulsion Räumungsklage (F.)
demande (F.) d'extradition Auslieferungsersuchen (N.)
demande (F.) d'information Auskunftsklage (F.)
demande (F.) d'inscription Anmeldung (F.)
demande (F.) d'ouverture d'une procédure d'execution collective Konkursantrag (M.)
demande (F.) d'ouverture de la procédure collective de liquidation Insolvenzantrag (M.)
demande (F.) d'ouverture de la procédure règlement du passif Insolvenzantrag (M.)
demande (F.) de concession d'une mine Mutung (F.)
demande (F.) de dommages-intérêts Schadensersatzanspruch (M.)
demande (F.) de mainlevée du mandat d'arrêt Haftbeschwerde (N.)
demande (F.) de ne pas faire negatorischer Anspruch (M.)
demande (F.) de remboursement Rückforderung (F.)
demande (F.) de réouverture Folgeantrag (M.)

demande (F.) de restitution Rückforderung (F.)
demande (F.) en annulation Nichtigkeitsklage (F.)
demande (F.) en annulation par cause d'erreur Irrtumsanfechtung (F.)
demande (F.) en dommages et intérêts Schadensersatzklage (F.)
demande (F.) en garantie Gewährleistungsanspruch (M.)
demande (F.) en justice Klage (F.), Klageantrag (M.)
demande (F.) en restitution Rückforderung (F.)
demande (F.) en restitution d'un droit réel immobilier Vindikation (F.)
demande (F.) en restitution faite par le propriétaire Eigentumsherausgabeanspruch (M.)
demande (F.) en vue de compléter le montant de la réserve Pflichtteilergänzungsanspruch (M.)
demande (F.) en vue du reste de la réserve Pflichtteilsrestanspruch (M.)
demande (F.) incidente Zwischenfeststellungsklage (F.)
demande (F.) introductive d'instance Klageantrag (M.)
demande (F.) populaire de référendum Volksbegehren (N.)
demande (F.) préalable Voranfrage (F.)
demande (F.) reconventionnelle Gegenforderung (F.), Widerklage (F.)
demander anfordern, anfragen, beanspruchen, beantragen, befragen, begehren, bestellen, bitten, ersuchen, fordern, verklagen, zumuten
demander en justice klagen
demander l'aumône betteln
demander la restitution rückfordern
demander son congé kündigen
demanderesse (F.) Antragstellerin (F.), Klägerin (F.)
demandeur (M.) Antragsteller (M.), Kläger (M.)
demandeur (M.) d'asile Asylant (M.), Asylbewerber (M.)
demandeur (M.) reconventionnel Widerkläger (M.)
demandeuse (F.) Antragstellerin (F.)
démarchage (M.) Haustürgeschäft (N.)
démarchage (M.) à domicile Haustürgeschäft (N.)
démarche (F.) Demarche (F.), Versuch (M.)
démence (F.) Geisteskrankheit (F.), Wahnsinn (M.)
dément (Adj.) wahnsinnig
démenti (M.) Dementi (N.)
démentir dementieren
demettre abtreten
demeure (F.) Verzug (M.)
demeure (F.) du créancier Annahmeverzug (M.)
demeure (F.) du débiteur Schuldnerverzug (M.)
demi-frère (M.) Stiefbruder (M.)
demi-sœur (F.) Stiefschwester (F.)
démission (F.) Austritt (M.), Demission (F.), Kündigung (F.), Niederlegung (F.), Rücktritt (M.)
démissionner abtreten, austreten, demissionieren, kündigen, niederlegen
démobilisation (F.) Abrüstung (F.)
démobiliser abrüsten
démocrate (M.) Demokrat (M.)
démocratie (F.) Demokratie (F.)
démocratie (F.) plébiscitaire plebiszitäre Demokratie (F.)
démocratie (F.) représentative repräsentative Demokratie (F.)
démocratique demokratisch
demoiselle (F.) (de magasin) Verkäuferin (F.)
démolir abbrechen, abreißen, zerstören
démolition (F.) Abbruch (M.), Abriss (M.)
démonstratif demonstrativ
démonstration (F.) Beweisführung (F.)
démontrer beweisen
démoscopie (F.) Demoskopie (F.)
dénationalisation (F.) Reprivatisierung (F.)
dénaturalisation (F.) Ausbürgerung (F.)
dénaturation (F.) Auslegungsfehler (M.)
dénazification (F.) Entnazifizierung (F.)
dénazifier entnazifizieren
déni (M.) de justice Rechtsverweigerung (F.)
déni (M.) du justice Justizverweigerung (F.)
denier (M.) Heller (M.)
denier (M.) de l'Église. denier (M.) du culte Kirchgeld (N.)
denier (M.) du culte Kirchensteuer (F.)
denier (M.) public öffentliches Mittel (N.)
dénier abstreiten, bestreiten, leugnen, versagen, verweigern, vorenthalten (V.)

deniers (M.Pl.) pupillaires Mündelgeld (N.)
dénomination (F.) Name (M.)
dénomination (F.) sociale Firma (F.)
dénomination (F.) sociale dérivée de l'objet de l'entreprise Sachfirma (F.)
dénommer nennen
dénoncable kündbar
dénoncer anzeigen, denunzieren, kündigen, lösen, zurücktreten, zurückziehen (sich)
dénonciateur (M.) Denunziant (M.)
dénonciation (F.) (d'un contrat) Rücktritt (M.)
dénonciation (F.) Anschuldigung, Anzeige (F.), Denunziation (F.), Kündigung (F.)
dénonciation (F.) à caractère politique politische Verdächtigung (F.)
dénonciation (F.) d'instance Streitverkündung (F.)
denrée (F.) Ware (F.)
denrée (F.) alimentaire Lebensmittel (N.)
denrée (F.) de luxe Genussmittel (N.)
dent (M.) Zahn (M.)
dénuement (M.) Not (F.)
dépannage (M.) Abhilfe (F.)
départ (M.) Anfang (M.), Ausreise (F.), Austritt (M.), Beginn (M.)
département (M.) Abteilung (F.), Departement (N.), Referat (N.)
Département (M.) d'Outre-Mer (D. O. M.) überseeisches Departement (N.)
département (M.) des affaires juridiques Rechtsabteilung (F.)
dépassement (M.) Überschreitung (F.)
dépasser überholen, überschreiten
dépeçage (F.) Teilbarkeit (F.)
dépêcher absenden
dépendance (F.) Abhängigkeit (F.)
dépendance (F.) économique wirtschaftliche Abhängigkeit (F.)
dépendant abhängig
dépendre abhängen
dépens (M.Pl.) de l'instance Prozesskosten (F.Pl.)
dépense (F.) Aufwand (M.), Aufwendung (F.), Ausgabe (F.)
dépense (F.) d'exploitation Betriebsausgabe (F.)
dépense (F.) exceptionnelle déductible Sonderausgabe (F.)
dépenser aufwenden, ausgeben
dépenses (F.Pl.) Auslage (F.), Kosten (F.Pl.), Unkosten (F.Pl.)
déplacemement (M.) Versetzung (F.)
déplacer verschleppen, versetzen
déportation (F.) Deportation (F.)
déporter deportieren, verschleppen
déposant (M.) Einleger (M.), Hinterleger (M.)
déposer abgeben, anmelden, aussagen, deponieren, einbringen, einbringen, einlegen, einliefern, einreichen, hinterlegen
déposer des conclusions einlassen
dépositaire (M.) Hinterlegungsstelle (F.), Verwahrer (M.)
déposition (F.) Angabe (F.), Aussage (F.), Zeugnis (N.)
déposition (F.) du témoin Zeugenaussage (F.)
déposséder Besitz entziehen, vertreiben
dépossession (F.) Besitzentziehung (F.), Entziehung (F.), Vertreibung (F.)
dépôt (M.) Abgabe (F.), Anmeldung (F.), Antrag (M.), Bodenschatz (M.), Depositum (N.), Depot (N.), Einbringung (F.), Einlage (F.), Hinterlegung (F.), Magazin (N.), Verwahrung (F.), Zweigstelle (F.)
dépôt (M.) à terme Termineinlage (F.)
dépôt (M.) d'épargne Spareinlage (F.)
dépôt (M.) en banque Bankeinlage (F.), Bankguthaben (N.)
dépôt (M.) irrégulier depositum (N.) irregulare (lat.) (unregelmäßige Verwahrung), unregelmäßige Verwahrung (F.)
dépôt (M.) public öffentlichrechtliche Verwahrung (F.)
dépôt (M.) tardif du bilan Insolvenzverschleppung (F.)
dépôts (M.Pl.) Depositen (N.Pl.)
dépouille (F.) Leiche (F.)
dépourvu d'effets juridiques rechtsunwirksam
depravation (F.) Verfall (M.)
dépréciation (F.) Abnutzung (F.)
déprécier abnutzen, herabsetzen
déprédation (F.) Sachbeschädigung (F.)
députation (F.) Abordnung (F.), Deputation (F.)
député (Adj.) abgeordnet (Adj.)
député (M.) Abgeordneter (M.), Beauftragter (M.), Deputierter (M.), Parlamentarier (M.), Repräsentant (M.)
députer abordnen, deputieren
déraison (F.) Unverstand (M.)
déranger hindern, stören

déregulation (F.) Deregulierung (F.)
déreguler deregulieren
derelictio (F.) (lat.) Dereliktion (F.)
déréliction (F.) Dereliktion (F.), Eigentumsaufgabe (F.)
dérélinquer derelinquieren
dérivation (F.) Ableitung (F.)
dérivé (Adj.) abgeleitet, derivativ, sekundär
dérivé (M.) Derivat (N.)
dériver ableiten, herleiten
dernier letzte
dernière offre (F.) Meistgebot (N.)
dernière volonté (F.) letzter Wille (M.)
dernières volontés (F.Pl.) letztwillige Verfügung (F.)
dérober entwenden
dérogation (F.) Abweichung, Ausnahme (F.), Derogation (F.)
dérogatoire abweichend
déroger abweichen, derogieren
déroulement (M.) Ablauf (M.)
déroulement (M.) de la procédure Rechtsgang (M.)
dérouler ablaufen, abwickeln
déroutement (M.) Abweichung
désaccord (M.) Dissens (M.)
désaffectation (F.) Entwidmung (F.)
désaffecter entwidmen
désapprobation Missbilligung (F.)
désapprouver missbilligen
désarmement (M.) Abrüstung (F.)
désarmer abrüsten
désavantage (M.) Nachteil (M.)
désaveu (M.) Aberkennung (F.)
désaveu (M.) de paternité Anfechtung (F.) der Ehelichkeit, Ehelichkeitsanfechtung (F.), Vaterschaftsanfechtung (F.)
désavouer aberkennen, abstreiten, missbilligen
descendance (F.) Abstammung (F.), Deszendenz (F.)
descendant (M.) Abkömmling (M.), Deszendent (M.), Nachkomme (M.)
descendre de abstammen von
descente (F.) Gefälle (N.)
descente (F.) de justice Augenschein (M.), Inaugenscheinnahme (F.), Lokaltermin (M.)
descente (F.) sur les lieux Augenschein (M.), Inaugenscheinnahme (F.)
descriptif deskriptiv
déséquilibre (M.) Ungleichgewicht (N.)
déserter desertieren
déserteur (Adj.) fahnenflüchtig
déserteur (M.) Deserteur (M.)
désertion (F.) Fahnenflucht (F.)
déshériter enterben
déshonneur (M.) Schande (F.)
déshonorer schänden
désignation (F.) Designation (F.), Ernennung (F.), Nominierung (F.)
désignation (F.) de l'auteur Urheberbenennung (F.)
désigner abordnen, bestellen, designieren, entsenden, ernennen, nennen, nominieren, weisen
désintoxication (F.) Entziehung (F.)
désir (M.) Gier (F.)
désir (M.) d'appropriation Zueignungsabsicht (F.)
désirer begehren
désistement (M.) Rücktritt (M.)
désistement (M.) d'instance Klagerücknahme (F.)
désister (se) zurückziehen (sich)
désobéissance (F.) Unbotmäßigkeit (F.)
désobéissant unbotmäßig, ungehorsam
désordre (M.) Unruhe (F.)
désorganiser zerrütten
despote (M.) Despot (M.)
despotique despotisch
despotisme (M.) Despotie (F.)
dessein (M.) Absicht (F.), Plan (M.)
desservir bedienen
dessin (M.) Plan (M.), Zeichnung (F.)
dessin (M.) et modèle (M.) Muster (N.)
dessiner zeichnen
dessins (M.Pl.) et modèles Geschmacksmuster (N.)
dessous-de-table (M.) Schmiergeld (N.), Schwarzgeld (N.)
destinataire (M.) Adressat (M.), Destinatär (M.), Empfänger (M.)
destinataire (M.) d'une règle juridique Normadressat (M.)
destinataire (M.) de cession Abtretungsempfänger (M.)
destinataire (M.) de donation Schenkungsempfänger (M.)
destinataire (M.) de la déclaration Erklärungsempfänger (M.)
destination (F.) Bestimmung (F.)
destituer absetzen

destitution (F.) Abberufung (F.), Absetzung (F.)
destruction (F.) Sachbeschädigung (F.), Zerstörung (F.)
destruction (F.) de la santé Gesundheitszerstörung (F.)
destruction (F.) de logiciel par infiltration de virus informatique Computersabotage (F.)
désunion (F.) Zerrüttung (F.)
détachable abtrennbar
détaché (Adj.) detachiert
détachement (M.) Abordnung (F.)
détacher abordnen, absondern, lösen
détail (M.) Besonderheit (F.), Umstand (M.)
détecter aufspüren, entdecken
détecteur (M.) Detektor (M.)
détecteur (M.) de mensonges Lügendetektor (M.)
détective (M.) Detektiv (M.)
détenir besitzen, innehaben
détenteur (F.) Besitzerin (F.)
détenteur (M.) Besitzer (M.), Fremdbesitzer (M.), Halter (M.), Inhaber (M.)
détenteur (M.) d'un véhicule Fahrzeughalter (M.)
détenteur (M.) d'un véhicule automobile Kraftfahrzeughalter (M.)
détenteur (M.) de la souveraineté Hoheitsträger (M.)
détenteur (M.) précaire Besitzdiener (M.)
détention (F.) Fremdbesitz (M.), Gefangenschaft (F.), Haft (F.), Innehabung (F.), Ordnungsmittel (N.)
détention (F.) à titre de mesure de sûreté Sicherheitsverwahrung (F.), Sicherungsverwahrung (F.)
détention (F.) en vue de l'expulsion Schubhaft (F.)
détention (F.) individuel Einzelhaft (F.)
détention (F.) pour l'audience principale Hauptverhandlungshaft (F.)
détention (F.) provisoire Untersuchungshaft (F.)
détenu (Adj.) gefangen
détenu (M.) Gefangener (M.), Inhaftierter (M.), Insasse (M.), Strafgefangener (M.), Sträfling (M.)
détenue (F.) Gefangene (F.), Strafgefangene (F.)
détérioration (F.) Abnutzung (F.)
détériorer beschädigen
détériorisation (F.) matérielle Sachbeschädigung (F.)
détermination (F.) Bestimmtheit (F.), Bestimmung (F.), Spezifikation (F.), Zumessung (F.)
détermination (F.) des bénéfices imposables Gewinnermittlung (F.)
détermination (F.) des coûts Kostenfestsetzung (F.)
détermination (F.) du délai Zeitbestimmung (F.)
détermination (F.) du montant des prétentions Streitwertfestsetzung (F.)
déterminé bestimmt, gewiss
déterminer bestimmen
détonation (F.) Explosion (F.)
détoner explodieren
détournement (M.) Ableitung (F.), Abwerbung (F.), Hinterziehung (F.), Unterschlagung (F.), Veruntreuung (F.)
détournement (M.) d'objets en garde Verwahrungsbruch (M.)
détournement (M.) d'une chose saisie Verstrickungsbruch (M.)
détournement (M.) de document Urkundenunterdrückung (F.)
détournement (M.) de fonds commis Untreue (F.)
détournement (M.) de gage Pfandkehr (F.)
détournement (M.) de l'usage Zweckentfremdung (F.)
détournement (M.) de mineur Kindesentziehung (F.)
détournement (M.) de pièces Urkundenunterdrückung (F.)
détournement (M.) de pouvoir Ermessensfehler (M.), Ermessensmissbrauch (M.)
détournement (M.) de pouvoir discrétionnaire Ermessensfehler (M.)
détournement (M.) de procédure Prozessbetrug (M.)
détourner abwerben, entfremden, hinterziehen, unterschlagen, veruntreuen
détraqué (Adj.) geisteskrank
détriment (M.) Nachteil (M.)
détruire zerstören
dette (F.) Geldschuld (F.), Schuld (F.), Verbindlichkeit (F.)
dette (F.) à la charge de la masse Masseschuld (F.)

dette (F.) alimentaire Unterhaltspflicht (F.)
dette (F.) d'argent Geldschuld (F.)
dette (F.) d'espèce Speziesschuld (F.), Stückschuld (F.)
dette (F.) d'impôt Steuerschuld (F.)
dette (F.) et charge (F.) de la succession Nachlassschuld (F.), Nachlassverbindlichkeit (F.)
dette (F.) exigible Masseschuld (F.), Masseverbindlichkeit (F.)
dette (F.) foncière Grundpfandrecht (N.), Grundschuld (F.)
dette (F.) foncière constatée par un titre Briefgrundschuld (F.)
dette (F.) foncière en vue de garantir une créance Sicherungsgrundschuld (F.)
dette (F.) foncière inscrite au nom du propriétaire Eigentümergrundschuld (F.)
dette (F.) foncière sous forme de rente Rentenschuld (F.)
dette (F.) foncière transcrite dans le registre foncier Buchgrundschuld (F.)
dette (F.) permanente Dauerschuldverhältnis (N.)
dette (F.) portable Bringschuld (F.), Schickschuld (F.)
dette (F.) portant sur un corps certain Speziesschuld (F.), Stückschuld (F.)
dette (F.) publique Staatsschuld (F.)
dette (F.) quérable Holschuld (F.)
dette (F.) sociale Gesellschaftsschuld (F.)
dette (F.) solidaire Gesamtschuld (F.)
Deutschlandvertrag (M.) Deutschlandvertrag (M.)
deux vois zweispurig
deuxième zweite
deuxième voix Zweitstimme (F.)
dévaliser berauben
dévalorisation (F.) Abwertung (F.)
dévaloriser abwerten
dévaluation (F.) Abwertung (F.)
dévaluer abwerten
développement (M.) Ausführung (F.), Entwicklung (F.)
développer entwickeln
dévenir adulte erwachsen (V.)
déviation (F.) Abweichung
deviendre übergehen (V.)
dévier umlegen
devis (M.) Anschlag (M.), Kostenvoranschlag (M.), Voranschlag (M.)
devis (M.) estimatif Kostenvoranschlag (M.)
devise (F.) Devise (F.), Währung (F.)
devises (F.Pl.) Devisen (F.Pl.)
dévoiler offenbaren
devoir (M.) Aufgabe (F.), Obliegenheit (F.), Pflicht (F.)
devoir (M.) d'assistance Mitwirkungspflicht (F.)
devoir (M.) d'obéissance Gehorsamspflicht (F.)
devoir (M.) de collaboration Mitwirkungspflicht (F.)
devoir (M.) de compensation Ausgleichsaufgabe (F.)
devoir (M.) de conseil Aufklärungspflicht (F.)
devoir (M.) de cooperer Mitwirkungspflicht (F.)
devoir (M.) de discrétion Verschwiegenheitspflicht (F.)
devoir (M.) de fidélité Treuepflicht (F.)
devoir (M.) de fonction Amtspflicht (F.)
devoir (M.) de loyalisme Treuepflicht (F.), Treueverhältnis (N.)
devoir (M.) de loyauté Treuepflicht (F.)
devoir (M.) de présentation Vorlagepflicht (F.), Vorlegungspflicht (F.)
devoir (M.) de savoir Wissenmüssen (N.)
devoir (M.) de secours Ehegattenunterhalt (M.)
devoir (M.) de surveillance Aufsichtspflicht (F.)
devoir (M.) obligatoire Pflichtaufgabe (F.)
devoir (V.) schulden
devoir (V.) connaître kennen müssen
devoir (V.) s'informer kennen müssen
devoirs (M.Pl.) inhérents à une charge publique Amtspflicht (F.)
dévolution (F.) Devolution (F.), Übertragung (F.)
dévolution (F.) d'un héritage Anfall (M.) einer Erbschaft, Erbanfall (M.)
dévolution (F.) des biens par testament gewillkürte Erbfolge (F.)
dévoué (Adj.) treu
diacre (M.) Diakon (M.)
dialogue (M.) Nord-Sud Nord-Süd-Dialog (M.)
dictateur (M.) Diktator (M.)
dictature (F.) Diktatur (F.), Tyrannei (F.)
dicter diktieren, vorschreiben
dictionnaire (M.) Lexikon (N.)

dies interpellat pro homine (lat.) dies interpellat pro homine (lat.) (der Termin mahnt für den Menschen)
diète (F.) Diät (F.)
diète (F.) impériale Reichstag (M.)
dieu (M.) Gott (M.)
diffamateur (M.) Verleumder (M.)
diffamation (F.) Beleidigung (F.), Diffamierung (F.), Lästerung (F.), Nachrede (F.), üble Nachrede (F.)
diffamer diffamieren, lästern, nachreden, verleumden, verunglimpfen
différé betagt
différence (F.) Differenz (F.), Saldo (M.), Unterschied (M.)
différenciation (F.) Differenzierung (F.)
différencier differenzieren, unterscheiden
différent abweichend, ungleich
différer abweichen, aufschieben, differieren, stunden, verschieben, verzögern
difficile schwer
diffidation (F.) Fehde (F.)
diffuser verteilen
digne de foi glaubwürdig
dignitaire (M.) Würdenträger (M.)
dignité (F.) Würde (F.)
dignité (F.) humaine Menschenwürde (F.)
digue (F.) Deich (M.)
dilapider verschwenden
dilatoire aufschiebend, dilatorisch
diligence (F.) Sorgfalt (F.)
dimanche (M.) Sonntag (M.)
dîme (F.) Kirchenzehnt (M.)
diminuer beeinträchtigen, ermäßigen, herabsetzen, mindern, nachlassen, verkürzen, vermindern
diminution (F.) Ermäßigung (F.), Minderung (F.), Reduktion (F.), Verkürzung (F.), Verminderung (F.)
diminution (F.) de capital Kapitalherabsetzung (F.)
diocèse (M.) Diözese (F.)
diplomate (M.) Diplomat (M.)
diplomatie (F.) Diplomatie (F.)
diplomatique (Adj.) diplomatisch
diplomatique (F.) Diplomatik (F.)
diplômé (Adj.) approbiert
diplôme (M.) Diplom (N.)
diplôme (M.) de fin d'études universitaires Staatsprüfung (F.)
diplômé (M.) de jurisprudence Diplomjurist (M.)
dire (M.) Äußerung (F.)
dire (V.) ankündigen, äußern, bemerken, darlegen, melden
direchtive (F.) concernant la protection des consommateurs Verbraucherschutzrichtlinie (F.)
direct direkt, gerade, unbedingt, unmittelbar
directeur (Adj.) leitend
directeur (M.) Direktor (M.), Führer (M.), Leiter (M.), Vorstandsmitglied (N.)
directeur (M.) communal Gemeindedirektor (M.)
directeur (M.) nommé en cas d'urgence Notvorstand (M.)
direction (F.) Direktion (F.), Führung (F.), Geschäftsführung (F.), Leitung (F.), Präsidium (N.), Richtung (F.), Sektion (F.), Vereinsvorstand (M.), Verwaltung (F.), Weg (M.)
Direction (F.) Centrale des Renseignements Généraux (D. C. R. G.) Verfassungsschutz (M.)
direction (F.) des routes et de la circulation routière Straßenverkehrsbehörde (F.)
direction (F.) des vérifications Steuerfahndung (F.)
direction (F.) régionale des finances Oberfinanzdirektion (F.)
direction (F.) supérieure des affaires fédérales Bundespräsidialamt (N.)
directive (F.) Anweisung (F.), Direktive (F.), Einweisung (F.), Instruktion (F.), Regulativ (N.), Richtlinie (F.), Weisung (F.)
directive (F.) concernant services d'avocats Rechtsanwaltsdienstleistungsrichtlinie (F.)
directive (F.) d'imposition Steuerrichtlinie (F.)
directive (F.) de passation Vergaberichtlinie (F.)
directive (F.) de service Dienstanweisung (F.)
directive (F.) relative à l'établissement du bilan Bilanzrichtlinie (F.)
directive-cadre (F.) Rahmenrichtlinie (F.)
directoire (M.) Vorstand (M.)
dirigeant leitend
diriger führen, leiten, lenken, regieren, richten
dirigisme (M.) économique Wirtschaftslenkung (F.)
disagio (M.) Disagio (N.)

discernement (M.) Einsichtsfähigkeit (F.), Zurechnungsfähigkeit (F.)
discerner unterscheiden
disciplinaire disziplinarisch
discipline (F.) Disziplin (F.), Fach (N.), Zucht (F.)
discipline (F.) de groupe Fraktionszwang (M.)
discipline (F.) de vote Fraktionszwang (M.)
discipline (F.) facultative Wahlfach (N.)
discours (M.) Rede (F.)
discrédit (M.) Verruf (M.)
discréditer diffamieren
discret verschwiegen
discrétion (F.) Ermessen (N.), Verschwiegenheit (F.)
discrétion (F.) professionnelle des officiers publiques Amtsverschwiegenheit (F.)
discrimination (F.) Diskriminierung (F.)
discrimination (F.) raciale Rassendiskriminierung (F.)
discriminer diskriminieren
disculper entlasten, rechtfertigen
discussion (F.) Auseinandersetzung (F.), Debatte (F.), Erörterung (F.)
discuté umstritten
discuter disputieren, erörtern
disjoindre trennen
disjoint administrativement d'un cercle kreisfrei
disjoint administrativement d'un communauté gemeindefrei
disjonction (F.) Trennung (F.)
disjonction (F.) d'instance Prozesstrennung (F.)
disparité (F.) Gefälle (N.)
disparition (F.) Abhandenkommen (N.), Verschollenheit (F.)
disparition (F.) d'enrichissement Wegfall (M.) der Bereicherung (F.)
disparu verschollen
dispensaire (M.) d'hygiène sociale Heilanstalt (F.)
dispense (F.) Absehen (N.), Befreiung (F.), Dispens (M.), Erlass (M.) (Anordnung)
dispense (F.) de l'exécution de la peine Strafaussetzung (F.)
dispensé de l'impôt steuerfrei
dispenser absehen, befreien, dispensieren, erlassen (V.)
disponibilité (F.) Bereitschaft (F.), einstweiliger Ruhestand (M.)
disponible liquid, verfügbar
disposant (M.) Stifter (M.)
disposer anordnen, bestimmen, disponieren, einrichten, ordnen, verfügen
dispositif (Adj.) abdingbar, dispositiv
dispositif (M.) du jugement Leitsatz (M.), Tenor (M.), Urteilsformel (F.), Urteilstenor (M.)
disposition (F.) Bereitschaft (F.), Bestimmung (F.), Disposition (F.), Klausel (F.), Verfügung (F.), Vorschrift (F.), Zuwendung (F.)
disposition (F.) administrative Verwaltungsvorschrift (F.)
disposition (F.) annexe Nebenbestimmung (F.)
disposition (F.) légale accordant une capacité de contracter limitée aux mineurs Taschengeldparagraph (M.)
disposition (F.) par testament gewillkürte Erbfolge (F.), Verfügung (F.) von Todes wegen
disposition (F.) pénale Strafvorschrift (F.)
disposition (F.) pour cause de mort Verfügung (F.) von Todes wegen
disposition (F.) relative à des biens Vermögensverfügung (F.)
disposition (F.) supplétive Kannbestimmung (F.)
disposition (F.) testamentaire Verfügung (F.) von Todes wegen
disposition (F.) transitoire Übergangsbestimmung (F.)
dispositions (F.Pl.) générales allgemeiner Teil (M.)
dispositions (F.Pl.) légales internationales universelles à la vente internationales Einheitskaufsrecht (N.)
dispositions (F.Pl.) légales relatives à la vente Kaufrecht (N.)
dispositions (F.Pl.) portant sur la succession des biens ruraux Höfeordnung (F.)
dispositions (F.Pl.) préliminaires Einführungsgesetz (N.)
dispositions (F.Pl.) statutaires Satzung (F.)
disproportionné unverhältnismäßig
disproportionnel unverhältnismäßig
disputation (F.) Disputation (F.)
dispute (F.) Auseinandersetzung (F.), Disput (M.), Disputation (F.)
disputer streiten

dissentiment (M.) Dissens (M.)
dissident (Adj.) abweichend
dissident (M.) Dissident (M.)
dissimulation (F.) Verheimlichung (F.), Verschleierung (F.)
dissimuler verdecken, verheimlichen, verschleiern, verschweigen, verstecken
dissimuler dolosivement le vice d'une chose verschweigen
dissipation (F.) Verschwendung (F.)
dissolution (F.) Auflösung (F.)
dissolution (F.) d'une société Auseinandersetzung (F.)
dissolution (F.) du mariage sans effets rétroactifs Eheaufhebung (F.)
dissoudre auflösen
dissuader abschrecken
dissuasion (F.) Abschreckung (F.)
distance (F.) Abstand (M.), Entfernung (F.)
distance (F.) pour les constructions Bauwich (M.)
distinct abweichend
distinction (F.) Distinktion (F.), Unterscheidung (F.), Unterschied (M.)
distinguer distinguieren, unterscheiden
distraction (F.) Aussonderung (F.)
distrait (Adj.) abwesend
distribuer ausschütten, verteilen
distributeur (M.) automatique Automat (M.)
distributeur (M.) automatique de billets de banque Bankomat (M.)
distribution (F.) Versorgung (F.), Verteilung (F.), Vertrieb (M.)
distribution (F.) d'énergie Energieversorgung (F.)
distribution (F.) des pertes Verlustzuweisung (F.)
district (M.) Bezirk (M.), Distrikt (M.), Gau (M.), Kreis (M.), Landkreis (M.)
district (M.) constituant une chasse privée Eigenjagdbezirk (M.)
district (M.) de chasse Jagdbezirk (M.)
district (M.) électoral Wahlkreis (M.)
district (M.) urbain Gemeindeverband (M.)
divergence (F.) Abweichung
divergent abweichend
diverger abweichen
diversion (F.) Diversion (F.)
dividende (M.) Dividende (F.), Gewinnanteil (M.)
divider dividieren
diviser teilen
divisibilité (F.) Teilbarkeit (F.)
divisible teilbar
division (F.) Abteilung (F.), Dezernat (N.), Division (F.), Gliederung (F.), Teilung (F.), Trennung (F.)
division (F.) des infractions en crimes et délits et contraventions Trichotomie (F.)
division (F.) du revenu des époux en deux parts en vue de déterminer l'impôt sur le revenu Splitting (N.)
divorce (M.) Ehescheidung (F.), Scheidung (F.)
divorce (M.) constat d'échec Zerrüttungsprinzip (N.)
divorce (M.) par consentement Konventionalscheidung (F.)
divorce (M.) par consentement mutuel Konventionalscheidung (F.)
divorce (M.) par voie de convention Konventionalscheidung (F.)
divorcer scheiden
divulgation (F.) Offenbarung (F.), Veröffentlichung (F.)
docile (Adj.) gefügig
docteur (M.) Doktor (M.), Doktorin (F.)
docteur (M.) en médecine Arzt (M.), Ärztin (F.)
docteur (M.) honoris causa Ehrendoktor (M.)
doctorant (M.) Doktorand (M.)
doctorat (M.) Doktorgrad (M.)
doctorat (M.) honoris causa Ehrendoktorat (N.)
doctoresse (F.) Doktorin (F.)
doctrine (F.) Doktrin (F.), herrschende Lehre (F.), Lehre (F.), Rechtslehre (F.)
doctrine (F.) causale d'action kausale Handlungslehre (F.)
doctrine (F.) d'ultra-vires ultra-vires-Lehre (F.)
doctrine (F.) de l'intégration Integrationslehre (F.)
doctrine (F.) des trois éléments Drei-Elemente-Lehre (F.)
doctrine (F.) juridique Rechtsdogmatik (F.), Rechtstheorie (F.)
doctrine (F.) reconnue et défendue par les juristes herrschende Lehre (F.)
doctrine (F.) relative à l'économie politique et sociale Kameralistik (F.), Kameralwissenschaft (F.)

doctrine (F.) relative à la fonction administrative Verwaltungslehre (F.)
doctrine (F.) selon laquelle le juge doit juger conformement à l'ésprit des lois Interessenjurisprudenz (F.)
document (M.) Dokument (N.), Urkunde (F.)
document (M.) comptable Beleg (M.)
document (M.) contractuel Vertragsurkunde (F.)
document (M.) d'assuré Versicherungsurkunde (F.)
documentaire urkundlich
documentation (F.) Dokumentation (F.)
documenter dokumentieren
dogmatique (F.) Dogmatik (F.)
dogme (M.) Dogma (N.)
doigt (M.) Finger (M.)
doit (M.) Debet (N.), Soll (N.) (Schuld in der Buchhaltung)
dol (M.) Arglist (F.), arglistige Täuschung (F.), dolus (M.) (lat.) (Vorsatz), List (F.), Vorsatz (M.)
dol (M.) direct direkter Vorsatz (M.), dolus (M.) directus (lat.) (unbedingter Vorsatz), unbedingter Vorsatz (M.)
dol (M.) éventuel bedingter Vorsatz (M.), dolus (M.) eventualis (lat.) (bedingter Vorsatz), Eventualvorsatz (M.), indirekter Vorsatz (M.)
dol (M.) général dolus (M.) generalis (lat.) (allgemeiner Vorsatz), Gesamtvorsatz (M.)
dol (M.) indéterminé alternativer Vorsatz (M.)
dol (M.) indirect dolus (M.) indirectus (lat.) (indirekter Vorsatz)
dol (M.) pénal Vorsatz (M.)
dol (M.) subséquent dolus (M.) subsequens (lat.) (nachfolgender Vorsatz)
dol (M.) suivant dolus (M.) subsequens (lat.) (nachfolgender Vorsatz)
dolosif arglistig, dolos
dolus (M.) malus (lat.) dolus (M.) malus (lat.) (Arglist)
domaine (M.) Bereich (M.), domain (F.) (engl.), Domäne (F.), Gebiet (N.), Ressort (N.)
domaine (M.) bancaire Bankgeschäft (N.)
domaine (M.) d'application Anwendungsbereich (M.), Geltungsbereich (M.)
domaine (M.) de droit Rechtsgebiet (N.)
domaine (M.) de validité Geltungsbereich (M.)
domaine (M.) public Domäne (F.), Gemeineigentum (N.), öffentliche Sache (F.), Verwaltungsvermögen (N.)
domaine (M.) réservé eigener Wirkungskreis (M.)
domestique (Adj.) häuslich
domestique (M.) Diener (M.), Dienstbote (M.)
domicile (M.) Domizil (N.), Heim (N.), Sitz (M.), Wohnort (M.), Wohnsitz (M.)
domiciliation (F.) pour paiements réguliers Dauerauftrag (M.)
domicilié (Adj.) ansässig, wohnhaft
dominant (Adj.) beherrschend
dominant (M.) sur le marché Marktführer (M.)
domination (F.) Beherrschung (F.), Herrschaft (F.)
domination (F.) d'action Tatherrschaft (F.)
dominer beherrschen, herrschen
dommage (M.) Beschädigung (F.), damnum (N.) (lat.) (Schaden), Einbuße (F.), Nachteil (M.), Schaden (M.), Übel
dommage (M.) aux tiers Drittschaden (M.)
dommage (M.) causé dans les biens d'autrui Sachbeschädigung (F.)
dommage (M.) causé par la grêle Hagelschaden (M.)
dommage (M.) causé par le gibier Wildschaden (M.)
dommage (M.) causé par suite du vice d'une chose livrée Mangelfolgeschaden (M.)
dommage (M.) consécutif Folgeschaden (M.)
dommage (M.) corporel Personenschaden (M.)
dommage (M.) direct unmittelbarer Schaden (M.)
dommage (M.) financier Vermögensschaden (N.)
dommage (M.) intégral Totalschaden (M.)
dommage (M.) matériel materieller Schaden (M.), Sachbeschädigung (F.), Sachschaden (M.)
dommage (M.) mineur Bagatellschaden (M.)
dommage (M.) moral immaterieller Schaden (M.), Nichtvermögensschaden (M.)
dommage (M.) non pécuniaire Nichtvermögensschaden (M.)
dommage (M.) par ricochet Drittschaden (M.)
dommage (M.) patrimonial Vermögensschaden (N.)

dommage (M.) pécuniaire Vermögensschaden (N.)
dommage (M.) résultant d'un vice Mangelfolgeschaden (M.)
dommage (M.) résultant de l'inexécution Nichterfüllungsschaden (M.)
dommage (M.) résultant des dépenses faites en vue de conclure un contrat Vertrauensschaden (N.)
dommages-intérêts (M.Pl.) Schadensersatz (M.)
don (M.) Gabe (F.), Geschenk (N.), Schenkung (F.), Spende (F.)
don (M.) manuel Handschenkung (F.)
donataire (M.) Schenkungsempfänger (M.)
donateur (M.) Schenker (M.), Spender (M.), Stifter (M.)
donation (F.) Schenkung (F.), Spende (F.), Zuwendung (F.)
donation (F.) mixte gemischte Schenkung (F.)
donation (F.) pour cause de mort Schenkung (F.) von Todes wegen
donation (F.) rémunératoire remuneratorische Schenkung (F.)
donatrice (F.) Schenkerin (F.)
donnant donnant Zug (M.) um Zug
données (F.Pl.) Daten (N.Pl.)
donner erteilen, geben, hingeben, schenken, spenden, stiften, verschenken, zuwenden
donner à bail vermieten, verpachten
donner avis mitteilen
donner connaissance de aufklären
donner des cours unterrichten
donner des directives einweisen
donner des ordres befehlen
donner en gage verpfänden
donner en location vermieten
donner naissance à gebären
donner ordre anweisen
donner pouvoir Vollmacht (F.) erteilen
donner son accord pour le transfert de propriété d'un bien foncier auflassen
donner son congé kündigen
donner son consentement annehmen
donner un autre sens (à) umdeuten
donner un avertissement verwarnen
donner un coup anrufen
donner une procuration Vollmacht (F.) erteilen
donneur (M.) d'aval Wechselbürge (M.)
donneur (M.) d'ouvrage Arbeitgeber (M.)
donneur (M.) de crédit Kreditgeber (M.)
dossier (M.) Akte (F.), Dossier (N.)
dossier (M.) du procès Prozessakte (F.)
dossier (M.) personnel Personalakte (F.)
dot (F.) Ausstattung (F.), Aussteuer (F.), Mitgift (F.)
dotation (F.) Dotation (F.)
doter ausstatten, dotieren
douane (F.) Zoll (M.), Zollbehörde (F.)
douanier (M.) Zöllner (M.)
double (Adj.) Doppel-, doppelt
double (M.) Abschrift (F.), Duplikat (N.)
double assurance (F.) Doppelversicherung (F.)
double imposition (F.) Doppelbesteuerung (F.)
doubler überholen
doué (Adj.) begabt
douleur (F.) Schmerz (M.)
doute (M.) Bedenken (N.), Zweifel (M.)
douteux zweifelhaft
doux mild
doyen (M.) Alterspräsident (M.), Dekan (M.), Doyen (M.) (franz.)
draconien drakonisch
drapeau (M.) Fahne (F.), Flagge (F.)
drapeau (M.) fédéral Bundesflagge (F.)
dresser führen
dresser procès-verbal protokollieren
dresser un inventaire verzeichnen
dresser un procès-verbal des avaries verklaren
drogue (F.) Droge (F.), Rauschgift (N.)
drogue (F.) illicite Droge (F.)
droit (Adj.) gerade, recht
droit (M.) Anrecht (N.), Anspruch (M.), Befugnis (F.), Berechtigung (F.), Forderung (F.), Förderung (F.), Gebühr (F.), Jura (N.Pl.), Jus (N.), Recht (N.), Rechtsanspruch (M.), Steuer (F.)
droit (M.) à contrepartie du travail fourni Aufwendungsersatzanspruch (M.)
droit (M.) à délivrance Befreiungsanspruch (M.)
droit (M.) à indemnisation Schadensersatzanspruch (M.)
droit (M.) à la compensation Ausgleichsanspruch (M.)
droit (M.) à livraison Bezugsrecht (N.)
droit (M.) à pension Rentenanspruch (M.)

droit (M.) à radiation Löschungsanspruch (M.)
droit (M.) à remboursement Erstattungsanspruch (M.)
droit (M.) à réserve de l'enfant naturel Erbersatzanspruch (M.)
droit (M.) à rester Bleiberecht (N.)
droit (M.) à restitution Herausgabeanspruch (M.)
droit (M.) à un règlement séparé Absonderungsrecht (N.)
droit (M.) à une commission Provisionsanspruch (M.)
droit (M.) à une indemnité de clientèle Ausgleichsanspruch (M.)
droit (M.) à une pension alimentaire Unterhaltsanspruch (M.)
droit (M.) absolu absolutes Recht (N.), Herrschaftsrecht (N.)
droit (M.) accessoire Akzessorietät (F.), Nebenrecht (N.)
droit (M.) acquis wohlerworbenes Recht (N.)
droit (M.) administratif Verwaltungsrecht (N.)
droit (M.) administratif de la sécurité sociale Sozialverwaltungsrecht (N.)
droit (M.) administratif économique Wirtschaftsverwaltungsrecht (N.)
droit (M.) aérien Luftrecht (N.)
droit (M.) agraire Agrarrecht (N.)
droit (M.) annexe Nebenrecht (N.)
droit (M.) apparanté Leistungsschutzrecht (N.)
droit (M.) attaché à un brevet Patentrecht (N.)
droit (M.) au bail Mietrecht (N.)
droit (M.) au nom Namensrecht (N.)
droit (M.) au paiement Erfüllungsanspruch (M.)
droit (M.) bancaire Bankrecht (N.)
droit (M.) budgétaire Budgetrecht (N.), Haushaltsrecht (N.)
droit (M.) cambiaire Wechselrecht (N.)
droit (M.) canon Kirchenrecht (N.)
droit (M.) canonique kanonisches Recht (N.), Kirchenrecht (N.)
droit (M.) civil bürgerliches Recht (N.), Zivilrecht (N.)
droit (M.) civique Ehrenrecht (N.)
droit (M.) collectif du travail Kollektivarbeitsrecht (N.)
droit (M.) commercial Handelsrecht (N.)
droit (M.) commun gemeines Recht (N.), ius (N.) commune (lat.)
droit (M.) commun d'un territoire du moyen-âge Landrecht (N.)
droit (M.) communal Gemeinderecht (N.), Kommunalrecht (N.)
droit (M.) communautaire Europarecht (N.), Gemeinschaftsrecht (N.)
droit (M.) comparé Rechtsvergleichung (F.)
droit (M.) concernant l'aide gouvernementale Beihilfenrecht (N.)
droit (M.) concernant l'organisation de l'État Staatsorganisationsrecht (N.)
droit (M.) concernant les relations entre l'État et l'église Staatskirchenrecht (N.)
droit (M.) constitutionnel Verfassungsrecht (N.)
droit (M.) conventionnel Vertragsrecht (N.)
droit (M.) coutumier Gewohnheitsrecht (N.)
droit (M.) coutumier local Observanz (F.)
droit (M.) criminel axé sur l'infraction Tatstrafrecht (N.)
droit (M.) d'administration culturelle Kulturverwaltungsrecht (N.)
droit (M.) d'administration de formation Bildungsverwaltungsrecht (N.)
droit (M.) d'administration des arts Kunstverwaltungsrecht (N.)
droit (M.) d'asile Asylrecht (N.)
droit (M.) d'auteur Urheberrecht (N.)
droit (M.) d'élimination Beseitigungsanspruch (M.)
droit (M.) d'engager une action en son propre nom et capacité de disposer du droit litigieux Prozessführungsbefugnis (F.)
droit (M.) d'enlever une chose Wegnahmerecht (N.)
droit (M.) d'enquête Enquêterecht (N.)
droit (M.) d'entretenir des relations personnelles avec un enfant Verkehrsrecht (N.)
droit (M.) d'évocation Evokationsrecht (N.)
droit (M.) d'exiger Anspruch (M.)
droit (M.) d'exonération Freistellungsanspruch (M.)
droit (M.) d'expectative Anwartschaftsrecht (N.)
droit (M.) d'exploitation Nutzungsrecht (N.)
droit (M.) d'exploitation d'une œuvre de l'esprit Verlagsrecht (N.)

droit (M.) d'habitation Wohnrecht (N.), Wohnungsrecht (N.)
droit (M.) d'hospitalité Gastrecht (N.)
droit (M.) d'implantation Leitungsrecht (N.)
droit (M.) d'initiative Initiativrecht (N.)
droit (M.) d'interroger Fragerecht (N.)
droit (M.) d'occupation Besatzungsrecht (N.)
droit (M.) d'option Bezugsrecht (N.), Option (F.), Wahlrecht (N.)
droit (M.) d'ordre économique Wirtschaftsverfassungsrecht (N.)
droit (M.) d'usage du logement Wohnungsrecht (N.)
droit (M.) d'usufruit Nutzungsrecht (N.)
droit (M.) de autodétermination Selbstbestimmungsrecht (N.)
droit (M.) de bilan Bilanzrecht (N.)
droit (M.) de chasse Jagdrecht (N.)
droit (M.) de chasser Jagdausübungsrecht (N.), Jagdrecht (N.)
droit (M.) de châtiment Züchtigungsrecht (N.)
droit (M.) de citoyen Bürgerrecht (N.)
droit (M.) de cogestion Mitbestimmungsrecht (N.)
droit (M.) de construire Baurecht (N.)
droit (M.) de correction Züchtigungsrecht (N.)
droit (M.) de créance Forderungsrecht (N.)
droit (M.) de déshérence Heimfallsrecht (N.)
droit (M.) de désignation Entsendungsrecht (N.)
droit (M.) de dettes publiques Staatsschuldenrecht (N.)
droit (M.) de dévolution Devolutionsrecht (N.)
droit (M.) de diffusion Vertriebsrecht (N.)
droit (M.) de digue Deichrecht (N.)
droit (M.) de disposer de soi-même Selbstbestimmungsrecht (N.)
droit (M.) de distraction Absonderungsrecht (N.)
droit (M.) de distribution Vertriebsrecht (N.)
droit (M.) de donner des instructions Weisungsrecht (N.)
droit (M.) de douane Zoll (M.)
droit (M.) de faire Anspruch (M.)
droit (M.) de fait d'être l'auteur d'une infraction Täterschaftsrecht (N.)
droit (M.) de film Filmrecht (N.)
droit (M.) de frais Kostenrecht (N.)
droit (M.) de gage (M.) légal gesetzliches Pfandrecht (N.)
droit (M.) de gage Pfandrecht (N.)
droit (M.) de gage de l'entrepreneur Werkunternehmerpfandrecht (N.)
droit (M.) de gage du bailleur Vermieterpfandrecht (N.)
droit (M.) de gage du fabricant Unternehmerpfandrecht (N.)
droit (M.) de gage immobilier légal gesetzliches Grundpfandrecht (N.)
droit (M.) de gage résultant de la saisie Pfändungspfandrecht (N.)
droit (M.) de garde sur les enfants Sorgerecht (N.)
droit (M.) de grève Streikrecht (N.)
droit (M.) de jouissance Nutzungsrecht (N.)
droit (M.) de jugement Urteilsgebühr (F.)
droit (M.) de l'accusé d'être entendu le dernier letztes Wort (N.)
droit (M.) de l'audiovisuel Medienrecht (N.)
droit (M.) de l'énergie Energierecht (N.)
droit (M.) de l'environnement Umweltrecht (N.)
droit (M.) de l'espace Weltraumrecht (N.)
droit (M.) de l'État fédéré Landesrecht (N.)
droit (M.) de l'homme Menschenrecht (N.)
droit (M.) de l'Union Européenne Europäisches Unionsrecht (N.)
droit (M.) de la circulation Verkehrsrecht (N.)
droit (M.) de la circulation routière Straßenverkehrsrecht (N.)
droit (M.) de la communauté européenne Europäisches Gemeinschaftsrecht (N.)
droit (M.) de la concurrence Wettbewerbsrecht (N.)
droit (M.) de la consommation Verbraucherrecht (N.)
droit (M.) de la faillite Insolvenzrecht (N.), Konkursrecht (N.)
droit (M.) de la famille Familienrecht (N.)
droit (M.) de la fonction publique Dienstrecht (N.)
droit (M.) de la guerre Kriegsrecht (N.)
droit (M.) de la mer Seerecht (N.)
droit (M.) de la personnalité allgemeines Persönlichkeitsrecht (N.), Individualrechtsgut (N.)
droit (M.) de la procédure formelles Recht (N.), Prozessrecht (N.), Verfahrensrecht (N.)

droit (M.) de la procédure administrative Verwaltungsverfahrensrecht (N.)
droit (M.) de la procédure civile Zivilprozessrecht
droit (M.) de la procédure pénale Strafprozessrecht (N.)
droit (M.) de la propriété industrielle gewerblicher Rechtsschutz (M.)
droit (M.) de la propriété intellectuelle Urheberrecht (N.)
droit (M.) de la sécurité sociale Rentenrecht (N.), Sozialrecht (N.)
droit (M.) de la télécommunication Fernmelderecht (N.)
droit (M.) de la télévision Fernsehrecht (N.)
droit (M.) de la voirie Straßenrecht (N.)
droit (M.) de licence d'exploitation Lizenzgebühr (F.)
droit (M.) de location de pêche Fischereirecht (N.)
droit (M.) de louage de locaux professionnaux Gewerberaummietrecht (N.)
droit (M.) de mesures Maßnahmerecht (N.)
droit (M.) de modifier un lien juridique existant Gestaltungsrecht (N.)
droit (M.) de ne pas répondre à une demande de renseignement Auskunftsverweigerungsrecht (N.)
droit (M.) de nomination Entsendungsrecht (N.)
droit (M.) de passage Durchgangsrecht (N.), Wegerecht (N.)
droit (M.) de patrimoine Vermögensrecht (N.)
droit (M.) de pêche Fischereirecht (N.)
droit (M.) de pension alimentaire Unterhaltsrecht (N.)
droit (M.) de pétition Petitionsrecht (N.)
droit (M.) de photo Fotorecht (N.)
droit (M.) de plaidoire Verhandlungsgebühr (F.)
droit (M.) de possedér Besitzrecht (N.)
droit (M.) de posséder Recht (N.) zum Besitz
droit (M.) de possession Besitzrecht (N.)
droit (M.) de poursuite Nacheile (F.)
droit (M.) de poursuite individuelle Aussonderungsrecht (N.)
droit (M.) de préemption Vorkaufsrecht (N.)
droit (M.) de prélèvement Entnahmerecht (N.)
droit (M.) de pré-loyer Vormietrecht (N.)
droit (M.) de prendre la parole Rederecht (N.)
droit (M.) de prestation de la sécurité sociale Sozialleistungsanspruch (M.)
droit (M.) de prestations convenues en faveur d'un paysan âgé qui cède son exploitation Altenteilsrecht (N.)
droit (M.) de procédure Prozessrecht (N.)
droit (M.) de programme Rahmenrecht (N.)
droit (M.) de prospection Schürfrecht (N.)
droit (M.) de protection des mineurs Jugendschutzrecht (N.)
droit (M.) de purge Ablösungsrecht (N.)
droit (M.) de questionner Fragerecht (N.)
droit (M.) de rachat Ablösungsrecht (N.)
droit (M.) de recours Regressanspruch (M.)
droit (M.) de recours devant un tribunal administratif Verwaltungsprozessrecht (N.)
droit (M.) de refuser de déposer Aussageverweigerungsrecht (N.)
droit (M.) de refuser de témoigner Aussageverweigerungsrecht (N.)
droit (M.) de refuser la fourniture de la prestation Leistungsverweigerungsrecht (N.)
droit (M.) de refuser un témoignage Zeugnisverweigerungsrecht (N.)
droit (M.) de regard Einsichtsrecht (N.)
droit (M.) de représentation proportionnelle Verhältniswahlrecht (N.)
droit (M.) de résiliation Rücktrittsrecht (N.)
droit (M.) de résilier Kündigungsrecht (N.)
droit (M.) de résistance Widerstandsrecht (N.)
droit (M.) de résistance à l'oppression Widerstandsrecht (N.)
droit (M.) de responsabilité d'accidents Unfallhaftpflichtrecht (N.)
droit (M.) de restitution Rückgewähranspruch (M.)
droit (M.) de rétention Retentionsrecht (N.), Zurückbehaltungsrecht (N.)
droit (M.) de retour Heimfallsrecht (N.)
droit (M.) de retrait Retraktrecht (N.), Wegnahmerecht (N.)
droit (M.) de réunion Versammlungsrecht (N.)
droit (M.) de révocation Widerrufsrecht (N.)
droit (M.) de saisie du navire Schiffspfandrecht (N.)
droit (M.) de se défendre en justice Passivlegitimation (F.)

droit (M.) de se faire justice Selbsthilferecht (N.)
droit (M.) de se prévaloir des libertés Grundrechtsfähigkeit (F.)
droit (M.) de séjourner Aufenthaltsrecht (N.)
droit (M.) de souveraineté Hoheitsrecht (N.), Regal (N.)
droit (M.) de succession Erbrecht (N.)
droit (M.) de suite Folgerecht (N.)
droit (M.) de superficie Erbbaurecht (N.)
droit (M.) de timbre Stempelgebühr (F.)
droit (M.) de veto Vetorecht (N.)
droit (M.) de ville Stadtrecht (M.)
droit (M.) de visite Besuchsrecht (N.)
droit (M.) de vote Stimmrecht (N.), Wahlrecht (N.)
droit (M.) délictuel Deliktsrecht (N.)
droit (M.) des affaires Handelsrecht (N.), Wirtschaftsrecht (N.)
droit (M.) des architectes Architektenrecht (N.)
droit (M.) des assemblées Versammlungsrecht (N.)
droit (M.) des assurances Versicherungsrecht (N.)
droit (M.) des biens de famille paysans Höferecht (N.)
droit (M.) des brevets Patentrecht (N.)
droit (M.) des collectivités locales Kommunalrecht (N.)
droit (M.) des conflits des lois Kollisionsrecht (N.)
droit (M.) des contrats Vertragsrecht (N.)
droit (M.) des conventions collectives Tarifvertragsrecht (N.)
droit (M.) des délits Deliktsrecht (N.)
droit (M.) des dessins et modèles Geschmacksmusterrecht (N.)
droit (M.) des étrangers Ausländerrecht (N.), Fremdenrecht (N.)
droit (M.) des gens Völkerrecht (N.)
droit (M.) des groupes de sociétés Konzernrecht (N.)
droit (M.) des marques Markenrecht (N.)
droit (M.) des médecins Arztrecht (N.)
droit (M.) des obligations Schuldrecht (N.)
droit (M.) des procédures collectives Insolvenzrecht (N.)
droit (M.) des régimes matrimoniaux Ehegüterrecht (N.), Güterrecht (N.)
droit (M.) des sociétés Gesellschaftsrecht (N.)
droit (M.) des successions Erbrecht (N.)
droit (M.) des voies d'execution Zwangsvollstreckungsrecht (N.)
droit (M.) disciplinaire Disziplinarrecht (N.)
droit (M.) du bénéficiaire de la réserve Pflichtteilsanspruch (M.)
droit (M.) du maître de maison Hausrecht (N.)
droit (M.) du nom Namensrecht (N.)
droit (M.) du réservataire de demander la réduction des donations et legs à la quotité disponible Pflichtteilergänzungsanspruch (M.)
droit (M.) du saisie du gage Pfändungspfandrecht (N.)
droit (M.) du tourisme et des voyages Reiserecht (N.)
droit (M.) du travail Arbeitsrecht (N.)
droit (M.) du travail collectif Kollektivarbeitsrecht (N.)
droit (M.) du travail individuel Individualarbeitsrecht (N.)
droit (M.) du travail régissant les relations individuelles employeur-salarié Individualarbeitsrecht (N.)
droit (M.) ecclésiastique Kirchenrecht (N.)
droit (M.) économique Wirtschaftsrecht (N.)
droit (M.) économique et financier Wirtschaftsrecht (N.)
droit (M.) écrit Gesetzesrecht (N.)
droit (M.) embryonnaire Anwartschaftsrecht (N.)
droit (M.) en cours d'acquisition Anwartschaft (F.), Anwartschaftsrecht (N.)
droit (M.) en cours de formation Anwartschaftsrecht (N.)
droit (M.) étatique Staatsrecht (N.)
droit (M.) européen Europäisches Recht (N.), Europarecht (N.)
droit (M.) exclusif Sonderrecht (N.)
droit (M.) exclusif d'exploitation Copyright (N.)
droit (M.) extrapatrimonial Immaterialgüterrecht (N.)
droit (M.) fédéral Bundesrecht (N.)
droit (M.) financier Finanzrecht (N.)
droit (M.) fiscal Finanzrecht (N.), Steuerrecht (N.)
droit (M.) foncier Grundstücksrecht (N.)
droit (M.) fondamental Grundrecht (N.)

droit (M.) fondamental judiciaire Justizgrundrecht (N.)
droit (M.) fondé sur la raison Vernunftrecht (N.)
droit (M.) formateur Gestaltungsrecht (N.)
droit (M.) formel formelles Recht (N.)
droit (M.) général Rahmenrecht (N.)
droit (M.) général de la personnalité Persönlichkeitsrecht (N.)
droit (M.) impératif zwingendes Recht (N.)
droit (M.) inhérent à la personne humaine Individualrechtsgut (N.)
droit (M.) intellectuel Immaterialgüterrecht (N.)
droit (M.) international internationales Recht (N.)
droit (M.) international privé internationales Privatrecht (N.)
droit (M.) international public Völkerrecht (N.)
droit (M.) juridictionnel Prozessrecht (N.)
droit (M.) jurisprudentiel Richterrecht (N.)
droit (M.) maritime Seehandelsrecht (N.)
droit (M.) matériel materielles Recht (N.)
droit (M.) matrimonial Eherecht (N.)
droit (M.) médical Arztrecht (N.)
droit (M.) minier Bergrecht (N.)
droit (M.) moral de l'auteur Urheberpersönlichkeitsrecht (N.)
droit (M.) national Heimatrecht (N.)
droit (M.) national applicable pendant une guerre Kriegsrecht (N.)
droit (M.) naturel Naturrecht (N.)
droit (M.) négatoire negatorischer Anspruch (M.)
droit (M.) objectif objektives Recht (N.), Recht (N.)
droit (M.) patrimonial Vermögensrecht (N.)
droit (M.) pénal Strafrecht (N.)
droit (M.) pénal concernant la médecine Medizinstrafrecht (N.)
droit (M.) pénal des affaires Wirtschaftsstrafrecht (N.)
droit (M.) pénal économique et financier Wirtschaftsstrafrecht (N.)
droit (M.) pénal fiscal Steuerstrafrecht (N.)
droit (M.) pénal hors du code pénal Nebenstrafrecht (N.)
droit (M.) pénal provincial Landesstrafrecht (N.)
droit (M.) pénal relatif à la circulation routière Verkehrsstrafrecht (N.)
droit (M.) pénal spécial des délinquants mineurs Jugendstrafrecht (N.)
droit (M.) policier Polizeirecht (N.)
droit (M.) positif positives Recht (N.)
droit (M.) prétorien Richterrecht (N.)
droit (M.) privé Privatrecht (N.)
droit (M.) privé applicable à l'administration Verwaltungsprivatrecht (N.)
droit (M.) privé économique Wirtschaftsprivatrecht (N.)
droit (M.) procédural formelles Recht (N.), Verfahrensrecht (N.)
droit (M.) processuel Prozessrecht (N.)
droit (M.) professionnel Standesrecht (N.)
droit (M.) protecteur Schutzzoll (M.)
droit (M.) public öffentliches Recht (N.), Staatsrecht (N.)
droit (M.) public des affaires Wirtschaftsverwaltungsrecht (N.)
droit (M.) que chaque affaire soit tranchée par un tribunal Justizgewährungsanspruch (M.)
droit (M.) réel dingliches Recht (N.), Grundstücksrecht (N.), Realrecht (N.), Sachenrecht (N.)
droit (M.) réel immobilier petitorischer Anspruch (M.)
droit (M.) réel restreint beschränktes dingliches Recht (N.)
droit (M.) régalien Hoheitsrecht (N.)
droit (M.) relatif relatives Recht (N.)
droit (M.) relatif à l'occupation des sols Bodenrecht (N.)
droit (M.) relatif à la planification de construction Bauplanungsrecht (N.)
droit (M.) relatif à la propriété littéraire et artistique Urheberrecht (N.)
droit (M.) relatif à la protection de l'environnement Umweltrecht (N.)
droit (M.) relatif à la responsabilité Haftungsrecht (N.)
droit (M.) relatif à la responsabilité civile en cas d'accident Unfallhaftpflichtrecht (N.)
droit (M.) relatif au maintien de l'ordre et de la sécurité publique Ordnungsrecht (N.)
droit (M.) relatif au marché Marktrecht (N.)
droit (M.) relatif au régime des brevets d'invention Patentrecht (N.)
droit (M.) relatif au transport des per-

sonnes ou des voyageurs Personenbeförderungsrecht (N.)
droit (M.) relatif aux abeilles Bienenrecht (N.)
droit (M.) relatif aux constructions Bauordnungsrecht (N.), Baurecht (N.)
droit (M.) relatif aux mineurs Jugendrecht (N.)
droit (M.) relatif aux régimes matrimoniaux Ehegüterrecht (N.)
droit (M.) relatif aux sport Sportrecht (N.)
droit (M.) romain römisches Recht (N.)
droit (M.) social Arbeitsrecht (N.), Sozialrecht (N.)
droit (M.) spécial Sonderrecht (N.)
droit (M.) subjectif Anspruch (M.), Recht (N.), Rechtsanspruch (M.), subjektives Recht (N.)
droit (M.) successoral Erbrecht (N.)
droit (M.) sur la marque Markenrecht (N.)
droit (M.) tendant à sanctionner le trouble actuel d'un droit ou de la possession Unterlassungsanspruch (M.)
droit (M.) uniforme de la vente internationale Kaufgesetz (N.)
droit (M.) uniforme des ventes einheitliches Kaufrecht (N.)
droit (M.) universel Weltrecht (N.)
droit (M.) voisin Leistungsschutzrecht (N.)
droit à l'execution Erfüllungsanspruch (M.)
droits (M.Pl.) de mutation Grunderwerbsteuer (F.)
droits (M.Pl.) de succession Erbschaftsteuer (F.)
droits (M.Pl.) et devoirs du citoyen face à l'État Gewaltverhältnis (N.)
droits (M.Pl.) indivis Gesamthand (F.)
droits (M.Pl.) judiciaires acquittés à titre de provision Gerichtskostenvorschuss (M.)
droits (M.Pl.) se fondant sur des bases légales multiples Anspruchskonkurrenz (F.), Konkurrenz (F.)
droits (M.Pl.) successoraux du conjoint Ehegattenerbrecht (N.)
dû (Adj.) fällig
dû (M.) Pflicht (F.)
dualisme (M.) Dualismus (M.)
dualiste (Adj.) dualistisch
duc (M.) Herzog (M.)
duché (M.) Herzogtum (N.)
duchesse (F.) Herzogin (F.)
ducroire (M.) Delkredere (N.)
duel (M.) Duell (N.), Zweikampf (M.)
dumping (M.) Dumping (N.)
duplicata (M.) Duplikat (N.)
duplique (F.) Duplik (F.)
dur hart, schwer
durée (F.) Bestand (M.), Bestehen (N.), Dauer (F.), Laufzeit (F.), Periode (F.)
durée (F.) de validité Geltungsdauer (F.)
durée (F.) du mandat Amtszeit (F.)
durée (F.) du travail Arbeitszeit (F.)
durer dauern, währen
dureté (F.) Härte (F.)
dynamique dynamisch
dynastie (F.) Dynastie (F.)

e

eau (F.) Gewässer (N.), Wasser (N.)
eau (F.) adjacente Küstengewässer (N.)
eau (F.) intérieure Küstengewässer (N.)
eau (F.) résiduaire Abwasser (N.)
eau (F.) territoriale Hoheitsgewässer (N.), Küstengewässer (N.)
eau (F.) usée Abwasser (N.)
eaux (F.Pl.) territoriales Hoheitsgewässer (N.)
ébriété (F.) Trunkenheit (F.)
écart (M.) Abweichung
écartement (M.) Entfernung (F.)
écarter entfernen (sich)
ecclésiastique (Adj.) geistlich, kirchlich
ecclésiastique (M.) Geistlicher (M.), Kleriker (M.)
échafoud (M.) Schafott (N.)
échange (M.) Austausch (M.), Tausch (M.), Umtausch (M.)
échange (M.) commercial Handelsverkehr (M.)
échange (M.) des conclusions Schriftsatzwechsel (M.)
échanger austauschen, tauschen, umtauschen
échanges (M.Pl.) commerciaux Warenverkehr (M.)
échantillon (M.) Muster (N.), Probe (F.)
échapper entgehen
échéance (F.) Ablauf (M.), Fälligkeit (F.), Frist (F.), Termin (M.) (Zeitpunkt), Verfall (M.)

échéancier (M.) Terminkalender (M.), Terminplan (M.)
échéant fällig
échec (M.) Misserfolg (M.)
échelon (M.) Stufe (F.)
échevin (M.) Laienrichter (M.), Schöffe (M.), Schöffin (F.)
échevinage (M.) Laienbeteiligung (F.) an der Gerichtsbarkeit
échoir verfallen (V.)
échouer scheitern
échu fällig, verjährt
éclairir (s') klären
éclairissement (M.) Aufklärung (F.)
éclater explodieren
école (F.) Schule (F.)
école (F.) confessionnelle Bekenntnisschule (F.)
école (F.) interconfessionnelle Gemeinschaftsschule (F.)
école (F.) juridique Rechtsschule (F.)
école (F.) primaire Volksschule (F.)
école (F.) privée Privatschule (F.)
école (F.) professionnelle spécialisée Fachhochschule (F.)
école (F.) professionnelle supérieure Akademie (F.)
écolier (F.) Absolventin (F.)
écolier (M.) Absolvent (M.), Schüler (M.)
écologie (F.) Ökologie (F.)
écologique (Adj.) ökologisch
e-commerce (M.) (engl.) e-commerce (N.) (engl.)
économie (F.) Ökonomie (F.), Wirtschaft (F.)
économie (F.) de guerre Kriegswirtschaft (F.)
économie (F.) de marché Marktwirtschaft (F.), Verkehrswirtschaft (F.)
économie (F.) dirigée Planwirtschaft (F.), Wirtschaftslenkung (F.)
économie (F.) extérieure Außenwirtschaft (F.)
économie (F.) planifiée Planwirtschaft (F.)
économie (F.) sans argent Naturalwirtschaft (F.)
économique ökonomisch, wirtschaftlich
écoulement (M.) Ablauf (M.), Vertrieb (M.)
écoulement (M.) des marchandises Absatz (M.)
écourter abkürzen
écoute (F.) Überwachung (F.)
écoute (F.) des conversations téléphoniques Telefonüberwachung (F.)
écoute (F.) téléfonique Lauschangriff (M.)
écoute (F.) téléphonique Abhörgerät (N.)
écouter abhören, hören, lauschen
écran (M.) Bildschirm (M.), Schirm (M.)
écrêter abschöpfen
écrire ausschreiben, schreiben
écrit (Adj.) geschrieben, schriftlich
écrit (Adj.) à la main handschriftlich
écrit (M.) Papier (N.), Schreiben
écriture (F.) Buchung (F.), Gutschrift (F.), Handschrift (F.), Schrift (F.)
écriture (F.) privée Privaturkunde (F.)
écriture (F.) publique öffentliche Urkunde (F.)
écriturer buchen
écrouer einliefern
Ecu (M.) (European Currency Unit) Ecu (M.) (European Currency Unit)
écu (M.) de l'état fédéral Bundeswappen (N.)
écuyer (M.) Knappe (M.)
édicter anordnen, erlassen (V.)
édifice (M.) Anwesen (N.), Gebäude (N.)
édit (M.) Edikt (N.)
éditer ausgeben, edieren, herausgeben, verlegen (V.)
éditeur (M.) Herausgeber (M.), Verleger (M.)
édition (F.) Auflage (F.), Ausgabe (F.), Edition (F.), Herausgabe (F.)
éducateur (M.) Tutor (M.)
éducateur (M.) à la probation Bewährungshelfer (M.)
éducation (F.) Bildung (F.), Erziehung (F.)
éducation (F.) des enfants Kindererziehung (F.)
éduquer bilden, erziehen
effectif (Adj.) effektiv, faktisch, tatsächlich
effectif (M.) théorique Geschäftsverteilungsplan (M.)
effectuer durchführen, leisten, tätigen
effectuer un travail verarbeiten
effet (M.) Auswirkung (F.), Effekt (M.), Folge (F.), Wechsel (M.), Wirkung (F.)
effet (M.) à l'égard des tiers Drittwirkung (F.)
effet (M.) de complaisance Gefälligkeitswechsel (M.)
effet (M.) dévolutif Devolutiveffekt (M.)
effet (M.) du mariage Ehewirkung (F.)
effet (M.) juridique Rechtsfolge (F.), Rechtswirkung (F.)

effet (M.) obligatoire Bindungswirkung (F.)
effet (M.) rétroactif Rückwirkung (F.)
effet (M.) secondaire Nebenfolge (F.)
effet (M.) suspensif aufschiebende Wirkung (F.), Suspensiveffekt (M.)
effet (M.) tiré gezogener Wechsel (M.)
effets (M.Pl.) mobiliers du ménage Hausrat (M.)
efficace effektiv, wirksam
efficacité (F.) Wirksamkeit (F.)
efficience (F.) Effizienz (F.), Wirtschaftlichkeit (F.)
effondrement (M.) Einbruch (M.), Fall (M.)
effraction (F.) Einbruch (M.)
effrayer schrecken
égal ebenbürtig, gleich
égal de naissance ebenbürtig
égaliser ausgleichen
égalité (F.) Gleichheit (F.)
égalité (F.) de droits Gleichberechtigung (F.)
égalité (F.) de naissance Ebenbürtigkeit (F.)
égalité (F.) de traitement Chancengleichheit (F.), Gleichbehandlung (F.)
égarer (s') abkommen
église (F.) Kirche (F.)
église (F.) nationale Landeskirche (F.), Staatskirche (F.)
élaboration (F.) Entwicklung (F.)
élaborer entwerfen
élargir enthaften, erweitern
élargissement (M.) Enthaftung (F.), Entlassung (F.), Erweiterung (F.)
électeur (M.) Wahlberechtigter (M.), Wähler (M.)
électeur (M.) inscrit Wahlberechtigter (M.)
élection (F.) Wahl (F.)
élection (F.) complémentaire Nachwahl (F.)
élection (F.) du parlament européen Europawahl (F.)
élection (F.) générale allgemeine Wahl (F.)
élection (F.) municipale Kommunalwahl (F.)
élection (F.) par collège éléctoral séparé Gruppenwahl (F.)
élection (F.) primaire Vorwahl (F.)
électricité (F.) Elektrizität (F.), Strom (M.)
électrique (Adj.) elektrisch
électronique elektronisch
élément (M.) Bestandteil (M.), Teil (M.)
élément (M.) constitutif d'une infraction Tatbestandsmerkmal (N.)
élément (M.) constitutif d'une infraction qui doit être interprété normatives Tatbestandsmerkmal (N.)
élément (M.) constitutif de l'infraction Tatbestand (M.)
élément (M.) constitutif descriptif d'une infraction deskriptives Tatbestandsmerkmal (N.)
élément (M.) d'extranéité Auslandsberührung (F.)
élément (M.) de culpabilité Schuldmerkmal (N.)
élément (M.) de culpabilité spécial spezielles Schuldmerkmal (N.)
élément (M.) de preuve Anhaltspunkt (N.)
élément (M.) distinctif Merkmal (N.)
élément (M.) du contrat Vertragsbestandteil (M.)
élément (M.) excluant la culpabilité mais non le caractère illégal d'un fait Schuldausschließungsgrund (M.)
élément (M.) incorporé wesentlicher Bestandteil (M.)
élément (M.) matériel de l'infraction objektives Tatbestandsmerkmal (N.)
élément (M.) negatif constitutif d'une infraction negatives Tatbestandsmerkmal (N.)
élément (M.) subjectif constitutif de l'infraction subjektives Tatbestandsmerkmal (N.)
éléments (M.Pl.) constitutifs d'une infraction Tatbestand (M.)
éléments (M.Pl.) constitutifs de l'infraction Straftatbestand (M.)
élevage (M.) Zucht (F.)
élévation (F.) Erhöhung (F.)
élève (F.) Schülerin (F.)
élève (M.) Schüler (M.)
élever erhöhen, erziehen, heben, steigern
éligibilité (F.) passives Wahlrecht (N.), Wahlrecht (N.)
éligible wählbar
élimination (F.) Abschaffung (F.), Ausschließung (F.), Beseitigung (F.), Entsorgung (F.)
élimination (F.) et récupération (F.) des déchets Abfallbeseitigung (F.)
éliminer abschaffen, beseitigen, entfernen (sich), entsorgen
élir wählen
éloignement (M.) Abschiebung (F.), Entfernung (F.)

éloigner (s') entfernen (sich)
élucidation (F.) Aufklärung (F.)
e-mail (M.) e-mail (N.)
émancipation (F.) Emanzipation (F.)
émanciper emanzipieren
emballage (M.) trompeur Mogelpackung (F.)
embargo (M.) Embargo (N.), Sperrung (F.)
embargo (M.) commercial Handelsembargo (N.)
embarquer einladen (aufladen), verladen, verschiffen
embauchage (M.) Einstellung (F.)
embauche (F.) Einstellung (F.)
embaucher einstellen, werben
embryon (M.) Embryo (M.)
émetteur (M.) Versender (M.)
émettre ausgeben, begeben, emittieren
émettre par radio funken
émeute (F.) Aufruhr (M.)
émeutier (M.) Aufrührer (M.)
émigrant (M.) Emigrant (M.)
émigration (F.) Auswanderung (F.), Emigration (F.)
émigré (M.) Emigrant (M.)
émigrer auswandern, emigrieren
émissaires (M.Pl.) Delegation (F.)
émission (F.) Begebung (F.), Emission (F.)
émission (F.) au-dessous du pair Unterpari-Ausgabe (F.)
emmagasiner lagern
émotion (F.) violente Affekt (M.)
empêchement (M.) Behinderung (F.), Hemmnis (N.), Hindernis (N.), Verhinderung (F.)
empêchement (M.) au mariage Ehehindernis (N.)
empêchement (M.) de l'accès Zugangsvereitelung (F.)
empêcher abhalten, behindern, hindern, verhindern
empereur (M.) Kaiser (M.)
emphytéose (F.) Erbpacht (F.)
empiétement (M.) Beeinträchtigung (F.), Eingriff (M.), Überbau (M.)
empiétement (M.) équivalent à une expropriation enteignungsgleicher Eingriff (M.)
empiéter überbauen
empire (M.) Imperium (N.), Kaiserreich (N.), Reich (N.)
empire (M.) allemand Deutsches Reich (N.)
emplacement (M.) Standort (M.)
emploi (M.) Anstellung (F.), Arbeit (F.), Benutzung (F.), Beschäftigung (F.), Dienst (M.), Einsetzung (F.), Gebrauch (M.), Verwendung (F.), Verwertung (F.)
emploi (M.) à temps partiel Teilzeitarbeit (F.)
employé (Adj.) angestellt, beschäftigt, erwerbstätig
employé (M.) Agent (M.), Angestellter (M.), Arbeitnehmer (M.), Bediensteter (M.)
employé (M.) (de magasin) Verkäufer (M.)
employé (M.) compétent Sachbearbeiter (M.)
employé (M.) de commerce Handlungsgehilfe (M.), Kaufmann (M.), Ladenangestellter (M.)
employé (M.) de maison Hausgehilfe (M.)
employée (F.) Angestellte (F.), Beamtin (F.), Bedienstete (F.)
employée (F.) de commerce Handlungsgehilfin (F.), Kauffrau (F.)
employée (F.) de maison Hausgehilfin (F.)
employer anstellen, anwenden, benutzen, beschäftigen, gebrauchen, verwenden
employés (M.Pl.) Personal (N.)
employeur (M.) Arbeitgeber (M.), Geschäftsherr (M.)
employeuse (F.) Arbeitgeberin (F.)
empoisonnement (M.) Vergiftung (F.)
empoisonner vergiften
empreinte (F.) digitale Fingerabdruck (M.)
emprise (F.) Durchgriff (M.)
emprisonnement (M.) Arrest (M.), Einschließung (F.), Einsperren (N.), Haft (F.), Inhaftierung (F.)
emprisonnement (M.) cellulaire Einzelhaft (F.)
emprisonnement (M.) consécutif à une demande d'extradition Auslieferungshaft (F.)
emprisonnement (M.) de courte durée Kurzarrest (M.)
emprisonnement (M.) des jeunes délinquants pendant leurs journées libres Freizeitarrest (M.)
emprisonner einsperren, inhaftieren
emprunt (M.) Anleihe (F.), Kreditaufnahme (F.)
emprunt (M.) d'État Staatsanleihe (F.)
emprunt (M.) de la criminalité du fait principal Akzessorietät (F.)

emprunt (M.) sous forme d'obligations convertibles Wandelanleihe (F.)
emprunter borgen, entleihen, leihen
emprunteur (M.) Darlehensnehmer (M.), Kreditnehmer (M.)
en allégant des faits mesongers unter Vorspiegelung falscher Tatsachen
en blanc blanko
en bon ordre ordentlich
en bonne et due forme ordnungsgemäß, vorschriftsmäßig
en cassation kassatorisch
en danger gefährdet
en dehors d'une communauté gemeindefrei
en dehors des lois gesetzesfrei
en dernière instance letztinstanzlich
en espèces bar
en état de grossesse schwanger
en état et en tour d'être jugé spruchreif
en faillite bankrott
en fait de facto (lat.) (tatsächlich)
en flagrant délit auf frischer Tat
en franchise de douane zollfrei
en instance anhängig
en justice gerichtlich
en mains sûres zu treuen Händen
en monnaie scripturale bargeldlos
en moyenne durchschnittlich
en ordre ordentlich
en partie teilweise
en personne höchstpersönlich
en plus zuzüglich
en première instance erstinstanzlich
en principe prinzipiell
en règle ordnungsgemäß
en seconde instance zweitinstanzlich
en son nom propre im eigenen Namen
en suspens schwebend
en tant que représentant in Vertretung (i. V.)
en vain umsonst
en vertu de la loi kraft Gesetzes
en vigueur geltend, gültig
encadrement (M.) Betreuung (F.)
encaissement (M.) Annahme (F.), Eingang (M.), Einziehung (F.), Einzug (M.), Inkasso
encaisser einziehen, kassieren
encaisseur (M.) Kassier (M.)
enceinte schwanger
enchère (F.) Gebot (N.)
enchère (F.) la plus basse Mindestgebot (N.)
enchère (F.) minimum Mindestgebot (N.)
enchère (F.) plus forte Höchstgebot (N.)
enchére (M.) minimum geringstes Gebot (N.)
enchères (F.Pl.) publiques öffentliche Versteigerung (F.)
enchérisseur (M.) Bieter (M.)
enclave (F.) Enklave (F.)
encouragement (M.) Förderung (F.)
encouragement (M.) des talents Begabtenförderung (F.)
encourager fördern
encyclique (F.) Enzyklika (F.)
encyclopédie (F.) Enzyklopädie (F.)
endetté verschuldet (Adj.)
endettement (M.) Verschuldung (F.)
endetter (s') verschulden
endommagement (M.) Beschädigung (F.)
endommager beschädigen, lädieren, schaden, schädigen, versehren
endos (M.) Indossament (N.)
endossataire (M.) Indossat (M.), Indossatar (M.)
endossement (M.) Giro (N.), Indossament (N.), Indossierung (F.)
endossement (M.) en blanc Blankoindossament (N.)
endosser indossieren
endosseur (M.) Indossant (M.)
endroit (M.) Ort (M.), Stätte (F.), Stelle (F.)
énergie (F.) Energie (F.)
énergie (F.) nucléaire Kernenergie (F.)
énerver erregen
enfant (M.) Abkömmling (M.), Kind (N.)
enfant (M.) adopté Adoptivkind (N.)
enfant (M.) adoptif Adoptivkind (N.)
enfant (M.) conçu nasciturus (M.) (lat.) (Leibesfrucht)
enfant (M.) d'un autre lit Stiefkind (N.)
enfant (M.) en garde Pflegekind (N.), Pflegling (M.)
enfant (M.) naturel nichteheliches Kind (N.)
enfant (M.) trouvé Findelkind (N.)
enfeindre übertreten (V.)
enfer (M.) Hölle (F.)
enfermer einschließen, einsperren
enfreindre verletzen, zuwiderhandeln
engagé (Adj.) gebunden
engagement (M.) Anstellung (F.), Bindung (F.), Obligo (N.), Verpflichtung (F.)
engager anstellen, anwerben, verpfänden, verpflichten, versetzen

engendrer zeugen
enjoindre anordnen
enlèvement (M.) Abholung (F.), Entführung (F.), Menschenraub (M.), Verschleppung (F.), Wegnahme (F.)
enlèvement (M.) d'enfant Kidnapping (N.) (engl.), Kindesraub (M.)
enlever abholen, abnehmen, entfernen (sich), entführen, rauben, verschleppen
enlever la capacité entmündigen
ennemi (Adj.) feindlich
ennemi (M.) Feind (M.)
ennemi (M.) de la constitution Verfassungsfeind (M.)
énonciation (F.) Formulierung (F.)
enquête (F.) Enquete (F.), Erhebung (F.), Erkundigung (F.), Ermittlung (F.), Suche (F.), Untersuchung (F.)
enquête (F.) diligentée d'office Amtsermittlung (F.)
enquête (F.) policière Ausforschung (F.), Vorermittlung (F.)
enquête (F.) préliminaire Vorerhebung (F.), Voruntersuchung (F.)
enquêter erheben, ermitteln, inquirieren, untersuchen
enquêteur (M.) Ermittler (M.)
enregistrable eintragungsfähig
enregistré eingetragen
enregistrement (M.) Anmeldung (F.), Aufzeichnung (F.), Bucheintragung (F.), Eintrag (M.), Eintragung (F.), Einverleibung (F.), Erfassung (F.), Registratur (F.), Registrierung (F.)
enregistrer aufzeichnen, einschreiben, eintragen, einverleiben, erfassen, registrieren, verzeichnen
enrichir bereichern
enrichissement (M.) Bereicherung (F.)
enrichissement (M.) sans cause ungerechtfertigte Bereicherung (F.)
enrôlement (M.) Musterung (F.)
enrôler anwerben
enseignement (M.) Lehre (F.), Unterricht (M.)
enseignement (M.) obligatoire Schulpflicht (F.), Schulzwang (M.)
enseignement (M.) optionnel Wahlfach (N.)
enseignement (M.) par correspondance Fernunterricht (M.)
enseigner lehren, unterrichten
ensemble (Adv.) gemeinsam (Adv.)
ensemble (M.) Gesamtheit (F.)
ensemble (M.) de données Datei (F.)
ensemble (M.) des biens constituant une entité juridique Sachgesamtheit (F.), Sachinbegriff (M.)
ensemble (M.) des services destinés à satisfaire des besoins collectifs Leistungsverwaltung (F.)
ensuivre (s') folgen
entaché d'un vice fehlerhaft
entendre (s') übereinstimmen
entendre anhören, befragen, hören
entente (F.) Abrede (F.), Absprache (F.), Einvernehmen (N.), Kartell (N.), Syndikat (N.), Übereinkommen (N.), Übereinkunft (F.)
enterrement (M.) Beerdigung (F.)
enterrer beerdigen
en-tête (M.) Kopf (M.), Rubrum (N.)
en-tête (M.) de l'acte d'accusation Anklagesatz (M.)
enthousiasme (M.) Akzeptanz (F.)
entier (Adj.) gesamt, voll, vollständig
entiercement (M.) Hinterlegung (F.) der Pfandsache bei einem Dritten
entité (F.) juridique Rechtsgesamtheit (F.)
entourage (M.) Umgebung (F.)
entourer umgeben
entraide (F.) judiciaire Rechtshilfe (F.)
entrave (F.) Behinderung (F.), Hindernis (N.)
entrave (F.) à l'exercice du droit de vote Wahlbehinderung (F.)
entrave (F.) aux mesures d'assistance unterlassene Hilfeleistung (F.)
entraver behindern, hindern
entraves (F.Pl.) apportées à l'action de la justice dans le but d'assister un malfaiteur Strafvereitelung (F.)
entre zwischen
entrée (F.) Betreten (N.), Eingang (M.), Einreise (F.), Eintreten (N.), Eintritt (M.), Zugang (M.)
entrée (F.) au titre du regroupement familial Nachzug (M.)
entrée (F.) en franchise zollfreie Einfuhr (F.)
entrée (F.) en possession Besitznahme (F.)
entrée (F.) en vigueur Inkrafttreten (N.), Wirksamwerden (N.)
entremetteur (M.) Kuppler (M.)
entremetteuse (F.) Kupplerin (F.)
entremettre (s') vermitteln

entremise (F.) Vermittlung (F.)
entreposage (M.) Lagergeschäft (N.)
entreposer lagern
entreposeur (M.) Lagerhalter (M.)
entrepôt (M.) Lager (N.), Lagerhaus (N.)
entreprendre handeln, unternehmen, verrichten
entrepreneur (M.) Bauunternehmer (M.), Unternehmer (M.), Werkunternehmer (M.)
entreprise (F.) Betrieb (M.), Firma (F.), Geschäft (N.), Gewerbe (N.), Unternehmen (N.), Werk (N.)
entreprise (F.) communale Gemeindebetrieb (M.)
entreprise (F.) communale sans personnalité juridique Eigenbetrieb (M.)
entreprise (F.) d'apprentissage Meisterbetrieb (M.)
entreprise (F.) d'exploitation et de distribution d'énergie Energieversorgungsunternehmen (N.)
entreprise (F.) familiale Familienunternehmen (N.)
entreprise (F.) industriale ou commerciale exercée ausgeübter Gewerbebetrieb (M.)
entreprise (F.) industrielle ou commerciale Gewerbebetrieb (M.)
entreprise (F.) industrielle ou commerciale équipée eingerichteter Gewerbebetrieb (M.)
entreprise (F.) poursuivant des buts religieux ou caritatifs ou politiques ou artistiques ou éducatifs Tendenzbetrieb (M.)
entreprise (F.) propre Eigenbetrieb (M.)
entrer beitreten, betreten (V.), einreisen, eintreten
entrer au titre du regroupement familial nachziehen
entrer de force eindringen
entrer en vigueur in Kraft treten, inkrafttreten
entretenir erhalten (V.), ernähren, instandhalten, pflegen, unterhalten
entretien (M.) Anhörung (F.), Erhaltung (F.), Pflege (F.) (Instandhaltung), Unterhalt (M.)
entretien (M.) normal Regelunterhalt (M.)
entretien (M.) normal établi par la loi Regelunterhalt (M.)
énumératif enumerativ
enumeration (F.) Enumeration (F.)
énumerer enumerieren
envahir eindringen, überfallen
envers gegen
environnement (M.) Umwelt (F.)
envisager beabsichtigen
envoi (M.) Einweisung (F.), Spedition (F.), Versand (M.), Versendung (F.)
envoi (M.) en possession Besitzeinweisung (F.), Einantwortung (F.)
envoyé (M.) Gesandter (M.)
envoyer absenden, entsenden, schicken, versenden
envoyer en possession einantworten
épanouir (s') entfalten (sich)
épanouissement (M.) Entfaltung (F.)
épargnant (M.) Sparer (M.)
épargner sparen
épave (F.) Wrack (N.)
épave (F.) maritime Strandgut (N.)
épidémie (F.) Seuche (F.)
épilogue (F.) Nachrede (F.)
éponger abschöpfen
époque (F.) de la conception Empfängniszeit (F.)
épouse (F.) Ehefrau (F.), Frau (F.), Gattin (F.), Gemahlin (F.), Lebenspartnerin (F.)
épouser ehelichen, heiraten
époux (M.) Ehegatte (M.), Ehemann (M.), Gatte (M.), Gemahl (M.), Lebenspartner (M.)
épreuve (F.) Bewährung (F.), Fahne (F.), Probe (F.), Prüfung (F.)
épreuve (F.) écrite d'examen Klausur (F.)
éprouvé zuverlässig
épuisement (M.) Erschöpfung (F.)
épuisement (M.) des voies de recours Rechtswegerschöpfung (F.)
épuiser erschöpfen
équarrissage (F.) Tierkörperbeseitigung (F.)
équilibre (M.) Ausgleich (M.)
équilibrer kompensieren
équipage (M.) Besatzung (F.)
équipé eingerichtet
équipement (M.) Ausstattung (F.), Gerät (N.), Material (N.) (Ausrüstung)
équiper ausstatten
équitable (Adj.) billig, gerecht
équité (F.) Billigkeit (F.)
équivalence (F.) Äquivalenz (F.)
équivalence (F.) des prestations en tant que fondement du contrat Geschäftsgrundlage (F.)
équivalent (Adj.) äquivalent, gleichwertig

ériger aufstellen
erreur (F.) Fehler (M.), Irrtum (M.), Versehen (N.)
erreur (F.) concernant le contenu de la déclaration Inhaltsirrtum (M.)
erreur (F.) concernant les conséquences juridiques Rechtsfolgenirrtum (M.)
erreur (F.) d'ordre Gebotsirrtum (M.)
erreur (F.) dans l'expression de la volonté Erklärungsirrtum (M.)
erreur (F.) dans le calcul du prix Kalkulationsirrtum (M.)
erreur (F.) de droit Rechtsirrtum (M.)
erreur (F.) de fait Tatsachenirrtum (M.)
erreur (F.) de permission Erlaubnisirrtum (M.)
erreur (F.) de tir aberratio (F.) ictus (lat.) (Abirrung des Geschosses)
erreur (F.) direct du droit direkter Verbotsirrtum (M.)
erreur (F.) du droit Verbotsirrtum (M.)
erreur (F.) indirect de droit indirekter Verbotsirrtum (M.)
erreur (F.) judiciaire Justizirrtum (M.)
erreur (F.) manifeste offensichtlicher Ermessensfehler (M.)
erreur (F.) portant sur un élément constitutif de l'infraction Tatbestandsirrtum (M.), Tatumstandsirrtum (M.)
erreur (F.) qu'un acte déterminé est punissable Strafbarkeitsirrtum (M.)
erreur (F.) sur le mobile Motivirrtum (M.)
erreur (F.) sur le motif Motivirrtum (M.)
erroné abwegig, irrtümlich
escadre (F.) Geschwader (N.)
esclave (M.) Sklave (M.)
escompte (M.) Diskont (M.), Rabatt (M.), Skonto (N.)
escompte (M.) de caisse Rabatt (M.)
escompter diskontieren
escorte (F.) Geleit (N.)
escroc (M.) Betrüger (M.), Hochstapler (M.)
escroquer betrügen, irreführen
escroquerie (F.) Betrug (M.)
escroquerie (F.) à l'assurance Versicherungsbetrug (M.)
escroquerie (F.) à l'émigration Auswanderungsbetrug (M.)
escroquerie (F.) au crédit Kreditbetrug (M.)
escroquerie (F.) aux subventions Subventionsbetrug (M.)
escroquerie (F.) en matière de placement Kapitalanlagebetrug (M.)
escroquerie (F.) en matière de prêts d'argent Kapitalanlagebetrug (M.)
escroquerie (F.) par émission d'un chèque sans provision Scheckbetrug (M.)
escroquerie (F.) par manipulation du logiciel Computerbetrug (M.)
espace (M.) Platz (M.), Raum (M.), Weltraum (M.)
Espace (M.) Economique Européen Europäischer Wirtschaftsraum (M.) (EWR)
espace (M.) extra-atmosphérique Weltraum (M.)
espace (M.) judiciaire européen Europäischer Rechtsraum (M.)
espace (M.) juridique Rechtsraum (M.)
espace (M.) naturel Landschaft (F.)
espacement (M.) Abstand (M.)
Espagne (F.) Spanien (N.)
espèce (F.) Art (F.), Gattung (F.), Sorte (F.), Spezies (F.)
espèces (F.Pl.) Bargeld (N.)
espion (M.) Hochverräter (M.), Spion (M.)
espionnage (M.) Spionage (F.)
espionner spionieren
esprit (M.) Geist (M.)
essai (M.) Probe (F.), Versuch (M.)
essai (M.) libre Freischuss (M.)
essayer de versuchen
essence (F.) Wesen (N.)
essentiel (Adj.) erforderlich, wesentlich, wichtig
est (M.) Osten (M.)
estimation (F.) Bewertung (F.), Schätzung (F.)
estimer achten, berechnen, bewerten, bewerten, ermessen, schätzen, werten
établi (Adj.) hergebracht
établi (Adj.) à sons propre compte selbständig
établi eingerichtet
établir (s') niederlassen (sich)
établir anlegen, aufstellen, ausstellen, einsetzen, stiften, veranlagen
établir la balance d'un compte saldieren
établir le solde saldieren
établir son identité legitimieren
établir un acte ausfertigen
établir un plan planen
établissement (M.) Anlage (F.), Anstalt

(F.), Aufstellung (F.), Betrieb (M.), Handlung (F.), Niederlassung (F.)
établissement (M.) d'enseignement Schule (F.)
établissement (M.) d'enseignement supérieur Hochschule (F.)
établissement (M.) d'une filiation Feststellung (F.) der Abstammung
établissement (M.) de crédit Kreditinstitut (N.)
établissement (M.) de désintoxication Entziehungsanstalt (F.)
établissement (M.) de l'identité Feststellung (F.) der Identität
établissement (M.) de production Fabrik (F.)
établissement (M.) en régie Regiebetrieb (M.)
établissement (M.) hospitalier Krankenhaus (N.)
établissement (M.) industriel Werk (N.)
établissement (M.) pénitentiaire Justizvollzugsanstalt (F.), Strafanstalt (F.), Vollzugsanstalt (F.), Vollzugsbehörde (F.)
établissement (M.) psychiatrique Heilanstalt (F.)
établissement (M.) public Anstalt (F.) des öffentlichen Rechts, öffentlichrechtliche Anstalt (F.)
établissement (M.) public d'enseignement supérieur Universität (F.)
établissements (M.Pl.) (ets.) Firma (F.)
étage (M.) Stockwerk (N.)
étalonner eichen
étape (F.) Abschnitt (M.)
état (M.) Aufstellung (F.), Beschaffenheit (F.)
État (M.) Gemeinwesen (N.)
état (M.) Lage (F.)
État (M.) öffentliche Hand (F.), Staat (M.)
état (M.) Stand (M.), Verfassung (F.), Zustand (M.)
état (M.) agressif de nécessité Angriffsnotstand (M.)
état (M.) civil Standesamt (N.)
État (M.) contractant Vertragsstaat (M.)
état (M.) d'alerte Bereitschaft (F.)
état (M.) d'urgence Ausnahmezustand (M.), Notstand (M.)
état (M.) d'urgence nationale Staatsnotstand (M.)
état (M.) de choses Tatbestand (M.)
état (M.) de contrainte Zwangslage (F.)
État (M.) de droit Rechtsstaat (M.)
état (M.) de fortune Besitzstand (M.)
état (M.) de nécessité entschuldigender Notstand (M.), Notstand (M.), Verteidigungsnotstand (M.), Zwangslage (F.)
état (M.) de nécessité avec contrariété d'obligations Pflichtenkollision (F.)
état (M.) de nécessité dû à la contrainte Nötigungsnotstand (M.)
état (M.) de nécessité en tant que fait justificatif übergesetzlicher Notstand (M.)
état (M.) de nécessité résultant d'une menace grave et immédiate pour l'intégrité du territoire Verteidigungsfall (M.)
état (M.) des faits Sachverhalt (M.)
État (M.) des partis Parteienstaat (M.)
état (M.) du dossier Aktenlage (F.)
État (M.) fédéral Bundesstaat (M.), Land (N.)
état (M.) juridique Status (M.)
État (M.) libre Freistaat (M.)
État (M.) misant l'accent sur l'unité de la nation Nationalstaat (M.)
état (M.) physique rendant impossible l'emprisonnement Haftunfähigkeit (F.)
État (M.) policier Polizeistaat (M.)
état (M.) provincial Landstand (M.)
État (M.) social Sozialstaat (M.)
État (M.) territorial Territorialstaat (M.)
État (M.) tiers Drittland (N.), Drittstaat (M.)
état aggresif de nécessité aggressiver Notstand (M.)
état de nécessité defensiver Notstand (M.)
État unitaire et centralisé Einheitsstaat (M.)
état-civil (M.) Personenstand (M.), Stand (M.)
étatique staatlich
étatisation (F.) Verstaatlichung (F.)
étatiser verstaatlichen
État-membre (M.) Gliedstaat (M.), Teilstaat (M.)
État-nation (F.) Nationalstaat (M.)
État-patron (M.) Dienstherr (M.)
état-providence (F.) Daseinsvorsorge (F.)
État-providence (M.) Wohlfahrtsstaat (M.)
États (M.Pl.) de l'Église Kirchenstaat (M.)
États (M.Pl.) pontificaux Kirchenstaat (M.)
États (M.Pl.) Unis d'Amérique Vereinigte Staaten von Amerika (M.Pl.)
États-nations (M.) Nationalitätenstaat (M.)
été (M.) Sommer (M.)
éteindre löschen, tilgen, verjähren

éteint verjährt
étendre erweitern
étendue (F.) de la protection Schutzbereich (M.)
éternel mécontent (M.) Querulant (M.)
éthique (Adj.) ethisch
éthique (F.) Ethik (F.)
éthique (F.) du droit Rechtsethik (F.)
éthique (F.) juridique Rechtsethik (F.)
éthique (F.) sociale Sozialethik (F.)
éthnique (Adj.) ethnisch
étoffe (F.) Stoff (M.)
étourdir betäuben
étourdissement (M.) Betäubung (F.)
étrange (Adj.) fremd
étranger (Adj.) ausländisch, auswärtig, fremd
étranger (M.) Ausland (N.), Ausländer (M.), Fremder (M.)
étrangler strangulieren
être (M.) manifest Erkennbarkeit (F.)
être bestehen, liegen
être assesseur beisitzen
être au volant lenken
être caution bürgen
être déchu verwirken
être efficace wirken
être en concurrence konkurrieren
être en dette schulden
être en grève streiken
être en suspens ruhen, schweben
être en vigueur gelten, wirken
être exact stimmen
être hypocrite heucheln
être informé erfahren (V.)
être maître de beherrschen
être né de abstammen von
être présent beiwohnen
être propre eignen
être qualifié eignen
être responsable haften, vertreten (V.) müssen
être responsable de verschulden
être situé liegen
être sujet unterliegen
être tenu haften
être utile nutzen, nützen
être valable gelten
étude (F.) Arbeit (F.), Bearbeitung (F.), Studium (N.), Untersuchung (F.)
étude (F.) d'impact sur l'environnement Umweltverträglichkeitsprüfung (F.)
étude (F.) de notaire Notariatskanzlei (F.)
études (F.Pl.) universitaires Studium (N.)
étudiant (M.) Student (M.)
étudiants (M.Pl. bzw. F.Pl.) Studentenschaft (F.)
étudiants (M.Pl. bzw. F.Pl.) de la discipline Fachschaft (F.)
étudier bearbeiten, einsehen, studieren
eugénique (F.) Eugenik (F.)
euro (M.) Euro (M.)
eurochèque (M.) Eurocheque (M.), Euroscheck (M.)
eurocorps (M.) Eurokorps (N.)
Europe (F.) Europa (N.)
européen (Adj.) europäisch
euthanasie (F.) Euthanasie (F.), Sterbehilfe (F.)
évacuation (F.) Evakuierung (F.), Räumung (F.)
évacuer entsorgen, evakuieren, räumen
évader ausbrechen
évaluation (F.) Bemessung (F.), Berechnung (F.), Bewertung (F.), Evaluation (F.), Schätzung (F.)
évaluation (F.) de la situation d'une entreprise Unternehmensbewertung (F.)
évaluation (F.) fiscale Veranlagung (F.)
évaluer bewerten, bewerten, evaluieren, schätzen, taxieren, werten
évasion (F.) Ausbruch (M.), Flucht (F.)
évêché (M.) Bistum (N.)
événement (M.) Ereignis (N.), Geschehen (N.)
événement (M.) irresistible unabwendbares Ereignis (N.)
éventualité (F.) Möglichkeit (F.)
éventuel bedingt, eventual
évêque (M.) Bischof (M.)
éviction (F.) Entwerung (F.), Eviktion (F.), Vertreibung (F.)
évidence (F.) Evidenz (F.), Gewissheit (F.)
évident bekannt (Adj.), evident, offensichtlich
évincer vertreiben
évitable vermeidbar
évitation (F.) Umgehung (F.)
éviter (M.) Vermeidung (F.)
éviter (V.) abwenden, ausweichen, meiden, vermeiden
évocation (F.) Ansichziehen (N.), Evokation (F.)
évolution (F.) Entwicklung (F.)

évolution (F.) de la législation Rechtsentwicklung (F.)
évoquer gedenken
exact korrekt, richtig
exacteur (M.) Erpresser (M.)
examen (M.) Bearbeitung (F.), Betrachtung (F.), Einsicht (F.), Erörterung (F.), Examen (N.), Leistungskontrolle (F.), Musterung (F.), Prüfung (F.)
examen (M.) d'État Staatsexamen (N.), Staatsprüfung (F.)
examen (M.) de contrôle Zwischenprüfung (F.)
examen (M.) de fin Abschlussprüfung (F.)
examen (M.) de fin d'études Abitur (N.)
examen (M.) de la validité de la détention Haftprüfung (F.)
examen (M.) de maîtrise Meisterprüfung (F.)
examen (M.) de tolérance écologique Umweltverträglichkeitsprüfung (F.)
examen (M.) du cadavre Leichenschau (F.)
examen (M.) du dossier Akteneinsicht (F.)
examen (M.) oral du doctorat Rigorosum (N.)
examen (M.) préalable Vorprüfung (F.)
examinateur (M.) Prüfer (M.)
examiner bearbeiten, beobachten, betrachten, einsehen, erörtern, erwägen, kontrollieren, mustern, prüfen, untersuchen
excédent (M.) Überschuss (M.)
excéder überschießen, überschreiten
excepter absehen, ausnehmen
exception (F.) Abweichung, Ausnahme (F.), Einrede (F.), Einwand (M.), Einwendung (F.), exceptio (F.) (lat.) (Einrede)
exception (F.) d'illégalité Einwendung (F.) der Rechtswidrigkeit
exception (F.) d'incompétence Einwendung (F.) der Unzuständigkeit
exception (F.) d'inexécution Einrede (F.) der Nichterfüllung
exception (F.) d'irrecevabilité Einwendung (F.) der Unzuständigkeit
exception (F.) de dol exceptio (F.) doli (lat.) (Einrede der Arglist)
exception (F.) dilatoire dilatorische Einrede (F.)
exception (F.) péremptoire peremptorische Einrede (F.)
exception (F.) tirée de l'insuffisance de la masse successorale Dürftigkeitseinrede (F.)
exceptionnel außergewöhnlich
excès (M.) Exzess (M.), Tätlichkeit (F.), Übermaß (N.), Überschreitung (F.)
excès (M.) de légitime défense Notwehrexzess (M.), Notwehrüberschreitung (F.)
excès (M.) de pouvoir Amtsmissbrauch (M.), Ermessensüberschreitung (F.)
excitant (M.) alimentaire Genussmittel (N.)
excitation (F.) à la haine Volksverhetzung (F.)
excitation (F.) immotivée Affekt (M.)
exciter erregen
exclave (F.) Exklave (F.)
exclure ausschließen
exclusif ausschließlich, exklusiv
exclusion (F.) Ausschließung (F.), Ausschluss (M.)
exclusion (F.) d'enseignement supérieur Relegation (F.)
exclusion (F.) d'un actionnaire de la société et perte des actions Kaduzierung (F.)
exclusion (F.) de la responsabilité Haftungsausschluss (M.)
exclusivité (F.) Exklusivität (F.)
excommunication (F.) Exkommunikation (F.)
excommunier exkommunizieren
excuse (F.) Entschuldigung (F.), Verzeihung (F.)
excuse (F.) absolutoire persönlicher Strafaufhebungsgrund (M.), persönlicher Strafausschließungsgrund (M.), Strafaufhebungsgrund (M.), Strafausschließungsgrund (M.)
excuse (F.) attenuante Strafmilderungsgrund (M.)
excuser entschuldigen, verzeihen
exécutabilité (F.) Vollziehbarkeit (F.)
exécutable (Adj.) vollziehbar
exécuter abwickeln, ausführen, begehen, durchführen, erfüllen, exekutieren, hinrichten, leisten, leisten, richten, vollstrecken, vollziehen
exécuteur (M.) Henker (M.), Vollstrecker (M.)
exécuteur (M.) testamentaire Testamentsvollstrecker (M.)
exécutif (Adj.) exekutiv, vollziehend
exécution (F.) Abwicklung (F.), Ausführung (F.), Besorgung (F.), Durchführung (F.), Erfüllung (F.), Erledigung (F.), Exekution (F.), Leistung (F.), Verrichtung

(F.), Vollziehung (F.), Vollzug (M.), Vornahme (F.)
exécution (F.) capitale Hinrichtung (F.)
exécution (F.) d'office Ersatzvornahme (F.), unmittelbarer Zwang (M.)
exécution (F.) d'office administrative Verwaltungszwang (M.)
exécution (F.) de la peine Strafvollstreckung (F.)
exécution (F.) défectueuse Schlechterfüllung (F.)
exécution (F.) des lois fédérales par les états fédérés Bundesauftragsverwaltung (F.)
exécution (F.) des peines Strafvollzug (M.)
exécution (F.) du jugement Urteilsvollstreckung (F.)
exécution (F.) du testament Testamentvollstreckung (F.)
exécution (F.) forcée Zwangsvollstreckung (F.)
exécution (F.) immédiate sofortige Vollziehung (F.), sofortiger Vollzug (M.)
exécution (F.) non-conforme Schlechtleistung (F.)
exécution (F.) non-correspondante Schlechtleistung (F.)
exécution (F.) par la police Polizeivollzug (M.)
exécution (F.) provisoire vorläufige Vollstreckbarkeit (F.)
exécutoire vollstreckbar
exemplaire (M.) gratuit Freiexemplar (N.)
exemplaire (M.) remis à titre de dépôt légal Pflichtexemplar (N.)
exemple (M.) Beispiel (N.)
exemple (M.) normal Regelbeispiel (N.)
exemple (M.) type Regelbeispiel (N.)
exempt d'impôts steuerfrei
exempt de charges lastenfrei
exempt de dettes schuldenfrei
exempt de taxes gebührenfrei
exempter befreien, freistellen
exemption (F.) Befreiung (F.), Freistellung (F.)
exemption (F.) d'impôts Steuerbefreiung (F.)
exemption (F.) fiscale Steuerbefreiung (F.)
exequatur (M.) Exequatur (N.)
exerçant seulement en apparence une activité non-salariée scheinselbständig
exercer ausüben, betreiben, geltendmachen, üben
exercer les fonction fungieren
exercer une action einwirken, wirken
exercer une fonction amtieren
exercer une voie de recours anfechten
exercice (M.) Ausübung (F.), Geltendmachung (F.), Geschäftsjahr (N.), Übung (F.), Verrichtung (F.)
exercice (M.) d'un droit Rechtsausübung (F.), Rechtsverfolgung (F.)
exercice (M.) d'une profession Berufsausübung (F.)
exercice (M.) de l'autorité parentale Personensorge (F.)
exercice (M.) du droit de chasse Jagdausübung (F.)
exercice (M.) du droit en tenant compte de sa fonction sociale Sozialbindung (F.)
exercice (M.) du pouvoir discrétionnaire Ermessensausübung (F.)
exercice (M.) social Geschäftsjahr (N.)
exhaustatif abschließend
exhérédation (F.) Enterbung (F.)
exhérédation (F.) du réservataire Pflichtteilsentziehung (F.)
exhéréder enterben
exhibition (F.) de parties sexuelles exhibitionistische Handlung (F.)
exhibitionniste (M.) Exhibitionist (M.)
exhortation (F.) Ermahnung (F.)
exhorter à ermahnen
exhumation (F.) Exhumierung (F.)
exhumer exhumieren
exigeant une forme formbedürftig
exigence (F.) Bedingung (F.), Erforderlichkeit (F.), Erfordernis (N.), Forderung (F.)
exigence (F.) impérative Ultimatum (N.)
exiger beanspruchen, bedingen, erfordern, fordern
exigibilité (F.) Fälligkeit (F.)
exigible fällig
exil (M.) Exil (N.)
existence (F.) Bestand (M.), Bestehen (N.), Dasein (N.), Existenz (F.)
existence (F.) d'une condition de forme Formzwang (M.)
exister existieren
exonération (F.) Befreiung (F.), Erlass (M.) (Anordnung), Freistellung (F.)
exonération (F.) de la responsabilité Freizeichnung (F.)
exonérer befreien, freistellen

expatrié (M.) Aussiedler (M.), Heimatvertriebener (M.)
expatrier aussiedeln
expectative (F.) Anwartschaft (F.), Anwartschaftsrecht (N.)
expédier abfertigen, absenden, aufgeben, ausliefern, befördern, schicken, versenden
expéditeur (M.) Absender (M.), Versender (M.)
expédition (F.) Abfertigung (F.), Ausfertigung (F.), Erledigung (F.), Spedition (F.), Versendung (F.)
expédition (F.) d'une lettre Aufgabe (F.)
expérience (F.) Erfahrung (F.), Kenntnis (F.)
expérience (F.) de la vie Lebenserfahrung (F.)
expert (Adj.) sachverständig
expert (M.) Experte (M.), Fachmann (M.), Gutachter (M.), Sachverständiger (M.), Spezialist (M.)
expert (M.) comptable Prüfer (M.), Wirtschaftsprüfer (M.)
expert (M.) comptable chargé de verifier les comptes de clôture Abschlussprüfer (M.)
expert-arbitre (M.) Schiedsgutachter (M.)
expertise (F.) Expertise (F.), Gutachten (N.)
expertise (F.) environnementale Umweltverträglichkeitsprüfung (F.)
expertise (F.) hérédobiologique erbbiologisches Gutachten (N.), Vaterschaftsgutachten (N.)
expertise (F.) juridique Rechtsgutachten (N.)
expiation (F.) Sühne (F.)
expier büßen, sühnen, verbüßen
expiration (F.) Ablauf (M.), Verfall (M.)
expiration (F.) du délai Fristablauf (M.), Zeitablauf (M.)
expirer ablaufen, außer Kraft treten, erlöschen, verfallen (V.)
explication (F.) Aufklärung (F.), Begründung (F.), Erklärung (F.)
explicite ausdrücklich
expliquer auseinandersetzen, auslegen, darlegen, erläutern, interpretieren
exploit (M.) de signification Zustellungsurkunde (F.)
exploitable verwertbar
exploitant (M.) Unternehmer (M.)
exploitation (F.) Anwesen (N.), Betrieb (M.), Nutzung (F.), Unternehmen (N.), Verwertung (F.)
exploitation (F.) commerciale Geschäftsbetrieb (M.)
exploitation (F.) des mines Bergbau (M.)
exploitation (F.) industrielle Fabrik (F.)
exploiter nutzen, nützen, verwerten
explorateur (M.) Entdecker (M.)
explorer ausforschen, erkundigen
exploser explodieren
explosif (M.) Sprengstoff (M.)
explosion (F.) Explosion (F.)
exportation (F.) Ausfuhr (F.), Export (M.)
exporter ausführen, exportieren
exposant (M.) Aussteller (M.)
exposé (M.) Ausführung (F.), Bericht (M.), Einlassung (F.), Referat (N.), Vorbringen (N.), Vortrag (M.)
exposé (M.) des faits Sachvortrag (M.)
exposé (M.) des fondements juridiques Rechtsausführung (F.)
exposer ausstellen, berichten, vorbringen
exposition (F.) Aussetzung (F.), Ausstellung (F.)
exprès ausdrücklich
expression (F.) Ausdruck
expressis verbis (lat.) expressis verbis (lat.) (ausdrücklich)
exprimer äußern
exprimer son suffrage abstimmen
expropriation (F.) Enteignung (F.)
expropriation (F.) administrative Administrativenteignung (F.)
expropriation (F.) indirecte enteignungsgleicher Eingriff (M.)
expropriation (F.) par loi Legalenteignung (F.)
expropriation (F.) par une disposition (F.) légale Legalenteignung (F.)
exproprier enteignen
expulsé (M.) Heimatvertriebener (M.)
expulser ausweisen (aus dem Land weisen), schieben, vertreiben, verweisen
expulsion (F.) Abschiebung (F.), Ausweisung (F.), Räumung (F.), Vertreibung (F.), Verweisung (F.)
extensif extensiv
extension (F.) Allgemeinverbindlichkeitserklärung (F.)
extérieur (Adj.) ausländisch, auswärtig
exterritorial exterritorial
exterritorialité (F.) Exterritorialität (F.)

extinction (F.) Erlöschen (N.), Löschung (F.), Tilgung (F.)
extinction (F.) de dette Schuldentilgung (F.)
extinction (F.) de la peine Straftilgung (F.)
extinction (F.) de la propriété Eigentumsverlust (M.)
extinction (F.) graduelle d'une dette Amortisation (F.)
extorquer erpressen
extorsion (F.) d'aveux Aussageerpressung (F.)
extorsion (F.) de fonds Schutzgelderpressung (F.)
extorsion (F.) en route Straßenraub (M.)
extorsion (F.) par force ou violence ou contrainte Raub (M.)
extraconjugal außerehelich
extracontractuel außervertraglich
extraction (F.) Abkunft (F.), Förderung (F.)
extrader ausliefern
extradition (F.) Auslieferung (F.)
extraire fördern
extrait (M.) Auszug (M.)
extrait (M.) de compte Kontoauszug (M.)
extrait (M.) du casier judiciaire Strafregisterauszug (M.)
extrait (M.) du registre foncier Grundbuchauszug (M.)
extrajudiciaire (Adj.) außergerichtlich
extraordinaire (Adj.) außergewöhnlich, außerordentlich
extraterritorial extraterritorial
extraterritorialité (F.) Extraterritorialität (F.)
extrème (Adj.) extrem
extrémiste (M.) Extremist (M.)

f

F. M. I. (M.) (Fonds Monétaire international) IWF (M.) (Internationaler Währungsfonds)
fabricant (M.) Fabrikant (M.), Hersteller (M.)
fabrication (F.) Fabrikation (F.), Herstellung (F.)
fabrique (F.) Fabrik (F.), Kirchenverwaltung (F.)
fabriquer herstellen, produzieren
facile einfach
facilité (F.) Kulanz (F.)
faciliter erleichtern
façon (F.) d'envisager les choses Betrachtungsweise (F.)
façonnage (M.) Verarbeitung (F.)
façonner bearbeiten, verarbeiten
fac-similé (M.) Faksimile (N.), Fax (N.)
facteur (M.) Faktor (M.), Inkassobüro (N.)
facturation (F.) Abrechnung (F.), Anrechnung (F.), Berechnung (F.)
facture (F.) Faktura (F.), Rechnung (F.)
facturer berechnen, fakturieren
facultatif (Adj.) dispositiv, fakultativ, freiwillig
faculté (F.) facultas (F.) (lat.), Fakultät (F.), Möglichkeit (F.), Statthaftigkeit (F.), Vermögen (N.)
faculté (F.) d'exercice d'une action en justice Sachbefugnis (F.), Sachlegitimation (F.)
faculté (F.) de changer l'objet de la prestation à effectuer Ersetzungsbefugnis (F.), facultas (F.) alternativa (lat.) (Ersetzungsbefugnis)
faculté (F.) de chasser Jagdausübungsrecht (N.)
faculté (F.) de discernement Einsichtsfähigkeit (F.)
faculté (F.) de droit Rechtsfakultät (F.)
faculté (F.) juridique Rechtsfakultät (F.)
faible (Adj.) gering, wehrlos
faiblesse (F.) d'ésprit Geistesschwäche (F.)
failli (M.) Bankrotteur (M.)
faillite (F.) Bankrott (M.), Konkurs (M.), Pleite (F.)
faillite (F.) personnelle Bankrott (M.), Konkurs (M.) (Konkurs in Frankreich)
faire betreiben, bewirken, einlegen, erfüllen, erheben, handeln, herstellen, leisten, machen, schaffen, tun, verrichten, vornehmen
faire agréger (se) habilitieren (sich)
faire appel anrufen, appellieren, berufen (V.)
faire attention achten
faire avancer befördern
faire avorter abtreiben
faire chanter erpressen
faire comparaître vorführen
faire connaître bekanntmachen
faire croire vorspiegeln
faire de collusion kolludieren
faire de la contrebande schmuggeln
faire de la publicité werben
faire de renvoi weiterverweisen

faire défaut ausbleiben
faire des copies kopieren
faire des études studieren
faire des objections beanstanden
faire des plans planen
faire des projets planen
faire don de spenden, stiften
faire du commerce handeln
faire du troc tauschen
faire échouer vereiteln
faire éclater sprengen
faire exception abweichen
faire fonction fungieren
faire grève streiken
faire grief beschweren
faire l'entremetteur kuppeln
faire la chasse jagen
faire la preuve de beweisen
faire participer beteiligen
faire présent schenken
faire sauter sprengen
faire ses études absolvieren
faire ses preuves bewähren
faire un bilan bilanzieren
faire un choix wählen
faire un compte rendu referieren
faire un héritage erben
faire un jeu d'écritures umbuchen
faire un prélèvement à découvert überziehen
faire un procès prozessieren
faire un rapport berichten, referieren
faire une copie ausfertigen
faire une démonstration vorführen
faire une embardée ausweichen
faire une estimation ansetzen
faire une expédition ausfertigen
faire une faute versehen (V.) (sich)
faire une opération operieren
faire une plaidoirie plädieren
faire une réclamation beanstanden, rügen
faire usage de gebrauchen
faire valoir verwerten
fair-play (M.) Fairness (F.)
faisant loi beweiskräftig
fait (M.) Faktum (N.), Leistung (F.), Tat (F.), Tatsache (F.)
fait (M.) à prouver Beweisgegenstand (M.)
fait (M.) d'accompagnement Begleittat (F.)
fait (M.) d'accorder des dons Vorteilsgewährung (F.)
fait (M.) d'accorder des dons ou présents tendant à la corruption d'un fonctionnaire public Vorteilsgewährung (F.)
fait (M.) d'accréditer Akkreditierung (F.)
fait (M.) d'agir commercialement Geschäftsmäßigkeit (F.)
fait (M.) d'être accompliable (F.) Erfüllbarkeit (F.)
fait (M.) d'être associé Teilhaberschaft (F.)
fait (M.) d'être ayant cause à titre universel Gesamtrechtsnachfolge (F.), Universalsukzession (F.), Vermögensnachfolge (F.)
fait (M.) d'être créancier partiel Teilgläubigerschaft (F.)
fait (M.) d'être débiteur partiel Teilschuldnerschaft (F.)
fait (M.) d'être entendu en justice rechtliches Gehör (N.)
fait (M.) d'être hors-la-loi Rechtlosigkeit (F.)
fait (M.) d'être l'auteur d'une infraction Täterschaft (F.)
fait (M.) d'être lié par sa propre décision Selbstbindung (F.)
fait (M.) d'être obligé à la communauté Sozialpflichtigkeit (F.)
fait (M.) d'être punissable Strafbarkeit (F.)
fait (M.) d'être responsable Vertretenmüssen (N.)
fait (M.) d'être responsable de ses actes Vertretenmüssen (N.)
fait (M.) d'être un enfant naturel Unehelichkeit (F.)
fait (M.) d'exploiter la confiance ou l'impossibilité de se defendre de la victime Heimtücke (F.)
fait (M.) d'hériter grevé Vorerbschaft (F.)
fait (M.) d'indiquer les moyens et arguments au cours de la procédure Nachschieben (N.) von Gründen
fait (M.) d'inexistence de mariage Nichtehelichkeit (F.)
fait (M.) de causer Verursachung (F.)
fait (M.) de conserver le secret Geheimhaltung (F.)
fait (M.) de donner des conseils Raterteilung (F.)
fait (M.) de dresser un inventaire Inventur (F.)
fait (M.) de faire valoir en justice en son propre nom le droit de tiers Prozessstandschaft (F.)

fait (M.) de ne pas admettre un recours Nichtzulassung (F.)
fait (M.) de ne pouvoir être exigé de Unzumutbarkeit (F.)
fait (M.) de participer à la gestion sociale Mitarbeit (F.) des Ehegatten
fait (M.) de prendre connaissance Kenntnisnahme (F.)
fait (M.) de provoquer un faux en écriture publique mittelbare Falschbeurkundung (F.)
fait (M.) de rendre vraisemblable Glaubhaftmachung (F.)
fait (M.) de représenter en personne Selbstorganschaft (F.)
fait (M.) de représenter par un tiers Drittorganschaft (F.), Fremdorganschaft (F.)
fait (M.) de retenir une personne Festhalten (N.)
fait (M.) de s'eloigner des lieux de l'accident unerlaubtes Entfernen (N.) vom Unfallort
fait (M.) de se porter contrepartie de son commettant Selbstkontrahieren (N.)
fait (M.) de soustraire aux poursuites ordonnées par la loi Strafvereitelung (F.)
fait (M.) de trancher les litiges Justizgewährung (F.)
fait (M.) du prince Hoheitsakt (M.)
fait (M.) juridique Rechtshandlung (F.)
fait (M.) juridique illicite unerlaubte Handlung (F.)
fait (M.) justificatif Rechtfertigungselement (N.), Rechtfertigungsgrund (M.)
fait (M.) pour l'auteur de se croire à tort en état de légitime défense Putativnotwehr (F.)
fait (M.) pour l'auteur de se croire à tort en état de nécessité Putativnotstand (M.)
fait (M.) pour le commissionnaire d'entrer dans le contrat en qualité de contrepartie Selbsteintritt (M.)
fallacieux abwegig
falsa demonstratio non nocet (lat.) (une dénomination fausse ne nuit pas) falsa demonstratio non nocet (lat.) die falsche Bezeichnung schadet nicht
falsificateur (M.) Fälscher (M.)
falsification (F.) Fälschung (F.)
falsification (F.) d'écritures Urkundenfälschung (F.)
falsification (F.) d'état-civil Personenstandsfälschung (F.)
falsification (F.) de monnaie Geldfälschung (F.)
falsifier fälschen
familial häuslich
familier vertraulich
famille (F.) Familie (F.), Geschlecht (N.), Sippe (F.), Stamm (M.)
fascisme (M.) Faschismus (M.)
faussaire (M.) Fälscher (M.)
fausse certification (F.) Falschbeurkundung (F.)
fausse clé (F.) Dietrich (M.), Nachschlüssel (M.)
fausse couche (F.) Fehlgeburt (F.)
fausse monnaie (F.) Falschgeld (N.)
fausser fälschen
fausseté (F.) Unrichtigkeit (F.)
faute (F.) Fahrlässigkeit (F.), Fehler (M.), Schuld (F.), Verschulden (N.), Versehen (N.)
faute (F.) au cours des négociations c. i. c. (culpa in contrahendo), culpa (F.) in contrahendo (lat.) (Verschulden bei Vertragsschluss) (c.i.c.)
faute (F.) civile Fahrlässigkeit (F.)
faute (F.) collective Kollektivschuld (F.)
faute (F.) commune Mitverschulden (N.)
faute (F.) contractuelle schuldhafte Vertragsverletzung (F.)
faute (F.) d'imprudence Fahrlässigkeit (F.)
faute (F.) de construction Konstruktionsfehler (M.)
faute (F.) de négligence Fahrlässigkeit (F.)
faute (F.) de service Amtspflichtverletzung (F.), Dienstvergehen (N.)
faute (F.) délictuelle deliktisches Verschulden (N.)
faute (F.) lourde grobe Fahrlässigkeit (F.)
faute (F.) non-intentionnelle inexcusable grobe Fahrlässigkeit (F.)
faute (F.) partagée Mitverschulden (N.)
faute (F.) pénale Fahrlässigkeit (F.)
faute (F.) pendant d'une selection culpa (F.) in eligendo (lat.) (Verschulden bei der Auswahl)
faute (F.) professionnelle Kunstfehler (M.)
faute (F.) quasi-délictuelle Fahrlässigkeit (F.)
faute (F.) volontaire Vorsatz (M.)
fautif fehlerhaft, schuldhaft

faux (Adj.) falsch, fälschlich, unecht, unrichtig, unwahr
faux (M.) Falschgeld (N.), Fälschung (F.)
faux (M.) en écriture Urkundenfälschung (F.)
faux document (M.) unechte Urkunde (F.)
faux serment (M.) Falscheid (M.), Meineid (M.)
faux témoignage (M.) Falschaussage (F.)
faux titre (M.) unechte Urkunde (F.)
faux-monnayage (M.) Geldfälschung (F.)
faux-monnayeur (M.) Falschmünzer (M.)
faveur (F.) Begünstigung (F.), Gunst (F.)
favorable günstig
favoriser begünstigen, fördern
favoritisme (M.) Vetternwirtschaft (F.)
fax (M.) Fax (N.)
fédéral (Adj.) bundesstaatlich, föderal
fédéralisme (M.) Bundesstaatlichkeit (F.), Föderalismus (M.)
fédéraliste (Adj.) föderalistisch
fédératif föderativ
fédération (F.) (nationale) Bund (M.)
fédération (F.) Dachverband (M.), Föderation (F.), Verband (M.)
fédération (F.) professionnelle Berufsverband (M.)
feindre fingieren, heucheln, vortäuschen
femme (F.) Frau (F.), Gattin (F.)
femme (F.) adultère Ehebrecherin (F.)
femme (F.) au foyer Hausfrau (F.)
femme (F.) mariée Ehefrau (F.)
fente (F.) Teilung (F.) der anfallenden Erbschaft je zur Hälfte an den mütterlichen und den väterlichen Stamm
féodal feudal
féodalité (F.) Feudalismus (M.), Lehnswesen (F.)
fermage (M.) Pacht (F.), Pachtzins (M.)
ferme (Adj.) bindend, fest, hart, verbindlich
ferme (F.) Hof (M.)
fermer absperren, auflösen, schließen, verschließen
fermeté (F.) Härte (F.)
fermeture (F.) Schließung (F.), Schluss (M.), Schonzeit (F.), Sperrung (F.), Stilllegung (F.), Verschluss (M.)
fermeture (F.) d'établissement Untersagung (F.) der Ausübung eines Gewerbes
fermeture (F.) de magasins Ladenschluss (M.)
fermeur (M.) Pächter (M.)
fermier (M.) Pächter (M.)
fête (F.) Feier (F.)
feu (M.) Brand (M.), Feuer (N.)
feu (M.) rouge Rotlicht (N.)
feuille (F.) d'impôt Steuerbescheid (M.)
feuille (F.) de maladie Krankenschein (M.)
feuille (F.) du livre foncier créée pour chaque immeuble Realfolium (N.)
feuille (F.) personale Personalfolium (N.)
feux (M.Pl.) clignotants Blinklicht (N.)
fiabilité (F.) Zuverlässigkeit (F.)
fiabilité (F.) insuffisante Unzuverlässigkeit (F.)
fiable zuverlässig
fiançailles (F.Pl.) Verlöbnis (N.), Verlobung (F.)
fiancé (M.) Bräutigam (M.)
fiancée (F.) Braut (F.)
fiancer (se) verloben (sich)
fiche (F.) Zettel (M.)
fichier (M.) Kartei (F.)
fichier (M.) automatisé Datenbank (F.)
fichier (M.) central des contraventions de circulation Verkehrszentralregister (N.)
fichier (M.) informatique Datei (F.), Datenbank (F.)
fichier (M.) informatisé Datenbank (F.)
fictif fiktiv
fiction (F.) Fiktion (F.)
fidéicommis (M.) Fideikommiss (M.)
fidéicommis (M.) familial Familienfideikommiss (M.)
fidèle treu
fidélité (F.) Treue (F.), Zuverlässigkeit (F.)
fidélité (F.) des États fédérés envers la fédération Bundestreue (F.)
fiduciaire (Adj.) fiduziarisch, treuhänderisch
fiduciaire (M.) Treuhänder (M.), Treunehmer (M.)
fiduciant (M.) Treugeber (M.)
fiducie (F.) Treuhand (F.), Treuhandschaft (F.)
fiducié (M.) Treuhänder (M.), Treunehmer (M.)
fief (M.) Lehen (N.)
filature (F.) Ausforschung (F.), Verfolgung (F.)
file (F.) Spur (F.)
filiale (F.) Filiale (F.), Niederlassung (F.), Tochtergesellschaft (F.)
filiation (F.) Abstammung (F.), Kindschaft (F.)

filière (F.) Zweig (M.)
fille (F.) Tochter (F.)
fille (F.) de joie Freudenmädchen (F.)
film (M.) Film (M.)
film (M.) vidéo Video (N.)
filouterie (F.) Zechprellerei (F.)
fils (M.) Sohn (M.)
fin (F.) Ablauf (M.), Abschluss (M.), Beendigung (F.), Ende (N.), Schluss (M.)
final abschließend
finalitè (F.) juridique Rechtsgedanke (M.)
finance (F.) Finanz (F.)
financement (M.) Finanzierung (F.)
financement (M.) des partis politiques Parteienfinanzierung (F.)
financer finanzieren
finances (F.Pl.) Finanzen (F.Pl.)
financier (Adj.) finanziell
financier (M.) Bankier (M.)
finir beenden, beendigen, erledigen, fertigstellen, schließen, vollenden
firme (F.) Firma (F.)
fisc (M.) Fiskus (M.)
fiscal (Adj.) fiskalisch, steuerlich
fiscaliser besteuern
fixation (F.) Anberaumung (F.), Bemessung (F.), Festsetzung (F.)
fixation (F.) d'un délai Befristung (F.), Fristsetzung (F.), Zeitbestimmung (F.)
fixation (F.) impérative du loyer Mietpreisbindung (F.)
fixe (Adj.) fest, fix
fixé bestimmt
fixer anberaumen, anschlagen, ansetzen, bestimmen, festsetzen
fixer un délai befristen
flagrant handhaft
fleuve (F.) Strom (M.)
flexible nachgiebig
flibustier (M.) Freibeuter (M.)
flotte (F.) Flotte (F.)
fob (franco à bord) fob (free on board)
focaliser konzentrieren
fœtus (M.) Fötus (M.), Leibesfrucht (F.)
foi (F.) Bekenntnis (N.), Glaube (M.)
foire (F.) Messe (F.)
folie (F.) Wahnsinn (M.)
folie (F.) au volant Amok (M.)
fonction (F.) Amt (N.), Aufgabe (F.), Funktion (F.), Posten (M.), Verrichtung (F.)
fonction (F.) de l'État Staatszweck (M.)
fonction (F.) de service public öffentliche Aufgabe (F.)
fonction (F.) honorique Ehrenamt (N.)
fonction (F.) publique öffentlicher Dienst (M.)
fonction (F.) secondaire Nebenamt (N.)
fonctionnaire (F.) Beamtin (F.)
fonctionnaire (M.) Beamter (M.), Funktionär (M.)
fonctionnaire (M.) administratif Amtmann (M.)
fonctionnaire (M.) auxiliaire Hilfsbeamter (M.)
fonctionnaire (M.) communal Gemeindebeamter (M.)
fonctionnaire (M.) d'exécution Vollzugsbeamter (M.)
fonctionnaire (M.) de carrière Berufsbeamter (M.)
fonctionnaire (M.) de l'administration judiciaire chargé de certaines fonctions juridictionnelles Rechtspfleger (M.)
fonctionnaire (M.) de la police Polizeibeamter (M.)
fonctionnaire (M.) électif Wahlbeamter (M.)
fonctionnaire (M.) exécutif Vollzugsbeamter (M.)
fonctionnaire (M.) fédéral Bundesbeamter (M.)
fonctionnaire (M.) municipal Gemeindebeamter (M.)
fonctionnaire (M.) non rétribué Ehrenbeamter (M.)
fonctionnaire (M.) préposé à l'état-civil Standesbeamter (M.)
fonctionnaire (M.) publique Amtsträger (M.), Amtswalter (M.)
fonctionnaire (M.) stagiaire Referendar (M.)
fonctionnel funktionell
fond (M.) Boden (M.), Bodenschatz (M.), Fond (M.), Geldmittel (N.), Grund (M.), Hauptsache (F.), Mittel (N.)
fond (M.) du litige Hauptsache (F.), Hauptsacheklage (F.)
fond (M.) marin Meeresboden (M.)
fondamental grundlegend
fondateur (M.) Gründer (M.), Stifter (M.)
fondation (F.) Anstalt (F.), Begründung (F.), Gründung (F.), Stiftung (F.)
fondation (F.) en formation Vorstiftung (F.)
fondé (Adj.) begründet, berechtigt

fondé (M.) de pouvoir Handlungsbevollmächtigter (M.), Prokurist (M.)
fondé (M.) de procuration Prokurist (M.)
fondement (M.) Grundlage (F.)
fondement (M.) de la demande Anspruchsgrundlage (F.)
fondement (M.) du contrat Geschäftsgrundlage (F.)
fondement (M.) du droit Anspruchsgrundlage (F.)
fonder begründen, gründen, stiften
fonds (M.) Fonds (M.), Grundstück (N.), Handelsgeschäft (N.)
fonds (M.) agricole Hof (M.)
fonds (M.) d'investissement Investmentfonds (M.)
fonds (M.) de commerce Geschäftsvermögen (N.)
Fonds (M.) Monétaire International (F. M. I.) Internationaler Währungsfond (M.) (IWF)
fonds (M.) national de l'emploi staatlicher Fonds (M.) zur Bekämpfung der Arbeitslosigkeit
fonds (M.) social Grundkapital (N.)
fonds (M.Pl.) de tutelle Mündelgeld (N.)
fonds (M.Pl.) spéciaux Sondervermögen (N.)
fongible fungibel, vertretbar
force (F.) Gewalt (F.), Kraft (M.), Zwang (M.)
force (F.) de chose jugée formelle Rechtskraft (F.), materielle Rechtskraft (F.), Rechtskraft (F.)
force (F.) de loi Gesetzeskraft (F.)
force (F.) de travail Arbeitskraft (F.)
force (F.) exécutoire Vollstreckbarkeit (F.)
force (F.) majeure höhere Gewalt (F.)
force (F.) obligatoire Verbindlichkeit (F.)
force (F.) probante Beweiskraft (F.)
force (F.) probante de l'inscription sur le livre foncier à l'égard des tiers öffentlicher Glaube (M.) des Grundbuchs
force (F.) publique Staatsgewalt (F.)
forcené (M.) Amokläufer (M.)
forcer erzwingen, hetzen, verpflichten, zwingen
forces (F.Pl.) armées Militär (N.)
forces (F.Pl.) armées fédérales Bundesheer (N.)
forces (F.Pl.) navales Marine (F.)
forcible erzwingbar
forclusion (F.) Ausschluss (M.), Präklusion (F.)
forêt (F.) Forst (M.), Wald (M.)
forfait (M.) Ablöse (F.), Ablösung (F.), Missetat (F.), Pauschale (F.), Verbrechen (N.)
forfaitaire (Adj.) pauschal
forfaiture (F.) Amtsvergehen (N.), Pflichtverletzung (F.)
formalisme (M.) Formalismus (M.), Formbedürftigkeit (F.)
formalité (F.) Formalität (F.), Förmlichkeit (F.)
formateur (M.) Ausbildender (M.)
formation (F.) Ausbildung (F.), Begründung (F.), Bildung (F.), Gestaltung (F.)
formation (F.) continue Fortbildung (F.)
formation (F.) d'un gouvernement Regierungsbildung (F.)
formation (F.) des magistrats et auxiliaires de justice Justizausbildung (F.)
formation (F.) juridique juristische Ausbildung (F.)
formation (F.) professionnelle Berufsbildung (F.)
forme (F.) Form (F.), Formalität (F.), Förmlichkeit (F.), Gestalt (F.)
forme (F.) de culpabilité Schuldform (F.)
forme (F.) de l'État Staatsform (F.)
forme (F.) écrite Schriftform (F.), Schriftlichkeit (F.)
forme (F.) est libre Formfreiheit (F.)
forme (F.) spéciale d'emprisonnement pour les délinquants mineurs Jugendarrest (M.)
formel ausdrücklich, formal, formell, förmlich, streng
former ausbilden, bilden, erheben, gestalten
former la transition à überleiten
former un pourvoi en cassation Revision (F.) einlegen
former une coalition koalieren
formulaire (M.) Formular (N.)
formulaire (M.) de cession Abtretungsformular (N.)
formulaire-type (M.) Standardformular (N.)
formulation (F.) Formulierung (F.)
formule (F.) Formel (F.)
formule (F.) du serment Eidesformel (F.)
formule (F.) exécutoire Vollstreckungsklausel (F.)
formuler formulieren
fort (Adj.) hart
forteresse (F.) Festung (F.)
fortuit zufällig

fortune (F.) Glück (N.)
forum (M.) Forum (N.), forum (N.) (lat.) (Markt bzw. Gericht)
forum shopping (M.) (engl.) forum shopping (M.) (engl.)
fou (Adj.) wahnsinnig
fouille (F.) Durchsuchung (F.)
fouille (F.) à corps Leibesvisitation (F.)
fouiller durchsuchen, schürfen
fourguer nachschieben
fournir antreten, beibringen, erbringen, geben, leisten, stellen, verschaffen
fournir de versorgen
fournisseur (M.) Lieferant (M.)
fourniture (F.) Besorgung (F.), Bezug (M.), Lieferung (F.), Verschaffen (N.), Verschaffung (F.), Versorgung (F.)
fourniture (F.) postérieure en remplacement de la livraison principale Nachlieferung (F.)
fourrage (M.) Futter (N.)
foyer (M.) Haushalt (M.), Heim (N.)
fraction (F.) Bruchteil (M.), Fraktion (F.), Rate (F.)
fractionner aufspalten
fragmentaire (Adj.) unvollständig
frais (M.Pl.) Aufwendung (F.), Ausgabe (F.), Auslage (F.), Kosten (F.Pl.), Unkosten (F.Pl.)
frais (M.Pl.) accessoires Nebenkosten (F.Pl.)
frais (M.Pl.) administratifs Verwaltungskosten (F.Pl.)
frais (M.Pl.) d'enterrement Beerdigungskosten (F.Pl.)
frais (M.Pl.) d'envoi Versandkosten (F.Pl.)
frais (M.Pl.) d'utilisation Benutzungsgebühr (F.)
frais (M. Pl.) de chauffage Heizkosten (F. Pl.)
frais (M.Pl.) de construction Baukosten (F.Pl.)
frais (M.Pl.) de fabrication Gestehungskosten (F.Pl.)
frais (M.Pl.) de gestion du patrimoine du failli Massekosten (F.Pl.)
frais (M.Pl.) de justice Gerichtskosten (F.Pl.)
frais (M.Pl.) de procédure Prozessgebühr (F.)
frais (M.Pl.) de représentation Aufwandsentschädigung (F.)
frais (M.Pl.) exposés Spesen (F.Pl.)
frais (M.Pl.) généraux Gemeinkosten (F.Pl.)
frais (M.Pl.) professionnels Werbungskosten (F.Pl.)
franc (Adj.) portofrei
franc (Adj.) de toute dette schuldenfrei
franc (M.) Franken (M.)
France (F.) Frankreich (N.)
franchir durchbrechen, überschreiten
franchisage (M.) Franchisevertrag (M.), Franchising (N.)
franchise (F.) Franchisevertrag (M.), Franchising (N.), Selbstbehalt (M.)
franchisé Franchisenehmer (M.)
franchiseur (M.) Franchisegeber (M.)
franchising (M.) Franchisevertrag (M.), Franchising (N.)
franchissement (M.) Durchbrechung (F.), Überschreitung (F.)
franc-jeu (M.) Fairness (F.)
franc-maçon (M.) Freimaurer (M.)
franco franko, frei
franco à bord (fob) free on board (fob)
franco de port frachtfrei, portofrei
franco domicile frei Haus
frappé d'indignité successorale erbunwürdig
fraternel brüderlich
fraternité (F.) Brüderlichkeit (F.)
fraude (F.) Betrug (M.), Hinterlist (F.), Hinterziehung (F.)
fraude (F.) à la loi Gesetzesumgehung (F.)
fraude (F.) à la protection Sicherungsbetrug (M.)
fraude (F.) commise par le débiteur insolvable Insolvenzdelikt (N.)
fraude (F.) concernant l'execution d'une obligation Erfüllungsbetrug (M.)
fraude (F.) électorale Wahlbetrug (M.), Wahldelikt (N.), Wählertäuschung (F.), Wahlfälschung (F.)
fraude (F.) fiscale Steuerhinterziehung (F.)
fraude (F.) paulienne Gläubigerbenachteiligung (F.)
frauder betrügen, umgehen
fraudeur (M.) Betrüger (M.)
frauduleux (Adj.) betrügerisch
freiner hemmen
fréquence (F.) Häufigkeit (F.)
fréquent häufig
frère (M.) Bruder (M.)

frère (M.) consanguin Stiefbruder (M.)
frère (M.) et sœur (F.) Geschwister (Pl.)
frère (M.) utérin Stiefbruder (M.)
frères (M.Pl.) et sœurs (F.Pl.) Geschwister (Pl.)
fret (M.) Fracht (F.), Frachtgut (N.), Ladung (F.) (Last)
fret payé frachtfrei
fréteur (M.) Reeder (M.), Verfrachter (M.)
frivole leichtfertig
frontière (F.) Grenze (F.)
frontière (F.) d'État Staatsgrenze (F.)
frontière (F.) extérieure Außengrenze (F.)
frontière (F.) Oder-Neiße Oder-Neiße-Linie (F.)
fruit (M.) Einkunft (F.), Frucht (F.)
fruits (M.Pl.) civils Zins (M.)
fruits (M.Pl.) d'autrui Überfall (M.)
fuir fliehen
fuite (F.) Flucht (F.)
fumée (F.) Rauch (M.)
fumer rauchen
fusée (F.) Rakete (F.)
fusil (M.) Gewehr (N.)
fusiller erschießen
fusion (F.) Fusion (F.), Vereinigung (F.), Verschmelzung (F.), Zusammenschluss (M.)
fusionner fusionieren, vereinen, verschmelzen
fusionner des communes eingemeinden
futur (Adj.) künftig, zukünftig

g

G. A. T. T. (M.) (Accord général sur les tarifs douaniers et le commerce) GATT (N.) (engl.) (General Agreement on Tariffs and Trade)
gage (M.) Faustpfand (N.), Lidlohn (M.), Pfand (N.), Pfandsache (F.), Pfandvertrag (M.)
gage (M.) de déchéance Verfallspfand (N.)
gage (M.) immobilier Grundpfand (N.), Grundpfandrecht (N.)
gage (M.) immobilier légal gesetzliches Grundpfandrecht (N.)
gage (M.) mobilier Faustpfand (N.)
gage (M.) par nantissement Faustpfand (N.)
gagiste (M.) Pfandgläubiger (M.)
gagner erringen, gewinnen, obsiegen, verdienen
gain (M.) Erwerb (M.), Gewinn (M.), Verdienst (M.)
gain (M.) manqué entgangener Gewinn (M.)
gang (M.) Bande (F.)
garage (M.) Garage (F.)
garant (M.) Bürge (M.), Garant (M.)
garanti zugesichert
garantie (F.) (de qualités spécifiques) Zusicherung (F.) (einer Eigenschaft)
garantie (F.) Bürgschaft (F.), Garantie (F.), Gewähr (F.), Gewährleistung (F.), Obligo (N.), Sicherstellung (F.), Sicherung (F.), Zusicherung (F.)
garantie (F.) accordée par l'État Staatsbürgschaft (F.)
garantie (F.) bancaire Bankbürgschaft (F.), Garantiegeschäft (N.)
garantie (F.) constitutionnelle et institutionnelle institutionelle Garantie (F.)
garantie (F.) d'éviction Rechtsmängelhaftung (F.)
garantie (F.) d'un recours Rechtsweggarantie (F.)
garantie (F.) des droits Wahrung (F.) der Rechte
garantie (F.) juridique Rechtssicherheit (F.)
garantie (F.) légale des droits Rechtsgüterschutz (M.)
garantir bürgen, einstehen, garantieren, gewährleisten, sichern, verbürgen, zusichern
garçon (M.) Junggeselle (M.)
garde (F.) Garde (F.), Gewahrsam (M.), Obhut (F.), Pflege (F.) (Instandhaltung), Verwahrung (F.), Wache (F.)
garde (F.) à vue vorläufige Festnahme (F.)
garde (F.) civique Miliz (F.)
garde (M.) forestier Förster (M.)
garde-malade (F.) Betreuerin (F.)
garde-malade (M. bzw. F.) Pfleger (M.)
garde-malade (M.) Betreuer (M.)
garder aufbewahren, bewachen, bewahren, festhalten, hüten, verwahren
gardes (M.Pl.) mobiles Bereitschaftspolizei (F.)
gardeur (M.) Hüter (M.)
gardien (M.) Halter (M.), Hinterlegungsstelle (F.), Hirte (M.), Wächter (M.), Wärter (M.)
gardien (M.) d'un animal Tierhalter (M.)
gardien (M.) d'un véhicule Fahrzeughalter (M.)

gardien (M.) de paix Schutzmann (M.)
gardien (M.) de prison Strafvollzugsbeamter (M.)
gardiennage (M.) Bewachung (F.)
gare (F.) Bahnhof (M.)
garer parken
garnison (F.) Standort (M.)
gaspillage (M.) Verschwendung (F.)
gaspiller verschleudern, verschwenden
gastronomie (F.) Gastronomie (F.)
gauche links
gaz (M.) Gas (N.)
gaz (M.) d'échappement Abgas (N.)
gazette (F.) officielle Amtsblatt (N.)
GEMA (F.) (Société pour la protéction des droits de représentation musicale et de reproduction mécanique) GEMA (F.) (Gesellschaft für musikalische Aufführungs- und mechanische Vervielfältigungsrechte)
gênant lästig
gendarmerie (F.) Gendarmerie (F.)
gêne (F.) Belästigung (F.)
gène (M.) Gen (N.)
gêner behindern, belästigen
général (Adj.) allgemein, General-, generell
général (M.) General (M.)
généraliser generalisieren
généreux edel
génétique genetisch
genie (M.) génétique Gentechnik (F.)
génocide (M.) Genozid (M.), Völkermord (M.)
génome (F.) Genom (N.)
genre (M.) Gattung (F.), Genus (N.) (Gattung), Geschlecht (N.), Sorte (F.)
gentilhomme (M.) Junker (M.)
genus (N.) (lat.) Gattungssache (F.), Genus (N.) (Gattung)
gérance (F.) Fremdgeschäftsführung (F.), Geschäftsführung (F.), Verwaltung (F.)
gérant (M.) Geschäftsführer (M.), Leiter (M.), Verwalter (M.)
gérant (M.) de fortune Vermögensverwalter (M.)
géré (M.) Geschäftsherr (M.)
gérer führen, leiten, managen, verwalten
Germain (M.) Germane (M.)
geste (M.) Gebärde (F.)
gestion (F.) Führung (F.), Gebaren (N.), Geschäftsführung (F.), Verwaltung (F.)
gestion (F.) d'affaires Geschäftsbesorgung (F.)
gestion (F.) d'affaires sans titre Geschäftsführung (F.) ohne Auftrag
gestion (F.) d'entreprises Betriebswirtschaft (F.)
gestion (F.) dans son propre intérêt Eigengeschäftsführung (F.)
gestion (F.) de fait Geschäftsführung (F.) ohne Auftrag
gestion (F.) des biens Vermögensverwaltung (F.)
gestion (F.) des déchets Abfallentsorgung (F.)
ghetto (M.) Getto (N.)
gibet (M.) Galgen (M.)
gibier (M.) Wild (N.)
gitan (M.) Zigeuner (M.)
glèbe (F.) Scholle (F.)
glisser gleiten
glissière (F.) de sécurité Leitplanke (F.)
globale global
glorification (F.) Verherrlichung (F.)
glorifier verherrlichen
goodwill (M.) (engl.) goodwill (M.) (engl.)
goodwill (M.) Firmenwert (M.)
gourdin (M.) Prügel (M.)
goût (M.) Geschmack (M.)
gouvernement (M.) Regierung (F.)
gouvernement (M.) d'un canton Regierungsrat (M.)
gouvernement (M.) de fait faktische Regierung (F.)
gouvernement (M.) de l'État fédéré Landesregierung (F.)
gouvernement (M.) du Land Landesregierung (F.)
gouvernement (M.) fédéral Bundesregierung (F.)
gouvernement (M.) pontifical Kurie (F.)
gouvernement (M.) provincial Landesregierung (F.)
gouverner regieren
gouverneur (M.) Gouverneur (M.), Statthalter (M.)
grâce (F.) Begnadigung (F.), Gnade (F.), Gnadenerweis (M.), Gunst (F.)
grâce (F.) de dieu Gottes Gnade (F.)
gracier begnadigen
gracieux unentgeltlich
grade (M.) Dienstgrad (M.), Rang (M.)
grade (M.) de docteur Doktorgrad (M.)
grade (M.) universitaire akademischer Grad (M.), Hochschulgrad (M.)
graduation (F.) Graduierung (F.)

gradué (M.) Graduierter (M.)
graduer graduieren
grains (M.Pl.) Getreide (N.)
graisser schmieren
grammaire (F.) Grammatik (F.)
grammatical grammatikalisch
grand groß
grand axe (M.) routier Fernstraße (F.)
grand invalide (M.) Schwerbeschädigter (M.)
grand nombre (M.) Menge (F.)
grande route (F.) Landstraße (F.)
grande ville (F.) Großstadt (F.)
Grande-Bretagne (F.) Großbritannien (N.)
grandir heranwachsen, zunehmen
graphique (M.) Aufzeichnung (F.)
gratification (F.) Gratifikation (F.)
gratification (F.) de fin d'année Weihnachtsgeld (N.)
gratuit frei, gebührenfrei, kostenlos, unentgeltlich
gratuité (F.) Unentgeltlichkeit (F.)
gratuitement gratis, umsonst
gravats (M.Pl.) Schutt (M.)
grave grob, schwer
gravité (F.) Schwere (F.)
gravité (F.) de la culpabilité Schwere (F.) der Schuld
Grèce (F.) Griechenland (N.)
greffe (M.) Geschäftsstelle (F.), Kanzlei (F.)
greffier (M.) Gerichtsschreiber (M.), Protokollant (M.), Schriftführer (M.), Urkundsbeamter (M.)
grêle (F.) Hagel (M.)
grenier (M.) Speicher (M.)
grève (F.) Ausstand (M.), Streik (M.)
grève (F.) d'avertissement Warnstreik (M.)
grève (F.) générale Generalstreik (M.)
grève (F.) organisée organisierter Streik (M.)
grève (F.) partielle Teilstreik (M.)
grève (F.) sauvage wilder Streik (M.)
grève (F.) totale Vollstreik (M.)
grève (F.) tournante Teilstreik (M.)
grever belasten
gribouiller schmieren
gribouilleur (M.) Schmierer (M.)
grief (M.) Beschwer (F.), Klagegrund (M.), Rüge (F.), Vorwurf (M.)
grivèlerie (F.) Zechprellerei (F.)
gronder schelten
gros (Adj.) grob
gros (M.) Gros (N.)
grosse aventure (F.) Bodmerei (F.)
grossesse (F.) Schwangerschaft (F.)
grossier (Adj.) grob
grossiste (M.) Großhändler
groupage (F.) de marchandises Sammelladung (F.)
groupe (M.) Fraktion (F.), Gesellschaft (F.), Gremium (N.), Gruppe (F.), Kollegium (N.), Kollektiv (N.)
groupe (M.) de pression Lobby (F.)
groupe (M.) de sociétés Konzern (M.)
groupe (M.) parlementaire Fraktion (F.)
groupement (M.) Gruppe (F.), Verband (M.), Versammlung (F.)
groupement (M.) d'intérêt Sozietät (F.)
groupement (M.) d'intérêt économique (G. I. E.) Arbeitsgemeinschaft (F.) (ARGE)
groupement (M.) de personnes Personenvereinigung (F.)
groupement (M.) de sociétés Konzern (M.)
groupement (M.) des communes Landschaftsverband (M.)
groupement (M.) européen d'intérêt économique (G. E. I. E.) Europäische Wirtschaftliche Interessenvereinigung (F.) (EWIV)
groupement (M.) européen d'intérêt économique EWIV (F.) (Europäische Wirtschaftliche Interessenvereinigung)
groupement (M.) intercommunal Verwaltungsgemeinschaft (F.)
grouper einstufen
guérillero (M.) Guerilla (M.), Guerillero (M.)
guérir heilen
guérison (F.) Heilung (F.)
guerre (F.) Krieg (M.)
guerre (F.) d'agression Angriffskrieg (M.)
guerre (F.) des paysans Bauernkrieg (M.)
guerre (F.) justifiée gerechter Krieg (M.)
guet-apens (M.) hinterlistiger Überfall (M.)
guichet (M.) Schalter (M.)
guide (M.) Führer (M.)
guider beraten (V.), lenken
guillotine (F.) Guillotine (F.)

h

Habeas Corpus (M.) Habeas-Corpus-Act (M.)
habile à tester testierfähig
habilitation (F.) Ermächtigung (F.)

habilité (Adj.) berechtigt
habilité (F.) à négocier une convention collective Tariffähigkeit (F.)
habiliter bevollmächtigen, ermächtigen
habitant (M.) Einwohner (M.)
habitation (F.) Wohnung (F.)
habitation (F.) en commun Hausgemeinschaft (F.)
habiter (M.) Wohnen (N.)
habiter (V.) wohnen
habitude (F.) Gewohnheit (F.)
habituel gewohnheitsmäßig, gewöhnlich
haine (F.) Hass (M.)
Hambourg (M.) Hamburg (N.)
handicapé (Adj.) behindert, versehrt
handicapé (M.) Behinderter (M.)
handicapé (M.) grave Schwerbehinderter (M.)
Hanse (F.) Hanse (F.)
harcèlement (M.) Belästigung (F.)
harcèlement (M.) sexuel sexuelle Belästigung (F.)
hardware (M.) Hardware (F.)
harmonisation (F.) des droits Rechtsangleichung (F.)
harmonisation (F.) juridique Rechtsvereinheitlichung (F.)
harmoniser abstimmen
hasard (M.) Zufall (M.)
hasarder trauen
haschisch (M.) Haschisch (N.)
hausse (F.) Hausse (F.)
hausse (F.) illicite des loyers Mietwucher (M.)
hausse (F.) illicite des prix Preistreiberei (F.)
haut hoch
haut allemand hochdeutsch
haute considération (F.) Hochachtung (F.)
haute cour (F.) administrative Oberverwaltungsgericht (N.), Verwaltungsgerichtshof (M.) (Verwaltungsgerichtshof in Deutschland)
Haute Cour (F.) bavaroise de justice Bayerisches Oberstes Landesgericht (N.)
Haute Cour (F.) constitutionnelle Staatsgerichtshof (M.)
Haute Cour (F.) de Justice Oberster Gerichtshof (M.) (Oberster Gerichtshof in Frankreich zur Geltendmachung der rechtlichen Verantwortlichkeit der obersten Staatsorgane)
haute estime (F.) Hochachtung (F.)
haute mer (F.) hohe See (F.)
haute trahison (F.) Hochverrat (M.), Landesverrat (M.)
hauteur (F.) Höhe (F.)
hebdomadaire (Adj.) wöchentlich
hébergement (M.) Beherbergung (F.)
héberger beherbergen, unterbringen
hectare (F.) Hektar (M.)
hégémonie (F.) Hegemonie (F.)
héréditaire erblich
hérédité (F.) Erbe (N.), Veranlagung (F.)
hérédobiologique erbbiologisch
hérésie (F.) Häresie (F.), Ketzerei (F.)
hérétique (F.) Ketzer (M.)
héritage (M.) Erbe (N.), Erbschaft (F.), Nachlass (M.), Verlassenschaft (F.)
héritage (M.) culturel mondial Weltkulturerbe (N.)
héritage (M.) grevé Vorerbschaft (F.)
hériter beerben, erben
héritier (M.) Erbe (M.), Hinterbliebener (M.)
héritier (M.) ab intestat Intestaterbe (M.)
héritier (M.) apparant Scheinerbe (M.)
héritier (M.) auquel est attribué le bien de famille Anerbe (M.)
héritier (M.) final Schlusserbe (M.)
héritier (M.) grevé Vorerbe (M.)
héritier (M.) légal gesetzlicher Erbe (M.)
héritier (M.) réservataire Noterbe (M.), Pflichtteilsberechtigter (M.)
héritier (M.) subséquent Nacherbe (M.)
héritier (M.) substitué Ersatzerbe (M.)
héritier (M.) testamentaire Testamentserbe (M.)
héritier (M.) unique Alleinerbe (M.), Universalerbe (M.)
héritier (M.) universel Alleinerbe (M.), Universalerbe (M.)
héritière (F.) Erbin (F.)
héritière (F.) unique Alleinerbin (F.)
héritière (F.) universelle Alleinerbin (F.)
herméneutique (F.) Hermeneutik (F.)
herméneutique (F.) juridique Rechtsfindung (F.)
héroïne (F.) Heroin (N.)
Hesse (F.) Hessen (N.)
heure (F.) Stunde (F.)
heure (F.) d'été Sommerzeit (F.)
heure (F.) d'interpellations Fragestunde (F.)

heure (F.) de clôture Polizeistunde (F.), Sperrstunde (F.)
heure (F.) de fermeture des magasins Ladenschluss (M.)
heure (F.) réglementaire de fermeture Polizeistunde (F.)
heure (F.) supplémentaire Überstunde (F.)
heures (F.Pl.) d'ouverture Dienstzeit (F.), Geschäftszeit (F.)
heures (F.Pl.) de travail Arbeitszeit (F.)
heures (F.Pl.) légales erlaubte Zustellzeit (F.)
heurter kollidieren
hiérarchie (F.) Hierarchie (F.), Rangordnung (F.)
histoire (F.) Geschichte (F.)
histoire (F.) de la constitution Verfassungsgeschichte (F.)
histoire (F.) du droit Rechtsgeschichte (F.)
historique (Adj.) geschichtlich, historisch
historique (M.) Vorgeschichte (F.)
hobereaux (M.Pl.) Junkertum (N.)
hold up (M.) Bankraub (M.)
holding (M.) Gesellschaft (F.), Holding (F.), Holdinggesellschaft (F.)
homicide (M.) Totschlag (M.), Tötung (F.)
homicide (M.) commis volontairement dans le dessein de permettre ou de cacher une autre infraction ou en employant des tortures ou actes de barbarie ou pour des motifs particulièrement répréhensibles Mord (M.)
hommage (M.) Huldigung (F.)
homme (M.) d'État Staatsmann (M.)
homme (M.) de paille Strohmann (M.)
homme (M.) politique Politiker (M.)
homogène einheitlich, gleichartig
homosexualité (F.) Homosexualität (F.)
homosexuel (Adj.) homosexuell
Hongrie (F.) Ungarn (N.)
honneur (M.) Ehre (F.)
honorabilité (F.) Bonität (F.) (Güte)
honorable kreditfähig
honoraire (M.) Gebühr (F.), Rechtsanwaltsvergütung (F.)
honoraire (M.) de procédure Verfahrensgebühr (F.)
honoraires (M.Pl.) Honorar (N.)
honoraires (M.Pl.) calculés en fonction du résultat final Erfolgshonorar (N.)
honoraires (M.Pl.) dépendants du succès Erfolgshonorar (N.)
honorer bezahlen, honorieren, würdigen
honoris causa (lat.) honoris causa (lat.) (ehrenhalber)
hôpital (M.) Hospital (N.), Krankenhaus (N.), Spital (N.)
hôpital (M.) psychiatrique Irrenanstalt (F.)
horaire (M.) de travail Arbeitszeit (F.)
horizon (M.) Horizont (M.)
horizon (M.) du destinataire Empfängerhorizont (M.)
horizontal (Adj.) horizontal
hors d'état de se protéger soi-même hilflos
hors la loi vogelfrei
hospice (M.) Altersheim (N.)
hostile feindlich
hôte (M.) Gast (M.), Wirt (M.)
hôtel (M.) Hotel (N.)
hôtel (M.) de ville Rathaus (N.)
hôtel (M.) des finances Finanzamt (N.)
hôtel (M.) des impôts Finanzamt (N.)
hôtelier (M.) Gastwirt (M.)
hôtel-restaurant (M.) Gasthaus (N.), Gasthof (M.)
houillère (F.) Zeche (F.)
huis-clos (M.) Ausschluss (M.) der Öffentlichkeit
huissier (M.) Gerichtsvollzieher (M.), Vollstreckungsbeamter (M.)
huissier (M.) audiencier Gerichtsdiener (M.), Justizwachtmeister (M.)
huissier (M.) de justice Gerichtsdiener (M.), Gerichtsvollzieher (M.), Vollstrecker (M.)
huit acht
humain (Adj.) menschlich
humanitaire (Adj.) menschlich
hymne (M.) Hymne (F.)
hymne (M.) national Nationalhymne (F.)
hypermarché (M.) Geschäft (N.)
hypothèque (F.) Buchhypothek (F.), Hypothek (F.)
hypothèque (F.) conventionnelle Verkehrshypothek (F.)
hypothèque (F.) de garantie Sicherungshypothek (F.)
hypothèque (F.) dont le montant maximum seul est indiqué au registre hypothécaire Höchstbetragshypothek (F.)
hypothèque (F.) en faveur du propriétaire Eigentümerhypothek (F.)
hypothèque (F.) immobilière constatée par un titre Briefhypothek (F.)

hypothèque (F.) judiciaire Zwangshypothek (F.)
hypothèque (F.) reposant sur plusieurs biens fonciers Gesamthypothek (F.)
hypothèque (F.) solidaire Gesamthypothek (F.)
hypothèse (F.) Hypothese (F.)
hypothétique hypothetisch

i

i. (F.) v. g. (interruption volontaire de la grossesse) Schwangerschaftsabbruch (M.)
idéal (Adj.) ideal, ideell
idéal (M.) Ideal (N.)
idée (F.) Gedanke (M.), Idee (F.)
idéel ideell
identification (F.) de l'usager Benutzerkennung (F.)
identifier identifizieren
identique gleich, identisch
identité (F.) Identität (F.), Personalie (F.), Personalien (F.Pl.)
idéologie (F.) Ideologie (F.)
idiot (M.) Idiot (M.)
idiotie (F.) Idiotie (F.)
ignorance (F.) Unkenntnis (F.), Unwissenheit (F.)
ignorance (F.) du caractère pénal d'un acte Verbotsirrtum (M.)
ignorance (F.) du droit Rechtsblindheit (F.)
ignorance (F.) du fait qu'un acte constitue une infraction (F.) Verbotsirrtum (M.)
ignorance (F.) évitable du fait qu'un acte constitue une infraction vermeidbarer Verbotsirrtum (M.)
ignorant (Adj.) unwissend
ignorer übergehen (V.)
illégal (Adj.) gesetzwidrig, illegal, rechtswidrig, ungesetzlich, widerrechtlich
illégal eigenmächtig, unrechtmäßig
illégalité (F.) Gesetzwidrigkeit (F.), Illegalität (F.), Rechtswidrigkeit (F.)
illégalité (F.) réprimée par une sanction administrative Ordnungswidrigkeit (F.)
illégitime (Adj.) gesetzwidrig, illegitim, unehelich, ungesetzlich
illégitime unrechtmäßig
illégitimité (F.) Gesetzwidrigkeit (F.), Unehelichkeit (F.)
illicéité (F.) Rechtswidrigkeit (F.), Unstatthaftigkeit (F.), Widerrechtlichkeit (F.)
illicite (Adj.) rechtswidrig, unerlaubt, unrechtmäßig, unstatthaft, widerrechtlich
illimité unbeschränkt
illustration (F.) Bild (N.), Darstellung (F.)
image (F.) Bild (N.)
imbécile (Adj.) blöd
imbécile (M.) Blödmann (M.)
imitation (F.) Nachahmung (F.)
imiter nachahmen
immanent immanent
immatériel immateriell
immatriculation (F.) à la Sécurité sociale Sozialversicherungsanmeldung (F.)
immatriculer einschreiben, eintragen
immédiat beschleunigt, direkt, fristlos, sofortig, unmittelbar, unverzüglich
immédiatement sofort, umgehend (Adv.)
immédiatement imminent unmittelbar bevorstehend
immémorial unvordenklich
immeuble (M.) Gebäude (N.), Grundstück (N.)
immeuble (M.) locatif Mietshaus (N.)
immeubles (M.Pl.) Immobilien (F.Pl.)
immigrant (M.) Einwanderer (M.)
immigration (F.) Einwanderung (F.)
immigré (M.) Einwanderer (M.)
immigrer einwandern
imminent (Adj.) gegenwärtig
immiscer einmischen
immission (F.) Immission (F.)
immixtion (F.) Einmischung (F.)
immobilier (Adj.) unbeweglich
immobilier (M.) Immobiliar
immobilisation (F.) Halten (N.)
immobilisations (F.Pl.) Anlagevermögen (N.)
immunisé immun
immunité (F.) Immunität (F.)
immutabilité (F.) Unabänderlichkeit (F.), Unabdingbarkeit (F.)
immutable unabänderlich
imparfait unvollkommen
impartial (Adj.) sachlich, unparteiisch, unparteilich, unvoreingenommen
impartialité (F.) Unparteilichkeit (F.), Unvoreingenommenheit (F.)
impasse (F.) Sackgasse (F.)
impense (F.) Aufwand (M.), Aufwendung (F.), Auslage (F.), Verwendung (F.)

impense (F.) nécessaire notwendige Aufwendung (F.), notwendige Verwendung (F.)
impense (F.) utile nützliche Aufwendung (F.), nützliche Verwendung (F.)
impenses (F.Pl.) Verwendungen (F.Pl.)
impératif (Adj.) dringend, imperativ, unabdingbar, zwingend
impératrice (F.) Kaiserin (F.)
impérial kaiserlich
impérialisme (M.) Imperialismus (M.)
imperium (N.) (lat.) imperium (N.) (lat.) (Gewalt bzw. Reich)
impitoyable rücksichtslos
implanter (s') niederlassen (sich)
implanter unterbringen
implémentation (F.) Umsetzung (F.)
implication (F.) Einbeziehung (F.)
implicite stillschweigend
impliquer bedingen, einbeziehen
importance (F.) Bedeutung (F.), Belang (M.), Relevanz (F.)
important erheblich, relevant, wesentlich, wichtig
importateur (M.) Importeur (M.)
importation (F.) Einfuhr (F.), Import (M.)
importer einführen (hereinbringen), importieren
imposable steuerpflichtig
imposer aufdrängen, auferlegen, besteuern, diktieren, erzwingen, gebieten, oktroyieren, veranlagen, verhängen
imposition (F.) Besteuerung (F.), Veranlagung (F.)
imposition (F.) des prix Preisbindung (F.)
imposition (F.) des prix dans le sens horizontal horizontale Preisbindung (F.)
imposition (F.) des prix dans le sens vertical vertikale Preisbindung (F.)
impossibilité (F.) Unmöglichkeit (F.)
impossibilité (F.) existant au moment de la naissance de l'obligation ursprüngliche Unmöglichkeit (F.)
impossibilité (F.) individuelle Unvermögen (N.)
impossibilité (F.) objective objektive Unmöglichkeit (F.)
impossibilité (F.) originaire anfängliche Unmöglichkeit (F.)
impossibilité (F.) partielle Teilunmöglichkeit (F.), Teilunmöglichkeit (F.)
impossibilité (F.) personnelle subjektive Unmöglichkeit (F.)
impossibilité (F.) survenue ultérieurement à la naissance du rapport d'obligation d'exécuter une prestation nachträgliche Unmöglichkeit (F.)
impossible unmöglich
imposteur (M.) Hochstapler (M.)
impôt (M.) Abgabe (F.), Steuer (F.), Taxe (F.)
impôt (M.) communal Gemeindesteuer (F.)
impôt (M.) cultuel Kirchenbeitrag (M.), Kirchensteuer (F.)
impôt (M.) de consommation Verbrauchsteuer (F.)
impôt (M.) destiné à l'Église Kirchensteuer (F.)
impôt (M.) direct direkte Steuer (F.)
impôt (M.) foncier Grundsteuer (F.)
impôt (M.) indirect indirekte Steuer (F.)
impôt (M.) perçu par voie de rôle Veranlagungsteuer (F.)
impôt (M.) retenu à la source Quellensteuer (F.)
impôt (M.) sur l'énergie Energiesteuer (F.)
impôt (M.) sur la circulation Verkehrsteuer (F.)
impôt (M.) sur la fortune Vermögensteuer (F.)
impôt (M.) sur la fortune et le revenu Besitzsteuer (F.)
impôt (M.) sur le revenu Einkommensteuer (F.)
impôt (M.) sur le revenu des capitaux mobiliers et des valeurs Kapitalertragsteuer (F.)
impôt (M.) sur les bénéfices Ertragsteuer (F.)
impôt (M.) sur les bénéfices des sociétés Körperschaftsteuer (F.)
impôt (M.) sur les donations Schenkungsteuer (F.)
impôt (M.) sur les revenus financiers Abgeltungssteuer (F.)
impôt (M.) sur les salaires Lohnsteuer (F.)
impôt (M.) sur les sociétés Körperschaftsteuer (F.)
impôt (M.) sur les successions Erbschaftsteuer (F.)
impôt (M.) sur les traitements et salaires Lohnsteuer (F.)
impôt (M.) sur les transferts de capitaux Kapitalverkehrsteuer (F.)

impression (F.) Druck (M.)
imprévisibilité (F.) Unvorhersehbarkeit (F.)
imprévision (F.) Wegfall der Geschäftsgrundlage (M.)
imprimé (M.) Drucksache (F.), Druckschrift (F.)
imprimer drucken
improbable zweifelhaft
impropre à l'usage destiné mangelhaft
imprudence (F.) Fahrlässigkeit (F.), unbewusste Fahrlässigkeit (F.)
imprudence (F.) consciente bewusste Fahrlässigkeit (F.)
imprudence (F.) grave grobe Fahrlässigkeit (F.)
imprudent fahrlässig
impudique (Adj.) unzüchtig
impuissance (F.) à se défendre Wehrlosigkeit (F.)
impuni straflos
impunité (F.) Straflosigkeit (F.)
imputabilité (F.) Zurechenbarkeit (F.), Zurechnungsfähigkeit (F.)
imputabilité (F.) morale Schuldfähigkeit (F.)
imputable zurechenbar
imputation (F.) Zurechnung (F.)
imputation (F.) des avantages acquis par le lésé du fait de la réparation du dommage au compte des dommages-intérêts dus Vorteilsausgleichung (F.)
imputations (F.Pl.) diffamatoires à l'encontre d'un tiers s'appuyant sur des faits matériels üble Nachrede (F.)
imputer aufrechnen, zurechnen
in dubio pro reo (lat.) in dubio pro reo (lat.) (im Zweifel für den Angeklagten)
inacceptable unzumutbar
inaccomplié unbeendet
inactif untätig
inaction (F.) Untätigkeit (F.)
inactivité (F.) Untätigkeit (F.)
inadmissibilité (F.) Unzulässigkeit (F.)
inadmissible unvertretbar, unzulässig
inaliénable unveräußerlich
inamovibilité (F.) Unversetzbarkeit (F.)
inamovible unversetzbar
inapplicabilité (F.) Unanwendbarkeit (F.)
inapplicable unanwendbar
inapte (Adj.) untauglich
inattendu zufällig
inattentif achtlos
inauguration (F.) Eröffnung (F.)
incapable (Adj.) geschäftsunfähig, unfähig, untauglich
incapable (Adj.) d'ester en justice prozessunfähig
incapable (Adj.) d'exercer son metier arbeitsunfähig
incapable (Adj.) de contracter geschäftsunfähig
incapable (Adj.) de discerner unzurechnungsfähig
incapable (Adj.) de succéder erbunfähig
incapable (Adj.) de travail erwerbsunfähig
incapable de tester testierunfähig
incapacité (F.) Unfähigkeit (F.)
incapacité (F.) d'assurer sa propre défense Wehrlosigkeit (F.)
incapacité (F.) d'exercice Geschäftsunfähigkeit (F.)
incapacité (F.) de conduire un véhicule à cause d'ivresse manifeste Fahruntüchtigkeit (F.)
incapacité (F.) de contracter Geschäftsunfähigkeit (F.)
incapacité (F.) de discernement Unzurechnungsfähigkeit (F.)
incapacité (F.) de paiement Zahlungsunfähigkeit (F.)
incapacité (F.) de succéder Erbunfähigkeit (F.)
incapacité (F.) de tester Testierunfähigkeit (F.)
incapacité (F.) de travail Arbeitsunfähigkeit (F.), Erwerbsunfähigkeit (F.)
incapacité (F.) professionnelle Berufsunfähigkeit (F.)
incarcération (F.) Inhaftierung (F.)
incarcération (F.) provisoire vorläufige Verwahrungshaft (F.)
incarnation (F.) Inbegriff (M.)
incendiaire (M.) Brandstifter (M.)
incendie (M.) Brand (M.), Feuer (N.)
incendie (M.) volontaire Brandstiftung (F.)
incertain zweifelhaft
incertitude (F.) Zweifel (M.)
inceste (M.) Blutschande (F.), Inzest (M.)
incidence (F.) Wirkung (F.)
incident (M.) Vorfall (M.)
incident (M.) de fonctionnement Betriebsstörung (F.)
incident (M.) soulevé par le débiteur saisi

et portant sur un vice de forme Vollstreckungserinnerung (F.)
incidents (M.Pl.) du procès Zwischenstreit (M.)
incitateur (M.) Anstifter (M.)
incitation (F.) Anstiftung (F.), Provokation (F.), Verleitung (F.)
inciter anstiften, auffordern, aufwiegeln, verleiten
inclinaison (F.) Gefälle (N.)
incliner beugen
inclure einschließen
inclus inbegriffen, inklusiv
incognito inkognito
incomber obliegen
incompatibilité (F.) Inkompatibilität (F.), Unvereinbarkeit (F.)
incompatible inkompatibel, unvereinbar
incompétence (F.) Inkompetenz (F.), Unfähigkeit (F.), Unzuständigkeit (F.)
incompétent inkompetent, unzuständig
incomplet unvollkommen, unvollständig
inconditionnel absolut
inconnu (Adj.) fremd
inconscience (F.) Bewusstlosigkeit (F.)
inconscient unbewusst
inconstitutionnalité (F.) Verfassungswidrigkeit (F.)
inconstitutionnel verfassungswidrig
incontestable unanfechtbar
incontesté unbestritten
inconvénient (M.) Nachteil (M.)
incorporation (F.) Eingemeindung (F.), Einverleibung (F.), Inkorporation (F.), Rekrutierung (F.), Verbindung (F.)
incorporel nichtkörperlich
incorporer eingemeinden, einverleiben, inkorporieren
incorrect (Adj.) falsch, unrichtig
incorrection (F.) Unrichtigkeit (F.)
incoterms (M.Pl.) incoterms (Pl.)
incriminer anschuldigen, belasten, beschuldigen
inculpation (F.) Anklage (F.), Anschuldigung, Bezichtigung (F.)
inculpé (M.) Angeschuldigter (M.), Beschuldigter (M.)
inculpée (F.) Angeschuldigte (F.), Beschuldigte (F.)
inculper anklagen, anschuldigen, beschuldigen
incursion (F.) Überfall (M.)
indéfini unbeschränkt
indemnisation (F.) Abgeltung (F.), Entschädigung (F.), Ersatz (M.), Freistellung (F.), Schadloshaltung (F.)
indemnisation (F.) des victimes Opferentschädigung (F.)
indemnisé schadlos
indemniser abfinden, abgelten, entgelten, entschädigen, schadlos halten
indemnité (F.) Abfindung (F.), Abgeltung (F.), Entschädigung (F.), Indemnität (F.), Schadensersatz (M.)
indemnité (F.) de congé Urlaubsgeld (N.)
indemnité (F.) de congé de maternité Mutterschaftsgeld (N.)
indemnité (F.) de congédiement Abfertigung (F.)
indemnité (F.) de licenciement Abfertigung (F.)
indemnité (F.) de non-concurrence Karenzentschädigung (F.)
indemnité (F.) de résidence Ortszuschlag (M.)
indemnité (F.) de sauvetage Bergelohn (M.)
indemnité (F.) de sèparation Trennungsgeld (N.)
indemnité (F.) des frais professionnels Aufwandsentschädigung (F.)
indemnité (F.) due à l'associé qui se retire d'une société Abfindungsguthaben (N.)
indemnité (F.) en argent Geldentschädigung (F.)
indemnité (F.) funéraire Sterbegeld (N.)
indemnité (F.) journalière Krankengeld (N.), Tagegeld (N.)
indemnité (F.) parlementaire Diäten (F.Pl.)
indemnité (F.) pour charges administratives Aufwandsentschädigung (F.)
indemnité (F.) pour dommage moral Schmerzensgeld (N.)
indemnité (F.) pour dommage moral de la fiancée Kranzgeld (N.)
indemnité (F.) pour les frais engagés Vertrauensinteresse (N.)
indemnité (F.) pour privation de jouissance Nutzungsentschädigung (F.)
indemnité (F.) sous forme d'argent Geldersatz (M.)
indépendance (F.) Autonomie (F.), Unabhängigkeit (F.)

indépendance (F.) fictive Scheinselbständigkeit (F.)
indépendance (F.) seulement en apparence Scheinselbständigkeit (F.)
indépendant (Adj.) selbständig, unabhängig
indépendant (Adj.) seulement en apparence scheinselbständig
indépendant (M.) Selbständiger (M.)
indétermination (F.) Unbestimmtheit (F.)
indéterminé unbestimmt
index (M.) Index (M.), Inhaltverzeichnis (N.)
indicateur (M.) Informant (M.), Spitzel (M.), V-Mann (M.)
indicatif (M.) Vorwahl (F.)
indication (F.) Angabe (F.), Hinweis (M.), Indikation (F.)
indication (F.) de la voie de recours Rechtsmittelbelehrung (F.)
indication (F.) des moyens de preuve Beweisantritt (M.)
indications (F.Pl.) Daten (N.Pl.)
indice (M.) Anhalt (M.), Anhaltspunkt (N.), Anzeichen (N.), Hinweis (M.), Index (M.), Indiz (N.)
indice (M.) des cours Kursindex (M.)
indice (M.) officiel des loyers Mietspiegel (M.)
indigénat (M.) Indigenat (M.)
indigence (F.) Bedürftigkeit (F.), Not (F.)
indigent bedürftig
indigne erbunwürdig
indignité (F.) successorale Erbunwürdigkeit (F.)
indiquer angeben, hinweisen, indizieren, weisen
indiquer les motifs begründen
indirect indirekt, mittelbar
indispensable (Adj.) erforderlich, notwendig, obligat, unabdingbar, unerlässlich
individu (M.) Einzelner (M.), Individuum (N.), Person (F.)
individualisation (F.) Konkretisierung (F.)
individualité (F.) Persönlichkeit (F.)
individuel (Adj.) einzeln, individuell, persönlich
indivisaire (M.) Bruchteilseigentümer (M.), Gesamthänder (M.), Gesamthandseigentümer (M.)
indivisible unteilbar
indivision (F.) Gesamthand (F.), Gesamthandsgemeinschaft (F.)
indivision (F.) héréditaire Erbengemeinschaft (F.)
indivision (F.) ordinaire Bruchteilseigentum (N.)
indubitable zweifellos
induction (F.) Induktion (F.)
induire en erreur irreführen
indulgence (F.) Ablass (M.)
industrie (F.) Gewerbe (N.), Industrie (F.)
industriel (Adj.) gewerblich, industriell
industriel (M.) Fabrikant (M.), Gewerbetreibender (M.)
inefficacitè (F.) Rechtsunwirksamkeit (F.)
inégal ungleich
inégalité (F.) Ungleichheit (F.)
inéluctable unvermeidbar
inéquitable unbillig
inévitable unabwendbar, unvermeidbar, unvermeidlich
inexact unrichtig
inexécution (F.) Nichterfüllung (F.)
inexécution (F.) d'une obligation contractuelle Forderungsverletzung (F.)
inexécution (F.) dans l'exécution résultant d'une faute du débiteur positive Forderungsverletzung (F.)
inexécution (F.) du contrat Vertragsverletzung (F.)
inexécution (F.) du débiteur Schuldnerverzug (M.)
inexistant unwirksam
inexistence (F.) Nichtbestehen (N.)
infaillibilité (F.) Infallibilität (F.)
infâme infam
infamie (F.) Infamie (F.)
infanticide (M.) Kindestötung (F.)
inférer ableiten
inférieur untere
infidélité (F.) Treubruch (M.), Untreue (F.)
infirmation (F.) Aufhebung (F.)
infirme (Adj.) gebrechlich
infirmer aufheben
infirmier (M.) Pfleger (M.)
infirmité (F.) Gebrechlichkeit (F.)
inflation (F.) Inflation (F.)
infliger auferlegen, verhängen
infliger une peine Strafe (F.) auferlegen
influence (F.) Einwirkung (F.)
influence (F.) du vote d'un électeur par des dons ou des libéralités en argent ou en nature Wählerbestechung (F.)

influencer beeinflussen
influer einwirken
infondé unbegründet
informateur (M.) Informant (M.)
informateur (M.) de police V-Mann (M.)
information (F.) Aufklärung (F.), Auskunft (F.), Avis (N.), Belehrung (F.), Datum (N.), Erkundigung (F.), Hinweis (M.), Information (F.), Kenntnisnahme (F.), Meldung (F.), Mitteilung (F.), Nachricht (F.)
information (F.) des voies de recours en justice Rechtsmittelbelehrung (F.)
information (F.) pour les consommateurs Verbraucherinformation (F.)
information (F.) sur les droits Rechtsbelehrung (F.)
informationnel informationell
informations (F.Pl.) Daten (N.Pl.)
informatique (F.) Datenverarbeitung (F.), EDV (F.) (elektronische Datenverarbeitung), elektronische Datenverarbeitung (F.) (EDV), Informatik (F.)
informatique (F.) judiciaire Rechtsinformatik (F.)
informatique (F.) juridique documentaire Rechtsinformatik (F.)
informé (Adj.) kundig
informel informell
informer aufklären, belehren, berichten, erkundigen, informieren, mitteilen
infraction (F.) Delikt (N.), Frevel (M.), Straftat (F.), Übertretung (F.), Umgehung (F.), Verletzung (F.), Verstoß (M.)
infraction (F.) à l'étranger Auslandsdelikt (N.)
infraction (F.) à la loi Gesetzwidrigkeit (F.)
infraction (F.) au code de la route Verkehrsdelikt (N.), Verkehrsordnungswidrigkeit (F.)
infraction (F.) au contrat Vertragsverletzung (F.)
infraction (F.) commise par un mineur Jugendstraftat (F.)
infraction (F.) commise sous l'empire d'un narcotique Rauschtat (F.)
infraction (F.) complexe natürliche Handlungseinheit (F.)
infraction (F.) concernant l'organisation frauduleuse de l'insolvabilité Insolvenzstraftat (F.)
infraction (F.) connexe punie par la peine principale mitbestrafte Nachtat (F.)
infraction (F.) continuée Dauerdelikt (N.), fortgesetzte Handlung (F.)
infraction (F.) contre les mœurs Sexualdelikt (N.)
infraction (F.) d'habitude gewohnheitsmäßiges Handeln (N.)
infraction (F.) d'imprudence Fahrlässigkeit (F.)
infraction (F.) d'omission Unterlassung (F.)
infraction (F.) de commission Erfolgsdelikt (N.)
infraction (F.) de commission par omission unechtes Unterlassungsdelikt (N.)
infraction (F.) écologique Umweltdelikt (N.)
infraction (F.) en matière de faillite Konkursstraftat (F.)
infraction (F.) formelle Tätigkeitsdelikt (N.)
infraction (F.) impossible untauglicher Versuch (M.)
infraction (F.) initiale Vortat (F.)
infraction (F.) intentionnelle vorsätzliche Straftat (F.)
infraction (F.) mineure Bagatelldelikt (N.)
infraction (F.) permanente Zustandsdelikt (N.)
infraction (F.) pour laquelle une écoute téléphonique est légal Katalogtat (F.)
infraction (F.) poursuivie d'office par le parquet Offizialdelikt (N.)
infraction (F.) praeterintentionnelle erfolgsqualifiziertes Delikt (N.)
infraction (F.) privilégiée privilegierte Straftat (F.)
infraction (F.) putative Wahndelikt (N.)
infraction (F.) qualifiée qualifizierte Straftat (F.)
infractions (F.Pl.) en matière d'informatique Computerkriminalität (F.)
ingénieur (M.) des eaux et forêts Förster (M.)
ingénieur-conseil (M.) en propriété industrielle Patentanwalt (M.)
ingérence (F.) Einmischung (F.), Ingerenz (F.)
ingérer einmischen
ingratitude (F.) grober Undank (M.)
inhabile unfähig
inhibition (F.) Hemmung (F.)
inhumain grausam
inhumation (F.) Beerdigung (F.)
inhumer beerdigen

inique ungerecht, unrecht
iniquité (F.) Unbilligkeit (F.), Ungerechtigkeit (F.)
initiale (F.) Initiale (F.)
initiateur (M.) Urheber (M.)
initiative (F.) Anregung (F.), Initiative (F.)
initiative (F.) législative Gesetzesinitiative (F.)
initié (M.) Insider (M.)
injonction (F.) Anordnung (F.), Aufforderung (F.), Befehl (M.)
injonction (F.) de payer Mahnverfahren (N.)
injure (F.) Beleidigung (F.), Beschimpfung (F.), Schimpfwort (N.)
injure (F.) publique proférée envers un groupe Kollektivbeleidigung (F.)
injure (F.) verbale Verbalinjurie (F.)
injurier beschimpfen
injurieux schädlich
injuste unbillig, ungerecht, unrecht
injustice (F.) Unbilligkeit (F.), Ungerechtigkeit (F.), Unrecht (N.)
injustifié (Adj.) ungerechtfertigt
innocence (F.) Unschuld (F.)
innommé unbenannt
inobsérvation (F.) Versäumung (F.)
inobserver missachten
inopportun lästig
inprévisible unvorhersehbar
inqualifiable unvertretbar
inquisiteur (Adj.) inquisitorisch
Inquisition (F.) Inquisition (F.)
inquisitoral inquisitorisch
insaisissabilité (F.) Unpfändbarkeit (F.)
insaisissable unpfändbar
inscription (F.) Buchung (F.), Einschreiben (N.), Eintragung (F.), Gutschrift (F.)
inscription (F.) à l'université Immatrikulation (F.)
inscription (F.) au registre foncier Grundbucheintragung (F.)
inscription (F.) d'une annotation Vormerkung (F.)
inscrire einschreiben, eintragen, registrieren
inscrire à l'université immatrikulieren
inscrit dans un dossier aktenkundig
insécurité (F.) juridique Rechtsunsicherheit (F.)
insémination (F.) Insemination (F.)
insigne (M.) Insignie (F.), Plakette (F.)
insigne (M.) de souveraineté Hoheitszeichen (N.)
insigne (M.) non appropriable Freizeichen (N.)
insignifiant unwesentlich
insolvabilité (F.) Insolvenz (F.), Zahlungsunfähigkeit (F.)
insolvabilité (F.) des biens portant sur le patrimoine d'une succession Nachlassinsolvenzverfahren (N.)
insolvable (Adj.) insolvent, zahlungsunfähig
insoumis (M.) Wehrdienstverweigerer (M.)
insoumission (F.) Kriegsdienstverweigerung (F.), Wehrdienstverweigerung (F.), Wehrpflichtentziehung (F.)
inspecter inspizieren, kontrollieren, mustern, prüfen
inspecteur (M.) Inspekteur (M.)
inspection (F.) Einsicht (F.), Inspektion (F.), Prüfung (F.)
inspection (F.) du travail Gewerbeaufsicht (F.)
installateur (M.) Installateur (M.)
installation (F.) Anlage (F.), Bestallung (F.), Betrieb (M.), Einführung (F.), Einrichtung (F.), Einweisung (F.)
installation (F.) de décantation Kläranlage (F.)
installation (F.) industrielle Betriebsanlage (F.)
installé eingerichtet
installer (s') beziehen, niederlassen (sich)
installer einsetzen, einweisen
instance (F.) Instanz (F.), Instanzenzug (M.), Rechtszug (M.)
instance (F.) d'appel Berufungsinstanz (F.)
instance (F.) de recours Rechtsmittelinstanz (F.)
instigateur (M.) Anstifter (M.)
instigation (F.) Anstiftung (F.)
instigatrice (F.) Anstifterin (F.)
instinct (M.) Trieb (M.)
instinct (M.) sexuel Geschlechtstrieb (M.)
instituer einsetzen, gründen
institut (M.) Institut (N.), Seminar (N.)
institut (M.) de crédit Kreditinstitut (N.)
institut (M.) fédéral Bundesanstalt (F.)
institution (F.) Anstalt (F.), Begründung (F.), Einrichtung (F.), Einsetzung (F.), Gründung (F.), Institution (F.), Organ (N.)
institution (F.) d'assurance Versicherungsträger (M.)

institution (F.) d'héritier Erbeinsetzung (F.)
institution (F.) de l'assurance sociale Sozialversicherungsträger (M.)
institution (F.) juridique Rechtsinstitut (N.)
institutionnel institutionell
instructeur (M.) Ermittler (M.)
instruction (F.) Anordnung (F.), Anweisung (F.), Belehrung (F.), Beweisaufnahme (F.), Direktive (F.), Einweisung (F.), Ermittlung (F.), Instruktion (F.), Lehre (F.), Untersuchung (F.), Vorschrift (F.), Weisung (F.)
instruction (F.) d'effet suspensif Anordnung (F.) der aufschiebenden Wirkung
instruction (F.) de service Bedienungsanleitung (F.), Dienstanweisung (F.), Gebrauchsanweisung (F.)
instruction (F.) insuffisante Instruktionsfehler (M.)
instruction (F.) préalable Vorprüfung (F.), Voruntersuchung (F.)
instruction (F.) préliminaire Voruntersuchung (F.)
instruction (F.) préparatoire Ermittlungsverfahren (N.)
instruction (F.) relative aux voies de recours Rechtsbehelfsbelehrung (F.)
instruction (F.) religieuse Religionsunterricht (M.)
instruire anweisen, belehren, instruieren
instruit (Adj.) kundig
instrument (M.) Instrument (N.)
insubordination (F.) Insubordination (F.), Unbotmäßigkeit (F.)
insubordonné unbotmäßig
insuffisance (F.) Dürftigkeit (F.), Mangel (M.)
insuffisant (Adj.) dürftig
insulte (F.) Beleidigung (F.), Beschimpfung (F.)
insulter beleidigen, beschimpfen
insurger aufwiegeln
insurrection (F.) Aufstand (M.)
intangible unabdingbar
intégral (Adj.) vollständig
intégration (F.) Integration (F.)
intègre unbescholten
intégrer aufnehmen, integrieren
intégrité (F.) Integrität (F.), Lauterkeit (F.), Redlichkeit (F.)
intellectuel (Adj.) geistig
intelligence (F.) Einsicht (F.), Geist (M.)
intendance (F.) Obrigkeit (F.)
intenter erheben, vorgehen
intenter une action juridique Rechtsweg beschreiten
intenter une poursuite betreiben
intention (F.) Absicht (F.), Vorsatz (M.), Zweck (M.)
intention (F.) d'enrichissement Bereicherungsabsicht (F.)
intention (F.) de s'enrichir Bereicherungsabsicht (F.)
intention (F.) des parties Parteiwille (M.)
intention (F.) directe direkter Vorsatz (M.)
intentionnel absichtlich, bewusst, dolos, vorsätzlich, wissentlich
interaction (F.) Interaktion (F.)
intercéder eingreifen
intercepter unterschlagen, vorenthalten (V.)
intercesseur (M.) Fürsprecher (M.)
intercession (F.) Fürsprache (F.)
interdépendant abhängig
interdiction (F.) Untersagung (F.), Verbot (N.), Versagung (F.)
interdiction (F.) d'abuser un droit Schikaneverbot (N.)
interdiction (F.) d'acquérir Erwerbsverbot (N.)
interdiction (F.) d'administration de la preuve Beweiserhebungsverbot (N.)
interdiction (F.) d'aliéner Veräußerungsverbot (N.), Verfügungsverbot (N.)
interdiction (F.) d'analogie Analogieverbot (N.)
interdiction (F.) d'exercer sa profession Berufsverbot (N.)
interdiction (F.) d'extradition Auslieferungsverbot (N.)
interdiction (F.) d'utiliser Verwertungsverbot (N.)
interdiction (F.) de céder Abtretungsverbot (N.)
interdiction (F.) de circuler Fahrverbot (N.)
interdiction (F.) de dépasser Überholverbot (N.)
interdiction (F.) de fumer Rauchverbot (N.)
interdiction (F.) de l'exercice d'un droit ayant pour but de causer dommage à autrui Schikaneverbot (N.)
interdiction (F.) de prendre des mesures excessives Übermaßverbot (M.)

interdiction (F.) de procéder à des écoutes téléphoniques Abhörverbot (N.)
interdiction (F.) de recevoir un moyen de preuve Beweisverwertungsverbot (N.)
interdiction (F.) de refouler Abschiebungsverbot (N.)
interdiction (F.) de réunion Versammlungsverbot (N.)
interdiction (F.) de séjour dans un lieu donné Ortsverweisung (F.)
interdiction (F.) de tout abus de droit Willkürverbot (N.)
interdiction (F.) en matière de concurrence Wettbewerbsverbot (N.)
interdiction (F.) faite à un détenu de communiquer avec l'extérieur Kontaktsperre (F.)
interdiction (F.) formelle de pénétrer dans un immeuble Hausverbot (N.)
interdiction (F.) judiciaire Entmündigung (F.)
interdiction (F.) préventive präventives Verbot (N.)
interdiction (F.) professionnelle Berufsverbot (N.), Gewerbeuntersagung (F.)
interdiction (F.) répressive repressives Verbot (N.)
interdire entmündigen, sperren, untersagen, verbieten
interdit unerlaubt, verboten (Adj.)
interessé (Adj.) betroffen
interessé (M.) Antragsteller (M.)
intéressé (M.) Beteiligter (M.)
interessé (M.) Betroffener (M.)
interessée (F.) Antragstellerin (F.), Betroffene (F.)
intéressement (M.) Beteiligung (F.) der Arbeitnehmer am Betriebsergebnis
intéresser beteiligen
intérêt (M.) Anteil (M.), Belang (M.), Beteiligung (F.), Interesse (N.), Relevanz (F.), Sorge (F.), Verzinsung (F.), Zins (M.)
intérêt (M.) commun Gemeinwohl (N.)
intérêt (M.) contractuel négatif negatives Interesse (N.)
intérêt (M.) contractuel positif Erfüllungsinteresse (N.)
intérêt (M.) dû Zinsschuld (F.)
intérêt (M.) général Allgemeinwohl (N.), Gemeinwohl (N.), öffentliches Interesse (N.)
intérêt (M.) légitime Rechtsschutzbedürfnis (N.), Rechtsschutzinteresse (N.)
intérêt (M.) matériel Interesse (N.)
intérêt (M.) negatif negatives Interesse (N.)
intérêt (M.) pécuniaire éventuel Anwartschaftsrecht (N.)
interétatique zwischenstaatlich
intérêts (M.Pl.) Verzinsung (F.)
intérêts (M.Pl.) débiteurs Schuldzinsen (M.Pl.)
intérêts (M.Pl.) moratoires Verzugszinsen (M.Pl.)
intérieur (Adj.) inländisch
intérieur (M.) Inland (N.)
intérim (M.) Interim (N.)
intérimaire einstweilig, kommissarisch
interjeter einlegen
interjeter appel appellieren
interlocal interlokal
interlocutoire (M.) Zwischenurteil (N.)
intermédiaire zwischen
intermédiare (M.) Vermittler (M.)
intermédiation (F.) de crédit Kreditvermittlung (F.)
interminé unbeendet
international international, zwischenstaatlich
interne (Adj.) innerstaatlich
internement (M.) Internierung (F.), Sicherheitsverwahrung (F.), Sicherungsverwahrung (F.), Unterbringung (F.)
interner internieren
internet (M.) Internet (N.)
interpellation (F.) Interpellation (F.)
interpeller anrufen, ansprechen, interpellieren
interpol (M.) Interpol (F.)
interpolation (F.) Interpolation (F.)
interprétation (F.) Auslegung (F.), Interpretation (F.)
interprétation (F.) complétante ergänzende Auslegung (F.)
interprétation (F.) complétante d'une convention ergänzende Vertragsauslegung (F.)
interprétation (F.) constitutionnel verfassungskonforme Auslegung (F.)
interprétation (F.) d'une convention Vertragsauslegung (F.)
interprétation (F.) d'une norme par l'auteur lui-même authentische Interpretation (F.)
interprétation (F.) de la constitution Verfassungsauslegung (F.)
interprête (F.) Dolmetscherin (F.)

interprète (M.) Dolmetscher (M.)
interpréter auslegen, dolmetschen, interpretieren
interrègne (M.) Interregnum (N.)
interrogatoire (M.) Einvernahme (F.), Vernehmung (F.)
interroger befragen, einvernehmen, fragen, verhören, vernehmen
interrompre abbrechen, aussetzen, einstellen, hemmen, unterbrechen
interruption (F.) Abbruch (M.), Aussetzung (F.), Einstellung (F.), Hemmung (F.), Unterbrechung (F.)
interruption (F.) momentanée Hemmung (F.)
interruption (F.) volontaire de la grossesse (i. v. g.) Abtreibung (F.), Schwangerschaftsabbruch (M.)
intersection (F.) Kreuzung (F.)
intervenant (M.) Intervenient (M.), Nebenintervenient (M.)
intervenant (M.) à titre accessoire Nebenintervenient (M.)
intervenir eingreifen, einmischen, einschreiten, eintreten, intervenieren
intervention (F.) Eingriff (M.), Einschreiten (N.), Fürsprache (F.), Intervention (F.), Parteiänderung (F.)
intervention (F.) accessoire Nebenintervention (F.)
intervention (F.) forcée notwendige Streitgenossenschaft (F.), Streitverkündung (F.)
intervention (F.) principale Hauptintervention (F.)
intimé (M.) Berufungsbeklagter (M.)
intime intim
intimée (F.) Berufungsbeklagte (F.)
intimidation (F.) Androhung (F.), Drohung (F.)
intimider abschrecken
intimité (F.) Intimität (F.)
intracommunautaire innergemeinschaftlich
intrigant (M.) Ränkeschmied (M.)
intrigue (F.) Rank (M.)
introduction (F.) Einbringung (F.), Einführung (F.), Einleitung (F.)
introduction (F.) de l'action Klageerhebung (F.)
introduction (F.) de l'instance Klageerhebung (F.)
introduction (F.) de la demande Klageerhebung (F.)
introduire einbringen, einführen (hereinbringen), erheben, importieren
introduire une instance klagen
introduire une poursuite betreiben
invalidation (F.) Annullierung (F.), Kraftloserklärung (F.)
invalide (Adj.) erwerbsunfähig, kraftlos, ungültig, unwirksam
invalide (M.) Invalide (M.)
invalider annullieren
invalidité (F.) Invalidität (F.), Ungültigkeit (F.)
invalidité (F.) provisoire d'un contrat schwebende Unwirksamkeit (F.)
invasion (F.) Überfall (M.)
inventaire (M.) Inventar (N.), Inventur (F.), Liste (F.), Verzeichnis (N.)
inventaire (M.) des biens Vermögensverzeichnis (N.)
inventaire (M.) successoral Nachlassinventar (N.)
inventer erfinden
inventeur (M.) Erfinder (M.), Finder (M.)
invention (F.) Erfindung (F.)
invention (F.) de salarié faite dans le service Arbeitnehmererfindung (F.)
invention (F.) faite dans le service Diensterfindung (F.)
inventorier verzeichnen
inverser verkehren
invertir verkehren
investir anlegen, aufwenden, einsetzen, investieren
investissement (M.) Anlage (F.), Investition (F.), Investment (N.), Kapitalanlage (F.)
investissements (M.Pl.) Anlagevermögen (N.)
investisseur (M.) Anleger (M.), Kapitalanleger (M.)
investiture (F.) Investitur (F.)
inviolable unverletzlich
invitatio (F.) ad offerendum (lat.) (invitation à une offerte) invitatio (F.) ad offerendum (lat.) (Einladung zum Angebot)
invitation (F.) Aufforderung (F.), Einladung (F.)
invitation (F.) à déclarer des droits sous peine de déchéance Aufgebot (N.)
invitation (F.) à quitter le territoire Ausreiseaufforderung (F.)

invitation (F.) à soumettre une offre invitatio (F.) ad offerendum (lat.) (Einladung zum Angebot)
invitation (F.) judiciaire Ediktalzitation (F.)
invité (M.) Gast (M.)
inviter auffordern, einladen (hereinbitten)
involontaire unfreiwillig
invoquer berufen (V.), geltendmachen
ipso iure (lat.) ipso iure (lat.) (von selbst)
Irlande (F.) Irland (N.)
irrecevabilité (F.) Unzulässigkeit (F.)
irrecevable unbeachtlich, unzulässig
irréfragable unwiderlegbar, unwiderleglich
irrégularité (F.) Abweichung
irrégulier unbefugt, unregelmäßig, unstatthaft, unzulässig
irrésistible unabwendbar, unvermeidbar, unvermeidlich
irresponsabilité (F.) Unzurechnungsfähigkeit (F.)
irresponsabilité (F.) pénale Schuldunfähigkeit (F.)
irresponsable (Adj.) schuldunfähig, unzurechnungsfähig, zurechnungsfähig
irrévérencieux (Adj.) ungebührlich
irrévocable unwiderruflich
irriter erregen
ISBN ISBN
Islam (M.) Islam (M.)
isoler absondern
issue (F.) Ende (N.)
Italie (F.) Italien (N.)
ius (N.) (lat.) (droit) ius (N.) (lat.) (Recht)
ius (N.) dispositivum (lat.) nachgiebiges Recht (N.)
ivre (Adj.) betrunken
ivresse (F.) Rausch (M.), Trunkenheit (F.)
ivresse (F.) complète Vollrausch (M.), Volltrunkenheit (F.)
ivresse (F.) sur la voie publique Trunkenheit (F.) im Straßenverkehr

j

jalousie (F.) Eifersucht (F.)
jaloux eifersüchtig
Japon (M.) Japan (N.)
jauger eichen
jeton (M.) Chip (M.), Marke (F.)
jeu (M.) Spiel (N.)
jeu (M.) d'écritures Umbuchung (F.)
jeu (M.) de hasard Glücksspiel (N.)
jeune (Adj.) jugendlich, jung
jeunesse (F.) Jugend (F.)
joie (F.) Freude (F.), Lust (F.)
joindre beilegen, verbinden
joint venture (M.) Joint venture (N.)
jonction (F.) Junktim (N.)
jonction (F.) des demandes Klagenhäufung (F.)
jouer spielen
jouir genießen
jouissance (F.) Genuss (M.), Nutzung (F.)
jouissance (F.) légale Nutznießung (F.)
jouissance (F.) spéciale Sondernutzung (F.)
jour (M.) Tag (M.)
jour (M.) d'audience Gerichtstag (M.), Gerichtstermin (M.)
jour (M.) de fêtes légales gesetzlicher Feiertag (M.)
jour (M.) de l'inscription au débit Valuta (F.)
jour (M.) de référence Stichtag (M.)
jour (M.) férié Feiertag (M.)
jour (M.) ouvrable Werktag (M.)
journal (M.) Tageszeitung (F.), Zeitung (F.)
journal (M.) officiel Amtsblatt (N.), Gesetzblatt (N.)
journal (M.) officiel d'un ministère Ministerialblatt (N.)
journal (M.) officiel de la Republique fédérale Bundesgesetzblatt (N.)
journalier (M.) Tagelöhner (M.)
journée (F.) Tag (M.)
journée (F.) de huit heures Achtstundentag (M.)
journée (F.) de travail Schicht (F.)
jouxter angrenzen
judicature (F.) Richteramt (N.)
judiciaire (Adj.) forensisch, gerichtlich, rechtsprechend, richterlich
judicieux vernünftig
juge (F.) Richterin (F.)
juge (M.) Richter (M.), Richter (M.) erster Instanz
juge (M.) administratif Verwaltungsrichter (M.)
juge (M.) au civil Zivilrichter (M.)
juge (M.) aux affaires familiales (J. A. F.) Familienrichter (M.)
juge (M.) auxiliaire à compétence limitée Rechtspfleger (M.)

juge (M.) commercial Handelsrichter (M.)
juge (M.) commis beauftragter Richter (M.)
juge (M.) consulaire Handelsrichter (M.)
juge (M.) d'instruction Ermittlungsrichter (M.), Untersuchungsrichter (M.)
juge (M.) de carrière Berufsrichter (M.)
juge (M.) de l'application des peines (J. A. P.) Strafvollzugsrichter (M.)
juge (M.) de l'exécution Zwangsvollstreckungsrichter (M.)
juge (M.) de l'expropriation Richter (M.) zuständig für die Enteignungsentschädigung
juge (M.) de la mise en état Richter (M.) zuständig für die Vorbereitung der mündlichen Verhandlung
juge (M.) de paix Friedensrichter (M.)
juge (M.) délégué beauftragter Richter (M.)
juge (M.) délégué aux affaires matrimoniales (J. A. M.) Richter (M.) in Familiensachen
juge (M.) des enfants Jugendrichter (M.)
juge (M.) des loyers Richter (M.) in Mietsachen und Pachtsachen
juge (M.) des référés Richter (M.) zuständig für einstweilige Verfügungen
juge (M.) des tutelles Vormundschaftsrichter (M.)
juge (M.) du fond Tatsacheninstanz (F.)
juge (M.) fédéral Bundesrichter (M.)
juge (M.) naturel gesetzlicher Richter (M.)
juge (M.) non-professionnel Laienrichter (M.)
juge (M.) pénal Strafrichter (M.)
juge (M.) président (M.) vorsitzender Richter (M.)
juge (M.) requis ersuchter Richter (M.)
juge (M.) statuant au fond Tatrichter (M.)
juge (M.) statuant dans un procès Spruchrichter (M.)
juge (M.) suppléant Gerichtsassessor (M.), Hilfsrichter (M.)
juge (M.) unique Einzelrichter (M.)
juge-assesseur (M.) non professionnel Schöffe (M.)
juge-commissaire (M.) beauftragter Richter (M.)
jugement (M.) Beurteilung (F.), Einsicht (F.), Entscheidung (F.), Erkenntnis (F.), Gerichtsurteil (N.), Richterspruch (M.), Spruch (M.), Urteil (N.)
jugement (M.) antérieur Vorverurteilung (F.)
jugement (M.) au fond Sachurteil (N.)
jugement (M.) avant dire droit Zwischenurteil (N.)
jugement (M.) condamnant à fournir une prestation Leistungsurteil (N.)
jugement (M.) constatant la renonciation du demandeur à son droit Verzichtsurteil (N.)
jugement (M.) constitutif Gestaltungsurteil (N.)
jugement (M.) constitutif de droits Gestaltungsurteil (N.)
jugement (M.) d'expédient Anerkenntnisurteil (N.)
jugement (M.) de réconnaissance Anerkenntnisurteil (N.)
jugement (M.) de renvoi Verweisungsbeschluss (M.)
jugement (M.) de valeur Werturteil (N.)
jugement (M.) déclaratif de droits Feststellungsurteil (N.)
jugement (M.) définitif Endurteil (N.)
jugement (M.) en vertu d'une reconnaissance Anerkenntnisurteil (N.)
jugement (M.) final Schlussurteil (N.)
jugement (M.) hâtif et préconçu Vorverurteilung (F.)
jugement (M.) interlocutoire Vorabentscheidung (F.), Zwischenurteil (N.)
jugement (M.) interlocutoire de culpabilité Schuldinterlokut (N.)
jugement (M.) interlocutoire de la preuve Beweisinterlokut (N.)
jugement (M.) mettant fin à l'instance Endurteil (N.)
jugement (M.) par défaut Versäumnisurteil (N.)
jugement (M.) partiel Teilurteil (N.)
jugement (M.) pénal Straferkenntnis (F.), Strafurteil (N.)
jugement (M.) portant sur le fond mais non sur le montant de la demande Grundurteil (N.)
jugement (M.) recognitif Anerkenntnisurteil (N.)
jugement (M.) réservant au défendeur le droit de présenter des exceptions à posteriori Vorbehaltsurteil (N.)
jugement (M.) statuant sur la demande entière Vollurteil (N.)
jugement (M.) sur la recevabilité de l'action Prozessurteil (N.)

jugement (M.) sur le fond Endurteil (N.), Sachurteil (N.)
jugement (M.) sur les points de procédure Prozessurteil (N.)
jugement (M.) sur partie Teilurteil (N.)
juger beurteilen, entscheiden, erkennen, ermessen, judizieren, richten, urteilen
juger digne würdigen
juif (M.) Jude (M.)
jumeau (M.) Zwilling (M.)
jumelage (M.) Partnerschaft (F.)
jumelle (F.) Zwilling (M.)
juré (M.) Geschworener (M.)
jurer beeiden, beeidigen, schwören
juridiction (F.) Gericht (N.), Gerichtsbarkeit (F.)
juridiction (F.) administrative Verwaltungsgerichtsbarkeit (F.)
juridiction (F.) arbitrale Schiedsgerichtsbarkeit (F.)
juridiction (F.) contentieuse streitige Gerichtsbarkeit (F.)
juridiction (F.) d'appel Rechtsmittelinstanz (F.)
juridiction (F.) d'exception Ausnahmegericht (N.), Sondergericht (N.)
juridiction (F.) de droit commun ordentliche Gerichtsbarkeit (F.)
juridiction (F.) fédérale Bundesgerichtsbarkeit (F.)
juridiction (F.) fiscale Finanzgerichtsbarkeit (F.)
juridiction (F.) gracieuse freiwillige Gerichtsbarkeit (F.)
juridiction (F.) non-contentieuse freiwillige Gerichtsbarkeit (F.)
juridiction (F.) pénale Strafgericht (N.)
juridiction (F.) sociale Sozialgerichtsbarkeit (F.)
juridiction (F.) statuant en cassation Revisionsgericht (N.)
juridictionnel (Adj.) forensisch, gerichtlich
juridique (Adj.) rechtsgelehrt
juridique juridisch, juristisch, rechtlich
jurisconsulte (M.) Konsulent (M.), Rechtsgelehrter (M.)
jurisprudence (F.) Fallrecht (N.), Gerichtsgebrauch (M.), Judikatur (F.), Jurisdiktion (F.), Jurisprudenz (F.), Juristerei (F.), Rechtslehre (F.), Rechtsprechung (F.)
jurisprudence (F.) cauteleuse Kautelarjurisprudenz (F.)
jurisprudence (F.) des notions Begriffsjurisprudenz (F.)
juriste (M.) Jurist (M.)
juriste (M.) administratif Verwaltungsjurist (M.)
juriste (M.) d'entreprise Wirtschaftsjurist (M.)
juriste (M.) de l'administration Verwaltungsjurist (M.)
juriste (M.) diplômé Diplom-Jurist (M.)
juriste (M.) titulaire des deux examens d'État allemands Volljurist (M.)
jury (M.) Geschworenenbank (F.), Jury (F.)
juste (Adj.) adäquat, angemessen, berechtigt, billig, fair, gerade, gerecht, richtig
juste recht
juste guerre (F.) gerechter Krieg (M.)
justesse (F.) Adäquanz (F.)
justice (F.) Billigkeit (F.), Gerechtigkeit (F.), Justiz (F.), Rechtspflege (F.)
justice (F.) de cas Fallgerechtigkeit (F.)
justice (F.) de classe Klassenjustiz (F.)
justice (F.) seigneurale Patrimonialgerichtsbarkeit (F.)
justiciable justiziabel
justifiable vertretbar
justificatif (M.) Beleg (M.)
justification (F.) Begründung (F.), Berechtigung (F.), Beweisgrund (M.), Entschuldigung (F.), Nachweis (M.), Rechtfertigung (F.)
justification (F.) d'une affirmation Glaubhaftmachung (F.)
justification (F.) du point de vue social Sozialadäquanz (F.)
justifié gerechtfertigt
justifier (son identité) ausweisen (sich)
justifier begründen, belegen (V.), beweisen, entschuldigen, rechtfertigen
juvénile (Adj.) jugendlich

k

kidnapper entführen
kidnappeur (M.) Entführer (M.), Kidnapper (M.)
kidnapping (M.) Entführung (F.), Kidnapping (N.) (engl.), Kindesraub (M.)
kiosque (M.) Kiosk (M.)

know-how (M.) Knowhow (N.)
kolkhoze (M.) Kolchose (F.)
konzern (M.) Konzern (M.)

l

la plus forte enchère (F.) Meistgebot (N.)
label (M.) écologique Umweltgütesiegel (N.)
lac (M.) See (M.)
lacune (F.) Lücke (F.)
lacune (F.) juridique Gesetzeslücke (F.)
laesio (F.) enormis (lat.) (lésion énorme) laesio (F.) enormis (lat.) (ungeheuere Verletzung)
laïc (M.) Laie (M.)
laisser überlassen, vererben
laisser ouvert auflassen
laissez-passer (M.) Passierschein (M.)
lancement (M.) Begebung (F.)
lancer begeben
lancer un appel aufrufen
land (M.) Bundesland (N.), Land (N.)
landrat (M.) Landrat (M.)
landtag (M.) Landtag (M.)
langage (M.) Sprache (F.)
langage (M.) du palais Rechtssprache (F.)
langage (M.) juridique Rechtssprache (F.)
langue (F.) Sprache (F.)
langue (F.) de travail Arbeitssprache (F.)
langue (F.) du palais Gerichtssprache (F.)
langue (F.) juridique Rechtssprache (F.)
langue (F.) officielle Amtssprache (F.)
laps (M.) de temps Frist (F.), Zeitraum (M.)
larcin (M.) Entwendung (F.)
larcin (M.) à l'étalage Mundraub (M.)
larcin (M.) portant sur des denrées alimentaires Mundraub (M.)
le Danemark (M.) Dänemark (N.)
le doute profite à l'accusé in dubio pro reo (lat.) (im Zweifel für den Angeklagten)
leader (M.) sur le marché Marktführer (M.)
leasing (M.) Leasing (N.)
leasing (M.) du producteur Produzentenleasing (N.)
leçon (M.) Belehrung (F.)
lecteur (M.) Lektor (M.)
lecture (F.) Durchgang (M.), Lesung (F.)
légal erlaubt, ex lege (lat.) (gesetzlich), gesetzlich, gesetzmäßig, legal, rechtlich, rechtmäßig
légalisation (F.) Beglaubigung (F.), Legalisation (F.), Legalisierung (F.), öffentliche Beglaubigung (F.)
légaliser beglaubigen, legalisieren
légalité (F.) Gesetzmäßigkeit (F.), Legalität (F.), Rechtmäßigkeit (F.)
légat (M.) Legat (M.)
légataire (M.) Legatar (M.), Vermächtnisnehmer (M.)
légataire (M.) universel Universalerbe (M.)
légation (F.) Legation (F.)
léger geringfügig, leicht, leichtfertig
légèreté (F.) Leichtfertigkeit (F.)
législateur (M.) Gesetzgeber (M.)
législatif gesetzgebend, legislativ
législation (F.) Gesetzgebung (F.)
législation (F.) applicable aux conventions collectives Tarifrecht (N.)
législation (F.) de passeports Passrecht (N.)
législation (F.) du Land Landesgesetzgebung (F.), Landesrecht (N.)
législation (F.) du travail Arbeitsrecht (N.)
législation (F.) en matière de louage de choses Mietrecht (N.)
législation (F.) exclusive ausschließliche Gesetzgebung (F.)
législation (F.) fédérale Bundesgesetzgebung (F.)
législation (F.) fondée sur la compétence légale pour fixer les principes généraux de la législation en certaines matières Rahmengesetzgebung (F.)
législation (F.) parallèle konkurrierende Bundesgesetzgebung (F.)
législation (F.) provinciale Landesgesetzgebung (F.)
législation (F.) réglant les relations entre le propriétaire et ses voisins Nachbarrecht (N.)
législation (F.) relative à l'agriculture Landwirtschaftsrecht (N.)
législation (F.) relative à l'aide sociale Sozialhilferecht (N.)
législation (F.) relative à la police Polizeirecht (N.)
législation (F.) relative à la succession Nachlassrecht (N.)
législation (F.) relative au nom patronymique Namensrecht (N.)
législation (F.) relative aux conditions d'entrée et de séjour des étrangers Ausländerrecht (N.)

législation (F.) relative aux denrées alimentaires Lebensmittelrecht (N.)
législation (F.) rurale Landwirtschaftsrecht (N.)
législation (F.) sociale Sozialgesetzgebung (F.)
législation (F.) sur l'imposition des revenus étrangers Außensteuerrecht (N.)
législation (F.) sur la construction Bauordnung (F.)
législation (F.) sur le service (M.) d'équarrissage Tierkörperbeseitigungsrecht (N.)
législation (F.) sur les cartels Kartellrecht (N.)
législature (F.) Legislaturperiode (F.), Wahlperiode (F.)
légiste (M.) Rechtsgelehrter (M.)
légitimation (F.) Ehelicherklärung (F.), Ehelichkeitserklärung (F.), Legitimation (F.), Legitimierung (F.)
légitimation (F.) active Aktivlegitimation (F.)
légitime (Adj.) berechtigt, ehelich, erlaubt, gesetzmäßig, legitim, rechtmäßig
légitime défense (F.) Notwehr (F.)
légitime défense (F.) d'autrui Nothilfe (F.)
légitimer ehelich erklären, legitimieren, Rechtmäßigkeit (F.) nachweisen
légitimité (F.) Ehelichkeit (F.), Gesetzmäßigkeit (F.), Legitimität (F.), Rechtmäßigkeit (F.)
legs (M.) Legat (N.), Vermächtnis (N.)
legs (M.) à titre particulier Vermächtnis (N.)
legs (M.) alternatif Wahlvermächtnis (N.)
legs (M.) avec charge Untervermächtnis (N.)
legs (M.) d'une chose fongible Gattungsvermächtnis (N.)
legs (M.) de la chose d'autrui Verschaffungsvermächtnis (N.)
legs (M.) grevant un légataire Untervermächtnis (N.)
legs (M.) grevé d'une substitution fidéicommissaire Nachvermächtnis (N.)
legs (M.) par lequel le légataire devient directement propriétaire de la chose léguée Vindikationslegat (N.)
legs (M.) par lequel le légataire reçoit un droit personnel sur la chose léguée Damnationslegat (N.)
legs (M.) particulier dans le cas d'une substitution vulgaire Ersatzvermächtnis (N.)
léguer nachlassen, vererben, vermachen
lendemain (M.) Morgen (M.)
les autorités (F.Pl.) Behörden (F.Pl.)
les bonnes mœurs (F.Pl.) gute Sitten (F.Pl.), Treu (F.) und Glauben (M.)
lesbien (Adj.) lesbisch
lesbienne (F.) Lesbierin (F.)
lésé (M.) Geschädigter (M.)
léser beeinträchtigen, schaden, schädigen
lésion (F.) Beeinträchtigung (F.), Rechtsverletzung (F.)
lésion (F.) corporelle Körperverletzung (F.), Verletzung (F.)
létal tödlich
lettre (F.) Brief (M.), Schreiben
lettre (F.) d'affaires Geschäftsbrief (M.)
lettre (F.) de change Wechsel (M.)
lettre (F.) de change à un certain délai de vue Nachsichtwechsel (M.)
lettre (F.) de change à vue Sichtwechsel (M.)
lettre (F.) de change en blanc Blankowechsel (M.)
lettre (F.) de confirmation Bestätigungsschreiben (N.)
lettre (F.) de confirmation d'un commerçant kaufmännisches Bestätigungsschreiben (N.)
lettre (F.) de couverture Deckungszusage (F.)
lettre (F.) de créance Beglaubigungsschreiben (N.)
lettre (F.) de crédit Akkreditiv (N.), Kreditbrief (M.)
lettre (F.) de gage Pfandbrief (M.)
lettre (F.) de gage hypothécaire Hypothekenpfandbrief (M.)
lettre (F.) de menaces Drohbrief (M.)
lettre (F.) de rappel Mahnschreiben (N.)
lettre (F.) de recommandation Empfehlungsschreiben (N.)
lettre (F.) de référence Zeugnis (N.)
lettre (F.) de voiture Frachtbrief (M.)
lettre (F.) hypothécaire Hypothekenbrief (M.)
lettre (F.) pastorale Hirtenbrief (M.)
levée (F.) Aufhebung (F.)
levée (F.) d'une option Ausübung (F.)
levée (F.) de l'option Abruf (M.)
lever aufstehen, erheben, heben
lex (F.) fori (lat.) (loi du tribunal saisi) lex (F.) fori (lat.) (Recht des Gerichtsorts)
lex (F.) mercatoria (lat.) lex (F.) mercatoria (lat.) (Recht des internationalen Handels)
lex (F.) rei sitae (lat.) (loi de la situation

de la chose) lex (F.) rei sitae (lat.) (Recht der belegenen Sache)
lexique (M.) Lexikon (N.)
lexique (M.) de termes juridiques Rechtslexikon (N.)
liaison (F.) Verhältnis (N.), Zusammenhang (M.)
liard (M.) Heller (M.)
libéral (Adj.) freiheitlich, liberal
libéral (M.) Liberaler (M.)
libéralisme (M.) Liberalismus (M.)
libéralité (F.) Testament (N.)
libération (F.) Befreiung (F.), Beurlaubung (F.), Enthaftung (F.), Freigabe (F.), Freilassung (F.), Freistellung (F.)
libération (F.) d'un détenu Gefangenenbefreiung (F.)
libération (F.) des groupes Gruppenfreistellung (F.)
libération (F.) des paysans Bauernbefreiung (F.)
libérer befreien, einzahlen, enthaften, freilassen, freistellen
liberté (F.) Freiheit (F.), Freiheitsrecht (N.)
liberté (F.) contractuelle Inhaltsfreiheit (F.), Privatautonomie (F.), Vertragsfreiheit (F.)
liberté (F.) d'action Handlungsfreiheit (F.)
liberté (F.) d'appréciation Beurteilungsspielraum (M.), Ermessen (N.)
liberté (F.) d'association Vereinigungsfreiheit (F.), Vereinsfreiheit (F.)
liberté (F.) d'association negative negative Koalitionsfreiheit (F.)
liberté (F.) d'association professionnelle Koalitionsfreiheit (F.)
liberté (F.) d'échanges commerciaux Warenverkehrsfreiheit (F.)
liberté (F.) d'enseignement Lehrfreiheit (F.)
liberté (F.) d'établissement Freizügigkeit (F.), Niederlassungsfreiheit (F.)
liberté (F.) d'exercice d'une activité professionnelle Gewerbefreiheit (F.)
liberté (F.) d'expression artistique Kunstfreiheit (F.)
liberté (F.) d'information Informationsfreiheit (F.)
liberté (F.) d'opinion Meinungsfreiheit (F.)
liberté (F.) de bâtir Baufreiheit (F.)
liberté (F.) de circulation Freizügigkeit (F.)
liberté (F.) de circulation des capitaux Kapitalverkehrsfreiheit (F.)
liberté (F.) de conscience Gewissensfreiheit (F.)
liberté (F.) de constitution Gründungsfreiheit (F.)
liberté (F.) de construction Baufreiheit (F.)
liberté (F.) de création Gründungsfreiheit (F.)
liberté (F.) de croyance Glaubensfreiheit (F.)
liberté (F.) de disposer par testament Testierfreiheit (F.)
liberté (F.) de la concurrence Wettbewerbsfreiheit (F.)
liberté (F.) de la presse Pressefreiheit (F.)
liberté (F.) de la radiophonie Rundfunkfreiheit (F.)
liberté (F.) de la recherche scientifique Wissenschaftsfreiheit (F.)
liberté (F.) de parole Redefreiheit (F.)
liberté (F.) de pensée Gedankenfreiheit (F.)
liberté (F.) de réunion Versammlungsfreiheit (F.)
liberté (F.) des cultes Gewissensfreiheit (F.), Religionsfreiheit (F.)
liberté (F.) des mouvements des capitaux Kapitalverkehrsfreiheit (F.)
liberté (F.) des prestations de service Dienstleistungsfreiheit (F.)
liberté (F.) générale d'action allgemeine Handlungsfreiheit (F.)
liberté (F.) religieuse Bekenntnisfreiheit (F.)
liberté (F.) syndicale Koalitionsfreiheit (F.), Vereinigungsfreiheit (F.)
libertés (F.Pl.) publiques Grundrecht (N.)
libre frei
libre choix (M.) de la profession Berufsfreiheit (F.)
libre circulation (F.) des biens Warenverkehrsfreiheit (F.)
libre circulation (F.) des marchandises Warenverkehrsfreiheit (F.)
libre circulation (F.) des travailleurs Arbeitnehmerfreizügigkeit (F.)
libre concurrence (F.) freier Wettbewerb (M.)
libre de choisir sa résidence freizügig
libre de circuler freizügig
libre exercice (M.) de la profession Berufsfreiheit (F.)
libre-échange (M.) Freihandel (M.)
licéité (F.) Zulässigkeit (F.)
licence (F.) Konzession (F.), Lizenz (F.), Schankkonzession (F.)

licence (F.) d'exploitation Gewerbeschein (M.)
licence (F.) de chasse Jagdschein (M.)
licence (F.) de débit de boissons Schankkonzession (F.)
licence (F.) obligatoire Zwangslizenz (F.)
licence (F.) professionnelle Gewerbeerlaubnis (F.)
licenciate (M.) Lizenziat (N.)
licencié (M.) Lizentiat (M.), Lizenznehmer (M.)
licenciement (M.) Entlassung (F.), Kündigung (F.)
licencier entlassen (V.), kündigen
licite erlaubt, unbenommen, zulässig
lié (Adj.) gebunden
Liechtenstein (M.) Liechtenstein (N.)
lien (M.) Bindung (F.)
lien (M.) de causalité Kausalzusammenhang (M.)
lien (M.) de continuité Fortsetzungszusammenhang (M.)
lien (M.) de droit concernant la restitution Rückgewährschuldverhältnis (N.)
lien (M.) de droit contractuel rechtsgeschäftliches Schuldverhältnis (N.)
lien (M.) de droit légal gesetzliches Schuldverhältnis (N.)
lien (M.) entre les parents et leurs enfants Eltern-Kind-Verhältnis (N.)
lien (M.) fiduciaire Treuhandverhältnis (N.)
lien (M.) juridique Rechtsverhältnis (F.)
lien (M.) juridique entre locataire et bailleur Mietverhältnis (N.)
lien (M.) juridique propriétaire-possesseur Eigentümer-Besitzer-Verhältnis (N.)
lier binden, verbinden, verpflichten, vinkulieren
lier à l'approbation de qn. vinkulieren
lieu (M.) Ort (M.), Stätte (F.), Stelle (F.)
lieu (M.) d'action Handlungsort (M.)
lieu (M.) d'exécution Erfüllungsort (M.)
lieu (M.) d'exil Exil (N.)
lieu (M.) d'habitation des époux Ehewohnung (F.)
lieu (M.) de destination Bestimmungsort (M.)
lieu (M.) de naissance Geburtsort (M.)
lieu (M.) de paiement Erfüllungsort (M.), Leistungsort (M.)
lieu (M.) de résidence Aufenthaltsort (M.)
lieu (M.) de réunion Tagungsort (M.)
lieu (M.) de séjour Aufenthaltsort (M.)
lieu (M.) de supplice Richtstätte (F.)
lieu (M.) de travail Arbeitsplatz (M.), Arbeitsstätte (F.)
lieu (M.) du crime Tatort (M.)
lieu (M.) du paiement Erfolgsort (M.)
lieu (M.) du succès Erfolgsort (M.)
ligne (F.) Linie (F.), Stamm (M.)
ligne (F.) collatérale Seitenlinie (F.)
ligne (F.) directe gerade Linie (F.)
ligue (F.) Liga (F.)
limitatif abschließend
limitation (F.) Begrenzung (F.), Beschränkung (F.), Einschränkung (F.), Kontingentierung (F.)
limitation (F.) de responsabilité Haftungsbeschränkung (F.)
limitation (F.) des armements Rüstungsbegrenzung (F.)
limitation (F.) des libertés Grundrechtsschranke (F.)
limitation (F.) immanente des libertés immanente Grundrechtsschranke (F.)
limité (Adj.) bedingt, begrenzt, beschränkt, limitiert
limite (F.) Grenze (F.), Limit (N.)
limite (F.) d'âge Altersgrenze (F.)
limite (F.) de sacrifice Opfergrenze (F.)
limiter begrenzen, beschränken, einschränken, limitieren
limites (F.Pl.) de la peine Strafrahmen (M.)
lineaire linear
linguistique (F.) Linguistik (F.)
liquid liquid
liquidateur (M.) Konkursverwalter (M.), Liquidator (M.)
liquidation (F.) Abrechnung (F.), Abwicklung (F.), Auflösung (F.), Auseinandersetzung (F.), Berechnung (F.), Liquidation (F.), Liquidierung (F.)
liquidation (F.) d'une succession Erbauseinandersetzung (F.), Nachlasskonkurs (M.)
liquidation (F.) des biens après èchec du règlement judiciaire Anschlusskonkurs (M.)
liquidation (F.) des biens portant sur le patrimoine d'une succession Nachlassinsolvenz (F.), Nachlasskonkurs (M.)
liquidation (F.) judiciaire des entreprises Konkurs (M.) (Konkurs in Frankreich)
liquidation (F.) totale Ausverkauf (M.)

liquider abwickeln, beseitigen, bezahlen, liquidieren
liquidité (F.) Liquidität (F.)
lire lesen
Lisbonne (F.) Lissabon (N.)
lisible automatiquement maschinenlesbar
liste (F.) Liste (F.), Verzeichnis (N.)
liste (F.) des personnes ayant été poursuivies pour dettes Schuldnerverzeichnis (N.)
litige (M.) Fall (M.), Konflikt (M.), Prozess (M.), Rechtsfall (N.), Rechtsstreit (M.), Rechtsstreitigkeit (F.), Streit (M.), Streitigkeit (F.)
litige (M.) commercial Handelssache (F.)
litige (M.) concernant l'assiette et la liquidation de l'impôt Steuersache (F.)
litige (M.) constitutionnel relatif aux droits et obligations des organes d'un état Organstreit (M.)
litige (M.) en matière matrimoniale Ehesache (F.)
litige (M.) entre deux créanciers Prätendentenstreit (M.)
litigieux (Adj.) bestritten, streitig, strittig
litisconsort (M.) Streitgenosse (M.)
litispendance (F.) Anhängigkeit (F.), Rechtshängigkeit (F.)
litispendant rechtshängig
littéeral wörtlich
livraison (F.) Ablieferung (F.), Annahme (F.), Auslieferung (F.), Bezug (M.), Lieferung (F.), Übergabe (F.), Versand (M.)
livraison (F.) de bière Bierlieferung (F.)
livre (F.) Pfund (N.)
livre (M.) Buch (N.)
livre (M.) de commerce Handelsbuch (N.)
livre (M.) foncier Grundbuch (N.)
livrer abliefern, ausliefern, liefern, überantworten
livret (M.) d'épargne Sparbuch (N.)
livret (M.) de famille Familienbuch (N.)
livret (M.) militaire Wehrpass (M.)
lobby (M.) Lobby (F.)
lobbyiste (M.) Lobbyist (M.)
local (Adj.) lokal, örtlich
local (M.) à usage d'habitation Wohnraum (M.)
local (M.) commercial Geschäftsraum (M.)
local (M.) industriel Gewerberaum (M.)
local (M.) professionnel Gewerberaum (M.)
locataire (M.) Mieter (M.)
location (F.) Miete (F.), Vermietung (F.)
location (F.) d'une chasse Jagdpacht (F.)
location (F.) par l'intermédiaire Wohnungsvermittlung (F.)
location-financement (F.) Leasing (N.)
location-vente (F.) Mietkauf (M.)
lock-out (M.) Aussperrung (F.)
lock-outer aussperren
logement (M.) Wohnraum (M.), Wohnung (F.)
logement (M.) en copropriété Eigentumswohnung (F.)
logement (M.) locatif Mietwohnung (F.)
logement (M.) social Sozialwohnung (F.)
loger wohnen
logiciel (M.) Software (F.)
logique (Adj.) logisch
logique (F.) Logik (F.)
loi (F.) Gesetz (N.), lex (lat.) (F.), Rechtssatz (M.)
loi (F.) applicable au contrat Vertragsstatut (N.)
loi (F.) ayant pour but la protection des intérêts d'une personne Schutzgesetz (N.)
loi (F.) budgétaire Haushaltsgesetz (N.)
loi (F.) cadre portant sur la réglementation des universités et établissements d'enseignement supérieur Hochschulrahmengesetz (N.)
loi (F.) complémentaire Novelle (F.)
loi (F.) complétant Nebengesetz (N.)
loi (F.) concernant l'imposition de courant électrique Stromsteuergesetz (N.)
loi (F.) concernant l'introduction de courant électrique Stromeinspeisungsgesetz (N.)
loi (F.) concernant la médiation Mediationsgesetz (N.)
loi (F.) concernant la protection des consommateurs Verbraucherschutzgesetz (N.)
loi (F.) concernant la sécurité des produits Produktsicherheitsgesetz (N.)
loi (F.) concernant la taxe (F.) sur les mutations de propriété immobilière Grunderwerbsteuergesetz (N.)
loi (F.) constitutionnelle fédérale Bundesverfassungsgesetz (N.) (Bundesverfassungsgesetz in Österreich)
loi (F.) d'approbation Zustimmungsgesetz (N.)
loi (F.) d'exécution Ausführungsgesetz (N.)

loi (F.) d'habilitation Ermächtigungsgesetz (N.)
loi (F.) d'information concernant l'environnement Umweltinformationsgesetz (N.)
loi (F.) d'interdiction Verbotsgesetz (N.)
loi (F.) d'introduction Einführungsgesetz (N.)
loi (F.) d'une province Landesgesetz (N.)
loi (F.) de domicile Heimgesetz (N.)
loi (F.) de famille Hausgesetz (N.)
loi (F.) de finances Haushaltsgesetz (N.)
loi (F.) de la sécurité du travail Arbeitssicherheitsgesetz (N.)
loi (F.) de la vente Kaufgesetz (N.)
loi (F.) de Lynche Lynchjustiz (F.)
loi (F.) de pleins pouvoirs Ermächtigungsgesetz (N.)
loi (F.) de police Eingriffsnorm (F.)
loi (F.) de prélèvement forfaitaire Zinsabschlaggesetz (N.)
loi (F.) de transformation Transformationsgesetz (N.)
loi (F.) dispositive dispositives Recht (N.)
loi (F.) du blanchiment d'argent Geldwäschegesetz (N.)
loi (F.) du plus fort Faustrecht (N.)
loi (F.) fédérale Bundesgesetz (N.)
loi (F.) fédérale au sujet de laquelle le Bundesrat peut faire opposition Einspruchsgesetz (N.)
loi (F.) fédérale concernant l'aide aux indigents Bundessozialhilfegesetz (N.)
loi (F.) fédérale concernant la promotion de la formation professionnelle Bundesausbildungsförderungsgesetz (N.)
loi (F.) fédérale relative au contrôle de l'informatique Bundesdatenschutzgesetz (N.)
loi (F.) fédérale sur la forêt Bundeswaldgesetz (N.)
loi (F.) fondamentale Grundgesetz (N.), Verfassung (F.)
loi (F.) générale allgemeines Gesetz (N.)
loi (F.) générale sur le statut des fonctionnaires Beamtenrechtsrahmengesetz (N.)
loi (F.) judiciaire Justizgesetz (N.)
loi (F.) martiale Standrecht (N.)
loi (F.) matérielle materielles Gesetz (N.)
loi (F.) modificative Novelle (F.)
loi (F.) morale Sittengesetz (N.)
loi (F.) nouvelle Novelle (F.)
loi (F.) pénale Strafgesetz (N.)
loi (F.) portant sur l'exécution par voie administrative Verwaltungsvollstreckungsgesetz (N.)
loi (F.) portant sur l'organisation judiciaire Gerichtsverfassungsgesetz (N.)
loi (F.) portant sur les conventions collectives de travail Tarifvertragsgesetz (N.)
loi (F.) portant sur les dépots et achats de titres Depotgesetz (N.)
loi (F.) protectrice Schutzgesetz (N.)
loi (F.) provinciale Landesgesetz (N.)
loi (F.) régissant l'organisation communale Gemeindeordnung (F.)
loi (F.) relative à l'activité de conseil dans le domaine juridique Rechtsanwaltsberatungsgesetz (N.)
loi (F.) relative à l'administration des cercles Kreisordnung (F.)
loi (F.) relative à l'annulation judiciaire des actes d'un failli hors de la procédure de liquidation des biens Anfechtungsgesetz (N.)
loi (F.) relative à l'établissement des bourses Börsengesetz (N.)
loi (F.) relative à l'organisation des tribunaux administratifs Verwaltungsgerichtsordnung (F.)
loi (F.) relative à l'utilisation pacifique de l'énergie nucléaire et concernant les mesures de protection contre les dangers en résultat Atomgesetz (N.)
loi (F.) relative à la cogestion dans l'entreprise Mitbestimmungsgesetz (N.)
loi (F.) relative à la juridiction administrative Verwaltungsgerichtsgesetz (N.)
loi (F.) relative à la prévention des accidents dus aux machines ou aux appareils ou à l'utillage Gerätesicherheitsgesetz (N.)
loi (F.) relative à la réglementation des réunions et manifestations publiques Versammlungsgesetz (N.)
loi (F.) relative à la tenue des registres fonciers et à la publicité foncière Grundbuchordnung (F.)
loi (F.) relative à pension versée par l'entreprise Betriebsrentengesetz (N.)
loi (F.) relative au contrôle des armes de guerre Kriegswaffenkontrollgesetz (N.)
loi (F.) relative au droit des horaires de travail Arbeitszeitsrechtsgesetz (N.)
loi (F.) relative au maintien du salaire en cas de maladie Entgeltfortzahlungsgesetz (N.)

loi (F.) relative au redressement et à la liquidation judiciaires des entreprises Insolvenzgesetz (N.)
loi (F.) relative au règlement judiciaire Vergleichsordnung (F.)
loi (F.) relative aux brevets Patentgesetz (N.)
loi (F.) relative aux émoluments tarifés des avocats Bundesrechtsanwaltsgebührenordnung (F.)
loi (F.) relative aux frais procéduraux Kostenordnung (F.)
loi (F.) relative aux honoraires d'avocats Rechtsanwaltsvergütungsgesetz (N.)
loi (F.) relative aux médicaments Arzneimittelgesetz (N.)
loi (F.) relative aux narcothiques Betäubungsmittelgesetz (N.)
loi (F.) relative aux relations entrepreneur-salariés au sein de l'entreprise Betriebsverfassungsgesetz (N.)
loi (F.) relative aux tribunaux pour enfants Jugendgerichtsgesetz (N.)
loi (F.) sur la procédure d'asile Asylverfahrensgesetz (N.)
loi (F.) sur la responsabilité civile Haftpflichtgesetz (N.)
loi (F.) sur le contrôle des produits chimiques Chemikaliengesetz (N.)
loi (F.) sur le crédit Kreditwesengesetz (N.)
loi (F.) sur le mariage Ehegesetz (N.)
loi (F.) sur le salaire minimum des travailleurs étrangers Arbeitnehmerentsendegesetz (N.)
loi (F.) sur le statut des entreprises Betriebsverfassungsgesetz (N.)
loi (F.) sur le statut des magistrats Richtergesetz (N.)
loi (F.) sur les étrangers Ausländergesetz (M.)
loi (F.) sur les sociétés anonymes Aktiengesetz (N.)
loi (F.) tendant à promouvoir la formation de patrimoine entre les mains des salariés Vermögensbildungsgesetz (N.)
loi (F.) uniforme portant sur la vente de marchandises einheitliches Gesetz (N.) über den internationalen Warenkauf
loi (F.) valide pour un certain laps de temps Zeitgesetz (N.)
loi-cadre (F.) Rahmengesetz (F.)
loin fern
lointain fern
lois et coutumes (F.Pl.) de la guerre Kriegsrecht (N.)
loisirs (M.Pl.) Freizeit (F.)
Londres London (N.)
lors de anlässlich
lot (M.) Los (N.), Parzelle (F.)
loterie (F.) Lotterie (F.)
lotir parzellieren
lotissement (M.) Parzellierung (F.)
loto (M.) Lotto (N.)
louage (M.) Miete (F.), Vermietung (F.)
louage (M.) d'ouvrage et d'industrie Dienstvertrag (M.)
louage (M.) de choses Miete (F.)
louage (M.) de personnel intérimaire Arbeitnehmerüberlassung (F.)
louage (M.) de services Arbeitsvertrag (M.)
louer mieten, vermieten
loueur (M.) Vermieter (M.)
lourd schwer
loyal (Adj.) fair, lauter, loyal, pflichtgemäß, treu
loyalisme (M.) Loyalität (F.)
loyauté (F.) Loyalität (F.), Treue (F.)
loyauté (F.) et confiance (F.) réciproque Treu (F.) und Glauben (M.)
loyer (M.) Leasingrate (F.), Miete (F.), Mietzins (M.)
loyer (M.) annuel Jahresmiete (F.)
loyer (M.) de référence Vergleichsmiete (F.)
lucratif wirtschaftlich
lucrum (N.) cessans (lat.) (manque à gagner) lucrum (N.) cessans (lat.) (entgehender Gewinn)
lumière (F.) rouge Rotlicht (N.)
lutte (F.) Kampf (M.)
lutte (F.) des classes Klassenkampf (M.)
luxe (M.) Luxus (M.)
Luxembourg (M.) Luxemburg (N.)
luxueux feudal
lycée (M.) Gymnasium (N.), Lyzeum (N.)
lycée (M.) des jeunes filles Lyzeum (N.)
lynchage (M.) Lynchjustiz (F.)
lyncher lynchen

m

Maastricht (F.) Maastricht (N.)
machination (F.) Komplott (N.), Konspiration (F.), Machenschaft (F.)

machination (F.) frauduleuse arglistige Täuschung (F.)
machine (F.) Maschine (F.)
mafia (F.) Mafia (F.)
magasin (M.) Laden (M.), Lagerhaus (N.), Magazin (N.)
magazine (M.) Magazin (N.)
magistrat (M.) Beamter (M.), Richter (M.)
magistrat (M.) de carrière Berufsrichter (M.)
magistrat (M.) du parquet Staatsanwalt (M.)
magistrature (F.) Richteramt (N.)
magistrature (F.) assise Richterschaft (F.)
magistrature (F.) debout Staatsanwaltschaft (F.)
magistrature (F.) du siège Richterschaft (F.)
maigre (Adj.) dürftig
main (F.) Hand (F.)
main (F.) commune Gesamthand (F.)
main-d'œuvre (F.) Belegschaft (F.), Personal (N.)
mainlevée (F.) Aufhebung (F.), Löschung (F.)
mainmise (F.) directe Durchgriff (M.)
maintenir erhalten (V.), halten, instandhalten
maintien (M.) Erhaltung (F.)
maintien (M.) de la sécurité publique Gefahrenabwehr (F.)
maintien (M.) du revenu salarial Lohnfortzahlung (F.)
maintien (M.) du salaire en cas de maladie Entgeltfortzahlung (F.)
maire (M.) Bürgermeister (M.), Oberbürgermeister (M.)
maire (M.) du palais Hausmeier (M.)
mairie (F.) Bürgermeisterei (F.), Rathaus (N.)
maison (F.) Haus (N.), Stamm (M.)
maison (F.) close Freudenhaus (N.)
maison (F.) d'aliénés Irrenanstalt (F.)
maison (F.) d'arrêt Strafvollzugsanstalt (F.)
maison (F.) d'édition Verlag (M.)
maison (F.) d'éducation surveillée Fürsorgeerziehung (F.)
maison (F.) de commerce Handelsgeschäft (N.), Handlung (F.)
maison (F.) de détention pour jeunes délinquants Jugendstrafanstalt (F.)
maison (F.) de prêts sur gages Leihhaus (N.)
maison (F.) de publication Verlag (M.)
maison (F.) de retraite Altersheim (N.)
maison (F.) de tolérance Bordell (N.)
maison (F.) de vente par correspondance Versandhaus (N.)
maison (F.) des femmes victimes de violences conjugales Frauenhaus (N.)
maison (F.) individuelle Eigenheim (N.)
maison (F.) religieuse Stift (N.)
maître (M.) Dienstberechtigter (M.), Magister (M.), Meister (M.)
maître (M.) d'apprentissage Ausbildender (M.)
maître (M.) d'ouvrage Besteller (M.)
maître (M.) de conférences Dozent (M.), Privatdozent (M.)
maitre (M.) de l'affaire Geschäftsherr (M.)
maître (M.) de l'ouvrage Bauherr (M.)
maitre-chanteur (M.) Erpresser (M.)
maîtresse (F.) Mätresse (F.)
maîtriser beherrschen
majesté (F.) Majestät (F.)
majeur (Adj.) großjährig, meiste, mündig, volljährig
majeur (M.) Volljähriger (M.)
majoration (F.) Erhöhung (F.)
majoration (F.) de loyer Mieterhöhung (F.)
majoration (F.) de retard Säumniszuschlag (M.)
majorité (F.) Majorität (F.), Mehrheit (F.), Mündigkeit (F.), Volljährigkeit (F.)
majorité (F.) absolue absolute Mehrheit (F.)
majorité (F.) commerciale Handelsmündigkeit (F.)
majorité (F.) des suffrages exprimés Stimmenmehrheit (F.)
majorité (F.) des voix Stimmenmehrheit (F.)
majorité (F.) pénale Strafmündigkeit (F.)
majorité (F.) qualifiée qualifizierte Mehrheit (F.)
majorité (F.) relative relative Mehrheit (F.)
mal (M.) Übel
malade (Adj.) krank
malade (M.) Patient (M.)
maladie (F.) Krankheit (F.)
maladie (F.) professionnelle Berufskrankheit (F.)
malentendu (M.) Missverständnis (N.)
malfaiteur (M.) Bandit (M.), Übeltäter (M.), Verbrecher (M.)
malheur (M.) Unglück (N.)
malhonnête unredlich
malice (M.) Tücke (F.)
malignité (F.) Tücke (F.)
malmener misshandeln
maltraiter misshandeln

malveillant (Adj.) böswillig
manager (M.) Manager (M.)
manager (V.) managen
mandant (M.) Auftraggeber (M.), Kommittent (M.), Mandant (M.), Vollmachtgeber (M.)
mandat (M.) Auftrag (M.), Bevollmächtigung (F.), Delegation (F.), Mandat (N.), Mission (F.), Stellvertretung (F.), Treuhänderschaft (F.), Vertretung (F.), Vertretungsmacht (F.), Vollmacht (F.)
mandat (M.) à titre individuel Einzelvollmacht (F.)
mandat (M.) ad litem Prozessvollmacht (F.)
mandat (M.) apparent Anscheinsvollmacht (F.)
mandat (M.) d'amener Vorführungsbefehl (M.)
mandat (M.) d'arrêt Haftbefehl (M.), Steckbrief (M.)
mandat (M.) d'encaissement Einziehungsermächtigung (F.), Einzugsermächtigung (F.)
mandat (M.) d'exécution Vollstreckungsanordnung (F.), Vollstreckungsbefehl (M.)
mandat (M.) de comparution Ladung (F.) (Herbestellung)
mandat (M.) de compensation Ausgleichsmandat (N.)
mandat (M.) de contracter Geschäftsbesorgungsvertrag (M.)
mandat (M.) de paiement Zahlungsanweisung (F.)
mandat (M.) de procédure Prozessvollmacht (F.)
mandat (M.) de recouvrement Inkassomandat (N.)
mandat (M.) direct Direktmandat (N.)
mandat (M.) domestique Schlüsselgewalt (F.)
mandat (M.) donné verbalement au mandataire Innenvollmacht (F.)
mandat (M.) donné verbalement au tiers Außenvollmacht (F.)
mandat (M.) en excédant Überhangmandat (N.)
mandat (M.) fictif fingierte Zahlungsanweisung (F.)
mandat (M.) général Generalvollmacht (F.)
mandat (M.) impératif imperatives Mandat (N.)
mandat (M.) implicite Duldungsvollmacht (F.)
mandat (M.) parlementaire supplémentaire Überhangmandat (N.)
mandat (M.) postal Postanweisung (F.)
mandat (M.) réglant les rapports internes entre mandant et mandataire Innenvollmacht (F.)
mandataire (M.) Auftragnehmer (M.), Beauftragter (M.), Gewalthaber (M.), Mandatar (M.), Stellvertreter (M.), Vertreter (M.)
mandataire (M.) ad litem Prozessbevollmächtigter (M.)
mandataire (M.) au procès Anwalt (M.)
mandataire (M.) commercial Prokurist (M.)
mandataire (M.) de procédure Prozessbevollmächtigter (M.)
mandataire (M.) en matière fiscale Steuerbevollmächtigter (M.)
mandataire (M.) sans mandat valide falsus procurator (M.) (lat.) (Vertreter ohne Vertretungsmacht)
mandataire-liquidateur (M.) Insolvenzverwalter (M.)
mandatement (M.) Anweisung (F.)
mandater auftragen, beauftragen, bevollmächtigen, Vollmacht (F.) erteilen
mandat-poste (M.) Postanweisung (F.)
mandement (M.) Anordnung (F.)
maniaque (M. bzw. F.) Triebtäter (M.)
manie (F.) Manie (F.), Sucht (F.)
maniement (M.) Bedienung (F.)
manière (F.) Art (F.)
manifest erkennbar
manifestant (M.) Demonstrant (M.)
manifestation (F.) Abgabe (F.), Ausdruck, Demonstration (F.), Offenbarung (F.)
manifestation (F.) de la volonté Erklärung (F.)
manifestation (F.) de volonté Willenserklärung (F.)
manifeste (Adj.) handhaft, offenbar, offensichtlich
manifeste (M.) Aufruf (M.), Manifest (N.)
Manifeste (M.) communiste Kommunistisches Manifest (N.)
manifeste (M.) de cargaison Manifest (N.)
manifester demonstrieren
manipulation (F.) des prix à la hausse Preistreiberei (F.)
manœuvre (F.) Vorgehen (N.)
manœuvre (F.) frauduleuse Arglist (F.)
manœuvre (F.) illicite du débiteur

tendant à faire échec à l'exécution forcée Vollstreckungsvereitelung (F.)
manœuvres (F.Pl.) dilatoires afin de retarder la procédure Prozessverschleppung (F.)
manœuvres (F.Pl.) dilatoires tendant à retarder la procédure Verfahrensverschleppung (F.)
manque (M.) Lücke (F.), Mangel (M.), Manko (N.), Not (F.)
manque (M.) à gagner entgangener Gewinn (M.)
manque (M.) d'abri Obdachlosigkeit (F.)
manque (M.) de fiabilité Unzuverlässigkeit (F.)
manqué entgangen
manquement (M.) Versäumnis (N.)
manquement (M.) à l'obligation de loyauté Treuepflichtverletzung (F.)
manquement (M.) aux devoirs Pflichtverletzung (F.)
manquer ausbleiben, entgehen, fehlen, mangeln, versäumen
manteau (M.) Mantel (M.)
manuel (Adj.) körperlich
manuel (M.) Kompendium (N.)
manuel (M.) d'enseignement Lehrbuch (N.)
manufacture (F.) Manufaktur (F.)
manuscrit (Adj.) handschriftlich
manuscrit (M.) Handschrift (F.)
maraudeur (M.) Plünderer (M.)
marchand (M.) Händler (M.), Kaufmann (M.)
marchand (M.) ambulant Hausierer (M.)
marchandage (M.) Arbeitnehmerüberlassung (F.), Handeln (N.)
marchande (F.) Kauffrau (F.)
marchander feilschen, handeln
marchandise (F.) Gut (N.), Produkt (N.), Ware (F.)
marchandise (F.) de contrebande Konterbande (F.)
marchandise (F.) livrée non conforme Falschlieferung (F.)
marchandise (F.) transportée Frachtgut (N.)
marche (F.) Betrieb (M.), Staffel (F.)
marché (M.) Absatz (M.), Handel (M.), Markt (M.)
marché (M.) commun Binnenmarkt (M.), gemeinsamer Markt (M.)
marché (M.) d'intérêt national Großhandelsmarkt (M.Pl.) mit Sonderstatus (Großhandelsmarkt mit Sonderstatus in Frankreich)
marché (M.) de livraison de bière Bierlieferungsvertrag (M.)
marché (M.) des capitaux Kapitalmarkt (M.)
marché (M.) des changes Devisenmarkt (M.)
marché (M.) des devises Devisenmarkt (M.)
marché (M.) du travail Arbeitsmarkt (M.)
marché (M.) financier Kapitalmarkt (M.)
marché (M.) intérieur Binnenmarkt (M.)
marché (M.) libre Freiverkehr (M.)
marché (M.) national Binnenmarkt (M.)
marché (M.) noir Schwarzmarkt (M.)
marcher gehen
marchés (M.Pl.) publics öffentlicher Auftrag (M.)
maréchal (M.) Marschall (M.)
marge (F.) d'appréciation Beurteilungsspielraum (M.)
mari (M.) Ehemann (M.), Gatte (M.)
mariage (M.) Ehe (F.), Eheschließung (F.), Heirat (F.), Hochzeit (F.), Trauung (F.), Vermählung (F.)
mariage (M.) bigamique Doppelehe (F.)
mariage (M.) blanc Scheinehe (F.)
mariage (M.) contracté dans le seul but d'acquérir le nom de l'époux Namensehe (F.)
mariage (M.) fictif Scheinehe (F.)
mariage (M.) inexistant Nichtehe (F.), Scheinehe (F.)
mariage (M.) mixte Mischehe (F.)
mariage (M.) putatif Scheinehe (F.)
marier (se) heiraten, vermählen (sich)
marier trauen
marin (M.) Matrose (M.), Seemann (M.)
marine (F.) Marine (F.)
marketing (M.) Marketing (N.)
marque (F.) Marke (F.), Merkmal (N.)
marque (F.) au porteur Inhaberzeichen (N.)
marque (F.) de commerce Marke (F.)
marque (F.) de fabrique et de commerce et de service Warenzeichen (N.), Zeichen (N.)
marque (F.) de service Dienstleistungsmarke (F.)
marque (F.) du domaine public Freizeichen (N.)
marquer verzeichnen
martyre (M.) Marter (F.)
martyriser martern
masochisme (M.) Masochismus (M.)

massacre (M.) Massaker (N.)
masse (F.) Masse (F.), Menge (F.)
masse (F.) de la faillite Konkursmasse (F.)
masse (F.) passive Passiva (N.Pl.)
matelot (M.) Matrose (M.), Seemann (M.)
matérialisme (M.) Materialismus (M.)
matériaux (M.Pl.) Material (N.) (Ausrüstung)
matériel (Adj.) konkret, materiell, real
matériel (M.) Material (N.) (Ausrüstung)
matériel (M.) et approvisionnements appartenant à l'armée Wehrmittel (N.)
maternité (F.) Mutterschaft (F.)
matière (F.) Fach (N.), Sachgebiet (N.), Stoff (M.)
matière (F.) fouragère Futtermittel (N.)
matière (F.) matrimoniale Ehesache (F.)
matriarcat (M.) Matriarchat (N.), Mutterrecht (N.)
matrice (M.) cadastrale Kataster (M. bzw. N.)
matricide (M.) Muttermord (M.)
matricule (F.) Matrikel (F.)
matrimonial ehelich
maturité (F.) Reife (F.)
mauvais (Adj.) böse, schlecht, übel
mauvais traitement (M.) Misshandlung (F.)
mauvaise exécution (F.) Schlechterfüllung (F.)
mauvaise exécution (F.) d'une obligation contractuelle Forderungsverletzung (F.)
mauvaise exécution (F.) de la prestation Leistungsstörung (F.)
mauvaise foi (F.) böser Glaube (M.), Bösgläubigkeit (F.), mala fides (F.) (lat.) (böser Glaube), Unredlichkeit (F.)
maximal höchste
maxime (F.) Maxime (F.)
méchant böse
médecin (M.) Arzt (M.), Ärztin (F.)
médecin (M.) agréé par les caisses d'assurance maladie Kassenarzt (M.)
médecin (M.) dentiste Zahnarzt (M.)
médecin (M.) fonctionnaire auprès du service de la santé publique Amtsarzt (M.)
médecin (M.) légiste Gerichtsmediziner (M.)
médecin-conseil (M.) Vertrauensarzt (M.)
médecine (F.) Medizin (F.)
médecine (F.) légale Rechtsmedizin (F.)
médiat mittelbar
médiateur (M.) Mediator (M.), Ombudsmann (M.), Schlichter (M.), Vermittler (M.)
médiateur (M.) de la République Ombudsmann (M.)
médiation (F.) Mediation (F.), Schlichtung (F.), Vermittlung (F.), Vermittlungsverfahren (N.)
médiatisation (F.) Mediatisierung (F.)
médical ärztlich, medizinisch
médicament (M.) Arznei (F.), Arzneimittel (N.), Heilmittel (N.)
médication (F.) Heilmittel (N.)
médire de lästern
médisance (F.) Lästerung (F.)
médium (M.) Medium (N.)
méfait (M.) Frevel (M.), Missetat (F.)
méfiance (F.) Misstrauen (N.)
méfier misstrauen
meilleur bessere
mélangé (Adj.) gemischt
mélange (M.) Mischung (F.), Vermischung (F.)
mélanger mischen, vermengen, vermischen
mêler mischen
membre (M. bzw. F.) du conseil municipal Stadtrat (M.)
membre (M.) Angehöriger (M.), Glied (N.), Mitglied (N.)
membre (M.) d'un consortium Konsorte (M.)
membre (M.) d'une société d'exploitation minière Gewerke (M.)
membre (M.) de la famille Verwandter (M.)
membre (M.) du comité d'entreprise Betriebsrat (M.)
membre (M.) du conseil de surveillance Aufsichtsratmitglied (N.)
membre (M.) du directoire Vorstandsmitglied (N.)
membre (M.) du directoire responsable des questions sociales et des problèmes relatifs au personnel Arbeitsdirektor (M.)
mémoire (F.) Speicher (M.)
mémoire (M.) Einlassung (F.), Klageschrift (F.), Schriftsatz (M.)
mémoire (M.) en defense Klagebeantwortung (F.)
mémoire (M.) en défense de sauvegarde des droits Schutzschrift (F.)
mémorandum (M.) Memorandum (N.)
mémorisation (F.) Erinnerung (F.), Speicherung (F.)
mémoriser speichern
menaçant drohend

menace (F.) Androhung (F.), Bedrohung (F.), Drohung (F.), Gefahr (F.), Gefährdung (F.), Nötigung (F.)
menace (F.) faite avec ordre Nötigung (F.)
menacé gefährdet
menacer androhen, bedrohen, drohen, gefährden
ménage (M.) Hausarbeit (F.), Hausgemeinschaft (F.), Haushalt (M.)
ménager schonen
mendiant (M.) Bettler (M.)
mendicité (F.) Bettelei (F.)
mendier betteln
mener leiten, lenken
mener à bien bewähren
mener un procès prozessieren
meneur (M.) Kopf (M.), Rädelsführer (M.)
menotte (F.) Handschelle (F.)
mensonge (M.) Lüge (F.), Unwahrheit (F.)
mensualisation (F.) monatliche Entlohnung (F.)
mensualisé monatlich
mensuel monatlich
mental mental
menteur (M.) Lügner (M.)
mention (F.) Anmerkung (F.)
mention (F.) à ordre Orderklausel (F.)
mention (F.) au dossier Aktenvermerk (M.)
mention (F.) d'authentification Beglaubigungsvermerk (M.)
mentionner erwähnen
mentir lügen, schwindeln
méprendre missverstehen
mépris (M.) Hohn (M.)
méprisable verächtlich
mépriser missachten
mer (F.) Meer (N.), See (F.)
mercantil merkantil
mercantilisme (M.) Merkantilismus (M.)
mercenaire (M.) Söldner (M.)
mère (F.) Mutter (F.)
mère (F.) adoptive Pflegemutter (F.)
mère (F.) assurant seul l'eduction famille Alleinerziehende (F.)
mère (F.) porteuse Leihmutter (M.)
méritant une sanction pénale strafwürdig
mérite (M.) Verdienst (N.)
mériter verdienen
message (M.) Botschaft (F.)
message (M.) clandestine d'un prisonnier Kassiber (M.)
messager (M.) Bote (M.)
messagère (F.) Botin (F.)
messe (F.) Messe (F.)
mesure (F.) Maß (N.), Maßnahme (F.), Maßregel (F.), Zumessung (F.)
mesure (F.) administrative Verwaltungsmaßnahme (F.)
mesure (F.) coercitive Zwangsaktion (F.)
mesure (F.) conservatoire Schutzmaßnahme (F.), Sicherungsmaßnahme (F.)
mesure (F.) d'assurer le maintien de l'ordre Ordnungsmittel (N.)
mesure (F.) d'exécution Vollstreckungsmaßnahme (F.)
mesure (F.) d'ordre intérieur Sonderverordnung (F.), Verwaltungsvorschrift (F.)
mesure (F.) de capacité Hohlmaß (N.)
mesure (F.) de contrainte Zwangsmaßnahme (F.), Zwangsmittel (N.)
mesure (F.) de contrôle et d'aide et d'éducation Führungsaufsicht (F.)
mesure (F.) de précaution Vorsichtsmaßnahme (F.)
mesure (F.) de protection Schutzmaßnahme (F.)
mesure (F.) de rétorsion Retorsion (F.)
mesure (F.) disciplinaire Disziplinarmaßnahme (F.)
mesure (F.) éducative Erziehungsmaßregel (F.)
mesure (F.) en vue d'assurer le maintien de l'ordre Ordnungsmittel (N.)
mesure (F.) individuelle de police Polizeiverfügung (F.)
mesure (F.) préventive Präventivmaßnahme (F.)
mesure (F.) prise dans une exécution Vollstreckungsmaßnahme (F.)
mesure (F.) provisionnelle einstweilige Verfügung (F.)
mesure (F.) publique de création d'emplois Arbeitsbeschaffungsmaßnahme (F.)
mesurer bemessen, ermessen, messen, vermessen (V.), zumessen
métal (M.) précieux Edelmetall (N.)
méthode (F.) Methode (F.), Technik (F.), Verfahren (N.)
méthode (F.) d'investigation par recoupements Rasterfahndung (F.)
méthode (F.) de recherche policière par recoupements en utilisant l'informatique Ras-

terfahndung (F.)
méthodique (Adj.) methodisch
méthodologie (F.) Methodenlehre (F.), Methodik (F.), Methodologie (F.)
métier (M.) Beruf (M.), Gewerbe (N.), Handwerk (N.)
métier (M.) manuel Handwerk (N.)
metteur (M.) en gage Pfandschuldner (M.)
metteuur (M.) en gage Verpfänder (M.)
mettre anlegen, auffahren, einlegen, stecken, stellen
mettre à la retraite emeritieren, pensionieren
mettre au ban ächten
mettre au concours ausschreiben
mettre aux enchères versteigern
mettre d'accord (se) einigen (sich)
mettre d'accord sur (se) vereinbaren
mettre dans beteiligen
mettre en accusation anklagen
mettre en circulation in Verkehr bringen
mettre en congé beurlauben
mettre en danger gefährden
mettre en demeure mahnen
mettre en disponibilité beurlauben
mettre en gage verpfänden, versetzen
mettre en garde abmahnen, warnen
mettre en jeu ausspielen
mettre en liberté befreien, freilassen
mettre en minorité überstimmen
mettre en ordre ordnen
mettre en possession einantworten
mettre en poursuite betreiben
mettre en prison einsperren
mettre en sûreté bergen
mettre en vente feilbieten
mettre fin à abbrechen, abschließen, abstellen
mettre la main sur beschlagnahmen
mettre par écrit niederlegen, niederschreiben
mettre sous main de justice verstricken
mettre sous séquestre hinterlegen, sequestrieren
mettre sous tutelle entmündigen
meuble (Adj.) beweglich
meuble (M.) bewegliche Sache (F.), Fahrhabe (F.), Fahrnis (F.), Möbel (N.)
meubles (M.Pl.) Mobiliar (N.)
meurtre (M.) Totschlag (M.)
meurtre (M.) avec viol Lustmord (M.)
meurtrier (M.) Totschläger (M.)
micro (M.) clandestin Abhörgerät (N.)
milice (F.) Miliz (F.)
milieu (M.) Medium (N.), Milieu (N.)
militaire (Adj.) militärisch
militant (Adj.) aktiv
mine (F.) Bergwerk (N.), Grube (F.) (Mine), Zeche (F.)
mineur (Adj.) minderjährig, minorenn, unmündig
mineur (Adj.) de moins de 14 ans strafunmündig
mineur (M.) (1) Jugendlicher (M.), Minderjähriger (M.)
mineur (M.) (1) sous tutelle Mündel (N.)
mineur (M.) (2) Bergarbeiter (M.), Knappe (M.)
minière (F.) Bergwerk (N.)
minimisation (F.) Verharmlosung (F.)
minimiser verharmlosen
minimum (M.) nécessaire à l'existence Existenzminimum (N.)
minimum (M.) vital Existenzminimum (N.)
ministère (M.) Amt (N.), Ministerium (N.)
ministère (M.) de l'intérieur Innenministerium (N.)
ministère (M.) des affaires étrangères auswärtiges Amt (N.)
ministère (M.) des finances Finanzministerium (N.)
ministère (M.) fédéral de la justice Bundesjustizministerium (N.)
ministère (M.) public Staatsanwaltschaft (F.)
ministère (M.) public fédéral Bundesanwaltschaft (F.)
ministère (M.) publique Ankläger (M.)
ministériell ministeriell
ministre (M.) Minister (M.)
ministre (M.) de l'intérieur Innenminister (M.)
ministre (M.) des finances Finanzminister (M.)
ministre (M.) fédéral Bundesminister (M.)
ministre (M.) fédéral de l'intérieur Bundesinnenminister (M.)
ministre (M.) fédéral de la justice Bundesjustizminister (M.)
ministre (M.) président Ministerpräsident (M.)
minoration (F.) Minderung (F.)
minorer mindern
minorité (F.) Minderheit (F.), Minder-

jährigkeit (F.), Minorität (F.), Unmündigkeit (F.)
minorité (F.) de blocage Sperrminorität (F.)
minorité (F.) pénale Strafunmündigkeit (F.)
mise (F.) Gebot (N.), Kommanditeinlage (F.), Verhängung (F.)
mise (F.) à disposition Leiharbeit (F.)
mise (F.) à disposition de main d'œuvre Dienstverschaffung (F.)
mise (F.) à la retraite Pensionierung (F.)
mise (F.) à pied strafweise Aussperrung (F.) des Arbeitnehmers, Suspendierung (F.) des Arbeitsvertrags
mise (F.) à profit Benutzung (F.)
mise (F.) aux enchères Versteigerung (F.)
mise (F.) de fond Einlage (F.)
mise (F.) de fonds en nature Sacheinlage (F.)
mise (F.) de fonds initiale Stammeinlage (F.)
mise (F.) en accusation Anklageerhebung (F.)
mise (F.) en accusation d'un ministre Ministeranklage (F.)
mise (F.) en cause Streitverkündung (F.)
mise (F.) en circulation Inverkehrbringen (N.)
mise (F.) en compte Anrechnung (F.)
mise (F.) en congé Beurlaubung (F.)
mise (F.) en danger Verkehrsgefährdung (F.)
mise (F.) en demeure Mahnung (F.)
mise (F.) en disponibilité (F.) Beurlaubung (F.)
mise (F.) en état Anberaumung (F.)
mise (F.) en gage Verpfändung (F.)
mise (F.) en garde Warnung (F.)
mise (F.) en libérte Freilassung (F.)
mise (F.) en sûreté de la preuve Beweissicherung (F.)
mise (F.) sous main de justice Verstrickung (F.)
mise à pied suspendiert
missile (M.) Rakete (F.)
missio (F.) canonica (lat.) missio (F.) canonica (lat.) (Sendungsauftrag)
mission (F.) Amt (N.), Aufgabe (F.), Delegation (F.), Mission (F.)
mitigation (F.) Strafmilderung (F.)
mixte (Adj.) gemischt
mobile (Adj.) beweglich, flexibel, mobil
mobile (M.) Motiv (N.)
mobilier (Adj.) beweglich
mobilier (M.) Mobiliar (N.)
mobilier (M.) et ustensiles (M.Pl.) de ménage Hausrat (M.)
mobilisation (F.) Abruf (M.)
mode (M.) Art (F.)
mode (M.) d'emploi Bedienungsanleitung (F.), Gebrauchsanweisung (F.)
modèle (M.) Ausführung (F.), Muster (N.)
modèle (M.) d'utilité Gebrauchsmuster (N.)
modèle (M.) déposé Gebrauchsmuster (N.)
modèle (M.) esthétique Geschmacksmuster (N.)
modérer mildern
moderniser erneuern
modification (F.) Abänderung (F.), Änderung (F.), Novellierung (F.), Veränderung (F.)
modification (F.) de l'objet du litige Klageänderung (F.)
modification (F.) de l'ordre de priorité Rangänderung (F.)
modification (F.) de la constitution Verfassungsänderung (F.)
modification (F.) de la demande Klageänderung (F.)
modification (F.) de la destination d'un immeuble Nutzungsänderung (F.)
modification (F.) des données Datenveränderung (F.)
modification (F.) du point de vue juridique Änderung (F.) des rechtlichen Gesichtspunkts
modifier abändern, abbedingen, ändern, novellieren, verändern
modus (M.) (lat.) (mode) modus (M.) (lat.) (Art)
moindre kleinere, mindere
moine (M.) Mönch (M.)
moins-value (F.) Minderwert (M.)
moins-value (F.) d'une chose endommagée et réparée par rapport à une chose non endommagée merkantiler Minderwert (M.)
mois (M.) Monat (M.)
moitié (F.) Hälfte (F.)
molestation (F.) Belästigung (F.)
molester belästigen
moment (M.) d'execution Erfüllungszeit (F.)
monarchie (F.) Monarchie (F.)
monarchique monarchisch
monarchisme (M.) Monarchismus (M.)
monarque (M.) Herrscher (M.), Monarch (M.)
monastère (M.) Kloster (N.)
monde (M.) Welt (F.)
mondialiser globalisieren

monisme (M.) Monismus (M.)
moniteur (M.) d'auto-école Fahrlehrer (M.)
moniteur (M.) d'enseignement de conduite des véhicules à moteur Fahrlehrer (M.)
monitorat (M.) Jugendarbeit (F.)
monnaie (F.) Geld (N.), Währung (F.)
monnaie (F.) bancaire Buchgeld (N.), Giralgeld (N.)
monnaie (F.) d'appoint Münze (F.)
monnaie (F.) de paiement gesetzliches Zahlungsmittel (N.)
monnaie (F.) de papier Papiergeld (N.)
monnaie (F.) divisionnaire Scheidemünze (F.)
monnaie (F.) électronique Cybergeld (N.)
monnaie (F.) étrangère Valuta (F.)
monnaie (F.) fiduciaire gesetzliches Zahlungsmittel (N.)
monnaie (F.) métallique Münze (F.)
monnaie (F.) scripturale Buchgeld (N.), Giralgeld (N.)
monocaméralisme (M.) Einkammersystem (N.)
monocamérisme (M.) Einkammersystem (N.)
monocratie (F.) Monokratie (F.)
monocratique monokratisch
monogamie (F.) Monogamie (F.)
monopole (M.) Monopol (N.)
monopole (M.) de l'action publique Anklagemonopol (N.)
monopole (M.) fiscal Finanzmonopol (N.)
monopoliser monopolisieren
monsieur (M.) Herr (M.)
Monsieur (M.) Informatique Datenschutzbeauftragter (M.)
montagne (F.) Alm (F.), Alpe (F.), Berg (M.)
montant (M.) Betrag (M.), Geldbetrag (M.), Summe (F.)
montant (M.) assuré Deckungssumme (F.), Versicherungssumme (F.)
montant (M.) de la demande Streitwert (M.)
montant (M.) debité Abbuchung (F.)
montant (M.) disponible Freibetrag (M.)
montant (M.) du litige Gegenstandswert (M.)
montant (M.) en principal de la créance Hauptforderung (F.)
montant (M.) exonéré Freibetrag (M.)
montant (M.) maximum Höchstbetrag (M.)
montant (M.) nominal Nennbetrag (M.)
montant (M.) type Regelbetrag (M.)
mont-de-piété (M.) Leihhaus (N.)
montée (F.) Anstieg (M.), Zunahme (F.)
monter belaufen
montrer (sa carte) ausweisen (sich)
montrer dokumentieren
monument (M.) Denkmal (N.)
moquerie (F.) Hohn (M.)
moquerie (F.) déplacée et repréhensible grober Unfug (M.)
moral (Adj.) ethisch, immateriell, moralisch, sittlich
morale (F.) Anstand (M.), Ethik (F.), Moral (F.)
moralité (F.) Sittlichkeit (F.)
moratoire (M.) Fristverlängerung (F.), Moratorium (N.), Zahlungsaufschub (M.)
morceau (M.) Stück (N.)
morceler parzellieren
morphine (F.) Morphium (N.)
mort (Adj.) tot, verstorben
mort (F.) Tod (M.)
mort (F.) apparente Scheintod (M.)
mort (F.) cérébrale Hirntod (M.)
mort (M.) Leiche (F.)
mortel tödlich
mortinatalité (F.) Totgeburtenrate (F.)
mort-né (M.) Totgeburt (F.)
mot (M.) Wort (N.)
motif (M.) (de licenciement) résultant d'une faute grave wichtiger Grund (M.) (zur Kündigung)
motif (M.) Begründung (F.), Beweggrund (M.), Grund (M.), Klagebegründung (F.), Motiv (N.), Urteilsbegründung (F.)
motif (M.) d'arrestation Haftgrund (M.)
motif (M.) de la décision Entscheidungsgrund (M.)
motif (M.) de plainte Beschwer (F.)
motif (M.) du jugement Urteilsgrund (M.)
motif (M.) juridique Rechtsgrund (M.)
motif (M.) particulièrement répréhensible niedriger Beweggrund (M.)
motifs (M.Pl.) du jugement Urteilsbegründung (F.), Urteilsgründe (M.Pl.)
motion (F.) Antrag (M.)
motion (F.) de censure Misstrauensantrag (M.)
motion (F.) de défiance Misstrauensantrag (M.)
motivation (F.) Begründung (F.)
motivation (F.) de cassation Revisionsbegründung (F.)

motivation (F.) de la voie de recours Rechtsmittelbegründung (F.)
motivé begründet
mouillage (M.) Reede (F.)
mourir sterben, versterben
mouvement (M.) insurrectionnel Aufruhr (M.)
mouvements (M.Pl.) des capitaux Kapitalverkehr (M.)
moyen (Adj.) durchschnittlich
moyen (M.) Hilfsmittel (N.), Klagebegründung (F.), Klagegrund (M.), Medium (N.), Mittel (N.)
moyen (M.) abortif Abtreibungsmittel (N.)
moyen (M.) de cassation Revisionsgrund (M.)
moyen (M.) de coercition Zwangsmittel (N.)
moyen (M.) de contrainte Zwangsmittel (N.)
moyen (M.) de la défense Verteidigungsmittel (N.)
moyen (M.) de la télécommunication Fernkommunikationsmittel (N.)
moyen (M.) de paiement Zahlungsmittel (N.)
moyen (M.) de preuve Beweismittel (N.)
moyen (M.) de recours Rechtsbehelf (M.), Rechtsmittel (N.)
moyen (M.) de transport Verkehrsmittel (N.)
moyen (M.) subsidiaire Behelf (M.)
moyenne (F.) Durchschnitt (M.)
moyens (M.Pl.) Klagebegründung (F.)
moyens (M.Pl.) de communication Medien (N.Pl.)
moyens (M.Pl.) mis en œuvre Aufwand (M.)
muet (Adj.) stumm
multicopier vervielfältigen
multilatéral (Adj.) multilateral
multinational (Adj.) multinational
multiple mehrfach
multiplication (F.) Vervielfältigung (F.)
multiplier vervielfältigen
multitude (F.) Menge (F.)
municipal kommunal, städtisch
municipalité (F.) Gemeinde (F.), Magistrat (N.), Stadtverwaltung (F.)
munir versehen (V.) (sich)
munir de versorgen
munitions (F.Pl.) Munition (F.)
mur (M.) réfractaire Brandmauer (F.)
musulman (M.) Moslem (M.)
mutation (F.) Versetzung (F.), Wechsel (M.)
muter versetzen
mutilation (F.) Verstümmelung (F.)
mutiler verstümmeln
mutin (M.) Meuterer (M.)
mutiner (se) meutern
mutinerie (F.) Meuterei (F.)
mutinerie (F.) des soldats Soldatenmeuterei (F.)
mutualité (F.) Gegenseitigkeit (F.)
mutuel (Adj.) gegenseitig, reziprok
mutuel wechselseitig
mutuelle (F.) Versicherungsverein (M.)

n

n'atteignant le quorum beschlussunfähig
naissance (F.) Geburt (F.)
naissance (F.) de mort-né Totgeburt (F.)
nantissement (M.) Faustpfand (N.), Nutzungspfand (N.), Pfand (N.), Verpfändung (F.)
nantissement (M.) d'une chose immobilière Antichrese (F.)
nantissement (M.) mobilier Lombard (M.)
narcothique (M.) Betäubungsmittel (N.)
natif (Adj.) gebürtig
nation (F.) Nation (F.)
national (Adj.) einheimisch, inländisch, innerstaatlich, national, staatlich
national (M.) Staatsangehöriger (M.), Staatsbürger (M.)
nationalisation (F.) Sozialisierung (F.), Vergesellschaftung (F.), Verstaatlichung (F.)
nationaliser vergesellschaften, verstaatlichen
nationalisme (M.) Nationalismus (M.)
nationaliste (Adj.) nationalistisch
nationalité (F.) Nationalität (F.), Staatsangehörigkeit (F.), Staatsbürgerschaft (F.)
nationalité (F.) multiple Mehrstaatigkeit (F.)
national-socialisme (M.) Nationalsozialismus (M.)
national-socialiste (Adj.) nationalsozialistisch
Nations (F.Pl.) Unies (O. N. U.) Vereinte Nationen (F.Pl.) (UNO)
naturalisation (F.) Einbürgerung (F.), Naturalisation (F.)
naturaliser einbürgern, naturalisieren
nature (F.) Art (F.), Natur (F.), Wesen (N.)
nature (F.) du revenu Einkunftsart (F.)
naturel (Adj.) außerehelich, natürlich, nichtehelich, unehelich
naufrage (M.) Schiffbruch (M.)
navette (F.) Lesung (F.)

navigation (F.) Schifffahrt (F.)
navigation (F.) aérienne Luftfahrt (F.)
navigation (F.) fluviale Binnenschifffahrt (F.)
navigation (F.) intérieure Binnenschifffahrt (F.)
navire (M.) Schiff (N.)
nazi (Adj.) nationalsozialistisch
nazisme (M.) Nationalsozialismus (M.)
ne bis in idem (lat.) ne bis in idem (lat.) (nicht zweimal in demselben)
ne manquer pas de faire unterlassen
ne pas appartenant à un cercle (administratif) kreisfrei
ne pas appartenant à un communauté gemeindefrei
ne pas faire unterlassen
ne pas respectant son devoir de loyauté treuwidrig
ne pouvant être conclu sous condition bedingungsfeindlich
ne pouvant pas être incarcéré haftunfähig
nécesitant la réception empfangsbedürftig
nécessaire erforderlich, nötig, notwendig
nécessité (F.) Erforderlichkeit (F.), Not (F.), Notstand (M.), Zwangslage (F.)
nécessité (F.) d'un crime ou d'un délit principal Akzessorietät (F.)
necessité (F.) d'une forme Formbedürftigkeit (F.)
nécessité (F.) de la reception Empfangsbedürftigkeit (F.)
nécessiter brauchen
négatif (Adj.) abschlägig, negativ
négatoire negatorisch
négligeable geringfügig, unwesentlich
négligence (F.) Fahrlässigkeit (F.), Nachlässigkeit (F.), unbewusste Fahrlässigkeit (F.), Unterlassen (N.), Unterlassung (F.), Vernachlässigung (F.), Versäumnis (N.), Verschulden (N.), Verwahrlosung (F.)
négligence (F.) caractérisée grobe Fahrlässigkeit (F.)
négligence (F.) grave grobe Fahrlässigkeit (F.)
négligent fahrlässig, nachlässig
négliger missachten, vernachlässigen, versäumen
négliger de faire unterlassen
négoce (M.) Handel (M.)
négociabilité (F.) Übertragbarkeit (F.)
négociable abtretbar, begebbar, übertragbar, umlauffähig
négociant (M.) Händler (M.), Kaufmann (M.)
négociation (F.) Verhandlung (F.), Vertragsverhandlung (F.)
négociation (F.) collective Tarifverhandlung (F.)
négocier umsetzen, verhandeln
nemo iudex in re sua (lat.) nemo iudex in re sua (lat.) (niemand kann in eigener Sache Richter sein)
nemo plus iuris ad alium transferre potest quam ipse habet (lat.) nemo plus iuris ad alium transferre potest quam ipse habet (lat.) (niemand kann mehr Recht übertragen als er hat)
népotisme (M.) Vetternwirtschaft (F.)
net netto
nettoyer entsorgen
neuf (Adj.) neu
neutralité (F.) Neutralität (F.)
neutre neutral
nicotine (F.) Nikotin (N.)
nièce (F.) Nichte (F.)
nier bestreiten, leugnen
noble edel
nobles (M.Pl.) Adel (M.)
noblesse (F.) Adel (M.), Adelsstand (M.)
noce (F.) Hochzeit (F.)
noël (M.) Weihnacht
nom (M.) Familienname (N.), Geburtsname (M.), Nachname (M.), Name (M.)
nom (M.) acquis par mariage Ehename (M.)
nom (M.) commercial Firma (F.)
nom (M.) de famille Familienname (N.), Nachname (M.), Name (M.), Zuname (M.)
nom (M.) de famille composé de deux éléments Doppelname (M.)
nom (M.) de jeune fille Geburtsname (M.)
nom (M.) matrimonial Ehename (M.)
nom (M.) patronymique Zuname (M.)
nom (M.) propre Eigenname (M.)
nombre (M.) Zahl (F.), Ziffer (F.)
nominal nominal, nominell
nomination (F.) Berufung (F.), Bestallung (F.), Bestellung (F.), Ernennung (F.), Ruf (M.)
nommer bestallen, bestellen, ernennen, nennen
non nicht
non autorisé (Adj.) nichtberechtigt, unbefugt, unberechtigt, unzulässig
non condamné unbescholten
non contentieux nichtstreitig
non encore né ungeboren

non fongible unvertretbar
non grévé lastenfrei, unbelastet
non hypothéqué lastenfrei
non impératif dispositiv
non imposable steuerfrei
non information (F.) Nichtmitteilung (N.)
non liquet (lat.) (la situation n'est pas prouvé) non liquet (lat.) (es ist unklar)
non litigieux nichtstreitig
non marié (Adj.) ledig
non obligatoire abdingbar, unverbindlich
non officiel inoffiziell
non pecuniaire immateriell
non publique nichtöffentlich
non réglementaire ordnungswidrig
non rémuneré unentgeltlich
non valable ungültig
non-admission (F.) Zurückweisung (F.)
non-annulabilité (F.) Unanfechtbarkeit (F.)
non-annulable unanfechtbar
nonce (M.) Nuntius (M.)
non-comparution (F.) Nichterscheinen (N.)
non-contester (M.) Nichtbestreiten (N.)
non-déclaration (F.) Verschweigen (N.)
non-délivrance (F.) Vorenthaltung (F.)
non-dénonciation (F.) Nichtanzeige (F.)
non-exécution (F.) Nichterfüllung (F.)
non-jugement (M.) Nichturteil (N.)
non-professionnel (M.) Laie (M.)
non-reconnaissance (F.) Abweisung (F.)
non-représentation (F.) Vorenthaltung (F.)
non-respect (M.) Überschreitung (F.)
non-respect (M.) d'une clause contractuelle Vertragswidrigkeit (F.)
non-respect (M.) d'une obligation Obliegenheitsverletzung (F.)
non-respect (M.) de l'obligation d'agir soignieusement Sorgfaltspflichtverletzung (F.)
non-respect (M.) de la loyauté pendant les négotiations ou pourparlers c. i. c. (culpa in contrahendo), culpa (F.) in contrahendo (lat.) (Verschulden bei Vertragsschluss) (c.i.c.)
non-respect (M.) du délai de livraison Verzug (M.) mit der Leistung
non-responsabilité (F.) Exkulpation (F.), Freizeichnung (F.)
non-salarié (M.) Freiberufler (M.), Selbständiger (M.)
non-séparabilité (F.) Junktim (N.)
normal (Adj.) normal, ordentlich, regelmäßig, eigenüblich
normatif normativ
norme (F.) Bestimmung (F.), Bestimmung (F.), Norm (F.), Rechtssatz (M.), Regel (F.), Standard (M.)
norme (F.) contenant des indications ou incriminations vagues et élastiques ou déterminées par une autre norme Blankettvorschrift (F.)
norme (F.) juridique Rechtsnorm (F.)
notaire (M.) Notar (M.), Nurnotar (M.)
notamment hauptsächlich
notariat (M.) Notariat (N.)
notarié notariell
notation (F.) financière Rating (N.)
note (F.) Anmerkung (F.), Bemerkung (F.), Eintrag (M.), Note (F.), Schreiben, Vermerk (M.)
note (F.) d'honoraire Gebührenrechnung (F.)
note (F.) de débit Lastschrift (F.)
noter aufzeichnen, bemerken, niederschreiben, notieren, vormerken
notes (F.Pl.) Skript (N.), Skriptum (N.)
notification (F.) Bekanntmachung (F.), Insinuation (F.), Mitteilung (F.), Notifikation (F.), Zustellung (F.)
notification (F.) administrative Verwaltungszustellung (F.)
notification (F.) d'un vice Mängelrüge (F.)
notification (F.) de l'action Klagezustellung (F.)
notification (F.) subsidiaire Ersatzzustellung (F.)
notifier bekanntmachen, mitteilen, notifizieren, zustellen
notion (F.) Begriff (M.)
notion (F.) de droit Rechtsbegriff (M.)
notoire bekannt (Adj.), notorisch
nourrice (F.) Pflegemutter (F.)
nourrir ernähren, hegen
nouveau (Adj.) neu
nouveau créancier (M.) Neugläubiger (M.)
nouveauté (F.) Neuheit (F.)
nouvelle (F.) Botschaft (F.), Kunde (F.), Nachricht (F.)
nouvelle affectation (F.) Versetzung (F.)
nouvelle constitution (F.) Neugründung (F.)
nouvelle décision (F.) administrative Zweitbescheid (M.)
nouvelle décision (F.) administrative prise après un recours devant un

tribunal administratif Zweitbescheid (M.)
nouvelle élection (F.) Neuwahl (F.)
novation (F.) Novation (F.), Schuldumschaffung (F.), Schuldumwandlung (F.)
novice (M.) Novize (M.)
noyau (M.) Kern (M.)
nue-propriété (F.) Obereigentum (N.)
nuire schaden
nuisance (F.) Belastung (F.), Immission (F.), Störung (F.), Umweltbelastung (F.)
nuisible schädlich
nuisible à la communauté sozialschädlich
nuisible pour la communauté gemeinschädlich
nul (Adj.) kraftlos, nichtig, null, rechtsunwirksam, ungültig, unwirksam
nul (Adj.) et non avenu gegenstandslos, null und nichtig
nulla poena (F.) sine lege (lat.) (aucune peine sans loi) nulla poena (F.) sine lege (lat.) (keine Strafe ohne Gesetz)
nullité (F.) Anfechtbarkeit (F.), Nichtigkeit (F.), Rechtsunwirksamkeit (F.), Ungültigkeit (F.), Unwirksamkeit (F.)
nullité (F.) de forme Formnichtigkeit (F.)
nullité (F.) du mariage Ehenichtigkeit (F.)
nullité (F.) partielle Teilnichtigkeit (F.)
nullité (F.) relative relative Unwirksamkeit (F.)
nullum crimen nulla poena sine lege (lat.) (aucun crime sans loi) nullum crimen nulla poena sine lege (lat.) (keine Straftat und keine Strafe ohne gesetzliche Grundlage)
numéraire (M.) Bargeld (N.)
numérique numerisch
numéro (M.) Nummer (F.)
numéro (M.) de compte Kontonummer (F.)
numéro (M.) de dossier Aktenzeichen (N.)
numéro (M.) de référence Aktenzeichen (N.)
numerus (M.) clausus (lat.) (numéro limité) numerus (M.) clausus (lat.) (beschränkte Zahl)

o

O. C. D. E. (F.) (Organisation de Coopération et de Développement Économiques) OECD (F.) (Organisation for Economic Cooperation and Development)
O. E. C. E. (F.) (Organisation européenne de coopération économique) OEEC (F.) (Organisation for European Economic Cooperation)
O. N. U. (F.) (Organisation des Nations Unies) UNO (F.) (United Nations Organization)
O. T. A. N. (F.) (Organisation du traité de l'Atlantique Nord) NATO (F.) (Northern Atlantic Treaty Organization)
obéir gehorchen
obéissance (F.) Gehorsam (M.)
obéissant gehorsam
obérer verschulden
obiter dictum (N.) (lat.) (affirmation du juge sans interérêt pour la décision) obiter dictum (N.) (lat.) zusätzlich gesagt
objecter einwenden
objecteur (M.) Wehrdienstverweigerer (M.)
objectif (Adj.) objektiv, sachlich
objectif (M.) prévisionnel Soll (N.) (Schuld in der Buchhaltung)
objection (F.) Beanstandung (F.), Bedenken (N.), Einrede (F.), Einspruch (M.), Einwand (M.), Einwendung (F.), Kriegsdienstverweigerung (F.), Wehrdienstverweigerung (F.)
objet (M.) Gegenstand (M.), Objekt (N.), Sache (F.)
objet (M.) d'action Handlungsobjekt (N.)
objet (M.) d'un délit Handlungsobjekt (N.)
objet (M.) d'usage Gebrauchsgegenstand (M.)
objet (M.) de la demande Klagebegehren (N.)
objet (M.) de la peine Strafzweck (M.)
objet (M.) de preuve Beweisthema (N.)
objet (M.) de remplacement Surrogat (N.)
objet (M.) de valeur Wertgegenstand (M.), Wertsache (F.)
objet (M.) du droit Rechtsobjekt (N.)
objet (M.) du litige Streitgegenstand (M.)
objet (M.) précieux Kostbarkeit (F.)
objet (M.) social Gesellschaftszweck (M.)
objet (M.) trouvé Fund (M.)
obligation (F.) Auflage (F.), Bindung (F.), Gebundenheit (F.), Last (F.), Obliegenheit (F.), Obligation (F.), Pflicht (F.), Schuldverhältnis (N.), Schuldverschreibung (F.), Verbindlichkeit (F.), Verpflichtung (F.)
obligation (F.) à payer une pension alimentaire Alimentationspflicht (F.)

obligation (F.) à réparer le dommage Schadensersatzpflicht (F.)
obligation (F.) accessoire Nebenpflicht (F.)
obligation (F.) alimentaire Unterhaltspflicht (F.)
obligation (F.) alimentaire entre époux Ehegattenunterhalt (M.)
obligation (F.) alternative Alternativobligation (F.), Wahlschuld (F.)
obligation (F.) au porteur Inhaberschuldverschreibung (F.)
obligation (F.) ayant pour objet une chose de genre Gattungsschuld (F.), Genusschuld (F.)
obligation (F.) complémentaire Nebenpflicht (F.)
obligation (F.) conjointe Teilschuld (F.)
obligation (F.) contractuelle Vertragspflicht (F.)
obligation (F.) convertible en actions Wandelschuldverschreibung (F.)
obligation (F.) d'agir Handlungspflicht (F.)
obligation (F.) d'agir avec soin et diligence Sorgfaltspflicht (F.)
obligation (F.) d'aide Fürsorgepflicht (F.)
obligation (F.) d'assistance Fürsorgepflicht (F.)
obligation (F.) d'avoir à dire la vérité (toute la vérité et rien que la vérité) Wahrheitspflicht (F.)
obligation (F.) d'entretien Unterhaltspflicht (F.)
obligation (F.) d'établir un procès-verbal Protokollierungspflicht (F.)
obligation (F.) d'être en possession d'un passeport Passpflicht (F.)
obligation (F.) d'éviter tout conflit collectif du travail Friedenspflicht (F.)
obligation (F.) d'exécuter la prestation avant la contre-prestation Vorleistungspflicht (F.)
obligation (F.) d'exploiter Benutzungszwang (M.)
obligation (F.) d'information Aufklärungspflicht (F.)
obligation (F.) d'informer Aufklärungspflicht (F.), Informationspflicht (F.)
obligation (F.) d'informer le public Publizitätspflicht (F.)
obligation (F.) d'ordre public Grundpflicht (F.)
obligation (F.) d'utiliser Benutzungszwang (M.)
obligation (F.) de compensation Ausgleichspflicht (F.)
obligation (F.) de concours Mitwirkungspflicht (F.)
obligation (F.) de conseil Belehrungspflicht (F.), Beratungspflicht (F.)
obligation (F.) de contracter Abschlusszwang (M.), Kontrahierungszwang (M.)
obligation (F.) de coopération Mitwirkungspflicht (F.)
obligation (F.) de déclarer Anzeigepflicht (F.), Meldepflicht (F.)
obligation (F.) de déguerpir Platzverweis (M.)
obligation (F.) de demander Fragepflicht (F.)
obligation (F.) de diligence Sorgfaltspflicht (F.)
obligation (F.) de discrétion Schweigepflicht (F.)
obligation (F.) de faire Handlungspflicht (F.)
obligation (F.) de fournir des renseignements Auskunftspflicht (F.)
obligation (F.) de fournir un emploi Beschäftigungspflicht (F.)
obligation (F.) de fournir un travail Dienstpflicht (F.)
obligation (F.) de fournir une chose déterminée dans le genre Vorratsschuld (F.)
obligation (F.) de livrer Beschaffungsschuld (F.)
obligation (F.) de livrer une chose de genre Gattungsschuld (F.)
obligation (F.) de maintenir la paix Friedenspflicht (F.)
obligation (F.) de ne pas faire Unterlassungspflicht (F.), Unterlassungsverpflichtung (F.)
obligation (F.) de non-concurrence Wettbewerbsverbot (N.)
obligation (F.) de prendre un avocat Anwaltszwang (M.)
obligation (F.) de présentation Editionspflicht (F.)
obligation (F.) de présenter tous les faits Darlegungslast (F.)
obligation (F.) de présenter un acte au tribunal Vorlagepflicht (F.)
obligation (F.) de présenter une carte d'identité Ausweispflicht (F.)

obligation (F.) de prévention Erfolgsabwendungspflicht (F.), Garantenpflicht (F.)
obligation (F.) de procéder à l'enregistrement Eintragungspflicht (F.)
obligation (F.) de protection Schutzpflicht (F.), Verkehrspflicht (F.)
obligation (F.) de protéger Schutzpflicht (F.)
obligation (F.) de publier le bilan annuel Publizitätspflicht (F.)
obligation (F.) de rendre compte Rechenschaftslegungspflicht (F.), Rechenschaftspflicht (F.)
obligation (F.) de renvoi (devant la Cour) Vorlagepflicht (F.)
obligation (F.) de résidence Residenzpflicht (F.)
obligation (F.) de respecter le droit Rechtsbindung (F.)
obligation (F.) de respecter les prix Preisbindung (F.)
obligation (F.) de respecter une convention collective de travail Tarifgebundenheit (F.)
obligation (F.) de restituer Rückgewähranspruch (M.)
obligation (F.) de résultat Erfolgsherbeiführungspflicht (F.)
obligation (F.) de révéler Offenbarungspflicht (F.)
obligation (F.) de s'assurer Versicherungszwang (M.)
obligation (F.) de s'informer Kennenmüssen (N.), Wissenmüssen (N.)
obligation (F.) de se faire représenter Vertretungszwang (M.)
obligation (F.) de se raccorder Anschlusszwang (M.)
obligation (F.) de se représenter par un avocat Anwaltszwang (M.)
obligation (F.) de securité Verkehrssicherungspflicht (F.)
obligation (F.) de service Amtspflicht (F.)
obligation (F.) de supporter les risques Gefahrtragung (F.)
obligation (F.) de surveillance Obhutspflicht (F.)
obligation (F.) de surveillance et d'entretien des parents elterliche Sorge (F.)
obligation (F.) de témoigner Aussagepflicht (F.)
obligation (F.) de tenir les livres Buchführungspflicht (M.)
obligation (F.) de valeur Wertschuld (F.)
obligation (F.) de veiller à la bonne marche de l'entreprise Organisationspflicht (F.)
obligation (F.) de veiller sur une chose Obhutspflicht (F.)
obligation (F.) de verser des fonds supplémentaires Nachschusspflicht (F.)
obligation (F.) de voter Wahlpflicht (F.)
obligation (F.) facultative Wahlschuld (F.)
obligation (F.) fiscale Steuerpflicht (F.)
obligation (F.) fondamentale Grundpflicht (F.)
obligation (F.) fractionnée Teilschuldverschreibung (F.)
obligation (F.) imparfaite unvollkommene Verbindlichkeit (F.)
obligation (F.) indivisible unteilbare Verbindlichkeit (F.)
obligation (F.) juridique Rechtspflicht (F.)
obligation (F.) légale de s'assurer Versicherungspflicht (F.)
obligation (F.) naturelle Naturalobligation (F.)
obligation (F.) portant sur une chose de genre Gattungsschuld (F.)
obligation (F.) pour la société de répondre pour son organe représentatif Organhaftung (F.)
obligation (F.) principale Hauptpflicht (F.), Hauptschuld (F.)
obligation (F.) professionelle Standespflicht (F.)
obligation (F.) solidaire Gesamtschuld (F.)
obligations (F.Pl.) délictuelles de la société Organhaftung (F.)
obligations (F.Pl.) militaires Wehrpflicht (F.)
obligatoire bindend, obligat, obligatorisch, rechtsverbindlich, verbindlich, zwingend
obligatoire erga omnes allgemeinverbindlich
obligatoirement assuré (Adj.) pflichtversichert
obligé (M.) Verpflichteter (M.)
obliger verpflichten, zwingen
obscurcir verdunkeln
obscurcissement (M.) Verdunkelung (F.)
observation (F.) Anmerkung (F.), Beachtung (F.), Betrachtung (F.), Einhaltung (F.), Halten (N.), Vermerk (M.)

observer befolgen, beobachten, einhalten
obstacle (M.) Hemmnis (N.), Hindernis (N.)
obstacle (M.) à l'enregistrement Eintragungshindernis (N.)
obtenir erhalten (V.), erlangen, erwirken
obtenir frauduleusement erschleichen
obtention (F.) frauduleuse Erschleichen (N.)
occasion (F.) Anlass (M.), Gelegenheit (F.)
occasionner bewirken
occulte verborgen
occupant (M.) Besatzungsgewalt (F.), Besatzungsmacht (F.), Insasse (M.)
occupation (F.) Aneignung (F.), Arbeit (F.), Besatzung (F.), Okkupation (F.)
occupation (F.) annexe Nebentätigkeit (F.)
occupé beschäftigt
occuper beschäftigen, besetzen, besorgen, einnehmen, okkupieren
occuper (s') befassen
occuper de sorgen
ochlocratie (F.) Ochlokratie (F.)
octroi (M.) Akzise (F.), Anerkennung (F.), Bewilligung (F.), Oktroi (N.)
octroyer einräumen
œcuménique ökumenisch
œuvre (F.) Werk (N.)
œuvre (F.) collective Sammelwerk (N.)
œuvre (F.) créée Schöpfung (F.)
œuvre (F.) écrit Schriftwerk (N.)
œuvres (F.Pl.) sociales des étudiants Studentenwerk (N.)
offense (F.) Beleidigung (F.), Verächtlichmachung (F.)
offenser beleidigen, verächtlichmachen
office (M.) Amt (N.), Anstalt (F.), Behörde (F.), Dienst (M.), Dienststelle (F.), Geschäftsstelle (F.)
office (M.) arbitral Schiedsstelle (F.)
office (M.) d'assistance aux jeunes Jugendamt (N.)
office (M.) de compensation Abrechnungsstelle (F.)
office (M.) de placement de la main-d'œuvre Arbeitsvermittlung (F.)
office (M.) des brevets Patentamt (N.)
office (M.) du travail Arbeitsamt (N.)
Office (M.) européen de police Europäisches Polizeiamt (N.) (Europol)
office (M.) fédéral Bundesamt (N.), Bundesanstalt (F.), Bundesbehörde (F.)
office (M.) fédéral de contrôle Bundesaufsichtsamt (N.)
office (M.) fédéral de l'enregistrement et du contrôle des cartels Bundeskartellamt (N.)
office (M.) fédéral de la police criminelle Bundeskriminalamt (N.)
office (M.) fédéral de la police judiciaire Bundeskriminalamt (N.)
office (M.) fédéral de la santé Bundesgesundheitsamt (F.)
office (M.) fédéral de protection de l'environnement Umweltbundesamt (N.)
office (M.) fédéral des brevets Bundespatentamt (N.)
office (M.) fédéral surveillant les institutions fédérales de l'assurance sociale Bundesversicherungsamt (N.)
office (M.) judiciaire du livre foncier Grundbuchamt (N.)
office (M.) public Regal (N.)
official (M.) Offizial (M.)
officialité (F.) Offizialat (N.)
officiel (Adj.) amtlich, dienstlich, offiziell
officiel behördlich
officier (M.) Offizier (M.)
officier (M.) de l'état-civil Standesbeamter (M.)
officier (M.) de police judiciaire (O. P. J.) Polizeibeamter (M.)
officieux inoffiziell, offiziös
offrant (M.) Anbieter (M.)
offre (F.) Angebot (N.), Antrag (M.), Auslobung (F.), Gebot (N.), Offerte (F.)
offre (F.) de preuve Beweisantrag (M.)
offre (F.) en espèces Bargebot (N.)
offrir anbieten, ausloben, bieten, feilbieten, offerieren, schenken
oligarchie (F.) Oligarchie (F.)
oligocratie (F.) Oligokratie (F.)
oligopole (M.) Oligopol (N.)
olographe (Adj.) eigenhändig, handschriftlich, holographisch
omettre unterlassen, versäumen
omission (F.) Unterlassen (N.), Unterlassung (F.), Versäumnis (N.)
omission (F.) de porter secours unterlassene Hilfeleistung (F.)
oncle (M.) Onkel (M.)
onéreux entgeltlich
onomasiologie (F.) Onomasiologie (F.)
opération (F.) Aktion (F.), Geschäft (N.), Operation (F.), Rechnung (F.)

opération (F.) à découvert Blankogeschäft (N.)
opération (F.) à terme Differenzgeschäft (N.), Termingeschäft (N.)
opération (F.) à terme fixe Fixgeschäft (N.)
opération (F.) administrative Verwaltungshandeln (N.)
opération (F.) bancaire Bankgeschäft (N.)
opération (F.) commerciale Handelsgeschäft (N.)
opération (F.) d'encaissement Inkassogeschäft (N.)
opération (F.) d'entrepôt Lagergeschäft (N.)
operation (F.) de crédit Kreditgeschäft (N.)
opération (F.) de dépôt Depotgeschäft (N.)
opération (F.) de prêt Darlehensgeschäft (N.)
opération (F.) de recouvrement Inkassogeschäft (N.)
opération (F.) fictive Scheingeschäft (N.)
opération (F.) financière Geldgeschäft (N.), Transaktion (F.)
opération (F.) financière par des personnes disposantes d'informations privilégiées Insiderhandel (M.)
opération (F.) initiée Insiderhandel (M.)
opération (F.) passée avec soi-même Insichgeschäft (N.)
opération (F.) sur effets Effektengeschäft (N.)
opération (F.) triangulaire Dreiecksgeschäft (N.)
opérations (F.Pl.) de paiement Zahlungsverkehr (M.)
opérer handeln, operieren
opinion (F.) Ansicht (F.), Gedanke (M.), Meinung (F.), Standpunkt (M.)
opinion (F.) juridique Rechtsmeinung (F.)
opinion (F.) préconçue Befangenheit (F.)
opinion (F.) prévalant dans la jurisprudence et la doctrine herrschende Meinung (F.)
opinion (F.) publique öffentliche Meinung (F.)
opportun opportun, zweckmäßig
opportuniste (M.) Opportunist (M.)
opportunité (F.) Opportunität (F.), Zweckmäßigkeit (F.)
opposabilité (F.) aux tiers des inscriptions au livre foncier öffentlicher Glaube (M.) des Grundbuchs
opposant (Adj.) oppositionell
opposant (M.) Gegner (M.)
opposer (s') beanstanden
opposer à (s') abstreiten, opponieren
opposition (F.) Einspruch (M.), Gegensatz (M.), Gegenüberstellung (F.), Opposition (F.), Oppositionspartei (F.), Widerspruch (M.), Widerstand (M.)
opposition (F.) concernant le non-respect du droit d'être entendu par le juge Gehörsrüge (F.)
opposition (F.) immédiate sofortige Beschwerde (F.)
opposition (F.) par voie de justice en matière d'exécution Vollstreckungsgegenklage (F.)
opprimer unterdrücken
option (F.) Option (F.)
or (M.) Gold (N.)
oral (Adj.) mündlich
ordinaire gewöhnlich, normal, ordentlich, ordinär
ordinateur (M.) Computer (M.)
ordination (F.) Weihe (F.) (Priesterweihe)
ordonnance (F.) Beschluss (M.), Erlass (M.) (Anordnung), Rechtsverordnung (F.), Verfügung (F.), Verordnung (F.)
ordonnance (F.) concernant une mesure provisoire einstweilige Anordnung (F.)
ordonnance (F.) d'expropriation Enteignungsbeschluss (M.)
ordonnance (F.) d'injonction de payer Mahnbescheid (M.)
ordonnance (F.) de clôture richterliche Verfügung (F.) zum Abschluss des vorbereitenden Verfahrens
ordonnance (F.) de non-lieu Einstellungsbeschluss (M.)
ordonnance (F.) de paiement Zahlungsanweisung (F.)
ordonnance (F.) de partage Teilungsanordnung (F.)
ordonnance (F.) de perquisition Durchsuchungsbefehl (M.)
ordonnance (F.) de police Polizeiordnung (F.), Polizeiverordnung (F.)
ordonnance (F.) de saisie Pfändungsbeschluss (M.)
ordonnance (F.) de saisie et de remise Überweisungsbeschluss (M.)
ordonnance (F.) de sanction judiciaire Strafbefehl (M.)

ordonnance (F.) de transfert de créance Überweisungsbeschluss (M.)
ordonnance (F.) en application des pleins pouvoirs Notverordnung (F.)
ordonnance (F.) en référé einstweilige Verfügung (F.)
ordonnance (F.) fédérale sur les taxes des avocats Bundesgebührenordnung (F.) für Rechtsanwälte, Bundesrechtsanwaltsgebührenordnung (F.)
ordonnance (F.) pénale Strafbefehl (M.), Strafverfügung (F.)
ordonnance (F.) portant injonction de payer Mahnbescheid (M.)
ordonnance (F.) portant mesure provisoire einstweilige Verfügung (F.)
ordonnance (F.) réiterée wiederholte Verfügung (F.)
ordonnance (F.) sur le partage des effets mobiliers de ménage Hausratsverordnung (F.)
ordonnance (F.) sur le partage des effets mobiliers des époux Hausratsverordnung (F.)
ordonnance (F.) sur les taxes Gebührenordnung (F.)
ordonnance (F.) sur requête einstweilige Anordnung (F.)
ordonné ordentlich
ordonner anordnen, befehlen, gebieten, heißen, verfügen, verordnen
ordre (M.) Anordnung (F.), Anweisung (F.), Auftrag (M.), Befehl (M.), Bestellung (F.), Folge (F.), Gebot (N.), Instruktion (F.), Order (F.), Ordnung (F.), Weisung (F.), Zucht (F.)
ordre (M.) d'exécution Vollstreckungsbefehl (M.)
ordre (M.) d'insolvabilité Insolvenzordnung (F.)
ordre (M.) d'ouverture de crédit Kreditauftrag (M.)
ordre (M.) d'usage Benutzungsordnung (F.)
ordre (M.) de crédit Kreditauftrag (M.)
ordre (M.) de juridictions Gerichtszweig (M.)
ordre (M.) de paiement Anweisung (F.)
ordre (M.) de préférence Rangordnung (F.)
ordre (M.) de succession Erbfolge (F.)
ordre (M.) de virement Zahlungsanweisung (F.)
ordre (M.) des juridictions Instanzenzug (M.)
ordre (M.) des valeurs Werteordnung (F.)
ordre (M.) du jour Tagesordnung (F.)
ordre (M.) économique Wirtschaftsverfassung (F.)
ordre (M.) fondamental Grundordnung (F.)
ordre (M.) juridique Rechtsordnung (F.)
ordre (M.) public öffentliche Ordnung (F.), ordre (M.) public
ordre (M.) religieux Orden (M.)
ordure (F.) Müll (M.)
ordures (F.Pl.) ménagères Müll (M.)
organe (M.) Organ (N.)
organe (M.) administratif Verwaltungsorgan (N.), Verwaltungsträger (M.)
organe (M.) chargé de l'exécution (F.) forcée Vollstreckungsorgan (N.)
organe (M.) collégial Kollegialorgan (N.)
organe (M.) de l'État Staatsorgan (N.)
organe (M.) prévu par la constitution Verfassungsorgan (N.)
organigramme (M.) Geschäftsverteilungsplan (M.)
organisation (F.) Organisation (F.), Verbund (M.)
organisation (F.) communale Gemeindeverfassung (F.), Kommunalverfassung (F.)
Organisation (F.) de Coopération et de Développement Économique (O. C. D. E.) Organisation (F.) for Economic Cooperation and Development (OECD)
organisation (F.) de l'État Staatsorganisation (F.)
organisation (F.) défectueuse Organisationsmangel (M.)
organisation (F.) des entreprises Betriebsverfassung (F.)
Organisation (F.) des Nations Unies (O. N. U.) United Nations Organization (F.) (UNO)
Organisation (F.) des Nations Unies pour l'éducation et la science et la culture (U. N. E. S. C. O.) United Nations Educational Scientific and Cultural Organization (F.) (UNESCO)
organisation (F.) du marché Marktordnung (F.)
Organisation (F.) du traité de l'Atlantique Nord (O. T. A. N) Northern Atlantic Treaty Organization (F.) (NATO)
Organisation (F.) européenne de coopération économique (O. E. C. E.) Organisation (F.) für europäische wirtschaftliche Zusammenarbeit (OECE)

organisation (F.) internationale internationale Organisation (F.)
organisation (F.) judiciaire Gerichtsorganisation (F.), Gerichtssystem (N.), Gerichtsverfassung (F.)
organisation (F.) mondiale de la santé (O. M. S.) Weltgesundheitsorganisation (F.) (WHO)
Organisation (F.) mondiale pour la propriété intellectuelle (OMPI) Weltorganisation (F.) für geistiges Eigentum (WIPO)
Organisation (F.) mondiale pour pla propriété intellectuelle WIPO (F.) (Weltorganisation für geistiges Eigentum)
Organisation (F.) pour la sécurité et la coopération en Europe (O. S. C. E.) Organisation (F.) für Sicherheit und Zusammenarbeit in Europa (OSZE)
organisation (F.) professionnelle Berufsverband (M.)
organisation (F.) supranationale supranationale Organisation (F.)
organiser abhalten, einrichten, organisieren
organisme (M.) Körper (M.), Organismus (M.)
organisme (M.) assureur Versicherungsträger (M.)
organisme (M.) d'arbitrage entre le comité d'entreprise et l'employeur Einigungsstelle (F.)
organisme (M.) d'assurance Versicherungsträger (M.)
organisme (M.) fédéral Bundesbehörde (F.)
orientation (F.) professionnelle Berufsberatung (F.)
orienter lenken
originaire (Adj.) anfänglich, gebürtig, originär, primär
original (Adj.) original, ursprünglich
original (M.) Original (N.), Urschrift (F.)
origine (F.) Abkunft (F.), Abstammung (F.), Geschlecht (N.), Herkunft (F.), Ursprung (M.)
orphelin (M.) Waise (M.)
orphelin (M.) de mère Halbwaise (M.)
orphelin (M.) de père Halbwaise (M.)
orthodoxe (Adj.) orthodox
ostensible demonstrativ
otage (M.) Geisel (F.)
ouïe (F.) Gehör (N.)
ouïr anhören
outil (M.) Gerät (N.), Werkzeug (N.)
outrage (M.) Beleidigung (F.)
outrage (M.) par paroles Verbalinjurie (F.)
outrager freveln
outre-mer überseeisch
outrepasser missbrauchen
ouvert offen
ouvert pour tout le monde Popular…
ouverture (F.) Ausbruch (M.), Eintreten (N.), Eröffnung (F.), Erschließung (F.)
ouverture (F.) de la succession Anfall (M.) einer Erbschaft, Erbfall (M.)
ouverture (F.) du testament Testamentseröffnung (F.)
ouvrage (M.) Anlage (F.), Werk (N.)
ouvrier (M.) Arbeiter (M.), Handwerker (M.), Werktätiger (M.)
ouvrier (M.) à domicile Heimarbeiter (M.)
ouvrier (M.) professionnel Facharbeiter (M.)
ouvrier (M.) qualifié Facharbeiter (M.)
ouvrière (F.) Arbeiterin (F.)
ouvrir einleiten, eröffnen, erschließen
ouvrir à l'exploitation erschließen

p

pacification (F.) Befriedung (F.)
pacifier befrieden
pacifisme (M.) Pazifismus (M.)
pacotille (F.) Schund (M.)
pacta (N.Pl.) sunt servanda (lat.) (on doit tenir ses contrats) pacta (N.Pl.) sunt servanda (lat.) (Verträge müssen gehalten werden)
pacte (M.) Abkommen (N.), Pakt (M.), Vertrag (M.)
pacte (M.) civil de solidarité ziviler Solidaritätspakt (M.)
pacte (M.) commissoire Verfallsklausel (F.)
pacte (M.) de préférence Vorkaufsrechtsvertrag (M.)
pacte (M.) de quota litis pactum (N.) de quota litis (lat.) (Vertrag über Streitanteil)
pacte (M.) successoire Erbvertrag (M.)
page (F.) Seite (F.)
paie (F.) d'un matelot Heuer (F.)
paie (F.) de marin Heuer (F.)
paiement (M.) Abgeltung (F.), Auszahlung (F.), Befriedigung (F.), Bezahlung (F.), Einzahlung (F.), Erfüllung (F.), Leistung (F.), Zahlung (F.), Zahlungsverkehr (M.)

paiement (M.) à tempérament Ratenzahlung (F.)
paiement (M.) comptant Barzahlung (F.)
paiement (M.) d'avance Vorkasse (F.)
paiement (M.) d'entretien Unterhaltszahlung (F.)
paiement (M.) en espèces Barzahlung (F.)
paiement (M.) en numéraire Barzahlung (F.)
paiement (M.) par échéances successives Ratenzahlung (F.)
paiement (M.) par fractions Abzahlung (F.)
paiement (M.) partiel Abschlagszahlung (F.), Teilzahlung (F.)
paiement (M.) préalable Vorauszahlung (F.)
paiement (M.) ultérieur Nachzahlung (F.)
paille (F.) Stroh (N.)
paix (F.) Friede (M.)
paix (F.) publique Landfriede (M.), Rechtsfriede (M.)
palais (M.) Palast (M.)
palais (M.) de justice Justizgebäude (N.), Justizpalast (M.)
palliatif (M.) Abhilfe (F.)
pallier abhelfen
panachage (M.) Panaschieren (N.)
panacher panaschieren
pandecte (F.) Pandekte (F.)
pandectes (F.Pl.) Pandekten (F.Pl.)
panne (F.) Ausfall (M.)
panneau (M.) de circulation Verkehrszeichen (N.)
pape (M.) Papst (M.)
papier (M.) Papier (N.)
papier (M.) à ordre Orderpapier (N.)
papier (M.) en blanc Blankett (N.)
paquet (M.) Paket (N.)
paquet (M.) d'actions Aktienpaket (M.)
par consentement mutuel einvernehmlich
par contumace kontumazial
par délégation im Auftrag
par écrit schriftlich
par erreur irrtümlich
par l'intermédiaire de mittelbar
par mandat in Vertretung (i. V.)
par ordre im Auftrag
par ouï-dire vom Hörensagen
par testament letztwillig, testamentarisch
par voie de droit auf dem Rechtsweg
par voie officielle auf dem Dienstweg
paradis (M.) fiscal Steueroase (F.)
paragraphe (M.) Absatz (M.), Paragraph (M.)
paraphage (M.) Paraphierung (F.)
paraphe (M.) Paraphe (F.), Unterzeichnung (F.)
parapher abzeichnen, paraphieren
parc (M.) naturel Naturschutzgebiet (N.)
parcelle (F.) Flur (F.), Flurstück (N.), Parzelle (F.)
parceller parzellieren
pardon (M.) Verzeihung (F.)
pardonner entschuldigen, verzeihen
pareil ähnlich
parent (Adj.) de verwandt
parent (Adj.) par alliance verschwägert
parent (M. bzw. F.) Elter (M. bzw. F.)
parent (M. bzw. F.) adoptif Adoptivelter (M. bzw. F.)
parent (M. bzw. F.) nourricier Pflegeelter (M. bzw. F.)
parent (M.) Verwandter (M.)
parental elterlich
parenté (F.) Angehörigkeit (F.), Sippe (F.), Verwandtschaft (F.)
parentèle (F.) Parentel (F.)
parents (M.Pl.) Eltern (Pl.), Verwandtschaft (F.)
parents (M.Pl.) adoptifs Adoptiveltern (Pl.)
parents (M.Pl.) nourriciers Pflegeeltern (Pl.)
pari (M.) Wette (F.)
parier wetten
paritaire paritätisch
parité (F.) Parität (F.)
parjure (Adj.) meineidig
parjure (M.) Meineid (M.)
parking (M.) Parkplatz (M.)
parlement (M.) Parlament (N.), Parlamentsgebäude (N.)
parlement (M.) de la province Landtag (M.)
Parlement (M.) Européen Europäisches Parlament (N.), Versammlung (F.) der Europäischen Gemeinschaften
parlement (M.) provincial Landtag (M.)
parlementaire (Adj.) parlamentarisch
parlementaire (M.) Abgeordneter (M.), Parlamentarier (M.)
parlementarisme (M.) Parlamentarismus (M.)
parler reden, sprechen
paroisse (F.) Gemeinde (F.), Kirchengemeinde (F.), Kirchspiel (N.), Pfarre (F.)
parole (F.) Wort (N.)
parole (F.) d'honneur Ehrenwort (N.)

parquet (M.) Staatsanwaltschaft (F.)
parrain (M.) Pate (M.)
parrainage (M.) Patenschaft (F.)
parricide (M.) Vatermord (M.)
part (F.) Anteil (M.), Geschäftsanteil (M.), Part (M.), Teil (M.)
part (F.) de responsabilité Mithaftung (N.)
part (F.) du capital Kapitalanteil (M.)
part (F.) héréditaire Erbteil (M.)
part (F.) minière Kux (M.)
part (F.) patronale Arbeitgeberanteil (M.)
part (F.) réservataire Pflichtteil (M.)
part (F.) sociale Geschäftsanteil (M.)
part (F.) successorale Erbteil (M.)
partage (M.) Auseinandersetzung (F.), Teilung (F.)
partage (M.) des postes à proportion de l'influence politique Proporz (M.)
partage (M.) du mobilier du ménage Hausratsteilung (F.)
partage (M.) successoral Erbauseinandersetzung (F.)
partageable teilbar
partager aufteilen, auseinandersetzen, teilen, verteilen
partenaire (F.) Partnerin (F.)
partenaire (M.) Partner (M.), Sozius (M.), Teilhaber (M.)
partenaire (M.) social Sozialpartner (M.), Tarifpartner (M.)
parti (M.) Partei (F.)
parti (M.) de l'opposition Oppositionspartei (F.)
parti (M.) politique Partei (F.)
parti (M.) pris Befangenheit (F.)
parti (M.) unique Staatspartei (F.)
partial befangen, parteiisch, parteilich
partialité (F.) Befangenheit (F.), Parteilichkeit (F.)
participant (M.) Beteiligter (M.), Teilnehmer (M.)
participante (F.) Beteiligte (F.)
participation (F.) Beteiligung (F.), Mitwirken (N.), Mitwirkung (F.), Partnerschaft (F.), Teilnahme (F.)
participation (F.) à la gestion Mitbestimmung (F.)
participation (F.) aux acquêts Zugewinngemeinschaft (F.)
participation (F.) aux bénéfices partiarisches Verhältnis (N.)
participation (F.) communale aux dépenses du kreis Kreisumlage (F.)
participation (F.) indirecte Unterbeteiligung (F.)
participation (F.) majoritaire Mehrheitsbeteiligung (F.)
participation (F.) minoritaire Minderheitsbeteiligung (F.)
participer beitragen, beteiligen, mitwirken
participer à la gestion mitbestimmen
particularisme (M.) juridique Partikularrecht (N.)
particularité (F.) Besonderheit (F.)
particulier (Adj.) besondere, einzeln, partikular, privat, speziell
partie (F.) Bruchteil (M.), Part (M.), Partei (F.), Stück (N.), Teil (M.)
partie (F.) à une convention collective de travail Tarifpartner (M.)
partie (F.) adverse Gegenseite (F.)
partie (F.) au procès Verfahrensbeteiligter (M.)
partie (F.) civile Nebenkläger (M.)
partie (F.) colitigante Streitgenosse (M.)
partie (F.) constituante Bestandteil (M.)
partie (F.) contractante Vertragspartner (M.)
partie (F.) générale allgemeiner Teil (M.)
partie (F.) intéressée Beteiligte (F.), Beteiligter (M.)
partie (F.) intervenante Intervenient (M.)
partie (F.) lésée Verletzter (M.)
partie (F.) réclamante Beschwerdeführer (M.)
partie (F.) signataire Unterzeichner (M.)
partie (F.) signataire d'une convention collective Tarifvertragspartei (F.)
partiel (Adj.) beschränkt, partiell, teilweise
partiellement teilweise
partir fahren
parution (F.) Erscheinen (N.)
pas encore né ungeboren
pas-de-porte (M.) Ablöse (F.)
passable ausreichend
passage (F.) Betreten (N.)
passage (M.) Begehung (F.), Durchgang (M.), Pass (M.), Übergang (M.)
passage (M.) clouté Zebrastreifen (M.)
passage (M.) en franchise Transit (M.)
passage (M.) reliant une enclave à la voie publique Notweg (M.)
passage (M.) zébré Zebrastreifen (M.)

passager (M.) Fluggast (M.), Insasse (M.)
passation (F.) (d'un contrat) Abschluss (M.)
passation (F.) Vergabe (F.)
passation (F.) du contrat Vertragsschluss (M.)
passation (F.) en compte Verrechnung (F.)
passepartout (M.) Dietrich (M.)
passeport (M.) Pass (M.), Reisepass (M.)
passeport (M.) de service Dienstpass (M.)
passer (se) ereignen (sich), geschehen
passer bestehen, durchgehen, fahren, gleiten, überziehen
passer en compte verrechnen
passer la main à travers durchgreifen
passer son doctorat promovieren
passer sous silence verschweigen
passer une commande ordern
passeur (M.) Schlepper (M.)
passif (Adj.) passiv
passif (M.) Passiva (N.Pl.), Passivum (N.)
passif (M.) de la succession Nachlassschuld (F.), Nachlassverbindlichkeit (F.)
passif (M.) héréditaire Nachlassschuld (F.), Nachlassverbindlichkeit (F.)
passion (F.) Sucht (F.)
passion (F.) favorite Liebhaberei (F.)
pasteur (M.) Pastor (M.)
paternel väterlich
paternité (F.) Vaterschaft (F.)
patrie (F.) Heimat (F.), Vaterland (N.)
patrimoine (M.) Habe (F.), Patrimonium (N.), Vermögen (N.)
patrimoine (M.) alimenté par le produit de l'exploitation des entreprises publiques et des offices et du domaine Finanzvermögen (N.)
patrimoine (M.) du de cuius Nachlass (M.)
patrimoine (M.) du débiteur failli Insolvenzmasse (F.), Konkursmasse (F.), Masse (F.)
patrimoine (M.) foncier Grundvermögen (N.)
patristique (F.) Patristik (F.)
patron (M.) Arbeitgeber (M.), Dienstherr (M.), Meister (M.), Patron (M.), Prinzipal (M.)
patronage (M.) Patronat (N.)
patronner protegieren
patrouille (F.) Streife (F.)
pause (F.) Pause (F.), Stillstand (M.)
pauvre (Adj.) arm, dürftig
pauvreté (F.) Bedürftigkeit (F.)
pavillon (M.) Flagge (F.)
payable zahlbar
payant gebührenpflichtig
payer auszahlen, befriedigen, begleichen, besolden, bezahlen, büßen, einlösen, einzahlen, honorieren, leisten, zahlen
payer à tempérament abzahlen
payer après nachzahlen
payer des intérêts verzinsen
payer la douane verzollen
payer une indemnité abfertigen
pays (M.) Land (N.)
paysage (M.) Landschaft (F.)
paysan (M.) Bauer (M.)
Pays-Bas (M.Pl.) Niederlande (F.Pl.)
péage (M.) Maut (F.)
pêche (F.) Fischerei (F.)
péché (M.) Sünde (F.)
pêcher fischen
pécher sündigen
peindre streichen
peine (F.) Strafe (F.), Strafmaß (N.)
peine (F.) accessoire Nebenfolge (F.), Nebenstrafe (F.)
peine (F.) afflictive Leibesstrafe (F.)
peine (F.) capitale Todesstrafe (F.)
peine (F.) corporelle Leibesstrafe (F.)
peine (F.) correctionnelle Vergehensstrafe (F.)
peine (F.) d'emprisonnement Freiheitsstrafe (F.), Gefängnisstrafe (F.), Haftstrafe (F.)
peine (F.) d'emprisonnement spéciale pour jeunes délinquants Dauerarrest (M.)
peine (F.) de mort Todesstrafe (F.)
peine (F.) de police Ordnungswidrigkeit (F.)
peine (F.) de prison pour trouble de l'audience Ordnungshaft (F.)
peine (F.) de privation de liberté unique Einheitsstrafe (F.)
peine (F.) de travaux forcés Zuchthaus (N.)
peine (F.) globale Gesamtstrafe (F.)
peine (F.) infamante Ehrenstrafe (F.)
peine (F.) maximale Höchststrafe (F.)
peine (F.) minimale Mindeststrafe (F.)
peine (F.) minimum Mindeststrafe (F.)
peine (F.) normale Regelstrafe (F.)
peine (F.) normalement applicable Regelstrafe (F.)
peine (F.) pécuniaire Geldstrafe (F.)
peine (F.) plancher Mindeststrafe (F.)
peine (F.) principale Hauptstrafe (F.)

peine (F.) restant à purger Reststrafe (F.)
peine (F.) secondaire Nebenstrafe (F.)
peine (F.) spéciale concernant des délinquants mineurs Jugendstrafe (F.)
peine (F.) stipulée Konventionalstrafe (F.)
pénal strafrechtlich
pénalement responsable (Adj.) strafmündig
pénalisable strafbar
pénalisation (F.) Bestrafung (F.)
pénaliser bestrafen, strafen
pénalité (F.) Strafbarkeit (F.), Verwarnungsgeld (N.)
penalité (F.) conventionnelle Strafversprechen (N.)
pénalité (F.) conventionnelle Vertragsstrafe (F.)
pencher beugen
pendant anhängig
pénétrer eindringen
pénétrer par effraction einbrechen
pensée (F.) Gedanke (M.)
penser gedenken, meinen
pension (F.) Alimente (N.Pl.)
pension (F.) alimentaire Unterhalt (M.)
pension (F.) de base Grundrente (F.)
pension (F.) de retraite Altersrente (F.), Altersruhegeld (N.), Pension (F.), Ruhegehalt (N.)
pension (F.) de vieillesse Altersrente (F.), Altersruhegeld (N.)
pension (F.) réversion Witwenrente (F.)
pension (F.) versée par l'entreprise Betriebsrente (F.)
pension (F.) viagère Leibrente (F.)
percepteur (M.) Finanzbeamter (M.)
perceptibilité (F.) Erkennbarkeit (F.)
perception (F.) Bezug (M.), Wahrnehmung (F.)
percevoir einnehmen, einziehen, erheben, merken
percuter kollidieren
perdant (M.) Verlierer (M.)
perdre untergehen, unterliegen, verlieren, verwirken
perdre par prescription acquisitive versitzen
père (M.) Pater (M.), Vater (M.)
père (M.) assurant seul l'eduction famille Alleinerziehender (M.)
père (M.) d'un enfant naturel nichtehelicher Vater (M.)
père (M.) nourricier Pflegevater (M.)
péremption (F.) (d'un droit) Verwirkung (F.)
péremption (F.) Fristablauf (M.), Verfall (M.), Verjährung (F.)
péremptoire peremptorisch
péréquation (F.) Ausgleich (M.)
péréquation (F.) des acquêts Zugewinnausgleich (M.)
péréquation (F.) des charges nées de la guerre Lastenausgleich (M.)
peréquation (F.) financière Finanzausgleich (M.)
péréquation (F.) fiscale des revenus des deux époux Splitting (N.)
perfectionnement (M.) Fortbildung (F.)
perfectionner fortbilden
perfide heimtückisch, hinterlistig
perfidie (F.) Heimtücke (F.), Hinterlist (F.)
performance (F.) Leistung (F.)
pericliter scheitern
péril (M.) Gefahr (F.)
périmé ungültig, verjährt
périmer erlöschen
période (F.) Periode (F.), Zeitraum (M.)
période (F.) assimilée Ersatzzeit (F.)
période (F.) d'essai Probezeit (M.)
période (F.) de blocage Karenz (F.)
période (F.) de fermeture de la chasse Schonzeit (F.)
période (F.) de soin Pflegezeit /F.)
période (F.) de validité Geltungsdauer (F.)
période (F.) équivalente Ersatzzeit (F.)
période (F.) transitoire Übergangszeit
périodique (Adj.) periodisch
périodique (F.) Zeitschrift (F.)
permanence (F.) Bereitschaftsdienst (M.)
permanent dauernd, ständig
permettre bewilligen, dulden, erlauben, genehmigen, gestatten, zulassen
permis (Adj.) erlaubt, unbenommen, zulässig
permis (M.) Bewilligung (F.), Erlaubnis (F.), Genehmigung (F.), Zulassung (F.)
permis (M.) d'exportation Ausfuhrerlaubnis (F.)
permis (M.) de bâtir Baugenehmigung (F.), Bauschein (M.)
permis (M.) de chasse Jagdschein (M.)
permis (M.) de circulation Passierschein (M.)
permis (M.) de conduire Fahrerlaubnis (F.), Führerschein (M.)

permis (M.) de construire Baugenehmigung (F.), Bauschein (M.)
permis (M.) de port d'armes Waffenschein (M.)
permis (M.) de séjour Aufenthaltserlaubnis (F.), Aufenthaltsgenehmigung (F.)
permis (M.) de travail Arbeitserlaubnis (F.)
permission (F.) Erlaubnis (F.), Gestattung (F.), Statthaftigkeit (F.), Zulassung (F.)
permission (F.) de sortie Hafturlaub (M.)
permission (F.) de sortir Freigang (M.)
permission (F.) de voirie Benutzungsbewilligung (F.)
perpétration (F.) Begehung (F.)
perpétrer begehen
perpetuatio (F.) fori (lat.) (perpétuation du tribunal compétent) perpetuatio (F.) fori (lat.) (Fortbestand des Gerichtsstands)
perpétuel lebenslang, lebenslänglich
perquisition (F.) Hausdurchsuchung (F.), Haussuchung (F.)
perruque (F.) Perücke (F.)
persécuter verfolgen
persécution (F.) Verfolgung (F.)
persistance (F.) Bestand (M.)
persona (F.) ingrata (lat.) (représentant indésirable) persona (F.) ingrata (lat.) (unerwünschte Person)
persona (F.) non grata (lat.) (représentant indésirable) persona (F.) non grata (lat.) (nicht erwünschte Person)
personnalité (F.) Persönlichkeit (F.)
personnalité (F.) juridique Rechtspersönlichkeit (F.)
personnalité (F.) morale Rechtspersönlichkeit (F.)
personne (F.) Kopf (M.), Person (F.)
personne (F.) à charge Unterhaltsberechtigter (M.)
personne (F.) âgée entre 18 et 21 ans au jour de l'infraction Heranwachsender (M.)
personne (F.) ayant causé un dommage Verursacher (M.)
personne (F.) ayant la qualité de commerçant du fait même de son activité commerciale Musskaufmann (M.)
personne (F.) ayant qualité de commerçant de par sa forme juridique Formkaufmann (M.)
personne (F.) chargée d'un compte-rendu Protokollant (M.)
personne (F.) chargée de l'assistance éducative Erziehungsbeistand (M.)
personne (F.) concernée Beteiligter (M.)
personne (F.) contre laquelle une procédure de liquidation des biens est engagée Gemeinschuldner (M.)
personne (F.) déplacée Vertriebener (M.)
personne (F.) en cours de formation professionnelle Auszubildender (M.)
personne (F.) en détention provisoire Untersuchungsgefangener (M.)
personne (F.) en possession de l'hérédité Erbschaftsbesitzer (M.)
personne (F.) impliquée dans un accident Unfallbeteiligter (M.)
personne (F.) individuelle Einzelner (M.)
personne (F.) inscrite au rôle Steuerpflichtiger (M.)
personne (F.) morale juristische Person (F.), Körperschaft (F.)
personne (F.) morale de droit public juristische Person (F.) des öffentlichen Rechts, Körperschaft (F.) des öffentlichen Rechts, Verbandskörperschaft (F.)
personne (F.) non autorisée Nichtberechtigter (M.)
personne (F.) physique natürliche Person (F.)
personne (F.) presente Anwesende (F.), Anwesender (M.)
personne (F.) publique juristische Person (F.) des öffentlichen Rechts
personne (F.) recevant une chose pour le compte du nouveau propriétaire Geheißperson (F.)
personne (F.) sans titre Nichtberechtigter (M.)
personne (F.) soumise aux obligations d'activité du service national Wehrpflichtiger (M.)
personnel (Adj.) persönlich
personnel (M.) Belegschaft (F.), Personal (N.)
persuader überzeugen
perte (F.) Abhandenkommen (N.), Ausfall (M.), Einbuße (F.), Untergang (M.), Verlust (M.), Verwirkung (F.)
perte (F.) au change Disagio (N.)
perte (F.) d'un droit Rechtsverlust (M.)
perte (F.) de l'utilisabilité Nutzungsausfall (M.)
perte (F.) de la nationalité Ausbürgerung (F.)

perte (F.) de salaire Verdienstausfall (M.)
perte (F.) par délai Verfristung (F.)
perte (F.) totale Totalschaden (M.)
pertinence (F.) Relevanz (F.), Schlüssigkeit (F.)
pertinent erheblich, relevant, schlüssig
perturbateur (M.) Störer (M.)
perturbateur (M.) par action Handlungsstörer (M.)
perturbation (F.) Hemmung (F.), Ruhestörung (F.), Störung (F.)
perturbation (F.) de l'exploitation Betriebsstörung (F.)
perturber stören
pervers pervers
perversion (F.) Perversion (F.)
pester schimpfen
petit commerçant (M.) non soumis aux prescriptions générales Minderkaufmann (M.)
petit État (M.) Kleinstaat (M.)
petite-fille (F.) Enkelin (F.), Kindeskind (N.)
petit-fils (M.) Enkel (M.), Kindeskind (N.)
pétition (F.) Eingabe (F.), Petition (F.)
pétition (F.) d'hérédité Herausgabeklage (F.)
pétitoire petitorisch
peu gering
peu crédible unzuverlässig
peu fiable unzuverlässig
peu important geringfügig
peuple (M.) Volk (N.)
peur (F.) Furcht (F.)
pharmacie (F.) Apotheke (F.)
pharmacien Apotheker (M.)
pharmacienne (F.) Apothekerin (F.)
philosophie (F.) Philosophie (F.)
philosophie (F.) des lumières Aufklärung (F.)
philosophie (F.) du droit Rechtsphilosophie (F.)
photo (M.) Foto (N.)
photocopie (F.) Fotokopie (F.)
physique (Adj.) körperlich, physisch
pièce (F.) Akt (M.), Dokument (N.), Stück (N.), Urkunde (F.)
pièce (F.) à conviction Beweisgegenstand (M.), Beweisstück (N.)
pièce (F.) à l'appui Beweismaterial (N.)
pièce (F.) apparente Scheinbestandteil (M.)
pièce (F.) d'argent Geldstück (N.)
pièce (F.) d'identité Ausweis (M.)
pièce (F.) de monnaie Münze (F.)
pièce (F.) de procédure Prozessakte (F.)
pièce (F.) détachée Bestandteil (M.)
pièce (F.) du dossier Akte (F.)
pièce (F.) jointe Anlage (F.)
pièce (F.) justificative Beleg (M.), Beweisstück (N.)
pied (M.) Fuß (M.)
piéton (M.) Fußgänger (M.)
pillage (M.) Plünderung (F.)
pillard (M.) Plünderer (M.)
piller plündern
pilleur (M.) Plünderer (M.)
pilori (M.) Pranger (M.)
pilote (M.) Lotse (M.)
piquer stechen
pirate (M.) Pirat (M.), Seeräuber (M.)
piraterie (F.) Piraterie (F.)
piste (F.) cyclable Radweg (M.)
pistolet (M.) Pistole (F.)
place (F.) Ort (M.), Platz (M.), Raum (M.)
placement (M.) Anlage (F.), Investition (F.), Unterbringung (F.)
placement (M.) de capitaux Kapitalanlage (F.)
placer anlegen, einlegen, investieren, umsetzen, unterbringen
placer après nachstellen
placer sous séquestre sequestrieren
plafond (M.) Begrenzung (F.), Limit (N.)
plage (F.) Strand (M.)
plagiaire (M.) Plagiator (M.)
plagiat (M.) Plagiat (N.)
plagier plagiieren
plaider einwenden, plädieren, verteidigen
plaider contre prozessieren
plaider innocent Unschuld (F.) beteuern
plaideur (M.) Kläger (M.)
plaidoirie (F.) Plädoyer (N.)
plaidoyer (M.) Plädoyer (N.)
plaidoyer (M.) final Schlussplädoyer (N.)
plaie (F.) Wunde (F.)
plaignant (M.) Kläger (M.)
plaignant (M.) demandant l'ouverture d'une instruction sur constitution initiale de partie civile Privatkläger (M.)
plaignante (F.) Klägerin (F.)
plaindre beklagen, beschweren
plaint beklagt
plainte (F.) Anzeige (F.), Beschwerde (F.), Klage (F.), Strafantrag (M.), Strafanzeige (F.)

plainte (F.) avec constitution de partie civile Strafantrag (M.)
plainte (F.) émanant de la victime avec constitution de partie civile Klageerzwingungsverfahren (N.)
plainte (F.) entraînant poursuite pénale Strafantrag (M.)
plainte (F.) pénale Strafanzeige (F.)
plaisanterie (F.) Scherz (M.)
plaisir (M.) Genuss (M.), Lust (F.)
plan (M.) Entwurf (M.), Plan (M.)
plan (M.) budgétaire Haushaltsplan (M.)
plan (M.) d'aménagement du territoire Raumplanung (F.)
plan (M.) d'aménagement urbain Bebauungsplan (M.)
plan (M.) d'apurement du passif Insolvenzplan (M.)
plan (M.) d'insolvabilité Insolvenzplan (M.)
plan (M.) d'occupation des sols Bauleitplan (M.), Flächennutzungsplan (M.)
plan (M.) d'urbanisme Bebauungsplan (M.)
plan (M.) de construction Bauplan (M.)
plan (M.) de financement Finanzplanung (F.)
plan (M.) de protection sociale Sozialplan (M.)
plan (M.) de redressement Insolvenzplan (M.), Sanierungsplan (M.)
plan (M.) de répartition Verteilerschlüssel (M.)
plan (M.) interne Innenverhältnis (N.)
planer schweben
planification (F.) Planung (F.)
planification (F.) de construction Bauplanung (F.)
planifier planen
plante (F.) Pflanze (F.)
plaque (F.) Chip (M.)
plaque (F.) d'immatriculation Nummernschild (N.)
plaque (F.) minéralogique Kraftfahrzeugkennzeichen (N.)
plausible plausibel
plébiscitaire plebiszitär
plébiscite (M.) Plebiszit (N.), Volksabstimmung (F.), Volksbegehren (N.), Volksentscheid (M.)
plein (Adj.) voll
plein (Adj.) d'idées préconçues voreingenommen
plein (M.) de conservation Selbstbehalt (M.)
plein pouvoir (M.) Ermächtigung (F.), Generalvollmacht (F.)
pleine propriété (F.) de locaux non affectés à l'habitation Teileigentum (N.)
plein-emploi (M.) Vollbeschäftigung (F.)
plénitude (F.) de compétence Allzuständigkeit (F.)
plomb (M.) Plombe (F.)
plomber plombieren, siegeln
plombier (M.) Installateur (M.), Klempner (M.)
ploutocratie (F.) Plutokratie (F.)
pluralisme (M.) Pluralismus (M.)
pluralité (F.) des actes Handlungsmehrheit (F.)
pluralité (F.) des litigants Streitgenossenschaft (F.)
plus (Adj.) meiste
plus zuzüglich
plus forte höchste
plus-value (F.) Mehrwert (M.)
pogrom (M.) Pogrom (N.)
poids (M.) Belastung (F.), Gewicht (N.), Last (F.)
poing (M.) Faust (F.)
point (M.) à l'ordre du jour Tagesordnungspunkt (M.)
point (M.) de vue Einstellung (F.), Gesichtspunkt (M.), Meinung (F.), Standpunkt (M.)
point (M.) litigieux Streitpunkt (M.)
poison (M.) Gift (N.)
police (F.) Police (F.), Polizei (F.), Versicherungsschein (M.)
police (F.) administrative Vollzugspolizei (F.)
police (F.) criminelle Kriminalpolizei (F.)
police (F.) d'assurance (F.) Versicherungsschein (M.)
police (F.) d'assurance Police (F.), Versicherungspolice (F.)
police (F.) de l'assemblée Sitzungspolizei (F.)
police (F.) de l'audience Sitzungspolizei (F.)
police (F.) de la circulation Verkehrspolizei (F.)
police (F.) de la construction Baupolizei (F.)
police (F.) des chemins de fer Bahnpolizei (F.)
police (F.) fédérale Bundespolizei (F.)
police (F.) fédérale pour la protection des frontières Bundesgrenzschutz (M.)

police (F.) ferroviaire Bahnpolizei (F.)
police (F.) judiciaire Kriminalpolizei (F.)
police (F.) mobile d'intervention Bereitschaftspolizei (F.)
police (F.) secrète Geheimpolizei (F.)
policier (Adj.) polizeilich
policier (M.) Polizeibeamter (M.), Polizist (M.)
politicien (M.) Politiker (M.)
politique (Adj.) politisch
politique (F.) Politik (F.)
politique (F.) agricole Agrarpolitik (F.)
politique (F.) de sécurité Sicherheitspolitik (F.)
politique (F.) extérieure Außenpolitk (F.)
politique (F.) législative Rechtspolitik (F.)
pollicitation (F.) Auslobung (F.)
polliciter ausloben
polluer verschmutzen
pollution (F.) Belastung (F.), Immission (F.), Umweltverschmutzung (F.), Vergiftung (F.), Verschmutzung (F.)
Pologne (F.) Polen (N.)
polycopiage (M.) Vervielfältigung (F.)
polycopier vervielfältigen
polygame (Adj.) polygam
polygamie (F.) Polygamie (F.), Vielweiberei (F.)
ponderation (F.) des intérêts Interessenabwägung (F.)
pontificat (M.) Pontifikat (N.)
population (F.) Kollektiv (N.)
porcher (M.) Hirte (M.)
pornographie (F.) Pornographie (F.)
pornographique pornographisch
port (M.) Briefporto (N.), Hafen (M.) (Anlegeort), Porto (N.)
port (M.) franc Freihafen (M.)
porte (F.) Haustüre (F.)
portée (F.) Geltung (F.)
porte-parole (M.) Fürsprecher (M.), Sprecher (M.)
porter bringen
porter atteinte à beeinträchtigen, verstoßen (V.)
porter au débit abbuchen
porter candidat (se) kandidieren
porter en compte buchen
porter plainte en justice klagen
porter secours hilfeleisten
porteur (F.) de parts Aktionärin (F.)
porteur (M.) Inhaber (M.), Überbringer (M.)
porteur (M.) d'actions Aktieninhaber (M.)
porteur (M.) d'une lettre de gage Pfandbriefinhaber (M.)
porteur (M.) d'une obligation hypothécaire Pfandbriefinhaber (M.)
porteur (M.) de parts Aktionär (M.), Anteilseigner (M.)
portion (F.) Teil (M.)
portion (F.) non saisissable Pfändungsfreibetrag (M.)
Portugal (M.) Portugal (N.)
poser aufstellen
poser sa candidature bewerben (sich), kandidieren
positif positiv, tatsächlich
position (F.) Rang (M.), Stellung (F.)
position (F.) de créanciers solidaires Gesamtgläubigerschaft (F.)
position (F.) de garant Garantenstellung (F.)
positivisme (M.) Positivismus (M.)
positivisme (M.) juridique Rechtspositivismus (M.)
posséder besitzen, genießen, innehaben
possesseur (F.) Besitzerin (F.)
possesseur (M.) Besitzer (M.)
possesseur (M.) foncier Grundbesitzer (M.)
possesseur (M.) illégal eigenmächtiger Besitzer (M.)
possesseur (M.) par délit Deliktsbesitzer (M.)
possesseur (M.) pour autrui Besitzdiener (M.)
possesseur (M.) pour son propre compte Eigenbesitzer (M.)
possession (F.) Besitz (M.), unmittelbarer Besitz (M.)
possession (F.) à titre de propriétaire Eigenbesitz (M.)
possession (F.) d'état Status (M.)
possession (F.) d'un droit Rechtsbesitz (M.)
possession (F.) d'une partie d'une chose Teilbesitz (M.)
possession (F.) directe unmittelbarer Besitz (M.)
possession (F.) en propre Eigenbesitz (M.)
possession (F.) foncière Grundbesitz (M.)
possession (F.) par l'intermédiaire d'un détenteur précaire mittelbarer Besitz (M.)
possession (F.) pour autrui Fremdbesitz (M.)
possession (F.) pour soi Eigenbesitz (M.)
possession (F.) pour son propre compte Eigenbesitz (M.)

possession (F.) sans appréhension matérielle de la chose mittelbarer Besitz (M.)
possessoire (Adj.) besitzrechtlich, possessorisch
possessoire (M.) Besitzrecht (N.)
possibilité (F.) facultas (F.) (lat.), Möglichkeit (F.), Wahrscheinlichkeit (F.)
possible wahrscheinlich, zumutbar
post-assurance (F.) Nachversicherung (F.)
poste (F.) Post (F.)
poste (M.) Anstellung (F.), Posten (M.), Schicht (F.)
poste (M.) admis au budget Planstelle (F.)
poste (M.) budgétaire Planstelle (F.), Posten (M.)
poste (M.) de confiance Vertrauensstellung (F.)
poste restante postlagernd
postérité (F.) Abkömmling (M.)
postes (F.Pl.) et télécommunications fédérales Bundespost (F.)
posthume postum
postscriptum (M.) Zusatz (M.)
postuler bewerben (sich), postulieren
potence (F.) Galgen (M.)
potentiel (Adj.) potentiell
potentiel (M.) Kapazität (F.)
pour gegen
pour conclure abschließend
pour insuffisance mangels
pour l'avenir ex nunc (lat.) (ab jetzt)
pour le compte d'autrui auf fremde Rechnung
pour toute la vie lebenslang
pourboire (M.) Trinkgeld (N.)
pour-cent (M.) Prozent (N.)
pourcentage (M.) Anteil (M.), prozentmäßiger Anteil (M.), Prozentsatz (M.)
pourcentage (M.) des prestations de la sécurité sociale Sozialleistungsquote (F.)
pourparlers (M.Pl.) Verhandlung (F.)
poursuite (F.) Fahndung (F.), Nacheile (F.), Strafverfolgung (F.), Verfolgung (F.)
poursuite (F.) (d'un droit) Wahrnehmung (F.)
poursuite (F.) judiciaire Strafverfolgung (F.)
poursuite (F.) pénale Strafverfolgung (F.)
poursuivre betreiben, fahnden, nachstellen, verfolgen, verklagen
pourvoi (M.) Berufung (F.)
pourvoi (M.) dans l'intérêt de la loi Rechtsbeschwerde (F.)
pourvoi (M.) en appel Berufung (F.)
pourvoi (M.) en cassation Revision (F.)
pourvoi (M.) en nullité Nichtigkeitsbeschwerde (F.)
pourvoi (M.) incident Anschlussrevision (F.)
pourvoi (M.) subséquent weitere Beschwerde (F.)
pourvoir de versorgen
pourvoir en justice (se) Rechtsweg beschreiten
pourvoyeur (M.) Lieferant (M.)
pousser (M.) Aufhetzung (F.)
pousser (V.) aufhetzen, schieben
pousser (V.) à la deliquance kriminalisieren
pouvant encourir l'anulation schwebend unwirksam
pouvoir (M.) Befugnis (F.), Berechtigung (F.), Ermächtigung (F.), Gewalt (F.), Herrschaft (F.), Können (N.), Macht (F.), Regierung (F.), Vermögen (N.), Vollmacht (F.)
pouvoir (M.) constituant verfassunggebende Gewalt (F.)
pouvoir (M.) d'achat Kaufkraft (F.)
pouvoir (M.) d'achat de la monnaie Geldwert (M.)
pouvoir (M.) de direction Direktionsrecht (N.), Weisungsbefugnis (F.)
pouvoir (M.) de disposition Verfügungsbefugnis (F.)
pouvoir (M.) de dissolution soi-même Selbstauflösungsrecht (N.)
pouvoir (M.) de gestion Geschäftsführungsbefugis (F.)
pouvoir (M.) de représentation (F.) Vertretungsmacht (F.)
pouvoir (M.) de souveraineté Hoheitsbefugnis (F.)
pouvoir (M.) discrétionnaire Ermessen (N.)
pouvoir (M.) exécutif Exekutive (F.)
pouvoir (M.) judiciaire Judikative (F.)
pouvoir (M.) législatif gesetzgebende Gewalt (F.), Legislative (F.)
pouvoir (M.) législatif exclusif ausschließliche Gesetzgebung (F.)
pouvoir (M.) législatif gouvernemental en cas d'obstruction de l'assemblée fédérale Gesetzgebungsnotstand (M.)
pouvoir (M.) public Staatsgewalt (F.)
pouvoir (M.) réglementaire Weisungsrecht (N.)
pouvoir (M.) scolaire Schulgewalt (F.)
pouvoir (V.) können

pouvoirs (M.Pl.) de police Polizeigewalt (M.)
pouvoirs (M.Pl.) publics Behörden (F.Pl.), Staatsgewalt (F.)
pratique (Adj.) sachlich
pratique (F.) Ausübung (F.), Behandlung (F.), Erfahrung (F.), Praktik (F.), Praxis (F.)
pratique (F.) discriminatoire Diskriminierung (F.)
pratique (F.) juridique Rechtspraxis (F.)
pratique (F.) professionnelle Berufsausübung (F.)
pratiquer ausüben, üben
préalable (Adj.) vorab
préalable (M.) Vorbedingung (F.)
préambule (M.) Präambel (F.), Vorspruch (M.)
pré-association (F.) Vorverein (M.)
préavis (M.) Kündigungsfrist (F.)
préavis (M.) de saisie Vorpfändung (F.)
prébende (F.) Pfründe (F.)
précarité (F.) Widerruflichkeit (F.)
pré-caution (F.) Vorbürge (M.)
précaution (F.) Vorsicht (F.)
précédent (Adj.) vorangehend
précédent (M.) Präjudiz (N.), Präzedenzfall (M.)
précéder vorangehen
précieux kostbar, wertvoll
préciput (M.) Voraus (M.)
précis bestimmt
précompte (M.) Einbehaltung (F.)
préconiser befürworten
précontractuel (Adj.) vorvertraglich
précontrat (M.) Vorvertrag (M.)
prédécesseur (M.) Vorgänger (M.)
prédécesseur (M.) dans les droits Rechtsvorgänger (M.)
prédisposition (F.) Veranlagung (F.)
prééminence (F.) Vorrang (M.)
préempteur (M.) Vorkaufsberechtigter (M.)
préemption (F.) Vorkauf (M.)
préface (F.) Einleitung (F.)
préfecture (F.) Präfektur (F.)
préférence (F.) Vorzug (M.)
préfet (M.) Präfekt (M.), Regierungspräsident (M.)
pré-fondation (F.) Vorstiftung (F.)
préinscription (F.) de la radiation Löschungsvormerkung (F.)
préjudice (M.) Beeinträchtigung (F.), Nachteil (M.), Schaden (M.)
préjudice (M.) causé à la partie lésée de bonne foi résultant d'un acte juridiquement nul Vertrauensschaden (N.)
préjudice (M.) causé dans l'exécution d'obligations contractuelles positive Forderungsverletzung (F.)
préjudice (M.) concernant un défaut de la marchandise Mangelschaden (M.)
préjudice (M.) d'affection Affektionswert (M.)
préjudice (M.) de droit Rechtsnachteil (M.)
préjudice (M.) indirect mittelbarer Schaden (M.)
préjudice (M.) matériel materieller Schaden (M.), Sachschaden (M.)
préjudice (M.) moral Personenschaden (M.)
préjudice (M.) résultant du défaut Mangelschaden (M.)
préjudice causé par un retard Verzugsschaden (M.)
préjudiciable schädlich
préjugé (M.) Vorurteil (N.)
prélat (M.) Prälat (M.)
prélegs (M.) Prälegat (N.), Vorausvermächtnis (N.)
prélèvement (M.) Abbuchung (F.), Abhebung (F.), Abschöpfung (F.), Abzug (M.), Einzug (M.), Entnahme (F.), Erhebung (F.), Umlage (F.)
prélèvement (M.) à découvert Überziehung (F.)
prélèvement (M.) du bénéfice Gewinnabschöpfung
prélèvement (M.) forfaitaire Zinsabschlag (M.)
prélever abheben, einbehalten (V.), entnehmen, erheben
préliminaire vorangehend
pré-loyer (M.) Vormiete (F.)
prématuré vorzeitig
préméditation (F.) Absicht (F.), Vorbedacht (M.), vorsätzlich gefasster Plan (M.)
premier (Adj.) primär
premier avocat (M.) général fédéral Oberbundesanwalt (M.)
premier maire (M.) Oberbürgermeister (M.)
premier ministre (M.) Ministerpräsident (M.), Premierminister (M.)
prendre abnehmen, entnehmen, fassen, greifen, nehmen, übernehmen, wegnehmen
prendre à bail pachten

prendre à ferme pachten
prendre congé verabschieden
prendre des dispositions Vorsorge (F.) treffen, vorsorgen
prendre des mesures durchgreifen
prendre en compte einbeziehen
prendre en considération berücksichtigen
prendre en course kapern
prendre en location mieten
prendre en mariage ehelichen
prendre fin erlöschen
prendre la fuite fliehen
prendre la place de ablösen
prendre livraison abrufen
prendre note de aufzeichnen
prendre partie pour eintreten
prendre place niederlassen (sich)
prendre soin schonen, sorgen
prendre soin de betreuen
preneur (M.) Abnehmer (M.), Leasingnehmer (M.), Nehmer (M.), Remittent (M.), Wechselnehmer (M.)
preneur (M.) à bail Mieter (M.), Pächter (M.)
preneur (M.) à ferme Pächter (M.)
prénom (M.) Vorname (M.)
prénotation (F.) Vormerkung (F.)
préoccupation (F.) Besorgnis (F.)
préoccupé voreingenommen
préparation (F.) Vorbereitung (F.)
préparer vorbereiten
préponderance (F.) Präponderanz (F.)
préposé (M.) Bediensteter (M.), Erfüllungsgehilfe (M.), Gehilfe (M.), Substitut (N.), Verrichtungsgehilfe (M.)
préretraite (M.) Vorruhestand (M.)
prérogative (F.) Anrecht (N.), Prärogative (F.)
prescription (F.) Bestimmung (F.), Verjährung (F.), Vorschrift (F.), Weisung (F.)
prescription (F.) acquisitive Ersitzung (F.)
prescription (F.) de l'action pénale Verfolgungsverjährung (F.)
prescription (F.) extinctive Versitzung (F.)
prescription (F.) facultative Kannvorschrift (F.)
prescription (F.) immémoriale unvordenkliche Verjährung (F.)
prescription (F.) non impérative (F.) Sollvorschrift (F.)
prescrire anordnen, ersitzen, vorschreiben
prescrire (se) verjähren
prescrit verjährt
préséance (F.) Vorrang (M.)
présence (F.) Dasein (N.), Dienstzeit (F.), Existenz (F.), Gegenwart (F.)
présent (Adj.) anwesend, gegenwärtig
présent (M.) Spende (F.)
présent (M.) du marié à son épouse le lendemain des noces Morgengabe (F.)
présentateur (M.) Überbringer (M.)
présentation (F.) Darlegung (F.), Darstellung (F.), Einbringung (F.), Vorbringen (N.), Vorführung, Vorlage (F.), Vorlegung (F.)
présentation (F.) pour nouvel examen Wiedervorlage (F.)
présenter beibringen, darlegen, darstellen, einbringen, eingeben, einreichen, vorbringen, vorführen, vorlegen
présenter des divergences abweichen
présenter ses hommages huldigen
préservation (F.) Wahrung (F.)
préserver wahren
présidence (F.) Leitung (F.), Präsidialamt (N.), Präsidium (N.), Vorsitz (M.)
président (Adj.) vorsitzend
président (M.) Bundespräsident (M.), Obmann (M.), Präses (M.), Präsident (M.), Vorsitzender (M.), Vorsitzer (M.)
président (M.) d'honneur Alterspräsident (M.)
président (M.) de la République Staatspräsident (M.) (Staatspräsident in Frankreich)
président (M.) de la République fédérale Bundespräsident (M.)
président (M.) directeur général (P.D.G.) Vorstandsvorsitzender (M.)
président (M.) du bureau de vote Wahlleiter (M.)
président (M.) du conseil Ratsvorsitzender (M.)
président (M.) du directoire Vorstandsvorsitzender (M.)
présidente (F.) Vorsitzende (F.)
présidente (F.) du directoire Vorstandsvorsitzende (F.)
présider l'audience verhandeln
présomptif zukünftig
présomption (F.) Präsumption (F.), Vermutung (F.)
présomption (F.) d'innocence Unschuldsvermutung (F.)

présomption (F.) de décès Todesvermutung (F.)
présomption (F.) de fait Tatsachenvermutung (F.)
présomption (F.) de faute Verschuldensvermutung (F.)
présomption (F.) de l'homme Lebenserfahrung (F.)
présomption (F.) de paternité Vaterschaftsvermutung (F.)
présomption (F.) de propriété Eigentumsvermutung (F.)
présomption (F.) des comourants Kommorientenvermutung (F.)
présomption (F.) du fait de l'homme Anscheinsbeweis (M.)
présomption (F.) légale Rechtsvermutung (F.)
présomptions (F.Pl.) pesant sur Tatverdacht (M.)
pressant dringend, dringlich
presse (F.) Presse (F.)
pression (F.) Belastung (F.), Druck (M.), Einwirkung (F.)
pression (F.) électorale Wählernötigung (F.)
prestataire (M.) de services touristiques Reiseveranstalter (M.)
prestation (F.) à fournir Leistungsinhalt (M.)
prestation (F.) accordée aux salariés d'une entreprise défaillante Insolvenzgeld (N.)
prestation (F.) au titre de l'aide sociale Sozialhilfeleistung (F.)
prestation (F.) compensatoire Zugewinnausgleich (M.)
prestation (F.) convenue en faveur d'un paysan âgé qui cède son exploitation Altenteil (M.)
prestation (F.) d'assistance Hilfeleistung (F.), Versorgung (F.)
prestation (F.) de la main à la main Leistung (F.) Zug um Zug
prestation (F.) de la sécurité sociale Sozialleistung (F.)
prestation (F.) de serment Vereidigung (F.)
prestation (F.) de service Dienstleistung (F.), Leistung (F.)
prestation (F.) de services financiers Finanzdienstleistung (F.)
prestation (F.) partielle Teilleistung (F.)
prestation (F.) pour soin Pflegesatz (M.)
prestation (F.) préalable Vorleistung (F.)
prestation (F.) séparable teilbare Leistung (F.)
présumable vermutlich
présumé (Adj.) mutmaßlich
présumer mutmaßen, vermuten, voraussetzen
prêt (Adj.) bereit, fertig
prêt (M.) Ausleihe, Darlehen (N.), Leihe (F.)
prét (M.) à la consommation Verbraucherdarlehen (N.)
prêt (M.) à usage Leihe (F.)
prêt (M.) d'argent Darlehen (N.), Gelddarlehen (N.)
prêt (M.) d'argent aux bénéfices partiarisches Darlehen (N.)
prêt (M.) de consommation Darlehen (N.), Sachdarlehen (N.)
prêt (M.) fictif (né d'une convention entre le créancier et le débiteur) transformant pour l'avenir la chose fongible due en prêt Vereinbarungsdarlehen (N.)
prêt (M.) hypothécaire Hypothekendarlehen (N.)
prétendant (M.) Prätendent (M.)
prétendre begehren, behaupten
prétendu angeblich
prête-nom (M.) Strohmann (M.)
prétention (F.) Anspruch (M.)
prétention (F.) à restitution de l'enrichissement sans cause Kondiktion (F.)
prétention (F.) contraire Gegenanspruch (M.)
prêter ausleihen, beleihen, borgen, darleihen, leihen, leisten, verleihen
prêter serment geloben, schwören
prêteur (M.) Darlehensgeber (M.)
préteur (M.) Prätor (M.)
prêteur (M.) Verleiher (M.)
prêteur (M.) sur gage Pfandleiher (M.)
pretium (N.) doloris (lat.) Schmerzensgeld (N.)
prêtre (M.) Geistlicher (M.), Priester (M.)
preuve (F.) Beweis (M.), Beweisgrund (M.), Beweismittel (N.), Beweisstück (N.), Nachweis (M.)
preuve (F.) contraire Gegenbeweis (M.)
preuve (F.) d'exonération de la responsabilité Entlastungsbeweis (M.)
preuve (F.) de la filiation paternelle Vaterschaftsfeststellung (F.)
preuve (F.) de la véracité des faits allégués Wahrheitsbeweis (M.)

preuve (F.) de prima facie (z. T. lat.) Anscheinsbeweis (M.)
preuve (F.) formelle Strengbeweis (M.)
preuve (F.) par écrit Urkundenbeweis (M.)
preuve (F.) par indice Indizienbeweis (M.)
preuve (F.) par présomptions Anscheinsbeweis (M.)
preuve (F.) par témoignage Zeugenbeweis (M.)
preuve (F.) par titres Urkundenbeweis (M.)
preuve (F.) préconstituée prima-facie-Beweis (M.)
preuve (F.) visuelle Augenscheinsbeweis (M.)
preuver de non être responsable exkulpieren
prévaloir (se) herleiten
prévaloir berufen (V.), berühmen
prévarication (F.) Amtsmissbrauch (M.), Amtspflichtverletzung (F.), Parteiverrat (M.), Pflichtverletzung (F.), Prävarikation (F.)
prévarication (F.) d'un magistrat en faveur ou au préjudice de l'une des parties Rechtsbeugung (F.)
prévenir verhindern, verhüten, vorbeugen
préventif präventiv, vorbeugend
prévention (F.) Befangenheit (F.), Erfolgsabwendung (F.), Prävention (F.), Verhütung (F.), Vorbeugung (F.)
prévention (F.) collective Generalprävention (F.)
prévention (F.) des accidents Unfallverhütung (F.)
prévention (F.) des incendies Brandschutz (M.)
prévention (F.) individuelle Spezialprävention (F.)
préventionnaire (M.) Untersuchungsgefangener (M.)
prévenu befangen
prévisibilité (F.) Voraussehbarkeit (F.), Vorhersehbarkeit (F.)
prévisible voraussehbar, vorhersehbar
prévision (M.) Voranschlag (M.)
prévoir absehen, vorhersehen
prévoyance (F.) Vorsorge (F.)
prévoyance (F.) sociale Wohlfahrt (F.)
prévoyant la participation mitwirkungsbedürftig
prier bitten
prière (F.) Bitte (F.)
prieur (M.) Prior (M.), Propst (M.)
prieure (F.) d'un couvent Äbtissin (F.)
primauté (F.) Primat (M.), Vormacht (F.), Vorrang (M.)
prime (F.) Agio (N.), Aufgeld (N.), Fangprämie (F.), Prämie (F.)
prime (F.) d'assurance Versicherungsprämie (F.)
prime (F.) de capture Fangprämie (F.)
prime (F.) de risque Gefahrenzulage (F.)
prime (F.) de vacances Urlaubsgeld (N.)
prime (F.) pour travail dangereux Gefahrenzulage (F.)
primitif (Adj.) anfänglich
primogéniture (F.) Primogenitur (F.)
prince (M.) Fürst (M.), Prinz (M.)
prince (M.) électeur Kurfürst (M.)
princesse (F.) Fürstin (F.), Prinzessin (F.)
principal (Adj.) Haupt-, hauptsächlich, wesentlich, wichtig
principal (M.) Hauptsache (F.)
principalement hauptsächlich
principauté (F.) Fürstentum (N.)
principe (M.) Grundsatz (M.), Prinzip (N.)
principe (M.) budgétaire Haushaltsgrundsatz (M.)
principe (M.) constitutionnel Verfassungsgrundsatz (M.), Verfassungsprinzip (N.)
principe (M.) d'enquête diligentée d'office Amtsermittlungsgrundsatz (N.)
principe (M.) d'epuisement des droits Erschöpfungsgrundsatz (M.)
principe (M.) de confiance Vertrauensgrundsatz (M.)
principe (M.) de désunion Zerrüttungsprinzip (N.)
principe (M.) de droit Rechtsprinzip (N.)
principe (M.) de faute Verschuldensprinzip (N.)
principe (M.) de l'absorption de la peine la plus faible par la peine la plus forte Absorptionsprinzip (N.)
principe (M.) de l'égalité de traitement Gleichbehandlungsgrundsatz (M.), Gleichheitsgrundsatz (M.)
principe (M.) de l'ensaisinement Abstraktionsprinzip (N.)
principe (M.) de l'équivalence des conditions Äquivalenztheorie (F.)
principe (M.) de l'État social Sozialstaatsprinzip (N.)

principe (M.) de l'oralité Mündlichkeitsgrundsatz (M.)
principe (M.) de la confiance réciproque Vertrauensgrundsatz (M.)
principe (M.) de la contrepartie et de la rémunération adéquate des services rendus Äquivalenzprinzip (N.)
principe (M.) de la couverture des coûts Kostendeckungsprinzip (N.)
principe (M.) de la détermination Bestimmtheitsgrundsatz (M.)
principe (M.) de la dissociation entre l'effet obligatoire de la vente et le transfert de propriété Abstraktionsprinzip (N.)
principe (M.) de la légalité (du droit pénal) Rückwirkungsverbot (N.)
principe (M.) de la légalité Rechtsstaatsprinzip (N.)
principe (M.) de la monarchie monarchisches Prinzip (N.)
principe (M.) de la personnalité Personalitätsprinzip (N.)
principe (M.) de la priorité Prioritätsprinzip (N.)
principe (M.) de la procédure accusatoire Verhandlungsgrundsatz (M.)
principe (M.) de la procédure inquisitoire Offizialmaxime (F.)
principe (M.) de la procédure inquisitoriale Inquisitionsmaxime (F.), Untersuchungsgrundsatz (M.)
principe (M.) de la proportionnalité Verhältnismäßigkeitsgrundsatz (M.)
principe (M.) de la publicité Publizitätsprinzip (N.)
principe (M.) de la spécialité Spezialitätsprinzip (N.)
principe (M.) de la syndicalisation par branche d'industrie Industrieverbandsprinzip (N.)
principe (M.) de la territorialité Territorialitätsprinzip (N.)
principe (M.) de légalité Legalitätsprinzip (N.)
principe (M.) de non-discrimination Diskriminierungsverbot (N.), Gleichbehandlungsgrundsatz (M.)
principe (M.) de situation Belegenheitsgrundsatz (M.)
principe (M.) de subsidiarité Subsidiaritätsgrundsatz (M.)
principe (M.) de territorialité Territorialitätsprinzip (N.)
principe (M.) démocratique Demokratieprinzip (N.)
principe (M.) directeur du procès Verfahrensgrundsatz (M.)
principe (M.) dispositif Dispositionsmaxime (F.), Parteibetrieb (M.)
principe (M.) du cumul des peines Kumulationsprinzip (N.)
principe (M.) du plus favorisé Günstigkeitsprinzip (N.)
principe (M.) éventuel Eventualmaxime (F.)
principe (M.) général de la procédure Verfahrensgrundsatz (M.)
principe (M.) général de police polizeiliche Generalklausel (F.)
principe (M.) général du droit allgemeiner Rechtsgrundsatz (M.)
principe (M.) inquisitoire Inquisitionsmaxime (F.), Untersuchungsgrundsatz (M.)
principe (M.) juridique Rechtsgrundsatz (M.)
principe (M.) monarchique monarchisches Prinzip (N.)
principe (M.) selon lequel la direction du procès est confiée aux parties Parteibetrieb (M.)
principe (M.) selon lequel les parties conduisent l'instance Verfügungsgrundsatz (M.)
principe (M.) selon lequel tous les moyens doivent être énonces dès le début Eventualmaxime (F.)
principe (M.) traditionnel hergebra
Grundsatz (M.)
principes (M.Pl.) directeurs d
Verfahrensgrundsätze (M.Pl.)
principes (M.Pl.) générau
cédure Verfahrensgrundsät
principes (M.Pl.) tradi
brachte Grundsätze (M
prioritaire vorrangi
priorité (F.) Prior
priorité (F.) d
vorrang (M.)
priorité (F
pris (M
prise
Fang (
prise (F.)
prise (F.) de

prise (F.) de possession Besitzergreifung (F.), Inbesitznahme (F.), Übernahme (F.)
prise (F.) de sang Blutprobe (F.)
prise (F.) en charge Abnahme (F.), Übernahme (F.), Übernahme (F.)
prise (F.) en charge d'une dette avec délégation imparfaite kumulative Schuldübernahme (F.)
prise (F.) en charge de l'exécution de la prestation Erfüllungsübernahme (F.)
prison (F.) Gefängnis (N.), Kerker (M.), Vollzugsanstalt (F.)
prison (F.) pour dette Schuldhaft (F.)
prisonnier (Adj.) gefangen
prisonnier (M.) Insasse (M.), Strafgefangener (M.)
prisonnier (M.) de guerre Kriegsgefangener (M.)
prisonnière (F.) Strafgefangene (F.)
privatif privativ
privation (F.) Entziehung (F.), Entzug (M.)
privation (F.) de jouissance Nutzungsausfall (M.)
privation (F.) de la liberté Freiheitsentziehung (F.)
privation (F.) de la possession Eigenmacht (F.)
privatisation (F.) Privatisierung (F.)
privatiser privatisieren
privé privat
privé de secours hilflos
privé de ses droits rechtlos
priver entziehen
privilège (M.) Bevorrechtigung (F.), gesetzliches Pfandrecht (N.), Partikularrecht (N.), Prärogative (F.), Privileg (N.), Regal (N.), Sonderrecht (N.), Vorrecht (N.)
rivilège (M.) des salariés portant sur le laire des trois derniers mois en cas de lite Konkursausfallsgeld (N.)
ilège (M.) du bailleur Vermieterdrecht (N.)
ge (M.) fiscal Steuervergünstigung (F.)
ge (M.) judiciaire Richterprivileg (N.)
e (M.) minier Bergregal (N.)
é (Adj.) bevorrechtigt, privilegiert,
privilegieren
Kaufpreis (M.), Preis (M.), Wert
alogue Listenpreis (M.)
prix (M.) d'achat Kaufpreis (M.)
prix (M.) de vente Kaufpreis (M.)
prix (M.) du bail Mietzins (M.), Pacht (F.), Pachtzins (M.)
prix (M.) du marché Marktpreis (M.)
prix (M.) du sang Wergeld (N.)
prix (M.) du voyage Reisekosten (F.Pl.)
prix (M.) indicatif Preisempfehlung (F.)
prix (M.) juste gerechter Preis (M.)
prix (M.) maximum Höchstpreis (M.)
prix (M.) plafond Höchstpreis (M.)
prix-limite (M.) Höchstpreis (M.)
probabilité (F.) Wahrscheinlichkeit (F.)
probable wahrscheinlich
probant konkludent
probation (F.) Bewährung (F.)
procédé (M.) Handeln (N.), Methode (F.)
procéder handeln, vorgehen
procéder à l'exécution forcée vollstrecken
procédural verfahrensrechtlich
procédure (F.) Behandlung (F.), Prozedur (F.), Prozessführung (F.), Rechtsgang (M.), Verfahren (N.), Verfahrensrecht (N.)
procédure (F.) accélérée Schnellverfahren (N.)
procédure (F.) accusatoire Beibringungsgrundsatz (M.), Verhandlungsgrundsatz (M.)
procédure (F.) administrative Verwaltungsgerichtsverfahren (N.), Verwaltungsverfahren (N.)
procédure (F.) ayant pour but de faire déclarer en justice des droits à peine de déchéance Aufgebotsverfahren (N.)
procédure (F.) ayant pour but le contrôle de la constitutionnalité d'une loi Normenkontrollverfahren (N.)
procédure (F.) civile Zivilprozess (M.)
procédure (F.) civile relative à la responsabilité civile Haftpflichtprozess (M.)
procédure (F.) collective de liquidation Konkursverfahren (N.)
procédure (F.) concernant les affaires matrimoniales Eheprozess (M.)
procédure (F.) courte beschleunigtes Verfahren (N.)
procédure (F.) criminelle Strafverfahren (N.)
procédure (F.) d'appel Berufungsverfahren (N.)
procédure (F.) d'asile Asylverfahren (N.)
procédure (F.) d'élaboration de la loi Gesetzgebungsverfahren (N.)

procédure (F.) d'enquête Ermittlungsverfahren (N.)
procédure (F.) d'examen préalable Vorprüfungsverfahren (N.)
procédure (F.) d'exécution Vollstreckungsverfahren (N.)
procédure (F.) d'imposition Besteuerungsverfahren (N.)
procédure (F.) d'injonction Mahnverfahren (N.)
procédure (F.) d'insolvabilité Insolvenzverfahren (N.)
procédure (F.) de conciliation Güteverfahren (N.), Schlichtungsverfahren (N.), Vermittlungsverfahren (N.)
procédure (F.) de jugement Erkenntnisverfahren (N.), Hauptverfahren (N.)
procédure (F.) de liquidation judiciaire Konkursverfahren (N.)
procédure (F.) de médiation Schlichtungsverfahren (N.), Vermittlungsverfahren (N.)
procédure (F.) de passation Vergabeverfahren (N.)
procédure (F.) de placement sous les verrous Sicherungsverfahren (N.)
procédure (F.) de plainte Beschwerdeverfahren (N.)
procédure (F.) de promotion Promotionsverfahren (N.)
procédure (F.) de recours Beschwerdeverfahren (N.)
procédure (F.) de règlement judiciaire Vergleichsverfahren (N.)
procédure (F.) de renvoi Vorlageverfahren (N.)
procédure (F.) de saisine immédiate beschleunigtes Verfahren (N.)
procédure (F.) devant l'instance de cassation Revisionsverfahren (N.)
procédure (F.) devant les juridictions de droit commun ordentlicher Rechtsweg (M.)
procédure (F.) devant un tribunal du travail Arbeitsprozess (M.)
procédure (F.) directe Direktverfahren (N.)
procédure (F.) du pourvoi en dassation Kassationsverfahren (N.)
procédure (F.) écrite schriftliches Verfahren (N.)
procédure (F.) en constatation d'état Statusprozess (M.)
procédure (F.) en matière contentieuse streitiges Verfahren (N.)
procédure (F.) en matière de lettres de changes Wechselprozess (M.)
procédure (F.) en recherche de paternité Vaterschaftsfeststellungsverfahren (N.)
procédure (F.) en référé Schnellverfahren (N.)
procédure (F.) immédiate Direktverfahren (N.)
procédure (F.) inquisitoire Inquisitionsmaxime (F.), Inquisitionsprozess (M.), Offizialverfahren (N.), Untersuchungsgrundsatz (M.)
procédure (F.) judiciaire Gerichtsverfahren (N.)
procédure (F.) judiciaire spéciale par ordonnance Beschlussverfahren (N.)
procédure (F.) législative Gesetzgebungsverfahren (N.)
procédure (F.) modèle Musterprozess (M.)
procédure (F.) par contumace Abwesenheitsverfahren (N.), Kontumazialverfahren (N.)
procédure (F.) par défaut Versäumnisverfahren (N.)
procédure (F.) pénale Strafverfahren (N.)
procédure (F.) pénale contre un individu auquel aucune faute ne peut être reprochée objektives Verfahren (N.)
procédure (F.) préalable à la déclaration d'utilité publique Planfeststellung (F.)
procédure (F.) préjudicielle Vorabentscheidungsverfahren (N.)
procédure (F.) préliminaire Vorverfahren (N.)
procédure (F.) préparatoire Zwischenverfahren (N.)
procédure (F.) principale Hauptverfahren (N.)
procédure (F.) relative à une mesure provisoire Zwischenverfahren (N.)
procédure (F.) relative au redressement et à la liquidation judiciaires des entreprises Insolvenzverfahren (N.)
procédure (F.) relative aux amendes forfaitaires administratives Bußgeldverfahren (N.)
procédure (F.) relative aux demandes d'indemnisation de la victime devant le tribunal répressif Adhäsionsverfahren (N.)

procédure (F.) sans avocat Parteiprozess (M.)
procédure (F.) selon le principe du dispositif Dispositionsmaxime (F.), Parteiherrschaft (F.)
procédure (F.) sur l'ouverture de la procédure d'audience Eröffnungsverfahren (N.)
procédure (F.) sur titres Urkundenprozess (M.)
procédure-type (M.) Musterprozess (M.)
procès (M.) Gerichtsverfahren (N.), Prozess (M.), Rechtsstreit (M.), Rechtsstreitigkeit (F.), Verfahren (N.)
procès (M.) civil Zivilprozess (M.)
procès (M.) de sorcellerie Hexenprozess (M.)
procès (M.) en instance Anhängigkeit (F.)
procès (M.) mené contre soi-même Insichprozess (M.)
procès (M.) mené contre soi-même en des qualités différentes Insichprozess (M.)
procès (M.) où les parties sont obligatoirement représentées par des avocats Anwaltsprozess (M.)
procès (M.) pénal Strafprozess (M.)
processuel verfahrensrechtlich
processus (M.) Prozess (M.)
procès-verbal (M.) Niederschrift (F.), Protokoll (N.)
prochain künftig
proclamation (F.) Aufruf (M.), Manifest (N.), Verkündung (F.)
proclamer erklären, verkünden
procréation (F.) Zeugung (F.)
procréer erzeugen, zeugen
procuration (F.) Auftrag (M.), Beschaffung (F.), Prokura (F.), Verschaffen (N.), Verschaffung (F.), Vertretung (F.), Vollmacht (F.), Vollmachtsurkunde (F.)
procuration (F.) accordée en vue de réaliser certaines catégories d'actes juridiques Arthandlungsvollmacht (F.)
procuration (F.) collective Gesamtprokura (F.)
procuration (F.) commerciale Handlungsvollmacht (F.)
procuration (F.) commerciale générale Prokura (F.)
procuration (F.) commerciale spéciale Spezialhandlungsvollmacht (F.)
procuration (F.) conjointe Gesamtprokura (F.)
procuration (F.) en blanc Blankovollmacht (F.)
procuration (F.) fictive Scheinvollmacht (F.)
procuration (F.) générale Generalvollmacht (F.)
procuration (F.) pour conclure un contrat Abschlussvollmacht (F.)
procuration (F.) pour se défendre Passivvertretung (F.)
procurer beschaffen (V.), besorgen, verschaffen
procureur (F.) Staatsanwältin (F.)
procureur (M.) Amtsanwalt (M.), Ankläger (M.), Anklagevertreter (M.), Staatsanwalt (M.)
procureur (M.) fédéral Bundesanwalt (M.)
procureur (M.) général auprès de la Cour fédérale de justice Generalbundesanwalt (M.)
procureur (M.) général près d'un tribunal régional supérieur Generalstaatsanwalt (M.)
procureur (M.) impérial Kronanwalt (M.)
prodigalité (F.) Verschwendung (F.)
prodiguer verschwenden
producteur (M.) Hersteller (M.), Produzent (M.)
production (F.) Beibringung (F.), Herstellung (F.), Vorlegung (F.)
production (F.) de matières premières Urproduktion (F.)
production Anfall (M.)
produire beibringen, erzeugen, herstellen, produzieren, verursachen, vorlegen
produit (M.) Erlös (M.), Ertrag (M.), Erzeugnis (N.), Produkt (N.), Ware (F.)
produit (M.) alimentaire Lebensmittel (N.)
produit (M.) chimique Chemikalie (F.)
produit (M.) de marque Markenartikel (M.), Markenware (F.)
produit (M.) des capitaux Kapitalertrag (M.)
profaner schänden
professeur (M.) Lehrer (M.), Professor (M.)
professeur (M.) à titre honorifique Honorarprofessor (M.)
professeur (M.) honoraire Honorarprofessor (M.)
professeur (M.) hôte Gastprofessor (M.)
professeur (M.) titulaire Ordinarius (M.)
profession (F.) Bekenntnis (N.), Beruf (M.), Gewerbe (N.), Stand (M.)

profession (F.) commerciale Handelsgewerbe (N.)
profession (F.) libérale freier Beruf (M.)
professionnel (Adj.) beruflich, gewerblich, gewerbsmäßig
professorat (M.) Lehrstuhl (M.), Professur (F.)
profit (M.) Einkunft (F.), Gewinn (M.), Nutzen (M.), Vorteil (M.)
profit (M.) et avantage (M.) tirés d'un bien en jouissance Nutzung (F.)
profitable vorteilhaft, wirtschaftlich
programmation (F.) fiscale Finanzplanung (F.)
programme (M.) Entwurf (M.), Programm (N.)
progresser ansteigen
progressif progressiv
progression (F.) Progression (F.)
progressiste (Adj.) progressiv
progressivité (F.) Progression (F.)
prohibé verboten (Adj.)
prohiber sperren, untersagen
prohibition (F.) Untersagung (F.), Verbot (N.)
prohibition (F.) du mariage Eheverbot (N.)
proie (F.) Beute (F.)
projectile (M.) Geschoss (N.)
projet (M.) (de loi) Vorlage (F.)
projet (M.) Entwurf (M.), Plan (M.)
projet (M.) de budget Haushaltsvorlage (F.)
projet (M.) de décret gouvernemental Kabinettsvorlage (F.)
projet (M.) de loi Gesetzentwurf (M.), Gesetzesvorlage (F.), Kabinettsvorlage (F.)
projet (M.) de loi élaboré par des fonctionnaires d'un ministère Referentenentwurf (M.)
projet (M.) de loi gouvernemental Regierungsentwurf (M.)
projet (M.) de répartition Verteilerschlüssel (M.)
projet (M.) gouvernemental Regierungsvorlage (F.)
projeter entwerfen, planen
prolétaire (M.) Proletarier (M.)
prologue (F.) Vorspruch (M.)
prolongation (F.) Fortführung (F.), Prolongation (F.), Verlängerung (F.)
prolongation (F.) d'un contrat Vertragsverlängerung (F.)
prolongation (F.) de délai Fristverlängerung (F.)
prolongé verlängert
prolonger fortführen, prolongieren, verlängern
promesse (F.) Versprechen (N.), Zusage (F.)
promesse (F.) de bénéfice Gewinnzusage (F.)
promesse (F.) de donation Schenkungsversprechen (N.)
promesse (F.) de mariage Eheversprechen (N.), Heiratsversprechen (N.)
promesse (F.) de récompense Auslobung (F.)
promesse (F.) de vente Einräumung (F.) einer Vorhand
promesse (F.) solennelle Gelöbnis (N.)
promettre versprechen
promettre solennellement geloben
promoteur-constructeur (M.) Bauträger (M.)
promotion (F.) Beförderung (F.), Förderung (F.), Promotion (F.)
promotion (F.) au grade de docteur d'université Promotion (F.)
promotion (F.) de la formation professionnelle Ausbildungsförderung (F.)
promotion (F.) ouvrière Arbeitsförderung (F.)
promouvoir befördern
prompt sofortig
promptement umgehend (Adv.)
promulgation (F.) (d'une loi) Verkündung (F.)
promulgation (F.) Ausfertigung (F.), Erlass (M.) (Anordnung), Promulgation (F.)
promulguer ausfertigen, erlassen (V.), promulgieren, verkünden
prononcé (M.) du jugement Urteilsverkündung (F.)
prononcer aussprechen, verhängen, verkünden
prononciation (F.) (d'un jugement) Verkündung (F.)
pronostic (M.) Prognose (F.)
propagande (F.) Werbung (F.)
proportion (F.) Proportion (F.), Verhältnis (N.)
proportionnalité (F.) Angemessenheit (F.), Verhältnismäßigkeit (F.)
proportionné anteilig
proportionnel anteilig, proportional, verhältnismäßig
proportionnelle (F.) Verhältniswahl (F.)
proposer anbieten, bieten

proposition (F.) Angebot (N.), Antrag (M.), Vorschlag (M.)
proposition (F.) de loi Gesetzentwurf (M.), Gesetzesvorlage (F.)
propre (Adj.) eigen
propre (Adj.) aux affaires geschäftsmäßig
propre (M.) Sondervermögen (N.)
propres (M.Pl.) Vorbehaltsgut (N.)
propriétaire (M.) Eigentümer (M.), Gutsherr (M.)
propriétaire (M.) de parts Anteilseigner (M.)
propriétaire (M.) foncier Grundeigentümer (M.)
propriétaire (M.) voisin Anlieger (M.), Anrainer (M.)
propriété (F.) Allod (N.), Besitztum (N.), Eigentum (N.), Gut (N.)
propriété (F.) collective Gemeineigentum (N.)
propriété (F.) commune Gemeineigentum (N.), Kollektiveigentum (N.)
propriété (F.) d'un appartement Wohnungseigentum (N.)
propriété (F.) directe Obereigentum (N.)
propriété (F.) en indivision Gesamthandseigentum (N.), Gesamthandsvermögen (N.)
propriété (F.) en main commune Gesamthandseigentum (N.)
propriété (F.) familiale Heimstätte (F.)
propriété (F.) fiduciaire Treuhandeigentum (N.)
propriété (F.) fiduciaire sur un bien vendu sous réserve de propriété Sicherungseigentum (N.)
propriété (F.) foncière Grund (M.), Grundeigentum (N.), Grundstückseigentum (N.), Liegenschaft (F.)
propriété (F.) indivise Bruchteilseigentum (N.)
propriété (F.) intellectuelle geistiges Eigentum (N.)
propriété (F.) libre Allod (N.)
propriété (F.) minière Bergwerkseigentum (N.)
propriété (F.) privée Privateigentum (N.)
prorogation (F.) Aufschub (M.), Prolongation (F.), Verlängerung (F.)
prorogation (F.) du délai de paiement Stundung (F.)
proroger verlängern
proscription (F.) Acht (F.) (Verbannung), Verbannung (F.)
proscrire ächten
prospecter schürfen
prospection (F.) Erschließung (F.)
prospectus (M.) Druckschrift (F.)
prostituée (F.) Dirne (F.), Hure (F.), Prostituierte (F.)
prostitution (F.) Prostitution (F.)
protecteur (M.) Schirmherr (M.)
protection (F.) (en matière de résiliation des contrats) Kündigungsschutz (M.)
protection (F.) Begünstigung (F.), Bestandsschutz (M.), Obhut (F.), Schirm (M.), Schutz (M.), Sicherung (F.)
protection (F.) contre l'exécution forcée Vollstreckungsschutz (M.)
protection (F.) contre la reproduction illicite d'une œuvre Leistungsschutz (M.)
protection (F.) contre les accidents du travail Betriebsschutz (M.)
protection (F.) contre les immissions Immissionsschutz (M.)
protection (F.) contre les nuisances Immissionsschutz (M.)
protection (F.) contre les saisies abusives Pfändungsschutz (M.)
protection (F.) contre un licenciement abusif Kündigungsschutz (M.)
protection (F.) d'investisseurs Anlegerschutz (M.)
protection (F.) d'un modèle d'utilité Gebrauchsmusterschutz (M.)
protection (F.) de désignation Titelschutz (M.)
protection (F.) de l'embryon Embryonenschutz (M.)
protection (F.) de l'environnement Naturschutz (M.), Umweltschutz (M.)
protection (F.) de l'inventeur Erfinderschutz (M.)
protection (F.) de la bonne foi Gutglaubensschutz (M.)
protection (F.) de la constitution Verfassungsschutz (M.)
protection (F.) de la jeunesse Jugendschutz (M.)
protection (F.) de la nature Naturschutz (M.)
protection (F.) de la personnalité humaine Persönlichkeitsschutz (M.)
protection (F.) de la possession paisible Besitzschutz (M.)
protection (F.) de la propriété com-

merciale et industrielle gewerblicher Rechtsschutz (M.)
protection (F.) de la santé des travailleurs Arbeitsschutz (M.)
protection (F.) des animaux Tierschutz (M.)
protection (F.) des consommateurs Konsumentenschutz (M.), Verbraucherschutz (M.)
protection (F.) des dessins et modèles Musterschutz (M.)
protection (F.) des données Datenschutz (M.)
protection (F.) des droits acquis Bestandsschutz (M.)
protection (F.) des eaux Gewässerschutz (M.)
protection (F.) des espèces animales Artenschutz (M.)
protection (F.) des espèces végétales Sortenschutz (M.)
protection (F.) des jeunes travailleurs Jugendarbeitsschutz (M.)
protection (F.) des locataires Mieterschutz (M.)
protection (F.) des minorités Minderheitenschutz (M.)
protection (F.) des relations juridiques nationales Verkehrsschutz (M.)
protection (F.) des végétaux Pflanzenschutz (M.)
protection (F.) des victimes Opferschutz (M.)
protection (F.) garantie par la loi aux personnes de bonne foi Vertrauensschutz (M.)
protection (F.) juridique Rechtsschutz (M.)
protection (F.) juridique provisoire vorläufiger Rechtsschutz (M.)
protection (F.) légale Rechtsschutz (M.)
protection (F.) maternelle Mutterschutz (M.)
protection (F.) tiers Drittschutz (M.)
protectorat (M.) Protektorat (N.), Schutzgebiet (N.)
protéger absichern, hegen, protegieren, schützen
protestant (Adj.) evangelisch
protestation (F.) Protest (M.), Widerspruch (M.)
protester protestieren
protêt (M.) Protest (M.)
protêt (M.) faute d'acceptation Wechselprotest (M.)
protêt (M.) faute de paiement Wechselprotest (M.)
protocole (M.) Protokoll (N.)
prouver belegen (V.), beweisen, nachweisen, Rechtmäßigkeit (F.) nachweisen
prouver la fausseté widerlegen
prouver ses capacités bewähren
proverbe (M.) juridique Rechtssprichwort (N.)
province (F.) Bundesland (N.), Land (N.), Provinz (F.), Region (F.)
provision (F.) Anzahlung (F.), Rückstellung (F.)
provision (F.) ad litem Prozesskostenvorschuss (M.)
provision (F.) pour pertes ou risques Rückstellung (F.)
provisionnel (Adj.) einstweilig
provisoire (Adj.) behelfsmäßig, einstweilig, vorläufig, vorübergehend
provisoirement invalide schwebend unwirksam
provocateur (M.) Anstifter (M.), Hetzer (M.), Provokateur (M.)
provocateur-auteur (M.) mittelbarer Täter (M.)
provocation (F.) Anstiftung (F.), Provokation (F.)
provocation (F.) de défense legitime Notwehrprovokation (F.)
provocation (F.) intentionnelle Absichtsprovokation (F.)
provoquer anstiften, provozieren
proxénète (M.) Zuhälter (M.)
proxénétisme (M.) Kuppelei (F.), Zuhälterei (F.)
prudence (F.) Vorsicht (F.)
Prusse (F.) Preußen (N.)
pseudonyme (M.) Pseudonym (N.)
psyché (F.) Psyche (F.)
psychiatrie (F.) Psychiatrie (F.)
psychique psychisch
psychologie (F.) Psychologie (F.)
psychopathe (M.) Psychopath (M.)
psychopathie (F.) Psychopathie (F.)
psychopathique psychopathisch
psychose (F.) Psychose (F.)
psychothérapie (F.) Psychotherapie (F.)
public (Adj.) amtlich, öffentlich, publik
public (M.) Öffentlichkeit (F.), Publikum (N.)
publication (F.) Ausgabe (F.), Bekanntgabe (F.), Bekanntmachung (F.), Druck (M.), Druckwerk (N.), Erscheinen (N.),

Herausgabe (F.), Verkündung (F.), Veröffentlichung (F.)
publication (F.) dangereuse pour les mineurs jugendgefährdende Schrift (F.)
publications (F.Pl.) Aufgebot (N.)
publications (F.Pl.) des bans Aufgebot (N.)
publicité (F.) Bekanntgabe (F.), Öffentlichkeit (F.), Publizität (F.), Werbung (F.)
publicité (F.) foncière Publizität (F.) des Sachenrechts
publicité (F.) negative negative Publizität (F.)
publier ausgeben, bekanntmachen, edieren, verkünden, verlautbaren, verlegen (V.)
puce (F.) Chip (M.)
pudique keusch
puissance (F.) Gewalt (F.), Macht (F.)
puissance (F.) de la chose Sachherrschaft (F.)
puissance (F.) occupante Besatzungsgewalt (F.), Besatzungsmacht (F.)
puissance (F.) publique Hoheitsgewalt (F.), Staatsgewalt (F.)
pulsion (F.) Trieb (M.)
punir ahnden, bestrafen, strafen, züchtigen
punissable strafbar, straffällig
punition (F.) Ahndung (F.), Bestrafung (F.)
pupille (M.) Mündel (N.)
pur klar, rein
purge (F.) Ablösung (F.)
purger tilgen, verbüßen
putain (F.) Dirne (F.), Hure (F.), Prostituierte (F.)
putatif vermeintlich
putsch (M.) Putsch (M.)

q

qu'on ne peut raisonnablement imposer à unzumutbar
qualification (F.) Befähigung (F.), Eignung (F.), Qualifikation (F.), Subsumtion (F.), Tauglichkeit (F.)
qualification (F.) professionnelle Qualifikation (F.)
qualifié (Adj.) berufen (Adj.), kompetent, qualifiziert
qualifier befähigen, klassifizieren
qualifier pour l'enseignement supérieur (se) habilitieren (sich)
qualité (F.) Bonität (F.) (Güte), Eigenschaft (F.), Güte (F.), Personalie (F.), Vorzug (M.)
qualité (F.) de agir en justice Klagebefugnis (F.)
qualité (F.) de membre Mitgliedschaft (F.)
qualité (F.) pour agir en justice Aktivlegitimation (F.), Prozessfähigkeit (F.)
qualité (F.) pour agir en justice et accomplir valablement tous les actes de procédure Postulationsfähigkeit (F.)
qualité (F.) pour ester en justice Postulationsfähigkeit (F.)
qualité (F.) pour se défendre en justice Passivlegitimation (F.)
qualités (F.Pl.) Personalien (F.Pl.)
quantité (F.) Masse (F.), Menge (F.)
quantité (F.) autorisée Kontingent (N.)
quantum (M.) de la peine Strafmaß (N.)
quartier (M.) général Hauptquartier (M.)
quartier (M.) résidentiel Wohngebiet (N.)
quasi quasi
quasi-contractuel (Adj.) rechtsgeschäftsähnlich, vertragsähnlich
quasi-contrat (M.) Quasikontrakt (M.)
quasi-délit (M.) Fahrlässigkeit (F.), Quasidelikt (N.)
que l'on peut chasser jagdbar
querelle (F.) Auseinandersetzung (F.), Händel (M.Pl.)
quereller streiten
question (F.) Frage (F.)
question (F.) de confiance Vertrauensfrage (F.)
question (F.) de droit Rechtsfrage (F.)
question (F.) de fait Tatsachenfrage (F.)
question (F.) de fond Sachfrage (F.), Tatfrage (F.), Tatsachenfrage (F.)
question (F.) préjudicielle Vorfrage (F.)
questionnaire (M.) Fragebogen (M.)
questionner fragen
questions (F.Pl.) d'actualité Fragestunde (F.)
questure (F.) Quästur (F.)
quête (F.) Sammlung (F.)
qui agit Handelnder (M.)
qui avoue geständig
qui n'appartient pas à un cercle kreisfrei
qui n'appartient pas à un communauté gemeindefrei
qui n'est pas exigible unzumutbar
qui ne pas réunit le quorum beschlussunfähig

qui ne peut faire l'object d'une action en justice unklagbar
qui réunit le quorum beschlussfähig
qui viole sa foi treubrüchig
quiétude (F.) dans l'appartement Hausfriede (M.)
quittance (F.) Empfangsbestätigung (F.), Quittung (F.)
quittancer quittieren
quitter austreten, quittieren, verlassen (V.)
quitter le territoire ausreisen
quitus (M.) Entlastung (F.), Exkulpation (F.)
quorum (M.) Beschlussfähigkeit (F.), Quorum (N.)
quota (M.) Quote (F.)
quota (M.) de femmes Frauenquote (F.)
quote (F.) d'amortissement Tilgungsrate (F.)
quote-part (F.) Beteiligung (F.), Bruchteil (M.), Quote (F.)
quote-part (F.) de bénéfice Gewinnanteil (M.)
quotidien (Adj.) täglich
quotidien (M.) Tageszeitung (F.)
quotient (M.) Quotient (M.)
quotité (F.) Anteil (M.)

r

rabais (M.) Abschlag (M.), Abzug (M.), Preisabschlag (M.), Rabatt (M.)
raccorder anschließen
raccourcir abkürzen, verkürzen
raccourcissement (M.) Abkürzung (F.)
race (F.) Rasse (F.)
rachat (M.) Ablösung (F.), Rückerwerb (M.), Rücknahme (F.), Wiederkauf (M.)
racial rassisch
racket (M.) Schutzgelderpressung (F.)
racoler abwerben
radar (M.) Radar (N.)
rade (F.) Reede (F.)
radiation (F.) Löschung (F.)
radiation (F.) de la liste des étudiants Exmatrikulation (F.)
radical (Adj.) radikal
radicalisme (M.) Radikalismus (M.)
radier löschen
radier de la liste des étudiants exmatrikulieren
radio (F.) Rundfunk (M.)
radio (F.) pirate Piratensender (M.)
radiodiffusion (F.) Rundfunk (M.)
radiophonie (F.) Rundfunk (M.)
radiotélégraphie (F.) Funk (M.)
radiotélégraphier funken
rafle (F.) Razzia (F.)
raillerie (F.) Hohn (M.)
raison (F.) Anlass (M.), Argument (N.), Begründung (F.), Beweisgrund (M.), Grund (M.), Räson (F.), ratio (F.) (lat.) (Verstand bzw. Grund), Ursache (F.), Vernunft (F.)
raison (F.) commerciale Sachfirma (F.)
raison (F.) d'État Staatsräson (F.)
raison (F.) excluant la culpabilité Schuldausschließungsgrund (M.)
raison (F.) sociale Firma (F.)
raisonnable (Adj.) angemessen, vernünftig, zumutbar
raisonnement (M.) Argument (N.)
raisonnement (M.) à contrario Gegenschluss (M.), Umkehrschluss (M.)
raisonnement (M.) par analogie Analogieschluss (M.)
rajouter ergänzen
ramille (F.) Zweig (M.)
ramoneur (M.) Schlotfeger (M.), Schornsteinfeger (M.)
rançon (F.) Lösegeld (N.)
rang (M.) Rang (M.)
rang (M.) privilégié Vorrang (M.)
ranger anordnen
rapatrié (M.) Aussiedler (M.)
rapide (Adj.) geschwind, schnell
rappel (M.) Abberufung (F.), Abruf (M.), Erinnerung (F.), Mahnschreiben (N.), Ruf (M.)
rappel (M.) de traitement Nachzahlung (F.)
rappel (M.) des dépens Nachforderung (F.)
rappeler abberufen (V.), erinnern, mahnen
rapport (M.) Anrechnung (F.), Bericht (M.), Beziehung (F.), Bindung (F.), Einbringung (F.), Einvernehmen (N.), Niederschrift (F.), Rapport (M.), Rechenschaft (F.), Referat (N.), Verbindung (F.), Verhältnis (N.), Vortrag (M.), Zusammenhang (M.)
rapport (M.) à succession Erbausgleich (M.)
rapport (M.) annuel Jahresbericht (M.)
rapport (M.) d'affaires Geschäftsbericht (M.)
rapport (M.) d'obligation Schuldverhältnis (N.)
rapport (M.) de causalité Kausalzusammenhang (M.)

rapport (M.) de droit Rechtsverhältnis (F.)
rapport (M.) de gestion Geschäftsbericht (M.)
rapport (M.) de mer Verklarung (F.)
rapport (M.) de police Polizeibericht (M.)
rapport (M.) interne Innenverhältnis (N.)
rapport (M.) juridique Rechtsverhältnis (F.)
rapport (M.) juridique contractuel rechtsgeschäftliches Schuldverhältnis (N.)
rapport (M.) juridique entre le créancier et le débiteur Schuldverhältnis (N.)
rapport (M.) sexuel Geschlechtsverkehr (M.)
rapport (M.) sur les comptes Rechenschaftsbericht (N.)
rapportant à (se) einschlägig
rapporter aufheben, berichten, einbringen, melden
rapporter des intérêts verzinsen
rapporteur (M.) Berichterstatter (M.), Referent (M.)
rapports (M.Pl.) Verkehr (M.)
rapports (M.Pl.) externes Außenverhältnis (N.)
rapt (M.) Entführung (F.), Menschenraub (M.)
rapt (M.) d'enfant Kindesraub (M.)
rareté (F.) Mangel (M.)
rassasiè (Adj.) satt
rassemblement (M.) Auflauf (M.), Vereinigung (F.), Versammlung (F.), Zusammenrottung (F.)
rassembler versammeln
rassisme (M.) Rassismus (M.)
rassiste (Adj.) rassistisch
ratification (F.) Genehmigung (F.), Ratifikation (F.), Ratifizierung (F.), Sanktion (F.)
ratifier ratifizieren
rating (M.) Einstufung (F.), Rating (N.)
ratio (F.) (lat.) ratio (F.) (lat.) (Verstand bzw. Grund)
rationalisme (M.) Aufklärung (F.)
rattachement (M.) Anknüpfung (F.), Anschluss (M.), Eingemeindung (F.)
rattachement (M.) à la loi du for Inlandsberührung (F.)
rattacher anknüpfen, anschließen
ravir entführen, rauben
ravisseur (M.) Entführer (M.)
réacquisition (F.) Rückerwerb (M.)
réaction (F.) Reaktion (F.)
réactionnaire (Adj.) reaktionär
réactionnaire (M.) Reaktionär (M.)
réactivité (F.) Reaktionsvermögen (N.)
réagir reagieren
réalisation (F.) (du gage) Verwertung (F.)
réalisation (F.) Ausführung (F.), Durchführung (F.), Erledigung (F.), Leistung (F.), Verwirklichung (F.)
réalisation (F.) de l'objet prévu Zweckerreichung (F.)
réalisation (F.) du gage Pfandverwertung (F.)
réalisation (F.) du risque Versicherungsfall (M.)
réaliser durchführen, verwirklichen
réaliser des bénéfices gewinnen
réaliste (Adj.) sachlich
réalité (F.) juridique Rechtstatsache (F.)
realité (F.) juridique Rechtswirklichkeit (F.)
réapprovisionnement (M.) Wiederbeschaffung (F.)
réapprovisionner wiederbeschaffen
réassurance (F.) Rückversicherung (F.)
rebelle (M.) Aufrührer (M.), Rebell (M.)
rebeller (se) rebellieren
rébellion (F.) Aufstand (M.), Rebellion (F.)
rébellion (F.) de prisonniers Gefangenenmeuterei (F.)
recel (M.) Hehlerei (F.)
recel (M.) des choses n'ayant pas acquitté les taxes fiscales Steuerhehlerei (F.)
recèlement (M.) Verschweigung (F.)
recéler hehlen, verbergen
recéleur (M.) Hehler (M.)
recensement (M.) Erfassung (F.), Inventur (F.)
récent (Adj.) neu
récépissé (M.) Empfangsbestätigung (F.)
récépissé (M.) d'entrepôt Lagerschein (M.)
réception (F.) Abnahme (F.), Eingang (M.), Empfang (M.), Erhalt (M.), Zugang (M.)
réception (F.) de dons Vorteilsannahme (F.)
receptionner abnehmen
recette (F.) Einnahme (F.), Erlös (M.), Ertrag (M.)
recette (F.) d'exploitation Betriebseinnahme (F.)
recette (F.) des droits universitaires Quästur (F.)
recevabilité (F.) Statthaftigkeit (F.), Zulässigkeit (F.)
recevabilité (F.) de la voie de droit Rechtswegzulässigkeit (F.)

recevable statthaft, zulässig
receveur (M.) Schaffner (M.)
recevoir (M.) un moyen de preuve Beweisverwertung (F.)
recevoir abnehmen, beziehen, empfangen (V.), erhalten (V.), rezipieren, übernehmen, zugehen
recherche (F.) Ermittlung (F.), Fahndung (F.), Suche (F.), Untersuchung (F.)
recherche (F.) de la fraude fiscale Steuerfahndung (F.)
recherche (F.) de paternité Vaterschaftsfeststellung (F.)
recherche (F.) de réalites juridiques Rechtstatsachenforschung (F.)
recherche (F.) des faits Aufklärung (F.)
rechercher ermitteln, fahnden, suchen
rechercheur (M.) Ermittler (M.)
récidive (F.) Rückfall (M.)
récidiviste rückfällig
réciprocité (F.) Gegenseitigkeit (F.)
réciproque (Adj.) gegenseitig, korrespektiv, reziprok, wechselbezüglich, wechselseitig
réclamant (M.) Beschwerdeführer (M.)
réclamante (F.) Beschwerdeführerin (F.)
réclamation (F.) Anspruch (M.), Beanstandung (F.), Beschwerde (F.), Einspruch (M.), Mangelanzeige (F.), Mängelrüge (F.), Rüge (F.)
réclamation (F.) à propos d'un défaut Mängelrüge (F.), Rüge (F.)
réclamation (F.) pour vice Mangelanzeige (F.)
réclamation (F.) préalable Einspruch (M.)
réclame (F.) Werbung (F.)
réclamer beanspruchen, beanstanden, beschweren, fordern, herausverlangen
réclamer sans cesse querulieren
réclusion (F.) Zuchthaus (N.)
recommandation (F.) Befürwortung (F.), Einführung (F.), Einschreiben (N.), Empfehlung (F.)
recommander empfehlen
récompense (F.) Belohnung (F.), Preis (M.)
récompense (F.) accordée pour un objet trouvé Finderlohn (M.)
récompenser belohnen, vergelten
recomptage (F.) Nachzählung (F.)
recompter nachzählen
reconclusion (F.) Klageerwiderung (F.)
reconductible erneuerbar
reconduction (F.) Fortsetzung (F.), Verlängerung (F.)
reconduire (un contrat) verlängern
reconduire abschieben, erneuern, rückführen, schieben
reconduite (F.) Abschiebung (F.), Rückführung (F.)
reconnaissable erkennbar
reconnaissance (F.) Anerkenntnis (N.), Anerkennung (F.)
reconnaissance (F.) contractuelle de la non-existence de la dette negatives Schuldanerkenntnis (N.)
reconnaissance (F.) d'un rapport d'obligation existant Schuldanerkenntnis (N.)
reconnaissance (F.) de dette Schuldanerkenntnis (N.)
reconnaissance (F.) de paternité Vaterschaftsanerkenntnis (N.), Vaterschaftsanerkennung (F.)
reconnaissance (F.) fondant un rapport d'obligation Schuldversprechen (N.)
reconnaître anerkennen, einsehen, erkennen
reconstitution (F.) Wiederherstellung (F.)
reconstruction (F.) Wiederherstellung (F.)
reconstruire wiederherstellen
reconvention (F.) Widerklage (F.)
recourir beschweren
recours (M.) Antrag (M.), Berufung (F.), Beschwerde (F.), Rechtsbeschwerde (F.), Rechtsmittel (N.), Regress (M.), Rückgriff (M.), Rüge (F.)
recours (M.) administratif Beschwerde (F.), Rekurs (M.), Verwaltungsverfahren (N.)
recours (M.) administratif en révision Wiederaufgreifen (N.)
recours (M.) administratif gracieux ou hiérarchique Widerspruchsverfahren (N.)
recours (M.) administratif hiérarchique Widerspruchsverfahren (N.)
recours (M.) constitutionnel Verfassungsbeschwerde (F.)
recours (M.) contentieux Klage (F.)
recours (M.) d'organisation communale Kommunalverfassungsklage (F.)
recours (M.) de refus Weigerungsklage (F.)
recours (M.) devant le Conseil constitutionnel Verfassungsbeschwerde (F.)
recours (M.) direct en cassation Sprungrevision (F.)
recours (M.) direct en cassation sans

passer par l'instance intermédiaire Sprungrevision (F.)
recours (M.) en appreciation de légalité verwaltungsgerichtliche Klage (F.) auf Prüfung der Rechtmäßigkeit
recours (M.) en carence Untätigkeitsklage (F.)
recours (M.) en cas d'inaction de l'administration Untätigkeitsklage (F.)
recours (M.) en cassation Revision (F.)
recours (M.) en cassation incident Anschlussrevision (F.)
recours (M.) en garantie pour vices de la marchandise Mängelrüge (F.)
recours (M.) en interprétation verwaltungsgerichtliche Klage (F.) gerichtet auf Auslegung eines Verwaltungsakts
recours (M.) en nullité Nichtigkeitsbeschwerde (F.)
recours (M.) en révision Wiederaufnahmeantrag (M.)
recours (M.) en vue du déclenchement obligatoire de l'action publique Anklageerzwingung (F.)
recours (M.) faute d'acceptation Wechselregress (M.)
recours (M.) faute de paiement Wechselregress (M.)
recours (M.) gracieux Widerspruchsverfahren (N.)
recours (M.) hiérarchique Dienstaufsichtsbeschwerde (F.)
recours (M.) incident en révision Anschlussrevision (F.)
recours (M.) judiciaire en annulation des actes d'un failli accomplis en fraude de ses débiteurs Anfechtungsklage (F.)
recours (M.) pour excès de pouvoir Anfechtungsklage (F.)
recours (M.) pour violation des droits fondamentaux Popularklage (F.)
recours (M.) préalable Einspruch (M.)
recours (M.) présenté devant un tribunal contre le refus d'une instance inférieure d'autoriser un pourvoi en cassation d'un jugement qu'elle a rendu Nichtzulassungsbeschwerde (F.)
recours (M.Pl.) relatifs à un enfant Kindschaftssache (F.)
recouvrement (M.) Beitreibung (F.), Einbringung (F.), Eingang (M.), Einziehung (F.), Inkasso
recouvrer beitreiben, einbringen, eintreiben, einziehen, überziehen
recrue (F.) Rekrut (M.)
recrutement (M.) Einstellung (F.)
recruter einstellen, werben
recteur (M.) Rektor (M.)
rectification (F.) Berichtigung (F.), Gegendarstellung (F.)
rectification (F.) au livre foncier Grundbuchberichtigung (F.)
rectification (F.) de la valeur Wertberichtigung (F.)
rectifier berichtigen, nachbessern
rectitude (F.) Lauterkeit (F.)
rectorat (M.) Rektorat (N.)
reçu (M.) Beleg (M.), Quittung (F.), Schein (M.)
reçu (M.) provisoire d'embarquement Verladeschein (M.)
recueil (M.) Nachschlagewerk (N.), Sammelwerk (N.)
recueil (M.) de jurisprudence Entscheidungssammlung (F.)
recueil (M.) de lois Gesetzessammlung (F.)
recul (M.) Einbruch (M.)
récupérer beitreiben
récusation (F.) Ablehnung (F.)
récuser ablehnen, verwerfen
récuser pour cause de suspicion légitime ablehnen wegen Befangenheit
rédacteur (M.) du procès-verbal Protokollant (M.)
rédaction (F.) Ausfertigung (F.)
rédaction (F.) du procès-verbal Protokollierung (F.)
reddition (F.) de comptes Rechenschaftslegung (F.)
redevable (Adj.) schuldig
redevance (F.) Gebühr (F.), Lizenzgebühr (F.), Verwaltungsgebühr (F.), Zins (M.)
redevance (F.) de concession Konzessionsabgabe (F.)
redevance (F.) fiscale Abgabe (F.)
rédhibition (F.) Wandlung (F.)
rédiger ausfertigen, entwerfen, formulieren, verfassen
rédiger un procès-verbal protokollieren
redressement (M.) Nachforderung (F.), Sanierung (F.)
redressement (M.) judiciaire Insolvenzeröffnung (F.), Insolvenzverfahren (N.)

réduction (F.) Abzug (M.), Ermäßigung (F.), Minderung (F.), Reduktion (F.), Verkürzung (F.), Verminderung (F.)
réduction (F.) de peine Straferlass (M.)
réduction (F.) du capital Kapitalherabsetzung (F.)
réduction (F.) du prix de vente et des frais de la vente Minderung (F.)
réduction (F.) sur le montant de la prime Schadensfreiheitsrabatt (M.)
réduction (F.) sur le prix Abschlag (M.)
réduire abkürzen, beeinträchtigen, einschränken, ermäßigen, herabsetzen, kürzen, mindern, nachlassen, reduzieren, verkürzen, vermindern
réduit vermindert
réel (Adj.) bar, dinglich, effektiv, faktisch, real, reell, tatsächlich
réélection (F.) Neuwahl (F.)
réescompte (M.) Rediskont (F.), Rediskontierung (F.)
réévaluation (F.) Aufwertung (F.), Wertberichtigung (F.)
réévaluer aufwerten
réexamen (M.) Wiederaufnahme (F.)
référé (M.) einstweilige Verfügung (F.)
référence (F.) Berufung (F.), Bezug (M.), Bezugnahme (F.), Empfehlung (F.), Zeugnis (N.)
référence (F.) du dossier Aktenzeichen (N.)
référendum (M.) Plebiszit (N.), Referendum (N.), Volksabstimmung (F.), Volksentscheid (M.)
référendum (M.) sur la grêve Urabstimmung (F.)
refinancement (M.) Refinanzierung (F.)
refinancer refinanzieren
réfléchir erwägen
réflexion (F.) Erwägung (F.)
refonte (F.) Neubearbeitung (F.), Neufassung (F.)
reformatio (F.) in peius (lat.) (aggravation du sort de l'appelant) reformatio (F.) in peius (lat.) (Reform zum Schlechteren)
réformation (F.) Reformation (F.)
réforme (F.) Reform (F.), Reformation (F.)
réforme (F.) administrative Verwaltungsreform (F.)
réforme (F.) agraire Bodenreform (F.)
réforme (F.) fiscale Steuerreform (F.)
réformer aufheben, neuformulieren, reformieren
réformuler neuformulieren
refoulement (M.) Abschiebung (F.), Zurückweisung (F.)
refouler abschieben, zurückweisen
réfugié (M.) Flüchtling (M.), Vertriebener (M.)
refus (M.) Aberkennung (F.), Ablehnung (F.), Absage (F.), Abweisung (F.), Versagung (F.), Verweigerung (F.), Verwerfung (F.), Weigerung (F.), Zurückweisung (F.)
refus (M.) d'exécuter la prestation Leistungsverweigerung (F.)
refus (M.) d'un candidat Nichtzulassung (F.) eines Kandidaten
refus (M.) de donner suite à l'incorporation Wehrdienstentziehung (F.)
refus (M.) de fournir une prestation Leistungsverweigerung (F.)
refus (M.) de témoigner Aussageverweigerung (F.), Zeugnisverweigerung (F.)
refus (M.) de travailler Arbeitsverweigerung (F.)
refus (M.) de vente Liefersperre (F.)
refus (M.) du créancier d'accepter le paiement Gläubigerverzug (M.)
refus (M.) du service national Wehrdienstverweigerung (F.)
refuser aberkennen, ablehnen, abschlagen, abweisen, ausschlagen, versagen, verweigern, zurückweisen
refuser de weigern (sich)
réfutation (F.) Zurückweisung (F.)
réfuter widerlegen, zurückweisen
regarder gelten
régie (F.) Regie (F.), Regiebetrieb (M.)
régie (F.) directe de l'eau Wasserverband (M.)
régime (M.) Ordnung (F.), Regime (N.), Satzung (F.)
régime (M.) complémentaire ergänzende Alterversorgung (F.)
régime (M.) constitutionnel verfassungsmäßige Ordnung (F.)
régime (M.) constitutionnel libéral et démocratique freiheitlich-demokratische Grundordnung (F.)
régime (M.) de l'autorisation préalable Konzessionssystem (N.)
régime (M.) de l'État de droit Rechtsstaatlichkeit (F.)
régime (M.) de la sécurité sociale Sozialrecht (N.)

régime (M.) de la voirie Wegerecht (N.)
régime (M.) de protection judiciaire au sein de l'Union européenne Europäisches Rechtsschutzsystem (N.)
régime (M.) de retraite Altersversorgung (F.)
régime (M.) des biens immobiliers Liegenschaftsrecht (N.)
régime (M.) des biens meubles et immeubles Sachenrecht (N.)
régime (M.) des eaux Wasserhaushalt (M.), Wasserrecht (N.)
régime (M.) des finances publiques Finanzverfassung (F.)
régime (M.) disciplinaire Disziplinarrecht (N.)
régime (M.) électoral Wahlordnung (F.)
régime (M.) étatique Staatsform (F.)
régime (M.) juridique Rechtssystem (N.)
régime (M.) juridique de la presse Presserecht (N.)
régime (M.) juridique des associations Vereinsrecht (N.)
régime (M.) juridique des punitions disciplinaires militaires Wehrstrafrecht (N.)
régime (M.) juridique des valeurs mobilières Wertpapierrecht (N.)
régime (M.) juridique du contrat d'édition Verlagsrecht (N.)
régime (M.) juridique du service national Wehrrecht (N.)
régime (M.) légal de la participation aux acquêts Zugewinngemeinschaft (F.)
régime (M.) légal de la radiodiffusion et télévision Medienrecht (N.)
régime (M.) légal de la responsabilité étatique Staatshaftungsrecht (N.)
régime (M.) matrimonial Güterrecht (N.), Güterstand (M.)
régime (M.) matrimonial légal gesetzlicher Güterstand (M.)
régime (M.) parlementaire Parlamentarismus (M.)
régime (M.) policier Polizeistaat (M.)
régime (M.) présidentiel Präsidialdemokratie (F.), Präsidialverfassung (F.)
régiment (M.) Regiment (N.)
régimes (M. Pl.) matrimoniaux Ehegüterrecht (N.)
région (F.) Bezirk (M.), Gau (M.), Gebiet (N.), Region (F.)
région (F.) industrielle Industriegebiet (N.)
régional regional
registre (M.) Buch (N.), Liste (F.), Register (N.)
registre (M.) central Zentralregister (N.)
registre (M.) central des entreprises industrielles et commerciales Gewerbezentralregister (N.)
registre (M.) d'état-civil Personenstandsbuch (N.)
registre (M.) de décès Sterbebuch (N.)
registre (M.) de l'artisanat Handwerksrolle (F.)
registre (M.) de localités Ortsverzeichnis (N.)
registre (M.) des actes Urkundenregister (N.)
registre (M.) des actes de mariage Heiratsbuch (N.)
registre (M.) des actes de procédure Prozessregister (N.)
registre (M.) des actionnaires Aktienbuch (N.)
registre (M.) des associations Vereinsregister (N.)
registre (M.) des coopératives Genossenschaftsregister (N.)
registre (M.) des décès Sterberegister (N.)
registre (M.) des dépôts Verwahrungsregister (N.)
registre (M.) des hypothèques Hypothekenregister (N.)
registre (M.) des mariages Heiratsregister (N.)
registre (M.) des marques Markenregister (N.)
registre (M.) des naissances Geburtenbuch (N.)
registre (M.) des navires Schiffsregister (N.)
registre (M.) des servitudes de construction Baulastenverzeichnis (N.)
registre (M.) du commerce Handelsregister (N.)
registre (M.) du commerce et des sociétés Handelsregister (N.)
registre (M.) foncier Grundbuch (N.)
registre (M.) informatisé d'état-civil Personenstandsregister (N.)
registre (M.) maritime Schiffsregister (N.)
registre (M.) matrimonial Güterrechtsregister (N.)
registre (M.) national Zentralregister (N.)
registre (M.) paroissial Kirchenbuch (N.)

règle (F.) Maßregel (F.), Norm (F.), Regel (F.)
règle (F.) d'interpretation Auslegungsregel (F.)
règle (F.) de conflit Kollisionsnorm (F.)
règle (F.) de droit Rechtsnorm (F.), Rechtsregel (F.), Rechtssatz (M.)
règle (F.) de la détermination Bestimmtheitserfordernis (N.), Bestimmtheitsgebot (N.)
règle (F.) de la loi compétente Sachnorm (F.)
règle (F.) de preuve Beweisregel (F.)
règle (F.) en matière de conflit des lois Kollisionsnorm (F.)
règle (F.) imposant (s') à tous sans distinction Allgemeinverbindlichkeit (F.)
règle (F.) juridique Rechtsregel (F.), Rechtssatz (M.)
règle (F.) supplétive Kannvorschrift (F.)
règlement (M.) Abwicklung (F.), Anordnung (F.), Beilegung (F.), Bereinigung (F.), Erledigung (F.), Rechtsverordnung (F.), Regel (F.), Regelung (F.), Regulation (F.), Regulativ (N.), Verordnung (F.), Vorschrift (F.)
règlement (M.) administratif Verwaltungsverordnung (F.), Verwaltungsvorschrift (F.)
règlement (M.) concernant les constructions Bauordnung (F.)
règlement (M.) d'exécution Ausführungsverordnung (F.)
règlement (M.) d'une litige par négociation Streitbeilegung (F.)
règlement (M.) d'usage Benutzungsordnung (F.)
règlement (M.) de base Rahmenvorschrift (F.)
règlement (M.) de compte Abrechnung (F.)
règlement (M.) de juges Zuständigkeitsentscheidung (F.)
Règlement (M.) de la Haye sur la condition juridique des prisonniers de guerre Haager Landkriegsordnung (F.)
règlement (M.) de police Polizeiordnung (F.), Polizeiverordnung (F.)
règlement (M.) de principe Rahmenvorschrift (F.)
règlement (M.) de sécurité Sicherheitsvorschrift (F.)
règlement (M.) de solde Besoldungsordnung (F.)
règlement (M.) des matières dangereuses Gefahrstoffverordnung (F.)
règlement (M.) en plusieurs paiements partiels Abzahlung (F.)
règlement (M.) européen sur la libre circulation des personnes Aufenthaltsgesetz (N.)
règlement (M.) forfaitaire Abgeltung (F.)
règlement (M.) général Hauptsatzung (F.)
règlement (M.) général d'administration Hauptsatzung (F.)
règlement (M.) intérieur Geschäftsordnung (F.)
règlement (M.) intèrieur d'un immeuble Hausordnung (F.)
règlement (M.) judiciaire Gerichtsordnung (F.)
règlement (M.) militaire Militärverordnung (F.)
règlement (M.) par écriture au débit Lastschrifteinzugsverfahren (N.), Lastschriftverfahren (N.)
règlement (M.) par mensualités Abzahlung (F.)
règlement (M.) par prélèvement automatique Dauerauftrag (M.)
règlement (M.) relatif à la destination du bâtiment Baunutzungsverordnung (F.)
règlement (M.) relatif aux frais de chauffage Heizkostenverordnung (F.)
règlement (M.) subordonné à la loi Rechtsverordnung (F.)
réglementaire (Adj.) ordnungsgemäß
réglementation (F.) Regelung (F.)
réglementation (F.) des études Studienordnung (F.)
réglementation (F.) des examens Prüfungsordnung (F.)
réglementation (F.) légale du commerce extérieur Außenwirtschaftsrecht (N.)
réglementation (F.) portant sur l'organisation d'un cercle Kreisverfassung (F.)
réglementation (F.) relative à la déclaration domiciliaire Meldewesen (N.)
réglementation (F.) sur les transports (M.Pl.) routiers Kraftverkehrsordnung (F.)
réglementer regeln, regulieren
régler abgelten, abmachen, abrechnen, abwickeln, begleichen, beilegen, bereinigen, bestimmen, bezahlen, erledigen, ordnen, regeln, regulieren

régler de manière pacifique schlichten
régler les comptes auseinandersetzen
régler une différence par voie de transaction vergleichen
règles (F.Pl.) supplétives nachgiebiges Recht (N.)
régner herrschen, regieren
regroupement (M.) Verbund (M.)
regroupement (M.) familial Familienzusammenführung (F.), Nachzug (M.)
régularisation (F.) Regulation (F.), Regulierung (F.)
régulation (F.) Regulierung (F.)
régulier normal, ordentlich, ordnungsgemäß, regelmäßig, wirksam
réhabilitation (F.) Rehabilitation (F.)
rehabilitation (F.) Rehabilitierung (F.)
réhabiliter rehabilitieren
reine (F.) Königin (F.)
réinserer resozialisieren
réinsertion (F.) dans la société Resozialisierung (F.)
réintegration (F.) dans la possession Besitzkehr (F.)
réintégrer wiedereinsetzen
réitération (F.) Wiederholung (F.)
réiterer wiederholen
rejet (M.) Ablehnung (F.), Ableitung (F.), Abweisung (F.), Klageabweisung (F.), Verwerfung (F.), Weigerung (F.), Zurückweisung (F.)
rejeter ablehnen, absagen, abweisen, ausschlagen, verwerfen, zurückweisen
relatif einschlägig, relativ, verhältnismäßig
relatif à la possession possessorisch
relation (F.) Bericht (M.), Beziehung (F.), Relation (F.), Verbindung (F.), Verhältnis (N.), Zusammenhang (M.)
relation (F.) commerciale Geschäftsbeziehung (F.), Geschäftsverkehr (M.)
relation (F.) contractuelle Vertragsverhältnis (N.)
relation (F.) d'affectation Zuwendungsverhältnis (N.)
relation (F.) d'usage Benutzungsverhältnis (N.)
relation (F.) de devoirs Pflichtenverhältnis (N.)
relation (F.) de travail en chaîne Kettenarbeitsverhältnis (N.)
relation (F.) diplomatique diplomatische Beziehung (F.)
relation (F.) entre l'État et l'individu Gewaltverhältnis (N.)
relation (F.) extérieure auswärtige Angelegenheit (F.)
relation (F.) familiale par alliance Verschwägerung (F.)
relation (F.) spéciale Sonderverbindung (F.)
relation (F.) triangulaire Dreiecksverhältnis (N.)
relations (F.Pl.) Verkehr (M.)
relations (F.Pl.) extérieures auswärtige Angelegenheiten (F.Pl.)
relaxation (F.) Freilassung (F.)
relaxe (F.) Freisprechung (F.), Freispruch (M.)
relaxer freisprechen
reléguer deportieren
relevant du droit des obligations schuldrechtlich
relève (F.) Ablösung (F.)
relève (F.) de forclusion Wiedereinsetzung (F.) in den vorigen Stand
relevé (M.) Auszug (M.), Liste (F.)
relevé (M.) de compte Kontoauszug (M.)
relèvement (M.) Erhöhung (F.)
relèvement (M.) de forclusion restitutio (F.) in integrum (lat.) (Wiederherstellung in den früheren Zustand), Wiedereinsetzung (F.) in den vorigen Stand
relèvement (M.) du salaire Lohnerhöhung (F.)
relever anheben, unterliegen
relever de ses fonctions abberufen (V.), ablösen, suspendieren
relier verbinden
religieuse (F.) Nonne (F.)
religieux kirchlich, religiös
religion (F.) Konfession (F.), Religion (F.)
religion (F.) d'État Staatskirche (F.), Staatsreligion (F.)
reliquat (M.) Saldo (M.)
reliquat (M.) de peine Strafrest (M.)
remariage (M.) Wiederverheiratung (F.)
remarier (se) wiederverheiraten (sich)
remarque (F.) Bemerkung (F.), Note (F.), Vermerk (M.)
remarquer bemerken
remboursable ablösbar
remboursement (M.) Ersatz (M.), Ersetzung (F.), Erstattung (F.), Nachnahme

(F.), Rückerstattung (F.), Rückzahlung (F.), Tilgung (F.), Vergütung (F.)
remboursement (M.) des frais et avances Aufwendungsersatz (M.)
rembourser ablösen, abzahlen, bezahlen, erstatten, rückerstatten, rückzahlen, tilgen, vergüten, zurückzahlen
remède (M.) Abhilfe (F.), Heilmittel (N.)
remédier à abhelfen
remembrement (M.) Umlegung (F.)
remembrement (M.) agricole Flurbereinigung (F.)
remembrement (M.) des terrains à bâtir Baulandumlegung (F.)
remembrement (M.) rural Flurbereinigung (F.)
remembrer umlegen
réméré (M.) Wiederkauf (M.)
remettre abgeben, abliefern, ausliefern, eingeben, entweren, erlassen (V.), tradieren, überantworten, überbringen, übergeben, überlassen
remettre à plus tard vertagen
remettre en état wiederinstandsetzen
remettre en liberté entlassen (V.)
remise (F.) Abgabe (F.), Ablieferung (F.), Auslieferung (F.), Erlass (M.) (Anordnung), Herausgabe (F.), Insinuation (F.), Nachlass (M.), Rabatt (M.), Übergabe (F.), Verleihung, Weitergabe (F.)
remise (F.) à la poste Aufgabe (F.)
remise (F.) d'impôt Steuererlass (M.)
remise (F.) d'un bien en propriété à titre de garantie Sicherungsübereignung (F.)
remise (F.) dans le secteur privé Reprivatisierung (F.)
remise (F.) de la peine Straferlass (M.)
remise (F.) de peine Amnestie (F.)
remise (F.) de quantité Rabatt (M.)
remise (F.) en état Wiederinstandsetzung (F.)
remonstration (F.) Remonstration (F.)
remontrer remonstrieren
remorquer schleppen
remorqueur (M.) Schlepper (M.)
remplaçant (Adj.) stellvertretend
remplaçant (M.) Stellvertreter (M.)
remplacement (M.) Austausch (M.), Ersetzung (F.), Stellvertretung (F.)
remplacer ablösen, ersetzen, vertreten (V.)
remplir ausfüllen, erfüllen, innehaben, leisten, versehen (V.) (sich)
remplir une fonction ausüben
remporter erringen
remuer aufführen
rémunération (F.) Arbeitsentgelt (N.), Dienstbezug (M.), Entgelt (N.), Gage (F.), Gehalt (N.), Honorar (N.), Lohn (M.), Vergütung (F.)
rémunération (F.) d'appoint Nebenverdienst (M.)
rémunération (F.) de l'avocat Rechtsanwaltsvergütung (F.)
rémunération (F.) en nature Deputat (N.), Naturallohn (M.)
rémunération (F.) plancher Mindestlohn (M.)
rémunératoire remuneratorisch
rémuneré entgeltlich
rémunérer (un salarié) zahlen
rémunérer besolden, entgelten, vergüten
rendement (M.) Ertrag (M.)
rendement (M.) financier Rendite (F.)
rendre (un jugement) verkünden
rendre begeben, erstatten, zurückgeben
rendre caduc kaduzieren
rendre croyable glaubhaft machen
rendre étranger entfremden
rendre hommage huldigen
rendre les comptes abrechnen
rendre public aufdecken
rendre un jugement urteilen
rendre vraisemblable glaubhaft machen
renommé bekannt (Adj.)
renommée (F.) Leumund (M.), Ruf (M.)
renoncer absehen, aufgeben, ausschlagen, verzichten, zurücktreten
renoncer à begeben
rénonciation (F.) Abdankung (F.)
renonciation (F.) Absehen (N.), Ausschlagung (F.), Kündigung (F.), Verzicht (M.)
renonciation (F.) à la succession Erbverzicht (M.)
renonciation (F.) à un droit Rechtsverzicht (M.)
renonciation (F.) aux voies de recours Rechtsmittelverzicht (M.)
renouvelable erneuerbar
renouveler erneuern
renouvellement (M.) Verlängerung (F.)
rénover erneuern, sanieren
renseignement (M.) Auskunft (F.), Bescheid (M.), Information (F.)
renseignement (M.) bancaire Bankauskunft (F.)

renseignement (M.) concernant les voies de recours Rechtsbehelfsbelehrung (F.)
renseignement (M.) sur la situation financière Kreditauskunft (F.)
renseigner aufklären, belehren, informieren
rentabilité (F.) Wirtschaftlichkeit (F.)
rentable wirtschaftlich
rente (F.) Rente (F.)
rente (F.) d'accident Unfallrente (F.)
rente (F.) d'orphelin Waisenrente (F.)
rente (F.) en argent Geldrente (F.)
rente (F.) foncière Grundrente (F.)
rente (F.) versée par le titulaire d'un droit de superficie au propriétaire du terrain Erbbauzins (M.)
rente (F.) viagère Altenteil (M.), Leibrente (F.)
rentes (F.Pl.) Einkunft (F.)
rentier (M.) Rentner (M.)
rentrer eingehen
renversement (M.) Umkehr (F.), Umsturz (M.)
renversement (M.) de la charge de la preuve Beweislastumkehr (F.)
renverser umkehren, umstürzen, zurückzahlen
renvoi (M.) Abgabe (F.), Aufschub (M.), Entfernung (F.), Entlassung (F.), Renvoi (M.), Rückverweisung (F.), Verweis (M.), Verweisung (F.), Weiterverweisung (F.), Zurückverweisung (F.)
renvoi (M.) concernant l'intention juridique Rechtsgrundverweisung (F.)
renvoi (M.) concernant les consequences juridiques Rechtsfolgenverweisung (F.)
renvoi (M.) en interprétation préjudicielle Vorabentscheidung (F.)
renvoi (M.) sans préavis fristlose Entlassung (F.)
renvoyer abberufen (V.), entlassen (V.), hinweisen, kündigen, überweisen, verweisen, zurückweisen
renvoyer à zurückverweisen
réorganisation (F.) Sanierung (F.)
réouverture (F.) Wiederaufnahme (F.)
réparation (F.) Ausgleich (M.), Ersatz (M.), Genugtuung (F.), Nachbesserung (F.), Nacherfüllung (F.), Reparatur (F.), Restitution (F.)
réparation (F.) d'un préjudice moral Schmerzensgeld (N.)
réparation (F.) d'un préjudice subi par un tiers Drittschadensliquidation (F.)
réparation (F.) de la nullité Konvaleszenz (F.)
réparation (F.) de vices Mangelgewährleistung (F.)
réparation (F.) des vices Nachbesserung (F.)
réparation (F.) en nature Naturalherstellung (F.), Naturalrestitution (F.)
réparations (F.Pl.) Reparation (F.)
réparer abhelfen, ausgleichen, instandsetzen, reparieren, wiederherstellen
réparer les vices nachbessern
répartir aufteilen, umlegen, verteilen
répartition (F.) Aufteilung (F.), Verteilung (F.)
répartition (F.) compensatoire des droits à la retraite entre conjoints en cas de divorce Versorgungsausgleich (M.)
répartition (F.) des dépens par le tribunal Kostenentscheidung (F.)
répartition (F.) des fonctions Geschäftsverteilung (F.)
répartition (F.) des sièges Sitzverteilung (F.)
repentir (M.) Reue (F.)
repentir (M.) actif tätige Reue (F.)
répercussion (F.) Auswirkung (F.)
répercuter (se) auswirken
répertoire (M.) Nachschlagewerk (N.), Verzeichnis (N.)
répété dauernd, mehrfach
répéter repetieren, wiederholen
répétiteur (M.) Repetitor (M.)
répétition (F.) Wiederholung (F.)
réplique (F.) Erwiderung (F.), Gegenargument (N.), Gegenvorstellung (F.), Klageerwiderung (F.), Replik (F.)
répliquer erwidern
répondre antworten, bescheiden (V.), einstehen, erwidern, haften
réponse (F.) Antwort (F.), Gegendarstellung (F.)
réponse (F.) d'attente Zwischenbescheid (M.)
réponse (F.) négative Absage (F.)
report (M.) Prolongation (F.), Verlängerung (F.), Vortrag (M.)
report (M.) des pertes sur l'exercice suivant Verlustvortrag (M.)
repos (M.) compensateur Ausgleichsruhezeit (F.)

repos (M.) hebdomadaire wöchentliche Ruhezeit (F.)
reposant sur un acte de volonté gewillkürt
repousser abweisen, ausschlagen, verstoßen (V.)
reprendre abholen, wiederaufnehmen, wiederholen
représailles (F.Pl.) Repressalie (F.), Vergeltung (F.)
représentant (M.) Repräsentant (M.), Stellvertreter (M.), Substitut (N.), Vertreter (M.)
représentant (M.) du peuple Abgeordneter (M.), Volksvertreter (M.)
représentant (M.) juridique Rechtsvertreter (M.)
représentant (M.) légal gesetzlicher Vertreter (M.), Rechtsvertreter (M.)
représentant (M.) pour conclure un contrat Abschlussvertreter (M.)
représentant (M.) sans pouvoir Vertreter (M.) ohne Vertretungsmacht
représentatif repräsentativ
représentation (F.) Repräsentation (F.), Stellvertretung (F.), Vertretung (F.)
représentation (F.) active Aktivvertretung (F.)
représentation (F.) collective Gesamtvertretung (F.)
représentation (F.) conjointe Gesamtvertretung (F.)
représentation (F.) des agents publics au sein de l'administration Personalrat (M.)
représentation (F.) directe direkte Stellvertretung (F.), unmittelbare Stellvertretung (F.)
représentation (F.) du personnel Personalvertretung (F.)
représentation (F.) imparfaite mittelbare Stellvertretung (F.)
représentation (F.) indirecte indirekte Stellvertretung (F.)
représentation (F.) nationale Volksvertretung (F.)
représentation (F.) par un tiers Fremdorganschaft (F.)
représentation (F.) populaire Volksvertretung (F.)
représentation (F.) proportionnelle Proporz (M.)
représentation (F.) successorale Eintrittsrecht (N.)
représenté (M.) Vollmachtgeber (M.)
représenter repräsentieren, vertreten (V.)
répressif repressiv, strafrechtlich
répression (F.) Ahndung (F.), Repression (F.), Verfolgung (F.)
réprimande (F.) Ermahnung (F.), Schelte (F.)
réprimander schelten
réprimer ahnden, unterdrücken
reprise (F.) Rücknahme (F.), Wiederaufnahme (F.), Zurücknahme (F.)
reprise (F.) en charge Übernahme (F.)
reprivatiser reprivatisieren
réprobation (F.) Missbilligung (F.), Verwerfung (F.)
reproche (M.) Vorwurf (M.)
reprocher ablehnen, beschweren
reproduction (F.) Nachahmung (F.), Vervielfältigung (F.)
reproduire abschreiben, nachahmen, vervielfältigen
réprouver verwerfen
républicain (M.) Republikaner (M.)
république (F.) Republik (F.)
République (F.) démocratique d'Allemagne (R. D. A.) Deutsche Demokratische Republik (F.) (DDR)
république (F.) fédérale Bundesrepublik (F.)
république (F.) soviétique Räterepublik (F.)
République tchèque (F.) Tschechische Republik (F.)
répudiation (F.) Ablehnung (F.), Ausschlagung (F.)
répudier ablehnen, ausschlagen, verstoßen (V.)
réputation (F.) Ansehen (N.), Leumund (M.), Ruf (M.)
requérant (M.) Antragsteller (M.), Kläger (M.)
requérante (F.) Antragstellerin (F.)
requérir anfordern, erfordern, ersuchen
requête (F.) Anforderung (F.), Ansuchen (N.), Antrag (M.), Eingabe (F.), Ersuchen (N.), Gesuch (N.), Klageschrift (F.)
requête (F.) conjointe Streitgenossenschaft (F.)
requête (F.) d'un co-soummissionaire ou d'un co-participant à un concours Konkurrentenklage (F.)
requête (F.) en vue de l'obtention d'une ordonnance portant injonction de payer Mahnantrag (M.)
requête (F.) présentée par des citoyens

pour solliciter un referendum Bürgerbegehren (N.)
requête (F.) principal Hauptantrag (M.)
requis (Adj.) erforderlich
réquisition (F.) Anforderung (F.), Beschlagnahme (F.), Requisition (F.)
réquisitionner anfordern
réquisitoire (M.) Antrag (M.)
rescinder aufheben
réseau (M.) Netz (N.)
Réseau (M.) judiciaire européen (RJE) EJN (N.) (Europäisches Justizielles Netz), Europäisches Justizielles Netz (N.) (EJN)
réservataire (M.) Noterbe (M.), Pflichtteilsberechtigter (M.)
réservation (F.) Buchung (F.)
réserve (F.) Altenteil (M.), Bedenken (N.), Reserve (F.), Revier (N.), Verschwiegenheit (F.), Vorbehalt (M.), Vorrat (M.)
réserve (F.) de compte courant Kontokorrentvorbehalt (M.)
réserve (F.) de dispense Befreiungsvorbehalt (M.)
réserve (F.) de la constitution Verfassungsvorbehalt (M.)
réserve (F.) de la loi Gesetzesvorbehalt (M.)
réserve (F.) de liquidité Liquiditätsreserve (F.)
réserve (F.) de permission Erlaubnisvorbehalt (M.)
réserve (F.) de priorité Rangvorbehalt (M.)
réserve (F.) de propriété Eigentumsvorbehalt (M.)
réserve (F.) de propriété prolongée verlängerter Eigentumsvorbehalt (M.)
réserve (F.) de révocation Widerrufsvorbehalt (M.)
réserve (F.) du droit de retrait Rücktrittsvorbehalt (M.)
réserve (F.) en devises Devisenreserve (F.), Währungsreserve (F.)
réserve (F.) légale Pflichtteil (M.)
réserve (F.) mentale geheimer Vorbehalt (M.), reservatio (F.) mentalis (lat.) (Mentalreservation bzw. geheimer Vorbehalt)
réserve (F.) minimum obligatoire Mindestreserve (F.)
réserve (F.) monétaire Währungsreserve (F.)
réserve (F.) monétaires Devisenreserve (F.)
réserver buchen, reservieren, vorbehalten (V.), vorbestellen
réserves (F.Pl.) Lager (N.), Rücklage (F.)
réserves (F.Pl.) de capitaux Rücklage (F.)
réserves (F.Pl.) minimales obligatoires Mindestreserve (F.)
réserviste (M.) Reservist (M.)
résidence (F.) Aufenthalt (M.), Aufenthaltsort (M.), Residenz (F.), Sitz (M.), Wohnort (M.), Wohnsitz (M.)
résident (Adj.) ansässig
résider wohnen
résidu (M.) Abfall (M.)
résignation (F.) Aufgabe (F.), Rücktritt (M.)
résigner abdanken, aufgeben, demissionieren
résiliable kündbar
résiliation (F.) (d'un contrat) Rücktritt (M.)
résiliation (F.) Aufhebung (F.), Auflösung (F.), Kündigung (F.)
résiliation (F.) d'un contrat avec proposition modificative Änderungskündigung (F.)
résiliation (F.) dans les délais légaux ordentliche Kündigung (F.)
résiliation (F.) normale ordentliche Kündigung (F.)
résiliation (F.) unilatérale en cas de faute grave außerordentliche Kündigung (F.)
résiliation (F.) unilatérale extraordinaire außerordentliche Kündigung (F.)
résilier aufheben, auflösen, brechen, kündigen, lösen
résistance (F.) Widerstand (M.)
résistance (F.) envers l'autorité publique Widerstand (M.) gegen die Staatsgewalt
résister wehren
résolution (F.) Aufhebung (F.), Auflösung (F.), Beschluss (M.), Entschließung (F.), Entschluss (M.), Kündigung (F.), Resolution (F.), Rücktritt (M.)
résolution (F.) d'un contrat Wandlung (F.)
résolution (F.) d'une vente Wandlung (F.)
résolution (F.) en vue de modifier le contrat Änderungskündigung (F.)
résolutoire auflösend, resolutiv
résoudre aufheben, auflösen, beilegen, entscheiden, erledigen, lösen, wandeln
respect (M.) Achtung (F.), Beachtung (F.), Einhaltung (F.), Hochachtung (F.), Rücksicht (F.)
respectabilité (F.) Bonität (F.) (Güte)
respectant la dignité humaine menschenwürdig

respecter achten, beachten, befolgen, einhalten, würdigen

respectueux de l'environnement umweltverträglich

responsabilité (F.) Haftung (F.), Schuld (F.), Verantwortlichkeit (F.), Verantwortung (F.), Verschulden (N.), Zurechnungsfähigkeit (F.)

responsabilité (F.) civile (r. c.) Haftpflicht (F.), Verkehrspflicht (F.)

responsabilité (F.) collective Gesamthaftung (F.), Solidarhaftung (F.)

responsabilité (F.) collective d'une famille Sippenhaft (F.)

responsabilité (F.) d'héritier Erbenhaftung (F.)

responsabilité (F.) d'un fonctionnaire face à son supèrieur Innenhaftung (F.)

responsabilité (F.) de comportement Verhaltenshaftung (F.)

responsabilité (F.) de l'administration Amtshaftung (F.)

responsabilité (F.) de l'État Staatshaftung (F.)

responsabilité (F.) de l'État pour ses fonctionnaires Beamtenhaftung (F.)

responsabilité (F.) de la puissance publique Amtshaftung (F.)

responsabilité (F.) délictuelle Deliktsfähigkeit (F.)

responsabilité (F.) des agents publics Amtshaftung (F.)

responsabilité (F.) des associations Vereinshaftung (F.)

responsabilité (F.) des commettants Gehilfenhaftung (F.)

responsabilité (F.) des fonctionaires Beamtenhaftung (F.)

responsabilité (F.) des hôteliers et restaurateurs Gastwirtshaftung (F.)

responsabilitè (F.) du bureau d'une association Repräsentantenhaftung (F.)

responsabilité (F.) du fait d'autrui Haftung (F.) für fremdes Verschulden

responsabilité (F.) du fait des choses Haftung (F.) für durch Sachen verursachte Schäden

responsabilité (F.) du fait des produits Produkthaftung (F.)

responsabilité (F.) du fait du fonctionnement défectueux de la justice Staatshaftung (F.) für Amtspflichtverletzung der Rechtspflegeorgane

responsabilité (F.) du gardien (M.) d'un animal Tierhalterhaftung (F.)

responsabilité (F.) du producteur ou du fabricant pour les vices de la chose Produzentenhaftung (F.)

responsabilité (F.) du producteur pour vice de la marchandise Produkthaftung (F.)

responsabilité (F.) limitée bedingte Schuldfähigkeit (F.), beschränkte Haftung (F.)

responsabilité (F.) objective Erfolgshaftung (F.), Gefährdungshaftung (F.)

responsabilité (F.) partagée Mitverschulden (N.)

responsabilité (F.) pénale Schuldfähigkeit (F.), Strafmündigkeit (F.)

responsabilité (F.) pénale restreinte verminderte Schuldfähigkeit (F.)

responsabilité (F.) personnelle persönliche Haftung (F.)

responsabilité (F.) personnelle des actionnaires d'une société de capitaux Durchgriffshaftung (F.)

responsabilité (F.) pour faute Verschuldenshaftung (F.)

responsabilité (F.) pour faute causée Verschuldenshaftung (F.)

responsabilité (F.) pour le bon entretien et l'absence de vice de construction (d'un immeuble) Zustandshaftung (F.)

responsabilité (F.) pour le bon état (du véhicule) Zustandshaftung (F.)

responsabilité (F.) pour le déficit Ausfallhaftung (F.)

responsabilité (F.) précontractuelle Verschulden (N.) bei Vertragsschluss

responsabilité (F.) priviligiée du juge statuant dans un procès Spruchrichterprivileg (N.)

responsabilité (F.) produit Produkthaftung (F.)

responsabilité (F.) publique Amtshaftung (F.)

responsabilité (F.) sans faute Gefährdungshaftung (F.)

responsabilité (F.) selon l'équité Billigkeitshaftung (F.)

responsabilité (F.) solidaire Solidarhaftung (F.)

responsabilité des travailleurs Arbeitnehmerhaftung (F.)

responsable (Adj.) haftbar, schuld, schuldfähig, verantwortlich
responsable (M.) Obmann (M.), Sachbearbeiter (M.)
résponse (F.) Erwiderung (F.)
ressemblance (F.) Gleichartigkeit (F.)
ressemblant ähnlich
ressort (M.) Bereich (M.), Dezernat (N.), Fach (N.), Gebiet (N.), Gerichtsbezirk (M.), Ressort (N.), Sprengel (M.)
ressort (M.) d'un tribunal Gerichtssprengel (M.)
ressortissant (M.) Staatsangehöriger (M.), Staatsbürger (M.)
ressortissant (M.) allemand Deutscher (M.)
ressource (F.) Geldmittel (N.), Hilfsmittel (N.), Mittel (N.)
ressources (F.Pl.) minières Bodenschatz (M.)
restant (Adj.) restlich
restant (M.) du prix d'achat Restkaufpreis (M.)
restaurant (M.) Gaststätte (F.)
restaurateur (M.) Gastwirt (M.)
restauration (F.) Gastronomie (F.)
restaurer instandsetzen, wiedereinsetzen, wiederherstellen
reste (M.) Rest (M.)
rester bleiben
restituer erstatten, herausgeben, rückerstatten, rückzahlen, zurückgeben
restitution (F.) Erstattung (F.), Herausgabe (F.), Restitution (F.), Rückerstattung (F.), Rückgewähr (F.), Rückzahlung (F.)
restitution (F.) faite par le propriétaire Eigentumsherausgabe (F.)
restreindre beschränken, einschränken, kürzen, vermindern
restreint (Adj.) beschränkt, vermindert
restrictif restriktiv
restriction (F.) Beschränkung (F.), Einschränkung (F.), Restriktion (F.)
restriction (F.) à l'exercice de la propriété Eigentumsbindung (F.)
restriction (F.) à la concurrence Wettbewerbsbeschränkung (F.)
restriction (F.) légale d'une liberté publique Gesetzesvorbehalt (M.)
restriction (F.) mentale Mentalreservation (F.)
résultat (M.) Auswirkung (F.), Ergebnis (N.), Folge (F.)
résulter anfallen, erwachsen (V.), folgen
résumé (M.) Abriss (M.), Schlussplädoyer (N.), Schlussvortrag (M.)
retard (M.) Aufschub (M.), Säumnis (F.), Verzögerung (F.), Verzug (M.)
retard (M.) dans l'exécution Leistungsverzug (M.)
retard (M.) dans l'exécution résultant d'une faute du débiteur positive Forderungsverletzung (F.)
retard (M.) dans la fourniture de la prestation Leistungsverzug (M.)
retard (M.) dans la réception de la livraison Annahmeverzug (M.)
retard (M.) dans la réception du paiement Annahmeverzug (M.)
retard (M.) dans le paiement Zahlungsverzug (M.)
retardation (F.) de l'accès Zugangsverzögerung (F.)
retardement (M.) Verschleppung (F.)
retarder hemmen, verschleppen, verzögern
retenir einbehalten (V.), festhalten, zurückbehalten (V.)
rétention (F.) Retention (F.), Zurückbehaltung (F.)
rétention (F.) aux fins de refoulement Abschiebungshaft (F.)
retenue (F.) Einbehalt (N.), Einbehaltung (F.)
réticence (F.) Verschweigen (N.)
réticence (F.) frauduleuse arglistiges Verschweigen (N.)
retirer (se) austreten, zurücktreten
retirer abheben, abziehen, aussondern, entziehen, erlösen, zurücknehmen, zurückziehen (sich)
retirer de l'argent abheben
retirer de la circulation einziehen
rétorsion (F.) Retorsion (F.)
retour (M.) Umkehr (F.)
retour (M.) au propriétaire Heimfall (M.)
rétractation (F.) Widerruf (M.), Zurücknahme (F.)
rétracter widerrufen (V.)
retrait (M.) Abhebung (F.), Entziehung (F.), Entzug (M.), Rücknahme (F.), Widerruf (M.)
retrait (M.) d'actions Einziehung (F.)
retrait (M.) volontaire Rücktritt (M.)
retraite (F.) Pension (F.), Ruhegehalt (N.), Ruhestand (M.), Ruhestandsverhältnis (N.)

retraite (F.) de la sécurité sociale Sozialrente (F.)
retraite (F.) dynamique dynamische Rente (F.)
rétribuer besolden
rétribution (F.) Besoldung (F.)
rétroactif ex tunc (lat.) (von damals an), rückwirkend
rétroactivement ex tunc (lat.) (von damals an)
rétroactivité (F.) Rückwirkung (F.)
rétrocession (F.) Rückübertragung (F.)
réunification (F.) Wiedervereinigung (F.)
réunion (F.) Sitzung (F.), Tagung (F.), Vereinigung (F.), Vermengung (F.), Vermischung (F.), Versammlung (F.)
réunion (F.) à huis-clos Klausur (F.)
réunir vereinigen, versammeln, wiedervereinigen
réunissant les conditions d'un placement pupillaire mündelsicher
réussir schaffen
réussite (F.) Erfolg (M.)
revalorisation (F.) Aufwertung (F.)
revaloriser aufwerten
revanche (F.) Vergeltung (F.)
révélation (F.) Offenbarung (F.), Preisgabe (F.)
révéler offenbaren, verraten (V.), zeugen
revendication (F.) Anspruch (M.), Aussonderung (F.), Forderung (F.), Herausgabeanspruch (M.), Rückforderung (F.), Vindikation (F.)
revendication (F.) d'hérédité Erbschaftsanspruch (M.)
revendication (F.) territoriale Gebietsanspruch (M.)
revendiquer beanspruchen, fordern, herausverlangen, kondizieren, postulieren, vindizieren, zurückfordern
revente (F.) Wiederverkauf (M.)
revenu (M.) Einkommen (N.), Einkunft (F.), Ertrag (M.), Gehalt (N.)
revenu (M.) annuel Jahreseinkommen (N.)
revenu (M.) du capital Kapitalertrag (M.)
revenu (M.) du travail Arbeitseinkommen (N.)
revenus (M.Pl.) Dienstbezug (M.)
revêtir de sa signature unterzeichnen
revirement (M.) Änderung (F.)
réviser abändern, revidieren, überholen
réviseur Prüfer (M.)
révision (F.) Abänderung (F.), Änderung (F.), Musterung (F.), Neubearbeitung (F.), Restitution (F.), Revision (F.), Wiederaufnahme (F.)
révocabilité Absetzbarkeit (F.)
révocable absetzbar, widerruflich
révocation (F.) Abberufung (F.), Absetzung (F.), Anfechtung (F.), Entfernung (F.), Widerruf (M.)
révolte (F.) Aufruhr (M.), Aufstand (M.), Rebellion (F.), Soldatenmeuterei (F.)
révolter (se) meutern, rebellieren
révolution (F.) Revolution (F.)
révolution (F.) industrielle industrielle Revolution (F.)
révolutionner umstürzen
révoquer abberufen (V.), absetzen, anfechten, aufheben, entziehen, widerrufen (V.)
revue (F.) Zeitschrift (F.)
revue (F.) de la plausibilité Plausibilitätsprüfung (F.)
Rhénanie-Palatinat (F.) Rheinland-Pfalz (N.)
rhétorique (F.) Rhetorik (F.)
richesses (F.Pl.) naturelles Bodenschatz (M.)
rigide hart, streng
rigueur (F.) Härte (F.), Schwere (F.), Strenge (F.)
risque (M.) Risiko (N.)
risque (M.) commun gemeine Gefahr (F.)
risque (M.) couvert Gefahrtragung (F.)
risque (M.) d'exploitation Betriebsgefahr (F.)
risque (M.) d'une réitération Wiederholungsgefahr (F.)
risque (M.) de collusion Verabredungsgefahr (F.)
risque (M.) inhérent au paiement Leistungsgefahr (F.)
risque (M.) inhérent au paiement de la rémunération Vergütungsgefahr (F.)
risque (M.) inhérent au paiement du prix Preisgefahr (F.)
risque (M.) résultant de l'arrêt momentané de l'entreprise Betriebsrisiko (N.)
risque (M.) résultant de l'utilisation Betriebsgefahr (F.)
risquer riskieren
ristourne (F.) Rabatt (M.)
rituel (M.) Agende (F.)
rivage (M.) Küste (F.), Ufer (N.)
rival (M.) Gegner (M.)

rive (F.) Ufer (N.)
riverain (M.) Anlieger (M.), Anrainer (M.)
rixe (F.) Raufhandel (M.), Schlägerei (F.)
RNIS ISDN
robe (F.) Robe (F.), Talar (M.)
roi (M.) König (M.)
rôle (M.) Steuerliste (F.), Verhandlungskalender (M.)
romain (Adj.) römisch
Rome (F.) Rom (N.)
rompre abbrechen, ausbrechen, brechen, durchbrechen, zerrütten
rond rund
Rota (F.) Romana Rota (F.) Romana (lat.) (römisches Rad bzw. kirchliches Höchstgericht)
rotation (F.) Rotation (F.)
roue (F.) Rad (N.)
rouer rädern
rouge rot
roulage (M.) Güterkraftverkehr (M.), Straßenverkehr (M.)
rouleau (M.) Rolle (F.)
roulement (M.) Turnus (M.), Umlauf (M.)
rouler fahren
Roumanie (F.) Rumänien (N.)
round-point (M.) Kreisverkehr (M.)
route (F.) Kurs (M.), Straße (F.), Weg (M.)
route (F.) fédérale Bundesstraße (F.)
route (F.) fédérale à grande circulation Bundesfernstraße (F.)
route (F.) nationale Fernstraße (F.)
royal königlich
royaume (M.) Königreich (N.)
rue (F.) Straße (F.)
rue (F.) piétonne Fußgängerzone (F.)
ruiner zerstören
rupture (F.) Abbruch (M.), Bruch (M.), Kündigung (F.), Zerrüttung (F.)
rupture (F.) de la paix Friedensbruch (M.)
rupture (F.) de la paix publique Landfriedensbruch (M.)
rupture (F.) de la vie commune Scheitern (N.) der Ehe
rupture (F.) de scellement Siegelbruch (M.)
rupture (F.) du contrat Vertragsbruch (M.)
ruse (F.) List (F.)
rusé listig
Russie (F.) Russland (N,)

S

S. A. R. L. (F.) (société à responsabilité limitée) GmbH (F.) (Gesellschaft mit beschränkter Haftung)
S. N. C. (F.) (société en nom colléctif) OHG (F.) (offene Handelsgesellschaft)
s'appeller heißen
s'immiscer eingreifen
sabotage (M.) Sabotage (F.)
saboter sabotieren
sac (M.) Sack (M.)
sacrement (M.) Sakrament (N.)
sacrifice (M.) Aufopferung (F.), Opfer (N.)
sacrifice (M.) excédant la mesure normale Sonderopfer (N.)
sacrifier aufopfern, opfern
sacrilège (M.) Frevel (M.), Gotteslästerung (F.), Sakrileg (N.)
sadisme (M.) Sadismus (M.)
sage-femme (F.) Hebamme (F.)
sain gesund
sain et sauf heil
saint (Adj.) heilig
Saint-Siège (M.) Heiliger Stuhl (M.)
saisi (Adj.) gepfändet
saisie (F.) Beschlag (M.), Beschlagnahme (F.), Einziehung (F.), Konfiskation (F.), Pfändung (F.), Sicherstellung (F.), Vollstreckung (F.)
saisie (F.) collective Gesamtvollstreckung (F.)
saisie (F.) conservatoire Arrest (M.)
saisie (F.) d'une créance Forderungspfändung (F.)
saisie (F.) du salaire Gehaltspfändung (F.)
saisie (F.) exécution Pfändung (F.)
saisie (F.) exécution mobilière Mobiliarzwangsvollstreckung (F.)
saisie (F.) immobilière Immobiliarzwangsvollstreckung (F.)
saisie-arrêt (M.) sur le salaire Gehaltspfändung (F.), Lohnpfändung (F.)
saisie-exécution (F.) Vollstreckung (F.), Zwangsvollstreckung (F.)
saisie-exécution (F.) avec remplacement Austauschpfändung (F.)
saisine (F.) Anrufung (F.)
saisir anrufen, beschlagnahmen, einziehen, erfassen, fassen, greifen, konfiszieren, pfänden

saisissabilité (F.) Pfändbarkeit (F.)
saisissable pfändbar
saison (F.) Saison (F.)
salaire (M.) Arbeitseinkommen (N.), Arbeitsentgelt (N.), Arbeitslohn (M.), Bezug (M.), Dienstbezug (M.), Entgelt (N.), Gehalt (N.), Lohn (M.), Verdienst (M.)
salaire (M.) à la tâche Akkordlohn (M.)
salaire (M.) au temps Zeitlohn (M.)
salaire (M.) aux pièces Akkordlohn (M.)
salaire (M.) conventionnel Tariflohn (M.)
salaire (M.) d'un marin Heuer (F.)
salaire (M.) de base Ecklohn (M.), Grundgehalt (N.), Grundlohn (M.)
salaire (M.) de référence normal Ecklohn (M.)
salaire (M.) journalier Tagelohn (M.)
salaire (M.) minimal Mindestlohn (M.)
salaire (M.) minimum Mindestlohn (M.)
salaire (M.) minimum interprofessionnel garanti (S. M. I. G.) garantierter Mindestlohn (M.)
salaire (M.) plafond Beitragsbemessungsgrenze (F.)
salaire (M.) pour un ouvrage Werklohn (M.)
salarié (M.) Angestellter (M.), Arbeitnehmer (M.), Bediensteter (M.), Werktätiger (M.)
salariée (F.) Arbeitnehmerin (F.), Bedienstete (F.)
salle (F.) d'audience Gerichtssaal (M.)
salle (F.) des délibérations Beratungszimmer (N.)
salubre gesund
sanatorium (M.) Heilanstalt (F.)
sanction (F.) Ahndung (F.), Bestrafung (F.), Beugemittel (N.), Maßnahme (F.), Maßregel (F.), Sanktion (F.)
sanction (F.) administrative Verwaltungsstrafe (F.)
sanction (F.) pécuniaire Ordnungsstrafe (F.)
sanction (F.) semi-pénale applicable aux mineurs Zuchtmittel (N.)
sanctionner ahnden, sanktionieren, verurteilen
sanctions (F.Pl.) (de la police administrative) Beugemittel (N.Pl.)
sang (M.) Blut (N.)
sans abri obdachlos
sans antécédents judiciaires unbescholten
sans asile obdachlos
sans connaissance bewusstlos
sans défense wehrlos
sans délai dringlich, fristlos, unverzüglich
sans doute zweifellos
sans droit unbefugt
sans droits rechtlos
sans effet kraftlos
sans emploi erwerbslos
sans engagement freibleibend
sans fomalité particulière formlos
sans forme formfrei
sans frais gebührenfrei, kostenlos
sans logement obdachlos
sans maître herrenlos
sans méfiance arglos
sans nationalité staatenlos
sans numéraire bargeldlos
sans objet gegenstandslos
sans patrie heimatlos
sans personnalitè juridique nichtrechtsfähig
sans préavis fristlos
sans preuve beleglos
sans réserve vorbehaltlos
sans restriction vorbehaltlos
sans scrupules rücksichtslos
sans tenir freihändig
sans valeur wertlos
sans-défense (M.) Wehrloser (M.)
santé (F.) Gesundheit (F.)
Sarre (F.) Saarland (N.)
satisfaction (F.) Befriedigung (F.), Genugtuung (F.), Satisfaktion (F.)
satisfaire befriedigen, erfüllen
saturation (F.) Sättigung (F.)
saturation (F.) du marché Marktsättigung (F.)
sauf außer
sault (M.) Sprung (M.)
sauvegarde (F.) (d'un droit) Wahrnehmung (F.)
sauvegarde (F.) Schutz (M.), Sicherung (F.)
sauvegarde (F.) de la constitution Verfassungsschutz (M.)
sauver bergen
sauvetage (M.) Bergung (F.)
savoir (M.) Können (N.), Wissen (N.)
savoir (V.) wissen
savoir-faire (M.) Knowhow (N.), Können (N.)
Saxe (F.) Sachsen (N.)
Saxe-Anhalt (F.) Sachsen-Anhalt (N.)

sceau (M.) Siegel (N.)
scellé (M.) Siegel (N.)
scellé (M.) en cas de saisie Pfandsiegel (N.)
sceller siegeln, versiegeln
schéma (M.) Schema (N.)
schéma (M.) d'aménagement du territoire Raumordnungsplan (M.)
schéma (M.) directeur d'aménagement et d'urbanisme Bauleitplan (M.), Flächennutzungsplan (M.)
schéma (M.) de vérification Prüfungsschema (N.)
Schengen (M.) Schengen (N.)
schisme (M.) Schisma (N.)
schizophrénie (F.) Schizophrenie (F.)
sciemment wissentlich
science (F.) Wissenschaft (F.)
science (F.) de la comptabilité publique Kameralistik (F.), Kameralwissenschaft (F.)
science (F.) du droit Jurisprudenz (F.), Rechtswissenschaft (F.)
science (F.) médicale Heilkunde (F.)
sciences (F.Pl.) juridiques Jurisprudenz (F.), Juristerei (F.)
sciences (F.Pl.) politiques Politikwissenschaft (F.), Staatslehre (F.)
scientifique wissenschaftlich
scinder aufspalten
scission (F.) Aufspaltung (F.)
scolarité (F.) obligatoire Schulpflicht (F.), Schulzwang (M.)
scrutin (M.) Abstimmung (F.), Wahl (F.)
scrutin (M.) de ballotage Stichwahl (F.)
scrutin (M.) de liste Listenwahl (F.)
scrutin (M.) direct unmittelbare Wahl (F.)
scrutin (M.) égal gleiche Wahl (F.)
scrutin (M.) majoritaire Mehrheitswahl (F.), Mehrheitswahlrecht (N.)
scrutin (M.) proportionne Verhältniswahl (F.)
se perdre abhandenkommen
se porter garant haften
se pourvoir einlegen
séance (F.) Sitzung (F.), Tagsatzung (F.)
séant à mit Sitz in
sécession (F.) Sezession (F.)
second zweite
secondaire Neben-
seconde saisie (F.) Anschlusspfändung (F.)
seconder beistehen, fördern
secours (M.) Hilfeleistung (F.), Schutz (M.)
secret (Adj.) geheim, heimlich, verborgen
secret (M.) Geheimnis (N.)
secret (M.) bancaire Bankgeheimnis (N.)
secret (M.) commercial Geschäftsgeheimnis (N.)
secret (M.) d'affaires Geschäftsgeheimnis (N.)
secret (M.) d'État Staatsgeheimnis (N.)
secret (M.) de banque Bankgeheimnis (N.)
secret (M.) de la correspondance Briefgeheimnis (N.), Korrespondenzgeheimnis (N.)
secret (M.) de la télécommunication Fernmeldegeheimnis (N.)
secret (M.) des communications téléphoniques Fernmeldegeheimnis (N.)
secret (M.) du vote Wahlgeheimnis (N.)
secret (M.) fiscal Steuergeheimnis (N.)
secret (M.) médical ärztliche Verschwiegenheitspflicht (F.)
secret (M.) postal Briefgeheimnis (N.), Postgeheimnis (N.)
secret (M.) professionnel Amtsgeheimnis (N.), berufliche Schweigepflicht (F.), Berufsgeheimnis (N.), Dienstgeheimnis (N.)
secrétaire (F.) Sekretärin (F.)
secrétaire (M.) Schriftführer (M.), Sekretär (M.)
secrétaire (M.) d'État Staatssekretär (M.)
secrétaire (M.) de légation Legationssekretär (M.)
secrétaire (M.) général Generalsekretär (M.)
secrétaire (M.) général de l'administration municipale Stadtdirektor (M.)
secrétaire (M.) greffier Urkundsbeamter (M.)
secrétariat (M.) Sekretariat (N.)
secte (F.) Sekte (F.)
secteur (M.) Abschnitt (M.), Bereich (M.), Gebiet (N.), Sektor (M.), Zone (F.), Zweig (M.)
secteur (M.) extérieur Außenbereich (M.)
secteur (M.) périphérique Außenbereich (M.)
secteur (M.) primaire Urproduktion (F.)
secteur (M.) public öffentliche Hand (F.)
section (F.) Abschnitt (M.), Abteilung (F.), Dezernat (N.), Referat (N.)
sécularisation (F.) Säkularisation (F.)
séculariser säkularisieren
sécurité (F.) Sicherheit (F.), Sicherstellung (F.)
sécurité (F.) des appareils Gerätesicherheit (F.)

sécurité (F.) du travail Arbeitssicherheit (F.)
securité (F.) du travail Unfallverhütung (F.)
sécurité (F.) juridique Rechtssicherheit (F.)
securité (F.) sociale Sozialversicherung (F.)
séduction (F.) dolosive d'une personne mineure Verführung (F.)
séduire verführen
ségrégation (F.) raciale Rassentrennung (F.)
seigneur (M.) Grundherr (M.)
seigneurie (F.) Grundherrschaft (F.), Gutsherrschaft (F.), Lehnsherrschaft (F.)
séjour (M.) Aufenthalt (M.)
séjourner aufhalten
sélection (F.) Auswahl (F.), Wahl (F.)
sélection-orientation (F.) Musterung (F.)
self-government (M.) Autonomie (F.)
selon l'usage des affaires geschäftsmäßig
selon le droit (M.) européen europarechtsgemäß
semailles (F.Pl.) Saat (F.)
semaine (F.) Woche (F.)
semblant (M.) Schein (M.)
semences (F.Pl.) Saat (F.)
semestre (M.) Semester (N.)
séminaire (M.) Seminar (N.)
sénat (M.) Senat (M.)
sénateur (M.) Senator (M.)
sénile (Adj.) gebrechlich
sénilité (F.) Gebrechlichkeit (F.)
sens (M.) Bedeutung (F.), Zweck (M.)
sens (M.) de la justice Rechtsempfinden (N,)
sens (M.) unique Einbahnstraße (F.)
sentence (F.) Entscheidung (F.), Gerichtsurteil (N.), Kognition (F.), Spruch (M.), Urteil (N.), Verdikt (N.)
sentence (F.) arbitrale Schiedsspruch (M.)
sentence (F.) de culpabilité Schuldspruch (M.)
sentence (F.) de résponse Bescheidungsurteil (N.)
sentence (F.) judiciaire Erkenntnis (F.), Richterspruch (M.)
sentiment (M.) d'attachement à une chose Affektionsinteresse (N.)
sentiment (M.) national Nationalgefühl (N.)
sentir merken
séparable teilbar
séparation (F.) Absonderung (F.), Aussonderung (F.), Trennung (F.)
séparation (F.) de biens Gütertrennung (F.)
séparation (F.) de corps Getrenntleben (N.)
séparation (F.) de fait Getrenntleben (N.)
séparation (F.) des biens Absonderung (F.)
séparation (F.) des pouvoirs Gewaltenteilung (F.)
séparé (Adj.) getrennt
séparer absondern, aussondern, scheiden, trennen
septennat (M.) Septennat (N.)
séquestration (F.) Beschlag (M.), Freiheitsberaubung (F.)
séquestre (M.) Hinterlegung (F.), Sequester (M.)
serf (Adj.) hörig
sergent-chef (M.) Feldwebel (M.)
sérieux (Adj.) reell
serment (M.) Eid (M.), Gelöbnis (N.), Schwur (M.)
serment (M.) d'obéissance à la constitution Diensteid (M.)
serment (M.) de ne pas se venger Urfehde (F.)
serment (M.) déféré à l'une des parties Parteieid (M.)
serment (M.) prêté après la déposition Nacheid (M.)
serment (M.) professionnel Diensteid (M.)
serment (M.) promissoire Voreid (M.)
serment (M.) révélatoire du débiteur insolvable Offenbarungseid (M.)
serrure (F.) Schloss (N.)
servage (M.) Hörigkeit (F.), Leibeigenschaft (F.)
service (M.) Amt (N.), Bedienung (F.), Behörde (F.), Betrieb (M.), Dienst (M.), Dienstleistung (F.), Dienststelle (F.), Leistung (F.), Referat (N.), Sektion (F.), Stelle (F.), Verwaltung (F.)
service (M.) administratif Verwaltungsbehörde (F.)
service (M.) administratif fédéral de contrôle et de recensement des permis de conduire et des véhicules automobiles en circulation Kraftfahrtbundesamt (N.)
service (M.) cadastral Katasteramt (N.)
service (M.) central d'immatriculation des véhicules automobiles Kraftfahrtbundesamt (N.)
service (M.) chargé de la tenue du livre foncier Grundbuchamt (N.)
service (M.) civil Ersatzdienst (M.), Zivildienst (M.)

service (M.) communal administratif Ordnungsamt (N.)
service (M.) d'avocat Rechtsanwaltsdienstleistung (F.)
service (M.) d'immatriculation des véhicules à moteur Kraftfahrzeugzulassungsstelle (F.)
service (M.) d'inspection du travail Gewerbeaufsichtsamt (N.)
service (M.) d'urbanisme Bauordnungsamt (N.), Baupolizei (F.)
service (M.) de construction des routes Straßenbaubehörde (F.)
service (M.) de contrôle des ententes Kartellamt (N.)
service (M.) de l'État Staatsdienst (M.)
service (M.) de l'état-civil Standesamt (N.)
service (M.) de l'exécution de police Polizeivollzugsdienst (M.)
service (M.) de la voirie Straßenbauverwaltung (F.)
service (M.) de permanence Bereitschaftsdienst (M.)
service (M.) de placement Stellenvermittlung (F.)
service (M.) de police administrative générale et spéciale Ordnungsbehörde (F.)
service (M.) de protection de la constitution Verfassungsschutz (M.)
service (M.) de télécommunication Fernmeldewesen (N.)
service (M.) de voirie Müllabfuhr (F.)
service (M.) des étrangers Ausländerbehörde (F.)
service (M.) des visites techniques Technischer Überwachungsverein (M.) (TÜV), TÜV (M.) (Technischer Überwachungsverein)
service (M.) diplomatique diplomatischer Dienst
service (M.) fédéral Bundesamt (N.)
service (M.) fédéral de renseignements Bundesnachrichtendienst (M.)
service (M.) fédéral des frontières Bundesgrenzschutz (M.)
service (M.) fédéral volontier Bundesfreiwilligendienst (M.)
service (M.) juridique Rechtsabteilung (F.)
service (M.) militaire Wehrdienst (M.)
service (M.) militaire actif Grundwehrdienst (M.)
service (M.) militaire obligatoire Wehrpflicht (F.)
service (M.) national Kriegsdienst (M.), Wehrdienst (M.)
service (M.) national actif Grundwehrdienst (M.)
service (M.) public Leistungsverwaltung (F.)
service (M.) secret Geheimdienst (M.)
service-débiteurs (M.) Schuldnerberatung (F.)
services (M.Pl.) administratifs communaux Kommunalverwaltung (F.)
services (M.Pl.) administratifs du cercle Landratsamt (N.)
services (M.Pl.) médicaux Gesundheitsamt (N.)
servir bedienen, dienen, nutzen, nützen
servir d'intermédiaire vermitteln
servir de médiateur vermitteln
serviteur (M.) Diener (M.), Dienstbote (M.)
servitude (F.) Dienstbarkeit (F.), Knechtschaft (F.), Servitut (F.)
servitude (F.) de passage Wegerecht (N.)
servitude (F.) foncière Grunddienstbarkeit (F.)
servitude (F.) légale Legalservitut (F.)
servitude (F.) personnelle restreinte beschränkte persönliche Dienstbarkeit (F.)
servitude (F.) prédiale Grunddienstbarkeit (F.)
session (F.) Session (F.), Sitzungsperiode (F.), Tagung (F.)
seuil (M.) d'imposition Steuerfreibetrag (M.)
sévère streng
sévérité (F.) Härte (F.), Schwere (F.), Strenge (F.)
sévice (M.) corporel körperliche Misshandlung (F.)
sévices (M.Pl.) Misshandlung (F.)
sexe (M.) Geschlecht (N.)
sexuel geschlechtlich, sexuell
SIDA (M.) (syndrome immuno-déficitaire acquis) Aids (N.) (erworbenes Immunschwäche-Syndrom)
siècle (M.) philosophique Aufklärung (F.)
siège (M.) Sitz (M.)
siège (M.) social Sitz (M.)
siéger tagen
signal (M.) Zeichen (N.)
signal (M.) de circulation Verkehrszeichen (N.)

signalement (M.) Steckbrief (M.)
signaler melden
signataire (M.) Unterzeichner (M.)
signature (F.) Signatur (F.), Unterschrift (F.), Unterzeichnung (F.)
signature (F.) en blanc Blankounterschrift (F.)
signature (F.) qualifiée électronique qualifizierte elektronische Signatur (F.)
signature (F.) sociale Zeichnung (F.)
signe (M.) Anzeichen (N.), Zeichen (N.)
signer abschließen, abzeichnen, schließen, unterschreiben, unterzeichnen, zeichnen
signification (F.) Bedeutung (F.), Zustellung (F.)
signification (F.) administrative Verwaltungszustellung (F.)
signification (F.) par huissier öffentliche Zustellung (F.)
signifier bedeuten, zustellen
silence (M.) Ruhe (F.), Schweigen (N.), Stillschweigen (N.), Verschweigen (N.), Verschweigung (F.)
silence (M.) dolosif arglistiges Verschweigen (N.)
similaire ähnlich, gleichartig
similitude (F.) Gleichartigkeit (F.)
simple einfach
simplification (F.) Erleichterung (F.)
simplifier vereinfachen
simulacre (M.) Vortäuschen (N.)
simulation (F.) Vortäuschung (F.)
simuler fingieren, heucheln, vorspiegeln, vortäuschen
simultané (Adj.) gleichzeitig, simultan
sincère treu
sincérité (F.) Lauterkeit (F.), Redlichkeit (F.)
sinistre (M.) Haverei (F.), Versicherungsfall (M.)
site (M.) communal architectural Ortsbild (N.)
situation (F.) Belegenheit (F.), Lage (F.), Standort (M.), Zustand (M.)
situation (F.) critique Notlage (F.)
situation (F.) de compensabilité Aufrechnungslage (F.)
situation (F.) de fait assimilable à un contrat faktischer Vertrag (M.)
situation (F.) de famille Familienstand (M.)
situation (F.) désesperée Notlage (F.)
situation (F.) du compte Kontostand (M.)
situation (F.) juiridique Rechtsstellung (F.)
situation (F.) juridique Rechtslage (F.), Rechtszustand (M.)
situé (Adj.) belegen (Adj.), gelegen
Slovaquie (F.) Slowakei (F.)
Slovénie (F.) Slowenien (N.)
smog (M.) Smog (M.)
social gesellschaftlich, sozial
socialisation (F.) Sozialisierung (F.), Verstaatlichung (F.)
socialiser sozialisieren, verstaatlichen
socialisme (M.) Sozialismus (M.)
socialiste (Adj.) sozialistisch
socialiste (M.) Sozialist (M.)
sociétaire (M.) Gesellschafter (M.)
société (F.) Gesellschaft (F.)
société (F.) à capital public Eigengesellschaft (F.)
société (F.) à capitaux Kapitalgesellschaft (F.)
société (F.) à participation ouvrière Gesellschaft (F.) mit Arbeitnehmerbeteiligung
société (F.) à personne unique Einmanngesellschaft (F.)
société (F.) à responsabilité limitée simplifiée Unternehmergesellschaft (F.)
société (F.) anonyme (S. A.) Aktiengesellschaft (F.) (AG)
société (F.) anonyme de droit (S. A.) Aktiengesellschaft (F.) (AG)
société (F.) anonyme européenne (SE) Europäische Aktiengesellschaft (F.)
société (F.) civile Gesellschaft (F.) des bürgerlichen Rechts
société (F.) civile professionelle d'avocats Rechtsanwaltsgesellschaft (N.), Rechtsanwaltssozietät (F.)
société (F.) civile professionnelle Sozietät (F.)
société (F.) commerciale Handelsgesellschaft (F.)
société (F.) commerciale combinant la société à responsabilité limitée avec une société en commandite simple GmbH & Co. KG (F.)
société (F.) commerciale de capitaux Kapitalgesellschaft (F.)
société (F.) commerciale de personnes Personenhandelsgesellschaft (F.)
société (F.) conjugale Gütergemeinschaft (F.) zwischen Ehegatten
société (F.) coopérative de consommation Konsumgenossenschaft (F.)

société (F.) d'armement Reederei (F.)
société (F.) d'assurances mutuelles Versicherungsverein (M.)
société (F.) d'économie mixte (S. E. M.) Gesellschaft (F.) des Handelsrechts mit staatlicher Kapitalbeteiligung
société (F.) d'exploitation Verwertungsgesellschaft (F.)
société (F.) d'investissement à capital variable (S. I. C. A. V.) Investmentgesellschaft (F.)
société (F.) d'investissement opérant sur amortissements fiscaux Abschreibungsgesellschaft (F.)
société (F.) de capitaux Kapitalgesellschaft (F.)
société (F.) de chasse Jagdgenossenschaft (F.)
société (F.) de développement régional Gesellschaft (F.) zur Förderung der regionalen Entwicklung
société (F.) de fait faktische Gesellschaft (F.)
société (F.) de mise en valeur Verwertungsgesellschaft (F.)
société (F.) de personnes Personalgesellschaft (F.), Personengesellschaft (F.)
société (F.) de placement Investmentgesellschaft (F.)
société (F.) de placement de capitaux Kapitalanlagegesellschaft (F.)
Société (F.) des Nations (S. D. N.) Völkerbund (M.)
société (F.) écran Strohfirma (F.)
société (F.) en commandite avec une société (F.) à responsabilité limitée (S. A. R. L.) comme associé commandité Gesellschaft mit beschränkter Haftung & Co Kommanditgesellschaft (F.)
société (F.) en commandite par actions Kommanditgesellschaft (F.) auf Aktien
société (F.) en commandite simple Kommanditgesellschaft (F.)
société (F.) en constitution Vorgründungsgesellschaft (F.)
société (F.) en formation Gründungsgesellschaft (F.), Vorgesellschaft (F.)
société (F.) en nom colléctif (S. N. C.) offene Handelsgesellschaft (F.) (OHG)
société (F.) en participation Beteiligungsgesellschaft (F.), stille Gesellschaft (F.)
société (F.) en voie de liquidation Abwicklungsgesellschaft (F.)
société (F.) familiale Familiengesellschaft (F.)
société (F.) fiduciaire Treuhandgesellschaft (F.)
societé (F.) filiale Tochtergesellschaft (F.)
société (F.) financière Kreditinstitut (N.)
société (F.) holding Holdinggesellschaft (F.)
société (F.) irrégulière fehlerhafte Gesellschaft (F.)
société (F.) occulte Innengesellschaft (F.)
société (F.) par actions Aktiengesellschaft (F.) (AG)
société (F.) par intérêt Personalgesellschaft (F.)
société (F.) protectrice des animaux (S. P. A.) Tierschutzverein (M.)
société (F.) qui se révele aux tiers Außengesellschaft (F.)
société (F.) réduite à nulle personne Keinmanngesellschaft (F.)
société (F.) sans membres Keinmanngesellschaft (F.)
société (F.) secrète Geheimbund (M.)
société (F.) unipersonnelle Einmanngesellschaft (F.)
société à responsabilité limitée (S. A. R. L.) Gesellschaft (F.) mit beschränkter Haftung (GmbH)
société-mère (F.) Muttergesellschaft (F.)
sociologie (F.) Soziologie (F.)
sodomie (F.) Sodomie (F.)
sœur (F.) Schwester (F.)
soft law (M.) (engl.) soft law (N.) (engl.)
software (M.) Software (F.)
soi-disant angeblich
soignant (M.) Pfleger (M.)
soigné sorgfältig
soigner pflegen
soigneur (M.) Betreuer (M.)
soignieux sorgfältig
soin (M.) Behandlung (F.), Betreuung (F.), Obhut (F.), Sorge (F.), Sorgfalt (F.)
soins (M.Pl.) Pflege (F.) (Instandhaltung)
sol (M.) Boden (M.)
sol (M.) sous-marin Meeresboden (M.)
soldat (M.) Soldat (M.)
solde (F.) Besoldung (F.), Sold (M.)
solde (M.) Saldo (M.)
solde (M.) net Abrechnungssaldo (M.)
solder saldieren
soldes (M.Pl.) Ausverkauf (M.), Schlussverkauf (M.)

solennel formgebunden
solidaire (Adj.) gesamtschuldnerisch, selbstschuldnerisch, solidarisch
solidairement gesamtschuldnerisch
solidarité (F.) Solidarität (F.)
solide stabil, zuverlässig
solvabilité (F.) Bonität (F.) (Zahlungsfähigkeit), Solvenz (F.), Zahlungsfähigkeit (F.)
solvable kreditfähig, kreditwürdig, solvent, zahlungsfähig
sombre (Adj.) dunkel
sommaire (Adj.) summarisch
sommaire (M.) Auszug (M.)
sommation (F.) Aufforderung (F.), Befehl (M.), Ladung (F.) (Herbestellung)
sommation (F.) par voie d'huissier Vollstreckungsbefehl (M.), Vollstreckungsbescheid (M.)
somme (F.) Betrag (M.), Geldbetrag (M.), Summe (F.)
somme (F.) assurée Versicherungssumme (F.)
somme (F.) d'argent Schmiergeld (N.)
sommer befehlen
sondage (M.) Prüfung (F.)
sorcière (F.) Hexe (F.)
sort (M.) Los (N.), Schicksal (N.)
sorte (F.) Art (F.), Gattung (F.)
sortir austreten
souche (F.) Stamm (M.)
souche (F.) du titre Mantel (M.)
souci (M.) Sorge (F.)
soucier sorgen
souffrant (Adj.) krank
soufrance (F.) physique Personenschaden (M.)
souillure (F.) de la race Rassenschande (F.)
soûl (Adj.) betrunken
soulagement (M.) de dèmonstration Beweiserleichterung (F.)
soulagement (M.) de la preuve Beweiserleichterung (F.)
soûler (se) betrinken (sich)
soulèvement (M.) Aufruhr (M.), Aufstand (M.), Erhebung (F.)
soulever anheben, einlegen, erheben
souligner abstellen
soulte (F.) Ausgleichsbetrag (M.)
soumettre abgeben
soumettre à un délai befristen
soumettre une offre bieten
soumis hörig
soumis à aucune forme particulière Formfreiheit (F.)
soumis à la justice justiziabel
soumis à une déclaration meldepflichtig
soumission (F.) Abgabe (F.), Angebot (N.), Hörigkeit (F.)
soumissionaire (M.) Bieter (M.)
soupçon (M.) Argwohn (M.), Verdacht (M.)
soupçonnable (Adj.) verdächtig
soupçonner mutmaßen
souple (Adj.) flexibel, nachgiebig
source (F.) Quelle (F.)
source (F.) du droit Rechtsquelle (F.)
sourd (Adj.) taub
sourd-muet (Adj.) taubstumm
sous serment eidlich
sous-assurance (F.) Unterversicherung (F.)
sous-bail (M.) Untermiete (F.), Untermietvertrag (M.)
sous-caution (F.) Nachbürge (M.), Nachbürgschaft (F.)
sous-commission (F.) Unterausschuss (M.)
souscripteur (M.) Aussteller (M.)
souscription (F.) Subskription (F.), Zeichnung (F.)
souscrire subskribieren, zeichnen
sous-délégation (F.) Untervollmacht (F.)
sous-entrepreneur (M.) Subunternehmer (M.)
sous-fermier (M.) Unterpächter (M.)
souslever heben
sous-lieutenant (M.) Leutnant (M.)
sous-locataire (M.) Untermieter (M.), Unterpächter (M.)
sous-location (F.) Untermiete (F.), Untermietvertrag (M.), Unterpacht (F.), Untervermietung (F.)
sous-ordre (M.) Unterordnung (F.)
sous-propriété (F.) Untereigentum (N.)
soustraction (F.) d'energie Energieentziehung (F.)
soustraction (F.) frauduleuse Diebstahl (M.), Wegnahme (F.)
soustraction (F.) frauduleuse d'électricité Stromentwendung (F.)
soustraction (F.) frauduleuse d'un distributeur automatique Automatenmissbrauch (M.)
soustraire entwenden, hinterziehen, unterschlagen, veruntreuen, wegnehmen

sous-traitant (M.) Subunternehmer (M.)
soutenance (F.) Rigorosum (N.)
soutenance (F.) de thèse Doktorprüfung (F.)
souteneur (M.) Zuhälter (M.)
soutenir behaupten, zuhalten
soutien (M.) Beistand (M.)
souvenir erinnern, merken
souverain (Adj.) hoheitlich, souverän, unabhängig
souverain (M.) Herrscher (M.), Landesherr (M.), Monarch (M.), Regent (M.), Souverän (M.)
souveraineté (F.) Hoheit (F.), Souveränität (F.)
souveraineté (F.) du peuple Volkssouveränität (F.)
souveraineté (F.) en matière fiscale Steuerhoheit (F.)
souveraineté (F.) territoriale Gebietshoheit (F.)
spécial (Adj.) besondere, Sonder-, speziell
spécialiste (M.) Experte (M.), Fachmann (M.), Sachverständiger (M.), Spezialist (M.)
spécialité (F.) Fach (N.), Fachbereich (M.), Spezialität (F.)
spécification (F.) Angabe (F.), Konkretisierung (F.), Spezifikation (F.)
spécimen (M.) Muster (N.), Probe (F.)
spéculateur (M.) Spekulant (M.)
spéculation (F.) Spekulation (F.)
spéculer spekulieren
sphère (F.) Bereich (M.), Sphäre (F.)
sphère (F.) d'activité Tätigkeitsbereich (M.)
spirituel (Adj.) geistig
spoliation (F.) Beraubung (F.)
spolier berauben
sponsor (M.) Sponsor (M.)
sponsorisation (F.) Sponsoring (N.)
sponsoriser sponsern
spontané freiwillig
sport (M.) Sport (M.)
stable stabil
stade (M.) Abschnitt (M.)
stage (M.) Praktikum (N.)
stage (M.) préparatoire Vorbereitungsdienst (M.)
stage (M.) titulaire de la première partie du diplôme d'État Referendariat (N.)
stagiaire (M.) Hospitant (M.), Praktikant (M.), Volontär (M.)
stagiaire (M.) judiciaire Rechtsreferendar (M.)
stagiaire (M.) titulaire de la première partie du diplôme d'État Referendar (M.)
standard (M.) Standard (M.)
standardiser normen, normieren, typisieren
station (F.) Station (F.)
station (F.) d'épuration Kläranlage (F.)
stationnement (M.) Parken (N.)
stationner parken, stationieren
statistique (F.) Statistik (F.)
statistiques (F.Pl.) criminologiques Kriminalstatistik (F.)
statu (M.) quo status (M.) quo (lat.) (Zustand in dem)
statuer bescheiden (V.), beschließen, entscheiden, richten, statuieren
statuer sur pièces entscheiden nach Aktenlage
statut (M.) Satzung (F.), Status (M.), Statut (N.)
statut (M.) communal Gemeindesatzung (F.)
statut (M.) d'occupation Besatzungsstatut (N.)
statut (M.) de fonctionnaire Beamtenverhältnis (N.)
statut (M.) de la fonction publique Beamtenrecht (N.)
statut (M.) de réfugié politique Asyl (N.)
statut (M.) des personnes Personenrecht (N.)
statut (M.) du personnel Beamtenrecht (N.)
statut (M.) municipal Gemeindeverfassung (F.)
statut (M.) personnel Personalstatut (N.)
statutaire satzungsgemäß
statuts (M.Pl.) Satzung (F.), Verfassung (F.)
stérile (Adj.) steril
stérilisation (F.) Sterilisation (F.)
stériliser sterilisieren
stipulation (F.) Abmachung (F.), Bestimmung (F.), Klausel (F.), Stipulation (F.), Vereinbarung (F.), Vertrag (M.)
stipulation (F.) à charge d'autrui Vertrag (M.) zu Lasten Dritter
stipulation (F.) pour autrui Vertrag (M.) zugunsten Dritter
stipuler abmachen, bestimmen, stipulieren, verabreden, vereinbaren
stock (M.) Lager (N.), Vorrat (M.)
stock (M.) sur le carreau de la mine Haldenbestand (M.)
stockage (M.) Speicherung (F.)

stocker hamstern
strangulation (F.) Strangulation (F.), Strangulierung (F.)
strict streng
structure (F.) Beschaffenheit (F.), Gliederung (F.)
structure (F.) foncière Bodenordnung (F.)
stupéfiant (M.) Droge (F.), Rauschgift (N.)
subalterne (Adj.) subaltern, untergeordnet
subdivision (F.) administrative de gouvernement d'un Land Regierungsbezirk (M.)
subjectif (Adj.) subjektiv
subordination (F.) Abhängigkeit (F.), Subordination (F.), Unterordnung (F.)
subordonné (Adj.) untergeordnet
subordonner untergeben
subornation (F.) Bestechung (F.)
suborner bestechen
subrogation (F.) Forderungsübergang (M.), Surrogation (F.)
subrogé tuteur (M.) Gegenvormund (M.)
subroger eintreten, übergehen (V.)
subséquent weitere
subside (M.) Subvention (F.)
subsides (M.Pl.) Unterhalt (M.)
subsidiaire eventual, subsidiär
subsidiarité (F.) Subsidiarität (F.)
substance (F.) Stoff (M.), Wesensgehalt (M.)
substance (F.) toxique Gift (N.)
substituer ersetzen
substitut (M.) Stellvertreter (M.)
substitution (F.) Ersetzung (F.), Stellvertretung (F.), Substitution (F.)
substitution (F.) d'héritier Nacherbschaft (F.)
substitution (F.) d'une partie Parteiänderung (F.)
substitution (F.) d'une partie à une autre Parteiwechsel (M.)
substitution (F.) fidéicommissaire Nacherbschaft (F.)
substitution (F.) vulgaire Ersatzerbschaft (F.)
subvenir aux besoins unterhalten
subvention (F.) Beihilfe (F.), Subvention (F.), Zuschuss (M.), Zuwendung (F.)
subvention (F.) aux frais de construction Baukostenzuschuss (M.)
subventionner subventionieren, zuschießen
subversif subversiv
succédané (M.) Surrogat (N.)
succéder erben, folgen
succès (M.) Erfolg (M.), Leistung (F.)
successeur (M.) Erbe (M.), Nachfolger (M.)
successif sukzessiv
succession (F.) Erbanfall (M.), Erbe (N.), Erbfolge (F.), Erbschaft (F.), Folge (F.), Nachfolge (F.), Nachlass (M.), Sukzession (F.), Verlassenschaft (F.)
succession (F.) à titre particulier Sondererbfolge (F.)
succession (F.) ab intestat gesetzliche Erbfolge (F.), gesetzliches Erbrecht (N.), Intestaterbfolge (F.)
succession (F.) d'États Staatennachfolge (F.)
succession (F.) d'infractions instantanées fortgesetzte Handlung (F.)
succession (F.) de contrats particuliers qui se renouvellent mais qui sont juridiquement indépendants Wiederkehrschuldverhältnis (N.)
succession (F.) déférée Erbfall (M.)
succession (F.) juridique Rechtsnachfolge (F.)
succession (F.) légale gesetzliche Erbfolge (F.)
succession (F.) particulière Einzelrechtsnachfolge (F.), Sonderrechtsnachfolge (F.)
succession (F.) testamentaire gewillkürte Erbfolge (F.)
succession (F.) universelle Gesamtrechtsnachfolge (F.), Universalsukzession (F.), Vermögensnachfolge (F.)
successoral erblich
succursale (F.) Außenstelle (F.), Filiale (F.), Niederlassung (F.), Zweigniederlassung (F.)
Suède (F.) Schweden
suffire ausreichen, hinreichen
suffisant ausreichend, hinreichend
suffrage (M.) Votum (N.), Wahl (F.)
suffrage (M.) à trois degrés Dreiklassenwahlrecht (N.)
suffrage (M.) de liste Listenwahl (F.)
suffrage (M.) direct unmittelbare Wahl (F.)
suffrage (M.) universel allgemeine Wahl (F.)
suffragette (F.) Suffragette (F.)
suggestif suggestiv
suggestion (F.) Anregung (F.)
sui generis (lat.) (specifique) sui generis (lat.) (seiner besonderen Art)
suicidaire (M.) Selbstmörder (M.)
suicide (M.) Freitod (M.), Selbstmord (M.), Selbsttötung (F.), Suizid (M.)
suicidé (M.) Selbstmörder (M.)
Suisse (F.) Schweiz (F.)

suite (F.) Folge (F.), Fortsetzung (F.)
suivre folgen
sujet (M.) Gegenstand (M.), Subjekt (N.), Sujet (N.), Thema (N.)
sujet (M.) de droit Rechtssubjekt (N.)
sujet (M.) de droit international public Völkerrechtssubjekt (N.)
sujet (M.) mixte Mehrstaater (M.)
sujétion (F.) Gebundenheit (F.), Verpflichtung (F.)
sujétion (F.) fiscale Steuerpflicht (F.)
sujétion (F.) particulier besonderes Gewaltverhältnis (N.)
supérette (F.) Geschäft (N.)
superficie (F.) Fläche (F.)
supérieur (Adj.) obere
supérieur (M.) d'un couvent Abt (M.)
supérieur (M.) hiérarchique Dienstvorgesetzter (M.), Vorgesetzter (M.)
supermarché (M.) Geschäft (N.)
superstructure (F.) Überbau (M.)
supervision (F.) Überwachung (F.)
suppléance (F.) Stellvertretung (F.)
suppléant (Adj.) stellvertretend
suppléant (M.) Stellvertreter (M.)
suppléer ersetzen
supplément (M.) Ergänzung (F.), Zugabe (F.), Zulage (F.), Zusatz (M.), Zuschlag (M.), Zuschuss (M.)
supplémentaire (Adj.) ergänzend, nachträglich, zusätzlich
supplémenter zuschießen
supplétif (Adj.) abdingbar, dispositiv, nachgiebig
supposé (Adj.) mutmaßlich
supposer vermuten, voraussetzen
supposition (F.) Vermutung (F.), Voraussetzung (F.)
supposition (F.) de part Unterschieben eines Kindes (N.)
suppression (F.) (d'un document) Unterdrücken (einer Urkunde) (N.)
suppression (F.) Abolition (F.), Abschaffung (F.), Tilgung (F.), Wegfall (M.)
suppression (F.) de pièces Urkundenunterdrückung (F.)
supprimer abschaffen, abstellen, aufheben, beseitigen, unterdrücken
supranational supranational, überstaatlich
suprématie (F.) Präponderanz (F.)
suprême (Adj.) hoheitlich, oberste
suprême (M.) Höchstgebot (N.)
sûr mündelsicher, sicher, zuverlässig
sur la base d'un prêt leihweise
surcharge (F.) Überlastung (F.)
surcharger überlasten
surenchère (F.) höheres Gebot (N.)
surenchérir überbieten
surendettement (M.) Überschuldung (F.)
surendetter überschulden
sûreté (F.) Sicherheit (F.), Sicherheitsleistung (F.), Zuverlässigkeit (F.)
sûreté (F.) de l'État Staatsschutz (M.)
sûreté (F.) en garantie d'un crédit Kreditsicherung (F.)
sûreté (F.) réelle mobilière Mobiliarsicherheit (F.)
surface (F.) Fläche (F.)
surlégal übergesetzlich
surmonter überbrücken
surplus (M.) Überschuss (M.)
surseoir aufschieben, aussetzen
surseoir à statuer aussetzen
sursis (M.) Aufschub (M.), Aussetzung (F.), Bewährung (F.), Strafaussetzung (F.), Stundung (F.)
sursis (M.) à l'exécution de la peine Strafaufschub (M.)
sursis (M.) de paiement Zahlungsaufschub (M.)
sursis (M.) relatif à la partie de la peine encore à purger Strafrestaussetzung (F.)
surtaxe (F.) Zuschlag (M.)
surtout hauptsächlich
surveillance (F.) Aufsicht (F.), Bewachung (F.), Überwachung (F.)
surveillance (F.) de construction Bauüberwachung (F.)
surveillance (F.) des travaux Bauaufsicht (F.)
surveillance (F.) éducative Erziehungshilfe (F.)
surveillance (F.) fédérale Bundesaufsicht (F.)
surveillance (F.) hiérarchique Dienstaufsicht (F.)
surveillance (F.) policière Ausforschung (F.)
surveillant (M.) Aufseher (M.), Kontrolleur (M.)
surveiller aufsehen, beaufsichtigen, bewachen, kontrollieren, überwachen
survenance (F.) Eintritt (M.)
survenir eintreten
survivant (Adj.) hinterblieben

survivant (M.) Hinterbliebener (M.)
susceptible anfechtbar
susceptible d'être invoqué lors d'un pourvoi en cassation revisibel
susciter erregen
suspect (Adj.) verdächtig
suspect (M.) Verdächtiger (M.)
suspecter verdächtigen
suspendre aufheben, aufschieben, aussetzen, einstellen, hängen, hemmen, suspendieren, unterbrechen
suspensif aufschiebend, suspensiv
suspension (F.) Absetzung (F.), Aufhebung (F.), Aufschub (M.), Aussetzung (F.), Einstellung (F.), Hemmung (F.), Pause (F.), Suspendierung (F.), Suspension (F.), Verlängerung (F.)
suspension (F.) de la procédure Ruhen (N.) des Verfahrens
suspension (F.) de paiement Zahlungseinstellung (F.)
suspicion (F.) Argwohn (M.), Verdacht (M.), Verdächtigung (F.)
suspicion (F.) légitime Befangenheit (F.)
swap (M.) swap-Geschäft (N.)
syllogisme (M.) Syllogismus (M.)
symbole (M.) Symbol (N.)
symbole (M.) de l'État Staatssymbol (N.)
symbole (M.) juridique Rechtssymbol (N.)
symbole (M.) national Nationalsymbol (N.)
synallagma (M.) Synallagma (N.)
synallagma (M.) fonctionnel funktionelles Synallagma (N.)
synallagma (M.) génétique genetisches Synallagma (N.)
synallagmatique (Adj.) gegenseitig, synallagmatisch, zweiseitig
syndic (M.) Hausverwalter (M.)
syndic (M.) de copropriété Hausverwalter (M.)
syndic (M.) de faillite Konkursverwalter (M.)
syndical (Adj.) gewerkschaftlich
syndicaliste (Adj.) gewerkschaftlich
syndicaliste (M.) Gewerkschaftler (M.)
syndicat (M.) Gewerkschaft (F.), Syndikat (N.), Zweckverband (M.)
syndicat (M.) intercommunal Gemeindeverband (M.)
syndicat (M.) patronal Arbeitgeberverband (M.)
syndics (M.Pl.) Ältestenrat (M.)
syndiquer organisieren
synode (M.) Synode (F.)
systématique (Adj.) systematisch
systématique (F.) Systematik (F.)
système (M.) System (N.)
système (M.) d'alarme Alarmanlage (F.)
système (M.) d'informations Informationssystem (N.)
système (M.) de degrés Gradualsystem (N.)
système (M.) de parentèles Parentelsystem (N.)
système (M.) des informations du personnel Personalinformationssystem (N.)
système (M.) des valeurs Wertesystem (N.)
système (M.) du prélèvement automatique Lastschrifteinzugsverfahren (N.), Lastschriftverfahren (N.)
système (M.) du règlement du prix du travail en marchandises Trucksystem (N.)
système (M.) expert Expertensystem (N.)
système (M.) gouvernemental Regime (N.)
système (M.) judiciaire Gerichtssystem (N.)
système (M.) juridique Rechtssystem (N.)
système (M.) monétaire Währungssystem (N.)
système (M.) monétaire européen (S.M.E.) Europäisches Währungssystem (N.) (EWS)

t

tabac (M.) Tabak (M.)
table (F.) Tabelle (F.)
table (F.) d'insolvabilité Insolvenztabelle (F.)
table (F.) des matières Inhaltverzeichnis (N.)
tableau (M.) Tabelle (F.)
tableau (M.) des amendes et sanctions administratives Bußgeldkatalog (M.)
tabou (M.) Tabu (N.)
tâche (F.) d'intérêt commun Gemeinschaftsaufgabe (F.)
tacite still, stillschweigend
tacite reconduction (F.) stillschweigende Verlängerung (F.)
tactique (F.) Taktik (F.)
tactique (F.) de procès Prozesstaktik (F.)
taire schweigen, verschweigen
talion (F.) Talion (F.)
talon (M.) Abriss (M.), Talon (M.)
tampon (M.) Stempel (M.)

tamponner auffahren, stempeln
tante (F.) Tante (F.)
tantième (F.) Tantieme (F.)
tapage (M.) Ruhestörung (F.), Unfug (M.)
tapage (M.) troublant la tranquillité des habitants Unfug (M.)
tardiveté (F.) Säumnis (F.)
tare (F.) Tara (F.)
tarif (M.) Gebühr (F.), Tarif (M.)
tarif (M.) d'une lettre Briefporto (N.)
tarif (M.) des droits Gebührenordnung (F.)
tarif (M.) général Manteltarif (M.)
tarifaire tariflich
tarification (F.) Tarifierung (F.)
taux (M.) Kurs (M.), Prozentsatz (M.), Rate (F.), Rendite (F.)
taux (M.) d'escompte Diskontsatz (M.)
taux (M.) d'imposition Steuersatz (M.)
taux (M.) d'intérêt Zinssatz (M.)
taux (M.) d'intérêts Darlehenszinsen (M.Pl.)
taux (M.) de change Devisenkurs (M.)
taux (M.) de perception Hebesatz (M.)
taux (M.) directeur Leitzins (M.)
taux (M.) normal Regelsatz (M.)
tax (F.) sur le tabac Tabaksteuer (F.)
taxable gebührenpflichtig
taxation (F.) Schätzung (F.), Veranlagung (F.)
taxation (F.) des dépens Kostenfestsetzung (F.)
taxe (F.) Abgabe (F.), Gebühr (F.), Steuer (F.), Taxe (F.)
taxe (F.) administrative Verwaltungsgebühr (F.)
taxe (F.) compensatoire Ausgleichsabgabe (F.)
taxe (F.) d'égalisation Ausgleichsabgabe (F.)
taxe (F.) d'utilisation Benutzungsgebühr (F.)
taxe (F.) de consommation Verbrauchsteuer (F.)
taxe (F.) déductible Vorsteuer (F.)
taxe (F.) intérieure Binnenzoll (M.)
taxe (F.) locale Gemeindesteuer (F.)
taxe (F.) professionnelle Gewerbesteuer (F.)
taxe (F.) prohibitive Schutzzoll (M.)
taxe (F.) sur la valeur ajoutée (T. V. A.) Mehrwertsteuer (F.)
taxe (F.) sur le chiffre d'affaires Umsatzsteuer (F.)
taxe (F.) sur le contrat d'assurance Versicherungsteuer (F.)
taxe (F.) sur les chiens Hundesteuer (F.)
taxe (F.) sur les mutations de propriété foncière Grunderwerbsteuer (F.)
taxe (F.) sur les véhicules à moteur Kraftfahrzeugsteuer (F.)
taxer besteuern, bewerten, taxieren, werten
taxi (M.) Taxi (N.)
technicien (M.) Sachverständiger (M.)
technique (Adj.) technisch
technique (F.) Technik (F.)
technique (F.) génétique Gentechnik (F.)
téléachat (M.) Teleshopping (N.)
télécommunication (F.) Fernkommunikation (F.), Fernmelden (N.), Telekommunikation (F.)
télécopie (F.) Fax (N.), Telefax (N.)
téléfax (M.) Telefax (N.)
télégramme (M.) Telegramm (N.)
téléologie (F.) Teleologie (F.)
téléologique teleologisch
téléphone (M.) Fernsprecher (M.), Telefon (N.)
téléphoner telefonieren
télesurveillance (F.) Telefonüberwachung (F.)
télésurveillance (F.) Videoüberwachung (F.)
télétexte (M.) Bildschirmtext (M.)
télétravail (M.) Telearbeit (F.)
télévision (F.) Fernsehen (N.)
témoignage (M.) Aussage (F.), Zeugenaussage (F.), Zeugnis (N.)
témoignage (M.) mensonger dans un état de nécessité Aussagenotstand (M.)
témoigner aussagen, bezeugen, zeugen
témoin (M.) Zeuge (M.)
témoin (M.) à charge Belastungszeuge (M.)
témoin (M.) au mariage civil Trauzeuge (M.)
témoin (M.) de mariage Trauzeuge (M.)
témoin (M.) du mariage Trauzeuge (M.)
témoin (M.) principal Hauptzeuge (M.), Kronzeuge (M.)
témoin-clé (M.) Kronzeuge (M.)
temporaire vorübergehend
temps (M.) Zeit (F.)
temps (M.) d'inactivité professionnelle Ausfallzeit (F.)
temps (M.) de livraison Lieferzeit (F.)
temps (M.) de repos Ruhezeit (F.)
temps (M.) de service Amtszeit (F.), Dienstzeit (F.)
temps (M.) parental Elternzeit (F.)
temps (M.) partiel Teilzeit (F.)

temps (M.Pl.) modernes Neuzeit (F.)
tenant lieu du serment eidesstattlich
tendance (F.) Neigung (F.), Tendenz (F.)
tendance (F.) intérieure Innentendenz (F.)
tendance (F.) intérieure excessive überschießende Innentendenz (F.)
tendance (F.) nuisible schädliche Neigung (F.)
tènement (M.) Grundstückszusammenlegung (F.)
teneur (M.) principal Wesensgehalt (M.)
tenir abhalten, führen
tenir compte beachten, berücksichtigen
tenir conseil beraten (sich)
tenir ses assises tagen
tentative (F.) Versuch (M.)
tentative (F.) accompliée beendeter Versuch (M.)
tentative (F.) d'assassinat Mordversuch (M.)
tentative (F.) qualifiée qualifizierter Versuch (M.)
tenter versuchen
tenter un coup d'État putschen
tenu gebunden
tenu de se conformer aux directives weisungsgebunden
tenue (F.) des livres Buchführung (F.)
tenue (F.) régulière des livres de compte ordnungsgemäße Buchführung (F.)
terme (M.) Amtszeit (F.), Ausdruck, Ende (N.), Frist (F.), Termin (M.) (Zeitpunkt), Wort (N.)
terminé (Adj.) fertig
terminer beenden, beendigen, beschließen, erledigen, fertigstellen, schließen
terminologie (F.) Terminologie (F.)
terrain (M.) Boden (M.)
terrain (M.) à bâtir Baugebiet (N.), Bauland (N.), Bauplatz (M.)
terre (F.) Boden (M.), Land (N.)
terre (F.) seigneuriale Rittergut (N.)
terreur (F.) Terror (M.)
terril (M.) Halde (F.)
territoire (M.) Gebiet (N.), Territorium (N.)
territoire (M.) communal Gemarkung (F.)
Territoire (M.) d'Outre-Mer (T. O. M.) überseeisches Gebiet (N.)
territoire (M.) de la commune Gemeindegebiet (N.)
territoire (M.) en dehors d'une communauté gemeindefreies Gebiet (N.)
territoire (M.) fédéral Bundesgebiet (N.)
territoire (M.) interdit Sperrgebiet (N.)
territoire (M.) national Hoheitsgebiet (N.), Staatsgebiet (N.)
territoire (M.) occupé Besatzungsgebiet (N.)
territorial territorial
territorialité (F.) Territorialität (F.)
terrorisme (M.) Terrorismus (M.)
terroriste (M.) Terrorist (M.)
test (M.) Test (M.)
test (M.) ADN DNA-Analyse (F.)
test (M.) de la teneur en CO Abgasuntersuchung (F.)
testament (M.) Testament (N.)
testament (M.) berlinois Berliner Testament (N.)
testament (M.) conjoint gemeinschaftliches Testament (N.)
testament (M.) conjonctif gegenseitiges Testament (N.), gemeinschaftliches Testament (N.), wechselbezügliches Testament (N.)
testament (M.) correspectif korrespektives Testament (N.)
testament (M.) d'un handicapé mental Behindertentestament (N.)
testament (M.) fait dans des circonstances exceptionnelles Nottestament (N.)
testament (M.) negativ Negativtestament (N.)
testament (M.) olographe eigenhändiges Testament (N.), holographisches Testament (N.)
testament (M.) par acte public öffentliches Testament (N.)
testament (M.) privilegié Nottestament (N.)
testament (M.) réciproque gegenseitiges Testament (N.), reziprokes Testament (N.)
testamentaire testamentarisch
testamentairement letztwillig
testateur (M.) Erblasser (M.), Testator (M.)
testatrice (F.) Erblasserin (F.)
tester aussagen, testieren
tête (F.) Kopf (M.)
texte (M.) Text (M.)
texte (M.) de loi Gesetzestext (M.)
textuel wörtlich
théocratie (F.) Theokratie (F.)
théologie (F.) Theologie (F.)
théorie (F.) Theorie (F.)
théorie (F.) alimentaire Alimentationstheorie (F.)
théorie (F.) de l'État Staatslehre (F.)

théorie (F.) de la causalité adéquate Adäquanztheorie (F.)
théorie (F.) de la déclaration Erklärungstheorie (F.)
théorie (F.) des sacrifices Aufopferungstheorie (F.)
théorie (F.) dominante herrschende Lehre (F.)
théorie (F.) du droit Rechtstheorie (F.)
théorie (F.) universelle d'état allgemeine Staatslehre (F.)
thérapeutique (F.) Therapie (F.)
thérapie (F.) Therapie (F.)
thèse (F.) These (F.)
thèse (F.) d'agrégation Habilitationsschrift (F.)
thèse (F.) de doctorat Dissertation (F.)
Thuringe (F.) Thüringen (N.)
ticket (M.) Fahrkarte (F.)
tierce dritte
tierce opposition (F.) Drittwiderspruchsklage (F.), Widerspruchsklage (F.)
tierce personne (F.) Dritter (M.)
tiers (M.) Dritter (M.)
tiers (M.) débiteur Drittschuldner (M.)
timbre (M.) Briefmarke (F.), Briefporto (N.), Marke (F.), Stempel (M.), Wertzeichen (N.)
timbre (M.) officiel de valeur amtliches Wertzeichen (N.)
timbre-poste (M.) Wertzeichen (N.)
tir (M.) Schuss (M.)
tirage (M.) Ausgabe (F.), Auslosung (F.), Ausspielung (M.), Ausstellung (F.)
tirage (M.) au sort Auslosung (F.)
tiré (M.) Adressat (M.), Akzeptant (M.), Bezogener (M.), Trassat (M.)
tirer ausstellen, schießen
tirer à découvert überziehen
tirer au sort auslosen, losen
tirer profit de benutzen
tirer vengeance rächen
tireur (M.) Aussteller (M.), Schütze (M.), Trassant (M.), Wechselgeber (M.)
titre (M.) Anspruch (M.), Berechtigung (F.), Rechtsanspruch (M.), Rechtsgrund (M.), Titel (M.), Urkunde (F.), Wertpapier (N.)
titre (M.) à ordre Orderpapier (N.)
titre (M.) attestant la possession paisible Besitztitel (M.)
titre (M.) au porteur Inhaberpapier (N.)
titre (M.) d'obligation Teilschuldverschreibung (F.)
titre (M.) de créance Schuldschein (M.)
titre (M.) de gage Pfandbrief (M.)
titre (M.) de participation Anteilschein (M.)
titre (M.) de propriété Eigentumstitel (M.)
titre (M.) de séjour Aufenthaltsgenehmigung (F.)
titre (M.) endossable Traditionspapier (N.)
titre (M.) endossable constatant une dette foncière Grundschuldbrief (M.)
titre (M.) exécutoire Vollstreckungsbescheid (M.), Vollstreckungstitel (M.)
titre (M.) juridique Rechtsgrund (M.), Rechtstitel (M.)
titre (M.) négociable Effekt (M.)
titre (M.) nominatif Namenspapier (N.), Rektapapier (N.)
titre (M.) putatif vermeintlicher Rechtstitel (M.)
titre (M.) transmissible Legitimationspapier (N.)
titres (M.Pl.) négociables Effekten (M.Pl.)
titulaire (M.) Berechtigter (M.), Empfänger (M.), Inhaber (M.)
titulaire (M.) d'un brevet Patentinhaber (M.)
titulaire (M.) d'un compte Kontoinhaber (M.)
titulaire (M.) d'une fonction publique Amtsträger (M.)
titulaire (M.) d'une rente Rentner (M.)
titulaire (M.) de l'usufruit Nießbrauchsberechtigter (M.)
titulaire (M.) du droit de garde Sorgeberechtigter (M.)
titulaire (M.) du premier examen d'État en droit Rechtsreferendar (M.)
titulaire (M.) du second examen d'État en droit Assessor (M.), Rechtsassessor (M.)
toge (F.) Talar (M.)
tolérable à l'environnement umweltverträglich
tolérance (F.) Duldung (F.), Toleranz (F.)
tolérance (F.) écologique Umweltverträglichkeit (F.)
tolérant tolerant
tolérer dulden, tolerieren
tomber umstürzen
tomber de abfallen
tome (M.) Teil (M.)
tonalité (F.) Freizeichen (N.)

tontine (F.) Tontine (F.)
tort (M.) Unrecht (N.)
tort (M.) d'action Handlungsunrecht (N.)
tort (M.) de résultat Erfolgsunrecht (N.)
torture (F.) Folter (F.), Tortur (F.)
torturer foltern, martern
total (Adj.) gesamt, vollständig
total (M.) Summe (F.)
totalité (F.) Gesamtheit (F.)
toucher abrufen, greifen
tour (M.) Durchgang (M.)
tourner (la loi) umgehen
tout (Adj.) gesamt
tout de suite sofort
toutes chambres (F.Pl.) réunies großer Senat (M.)
toxicomanie (F.) Sucht (F.)
toxique (Adj.) giftig
toxique (M.) Gift (N.)
tracasser schikanieren
trace (F.) Spur (F.)
tract (M.) Flugblatt (N.), Flugschrift (F.)
tract (M.) électoral Wahlzettel (M.)
tracter schleppen
traditio (F.) (lat.) Übergabe (F.)
tradition (F.) Herkommen (N.), Tradition (F.), Übereignung (F.), Übergabe (F.)
traditionnel hergebracht
traduction (F.) Umsetzung (F.)
trafic (M.) Handel (M.), Verkehr (M.)
trafic (M.) de stupéfiants Drogenhandel (M.)
trafic (M.) des hommes Menschenhandel (M.)
trafiquant (M.) de marché noir Schwarzhändler (M.)
trahir verraten (V.)
trahison (F.) Hochverrat (M.), Verrat (M.)
trahison (F.) de secret Geheimnisverrat (M.)
trahison (F.) des intérêts d'une partie Parteiverrat (M.)
train (M.) Zug (M.)
traîner en longueur verschleppen
traite (F.) Tratte (F.), Wechsel (M.)
traite (F.) des êtres humains Menschenhandel (M.)
traite (F.) des femmes Frauenhandel (M.)
traité (M.) Abkommen (N.), Lehrbuch (N.), Staatsvertrag (M.), Vertrag (M.)
traité (M.) d'alliance Bündnisvertrag (M.)
traité (M.) d'amitié Freundschaftsvertrag (M.)
traité (M.) d'arbitrage Schiedsvertrag (M.)
traité (M.) d'État Staatsvertrag (M.)
traité (M.) d'extradition Auslieferungsvertrag (M.)
traité (M.) d'union Einigungsvertrag (M.)
traité (M.) de commerce Handelsvertrag (M.)
traité (M.) de l'Union Européenne EU-Vertrag (M.)
traité (M.) de la C. E. E. EWG-Vertrag (M.)
traité (M.) de Lisbonne Lissaboner Vertrag (M.), Vertrag (M.) von Lissabon
traité (M.) de Maastricht Maastrichter Vertrag (M.)
traité (M.) de paix Friedensvertrag (M.)
traité (M.) de Versailles Versailler Vertrag (M.)
traité (M.) fondamental Grundvertrag (M.)
traité (M.) international Staatsvertrag (M.)
traité (M.) naval Flottenabkommen (N.)
traité (M.) sur le fonctionnement de l'Union Européenne (TFUE) Vertrag (M.) über die Arbeitsweise der Europäischen Union
traitement (M.) Behandlung (F.), Gehalt (N.), Lohn (M.)
traitement (M.) de base Grundgehalt (N.), Grundlohn (M.)
traitement (M.) de faveur Kulanz (F.)
traitement (M.) de l'information Datenverarbeitung (F.)
traitement (M.) de texte Textverarbeitung (F.)
traitement (M.) préférentiel Begünstigung (F.), Meistbegünstigung (F.)
traiter behandeln, erörtern, umgehen
traités (M.Pl.) de Rome römische Verträge (M.Pl.)
traître (M.) Hochverräter (M.), Landesverräter (M.), Verräter (M.)
traîtresse (F.) Verräterin (F.)
trajet (M.) Fahrt (F.)
trame (F.) Raster (M.)
tranchant scharf
tranche (F.) Abschnitt (M.), Rate (F.)
tranche (F.) à payer Rate (F.)
tranche (F.) d'amortissement Tilgungsrate (F.)
tranche (F.) insaisissable Pfändungsfreibetrag (M.)
trancher abschneiden
transaction (F.) Geschäft (N.), Transaktion (F.), Vergleich (M.)

transaction (F.) bancaire Bankgeschäft (N.)
transaction (F.) en cours de procès Prozessvergleich (M.)
transaction (F.) externe Verkehrsgeschäft (N.)
transaction (F.) fictive Scheingeschäft (N.)
transaction (F.) judiciaire gerichtlicher Vergleich (M.)
transactions (F.Pl.) financières Zahlungsverkehr (M.)
transactions (F.Pl.) immobilières Grundstücksverkehr (M.)
transfer (M.) Transfer (M.)
transférable abtretbar, übertragbar
transferant (M.) Überweisender (M.)
transferante (F.) Überweisende (F.)
transférer abtreten, transferieren, überführen, übergeben, überstellen, übertragen, überweisen, verlegen (V.)
transférer la propriété übereignen
transfert (M.) Abtretung (F.), Übereignung (F.), Übergabe (F.), Übergang (M.), Überstellung (F.), Übertragung (F.), Überweisung (F.)
transfert (M.) au secteur privé Privatisierung (F.), Reprivatisierung (F.)
transfert (M.) au secteur public Vergesellschaftung (F.), Verstaatlichung (F.)
transfert (M.) d'un droit Rechtsübergang (M.), Rechtsübertragung (F.)
transfert (M.) d'une hypothèque Hypothekenübernahme (F.)
transfert (M.) de créance Forderungsübergang (M.)
transfert (M.) de données Datenübertragung (F.)
transfert (M.) de fonctions à un organisme Organleihe (F.)
transfert (M.) de la propriété foncière Grundstücksübertragung (F.)
transfert (M.) de propriété Eigentumsübertragung (F.), Übereignung (F.)
transfert (M.) de propriété aux fins de garantie Sicherungsübereignung (F.)
transfert (M.) des risques Gefahrübergang (M.)
transfert (M.) du siège social Sitzverlegung (F.)
transformation (F.) Behandlung (F.), Konversion (F.), Transformation (F.), Umwandlung (F.), Veränderung (F.), Verarbeitung (F.)
transformer behandeln, transformieren, umwandeln, verändern, verarbeiten
transgresser verletzen
transgression (F.) Überschreitung (F.)
transiger vergleichen
transit (M.) Durchgang (M.), Transit (M.)
transition (F.) Übergang (M.), Überleitung (F.)
transitoire vorübergehend
translation (F.) de propriéte Eigentumsübergang (M.)
transmettre anfallen, begeben, übertragen, vererben, weiterleiten
transmissibilité (F.) Übertragbarkeit (F.)
transmissible übertragbar, umlauffähig
transmissible par succession vererblich
transmission (F.) Abgabe (F.), Übertragung (F.)
transmission (F.) de données Datenübermittlung (F.)
transmission (F.) de dossier Aktenübersendung (F.)
transmission (F.) de propriété Eigentumsübergang (M.)
transparence (F.) Transparenz (F.)
transparent transparent
transplant (M.) Transplantat (N.)
transplantation (F.) Transplantation (F.)
transplanter transplantieren
transport (M.) Beförderung (F.), Transport (M.)
transport (M.) de justice Lokaltermin (M.)
transport (M.) de marchandises à longue distance Güterfernverkehr (M.)
transport (M.) de marchandises par route Güterkraftverkehr (M.)
transport (M.) des personnes ou des voyageurs Personenbeförderung (F.)
transport (M.) routier Kraftverkehr (M.)
transport (M.) sur les lieux Lokaltermin (M.)
transportable (Adj.) beweglich
transporter befördern, transportieren, überführen
transporter par voie maritime verschiffen
transporteur (M.) Frachtführer (M.)
transsexualisme (M.) Geschlechtsumwandlung (F.)
traquer hetzen
travail (M.) Arbeit (F.), Arbeitsplatz (M.), Bearbeitung (F.), Werk (N.)

travail (M.) à domicile Heimarbeit (F.)
travail (M.) à la chaîne Fließbandarbeit (F.)
travail (M.) à la maison Hausarbeit (F.)
travail (M.) à la tâche Akkordarbeit (F.)
travail (M.) à temps partiel pour salariés âgés Altersteilzeit (F.)
travail (M.) à temps réduit Kurzarbeit (F.)
travail (M.) aux pièces Akkordarbeit (F.)
travail (M.) clandestin Schwarzarbeit (F.)
travail (M.) de ménage Hausarbeit (F.)
travail (M.) des jeunes Jugendarbeit (F.)
travail (M.) en équipe Schichtarbeit (F.)
travail (M.) intérimaire Zeitarbeit (F.)
travail (M.) noir Schwarzarbeit (F.)
travail (M.) par équipe Schichtarbeit (F.)
travail (M.) par roulement Schichtarbeit (F.)
travail (M.) qualifié Facharbeit (F.)
travail (M.) remuneré Erwerbstätigkeit (F.)
travail (M.) saisonnier Saisonarbeit (F.)
travailler arbeiten, bearbeiten, verarbeiten
travailleur (M.) Arbeiter (M.), Arbeitnehmer (M.), Arbeitskraft (F.), Werktätiger (M.)
travailleur (M.) clandestin Schwarzarbeiter (M.)
travailleur (M.) non-salarié Selbständiger (M.)
travaux (M.Pl.) d'entretien et de réparation effectués par le locataire Schönheitsreparatur (F.)
travaux (M.Pl.) dirigés (T. D.) Seminar (N.), Seminararbeit (F.)
travellers-chèque (M.) Reisescheck (M.), Travellerscheck (M.)
traverser durchschneiden
trésor (M.) Schatz (M.)
trésor (M.) public Staatskasse (F.)
trésorerie (F.) Finanzministerium (N.)
trêve (F.) Urfehde (F.)
Tribunal (M.) (Union Européenne) Gericht (N.) der Europäischen Union
tribunal (M.) Amtsgericht (N.), Forum (N.), Gericht (N.), Spruchkörper (M.), Tribunal (N.)
tribunal (M.) à forme collégiale Kollegialgericht (N.)
tribunal (M.) administratif (T.A.) Verwaltungsgericht (N.)
tribunal (M.) administratif supérieur Oberverwaltungsgericht (N.), Verwaltungsgerichtshof (M.) (Verwaltungsgerichtshof in Deutschland)
tribunal (M.) arbitral Schiedsgericht (N.)
tribunal (M.) aux armées Militärgericht (N.)
tribunal (M.) cantonal Amtsgericht (N.), Bezirksgericht (N.) (Bezirksgericht in Österreich)
tribunal (M.) chargé de l'exécution Vollstreckungsgericht (N.)
tribunal (M.) chargé de la tenue du registre Registergericht (N.)
tribunal (M.) civil Amtsgericht (N.), Zivilgericht (N.)
tribunal (M.) communal Gemeindegericht (N.)
tribunal (M.) compétent Gerichtsstand (M.), Prozessgericht (N.)
tribunal (M.) compétent dans les affaires matrimoniales Familiengericht (N.)
tribunal (M.) compétent en matiére succéssorale Nachlassgericht (N.)
Tribunal (M.) constitutionnel de la République fédérale Bundesverfassungsgericht (N.)
tribunal (M.) correctionnel Strafgericht (N.)
tribunal (M.) d'entrée Eingangsgericht (N.)
tribunal (M.) d'exception Ausnahmegericht (N.)
tribunal (M.) d'honneur Ehrengericht (N.)
tribunal (M.) d'insolvabilité Insolvenzgericht (N.)
tribunal (M.) d'instance (T.I.) Amtsgericht (N.)
tribunal (M.) de commerce Handelsgericht (N.)
tribunal (M.) de district Kreisgericht (N.)
tribunal (M.) de grande instance (T.G.I) Landgericht (N.)
tribunal (M.) de l'ordre judiciaire et de l'ordre administratif Fachgericht (N.)
tribunal (M.) de la navigation Schifffahrtsgericht (N.)
tribunal (M.) de mineurs Jugendgericht (N.)
tribunal (M.) de police Strafgericht (N.) für Bagatellsachen (Strafgericht für Bagatellsachen in Frankreich)
tribunal (M.) de première instance Eingangsgericht (N.)
tribunal (M.) de première instance des communautés européennes (T. P. I.) Gericht (N.) erster Instanz der Europäischen Gemeinschaften
tribunal (M.) des affaires de Sécurité sociale Sozialgericht (N.)

tribunal (M.) des baux à loyer Mietgericht (N.)
tribunal (M.) des conflits Kompetenzkonfliktgerichtshof (M.)
tribunal (M.) des tutelles Vormundschaftsgericht (N.)
tribunal (M.) disciplinaire Disziplinargericht (N.)
tribunal (M.) du contentieux fiscal Finanzgericht (N.)
tribunal (M.) du contentieux social Sozialgericht (N.)
tribunal (M.) du droit de la mer Seegerichtshof (M.)
tribunal (M.) du travail Arbeitsgericht (N.), Gewerbegericht (N.)
tribunal (M.) familial Familiengericht (N.)
tribunal (M.) fédéral Bundesgericht (N.)
tribunal (M.) fiscal Finanzgericht (N.)
tribunal (M.) maritim Seegerichtshof (M.)
tribunal (M.) militaire Kriegsgericht (N.)
Tribunal (M.) Pénal International (T. P. I.) Internationaler Strafgerichtshof (M.)
tribunal (M.) pour enfants Jugendgericht (N.)
tribunal (M.) pour enfants et adolescents Jugendgericht (N.)
tribunal (M.) régional Landgericht (N.)
tribunal (M.) régional supérieur Oberlandesgericht (N.)
tribunal (M.) régional supérieur de Berlin Kammergericht (N.) (in Berlin)
tribunal (M.) répressif Strafgericht (N.)
tribunal (M.) répressif à juge unique assisté de deux assesseurs-jurés Schöffengericht (N.)
tribunal (M.) saisi Prozessgericht (N.)
tribunal (M.) statuant en appel Rechtsmittelgericht (N.)
tribunal (M.) statuant en matière de liquidation Insolvenzgericht (N.)
tribunal (M.) supérieur du contentieux social Landessozialgericht (N.)
tribunal (M.) supérieur du travail Landesarbeitsgericht (N.)
tribunal (M.) suprême des conflits gemeinsamer Senat (M.)
tribut (M.) Tribut (M.)
trimestre (M.) Quartal (N.), Vierteljahr (N.)
trimestriel vierteljährlich
troc (M.) Austausch (M.), Tausch (M.), Umtausch (M.)
tromper betrügen, irren, mogeln, schwindeln, täuschen, vorspiegeln
tromperie (F.) Betrug (M.), Täuschung (F.)
tromperie (F.) portant sur des fausses allégations Vorspiegelung (F.)
trompeur (Adj.) betrügerisch
trône (M.) Thron (M.)
tronquer verstümmeln
trop long überlang
troquer austauschen, tauschen
trottoir (M.) Gehsteig (M.), Gehweg (M.)
troublant (M.) l'ordre public du fait du une chose lui appartenant Zustandsstörer (M.)
troublant (M.) l'ordre public par action Handlungsstörer (M.)
trouble (M.) Ruhestörung (F.), Störung (F.)
trouble (M.) de l'ordre public grober Unfug (M.), Landfriedensbruch (M.)
trouble (M.) de la possession Besitzstörung (F.)
trouble (M.) de la vie conjugale provoqué par un tiers Ehestörung (F.)
trouble (M.) du droit de propriété Eigentumsstörung (F.)
trouble (M.) mental Geisteskrankheit (F.)
troubler la tranquillité randalieren
troubles (M.Pl.) résultant de la vaccination Impfschaden (M.)
troupe (F.) Rotte (F.) (Menschengruppe)
troupeau (M.) Herde (F.)
trousseau (M.) Ausstattung (F.), Aussteuer (F.)
trouvaille (F.) Fund (M.)
trouver (se) liegen
trouver finden
trouver un arrangement einigen (sich)
truc (M.) Ding (N.) (Sache)
truquer fälschen
truqueur (M.) Fälscher (M.)
trust (M.) Trust (M.)
tsigane (F.) Zigeunerin (F.)
tsigane (M.) Zigeuner (M.)
tuer morden, töten, umbringen
tutelle (F.) Betreuung (F.), Rechtsaufsicht (F.), Treuhänderschaft (F.), Vormundschaft (F.)
tutelle (F.) administrative sur les collectivités locales Kommunalaufsicht (F.)
tutelle (F.) exercée par un établissement public Amtsvormundschaft (F.)
tutelle (F.) exercée par un office Amtsvormundschaft (F.)

tuteur (M.) Tutor (M.), Vormund (M.)
tuteur (M.) ad hoc Pfleger (M.)
type (M.) Ausführung (F.), Standard (M.), Typ (M.)
type (M.) de demande Klageart (F.)
typique (Adj.) typisch
tyran (M.) Tyrann (M.)
tyrannie (F.) Tyrannei (F.)

u

U. C. E. (F.) (unité de compte européenne) Ecu (M.) (European Currency Unit)
U. E. O (F.) (Union de l'Europe Occidentale) WEU (F.) (Westeuropäische Union)
U. N. E. S. C. O. (F.) (Organisation des Nations Unies pour l'éducation et la science et la culture) UNESCO (F.) (United Nations Educational Scientific and Cultural Organization)
U.E. (F.) (Union Européenne) EU (F.) (Europäische Union)
ultérieur nachträglich
ultimatum (M.) Ultimatum (N.)
ultra (M.) Extremist (M.)
un ein
uni vereinigt
unification (F.) Einigung (F.)
unification (F.) du droit Rechtsvereinheitlichung (F.)
unifié einig
unifier einigen
uniforme (Adj.) einheitlich
uniforme (M.) Uniform (F.)
unilatéral einseitig
unilatéralement obligatoire einseitig verpflichtend
union (F.) Bund (M.), Union (F.), Verband (M.), Zusammenschluss (M.)
union (F.) de fait Beischlaf (M.), Beiwohnung (F.), Verkehr (M.)
union (F.) de recouvrement Behörde (F.) zur Eintreibung der Sozialversicherungsbeiträge (Behörde zur Eintreibung der Sozialversicherungsbeiträge in Frankreich)
union (F.) douanière Zollunion (F.)
union (F.) économique Wirtschaftsunion (F.)
Union (F.) Européenne (U. E.) Europäische Union (F.) (EU)
union (F.) libre nichteheliche Lebensgemeinschaft (F.), wilde Ehe (F.)
union (F.) monétaire Währungsunion (F.)
Union (F.) Monétaire Européenne (U. E. M.) Europäische Währungsunion (F.) (EWU), EWU (F.) (Europäische Währungsunion)
union (F.) personnelle Personalunion (F.)
Union (F.) postale universelle Weltpostverein (M.)
union (F.) réelle Realunion (F.)
Union (F.) Soviétique Sowjetunion (F.)
unique einheitlich, einzeln
unir trauen, vereinen, vereinigen
unitaire einheitlich
unité (F.) Einheit (F.), Einheitlichkeit (F.), Stück (N.)
unité (F.) cadastrale Parzelle (F.)
unité (F.) d'enseignement et de recherche Fachbereich (M.)
unité (F.) de compte européenne (U. C. E.) European Currency Unit (N.) (ECU)
Unité (F.) de coopération judiciaire de l'Union européen (Eurojust) Einheit (F.) für justizielle Zusammenarbeit der Europäischen Union (Eurojust)
Unité (F.) de coopération judiciaire de l'Union européenne (Eurojust) Eurojust (F.) (Einheit für justizielle Zusammenarbeit der Europäischen Union)
unité (F.) du droit Rechtseinheit (F.)
univers (M.) Kollektiv (N.)
universalité (F.) Universalität (F.)
universel allgemein, universal
universitaire akademisch
université (F.) Hochschule (F.), Universität (F.)
université (F.) européenne Europäische Universität (F.)
université (F.) populaire Volkshochschule (F.)
urbain städtisch
urbanisation (F.) Verstädterung (F.)
urbaniser (s') verstädtern
urbanisme (M.) Städtebau (M.), Stadtplanung (F.)
urgence (F.) Dringlichkeit (F.), Notfall (M.)
urgent dringend, dringlich
urne (F.) Urne (F.), Wahlurne (F.)
ursurpation (F.) de fonctions Amtsanmaßung (F.)
us (M. Pl.) et coutumes Sitten und Gebräuche

usage (M.) Benutzung (F.), Brauch (M.), Gebrauch (M.), Gepflogenheit (F.), Gewohnheit (F.), Herkommen (N.), Sitte (F.), Übung (F.), Verkehrssitte (F.), Verwendung (F.)
usage (M.) commercial Handelsbrauch (M.), Usance (F.)
usage (M.) commun Gemeingebrauch (M.)
usage (M.) de documents d'identité contrefaits falsifiés ou alterés Ausweismissbrauch (M.)
usage (M.) fautif Missbrauch (M.)
usage (M.) frauduleux Missbrauchstatbestand (M.)
usage (M.) paisible d'un droit Rechtsfriede (M.)
usager (M.) Benutzer (M.)
usagère (F.) Benützerin (F.)
usages (M.Pl.) judiciaires Gerichtsgebrauch (M.)
usances (F.Pl.) Usance (F.)
user abnutzen
usinage (M.) Verarbeitung (F.)
usine (F.) Betrieb (M.), Fabrik (F.), Werk (N.)
usucaper ersitzen
usucapion (F.) Ersitzung (F.)
usuel eigenüblich
usufruit (M.) Fruchtgenuss (M.), Nießbrauch (M.)
usure (F.) Abnutzung (F.), Kreditwucher (M.), Leistungswucher (M.), Sachwucher (M.), Wucher (M.)
usurier (M.) Wucherer (M.)
usurpation (F.) Usurpation (F.)
usurper usurpieren
utensile (M.) Gerät (N.)
utérins (M.Pl.) Halbgeschwister (Pl.)
utile nützlich, zweckmäßig
utilisable verwertbar
utilisateur (M.) Anwender (M.), Benutzer (M.), Verbraucher (M.)
utilisateur (M.) d'un véhicule Fahrzeughalter (M.)
utilisation (F.) Benutzung (F.), Betrieb (M.), Gebrauch (M.), Nutzung (F.), Verwendung (F.), Verwertung (F.)
utilisatrice (F.) Benützerin (F.)
utiliser anwenden, benutzen, gebrauchen, nutzen, nützen, verwenden, verwerten
utilitarisme (M.) Utilitarismus (M.)
utilité (F.) Nutzen (M.), Zweckmäßigkeit (F.)
utilité (F.) publique Gemeinnützigkeit (F.), öffentliches Interesse (N.)

V

vacance (F.) Vakanz (F.)
vacances (F.Pl.) Ferien (F.Pl.), Urlaub (M.)
vacances (F.Pl.) judiciaires Gerichtsferien (Pl.)
vacant herrenlos
vacation (F.Pl.) Gerichtsferien (Pl.)
vaccination (F.) Impfung (F.)
vaccination (F.) obligatoire Impfzwang (M.)
vacciner impfen
vacher (M.) Hirte (M.)
vagabond (M.) Landstreicher (M.)
valable geltend, gültig, verbindlich, wirksam
valet (M.) Knecht (M.)
valeur (F.) Betrag (M.), Effekt (M.), Gehalt (M.), Kurs (M.), Wert (M.), Wertpapier (N.)
valeur (F.) à neuf Neuwert (M.)
valeur (F.) affective Liebhaberwert (M.)
valeur (F.) comptable Buchwert (M.)
valeur (F.) du fonds de commerce Firmenwert (M.)
valeur (F.) en bourse Kurswert (M.)
valeur (F.) faciale Nominalwert (M.)
valeur (F.) fournie geleisteter Betrag (M.)
valeur (F.) imposable Einheitswert (M.)
valeur (F.) locative Mietspiegel (M.)
valeur (F.) mobilière Wertpapier (N.)
valeur (F.) nominale Nominalwert (M.)
valeur (F.) subjective subjektiver Wert (M.)
valeur (F.) unitaire Einheitswert (M.)
valeur (F.) vénale Gegenstandswert (M.), Verkehrswert (M.)
valeur (F.) vénale d'un commerce Geschäftswert (M.)
valeur-étalon (F.) Einheitswert (M.)
valeurs (F.Pl.) mobilières Effekten (M.Pl.)
validation (F.) Heilung (F.), Legalisation (F.), Legalisierung (F.)
valide geltend, gültig, wirksam
validité (F.) Geltung (F.), Gültigkeit (F.), Wirksamkeit (F.)
validité (F.) conditionnelle schwebende Unwirksamkeit (F.)
valoir gelten
valorisation (F.) Aufwertung (F.)
varier verändern

vassal (M.) Vasall (M.)
Vatican (M.) Vatikan (M.)
vaurien (M.) Tagedieb (M.)
végétal (F.) Pflanze (F.)
véhicule (M.) Fahrzeug (N.)
véhicule (M.) à moteur Kraftfahrzeug (N.)
véhicule (M.) utilitaire Nutzfahrzeug (N.)
veiller sorgen
vénal bestechlich
vénalité (F.) Bestechlichkeit (F.)
vendetta (F.) Blutrache (F.)
vendeur (M.) Verkäufer (M.), Zedent (M.)
vendeur (M.) de magasin Ladenangestellter (M.)
vendeuse (F.) Verkäuferin (F.)
vendre abtreten, handeln, umsetzen, veräußern, verkaufen
vendre à vil prix verschleudern
vendre aux enchères versteigern
vénéneux giftig
vengeance (F.) Rache (F.)
venger rächen
venir á échéance fällig werden
vente (F.) Absatz (M.), Abtretung (F.), Kauf (M.), Veräußerung (F.), Verkauf (M.), Vertrieb (M.)
vente (F.) à charge pour le vendeur de livrer la marchandise à un lieu autre que le lieu d'exécution Versendungskauf (M.)
vente (F.) à crédit Abzahlungskauf (M.), Kreditkauf (M.)
vente (F.) à distance Fernabsatz (M.)
vente (F.) à emporter Handkauf (M.)
vente (F.) à l'agréage Ansichtssendung (F.)
vente (F.) à l'amiable freihändiger Verkauf (M.)
vente (F.) à l'essai Kauf (M.) auf Probe
vente (F.) à perte Verlustkauf (M.)
vente (F.) à prime Prämienkauf (M.)
vente (F.) à spécification Spezifikationskauf (M.)
vente (F.) à tempérament Abzahlungskauf (M.), Ratengeschäft (N.), Ratenkauf (M.), Teilzahlungskauf (M.)
vente (F.) au comptant Handgeschäft (N.)
vente (F.) aux enchères Subhastation (F.), Versteigerung (F.), Zwangsversteigerung (F.)
vente (F.) aux enchères par autorité de justice Subhastation (F.)
vente (F.) aux enchères publiques Auktion (F.)
vente (F.) aux enchères publiques en vue du partage du bien entre les créanciers Teilungsversteigerung (F.)
vente (F.) avec une réserve de propriété Kauf (M.) unter Eigentumsvorbehalt
vente (F.) CAF (livraison coût assurance fret inclus) cif (cost insurance freight)
vente (F.) commerciale Handelskauf (M.)
vente (F.) d'immeuble à construire Kaufanwärtervertrag (M.) auf Immobilien
vente (F.) d'un corps certain Spezieskauf (M.), Stückkauf (M.)
vente (F.) de bestiaux Viehkauf (M.)
vente (F.) du gage Pfandverkauf (M.)
vente (F.) intégrale Ausverkauf (M.)
vente (F.) judiciaire par enchère gerichtliche Versteigerung (F.)
vente (F.) par correspondance (V. P. C.) Versandhandel (M.)
vente (F.) publique aux enchères öffentliche Versteigerung (F.)
vente (F.) sur saisie Pfandverkauf (M.)
vente-liquidation (F.) Räumungsverkauf (M.)
véracité (F.) Wahrheit (F.)
verbal (Adj.) mündlich, verbal
verbaliser protokollieren, verwarnen
verdict (M.) Entscheidung (F.), Spruch (M.), Verdikt (N.)
verdict (M.) de culpabilité Schuldspruch (M.)
vérificateur (M.) Kontrolleur (M.), Prüfer (M.)
vérificateur (M.) aux comptes Wirtschaftsprüfer (M.)
vérificateur (M.) comptable Rechnungsprüfer (M.)
vérificateur (M.) des comptes Rechnungsprüfer (M.)
vérification (F.) Abschlussprüfung (F.), Kontrolle (F.), Prüfung (F.), Revision (F.), Überprüfung (F.)
vérification (F.) de données Datenabgleich (M.)
vérification (F.) de la plausibilité Plausibilitätsprüfung (F.)
vérification (F.) de peine Strafmaßrevision (F.)
vérification (F.) des comptes Rechnungsprüfung (F.)
vérifier kontrollieren, prüfen, überprüfen, untersuchen

véritable echt
vérité (F.) Wahrheit (F.)
vers gegen
versement (M.) Auszahlung (F.), Einzahlung (F.)
versement (M.) supplémentaire Nachschuss (M.)
verser auszahlen, einlegen, einzahlen
verser un acompte anzahlen
version (F.) Fassung (F.)
verso (M.) Rückseite (F.)
vertical vertikal
veto (M.) Veto (N.)
vétuste baufällig
veuf (M.) Witwer (M.)
veuillez agréer (Monsieur) l'expression de mes sentiments distingués hochachtungsvoll (als Briefschluss)
veuve (F.) Witwe (F.)
vexation (F.) Belästigung (F.)
vexatoire schikanös
viabilisation (F.) Erschließung (F.)
viabilisé baureif
viabiliser erschließen
vicaire (M.) Verweser (M.)
vice (M.) Fehler (M.), Laster (N.), Mangel (M.)
vice (M.) d'information Instruktionsfehler (M.)
vice (M.) d'instruction Instruktionsfehler (M.)
vice (M.) d'un voyage Reisemangel (M.)
vice (M.) de construction Fabrikationsfehler (M.), Konstruktionsfehler (M.)
vice (M.) de droit Rechtsmangel (M.)
vice (M.) de fabrication Fabrikationsfehler (M.)
vice (M.) de forme Formmangel (M.)
vice (M.) de la chose Sachmangel (M.)
vice (M.) du consentement Einigungsmangel (M.), Willensmangel (M.)
vice (M.) entachant la déclaration de volonté Willensmangel (M.)
vice (M.) rédhibitoire Hauptmangel (M.)
vice- stellvertretend
vice-chancelier (M.) Vizekanzler (M.)
vice-président (M.) Vizepräsident (M.)
vice-recteur (M.) Prorektor (M.)
vice-roi (M.) Vizekönig (M.)
vicieux mangelhaft
victime (F.) Geschädigter (M.), Opfer (N.)
victimologie (F.) Viktimologie (F.)
victoire (F.) Sieg (M.)
vide (M.) juridique Gesetzeslücke (F.)
vidéo (F.) Video (N.)
vie (F.) Dasein (N.), Leben (N.)
vie (F.) en couple perpétuelle Lebenspartnerschaft (F.)
vie (F.) juridique Rechtsverkehr (M.)
vie (F.) politique Verfassungswirklichkeit (F.)
vie (F.) privée Intimsphäre (F.), Privatsphäre (F.)
vie (F.) séparée Getrenntleben (N.)
vierge (F.) Jungfrau (F.)
vigueur (F.) Geltung (F.), Kraft (M.)
ville (F.) Gemeinde (F.), Stadt (F.)
ville (F.) hanséatique Hansestadt (F.)
ville-État (F.) Stadtstaat (M.)
viol (M.) Notzucht (F.), Schändung (F.), Vergewaltigung (F.)
violation (F.) Bruch (M.), Schändung (F.), Umgehung (F.), Verletzung (F.), Zuwiderhandlung (F.)
violation (F.) d'un traité Vertragsverletzung (F.)
violation (F.) d'une obligation Obliegenheitsverletzung (F.), Pflichtverletzung (F.)
violation (F.) d'une obligation contractuelle Vertragspflichtverletzung (F.)
violation (F.) de brevet Patentverletzung (F.)
violation (F.) de devoir d'entretien Unterhaltspflichtverletzung (F.)
violation (F.) de domicile Hausfriedensbruch (M.)
violation (F.) de foi Treubruch (M.)
violation (F.) de la paix Friedensbruch (M.)
violation (F.) de la propriété littéraire et artistique Urheberrechtsverletzung (F.)
violation (F.) de santé Gesundheitsverletzung (F.)
violation (F.) des devoirs conjugaux Eheverfehlung (F.)
violation (F.) des obligations Pflichtverletzung (F.)
violation (F.) des obligations contractuelles Vertragsbruch (M.)
violation (F.) des obligations du maître de l'affaire Geschäftsherrnpflichtverletzung (F.)
violation (F.) du contrat Vertragsverletzung (F.)
violation (F.) du droit Rechtsbruch (M.), Rechtsverletzung (F.), Rechtswidrigkeit (F.)

violence (F.) Gewalt (F.), Gewalttätigkeit (F.), Tätlichkeit (F.)
violence (F.) active du détenteur Fremdbesitzerexzess (M.)
violence (F.) impudique Unzucht (F.)
violence (F.) sur une personne Körperverletzung (F.)
violences (F.Pl.) ou menaces (F.Pl.) contre un électeur Wählernötigung (F.)
violent gewalttätig
violenter schänden
violer (la loi) übertreten (V.), verletzen
violer missbrauchen, vergewaltigen, verstoßen (V.), zuwiderhandeln
virement (M.) Überweisung (F.), Verrechnung (F.)
virement (M.) bancaire Überweisung (F.)
virer überweisen, verrechnen
visa (M.) Sichtvermerk (M.), Visum (N.)
visage (M.) Gesicht (N.)
visibilité (F.) Sicht (F.)
visible erkennbar
visite (F.) Besuch (M.), Durchsuchung (F.)
visiter besuchen
visiteur (M.) Besucher (M.)
vite (Adj.) geschwind, schnell
vitesse (F.) Geschwindigkeit (F.)
vitesse (F.) de réaction Reaktionsgeschwindigkeit (F.)
viticulteur (M.) Winzer (M.)
vivisection (F.) Vivisektion (F.)
vivre leben
vocation (F.) héréditaire du conjoint survivant Ehegattenerbrecht (N.)
vœu (M.) Gelübde (N.)
voie (F.) Fahrbahn (F.), Straße (F.), Weg (M.)
voie (F.) à sens unique Einbahnstraße (F.)
voie (F.) d'équitation Reitweg (M.)
voie (F.) d'exécution Zwangsvollstreckung (F.)
voie (F.) de droit Rechtsbehelf (M.), Rechtsweg (M.)
voie (F.) de fait illicite verbotene Eigenmacht (F.)
voie (F.) de recours Rechtsmittel (N.)
voie (F.) hiérarchique Dienstweg (M.), Instanzenweg (M.)
voie (F.) judiciaire Instanzenweg (M.), Instanzenzug (M.), Rechtsweg (M.)
voie (F.) judiciaire garantie Rechtsweggarantie (F.)
voie (F.) judiciaire ordinaire ordentlicher Rechtsweg (M.)
voie (F.) juridique Rechtsweg (M.)
voie (F.) maritime Seeweg (M.)
voies (F.Pl.) hiérarchiques Instanzenweg (M.), Instanzenzug (M.)
voirie (F.) Straßenbaubehörde (F.)
voisin (M.) Nachbar (M.)
voiture (F.) Auto (N.), Wagen (M.)
voiture (F.) de location Mietwagen (M.)
voiture (F.) policière Streifenwagen (M.)
voiturier (M.) Frachtführer (M.)
voix (F.) contre Gegenstimme (F.)
vol (M.) Beraubung (F.), Diebstahl (M.), Entwendung (F.), Flug (M.)
vol (M.) à l'étalage Ladendiebstahl (M.)
vol (M.) aggravé schwerer Diebstahl (M.)
vol (M.) aggravé par des violences räuberischer Diebstahl (M.)
vol (M.) aggravé par un assassinat Raubmord (M.)
vol (M.) avec agression Raubüberfall (M.)
vol (M.) commis à l'aide de violence ou menace de faire usage d'une arme Raub (M.)
vol (M.) commis sur des cadavres Leichenfledderei (F.)
vol (M.) d'usage furtum (N.) usus (lat.) (Gebrauchsentwendung), Gebrauchsanmaßung (F.)
vol (M.) dans les magasins Ladendiebstahl (M.)
vol (M.) de cadavre Leichenfledderei (F.)
vol (M.) en bande Bandendiebstahl (M.)
vol (M.) qualifié avec effraction Einbruchsdiebstahl (M.)
volenti non fit iniuria (lat.) volenti non fit iniuria (lat.) (dem Einwilligenden geschieht kein Unrecht)
voler berauben, entwenden, fliegen, stehlen
voleur (M.) Dieb (M.)
voleur (M.) à la tire Taschendieb (M.)
voleur (M.) dans un magasin Ladendieb (M.)
volontaire (Adj.) freiwillig, vorsätzlich
volonté (F.) Absicht (F.), Wille (M.), Wollen (N.)
volonté (F.) d'agir Handlungswille (M.)
volonté (F.) d'appropriation Zueignungsabsicht (F.)
volonté (F.) de contracter Rechtsbindungswille (M.)
volonté (F.) de produire un effet juri-

dique Rechtsfolgewille (M.)

volonté (F.) de représentation Vertretungswille (M.)

volonté (F.) de s'obliger Rechtsbindungswille (M.)

volonté (F.) déclarée Erklärungswille (M.)

volonté (F.) des parties Parteiwille (M.)

volonté (F.) en vue de produire un effet juridique Geschäftswille (M.)

volonté (F.) uniformité Einheitlichkeitswille (M.)

votant (M.) Wähler (M.)

votation (F.) Abstimmung (F.), Stimmabgabe (F.), Wahl (F.)

vote (M.) Abstimmung (F.), Beschluss (M.), Beschlussfassung (F.), Stimmabgabe (F.), Votum (N.), Wahl (F.)

vote (M.) d'une motion de censure Misstrauensvotum (N.)

vote (M.) de censure Misstrauensvotum (N.)

vote (M.) de confiance Vertrauensvotum (N.)

vote (M.) de défiance Misstrauensvotum (N.)

vote (M.) majoritaire Mehrheitswahl (F.)

vote (M.) obligatoire Wahlpflicht (F.)

vote (M.) par correspondance Briefwahl (F.)

vote (M.) secret geheime Wahl (F.)

vote (M.) sur un grève Urabstimmung (F.)

voter abstimmen, beschließen, stimmen, verabschieden, wählen

vouloir (M.) Wollen (N.)

vouloir (V.) beabsichtigen

voyage (M.) Fahrt (F.), Reise (F.)

voyager fahren, reisen

voyageur (M.) Insasse (M.)

voyageur (M.) représentant placier (V. R. P.) Handelsvertreter (M.)

vrai echt, wahr

vraisemblabilité (F.) Wahrscheinlichkeit (F.)

vraisemblable glaubhaft, vermutlich, wahrscheinlich

vue (F.) Gesicht (N.), Sicht (F.)

vulgaire ordinär, vulgär

W

wagon (M.) Wagen (M.)

warrant (M.) Lagerschein (M.)

Z

zèbre (M.) Zebra (N.)

zéro null

zone (F.) Raum (M.), Zone (F.)

zone (F.) à urbaniser par priorité (Z. U. P.) Gebiet (N.) vorrangiger städtebaulicher Entwicklung (Gebiet vorrangiger städtebaulicher Entwicklung in Frankreich)

zone (F.) d'aménagement Baugebiet (N.)

zone (F.) d'aménagement concerté Innenbereich (M.)

zone (F.) d'aménagement différé Baugebiet (N.) mit zurückgestellter Erschließung (Baugebiet mit zurückgestellter Erschließung in Frankreich)

zone (F.) d'intervention foncière Baulanderschließungsgebiet (N.)

zone (F.) d'occupation Besatzungsgebiet (N.), Besatzungszone (F.)

zone (F.) de libre-échange Freihandelszone (F.)

zone (F.) de protection Bannkreis (M.)

zone (F.) de protection autour du siège du parlement Bannmeile (F.)

zone (F.) de surveillance douanière Zollgebiet (N.)

zone (F.) industrielle Gewerbegebiet (N.), Industriegebiet (N.)

zone (F.) protégée Schutzbereich (M.)